2판

군 상담의 이론과 실제

김완일 · 권소영 공저

학지사

상담에 대한 전문 지식이 없는 군 간부들이나 군의 특수성에 대한 이해가 필요한 군 상담자들에게 사례 중심의 군 상담기법을 전달하고 군 상담에 대한 이해를 돕고자 이 책을 낸 지 10년이라는 세월이 훌쩍 지났다. 그동안 군 상담 분야는 많은 변화가 있었다. 먼저, 최초 9명의 기본권 전문상담관으로 출발한 전문상담관제도의 명칭이 병영생활 전문상담관으로 바뀌었다. 초판의 머리말에서 군 상담이 실효성을 거두기 위해서는 전문상담관을 연대급 부대까지 확대할 것을 제안한 지 10년만인 2016년 2월 현재 300여 명으로 증원되었으며, 2017년에는 드디어 연대급까지 확대가 결정되었다. 다음으로, 각 군별로 서로 다르게 실시하던 여러 가지 심리검사들이 전군에 신인성검사로 일원화되었다. 또한 군종부에서 자살우려자들을 대상으로 실시하던 비전캠프가 사단급에서는 힐링캠프, 군단급에서는 그린캠프로 운영되고 있다.

이와 같이 군 상담은 제도 면에서 많은 변화가 있어 왔으며, 군에서 자살률과 군기 사고가 줄어드는 등 어느 정도 효과가 입증되었다. 하지만 2005년에 경기도 연천에서 발생한 '김 일병 GP 총기난사 사건'과 유사한 '임 병장 총기난사 사건'이 9년 뒤인 2014년에 또다시 발생하였다. 그동안 군의 노력으로 구타 및 가혹행위 등의 군기사고는 현저하게 줄어들었으나, 가혹행위는 더욱 교묘해지고 드러나지 않는 형태로 존재하고 있는 실정이다. 군에서 이러한 사고를 차단하기 위해서는 제도를 정착시키는 것도 필요하지만 장병들의 의식 전환을 위한 끊임없는 교육과 자성이 필요하다. 의식 전환의 핵심은 군에서의 계급과 직책을 하나의 역할로 간주하며, 서로 존중하고 배려하는 자세를 가져야 한다는 것이다. 이러한 의식 전환을 위해서는 장병들을 대상으로 지속적인 군 상담교육과 함께 이들이 존중과 배려의 자세와 상담기법을 익힐 수 있는 교재의 개발이 요구된다.

초판을 출간한 이후 개정판의 필요성을 절감해 오다 2년 전부터 본격적인 집필을 시작하였다. 만시지탄의 감회는 있으나, 필자의 상지대학교 제자이자 군 상담학회에서 사무국장을 맡고 있는 권소영 님과 함께 노력한 결실로 이 책을 출간하게 되었다.

이 책은 초판과 비교하여 다음과 같이 바뀌었다. 제1장의 군 상담의 필요성을 보완하였으며, 제8장에 있는 군의 계급 및 조직 부분을 제1장으로 옮겼다. 제2부인 상담의 기초이론은 인지행동이론을 추가하였으며, 각 이론별로 출현 배경, 인간관, 부적응의 원인 및 도식화 내용이 추가되었다. 제3부인 군 개인상담 중에서 제5장 상담 과정 및 방법은 제6장으로 바꾸어 상담과정 부분을 최신화하였다. 제7장 상담 실습 및 사례 연구 부분은 제8장으로 바꾸어 군 상담 슈퍼비전 모형을 추가하였다. 제8장 군 상담의 실태 부분은 자주 변경되는 내용이어서 부록에 제시하였다. 제9장 군 상담 모델은 직책별 상담모델을 삭제하였으며, 군 상담 이원화모형과 전문상담관모형을 추가하였다. 제10장 군 집중인성교육은 군 집단상담으로 제목을 바꾸었으며, 현황부분은 부록에 제시하였고, 평가와 집단상담의 실제 부분을 추가하였다. 제11, 12, 13장의 군 인성검사 부분은 제11장의 하나의 장에서 다루었으며, 기존의 인성검사들은 삭제하고 신인성검사 등의 내용으로 변경하였다. 제14장 전문상담관제도는 제12장에 군 상담제도로 제목을 바꾸어 병영생활전문상담관, 비전 및 그린캠프, 병영생활도움제도 등을 다루었다. 제15장 군 상담의 발전 방향은 제13장 군 상담 과제 및 전망으로 제목을 바꾸고 내용을 새롭게 구성하였다. 결국 개정판은 초판에 있던 내용에 많은 수정·보완이 이루어졌으며, 새롭게 추가된 내용도 절반 가까이에 이른다.

이 책은 상담을 전공하지 않은 군 간부나 군에 대해서 잘 모르는 민간 군 상담자들이 참고할 수 있도록 쓰였다. 상담을 전공하지 않은 군 간부들을 위해 상담의 기초 이론을 설명하고, 사례 위주로 상담모형과 과정 및 기법을 제시하였다. 또한 민간 군 상담자들을 위해 군의 계급체계와 조직뿐 아니라 군 개인상담, 집단상담, 심리검사 및 상담제도 등을 소개하였다. 이 책을 통해 군 간부들이 상담이 무엇인지를 이해하고, 부하들을 상담할 때 여러 가지 상담기법을 적절히 활용하여 부하들이 군 생활에 보다 잘 적응할 수 있도록 도와줄 수 있기를 기대한다. 또한 민간 군 상담자들이 군 조직과 군 상담을 이해하는 데 도움이 되기를 바란다.

필자들은 능력이 일천할 뿐만 아니라 군 상담과 관련된 제도들이 수시로 바뀌고 군 상담에 관한 문헌이 부족하여 이 책은 여러 가지로 부족한 점이 많다. 군 상담에 관심을 가지고 있는 독자들과 선후배 및 동학들께서 아낌없는 조언을 준다면 다음 개정판은 좀 더 완성도 있는 책이 출간되리라 믿는다.

　이 책은 필자가 7년 동안 몸 담아온 상지대학교의 평화안보 · 상담심리대학원 상담심리학과에서 강의할 수 있었기에 완성할 수 있었다. 상담심리학과를 거쳐 간 졸업생들과 현재 열정을 가지고 학업에 정진하고 있는 재학생 모두에게 머리 숙여 감사드린다.

　이 책은 여러 사람의 도움으로 출간되었다. 2년여 전부터 전국 각지의 군 교육기관을 몸소 돌아다니며 참고자료를 모으고, 초고가 나오기 까지 온갖 노력을 아끼지 않은 권소영 님이 없었다면 이 책이 나오기 어려웠을 것이다. 권소영 님과 이 책을 출간한 기쁨을 함께 나누고 싶다. 더불어 권소영 님이 군 교육기관과의 소통에 교량역할을 하고, 초고집필에 집중할 수 있도록 헌신해 준 전경학 님께도 진심으로 감사한다. 또한 10~13장의 내용을 조직화하고 세밀한 부분까지 일관성을 갖추도록 노력해준 심윤기 박사님과 상담의 네 가지 이론을 조직화하고 세심하게 다듬어 준 김옥란 박사님에게 진심어린 감사를 드린다. 그리고 책의 완성도를 높이기 위해 사진작업을 도와준 정봉기 님과 교정 작업을 위해 수고해준 최은숙 님에게 감사한 마음을 전한다. 이들 이외에도 필자의 연구실 제자이자 학문의 동역자인 김성호 박사님, 김호준 님, 백명화 님, 정성한 님, 김동준 님, 김경숙 님, 조은영 님, 이호진 님, 김해성 님, 권명훈 님과 기쁨을 함께 하고 싶다. 이 책의 편집과 교정 및 출판에 이르기까지 성심을 다해 도와주신 오희승 대리님 그리고 개정판 작업을 지속적으로 독려해준 이규환 과장님께 감사를 드린다. 특히 이 책에 대한 여러 가지 피드백을 통해 완성도를 높여 준 상지대학교의 신응섭 교수님, 육군사관학교의 문양호 교수부장님, 강성록 교수님, 서울사이버대학교의 이정원 교수님, 공군사관학교의 윤유경 교수님 그리고 공군리더십센터의 심호규 교수님에게 깊은 감사를 드린다. 끝으로 이 책이 나오기 까지 배려 해주고 기도해주며 따뜻한 마음으로 힘을 북돋아준 사랑하는 아내와 딸 채현이 그리고 아들 범현이와 함께 더할 나위없는 기쁨을 함께하고 싶다. 집필의 시작부터 끝까지 귀한 학문의 동역자들과 건강과 여건을 허락해주신 하나님께 모든 영광을 돌린다.

2016년 2월
상지대학교 다산관에서
저자 대표 김완일

초판 머리말

우리나라에서 군 상담의 중요성이 크게 대두된 것은 아마 2005년 'GP 총기난사 사건' 과 '육군훈련소 인분 사건' 때문이 아닌가 싶다. 2005년 군에서 발생한 여러 가지 사고 중 자살 사고를 분석한 결과를 보면, 자살한 장병의 약 80%는 자살 이전에 어떤 단서와 징후를 제공했다고 한다. 군 간부들이 이러한 징후를 사전에 파악할 수 있었다면 대다수의 자살 사고를 미연에 방지할 수 있었을 것이다. 또한 자살자의 약 60% 정도는 간부가 자살 징후를 파악했지만 적절한 대처를 하지 못해서 자살을 했다는 분석이 있다. 이는 군 간부들에게 문제 사병에 대한 대처와 상담이 필요하다는 것을 입증해 준다. 그러나 야전에 있는 군 간부들은 상담에 대한 교육을 거의 받지 못하고 있는 실정이며, 업무 과다와 전문적 상담 능력의 부족으로 인해 병사 상담은 면담 수준 정도로 이루어지고 있는 실정이다.

그동안 우리 군은 나름대로 군 상담의 필요성을 인식하고 여러 가지 노력을 해 왔다. 육군은 2005년에 기존의 '병영생활 고충상담관' 대신 '장병 기본권 전문상담실'을 설치하여 운영하고 있다. 2005년 6월에는 9명(육군 7명과 해병대 2명)의 기본권 전문상담관을 채용하여 시험 운영하였으며, 육군은 2006년 12월에 기존의 기본권 전문상담관을 포함해 16여 명의 기본권 전문상담관을 채용하여 2007년 1월 한 달 동안 이들에 대한 교육을 실시한 후 해당 부대에 배치할 계획이다. 해·공군의 경우 국방부에서 기획예산처에 신청한 예산이 통과되지 않아서 2007년에는 시험운영 중인 해병대의 기본권 전문상담관을 현행대로 유지하고 추가적인 채용은 어려울 것으로 보인다. 또한 2005년 10월에 육군 리더십센터가, 2006년 1월에 해군 충무공리더십센터가, 2006년 3월에 공군 리더십센터가 설치되어 리더십 업무와 함께 군 인성검사와 군 인성교육 및 군 상담 관련 업무를 담당하고 있다.

군 상담이 실효성을 거두기 위해서는 상담관 업무만을 전담할 수 있는 기본권 전문상담관을 연대급 부대까지 확대하여 배치해야 한다. 또한 군에서 상담의 중요성에 대한 군 간부들의 인식이 절실히 요구되며, 군 간부들의 기초적인 상담 능력이 필요하다. 따라서 군 간부들에 대한 지속적인 상담교육을 실시해야 하며, 간부들이 자기계발 차원에서 상담을 공부하는 데 참고할 서적이 요구된다. 우리나라에 군 상담 관련 교재는 1985년 출판된 『부하를 지도하는 길』이 있으나, 이 책은 지나치게 오래된 감이 있고, 최근에 육군보병학교나 종합행정학교에서 상담기법 교재를 발간하였지만 내용이 간략하게 작성되어 있어서 상담에 대한 전문 지식이 없는 군 간부들이 혼자서 그 내용을 이해하는 데 어려움이 따를 수 있다.

필자는 1993년부터 육군사관학교에 재직하면서 생도들을 상담해 왔고, 최근 5년 동안 국방대학교 리더십학과에서 육·해·공·여군 장교들에게 상담 강의를 하고 있다. 2004년 10월에 육군 교육사령부에서 주관하는 지휘통솔 세미나에서 '효과적인 군대 상담기법'을 발표하게 되면서 군 상담의 실태를 조사하고 사례 중심으로 군 상담기법을 정리하게 되었다. 2005년 12월부터 2006년 11월 현재까지 국방일보에 '군 상담의 현재와 미래'와 '병영카운셀링' 코너를 연재하면서 군 상담기법과 모델을 사례중심으로 다듬을 수 있었다. 2006년 4월에 육군 리더십센터에서 주관한 인성검사 발전 세미나에서 '인성검사 해석 전문인력 확보 및 운영방안'을 발표하면서 군 인성검사에 대해 정리할 수 있었다. 이와 같은 내용 중 일부는 수정하고 상담 기초 이론 및 군 인성교육 등의 새로운 내용을 추가하여 이 책을 출판하게 되었다.

이 책의 구성은 다음과 같다. 먼저 제1부는 군 상담이란 무엇이고 왜 필요한가에 대한 이해를 돕고 있으며, 제2부는 상담의 기초 이론인 정신분석, 행동수정 및 인간중심이론에 대해 필자의 상담사례를 제시하여 설명하였다. 제3부는 군 개인상담의 실제와 관련된 부분으로, 상담 방법과 과정, 상담기법, 사례 연구, 군 상담모델 및 군 상담의 실태 등을 다루었다. 제4부는 군 집중인성교육의 현황을 제시하고 집단상담을 소개하였으며, 군 인성검사의 현실태와 대표적인 군 인성검사 유형들을 설명하였다. 마지막으로 제5부는 최근에 군에 도입된 '기본권 전문상담관 제도'를 소개하고, 군 상담의 발전 방향을 제시하였다.

이 책은 상담을 전공하지 않은 군 간부나 상담을 전공했지만 군에 대해서 잘 모르는 민간 상담 전문가들이 참고할 수 있도록 쓰였다. 상담을 전공하지 않은 군 간부들을 위해 상담의 기초 이론을 설명하고, 사례 위주로 상담 과정과 기법을 제시하며, 대표적인 문제 유형별 상담모델을 설명하고 있다. 또한 민간 상담전문가들을 위해 군의 계급체계와 조직 그리고 군 상담과 군 인성교육 및 군 인성검사의 실태와 문제점 및 발전 방향을 제시하고 있다. 이 책을 통해 군 간부들이 상담이 무엇인지를 이해하고, 부하들을 상담할 때 여러 가지 상담기법을 적절히 적용하여 부하들이 군생활에 보다 잘 적응할 수 있도록 도와줌으로써 궁극적으로는 군의 전력 강화에 조금이나마 도움이 되었으면 한다. 또한 민간 상담전문가들이 군조직과 군 상담의 실상을 이해하는 데 다소나마 도움이 되기를 바란다. 필자는 능력이 부족할 뿐만 아니라 군 상담과 관련된 제도가 수시로 바뀌고 군 상담에 관한 문헌이 부족하여 이 책은 여러 가지로 모자란 점이 많다. 조만간 이 책을 개정할 때는 독자들과 선배 및 동학들의 조언과 질책을 받아들여 좀 더 나은 책이 되도록 노력할 것을 약속한다.

이 책은 필자가 14년 동안 몸 담아온 육군사관학교가 있었기에 가능하였다. 육군사관학교의 생도들을 비롯한 모든 분들에게 머리숙여 감사드린다. 특히 리더십센터의 서춘식 교수님과 김용주 교수님을 비롯한 센터의 모든 가족들의 관심과 배려에 깊은 감사를 드린다. 육사와 인연을 맺게 해주신 신응섭 교수님을 비롯한 심리학과 교수님들과 국방대학교 리더십학과의 최병순 교수님께 감사드린다. 국방대학교 박은석 소령과 신진호 대위의 설문조사와 상담기법에 대한 사례 제작 등이 이 책을 펴내는 데 밑거름이 되었기에 진심으로 고맙게 생각한다. 이 책의 모든 편집과 책에 실을 사진까지 직접 촬영해 준 김영일 대위와 교정을 도와준 최보영 후배와 이대형 후배에게도 고마움을 전한다. 군 상담 관련 책의 필요성에 공감하면서 이 책을 기꺼이 출판해 주신 학지사의 김진환 사장님과 출판의 전 과정에 걸쳐 애써 주신 정영석 차장님께 감사를 드린다. 이 책이 나오기까지 전 과정을 지켜 주신 하나님께 모든 영광을 돌리며, 이 책을 처음부터 끝까지 몇 번씩 읽어 가며 교정을 도와주고 참고문헌을 정리하고 워드작업을 해 주며, 내 인생의 가장 어려운 시기에 나를 믿고 동반자로 함께하고 있는 아내에게 이 책을 바친다.

2006년 11월

육사 화랑대에서

저자

차례

PART
01 군 상담이란 무엇인가

PART
02 상담의 기초이론

PART 04　군 집단상담 · 심리검사 및 제도

PART 05　군 상담의 미래

군 상담이란
무엇인가

제1장 군 상담의 정의 및 필요성

제1장

군 상담의 정의 및 필요성

제1절 상담의 정의

1. 일반 상담의 정의

'counseling'이란 라틴어의 'counsulere'에서 유래된 말이다. '고려하다, 반성하다, 조언을 청하다, 상담을 하다'는 뜻의 이 말은 불어로는 counseil, 영어로는 counsel로 바뀌어 쓰이면서 '법률이나 종교 등의 영역에서 변호사, 고문, 조언자' 등의 뜻으로 사용되어 왔다. 'counseling'이라는 단어가 현재의 '상담'이라는 의미로 처음 사용된 것은 1939년 윌리엄슨(Edmund Griffith Williamson)의 『학생상담의 방법(How to Counsel Students)』이라는 책에서였다. 윌리엄슨은 이 책

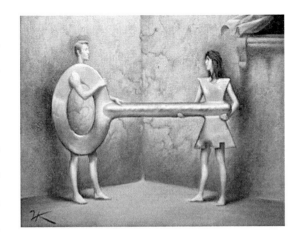

에서 counseling이라는 용어를 '적응과 문제해결을 위하여 치료적 수단을 취하는 것'이라고 정의하였는데, 윌리엄슨 이후로 여러 학자들이 각자 다양한 의미로 상담을 정의하였다.

로저스(Carl Rogers)는 『상담과 심리치료』(1942)라는 책에서 상담이란 "상담자가 치료적인 분위기를 조성하여 내담자 스스로 문제해결을 하도록 돕는 것"이라고 설명하면서 비지시적 상담(non-directive counseling)을 강조하였다.

피에트로페사 등(Pietrofesa et al., 1978)은 상담이란 "내담자의 자기이해, 의사결정 및 문제해결이 이루어지도록 상담자가 전문적으로 도와주는 과정"이라고 주장하였다.

우리나라의 경우를 살펴보면, 정원식과 박성수(1995)는 "도움을 필요로 하는 사람과 도움을 줄 수 있는 사람 사이의 개별적인 관계를 통하여 새로운 학습이 이루어지는 과정"이라고 설명하였으며, 이장호(2005)는 "내담자가 상담자와의 대면관계에서 생활과제의 해결과 사고, 행동 및 감정 측면의 인간적 성장을 위해 노력하는 학습 과정"으로 정의하였다.

이와 같이 상담의 정의에 대한 다양한 내용이 있으나, 이러한 주장을 종합해 보면 다음과 같이 정리할 수 있다. 즉, 상담이란 "전문적 훈련을 받은 상담자가 전문적인 조력 활동을 통하여 내담자의 사고, 감정 및 행동의 변화를 촉진하고 문제해결과 인간적 성장을 돕는 과정"이라고 정의할 수 있다.

실제로 상담이란 용어는 충고, 정보의 제공, 위로나 격려, 정신분석, 심리치료 등의 광범위한 활동을 가리키는 개념으로 일상생활에서 널리 사용되고 있다. 일반인(layman)에게 있어서 상담이란 면담, 충고, 권유, 설득, 훈계, 조언 등을 의미한다. 상담과 유사한 용어로는 면담, 충고, 심리치료가 사용된다. 면담, 충고, 상담 및 심리치료의 상호비교를 〈표 1-1〉에 제시하였다.

〈표 1-1〉 면담 · 충고 · 상담 및 심리치료의 상호 비교

구분	의미	기법 수준	자아 개입 정도
면담	단순히 이야기	저	저
충고	상호 정보 교환	중	중
상담	적응 문제 해결	고	고
심리치료	심한 장애치료	고	고

면담(interview)은 사람들 사이의 일반적 접촉을 의미하며, 서로 얼굴을 마주 대하면서 단

순히 이야기하는 것을 말한다. 면담에는 최소한의 기술이 요구되며, 자아개입의 정도는 낮은 수준에 속한다. 충고(advice)는 정보의 상호 교환이 가능하며, 어느 정도의 기술이 요구되고, 자아개입의 정도가 중간 수준에 해당한다. 상담(counseling)은 선택이나 대인관계 및 적응상의 문제를 주로 다루며, 전문 훈련을 받은 상담자가 필요한 활동으로, 자아 개입의 정도가 높은 수준이 된다. 심리치료(psychotherapy)는 심한 사고 · 정서 및 행동의 장애를 다루며, 임상 훈련을 받은 상담자가 필요하고, 자아개입의 정도가 높은 수준에 해당한다. 즉, 면담이나 충고 등을 비전문적 상담으로 그리고 상담과 심리치료 등을 전문적 상담으로 규정할 수 있으며, '상담'이란 용어를 사용할 때는 전문적 상담을 의미하는 것이 된다.

비전문적 상담과 전문적 상담은 차이점이 있다. 비전문적 상담은 상담의 이론과 방법에 대한 전문적 지식이 없으며 체계적인 상담훈련을 받지 않은 사람들에 의해 이루어지는 일종의 면담이나 충고가 될 수 있다. 이는 내담자를 변화시키는 데 필요한 구체적이고 전문적인 방법을 적용하지 못하고 자신의 개인적인 경험이나 주관적인 판단 및 특정 사례에 의존하기 때문에, 상담이 비효율적으로 진행되어 상담효과가 나타날 가능성이 적다고 볼 수 있다. 반면에 전문적 상담은 상담의 이론과 방법에 대한 전문적인 지식을 가지고 있으며, 상담실습과 훈련을 거쳐 전문상담자의 자격을 구비한 사람들에 의해 이루어지는 상담을 말한다. 따라서 전문성이 확보된 상담자가 내담자를 변화시키는 데 필요한 구체적이고 전문적인 방법을 적용하여 상담을 효율적으로 진행하기 때문에 상담의 효과를 거둘 가능성이 크다고 할 수 있다.

2. 군 상담의 정의

군 상담(military counseling)에 대한 정의도 다양하다.

김대운과 성경윤(1980)은 군 상담을 '집단 내 병사 개개인의 행동과 그들 사이의 관계를 개선하며, 나아가 그들의 훈련이나 업무수행 등 근무 능률을 향상시키기 위한 목적으로 문제가 있는 개인이 그 문제를 스스로 해결하도록 다른 사람이 도와주는 일련의 과정'으로 정의하였다.

이장호(2005)는 '국가방위라는 특수임무를 수행하고, 엄격한 위계질서 속에서 자유로운 사적 생활의 제약을 받는 등 특수성을 갖는 군대사회에서 야기되는 구성원들의 갈등과 고민을 해결해 주기 위해 각 군의 교육기관 및 각급 부대에서 이루어지는 상담과정'으로 설명하고 있다.

김완일(2006)은 '군대장면에서 상담교육을 받은 상관이 부하와의 관계에서 전문적인 조력활동을 통해 부하로 하여금 스스로 문제해결을 하도록 돕는 과정'으로 정의하였다.

김광웅(2006)은 군 상담을 '병사들의 발달을 저해하는 장애 요인이 무엇인지를 밝혀내고, 타고난 다양한 잠재력을 최대한으로 개발 및 실현할 수 있는 발달 촉진 요인을 밝혀냄으로써 정신적 건강과 인지적 효능성을 확보하도록 도와주고 군의 총체적 역량과 경쟁력을 극대화 하는 것'으로 설명하고 있다.

구본용(2007)은 군 상담을 '장병들에게 사회적 기술을 교육시켜, 사회적 유능성을 길러 주고, 당면 문제를 해결할 수 있도록 조력함으로써 형성된 장병 개개인의 능력 함양을 통해 군의 전투력 극대화에 기여하는 군의 새로운 교육훈련의 한 방법'으로 보았으며, 군 상담을 통해 장병들의 문제해결과 사고 예방은 물론 병영문화를 개선하는 역할도 수행해야 한다고 하였다.

미군 리더십 교범에서는 '부하의 업무수행 능력 향상'과 '잠재력 개발'이라는 두 가지 측면에서 상담을 정의하고 있다.

육군에서 발간한 『병영상담』(2013)에서는 군 상담이란 '전투력 발휘를 위해 상담자가 상담대상자와 상호이해 및 신뢰관계를 바탕으로 상담대상자의 문제해결과 잠재 능력 계발을 도와주는 활동'으로 정의하고 있다.

이상과 같은 다양한 군 상담에 대한 정의를 종합하면 다음과 같다. 군 상담이란 상담교육을 받은 군 간부와 군 상담전문가가 장병과 그 가족 및 군 조직 전체를 대상으로 개인 차원에서 문제해결을 돕고 업무수행 능력을 향상시킬 뿐만 아니라 잠재력을 개발하고 성공적인 미래를 위한 준비를 하도록하며, 조직 차원에서 장병들이 상담적 마인드를 갖도록 함으로써 군에 상담문화를 정착시켜 병영문화를 개선하기 위해 노력함으로써 궁극적으로 군의 생산성을 향상하고 군 전투력을 강화하는 과정이라고 정의할 수 있다.

이와 같은 군 상담에 대한 정의에는 세 가지 중요한 구성요소가 포함된다. 첫째는 도움을 주는 사람인 상담자이고, 둘째는 도움을 받는 사람인 내담자이며, 셋째는 도움을 주는 구체적인 상담 방법이다. 이와 같은 군 상담의 세 가지 구성요소를 자세히 살펴보면 다음과 같다.

1) 상담자

훌륭한 상담자가 갖추어야 할 자질에는 여러 가지가 있지만, 크게 전문적 자질과 인간적 자질로 나눌 수 있다.

(1) 전문적 자질

상담자의 전문적 자질은 상담에서 매우 중요한 요소다. 전문성이 부족한 상담자가 상담을 할 때 자칫 잘못하면 선무당이 사람 잡는 식의 엉터리 상담을 할 수 있으며, 오히려 내담자의 증상을 심화시켜 차라리 상담을 하지 않는 편이 더 나을 수도 있다. 상담자의 전문적 자질에는 세 가지가 매우 중요하다. 첫째, 상담 이론을 이해하는 것이다. 둘째, 상담을 효율적으로 진행하는 방법과 절차를 숙달하는 것이다. 셋째, 이 두 가지 지식을 바탕으로 충분한 상담실습 경험을 쌓고 상담전문가에게 훈련·지도를 받는 것이다.

① 상담 이론에 대한 이해

상담 이론은 내담자가 호소하는 문제의 원인을 이해하는 틀과 가설들을 제공해 주며, 상담이 나아가야 할 방향을 제시해 줄 수 있다. 즉, 상담 이론을 이해하고 있는 상담자는 내담자의 문제를 정확하게 파악하는 '진단'이 가능하며, 그 문제를 해결하는 방법을 적절히 '적용'할 수 있다. 상담 이론은 인간의 부적응 행동을 체계적으로 기술하고, 그러한 부적응 상태가 나타난 이유와 과정을 설명하며, 이를 토대로 앞으로 일어날 일들을 예측하여 결국 부적응행동을 변화시키는 목적을 지니고 있다.

이러한 목적을 달성하기 위하여 상담 이론은 다음과 같은 두 가지 내용을 포함하고 있다.

첫째는 인간관이다. 즉, 인간을 어떻게 볼 것인지에 대한 내용이다. 부적응행동의 원인에 대한 설명이나 구체적인 치료 방법은 인간을 어떤 존재로 보느냐에 따라 달라질 수 있다. 예를 들어, 어떤 상담자가 정신분석적 인간관인 '무의식적 결정론'을 믿는다면, 내담자가 갖고 있는 문제의 원인을 파악하고 해결하기 위해서 내담자 자신도 알지 못하는 무의식적 경험을 떠올리게 할 것이다. 그러나 이와 달리 상담자가 행동주의적 인간관인 '환경적 결정론'을 믿는다면, 그는 내담자가 처한 환경 조건을 파악하고 변화시키는 데 초점을 둘 것이다. 또한 어떤 상담자가 인간중심적 인간관인 '반결정론적 자유론'을 믿는다면 내담자 스스로가 자신의 잠재력을 실현하고 문제를 해결할 수 있도록 돕는 데 최선을 다할 것이다. 한편 인지행동적 인간관인 '인지적 결정론'을 믿는 상담자라면 내담자의 부적응행동이나 감정상의 문제를 해결하기 위해 그의 생각을 변화시키려고 노력할 것이다.

둘째는 부적응행동 또는 정신병리의 원인과 발달 과정 및 해결에 대한 내용이다. 예를 들어, 정신분석적 입장의 상담자는 내담자의 정신병리 원인을 현실적으로 용납되지 않은 성적욕구에 대한 억압 때문으로 보고, 이러한 억압을 의식화하도록 노력할 것이다. 그러나 행동주의적 입장의 상담자는 내담자의 부적응행동의 원인을 바람직하지 못한 행동이 강화를 받았기 때문이라고 보고 부적응행동이 강화받지 않도록 하는 한편, 적응적이고 바람직한 행동이 강화받도록 할 것이다. 반면에 인간중심적 입장의 상담자는 정신병리 원인을 내담자 자신이 직접 경험한 내용과 자신의 것으로 받아들인 내용 사이의 불일치로 보고, 자신이 경험한 모든 내용을 자신의 것으로 받아들이도록 하는 데 주력할 것이다. 한편 인지행동적 입장의 상담자는 부적응의 원인을 내담자의 비합리적인 신념 때문으로 보고 이를 합리적인 신념으로 바꾸려고 노력할 것이다.

② 상담 방법에 대한 숙달

상담 이론을 통해 상담자는 내담자가 지니고 있는 문제의 원인을 정확하게 파악할 수 있으며, 문제의 발달 과정과 그 해결책을 알 수 있다. 그러나 상담자는 상담 이론에 대한 지식만으로는 부족하며, 부적응행동을 변화시키는 구체적인 방법을 알고 이를 적절히 적용하는 것이 필요하다. 상담 방법이란 내담자가 호소하는 심리적 증상이나 부적응행동을 완화 또는 경감시키는 데 필요한 여러 가지 상담기법과 전반적인 상담 진행 전략, 내담자와 신뢰할 수 있는 상담관계를 맺는 방법, 상담의 단계별 진행요령, 즉 초기와 중기 및 종결 단계의 상담 진행 방법, 상담 중에 나타나는 여러 가지 어려움을 극복하는 방법들을 말한다. 상담자는 효율적인 상담 방법에 숙달함으로써 내담자에게 바람직한 변화가 일어나도록 잘 구성된 상담을 진행해 나갈 수 있어야 한다. 또한 다양한 상담 방법을 체득하여 내담자가 호소하는 증상에 맞는 다양한 상담 방법을 적절하게 적용하는 것이 필요하다.

③ 상담 경험 및 훈련

"이 세상에서 가장 먼 거리는 사람의 머리에서 팔다리까지다."라는 말이 있듯이, 상담에서도 머리로 아는 것과 실제로 적용하는 것 사이의 괴리는 매우 크다. 상담의 이론과 방법에 대한 지식을 갖추었다고 해서 반드시 상담을 잘할 수 있는 것은 결코 아니다. 훌륭한 상담자가 되기 위해서는 상담에 대한 지식뿐만이 아니라 충분한 상담실습 경험 및 상담전문가(superviser)에 의한 훈련지도가 지속적으로 필요하다. 또한 상담자들의 상담사례를 다루는 사례회의(case conference) 참석 경험과 함께 직접 다양한 내담자들을 상담하는 경험을 해야한다. 또한 상담자들은 자신이 실시한 상담사례에 대해 자격을 갖춘 전문상담자로부터 내담자의 문제 파악, 상담의 목표 설정, 상담 전략과 기법 적용 및 상담 진행 방법 등에 대해 일일이 점검받는 과정을 가져야 하며, 이를 통해 무엇이 어떻게 잘못되었는지를 자세히 파악하여 잘못된 점들을 고쳐 나가야 한다. 상담자들은 이와 같은 지속적인 상담실습과 훈련지도 경험을 통해 진정한 상담전문가로서의 역할을 온전히 수행할 수 있게 되는 것이다.

(2) 인간적 자질

이제까지 효과적인 상담자가 되기 위해서 꼭 필요한 상담자의 전문적 자질에 대해 알아보았다. 효과적인 상담자가 되기 위해서는 이러한 전문적 자질뿐만 아니라 인간적 자질을 갖추는 것이 필요하다. 이에 인간적 자질이 상담자에게 왜 중요한지 그 이유를 살펴보고, 인간적 자질에 대한 구체적인 내용을 알아보고자 한다.

① 인간적 자질의 중요성
- 내담자를 '사람'과 '문제' 두 가지로 보는 상담자

상담자들이 흔히 범하기 쉬운 잘못된 생각이 있다. 그것은 내담자를 '심리적 고통을 겪고 있으며 해결해야 할 문제를 가지고 있는 존재'로만 이해하는 것이다. 이러한 생각을 가진 상담자들은 내담자의 문제를 정확하게 파악하고 적절한 상담기법을 적용하면 내담자의 문제를 확실하게 해결할 수 있다고 믿는다. 하지만 상담기법의 적용만으로는 문제해결에 한계가 있다. 내담자는 문제를 가진 존재 이전에 한 인간이다. 그것도 인생을 살아오면서 주위에 있는 많은 사람들로부터 상처를 받은 사람이다. 따라서 상담자는 내담자를 바라볼 때 문제를 가진 존재로만 보는 것이 아니라, 오히려 이에 우선하여 한 인격체로서 인정받고 존중받아야 할 사람으로 간주해야 한다. 또한 내담자의 입장에서 내담자를 이해하고 공감하며 배

려하는 인간적 태도를 가질 필요가 있다.

• 치료적 도구로서의 상담자

상담자는 단순히 상담기법을 적용하는 기법가가 되어서는 안 된다. 상담자도 문제와 갈등을 가지고 있으며, 이를 보다 지혜롭게 해결하려고 노력하는 과정에 있는 한 인간으로서 내담자에게 다가갈 때 상담은 더 효과적으로 이루어질 수 있다. "상담자가 상담 장면에서 보이는 모든 말과 행동은 치료적 의미가 있어야 한다."라는 말이 있다. 상담자는 상담을 효과적으로 만드는 치료도구로서 자기 자신을 최대한 활용할 수 있어야 한다. 또한 "상담자는 자신을 이해할 수 있는 만큼 내담자를 이해할 수 있고, 자신의 문제를 해결할 수 있는 만큼 내담자의 문제해결을 도울 수 있으며, 자신이 성장한 만큼 내담자를 성장시킬 수 있다."라는 말이 있다. 상담자는 자신이 치료적 도구가 되기 위해 교육분석을 통해 자신을 보다 심층적으로 이해하고, 자신의 문제를 스스로 해결하고, 자신의 인간적 성장을 위해 꾸준히 노력하는 자세가 필요하다.

• 본보기로서의 상담자

상담에서 상담자는 내담자에게 하나의 본보기 역할을 하는 것이 필요하다. 상담에서 내담자는 나중에 상담자에게서 심리적으로 독립된 존재가 될 것을 전제로 하여 일시적으로 상담자에게 의존하게 된다. 상담의 진행과정에서 내담자는 상담자가 제안하는 문제해결 방법만을 받아들이는 것이 아니라, 상담자가 어떤 가치관을 가지고 있는지, 어떠한 태도나 생각으로 살아가는지, 얼마나 경험에 개방적이고 솔직한지 등을 관찰하면서 상담자의 일부분을 마음에 새기게 된다. 즉, 내담자가 상담자를 의식적으로 본받으려 하지 않아도 부지불식간에 다양한 영향을 받게 되는 것이다. 상담자는 내담자에게 본보기가 되기 위해 자신을 끊임없이 점검하고 바람직한 본보기가 되도록 지속적인 노력을 기울여야 한다.

② 인간적 자질의 내용

상담자가 갖추어야 할 인간적 자질의 대표적인 내용에 대해 알아보면 다음과 같다.

• 자신에 대한 이해와 수용

상담자는 자신이 어떤 사람인지를 정확하게 알고 있어야 한다. 즉, 자신의 과거가 어떻고,

그것이 현재에 어떤 영향을 미치고 있으며, 미래에는 어떻게 살아가고자 하는 것인지를 알고 있어야 한다. 특히 상담자는 자신의 문제에 대한 정확한 인식과 해결이 중요하다. 상담자는 자신의 개인적 어려움이나 갈등과 같은 정서적인 문제해결이 우선적으로 필요하다. 상담자 자신의 해결하지 못한 문제가 영향을 미쳐서 내담자의 문제해결을 돕는 데 저해요인으로 작용하거나, 내담자의 문제해결은커녕 오히려 심화시켜서는 안 된다. 따라서 상담자는 내담자를 상담하기 전에 먼저 상담전문가에게 상담을 받아(이를 '교육 분석'이라고 함), 자신의 문제를 해결하거나 적어도 해결하지 못한 문제가 무엇인지를 정확히 인식하여 이러한 문제가 내담자를 상담하는 데 영향을 미치는 것을 예방해야 한다.

상담자는 다양한 심리검사를 실시해서 얻은 객관적인 자료를 통해 자신의 성격이나 장단점 및 정신건강 등을 이해하는 것이 필요하며, 다양한 상담 이론의 틀로 자신을 이해할 수 있어야 한다. 또한 자신을 잘 알고 있는 가족과 친구 및 주위 동료들이 이야기해 주는 피드백을 통해 외부에 비춰지는 자신의 모습을 이해할 수 있어야 한다.

상담자는 자신을 알아가는 과정에서 직면하게 되는 자신의 모습을 있는 그대로 받아들일 수 있어야 한다. 자신의 우월한 점을 과장하거나 열등한 점을 숨기지 않고, 장점은 장점대로 단점은 단점대로 솔직히 수용할 수 있어야 하는 것이다.

• 타인에 대한 관심과 존중

상담자는 타인에 대한 진정한 관심과 애정을 가지는 것이 필요하다. 즉, 타인의 감정, 욕구, 생각, 의도 등에 대해 민감해야 하고, 타인의 이야기를 들어주며 돕는 것을 좋아해야 한다. 타인과 불필요한 경쟁을 하지 않고 그들의 삶과 행동, 아픔을 그들의 입장에서 이해하고 공감하고 배려해야 한다. 또한 타인들을 자신의 기준으로 평가하지 않고 한 인격체로서 있는 그대로 존중하며 그들을 진심으로 아끼고 사랑해 주어야 한다. 모든 사람이 인생 경험이나 행동방식, 가치관이나 태도에 차이가 있다는 것을 인정하고 수용하는 포용력이 있어야 한다. 아울러 타인과의 관계 속에서 자신을 숨기거나 과장하지 않고 자신을 있는 그대로 드러내며, 타인과의 갈등을 경험하더라도 덮어두지 않고 직면하여 지혜롭게 해결하려는 노력을 기울여야 한다.

• 원만한 성격과 인내심

상담자가 대인관계에서 곤란을 겪고 있거나 심리적 갈등을 느끼고 있는 경우에는 상담자로서의 역할을 효과적으로 수행하는 데 어려움이 따른다. 따라서 상담자는 모가 나지 않은 원만한 성격을 소유하고 정신적으로 건강해야 한다.

상담자가 내담자의 문제와 필요를 정확하게 이해하기 위해서는 인내심을 가지고 내담자의 말을 경청해야 하며, 내담자가 스스로 자신의 문제를 통찰하고 생활 속에서 행동으로 옮기기까지는 많은 시간이 필요하므로 인내심을 가지고 기다릴 수 있어야 한다.

• 삶에 대한 열정과 부단한 노력

상담자는 자신의 삶에 충실하고 열정적이어야 한다. 상담자는 자신에게 주어진 삶에 자신의 모든 에너지와 열정을 쏟아 낼 수 있어야 한다. 또한 상담자는 이미 완성된 존재가 아니라 끊임없이 완성을 향해서 나아가는 과정 속에 있는 존재임을 자각하고 자신의 보다 나은 성장을 위해 끊임없는 노력을 기울여야 한다.

(3) 군 상담자의 역할

군에서 상담자 역할은 주로 군 간부가 하게 되며, 그 외에도 병영생활 전문상담관과 군종장교 및 군의관 등의 전문상담관들이 상담자 역할을 한다.

상담자 역할을 하는 간부는 대부분 군 경험이 풍부한 주임원사나 부하들 가까이에 있는 소대장이나 중대장이다. 이들은 대부분 몇 시간 정도의 상담교육을 받은 것이 전부다. 따라서 이들은 상담자의 전문성을 갖추지 못했기 때문에 전문적 상담을 하기보다는 일반적 상담을 할 수밖에 없다. 예를 들어, 단순히 부하의 고민을 들어주거나 정보를 제공하고, 또한 자신의 경험담을 들려주거나 자신의 경험에 입각하여 조언이나 충고를 해 주는 것 등이 바로 그것이다. 따라서 이들이 하고 있는 상담은 전문성이 없으며, 면담 수준이라고 할 수 있다.

군 상담의 경우, 군대라는 특수한 조직에서 이루어지는 상담이므로 문제의 영역과 수준별로 군 간부와 전문상담관이 유기적인 협조체제를 구축하여 상담이 이루어져야 한다. 상담은 크게 두 가지 목표, 즉 일차적 목표와 이차적 목표로 나눌 수 있다. 일차 목표는 '문제해결적 목표'로써 내담자가 호소하는 문제나 증상을 경감시켜 주는 것이 목적이다. 이를 위해서는 내담자가 왜 심리적 문제를 경험하는지, 그리고 그러한 문제를 효율적으로 해결하는 방법과 절차는 무엇인지에 대한 지식과 경험을 갖추어야 한다. 이차 목표는 '성장 촉진적 목표'로써 문제해결에 그치지 않고 더 나아가 내담자의 수많은 가능성과 잠재력이 발휘되도록 인간적 발달과 인격적 성숙을 꾀하는 것이다. 이를 위해서는 내담자에게 어떤 잠재력이 있는지, 그러한 잠재력을 드러내지 못하는 이유가 무엇인지, 그리고 그러한 잠재력을 드러내기 위해서는 어떻게 달라져야 하는지 등에 대해 알아야 한다. 이와 같은 상담의 두 가지 목표의 관점에서 보면 가벼운 복무 부적응이나 대인관계 문제 등에 대한 일차 목표를 달성하기 위해서는 군 간부가 상담을 하며, 심층적이고 이차적인 목표 달성을 위해서는 전문상담관이 상담을 하는 시스템을 구축하는 것이 바람직하다. 이를 위해서는 군 간부에 대한 기본적인 상담교육이 반드시 선행되어야 한다. 군 간부에게 상담 이론 및 방법에 대한 교육과 적절한 실습을 실시하여 가벼운 문제해결 수준에서 부하들을 도울 수 있도록 하며, 자신의 능력을 넘어서는 부하상담의 경우에는 전문상담관에게 의뢰하는 것이 바람직하다.

2) 내담자

이제까지는 군 상담을 하는 사람들이 어떤 사람이고 어떤 자질이 필요한지에 대하여 알아보았다. 지금부터는 어떤 사람들이 군 상담을 받는지를 살펴봄으로써 군 상담이 무엇인지에 대한 이해를 돕고자 한다. 군 상담을 받는 사람들은 대부분 병사들이다. 병사들은 군 입대 전 다양한 성장 과정을 거치며, 신세대로서의 특성을 가지고 있는 20대의 청년기에 속해 있다. 따라서 상담자는 병사들의 신상명세를 정확히 파악해야 하며, 신세대의 가치관과 의식 구조 그리고 청년기의 발달적 특성을 알아야 한다. 또한 병사들은 전역 후 사회로 다시 돌아가기 때문에 진로와 취업 문제가 최고의 관심사임을 깨달아 상담을 통해 병사들이 사회의 건강하고 성숙한 일원이 되도록 도와줄 필요가 있다.

(1) 신세대의 성장배경과 특징

① 신세대의 개념 및 어원

요즘의 젊은 세대는 사회 문화적 맥락에 따라 여러 가지 명칭으로 불리고 있다. 인터넷을 기반으로 한 네트워크와 정보화에 익숙한 세대라 하여 Net Generation을 의미하는 'N세대'가 대표적인 명칭이고, 베이비부머 세대의 자녀들이라는 의미로 '에코세대'라고 불리기도 하며, 지난 X세대의 다음 세대인 Y세대라고 불리기도 한다. 최근 우리나라에서는 경기 침체와 청년실업의 문제로 고통 받고 있는 현상을 표현한 3포 세대(연애, 결혼, 출산 등의 세 가지를 포기한 세대)라고 불리기도 한다. 이러한 여러 명칭의 함의는 정보화와 소비문화에 익숙하면서도 고속 성장의 반작용으로 맞게 된 경기침체기의 고통을 떠안고 있는 요즘 세대의 특성을 다양한 측면에서 표현한 것이라 볼 수 있다.

② 신세대의 성장배경
• 경제적 배경

병사들이 성장한 1990년대 후반부터 2010년대까지 우리나라는 고속 성장과 경기 침체를 연속적으로 겪은 경제적 격변기를 거쳤다. 이러한 환경에서 신세대들은 부모 세대의 경제적 풍요와 함께 실직, 파산 등의 경제적 곤란도 직·간접적으로 경험하게 되었다. 또한 소비문화의 보편화에 따라 물질적인 풍요의 편리함과 빈곤의 고통에 대한 격차를 인식하게 되었다. 이것이 젊은 세대가 물질적이고 실리적인 가치관을 갖게 되는 배경이 되었다.

• 가정환경

핵가족화와 부모세대의 경제적·교육적 수준이 높아지면서 신세대는 외동이나 한두 명의 형제와 함께 성장하는 경우가 흔해졌다. 이것은 그동안 부모와 형제 관계에서 습득할 수 있었던 대인관계나 사회생활에 대한 기술을 제대로 습득하지 못하는 현상으로 나타나고 있다. 부모의 이혼이나 폭력 등의 가정불화를 경험하는 경우도 많아져서 이에 따른 정서적 어려움을 겪기도 한다. 이러한 가정환경의 변화는 집단이나 가족보다는 혼자만의 삶에 친숙해져 개인주의적 사고와 생활 태도에 익숙하게 되었다.

• 교육 환경

교육과 입시제도의 잦은 변화를 경험한 신세대는 어릴 때부터 치열한 경쟁에 익숙해진 세대다. 금수저, 흙수저라는 말이 있듯이 부모의 경제력에 따라 학업적 경쟁력이 판가름 날 정도로 사교육의 영향력이 큰 교육 환경에서 부모들은 자녀의 학업과 진로에 적극적으로 관여하게 되었다. 이러한 환경에서 젊은 세대는 수동적이고 기계적인 학습 태도를 갖는 경우가 흔하다. 또한 경제적으로 취약한 계층의 청년들은 부모와 사교육의 지원을 받지 못한 채 경쟁에서 밀려난 학교 환경에서 무기력과 열등감을 경험하며 부적응을 보이기도 한다.

• 문화적 배경

대중문화와 인터넷 등을 통해 다양한 문화적 환경을 경험한 젊은 세대는 자신만의 배타적이고 독특한 문화적 취향을 선호하고 즐긴다. 인터넷과 모바일 및 SNS를 통한 그들만의 언어와 개념들을 공유하며 문화적 집단주의를 형성하기도 하고, 사이버불링 등의 형태로 자신과 다른 문화적 집단에 대해 비난과 조롱 등의 공격성을 보이기도 한다. 그들은 산업화된 대중문화의 소비계층으로서 문화생활을 위해 돈을 아끼지 않지만, 이를 바탕으로 창의적이고 감각적인 문화를 재생산하는 데도 능숙하다.

③ 신세대의 특징

이러한 경제, 사회, 문화적 환경에서 자라난 신세대는 물질적이고 실리적인 가치관을 가지고 있으며, 배타적이고 개인주의적인 성향이 강하다고 볼 수 있다. 경제적인 가치를 최우선시하는 사회 환경에서 소비의 편리함에 익숙하기 때문에 힘들고 어려운 일보다는 여가와 놀이에 더 많은 가치를 두고 행동한다. 그 때문에 자기계발과 자신의 이해관계를 중시하며 타인에 대한 배려와 협력관계에 익숙하지 못하다. 핵가족과 가정 해체의 환경에서 성장하며 소통과 관계 맺기 기술이 부족하고 자기중심적인 사고와 행동을 많이 보인다. 그러면서도 성장 과정에서 부모의 많은 관심과 적극적인 관여에 익숙해져 의존성과 나약함을 보이기도 한다. 자신만의 독특하고 배타적인 문화를 즐기면서 감각적이고 즉시적인 특성을 보이며, 일방적인 지시나 권위에는 저항하는 특징을 가지고 있다.

(2) 신세대 장병의 특성

신세대 장병의 긍정적 측면은 풍요로운 사회나 경제적인 환경과 높은 교육 수준 그리고 인터넷 등이 보편화된 정보화시대에 성장하였다는 점이다. 그들이 자란 이 같은 환경은 창의성을 발휘하도록 하고, 개인의 다양성을 존중하며 수용할 줄 알게 한다. 또한 SNS(Social Networking Service) 등을 통해 다양한 사회관계망을 형성하고, 새로운 정보나 지식을 추구한다는 점에서 긍정적이다. 반면 입대 장병들은 가정과 학교의 기능이 약화된 환경에서 성장했으며, 인터넷 온라인 게임 등의 병리적인 환경에도 많이 노출된 경험이 있다. 이러한 환경은 개인주의를 양산하고 이로 인해 집단생활에서 부적응의 결과를 낳게 한다. 또한 개인 체력이 전반적으로 저조하고, 온라인상이 아닌 오프라인상에서의 대인관계에 어려움을 겪는 경우도 많다. 이런 측면은 복무 부적응이나 심리적인 불편감 등 부대 적응에 위험요소로 작용할 수 있다(육군본부, 2013, pp. 2-14).

또한 신세대를 논할 때 'PANTS신드롬'이라는 용어를 사용하기도 한다. 이는 개인주의적이며(Personal), 흥미 본위이고(Amusement), 자연스러움(Natural)을 좋아하고, 성별 구분이 모호하며(Trans border), 자신을 사랑하는(Self-loving) 세대라는 뜻이다. 신세대는 형제자매가 적기 때문에 자신이 최종 결정자가 되어야 하며, 친구들에게는 경쟁자 의식이 강하기 때문에 솔직하게 고민을 털어놓지 못한다. 따라서 모든 결정은 자신의 몫이며, 가정에 대한 책임감도 심리적 부담으로 작용한다. 이것이 신세대의 개인적인 특성이다. 특히 신세대 장병들은 거리낌 없는 비판과 토론 문화에 익숙하여 자신이 납득하지 못하는 일에 대해서 '왜?'라고 질문할 수 없을 때 극심한 스트레스를 받는다. 또 자신의 생각을 적극적으로 표현하는 것이 제한된 '절대 복종의 병영문화'가 답답하고 적응하기 힘들 수 있다. 최소 10명이 한 공간에서 생활해야 하는 '생활관' 환경 역시 혼자 방을 사용하며 자란 대부분의 신세대 장병에게는 견디기 힘든 상황이 된다.

이에 전문가들은 시대의 흐름에 맞춰 병영생활을 개인의 자율성과 독립성을 보장하는 방향으로 개선해야 한다고 말한다. 전문가들은 "인터넷을 생활관에 설치하는 눈에 보이는 전시적 장치로는 근본적인 문제해결이 되지 못한다. 구체적으로 자신이 해야 하는 일에 충분한 이해가 이뤄지고, 스스로 해야 한다는 결심이 선 다음에야 장병 개개인이 성공적으로 임무를 충실하게 완수할 것이다."라고 지적하고 있다. 즉, 자율성을 중요하게 여기는 신세대 장병의 특징으로 볼 때, 임무에 대한 설득과 합의가 이루어지면 잘 적응하는 것은 물론 기대 이상의 성과를 올릴 수 있다는 것이다. 뿐만 아니라 많은 전문가들은 상급자와 하급자 간에 자유로운 의사소통을 촉진할 수 있는 여러 방법을 찾아야 한다고 조언한다.

기성세대가 아날로그 세대여서 문자 및 이성 중심일 뿐만 아니라, 옳고 그름의 판단, 논리성과 심사숙고, 자기절제, 억제된 감정, 보고 구경하는 문화, 겸손, 타인 중시, 협동주의 등으로 대표되는 반면, 신세대는 영상세대로서 디지털 및 정보화 · NET세대이고 감성적이다. 또한 좋고 싫음으로 판단하고, 감각적이고 직관적이며, 자기표현을 잘한다. 감정을 잘 드러내고, 참여하고 체험하는 문화에 익숙하며, 자기 PR을 잘하는 등 자신에게 충실하고 자신과 타인의 개성을 중시한다(대한군 상담학회, 2009, p. 22).

신세대 장병의 긍정적 · 부정적 특성을 구체적으로 살펴보면 다음과 같다(이종인 등, 1999, p. 282).

① 긍정적 특성

첫째, 평균적인 교육 수준의 향상으로 신세대 장병들은 군에서 요구하는 수준 이상의 지식과 기술 능력을 갖추고 있으며, 군의 과학화·기술화에 따른 새로운 업무도 충분히 수행할 수 있다.

둘째, 신세대 장병은 자신에 대한 자부심이 강하기 때문에 맡은 바 임무수행이 정당하다고 받아들여질 때 적극적으로 임무를 수행한다.

셋째, 기존의 관습이나 관행에 얽매이지 않고, 스스로 좋다고 생각되는 것을 새롭게 만들어 간다. 따라서 군의 발전과 부대 업무의 새로운 방법을 제시하여 발전적인 부대 업무를 기대할 수 있다.

넷째, 신세대 장병은 개방적·진취적인 생활 태도로 인해 조직의 변화에 대해 쉽게 적응할 수 있다. 또한 컴퓨터와 첨단장비 및 각종 기계 등의 조작과 운용 능력을 구비하여 새로운 군 장비 운용에 쉽게 적응한다.

다섯째, 신세대의 솔직한 성격으로 인해 신세대 장병은 병영생활에서 발생하는 여러 문제점을 곧바로 건의하고 해결함으로써 밝고 명랑한 병영생활을 할 수 있다.

여섯째, 신세대의 평등주의적인 사고방식 때문에 선임병과 후임병 간에도 과거의 수직적인 관계에서 벗어나 대화를 통해 전우애를 고취시킬 수 있다.

일곱째, 신세대 장병들은 도전적·적극적 사고를 가지고 있어서, 어느 정도 동기화가 이루어지면 주어진 임무수행 이외에 자발적으로 필요한 일을 찾아서 하는 주인의식을 발휘할 수 있다.

② 부정적 특성

첫째, 신세대 장병의 이기적이고 개인주의적인 성향은 군 조직의 단결력과 소속감 및 공동체의식을 약화시킬 가능성이 있다.

둘째, 신세대 장병은 자신의 감정이나 의견을 솔직하게 털어놓는 데 익숙하다. 따라서 이러한 자신의 의사표현이 지나칠 경우 상급자에 대한 반발로 나타나서 상급자와 갈등을 유발할 수 있다.

셋째, 신세대 장병의 평등의식은 군 조직의 수직적

계급체계에 대한 불만과 거부감을 갖게 할 수 있다.

넷째, 신세대 장병은 법 규정이나 군대 예절을 주관적으로 해석하여 군기 이완적인 행동을 할 가능성이 있다.

다섯째, 신세대 장병은 병영생활, 교육훈련 등 통제가 많은 생활을 싫어하며, 체력이 부족하여 야외훈련 등을 힘들어할 수 있다.

여섯째, 절약정신이 부족한 신세대 장병은 부대 보급품에 대한 애호심이 부족하고 공동 물품에 대한 관리의식이 부족하여 보급품의 망실과 파손의 가능성이 있다.

일곱째, 신세대는 이성적이기보다는 감성적이어서 정신적인 가치보다 물질적 가치를 추구하고, 정신력과 인내심 및 절제력이 부족하여 일탈행위를 보일 가능성이 있다.

(3) 청년기의 발달적 특성

장병들에게 해당하는 청년기의 발달적 특성을 이해하는 것은 매우 중요하다. 청년기는 심리적 유예기(moratorium)로서 자아정체감의 형성에 혼란을 겪을 수 있으며, 사회 진출을 준비하는 기간이어서 진로와 취업에 대한 심리적 부담이 클 수 있다. 또한 이성에 대한 관심과 성적인 욕구는 강하나 통제된 생활 속에서 이를 충족시킬 방법이 없기 때문에 이에 대한 욕구불만이 강할 수 있다(대한군 상담학회, 2009, p. 19).

따라서 이들의 주요 발달과제는 첫째, 자기정체성 찾기다. 즉, '나는 누구인가? 나는 어떻게 살 것인가?' 라는 자기정체성을 확립하는 것이 중요한 발달과제가 된다.

둘째, 장병들은 직업 선택의 중요한 기로에 놓여 있다. 따라서 자신의 가치관과 흥미, 적성 등을 고려하여 전 생애 동안 지속적으로 할 수 있는 직업을 선택하는 문제가 당면과제로 대두된다.

셋째, 장병들은 주변 사람들과 관계를 형성하는 데 지대한 관심을 기울이게 된다. 따라서 가족 밖의 친구, 특히 이성과의 친밀한 관계를 맺고 이들과 어울리는 일은 매우 중요한 발달과제라고 할 수 있다.

(4) 상담 장면에서 병사들의 특성 이해

군 간부 또는 전문상담관은 내담자인 병사들이 지니고 있는 다음과 같은 특성을 이해하는 것이 필요하다.

첫째, 병사는 도움을 받고자 원하고 있기 때문에 병사가 어떤 도움을 받고자 하는지를 정확하게 파악해야 하며, 그를 돕고자 하는 태도를 적절히 전달하여야 한다.

둘째, 병사는 심리적으로 긴장 상태에 처해 있어서 불안과 초조를 느끼게 되는데, 특히 군 상담은 상급자와 하급자 간에 이루어지므로 부하의 심리적 긴장은 더욱 커질 가능성이 있다. 따라서 내담자는 자신이 갖고 있는 문제에 대한 걱정과 함께 상담자에게 자신의 문제를 어떻게, 어느 수준까지 얘기를 해야 할지, 또한 자신의 문제를 얘기했을 때 상담자가 자신을 어떻게 생각할지와 같은 심리적 불안과 초조를 경험하게 된다(육군본부, 2013, pp. 2-17).

셋째, 병사는 상담자인 군 간부와 전문상담자에 대해 나름의 생각과 기대를 가지고 있다. 군 상담은 상담자가 상급자이거나 휴가 및 보직 변경 등 부대원이 기대할 수 있는 것들에 대한 권한을 가진 경우가 많다. 따라서 병사들이 상담을 요청할 때는 직접적이고 구체적인 도움을 기대하는 경우가 많다(육군본부, 2013, pp. 2-17).

넷째, 병사는 자기가 가지고 있는 문제에 대하여 주관적으로 느끼고 생각한다. 즉, 자신의 문제에 대해 주관적인 해석과 선입견을 갖고 있다. 내담자 중 많은 병사들은 주위 환경이나 주변 사람이 문제라고 여기고 있으며, 자신은 책임이 없다는 생각을 갖고 있다. 또한 객관적인 입장에서 상담자가 하는 조언이나 지도 등을 거부할 가능성도 크기 때문에 상담자는 이 부분을 염두에 두고 상담을 진행해야 한다(육군본부, 2013, pp. 2-16).

다섯째, 병사는 자신이 처한 환경, 즉 물리적 환경(예: 경제 사정), 사회적 환경(예: 소속집단의 분위기) 및 과업적 환경(예: 수행할 일의 성격, 분량, 곤란도 등) 등과 상호작용을 한다.

여섯째, 병사는 고등학교를 갓 졸업한 자부터 대학원을 졸업한 자까지 연령과 발달단계에 따라 다양한 특징을 지닌다.

일곱째, 병사는 자신의 기대하는 바와 실제 수행 사이에서 불일치를 경험한다. 다수의 병사들은 자신의 기대와 현실 사이에서 괴리를 경험한다. 병사들이 상담을 할 때는 구체적으로 자신의 기대나 원하는 것을 표현하지는 못한다 해도 막연하게나마 자신만의 기대와 해결책을 가지고 있다. 따라서 상담자는 이들이 갖고 있는 기대나 원하는 바가 부적절하거나 현실 상황과 맞지 않을 때, 군 상황에 맞게 지도해 주어야 한다(육군본부, 2013, pp. 2-17).

(5) 병사들의 갈등 요인

병사들의 갈등 요인은 병영 내적 요인과 병영 외적인 요인으로 나누어 볼 수 있다(육군본부, 2013, pp. 2-15).

① 병영 내적 갈등 요인

병사들은 군 입대를 통해 물리적·사회적으로 급격한 환경 변화를 겪게 된다. 입대하면서 겪게 되는 물리적 환경은 낯선 지역과 환경에서의 생활, 가족 및 친지 등 그동안 자신이 속해 있던 사회적 관계와 단절된 것에 대한 불안, 부대 내 일과 중 육체적인 활동의 증가, 개인적인 공간이 없이 24시간 타인과 함께 지내야 하는 병영 환경 등이 그 예라고 할 수 있다. 사회적 변화는 명령에 의해 통제받는 생활, 상하 간의 엄격한 위계 조직 내에 위치한 개인, 각 직책에 부여되는 권한과 책임에 대한 압박감 등을 들 수 있다. 또한 집단따돌림, 폭행 및 가혹행위, 부대원 간의 인간관계 갈등 등 단체생활을 하면서 발생할 수 있는 여러 가지 갈등 요인이 늘 잠재된 채 생활하고 있다.

② 병영 외적 갈등 요인

부대원들의 가정 문제, 경제적인 문제, 이성 간의 갈등, 진로 문제, 기타 개인 신상에 관련된 문제를 통틀어 병영 외적 갈등 요인이라고 볼 수 있다. 장병들은 부대에서 집단생활을 하며 자유롭지 못한 생활을 하고 있기 때문에 부대 밖에서 발생하는 외적 갈등을 주도적으로 해결할 수 없다. 이로 인해 무력감, 소외감, 자괴감 등을 느끼게 될 뿐만 아니라 입대 전의 상황과 비교하게 되므로 상대적인 박탈감을 느껴 더욱 큰 갈등 요인으로 작용될 수 있다. 이런 병영 외적인 갈등 요인은 병영 내적 갈등 요인과 더해져서 예상하지 못한 다른 모습으로 표출되어 나타날 수도 있으며, 개인 내적인 심리적 갈등을 더욱 심화시키기도 한다. 또한 평소에 적응을 잘하고 심리적으로 건강한 장병이라도 병영 외적인 갈등 요인을 인지하였을 때 어떤 조치도 취할 수 없는 자신의 무기력한 모습에 의기소침하여 심리적 갈등과 부적응을 초래할 수 있다.

3) 전문적 상담 방법

이제부터는 상담이 이루어지는 방법에 관하여 알아보고자 한다. 전문적인 상담 방법에는 상담자가 내담자와 신뢰로운 상담관계를 맺는 방법, 내담자가 호소하는 문제를 해결하는 데 적합한 여러 가지 상담기법, 전반적인 상담진행 전략 및 상담면접의 진행 방법 등이 포함된다.

(1) 상담 방법의 내용

① 상담관계를 맺는 방법

상담은 상담자와 내담자가 관계를 맺음으로써 성립되는데, 이를 상담관계라고 한다. 신뢰할 수 있는 상담관계는 긍정적인 내담자의 변화를 촉진하기 때문에 상담 성과와 직결되는 매우 중요한 요소다. 이러한 의미에서 이를 촉진적인 상담관계라고 말한다. 촉진적인 상담관계를 형성하기 위해서는 상담자에게 진실성, 긍정적 존중, 공감적 이해 등의 태도가 필요하다. 여기에서는 상담관계에 대해 개략적으로 설명하고 제4장에서 자세하게 다루고자 한다.

• 진실성

진실성(genuineness)이란 상담자가 내담자를 대하면서 순간순간 떠오르는 자신의 생각이나 감정을 더하거나 빼지 않고 있는 그대로 느끼고 경험하는 것을 의미한다. 따라서 진실성은 일치성을 의미한다. 즉, 상담자는 자신의 속마음과 겉으로 보이는 말이나 행동이 같아야 한다는 뜻이기도 하다. 또한 진실성이란 솔직성을 의미한다. 즉, 상담자가 내담자에 대해 느낀 것을 있는 그대로 표현하는 것을 뜻한다. 상담자가 내담자를 진실하게 대하는 태도를 일관되게 유지하면 내담자 또한 이를 거울삼아 상담 장면에서 자신의 모든 경험을 솔직하게 드러내게 된다.

• 무조건적 긍정적 존중

무조건적 긍정적 존중(unconditional positive regard)이란 상담자가 내담자를 평가하거나 판단하지 않고, 내담자가 표현하는 어떠한 감정이나 행동도 아무런 조건 없이 있는 그대로 수용하고 존중하는 태도를 말한다. 무조건적 긍정적 존중에서 긍정적 존중이란 내담자를 한 인간으로서 대한다는 의미이고, 무조건적이란 내담자를 긍정적인 존재로 존중하되, 그것에 아무런 전제나 조건을 붙이지 않는다는 것을 뜻한다. 또한 내담자를 무조건 존중한다는 것은 내담자의 일거수일투족에 대해 동의하거나 승인(approval)하는 것이 아니라, 그런 생각과 감정, 행동을 보이는 내담자에 대하여 한 인간으로서의 가치를 인정하고 존중한다는 의미다. 상담자가 이러한 태도를 일관되게 유지할 때 내담자는 자신을 있는 그대로 느끼고 표현하게 되어, 결국 심리적 문제가 해결되고 이제까지 숨겨졌던 잠재력을 성취할 수 있게 된다.

• 공감적 이해

공감적 이해(empathic understanding)란 상담자가 내담자와 관계를 맺는 동안에 여기와 지금(here and now)에서 나타나는 내담자의 감정과 경험을 상담자가 마치 자신의 것처럼 민감하고 정확하게 이해하는 것을 뜻한다. 공감적 이해를 잘하기 위해서는 상담자가 내담자의 입장이 되어, 내담자가 느끼는 현실을 같이 느끼고, 내담자의 마음의 세계를 있는 그대로 경험하며, 내담자가 세상을 보는 눈으로 같이 보는 것이 필요하다. 공감의 과정에서 상담자는 자신의 처지와 입장을 그대로 유지한 채로 내담자의 입장이 되어, 거기에서 보고 느낀 것의 의미를 내담자에게 전달해 주어야 한다. 공감적 이해는 내담자로 하여금 자신의 경험에 대한 이해를 넓혀 가도록 함으로써 진정한 자기를 있는 그대로 발견하여 자기 성장을 도모하도록 도와준다.

① 다양한 상담기법

상담의 목적이 내담자가 가진 문제를 해결하는 데 있다고 볼 때, 상담에서 일차적으로 다루어야 할 주요 문제는 내담자가 호소하는 문제 증상이다. 상담에서 행해지는 문제해결의 구체적인 방법은 내담자가 호소하는 문제 증상의 유형이나 특성에 따라 달라진다. 즉, 모든 유형의 문제 증상에 대해 동일하게 적용되는 하나의 상담기법은 없다. 각각의 문제 증상에 맞는 상담기법을 적용하는 것은 상담에서 매우 중요하다. 성공적인 상담을 위해서는 상담자가 문제해결에 필요한 다양한 상담기법에 대해 잘 알고 또한 숙달되어 있어야 한다. 그런 다음 내담자의 문제 유형과 특징을 면밀하게 평가하고, 문제해결에 가장 도움이 되는 상담기법을 선택하여 적용하는 것이 필요하다.

② 상담 진행 전략

한두 번의 만남으로 원하는 성과를 달성하는 상담도 있지만, 대부분의 상담은 여러 번의 만남을 통해 이루어진다. 여러 번 반복되는 상담자와 내담자의 만남 속에서 상담은 시작되고 전개되며, 반전을 되풀이하다가 결국 종결에 이르게 되는데, 이를 상담의 단계 또는 과정이라고 한다. 상담의 과정은 일반적으로 초기 단계, 중기 단계 및 종결 단계로 이루어진다. 상담자는 각각의 상담 단계를 진행하는 전반적인 상담 전략을 이해해야 하며, 이를 바탕으로 상담의 전 과정을 효과적으로 진행하는 것이 필요하다.

③ 상담면접의 진행 방법

상담면접을 진행하는 가장 전형적이고 일반적인 방법은 내담자와 상담자 간의 대화다. 상담자는 대화를 통해 내담자를 이해하며, 대화를 통해 내담자를 변화시킨다. 즉, 대화는 내담자를 이해하는 핵심 수단이자 문제를 해결하고 성장을 촉진시키는 가장 유력한 상담도구다. 따라서 상담자는 내담자와 얼굴을 맞대고 앉았을 때 대화를 어떤 식으로 진행해야 내담자로부터 보다 중요하고 의미 있는 정보를 이끌어 낼 수 있는지, 문제를 어떻게 해결해 나아가야 할지, 더 나아가 내담자가 자기에 대해 보다 나은 이해와 통찰을 얻기 위해서는 대화를 어떻게 구성해야 하는지에 대해 알아야 한다. 최근에는 상담면접을 진행하는 방법이 다양해지고 있는 추세다. 내담자의 문제를 해결하기 위한 방법으로 놀이, 음악, 무용, 미술, 연극 등을 활용하기도 한다. 이와 같은 방법들은 전문적인 수련과정을 통해 숙달이 가능하며, 대화치료와 함께 상담 장면에서 활용하면 상담의 효과가 커질 수 있다.

(2) 상담 방법의 중요성

군 상담에서 상담 방법이 중요한 이유는 다음과 같다.

첫째, 대다수의 군 간부들은 상담 요령과 기법을 잘 알고 있지 못해서 전문적인 상담이 아닌 단순한 면담 수준의 비전문적인 상담을 실시하고 있다.

둘째, 상담자 역할을 하는 군 간부들은 업무 과다로 인해 상담자로서의 역량을 쌓는 데 시간적인 제약이 따르므로, 단기간 내에 효율적으로 상담 능력을 배양할 수 있는 상담 방법을 이해하고 숙달할 필요가 있다.

셋째, 상담자로서의 전문성을 갖추기 위해서 자기계발에 힘쓰는 군 간부들의 경우 상담 방법과 관련된 책자나 자료가 부족하여 개인적인 학습이 어려운 실정이다.

3. 일반 상담과 군 상담의 비교

일반 상담과 군 상담은 공통점과 차이점을 가지고 있다. 공통점은 상담의 세 가지 중요한 요소라고 할 수 있는 상담자와 내담자, 그리고 전문적 상담 방법과 문제해결을 돕는 과정이라는 점을 들 수 있으며, 차이점은 다음과 같은 것이 있다.

첫째, 일반 상담은 개인의 감정이나 이익을 최우선적으로 고려하지만, 군 상담은 개인보다는 조직의 특수성과 임무, 집단의 목표에 더 큰 비중을 둔다.

둘째, 일반 상담은 대체로 상담자와 내담자의 계급이 존재하지 않아 수평 관계를 이루며, 상담자가 내담자와의 관계에서 상담자라는 한 가지 역할만 수행한다. 그러나 군 상담은 상담자인 군 간부가 내담자인 부하보다 계급이 높아 수직적 관계를 이루며, 상담자 역할뿐만 아니라 기존의 군 간부 역할도 존재하여 이중역할을 한다.

셋째, 일반 상담은 상담자가 내담자의 비밀을 보장하는 것과 문제를 해결하는 데 특별한 한계가 없다. 반면, 군 상담은 보고체계가 중시되어 비밀보장에 어려움이 따르고 상담자가 내담자의 문제를 해결할 수 있는 방법을 적용할 수 있는 범위와 정도에 한계(예: 개인생활과 휴가 등을 규제할 수밖에 없다)가 있다. 일반 상담과 군 상담의 차이점을 설명하면 〈표 1-2〉와 같다(대한군 상담학회, 2010, p. 5).

〈표 1-2〉 일반 상담과 군 상담의 차이점

구분	일반 상담	군 상담
목 표	개인의 복지와 행복 추구	조직의 임무와 목표 달성
상담자	상담전문가	군 간부(준전문가) / 군 상담전문가
내담자	남녀노소(다양성)	20대 청년층(제한적)
상담 관계	수평적 / 단일 관계	수직적(계급) / 이중 관계
환 경	개인생활	공동생활
비밀보장	최대한 보장	제한적
문제해결 범위	특별한 한계 없음	한계 존재
기 간	단기 / 장기상담	단기상담 위주
유 형	자발적 내담자	비자발적 내담자

제2절 군 상담의 특징 및 필요성

1. 군 문화의 특징

군 조직은 궁극적으로 유사 시 전쟁 수행이 가능한 조직으로서의 특성과 규범, 생활양식 등을 필요로 한다. 군 문화의 특징을 일반 사회의 문화와 비교하여 살펴보면 다음과 같다.

첫째, 일반 문화는 자유와 평등을 기본이념으로 하는 민주주의에 입각하고 있다. 특히 평등주의의 경우 인격의 평등, 기회의 평등, 직업 선택의 평등 등으로 계급이나 신분과 같은 요소에 의한 평가를 반대하고 능력이나 업적에 의하여 평등하게 평가받는다. 그러나 군 문화는 권위주의와 계급주의에 입각하고 있다. 즉, 군 문화는 강력한 위계조직을 형성하고 있어서 계급적 권위가 절대적이며, 계급을 중심으로 한 엄격한 계층 구조를 수용하여 계급을 중요한 가치로 받아들이고 있다.

둘째, 일반 문화는 기능적으로 매우 다양하게 분화되어 있으며, 각자의 개성에 따라 다양성을 추구하면서도 사회 전체적으로는 유기적인 관계를 형성하고 있는 복합적 구조를 보인다. 이에 반하여 군 문화는 계급체계에 의한 통합된 질서체계하에서 획일적 생활양식을 특징으로 하고 있다. 즉, 군대는 일반 사회에 비하면 동질적인 요소들로 구성된 사회이지만, 군대 사회 역시 평화 시에는 직업군인들을 중심으로 일반 사회와 활발한 접촉과 교류를 하고 있다.

셋째, 일반 문화는 형식보다 실용성과 실리를 추구하는 데 반하여, 군 문화는 그 조직 목적의 절대성으로 인해 규율과 질서를 함양하기 위하여 복장, 태도, 몸가짐 등 형식과 의식을 중요시한다. 또한 장병들에게는 명예가 매우 중요한데, 이러한 명예를 추구하도록 동기를 유발하는 방법 중 한 가지가 외관, 즉 형식적인 측면의 충족이다. 군인은 죽더라도 명예를 추구하는데, 그 명예를 나타내는 외적 표현이 계급장, 유니폼, 구두, 훈장 등으로 나타나며, 엄숙하고도 화려한 예식과 주악은 군인들의 사명감과 전투 의지를 북돋워 준다(조승옥 공저, 2010).

넷째, 일반 문화는 개인중심주의를 추구하는 반면에, 군 문화는 집단주의에 입각하고 있다. 인간중심 가치관에서 볼 때 군 문화의 집단주의가 개인의 존엄성을 무시하는 것은 아니라고 하더라도, 군대 내에서의 생활 원리는 집단생활을 중요시하며 집단의 결속을 위하여 개인의 의사를 집단의 의사에 복종시킬 것을 요구한다. 따라서 군에서는 전통, 통일, 공동의식, 민족, 국가 등이 높은 가치로 수용될 뿐만 아니라, 개인의 희생을 통한 국가와 민족의 수호를 이상적 가치로 간주한다.

다섯째, 일반 문화는 임무 수행에서 유연성이 있는 반면, 군 문화는 임무를 수행함에 있어서 완전주의를 추구한다. 전쟁에서는 2등이 존재할 수 없다. 오직 1등으로서의 승자만이 살아남을 수밖에 없는 상황에 익숙해진 군인에게 적당히 하는 것은 있을 수 없다.

여섯째, 일반 문화는 직업적 문화인 데 비해 군 문화는 공공 조직적 문화다. 직업적 문화는 직무 수행, 구성원의 동기부여, 직업 정책 등의 영역에서 시장 개념에 의해 정당화되는 가치, 규범, 운용 원리 등을 중시한다. 이에 반해 공공 조직적 문화는 어떤 공동 목표를 실현하기 위하여 개인적 이익을 초월하는 가치, 규범, 목적성 등을 정당화하는 조직, 제도, 운용 원리를 중요시한다.

지금까지 군 문화를 몇 가지 관점에서 일반 문화와 비교해 보았다. 유념해야 할 점은 비록 두 문화 간 차이는 있지만, 군 문화와 일반 문화가 근본적으로 별개의 형태로 존재하는 것은 아니라는 것이다. 시대와 지역에 따라 다소 차이는 있겠지만 군 문화와 일반 문화는 상호 간에 영향을 주고받는 관계로 이어져 왔으며, 특히 오늘날과 같은 개방사회에서는 더욱더 그 교류가 증대되고 있다.

2. 군 상담의 특징

군 상담의 특징은 다음과 같다.

첫째, 군 상담은 상관인 상담자와 부하인 내담자 사이에서 이루어지기 때문에 엄연한 계급 차이가 존재하여, 상담자와 내담자 간의 인격적인 관계 형성이 어렵다. 부하인 내담자가 자신을 평가하는 위치에 있는 상급자이자 상담자에게 자신의 문제점을 드러내며 솔직한 이야기를 하는 것은 쉽지 않은 문제다. 더불어 상당수의 병사들은 장교나 부사관이 자신의 세계를 이해하는 데 한계가 있다는 인식이 뿌리박혀 있어 대화 자체를 기피하는 경향이 있다. 이러한 문제를 해결하기 위해서는 간부들이 평소에 부하들을 대할 때 개방적인 자세를 취하고 인격적인 관계를 형성할 필요가 있다. 또한 지휘계통에 있지 않은 민간 상담전문가들이 군 상담자 역할을 할 필요가 있다.

둘째, 군 상담에서 군 간부들은 상관이자 상담자 역할, 즉 이중 역할을 한다. 군 간부들은 평소 내담자인 병사들을 지휘하다가 상담 장면에서는 상담자의 역할을 하게 된다. 따라서 병사들은 상담 장면에서 평소와 다른 군 간부의 모습에 혼란스러울 수 있다. 따라서 군 간부의 부하 상담 시 상담자의 역할을 구조화할 필요가 있다. 또한 이중 역할의 문제점을 해결하기 위해 상담만 전문적으로 하는 군 간부의 육성도 요구된다.

셋째, 군 상담에서는 상담 내용에 대한 비밀보장에 한계가 있다. 군에서는 보고체계가 의무화되어 있으며, 조직의 목표를 우선하기 때문에 상담 내용에 대한 비밀보장을 지키기가 매우 어렵다. 이로 인해 내담자가 상담 장면에서 자신의 고민을 솔직하게 털어놓는 것이 쉽지 않으며, 상담자와 내담자 사이에 신뢰할 수 있는 관계를 형성하는 데 어려움이 따른다. 따라서 군 상담에서 상담자는 비밀보장이 가능한 경우와 비밀보장이 가능하지 않은 경우에 대한 구분을 명확히 하여 내담자에게 전달해야 한다. 또한 상담 내용에 대한 결과보고는 지휘계통에 한해 이루어져야 한다.

넷째, 군 상담에서 상담자가 내담자의 문제를 해결해 줄 수 있는 범위와 정도에 한계가 있다. 군 조직을 유지하기 위해서는 엄격한 규율과 구성원의 개인생활 규제가 반드시 필요하다. 때문에 내담자에게 유익한 해결 방법이 있다고 하더라도 적용하기가 곤란한 경우가 있으며, 이러한 경우 상담을 통한 문제해결에 부정적인 태도를 가질 수 있다. 따라서 엄격한 개인행동 규제와 인내심을 요구하는 군 경험이 사회에서는 배울 수 없는 발달과업 중 하나라는 인식을 갖도록 장병들을 교육할 필요가 있다. 또한 상담을 통해 장병들의 잠재력 개발과 진로 탐색이라는 성장지향적인 목표를 추구하여 이러한 문제를 해결할 수 있다.

다섯째, 병사들 대부분이 20대 초반의 청년기에 속하기 때문에 육체적으로는 성인이지만 정신적으로는 다소 미성숙하다. 또한 문제해결 시 제한된 경험에 집착하거나 감정에 치우칠 가능성이 있기 때문에 군 간부들은 부하들의 이 같은 특성을 파악하고 있어야 한다. 상담자가 중대장일 경우에는 최고 8년까지 세대차가 벌어지기도 하므로, 상담자에게는 내담자를 충분히 이해하기 위한 사전 노력이 요구된다.

여섯째, 내담자인 부하들은 군대와 군인이라는 급격한 환경 변화와 역할 변화에 따라 정서적·사회적 적응에 문제가 발생할 수 있다. 24시간의 공동생활, 엄격한 위계질서와 규율, 단순·반복적인 일상 업무, 특별한 임무 수행에 따르는 특수한 환경과 역할이 부여되며, 성장 환경이 다른 사람들이 모인 집단생활에서 조직 목표를 추구하므로 부적응 문제가 공통적으로 발생할 소지가 있다.

일곱째, 부하들은 개인의 편리와 이익을 위해 거짓으로 문제를 호소할 가능성이 있다. 좀더 편한 부대나 보직으로 옮겨가기 위해, 혹은 휴가를 받고 싶은 마음으로 인해 문제를 허위로 만들어 낼 수 있기 때문에 상담자는 내담자의 호소가 사실인지의 여부를 면밀히 확인할 필요가 있다. 하지만 이런 확인 과정이 자칫 잘못하면 상담자와 내담자의 신뢰 관계 형성을 저해하는 요소로 작용할 수도 있으므로 신중하게 접근해야 한다.

여덟째, 군 간부들은 과도한 업무 때문에 상부 보고용으로 형식적인 상담을 진행할 가능성이 있다. 또한 그들은 상담 이론과 기법에 대한 충분한 교육 부재로 전문적인 상담 능력이 부족하기 때문에 상담자로서의 역할을 제대로 수행하지 못하고 면담 수준의 비전문적 상담이 이루어질 수 있다.

3. 군 상담의 필요성

2014년 군에서 발생한 뉴스 가운데 최악의 불미스런 사건은 단연 '임 병장 GP 총기난사 사건'이라고 할 수 있다. 기억하고 싶지 않은 끔찍한 사건이지만 미연에 예방할 수 있는 방법은 없었을까? 만약 총기를 발사한 임 병장이 평소 갖고 있던 고민을 누군가가 알고 있었고, 더 나아가 진심으로 이해해 주고 그 고민을 함께 했었더라면 어떻게 되었을까?

같은 부대에 있는 선임병이나 간부는 자신에게 주어진 업무 때문에 시간적 여유가 없을 뿐만 아니라 도와주고 싶어도 도와줄 방법을 잘 모르는 한계가 있을 수도 있다. 또한 계급이라는 장벽으로 인한 심리적 거리감 때문에 자신의 속마음을 이들에게 털어놓기가 쉽지 않았을 것이다.

우리는 몸이 아플 때 의사를 찾아간다. 마음이 아플 때도 이와 마찬가지로 전문가의 도움을 받아야 한다. 사이비 의사가 자칫하면 환자를 죽음에 이르게 할 수 있듯이, 전문성이 없는 상담자도 내담자의 문제를 해결하기는커녕 심화시킬 수가 있다. 어떤 사람이 전문가라고 할 수 있는가? 상담전문가는 마음의 문제가 발생한 원인, 발달 과정 및 해결 방법 등에 관한 전문지식을 지니고 있고, 상담을 효율적으로 진행하는 절차와 방법을 잘 알고 있으며, 실제 상담 경험과 훈련 지도를 받은 사람을 말한다. 따라서 군 상담도 이러한 전문가들에 의해 이루어진다면 상기한 여러 문제가 해결될 수 있기 때문에 정신적인 문제로 야기되는 각종 사고를 사전에 예방할 수 있을 것이다.

특히 군대는 계급과 지휘계통을 통한 '지휘통솔'과 '리더십'의 두 축으로 주로 움직인다. 계급에 의한 지휘통솔과 적절한 리더십을 발휘하여 평소의 교육훈련과 전시에 적과 싸워 승리하는 일은 군대에서 요청되는 가장 중요한 일 중의 하나다. 그런데 특정한 장병이 군대의 특수한 상황에서 부적응적인 행동을 보일 때, 계급이라는 체계를 통해 '지시'로 통제할 수 없게 된다면, 어떻게 그 장병을 이끌어 가야 할까? 또 심리적 장애나 정신적인 문제를 보일 때는 어떻게 조치해야 하며, 자살시도나 우울 증상 등 통제할 수 없는 행동을 보일 때에는 어떻게 대응해야 할까? 군대 내의 문제가 아니라 전역 후의 진로나 이성 문제 등과 같이 다른 영역의 문제로 인해 부적응을 보일 때는 또 어떻게 도와줄 것인가? 등 지휘통솔과 리더십만으로 통제가 불가능한 특정 분야가 존재한다. 이러한 여러 특정 분야에 심리적으로 조력할 수 있는 분야가 바로 군 상담이다. 따라서 지휘관들이 안정적으로 부대를 운영할 수 있도록 상담을 통해 조력할 수 있으며, 나아가 부대 내 다양한 인적 자원의 정신적인 어려움을 완화시키거나 해소시켜 훈련이나 부대생활에 집중할 수 있도록 조력할 수 있다. 이처럼 군 상담은 부대의 지휘권을 강화하고, 정신전력을 육성하며, 부대를 안정화시키는 데 기여한다(한국군 상담학회, 2009, p. 11-12).

군 상담의 바람직한 방향은 '군 간부'와 '군 상담전문가'의 상호 유기적인 협조체제를 이루는 것이다. 이런 협조체제 속에서 군 간부는 군 상담의 중요성을 인식하고, 상담의 중요성에 대한 인식과 기본적인 상담기법 및 부하에 대한 파악 요령 등을 숙지하고, 부하들의 가벼운 문제를 상담해 주되, 자신의 한계를 벗어나는 영역에 대해서는 전문가에게 상담을 의뢰해야 한다. 한편 군 상담전문가는 군 간부가 의뢰한 병사들과 아울러 상담을 희망하는 병사들에 대한 전문상담을 통해 문제해결을 돕고, 군 간부들에게 상담 결과에 대한 피드백을 제공하며, 군 간부들에 대한 상담 관련 교육을 실시할 수 있어야 한다.

군 상담의 필요성을 구체적으로 살펴보면 다음과 같다.

첫째, 부적응을 보이는 장병이나 부적응이 예상되는 취약한 장병 개개인에 대해 개인상담 및 소규모 집단상담 등의 직접적인 상담활동을 통해 그들이 경험하고 있는 당면 문제를 해결하고 개인적인 유능감을 제공해 줄 수 있다. 또한 군 상담을 통해 장병 개개인이 지닌 문제를 해결해 주어 업무 능력을 향상시키고 그들이 지닌 잠재력을 개발하여 군 조직이 추구하는 목표 달성을 보다 용이하게 할 수 있다. 군 상담은 내담자의 문제해결을 위해 필요한 다양한 모든 자원을 활용하여 문제해결이나 역량 강화를 위해서 장병 개인의 변화와 더불어 군의 환경이나 체제의 변화까지도 이끌어 낼 수 있다.

둘째, 군 상담을 통해 모든 장병들에게 생활교육을 실시할 수 있고 이를 통해 잠재력을 개발할 수 있는 기회를 제공할 수 있다. 군에서 상담 활동을 통해 장병들에게 스트레스 관리, 의사소통 기술, 갈등 관리나 분노조절 능력, 진로 설계 능력, 정신건강, 대인관계 능력 등을 함양시켜 줄 수 있다. 이처럼 학교에서는 배울 수 없었던 생활교육을 군에서 배움으로써 군 생활 기간은 시간 낭비라는 부정적인 인식을 긍정적으로 바꾸어 줄 수 있으며, 군에서 리더십 함양, 대인관계 기술의 습득 등 청년기의 발달과업을 성공적으로 성취해냄으로써 군 생활을 의미 있는 삶의 과정으로 인식하며, 군 조직을 배움의 장으로 바꿀 수도 있다. 군에서 이와 같은 상담 활동을 통해 상담은 모든 장병들이 받는 것이란 것을 깨닫게 되어 상담에 대한 낙인 효과도 자연스럽게 없어질 수 있다.

셋째, 군 상담을 통해 지휘관이나 간부들에게 부대지휘에 필요한 정보를 제공하고, 지휘관 요청 시 자문 역할도 할 수 있다. 군 상담을 통해 지휘관을 포함한 간부들의 리더십 역량과 기초적 상담 능력 함양을 위한 교육을 실시할 수 있는데, 이 또한 부대를 잘 지휘하기 위한 하나의 좋은 방책이 될 수 있다. 군 상담자는 상담을 통해 알게 된 여러 문제에 대한 비밀을 최대한 보장하되, 지휘관이 조치할 수 있는 내용이나 내담자의 문제해결을 위해 지휘관이 꼭 알아야 할 필요가 있는 것들에 대해 상담자가 조언 및 자문을 해 준다면 지휘관의 병력 관리는 훨씬 수월할 것이다. 또한 군 상담자가 간부들의 상담 역량을 강화하기 위한 상담 관련 교육을 지속해서 실시한다면, 병사 개개인이 받는 상담이나 면담의 질이 달라질 것이고, 이는 궁극적으로 부대 전체 안정화에 기여할 수 있을 것이다.

넷째, 군 상담은 장병들에 대한 상담 활동과 생활교육 및 상담교육을 통해 군 조직 전체가 상담 마인드를 갖도록 하여 군에 상담 문화를 확산시키고, 병영 문화를 개선할 수 있다. 군의 존재 목적은 유사 시 적과 싸워 전투에서 승리하는 것이다. 따라서 장병 개개인 보다는 집단의 목표나 조직의 목적이 더 중요할 수밖에 없다. 즉, 명령이나 지시에 의한 임무 수행이 개개인의 심리 상태보다 우선된다. 하지만 군 상담을 통해서 장병 개개인의 심리 상태를 보다 세심하게 살피고 그들의 심리적 안녕을 위해 노력할 수 있다. 또한 상담에서 이루어지는 솔직한 의사소통을 통해 병영 내에서 일어나는 부조리를 파악하고, 이를 개선하도록 정책이나 제도를 건의하고 제안할 수도 있다. 군대 내의 인적 자원을 효율적으로 관리하고 개발하는 방안을 교육할 뿐만 아니라 장병 대상 상담교육을 통해 군대 내에서의 임무수행 시 계급과 직책에 맞게 최선을 다하되 계급이나 직책이 그 사람의 인격이 아니라는 병영 문화를 확산시킬 수 있다.

다섯째, 군 상담은 부대 내 사고를 예방하는 데 기여할 수 있다. 모든 장병을 대상으로 군 생활에서 직면할 수 있는 문제에 대해 사전 교육을 통해 사고를 예방할 수 있다. 군 장병들의 병영 내 사고에 관련된 많은 연구에서 병영생활에서 경험하는 스트레스가 사고의 직·간접적 원인임을 밝히고 있다. 앞서 신세대 장병들의 특징에서 본 것처럼 청년기에 있는 병사들은 심리적으로 불안정하며, 상명하복의 엄격한 지휘계통과 명령에 복종해야 하는 군에서

적응하기 쉽지 않다. 또한 개인주의적인 성향이 강한 병사들이 24시간 같이 생활하며, 집단적 행동이 강요되는 군 문화 속에서 오직 명령에 따른 복종이 요구될 때 그들은 자신의 욕구가 충족되지 않는 데서 오는 좌절이나 스트레스, 분노나 우울 등을 경험할 수밖에 없다. 이러한 분노가 부적절하게 표출된다면, 총기난사와 자살사고 등으로 표출될 수 있고 혹은 후임에 대한 괴롭힘과 탈영 등 악성사고로 이어질 수 있다. 따라서 신인성검사 등의 심리검사를 통해 부적응 예상 병사를 사전에 식별하거나, 집단상담을 실시하여 집단 속 역동을 통해 군 생활을 힘들어 하는 장병을 사전에 식별해낼 수 있다. 간부들, 특히 병사들과 가까이 있는 초급간부나 부사관들을 통해 상담이 필요한 병사가 있는지 항상 주의 깊게 살피도록 교육하며 필요할 때에는 직접 상담을 하거나 전문가에게 의뢰하여 적응을 도울 수 있도록 해야 한다. 또한 군 상담전문가가 분대장, 상담병, 군종병 등에게 동료상담을 시켜 부대 내의 동료상담자로 활용한다면 사고는 현저하게 줄어들 수 있다. 부대 내에서 군 간부나 군 상담전문가의 노력만으로 해결하기 힘든 사례는 지역사회에 있는 군 상담학회나 시·도 청소년 상담실, 지역상담센터 등과 연계하여 위기에 처한 장병들의 상담을 지원하는 지원체계를 마련할 수 있다.

마지막으로 군 상담은 군인뿐만 아니라 군인가족들까지 확대하여 적용할 수 있다. 특히 간부들의 가족들은 배우자나 부모가 군인이기 때문에 겪어야 하는 어려움이 많다. 보직이나 직책에 따라서 조금씩 다르긴 하지만, 대부분의 군인가족은 짧게는 1년에 1번, 길게는 몇 년에 한 번씩 이사를 해야 한다. 따라서 군 간부의 자녀들도 잦은 전학을 가야 하기 때문에 학교생활에 힘들어 하는 경우도 많다. 전방부대의 경우는 문화 시설 등이 열악해 군 간부의 배우자들이 고립감을 느끼는 경우가 많으며, 훈련이나 밤샘 근무 등으로 집에서 부모 역할을 하지 못해 배우자가 부모의 역할을 다 하는 경우도 있다. 군인가족을 대상으로 개인상담이나 집단상담 혹은 군대와 군인들에 대한 집단교육 등을 통해 정신건강을 증진하고 군에 대한 이해의 폭을 넓힌다면, 군인가족들이 보다 더 행복하게 생활할 수 있게 될 것이다. 가화만사성이란 말이 있듯이 가정이 평안하면 군 간부들은 더욱 일에 집중할 수 있을 뿐만 아니라 업무 능률도 오를 것이다.

제3절 군 조직체계

이 책에서는 각 군의 계급과 기관들이 자주 언급된다. 군에 대해서 잘 모르는 독자들을 위해 군의 계급체계와 조직에 대해 알아보고자 한다.

1. 계급체계

군인 신분은 크게 병사와 부사관 그리고 장교로 나눌 수 있다. 군무원은 군 관련 업무에 종사하는 일반인이며, 군의 계급체계에는 포함되지 않으나 '국군 장병'이라는 넓은 범주에는 포함된다.

1) 병사

병사의 계급은 이병, 일병, 상병, 병장 순으로 이루어져 있으며, 가로 막대 모양은 지구의 4개 층을 의미한다. 병사의 계급장은 육·해·공군이 모두 동일하지만 색깔은 다르다. 육군은 검은색, 공군은 파란색, 해군은 흰색이다. 이 중 가장 혼동하기 쉬운 것은 일병과 이병의 서열이다. 여기서의 숫자는 '등급'이라고 이해하는 것이 옳다. 2등급보다는 1등급이 높다는 식이다. 상병은 말 그대로 이들의 위에 있는 등급으로 이해할 수 있으며, 병장은 '병사의 우두머리'라는 뜻이다. 이병부터 병장까지 한 자리에 있는 모습은 옆의 사진과 같다.

2) 부사관

부사관은 하사, 중사, 상사, 원사 순으로 구성되어 있다. 부사관은 부대의 살림과 실무를 맡고 있으며, 자신의 분야에서 오랫동안 경륜을 쌓은 전문화된 군인이다. 원사는 부사관 중에서 가장 원숙하고 군 생활 경험이 풍부한 계급이라는 뜻이다. 특히 병사들의 아버지처럼 부대 내 대소사를 총괄하는 원사를 주임원사로 지칭하는데, 병사들에게 많은 영향을 미치는 간부 계급의 대표격이라 할 수 있다. 부사관 계급장은 V모양을 기본으로 하고 있다. 이는 나무뿌리 혹은 지붕 모양에서 착안한 것으로, 군대 안에서의 부사관 역할을 상징한다. 이후에 성장과 도약, 장교와 병사 사이의 다리 역할, 승리 등의 의미가 추가되었다. V모양 하나는 하사, 둘은 중사, 셋은 상사이며 원사는 상사 계급에 별이 있다. 부사관 계급장은 아래와 같다.

3) 장교

장교는 준위, 소위, 중위, 대위, 소령, 중령, 대령, 준장, 소장, 중장, 대장 순으로 구분되어 있다. 풋풋한 얼굴의 소위가 원숙한 인상을 가진 원사보다도 계급상으로는 상위 계급이다. 때문에 복무 기간이 길고 나이가 많은 부사관 계급과 초급장교 사이를 의아해하는 경우가 있는데, 나이를 거스르는 군대의 통념을 깨고 이 경우 상호 존대를 하며 서로 예우하는 것이 통상적이다.

지휘 계급인 장교는 특히 위관과 영관으로 구분하는데, 그중 위관은 준위, 소위, 중위, 대위의 순서다. 역설적으로 이 중 가장 나이가 많고 근무 경력이 오래된 계급은 '준위'인데, 준사관으로 불리는 이 계급은 부사관 중에서 시험을 통해 선발된다. 준위를 포함한 위관의 계급은 뾰족한 마름모형이다. 위관장교의 마름모꼴 계급은 세상에서 가장 단단하다고 일컬어지는 금강석(다이아몬드)을 표현한 것으로, 초급 간부의 국가 수호에 대한 굳은 의지를 상징한다. 소위는 1개, 중위는 2개, 대위는 3개며, 준위는 소위 계급장과 모양은 동일하지만 부사관과 같은 금색으로 되어 있다.

영관급 역시 1개는 소령, 2개는 중령, 3개는 대령의 순으로 올라간다. 보통 '무궁화'라고 잘못 알고 있는 영관급 계급장은 마름모꼴의 계급장을 아홉 개의 대나무 잎이 둘러싸고 있는 형태다. 이는 금강석이 상징하는 '의지'에 대나무의 '기상과 절개'의 의미를 더한 것으로서 그만큼 책임과 의무가 더해졌다는 뜻이다.

잘 알려진 바대로 장관급 장교의 계급은 별이다. 스스로 빛을 내는 천체인 별은 군의 모든 경륜을 익힌 계급이라는 뜻이 된다(이런 맥락에서 원사 계급에 별이 붙어 있다). 별 1개는 준장, 2개는 소장, 3개는 중장, 4개는 대장이다.

전체적으로 보면 장교 계급장은 땅 속의 광물인 금강석, 지상의 식물인 대나무, 천상의 별로 구성되는데, 이는 우주를 표현하는 동시에 수직적 구조를 연상하도록 구성된 것이다. 반짝이는 금강석으로 땅에서 피어나 대나무 잎을 달고 별로 승천하는 우리 군의 계급 구조는 그 형태를 미군과 같은 서양의 계급장에서 본 떠 왔다고 하지만 우리만의 의미로 새롭게 재탄생시킨 것이다.

2. 양성 및 보수교육 체계

1) 병사

병사의 경우, 육군은 입영을 하게 되면 육군훈련소 입소대대, 102보충대, 상비 및 향토사단 신병교육대대에서 3일 정도 대기하며 신체검사와 신인성검사 등을 받게 된다. 다음으로는 각 교육대 및 중대에서 5주 동안 기초 군사훈련을 받는다. 훈련을 마친 다음 보병은 야전부대에 배치되며, 특기병은 병과학교에서 교육을 받은 후 야전부대에 배치된다. 해군과 공군은 지원제다. 해군은 선발시험에 합격하면 교육사령부 예하의 기초군사학교에서 기초 군사훈련을 받은 후, 병과에 따라서 전투병과학교와 기술병과학교에서 교육을 받고 자대에 배치된다. 공군은 공군본부에서 1차 합격된 인원에 대해 예비단에서 최종합격을 결정한 다음, 기본군사훈련단에서 기초 군사훈련을 한 후, 병과학교에 보내져 병과별로 교육을 받고 자대에 배치된다.

2) 부사관

부사관이 되는 방법은 다양하다. 육군의 경우 최근 활성화된 군 특성화대학 부사관학과를 졸업하거나 별도의 시험을 통해 선발된다. 선발된 인원은 육군훈련소에서 20주간 기초 군사훈련을 받고 이수 후에는 부사관으로 임관하여 병과별 학교에서 8~20주간 병과 특기교육을 받는다. 병사 중 부사관을 지원하여 선발된 인원은 육군훈련소에서 12주간 기초 군사훈련을 받고 이수 후에는 부사관으로 임관하여 병과별 학교에서 8~20주간 병과 특기교육을 받는다. 병사들의 복무 기간 단축에 따른 전문성을 겸비한 소수 인원 운용을 위해 전문하사 선발제도가 있으며, 전문하사로 선발된 인원은 육군에서 지정한 사단급 신교대대에서 2주간 보수교육을 받고 부사관으로 임관하여 6~18개월간 원 소속부대에서 임무를 수행하게 된다.

군복무 중인 부사관은 육군부사관학교에서 보수교육이 이루어진다. 중사는 부사관 중급 과정, 상사는 부사관 고급 과정, 원사는 원사 과정 교육을 받는다. 해군 부사관은 선발시험을 거쳐 선발된 인원에 대해 기초군사학교에서 입영 주 포함 9주간의 양성 과정 교육을 받은 후, 병과별로 병과학교로 보내져 병과교육을 받고 자대에 배치된다. 복무 중인 해군 부사관은 충무공리더십센터에서 보수교육이 이루어진다. 중사는 부사관 중급반, 상사는 부사관 고급반, 원사는 원사반 교육을 받는다. 공군 부사관은 선발시험을 거쳐 선발된 인원에 대해 교육사령부에서 양성 과정 교육을 한 후, 병과별로 병과학교에 보내져 병과교육을 받고 자대에 배치된다. 복무 중인 부사관은 공군 교육사령부에서 보수교육을 받는다. 중사는 중급반, 상사는 고급반, 원사는 원사반 교육을 한다.

3) 장교

준사관은 부사관 중에서 준사관 선발시험에 응시하여 선발된 인원들이다. 선발시험에 합격하면 3주 동안 양성교육을 받게 되며, 준위로 계급장을 바꾸어 달고 자대에 배치된다. 준위를 선발할 때 기준은 육군과 공군이 상이한데, 육군은 상사나 원사 중에서 지원을 받아 선발하는 데 반해서 공군은 원사만 지원할 수 있다.

소위로 임관하여 장교가 되는 방법은 다양하다. 육군의 경우, 고등학교 졸업예정자와 졸업자는 육군사관학교에서 4년 동안 정규교육을 받은 후 소위로 임관할 수 있다. 대학 2년제 이상의 학력 소지자는 육군3사관학교에서 2년 동안 정규교육을 받은 후 소위로 임관할 수 있다. 대학 2학년 재학자는 육군학군사관 후보생이 되면 대학 3, 4학년 동안 학생군사훈련단(이하 학군단)에서 소정의 군사교육을 받은 후 대학 졸업과 동시에 소위로 임관한다. 대학 졸업자는 육군학사사관 후보생이 되어 소정의 훈련 후 소위로 임관한다. 그리고 군복무 중인 병사와 부사관 중에서 간부사관 후보생 시험에 합격하면 소위로 임관할 수 있다.

해군의 경우, 고등학교 졸업예정자와 졸업자는 해군사관학교에서 4년 동안 정규교육을 받은 후 소위로 임관할 수 있다. 대학 2학년 재학자는 해군학군사관후보생이 되면 대학 3, 4학년 동안 학군단에서 군사교육을 받은 후 대학 졸업과 동시에 소위로 임관한다. 대학 졸업자는 해군학사사관 후보생이 되면 소정의 훈련 후 소위로 임관한다.

공군의 경우, 고등학교 졸업예정자와 졸업자는 공군사관학교에서 4년 동안 정규교육을 받은 후 소위로 임관할 수 있다. 대학 2학년 재학자는 공군학군사관 후보생이 되면 대학 3, 4학년 동안 학군단에서 군사교육을 받은 후 대학 졸업과 동시에 소위로 임관한다. 대학 졸업자는 공군학사사관 후보생이 되면 소정의 훈련 후 소위로 임관한다.

임관한 소위들은 각 병과학교의 초등군사반에서 교육을 받은 후 자대에 배치된다. 대위로 진급하게 되면 각 군마다 이름은 다르지만 고등군사반에서 보수교육을 받게 되며, 소령으로 진급하면 각 군마다 육·해·공군 대학에서 보수교육을 받게 된다.

3. 각 군의 조직도

1) 육군의 조직도

육군은 분대, 소대, 중대, 대대(대), 연대, 여단 혹은 사단, 군단, 군사령부의 위계로 조직되어 있으며, 육군을 총괄하는 육군본부가 있다. 분대는 '하사 또는 병장'이 분대장을 하며 병력은 9명 내외다. 소대는 보통 '소위, 중위'가 소대장을 하며 병력은 35명 내외다. 중대는 '대위'가 중대장을 하며 3개 소대와 중대본부로 편성되고 병력은 약 120~130명 정도다. 대대는 보통 '중령'이 대대장을 하며 4개 중대와 대대본부로 편성되고 병력은 550명 정도다. 연대는 대부분 '대령'이 연대장을 하며 3개 대대와 직할중대, 연대본부로 편성되고 병력은 2,200명 정도다. 여단은 보통 '준장'이 여단장을 하며 병력은 연대와 사단의 중간 정도다. 사단은 보통 '소장'이 사단장을 하며 병력은 대략 12,000여 명 정도다. 군단은 여러 개의 사단 및 여단(대략 5~8개 정도)으로 이루어져 있으며 '중장'이 군단장을 한다. 군단급부터는 지역적 특성이나 군단 규모에 따라 병력 수에서 차이가 많이 있다. 군사령부는 여러 개의 군단이 모여 하나의 사령부를 이루며 '대장'이 군사령관이 된다.

육군의 학교기관은 총 16개며, 육군대학, 상무대지역 5개 병과학교(보병학교, 포병학교, 기계화학교, 공병학교, 화학학교), 육군방공학교(방공교), 육군종합군수학교(종군교), 육군정보학교(정보교), 육군정보통신학교(정통교), 육군항공학교(항공교), 육군특전교육단(특전단), 육군학생중앙군사학교(학군교), 육군부사관학교(부사교), 육군훈련소(육훈소) 등이다. 육군본부 직할부대는 총 21개이며, 대표적인 기관은 교육사령부, 군수사령부, 육군사관학교, 육군3사관학교, 수방사령부, 특전사령부, 항공작전사령부, 탄약사령부 등이다. 이 중 교육사령부는 전력발전부, 교리발전부, 교육훈련부, 리더십센터, 지원부 등 5개 부서로 되어 있으며, 산하에 17개 학교(육군대학, 보병교, 포병교, 기계교, 공병교, 화학교, 종군교, 정통교, 항공교, 방공교, 정보교, 종행교, 육훈소, 부사교, 학군교, 과학화훈련단, 전투지휘훈련단)가 있다. 이 중 육군 리더십센터는 2005년 10월에 설치되었으며, 연구개발처, 상담처, 교육처, 인성개발처 등의 4개 처로 구성되어 있다.

2) 해군의 조직도

해군은 함대의 경우, 4급함(육군의 소대급), 3급함(육군의 중대급), 2급함(육군의 대대급), 1급함(육군의 연대급), 전단(육군의 여단 및 사단급), 함대사령부(육군의 군단급), 작전사령부(함대들 지휘통제), 해군본부 등으로 조직되어 있다. 4급함(고속정) 지휘관은 대위로서 '고속정정장'이라고 하며 부대 인원은 25명이다. 3급함(PKG, 유도탄함) 지휘관은 소령으로서 '편대장' 혹은 '3급함장'이라고 하며, 부대 인원은 40~50명이다. 2급함(FFK, PCC) 지휘관은 중령으로서 '2급함장'이라고 부르며, 부대 인원은 250여 명이다. 전단장은 준장, 함대사령관은 소장으로 육군의 같은 수준 제대의 계급보다 한 단계 낮지만, 갖춰진 능력·화력·무기체계 등을 고려하면 각각 육군의 여단 및 사단, 군단급 수준이다. 작전사령관은 중장으로서 1·2·3함대 및 각종 지원 부대에 대한 작전지휘를 통해 운용한다.

해군본부 산하에는 작전사령부, 군수사령부, 해병대사령부, 교육사령부, 해군사관학교, 직할부대가 있고, 직할부대 내에는 진해기지사령부, 전력분석시험평가단, 정보체계관리단, 해군헌병단, 해군본부군사법원, 해군역사기록관리단, 전력지원체계사업단, 재경근무지원

대대, 해양의료원, 포항병원 등이 있다. 이 중 교육사령부 산하에는 1군사교육단, 2군사교육단, 근무지원전대, 리더십센터가 있으며 1군사교육단에서는 해군신병 교육을, 2군사교육단은 해군의 보수교육(전투병과학교, 기술행정학교, 정보통신학교, 실습전대 등)을, 리더십센터에서는 해군에 맞는 리더십 연구와 부대 순회교육을, 근무지원전대에서는 교육 목표 달성을 위한 완벽한 근무 지원을 하고 있다. 특히 해군 충무공리더십센터는 2006년 1월에 설치되었으며 교육부, 연구분석부, 계획운영실, 본부대 등으로 구성되어 있다. 또한 2011년 10월에는 병역심사관리대가 편성되어 운영되고 있다.

3) 공군의 조직도

공군은 반(육군의 소대급, 예: 급양반), 중대(비행대대의 경우 편대), 대대(비행대대, 항공정비대대 등), 전대(육군의 연대급, 예: 항공작전전대, 항공정비전대, 기지방호전대, 작전지원전대)가 있으며, 전투비행단(육군의 사단급), 작전사령부(육군의 군단급), 공군본부로 조직되어 있다. 공군본부 산하에는 작전사령부, 군수사령부, 교육사령부가 있다. 작전사령부에는 남부전투사령부, 북부전투사령부, 방공포병사령부, 방공관제단, 전투비행단이 있으며, 군수사령부에는 정비창, 보급창, 수송전대가 있고, 교육사령부에는 공군대학, 기본군사훈련단, 훈련비행단, 항공과학고등학교, 병과학교, 학생군사훈련단 등이 있다. 공군대학 산하에 2006년 3월에 공군 리더십센터가 설치되었으며, 계획운영실, 상담교육팀, 리더십교육팀, 근무지원과로 구성되어 있다. 공군본부 직할부대에는 공수비행단, 혼성비행단, 복지근무지원단, 공군헌병단, 기상단, 군역사기록관리단 등이 있다.

요약

1. 군 상담은 상담교육을 받은 군 간부와 군 상담전문가가 장병과 그 가족 및 군 조직 전체를 대상으로 하는 상담이라고 정의할 수 있다. 개인 차원의 상담에서는 개인 문제해결과 업무수행 능력 향상, 잠재능력 개발 등이 이루어지며, 조직 차원에서는 장병들에게 상담 마인드를 함양시켜 군 상담 문화를 정착하고 나아가 군의 전투력 강화를 이루어 가도록 한다.

2. 군 상담에 대한 정의에서 세 가지의 중요한 구성요소는 상담자와 내담자 그리고 도움을 주는 구체적인 상담 방법이다.

3. 군대 문화는 권위주의와 계급주의에 입각하며 획일적 생활양식을 특징으로 하고 있다. 군 문화는 조직 목적의 절대성으로 인해 규율과 질서를 함양하기 위하여 형식과 의식을 매우 중요시한다. 또한, 집단주의에 입각하고 있으며, 임무 수행에 완전주의를 추구한다. 군대 문화의 특수성에 대해 명확하게 이해하고 있을 때 그 문화에 속해 있는 장병들도 상담을 잘할 수 있다.

4. 군 상담은 상관인 상담자와 부하인 내담자 사이에서 이루어지고 있기 때문에 엄연한 계급 차이가 존재해, 이중관계를 맺을 수밖에 없다. 상담내용에 대한 비밀보장에도 한계가 있으며, 상담자가 내담자의 문제를 해결해 줄 수 있는 범위와 정도에 한계가 있다. 내담자인 부하들은 개인의 편리와 이익을 위해 거짓으로 문제를 호소할 가능성이 있으며, 상담자인 군 간부들은 과도한 업무 때문에 상부 보고용으로 형식적인 상담을 진행하게 될 가능성이 있다.

5. 군 상담은 부적응 장병에게 당면 문제를 해결해 주고, 개인적 유능감을 제공해 주며 모든 장병의 생활교육을 실시할 수 있고 이를 통해 잠재력을 계발할 수 있는 기회를 제공한다. 또한 군 상담을 통해 지휘관이나 간부들에게 부대지휘에 필요한 정보를 제공하고, 사고를 미연에 방지하며, 장병들에 대한 상담 활동과 심리교육 및 상담교육을 통해 군 조직 전체가 상담 마인드를 갖도록 함으로써 군대에 상담 문화를 확산시키고, 병영 문화를 개선할 수 있다.

6. 군인들의 계급체계는 병사, 부사관, 장교로 나눌 수 있다. 병사는 이병, 일병, 상병, 병장 순으로 이루어져 있으며, 부사관은 하사, 중사, 상사, 원사 순으로 구성되어 있다. 장교는 준위, 소위, 중위, 대위, 소령, 중령, 대령, 준장, 소장, 중장, 대장 순으로 구분되어 있다.

PART

02

상담의 기초이론

제2장

정신분석상담

제1절 개관

정신분석은 지그문트 프로이트(Sigmund Freud, 1856~1939)에 의해 창시되었다. 그는 분석(analysis)이라는 용어를 1894년에, 정신분석(psychoanalysis)이란 용어를 1896년에 최초로 사용하였는데, 학자들은 이때를 정신분석의 출발로 본다. 이렇게 볼 때, 정신분석은 100여 년이 넘는 역사를 가진다고 할 수 있다.

정신분석(psychoanalysis)은 정신(psycho)과 분석(analysis)의 합성어다. 단어의 의미만을 살펴보자면, 정신(psycho)은 인간의 깊은 내면세계의 마음(mind)과 영혼(spirit)을 뜻하며, 분석(analysis)은

지그문트 프로이트

나누고 분해하는 것을 뜻하지만 프로이트는 분석을 단순한 분해 이상의 통합적인 의미로 사용하고 있다. 이는 인간의 정신을 이드와 자아 및 초자아로 나누어 이해하고, 이 세 가지를 다시 합하면 인간의 정신이 된다는 환원론적인 입장을 취하는 것으로 설명된다. 그리고 프

로이트는 인간의 마음에는 자신도 알지 못하는 무의식이 존재함을 밝혔으며, 심리학의 창시자라고 불릴 만큼 심리학의 발전에 기여한 바가 크다.

한 이론의 가치는 적용의 폭에 있다고 할 수 있다. 정신분석처럼 오랜 역사를 가지고 있으며 우리 삶의 구석구석에서 발견되는 이론은 거의 없다고 해도 과언이 아니다. 즉, 한 편의 영화 속에, 한 권의 책 속에, 하다못해 한 컷의 광고 속에도 정신분석의 핵심 개념들(예: 오이디푸스 콤플렉스[1])이 담겨 있다. 프로이트 이후에 등장한 많은 이론은 정신분석에 뿌리를 두거나 정신분석을 비판하는 이론으로 볼 수 있다. 기존의 이론을 비판하는 것은 쉽다. 하지만 황무지 속에서 최초로 수확을 하는 것이 어려운 것처럼 체계적인 심리학 이론이 없는 상황에서 최초의 체계적인 심리학 이론을 만들어 내는 일은 결코 쉬운 일이 아닐 것이다. 프로이트는 심리학 분야에서 선구자적인 역할을 하였다. "거인 위에 올라탄 난장이가 거인보다 멀리 본다."는 말이 있다. 프로이트는 거인에 비유될 수 있고, 후학들은 프로이트라는 거인을 발판으로 해서 나름대로의 새로운 이론을 세운 난장이로 비유할 수 있다.

정신분석상담의 특징은 현재 보이는 증상의 해결보다는 문제를 만들어 낸 원인을 찾아 제거하는 데 초점을 두고 있다. 프로이트는 무의식에 억압되어 있는 과거의 고통스럽고 창피한 기억들이 현재 보이는 부적응적인 증상의 원인이라고 보았으며, 자유연상, 꿈 해석, 전이분석, 저항해석 등의 치료기법을 사용하여 무의식을 의식화하는 데 초점을 두었다. 정신분석상담의 궁극적인 목적은 자아 기능을 강화하여 자아가 자신을 주도하도록 함으로써 보다 더 적응적인 삶을 살아갈 수 있도록 돕는 데 있다.

1. 이론의 출현 배경

프로이트가 활동하던 1900년경은 빅토리아 문화 시대로서 도덕성을 극도로 강조하던 시기였다. 이 무렵의 오스트리아 빈은 아름다운 도나우강, 왈츠, 카페, 그리고 사람들의 멋진 패션과 사교 파티 등으로 유명했다. 그러나 빈에는 어두운 면도 많이 있었다. 빈곤과 인종차별 및 성도덕의 문란 등이 그것이다. 뿐만 아니라 오스트리아는 심각한 경제 위기에 놓여 있었고 빈민굴이나 무허가 건물에 실업자가 우글거리고 있었다. 빈의 시장인 카알 루에가는 반유대인 정책을 펼치기도 하였다. 인간의 본능과 성욕을 억압하던 빅토리아 문화 그 이면

---

1) 남자아이가 아버지를 싫어하고 어머니를 좋아하는 현상을 의미한다.

에 숨겨진 어두운 시대상의 반작용으로 성본능을 중시하는 프로이트의 이론이 나오게 된 것으로 볼 수 있다.

2. 정신분석상담에 영향을 미친 이론

1) 다윈과 페히너

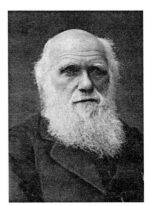

다윈(Darwin)이 『종의 기원』(1859)에서 소개한 '진화론'에서는 인간은 복잡하다는 점을 제외하고는 동물과 차이가 없기 때문에 인간은 자연의 일부로서 과학적 연구의 대상이 될 수 있다고 하였다. 즉, 고등동물의 신경계나 하등동물의 신경계가 같은 물질로 이루어져 있기 때문에 인간의 마음과 개구리의 마음은 복잡성의 정도에서 차이가 있을 뿐이라는 것이다. 19세기 독일의 위대한 과학자이자 철학자인 페히너(Fechner)는 인간의 마음도 과학적으로 연구될 수 있고 양적으로 측정될 수 있음을 밝혔다. 다윈과 페히너는 프로이트의 이론에 지대한 영향을 미쳤다. 특히 프로이트는 '진화론'의 영향을 많이 받았다. 인간의 성본

다윈

능을 중시하고 리비도를 성적 에너지로 여긴 점, 오이디푸스(Oedipus) 혹은 엘렉트라(Electra) 콤플렉스 등의 근친상간 욕구를 강조하였던 점, 자아(ego)가 이드(id)로부터 진화되는 것으로 설명한 점 등이 그 예다.

2) 브뤼케와 헬름홀츠

오스트리아 비엔나 대학교의 생리학 연구소 소장이었고, 19세기 가장 위대한 생리학자 중 한 사람인 브뤼케(Brickle)는 '살아 있는 유기체는 화학과 물리학의 법칙이 적용되는 하나의 역동적 체계(a dynamic system)'라고 하였다. 또한 19세기 중엽 독일의 물리학자인 헬름홀츠(Helmholtz)는 '에너지 보존의 법칙'을 주장했다. 에너지는 변형될 수는 있어도 파괴될 수 없기 때문에 에너지가 시스템의 한 부분에서 사라지면 반드시 다른 부분에서 나타난다고 하였다. 예를 들어, 한 물체가 차가워지면 이 물체와 인접한 다른 물체가 뜨거워진다는 것이다.

프로이트는 이와 같은 역학 법칙들을 인간에 적용하여 하나의 역동심리학으로서의 정신분석학을 창안하였다. 그는 역학 법칙이 인간의 신체만이 아니라 성격에도 적용된다는 것

을 발견했다. 그는 이들의 이론에 영향을 받아 역학 법칙을 인간의 정신에 적용하여 정신 과정을 이드(id), 자아(ego), 초자아(superego)로 분석하여 이들의 역동성으로 인간을 이해하고자 하였다.

3) 샤르코와 브로이어

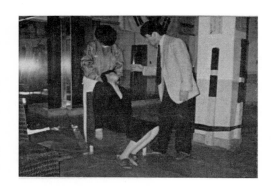

프로이트는 프랑스 소르본 대학교 신경학자인 샤르코(Jean Charcot)가 '최면요법'으로 히스테리 환자를 치료하는 작업에 동참하였다. 히스테리의 어원은 그리스어인 'Hystera'로서 여자의 자궁을 의미한다. 히스테리의 대표적 증상은 마비, 경련, 몽중보행, 환각, 언어장애나 기억상실 등이다. 그 당시 전문가들 사이에 두 가지 견해가 지배적이었다. 그 중 하나는 히스테리가 여성 성기의 이상 때문에 생기는 병으로, 난소에 압력을 가하거나 난소를 얼음으로 냉각시키거나 클리토리스에 외과적인 처치를 하여 치료할 수 있다는 것이다. 다른 하나는 히스테리는 상상의 산물이며 여성의 연기에 지나지 않는다는 것이다. 샤르코는 히스테리란 자궁의 이상이나 상상의 산물이 아니고 실제로 신체에 이상이 있는 기능상의 질환이라고 믿었다. 반면에 프로이트는 히스테리를 심인성(心因性) 증상으로 보았으며, 증상의 원인은 인간의 마음, 좀 더 구체적으로는 성적인 원인 때문이라고 보았다. 이러한 견해 차이로 프로이트는 샤르코와 결별한다. 또한 프로이트는 최면요법의 효과가 일시적이고 근본적인 치료가 되지 않는다고 판단하여 최면요법을 포기하였다. 환자를 최면 상태로 끌고 간 후 "더 이상 기침을 하지 않을 것이다."라고 지시했을 경우, 최면에서 깬 후 환자의 기침은 없어지지만 문제의 원인까지 해결되지는 않아 재발의 가능성이 많았기 때문이다.

프로이트는 오스트리아 빈의 의사인 브로이어(Joseph Breuer)에게서 '정화법(catharsis)'을 배우게 된다. 정화법은 환자가 자신의 모든 문제와 증상을 상담자에게 언어로 표현하고 감정을 발산함으로써 증상을 치유하는 방법이다. 히스테리의 원인은 심적 외상(psychological trauma)으로 보았으며, 이러한 외상은 무의식 속에 억압되어 있기 때문에 억압된 감정을 정화법으로 해소시키면 증상이 사라진다고 하였다. 프로이트는 브로이어와 함께 환자를 치료하는 과정에서 자신 이론의 기본 가정인 '정신적 결정론'과 '무의식적 동기'의 기본 틀을 형성한다. 브로이어는 21세의 여자 환자 베르타 파펜하임(Berta Pappenheim, 가명 안나 O)을 치료하면서 정화법을 사용하였다. 안나 O는 심한 기침과 눈 깜박임, 오른 팔과 목의 마비, 언어장애 및 물을 무서워하는 증세 등을 보였다. 브로이어는 안나 O를 정화법으로 치료하는 과정에서 안나 O의 증상이 처음으로 일어났던 시점까지 거슬러 올라갈 수 있었다. 그러자 안나 O의 증상이 사라졌다. 하지만 안나 O가 브로이어의 아이를 임신했다는 상상임신과 주기적인 해산진통이라는 새로운 증상을 보이는 문제가 발생하자 브로이어는 정화법을 포기하였다. 한편 브로이어는 히스테리의 원인이 성적인 데 있다는 프로이트의 주장을 반대하였으며, 이러한 견해 차이로 인해 두 사람은 결별하게 된다.

프로이트는 정화요법을 포기하지 않고 엘리자베스라는 여자 환자를 치료하면서 정화요법을 발전시켜 처음으로 긴 의자에 눕게 하고 환자의 이마를 손으로 누르고 질문하는 '압박요법' 을 사용하였다. 그러나 그녀는 "하고 싶은 말을 하도록 내버려 두세요." 라며 프로이트에게 화를 내었다. 이 일을 겪은 후 프로이트는 상담자가 환자에게 질문을 통해 무엇인가 기억해내라고 재촉하는 것이 환자의 생각을 자유롭게 이어가는 것을 방해한다고 여겨 압박요법을 그만두었다. 그 후 그는 환자에게 어떤 것도 강요하지 않고 긴 의자에 편하게 눕게 한 후, 그것이 아무리 엉뚱하고 하찮고 수치스럽고 기괴한 것이라도 그때 그때 마음에 떠오르는 것을 모두 말하게 하였다. 이것이 프로이트가 새롭게 시도한 '자유연상법(free association)' 이다.

3. 프로이트의 생애

지그문트 프로이트는 1856년 5월 6일 지금은 체코슬로바키아의 한 지역이 된 오스트리아의 작은 마을인 모라비아 프라이베르크에서 태어났다. 아버지인 야코프는 유대인이었으며, 어머니 아마리 나탄존은 그의 두 번째 아내였다. 프로이트는 그 둘 사이에서 태어난 3남 5녀 중 장남이다. 프로이트는 집안의 경제적인 어려움으로 여러 번 이사를 다니다가 네 살 되던 해에 비엔나에 정착하여 살게 되었다(이훈구 역, 1998, p. 50).

프로이트는 다른 형제들과는 비교가 안 될 정도로 어머니의 사랑을 한 몸에 받았으며, 어머니와의 정서적 유대감이 각별하였다. 일설에 의하면 그의 어머니가 네 번이나 유산한 끝에 프로이트를 낳았기 때문에 그 사랑이 특별했다고 한다. 프로이트는 어린 시절에 여행 중 우연히 어머니의 나체를 보게 되었고, 그때 자신도 모르게 성적인 흥분을 느끼는 경험을 하였다. 이러한 경험이 아버지를 자신의 경쟁상대로 여기어 아버지와 가깝게 지내지 못한 이유가 되었다. 어린 시절 아버지와는 소원한 관계를 겪고 어머니와는 친밀했던 관계를 겪은 것이 후에 그의 이론의 주요 개념인 '오이디푸스 콤플렉스'와 연관되었으리라 여겨진다. 또한 프로이트의 바로 아래 남동생은 태어난 지 6개월 만에 죽었는데, 후에 그는 자신의 무의식을 분석함으로써 자신의 무의식에 어머니의 사랑을 빼앗아 간 동생이 죽기를 원하는 마음이 있었음을 알게 되었다. 그리고 그때까지 동생의 죽음이 자신의 탓이라는 죄책감을 가지고 살았던 것을 깨닫게 되었다. 그의 아버지에 대한 부정적인 기억과 관련된 경험의 한 예로 그는 아버지가 사망한 후에 이유를 알 수 없는 죄책감과 신경증에 시달리게 되었는데, 자신의 꿈 분석을 통해 그 이유를 알게 되었다. 즉, 프로이트가 열 살 즈음에 유대인이었던 아버지가 기독교인에게 모욕을 받고도 반박하지 못하는 모습을 보았는데, 그때 자신이 아버지에게 큰 실망과 함께 경멸하는 마음을 가지면서 아버지의 죽음을 바랐던 것을 깨닫게 된 것이다. 이처럼 프로이트는 성장 과정에서의 여러 가지 경험이 자신의 정신세계에 영향을 미쳤다는 것을 자신의 무의식을 분석함으로써 알게 되었고, 이러한 자신의 경험을 토대로 정신분석이라는 하나의 이론을 정립하게 된 것이다.

어린 시절의 프로이트는 독일어나 문학 등에 재능을 보였으며, 중등학교(Gymnasium) 7년 동안 학급에서 수석을 차지할 정도로 지적 능력이 뛰어났다. 유대인에 대한 당시의 교육이 의학과 법학으로 제한되었기 때문에 프로이트는 비엔나 대학교에서 의학을 전공하고, 1881년에 의학 박사학위를 취득하였다. 그는 재학 시절 당시 유명한 생리학자인 브뤼케의 지도 아래 생리학을 배우게 되었다. 또한 헬름홀츠의 '에너지 보존의 법칙'도 그의 이론 형성에 영향을 주었다. 즉, 프로이트는 두 학자의 역학 법칙을 인간의 정신 구조에 적용하였으며, 그 결과로 그의 정신역동이론인 정신분석학이 창안되었다(이형득 등, 1984, p. 49).

그는 29세 되던 1885년에 프랑스의 신경의학자인 샤르코를 만나면서 최면치료를 접하게 되고, 외과의사로 유명한 브로이어와 공동연구를 통하여 '정화법(catharsis)'을 발견하였다. 이들은 『히스테리에 관한 연구(Stadies on Hysteria, 1895)』라는 저서를 공동으로 집필하였는데, 프로이트가 성적(性的) 요인을 너무 강조하는 데 브로이어가 반대하면서 두 사람은 결별하게 되고, 프로이트는 비엔나의 의사회도 탈퇴한다. 결국 그는 자신만의 '자유연상법(free association)'을 개발하여 치료에 적용하였다(Hjelle & Ziegler, 1981; 이형득 등, 1984, p. 50).

프로이트는 1886년에 마르티나 베르나즈와 결혼하여 세 딸과 두 아들을 낳았다. 그중에 안나 프로이트(Anna Freud)는 후에 아버지의 뒤를 이어 유명한 아동 정신분석학자가 되었다. 프로이트는 1900년 이후 많은 연구 업적을 쌓았다. 자신의 무의식을 분석하기 위하여 꿈 분석을 시작하였으며, 그로 인하여 자신의 내면에서 일어나는 역동을 알아차릴 수 있게 되었다. 이러한 실험적인 결과물이 그의 최초의 대표작인 『꿈의 해석(Die Traumdetung, 1900)』에 소개되었다. 『꿈의 해석』이 처음 발표되었을 때에는 학계에서 무시되었지만 얼마 지나지 않아 그의 명성은 대중뿐만 아니라 전 세계의 의료인들 사이에서 높아지게 되었다. 그 후 비엔나 정신분석학회가 창립되고 많은 심리학자들이 그와 함께 하였다.

1909년에 프로이트는 심리학자인 스탠리 홀(Stanley Hall)의 초대로 미국의 클라크 대학교 창립기념회에서 강의를 하였다. 이 일은 정신분석학 운동이 활발하게 진행되는 계기가 되었다. 1910년에는 국제 정신분석학회가 설립되었다. 그와 함께한 학자들로는 산도로 페렌치(Sandor Ferenzci), 어네스트 존스(Ernest Jones), 칼 융(Carl Jung), 알프레드 아들러(Alfred Adler), 한스 삭스(Hans Sachs), 오토 랭크(Otto Rank) 등이 있으며, 그중에 아들러, 융, 랭크 등은 후에 프로이트의 지나친 성욕설에 반기를 들고 이탈하여 자신들의 학파를 이루게 되는데(이훈구 역, 1998, p.52), 이들을 가리켜 '신정신분석학파'라고 부른다.

그는 생애 말년인 1923년경에 발병한 턱 밑의 암으로 인해 33번의 수술을 하는 투병생활을 하면서도 연구 활동을 쉬지 않았다. 그 무렵에 독일 나치에 의해 많은 저서들이 불태워지고, 여권도 몰수되는 등의 어려운 상황도 겪게 된다. 다행스럽게도 1938년 그는 주위의 도움으로 영국 런던으로 이민을 가게 되고, 1년 뒤인 1939년 83세로 생을 마감한다.

제2절 주요 개념

1. 인간관

정신분석에서 인간을 바라보는 관점을 살펴보면, 비관론적, 유전론적, 결정론적, 전체론적이라고 할 수 있다(김완일 등, 2015, pp. 51-52). 그리고 주관론과 객관론적 관점에서는 주관론적인 입장을 취하고 있다.

1) 비관론적 인간관

프로이트는 인간을 부정적으로 바라보았다. 그는 인간을 타고난 본능의 지배를 받는 존재로 보았으며, 본능에는 삶의 본능과 죽음의 본능이 있다고 하였다. 삶의 본능 중 가장 중요한 본능은 성 본능으로서 성 본능이 모든 힘의 원천이라고 하였다. 또한 성격 발달에서 충족되지 못한 성 본능 때문에 문제 증상이 발생한다고 하였다. 그는 인간이 죽음의 본능인 공격성도 가지고 태어난다고 하였다. 이러한 공격성과 같은 본능은 비합리적인 것으로 무의식에 존재하며 쾌락의 원리에 따라 발현된다. 프로이트는 인간을 성 본능의 지배를 받는 존재로 보았기 때문에 비관론적인 인간관이라고 할 수 있다.

2) 유전론적 인간관

프로이트는 인간을 선천적인 욕구 및 본능의 지배를 받는 존재라고 보았다. 즉, 유전적 소인의 영향을 받는 존재라는 것이다. 그는 인간이 본능적이고 충동적인 속성을 지니고 있는 이드를 가지고 태어난다고 하였다. 그는 문화적 유산에 상관없이 심리성욕 발달은 모든 사람에게서 나타나는 생물학적인 과정이라고 주장하였다(이훈구 역, 1998, p. 82). 프로이트는 인간을 유전적 소인인 본능과 욕구를 가지고 태어나는 존재로 보았기 때문에 그의 인간관은 유전을 중시한다고 볼 수 있다.

3) 결정론적 인간관

프로이트는 인간의 감정, 사고 및 행동은 무의식의 강력한 본능적인 힘에 의해 결정된다고 보았다. 또한 출생 후 5세 이전의 성과 관련된 생활 경험이 한 개인의 성격을 결정한다고 하였다. 그는 인간을 기계론적인 입장에서 과학적으로 증명하려고 했기 때문에 인간의 자유의지, 선택, 자발성 그리고 자기결정 같은 개념들은 중시하지 않았다. 프로이트는 인간이란 무의식적인 힘에 지배받는 수동적인 존재이며, 5세 이전에 성격이 거의 결정된다고 보았기 때문에 결정론적인 인간관을 취하고 있다.

4) 전체론적 인간관

프로이트는 인간을 이해하는 데 전체론적인 입장을 취하고 있다. 그는 인간의 성격 구조를 이드와 자아 그리고 초자아로 나누어 설명하였다. 에너지 보존의 법칙에 의해 인간을 움직이는 에너지가 이 세 개의 성격 구조에 분배됨으로써 균형을 이룬다는 것이다. 그는 이드와 자아 그리고 초자아는 서로 영향을 주고받기 때문에 이들의 역동적인 상호작용을 이해하지 않고는 인간의 행동을 완전히 이해할 수 없다고 하였다(이훈구 역, 1998, p. 82). 프로이트는 세 가지 성격 구조가 균형과 조화를 이룰 때 건강한 성격이 형성된다고 보았기 때문에 전체론적인 인간관이라고 볼 수 있다.

5) 주관론적 인간관

프로이트는 인간을 주관적인 느낌, 감정, 지각, 의미 등을 중시하는 존재로 보았다. 그는 개인의 '사적인 세계'를 성격에서 가장 중요한 부분으로 보았으며, 이것은 외상이나 억압과 같은 객관적인 조건과 보편적인 인간욕구와 같은 것의 길잡이로 보았다. 따라서 프로이트는 개인이 여러 가지 객관적인 조건에 노출되더라도, 그러한 조건들을 독특하고 주관적인 의미로 받아들인다고 보았다(이훈구 역, 1998, p. 84). 즉, 프로이트는 객관적인 세계에 의미를 부여하는 인간의 주관성을 중시하였기 때문에 주관론적인 인간관이라고 할 수 있다.

2. 성격의 구조 및 발달

1) 성격의 구조

프로이트는 성격의 세 가지 기본 구조, 즉 이드(id), 자아(ego), 초자아(supper-ego)를 제시하였는데, 현재의 신경해부학으로는 이들이 중추신경계 내의 어디에 위치해 있는가를 파악할 만큼 발달되어 있지 않다. 따라서 이러한 구분은 성격의 어떤 구체적인 구조를 나타내기 보다는 '가설적 구조'로 이해해야 한다.

프로이트는 "내 생애의 목표는 오직 하나였다. 성격의 구조가 어떻게 구성되어 있는가, 또한 어떠한 힘이 이 구조 속에서 상호작용하고 반작용하고 있는가를 알아내는 일이었다." 라고 말할 정도로 성격의 구조와 역동성에 많은 관심을 가졌다.

성격의 구조와 의식 수준과의 상호관계는 [그림 2-1]과 같다. 이드는 모두 무의식에 해당하며, 자아와 초자아는 무의식과 전의식 및 의식을 포함한다. 무의식은 세 가지 성격 구조를 모두 포함하지만 주로 이드로 구성되어 있다(이훈구 역, 1998, p. 55). 성격의 세 가지 구성요소인 이드, 자아, 초자아의 개념에 대하여 살펴보면 다음과 같다.

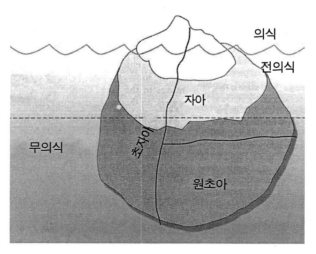

[그림 2-1] 성격의 구조와 의식 수준과의 관계

※ 출처: Wolman(1968).

(1) 이드

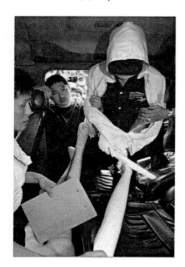

이드(id)는 라틴어의 'It'에서 유래하였으며, 출생 때부터 이미 존재하는 생물학적인 반사, 충동, 본능 등을 의미한다. 이드는 강력한 힘을 가졌지만, 힘을 적당히 이용하고 분배시키기 위해서는 다른 사람에게 의지하여야만 하는 '눈이 먼 왕'에 비유될 수 있다. 이드는 외부세계와 아무런 연결이 없으므로 진정한 정신적 현실이라 할 수 있으며, 정신적 에너지의 저장소로서 자아와 초자아가 분화되어 나오는 모체다(이상로 등, 1997, p. 70). 이드는 즉각적으로 긴장을 감소시키는 쾌락 원칙(pleasure principle)의 지배를 받으며, 반사 작용(reflex actions)과 일차 과정(primary process)으로 긴장을 해소한다. 반사 작용은 재채기, 눈 깜박임, 배뇨, 무릎 반사, 성적 오르가슴 등과 같은 자동 반응으로서 에너지를 운동에 즉시 소비함으로써 긴장을 해소한다. 예를 들면, 방광이 팽창하면 즉시 배뇨한다. 일차 과정은 긴장을 제거해 주는 대상을 심상으로 떠올려 해소하는 것을 의미한다. 예를 들면, 배고픈 사람이 머릿속에 김이 모락모락 나고 그 위에 완두콩까지 뿌려 놓은 자장면을 떠올리는 것이다. 이드의 비극은 이와 같이 머릿속의 주관적인 심상(image)과 현실 속의 객관적 대상(object)을 구별할 수 없다는 데 있다. 따라서 일차 과정으로는 본능이 근본적으로 충족되지 않는다. 아무리 맛있는 음식을 머릿속으로 떠올려 보아도 배고픔은 사라지지 않는다. 그리하여 이차적인 심리적 과정인 자아가 이드에서 분화되어 나오게 된다.

이드의 특징은 충동을 저지하거나 지연시킬 수 있는 능력이 없고, 대상들 사이의 차이를 구별할 수 없다는 것이다. 즉, 현실과 현실이 아닌 것, 자기 자신과 자기 자신이 아닌 것을 구별할 수 없다. 배고픈 어린아이는 음식이 없을 때 자기 손가락을 음식과 구별하지 못해 손가락을 입에 넣을 수 있으며, 정신병 환자의 경우 꿈을 현실로 믿거나 자신의 환상(fantasy)을 마치 현실로 받아들이는 것 등이 그 예다. 이드는 대상들 사이에 차이가 있음에도 불구하고 마치 동일한 것처럼 다루는 경향이 있다. 예를 들면, 나무와 남성의 성기가 돌출해 있다는 특성 때문에 동일한 것으로 생각하고, 꿈에서 말을 타는 것이나 밭을 가는 것은 성교의 상징이며, 흑인의 피부는 검은데 검은 것은 사악하고 더럽다고 하는 인종의 편견 등이 있다.

(2) 자아

이드의 심상을 통한 만족은 근본적인 긴장 해소가 안 되므로 동일시라는 과정을 통해 이드에서 자아(ego)가 파생된다. 동일시(identification)란 정신적 심상과 물리적 대상, 즉 마음속에 있는 것과 외부세계에 있는 것을 일치시키는 것을 의미한다. 예를 들면, 배가 고픈 사람이 머릿속에 자장면이 떠오르면 중화 요릿집에 가서 자장면을 사 먹는 것이다. 이와 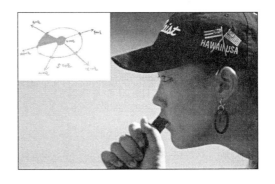 같이 마음속의 심상을 현실의 대상과 일치시켜 긴장을 해소하는 것을 이차 과정(secondary process)이라 한다.

배고픈 사람의 경우 긴장을 해소하기 위해서는 마음속에 있는 음식물의 심상과 실제 음식물을 구별해야 한다. 음식을 구하는 방법을 생각하고 어떻게 할지 결정한 다음 실제로 음식물을 섭취해야 긴장이 감소될 수 있기 때문이다.

자아는 현실 원칙(reality principle)을 따르기 때문에 욕구 충족을 위해 적절한 대상과 방법이 발견되거나 환경 조건이 갖추어질 때까지 긴장 해소를 보류할 수 있다. 다시 말해 자아는 환경과 여건을 고려하여 욕구를 어떤 방법으로 만족시킬 수 있을 것인가를 결정한다. 배고픈 사람은 현실적으로 어디에서 음식을 먹을 수 있는가를 생각하고 나서 그곳으로 간다.

이러한 과정을 현실 검증(reality testing)이라 한다. 이렇듯 자아는 현실을 무시하고 쾌락의 원리에 입각한 이드의 작용과 이드에서 파생된 초자아의 작용 사이를 조정하는 중재자 역할을 한다.

(3) 초자아

초자아(super-ego)는 부모와 상호작용하면서 부모가 제공하는 보상이나 처벌에 대한 반응과 오이디푸스 및 엘렉트라 콤플렉스에 대한 해결 과정에서 발달된다. 다시 말해서, 초자아는 부모나 사회의 전통적 가치와 도덕, 윤리체계, 사회규범, 행동기준, 이상 등이 내면화된 것을 의미한다. 따라서 초자아는 성격의 도덕적 측면이며, 현실보다는 이상을, 쾌락보다는 완성을 위해 작용한다. 프로이트는 초자아를 두 개의 하위체제로 나누었다. 양심(conscience)과 자아이상(ego ideal)이 그것이다. 부모가 자녀의 행동에 대하여 부적합하다고 말하거나 벌하는 것은 자녀의 양심을 발달시키며, 자녀의 죄책감 형성의 기초가 된다. 반대로 부모가 자녀의 행동을 인정해 주고, 칭찬해 주는 것은 자녀의 자아이상을 발달시키며, 긍정적인 자존감 형성의 기초가 된다. 초자아가 발달하면 부모에 의해서 통제되던 것에서 벗어나 이제는 초자아에 의한 자기통제가 가능하게 된다. 그러나 이와 같은 초자아에 의한 자기통제는 도덕의 원칙에 의한 것이다. 초자아는 이드의 충동을 조절하려는 동시에 도덕적이고 완전한 것을 추구한다.

2) 성격의 발달

프로이트는 인간의 본능을 삶의 본능과 죽음의 본능으로 나누었다. 그는 삶의 본능 중 중요한 본능은 성 본능이라고 하였으며, 이를 담당하는 성적 에너지는 리비도(libido)이며, 이러한 리비도가 몰려 있는 신체 부위를 성감대라고 하였다. 프로이트는 인간이 나이를 먹어 감에 따라 성감대가 달라진다고 보았으며, 성감대의 부위가 어느 곳인가에 따라 인간의 성격이 형성되는 시기를 구강기, 항문기, 남근기, 잠복기, 성기기 등으로 나누었다. 프로이트는 생후 5세까지인 구강기, 항문기 및 남근기를 성격 형성의 결정적 시기로 보았다.

(1) 구강기(the oral stage : 0~1세)

구강기는 생후 1년 동안 발달하며, 성감대는 입술과 혀 등의 구강이 된다. 이 시기의 주요 활동은 빨기와 삼키기 및 깨물기다. 젖이나 우유를 빨거나, 삼키거나 혹은 음식물을 깨무는 행위를 통해 긴장을 해소한다. 이 단계에서 너무 과도하거나 충분하지 않으면 고착 (fixation)에 의해 다음 단계로 발달하지 못하고 구강기적 성격 특성이 나타난다. 출생 후 약 8개월까지를 '구강적 빨기 단계'라고 하며, 젖이나 젖병을 빨거나 삼키는 등의 빨거나 삼키는 것에 고착되면 구강 수동적(oral-passive) 성격이 나타난다. 즉, 과도하게 낙천적이며 타인에게 의존하고 수동적이 되고 미숙하여 남에게 잘 속고 과음과식을 하며 모든 것을 희생해서라도 인정을 받으려고 한다. 나이가 들어서도 키스를 탐닉하고 입술이나 손가락을 빠는 등의 미성숙한 행위를 할 수 있다. 생후 8개월부터 18개월까지를 '구강적 깨물기 단계'라고 하는데, 치아가 나기 시작하면서 물어뜯거나 씹는 등의 깨무는 행동을 하게 된다. 이 시기에 고착되면 구강 공격적(oral-aggressive) 성격이 형성되어 주위 사람들을 신랄하게 비꼬며 매사에 비판적이고 논쟁적이며, 타인의 의견에 반대를 잘하며, 심한 경우 타인을 이용하거나 지배하려고 한다. 구강기의 반동형성에 의한 성격 특성은 금주나 금연을 주장하고 음식을 거부하는 거식증을 보이고 특히 우유를 잘 먹지 못한다. 승화에 의한 성격은 지식을 추구하고, 유머감각과 재치가 있으며, 음식 맛을 잘 구별하여 포도주 감별사나 미식가 등이 될 수 있다.

(2) 항문기(the anal stage : 2~3세)

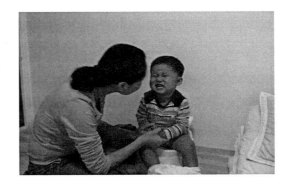

생후 2세에서 3세 사이에는 성감대가 구강에서 항문으로 옮겨가는데, 이 시기에는 대소변 가리기 훈련(toilet training)이 매우 중요하다. 부모가 배변 훈련을 철저하고 강제로 시키면 아이들은 변을 참는 억제 경향이 일반화되는데, 이에 고착되면 항문 보유적(anal-retentive) 성격이 나타난다. 즉, 고집이 매우 세고, 자린고비와 수전노처럼 남에게 베풀 줄 모르고 인색하며, 대인관계에서는 남에게 복종을 잘하고, 시간을 엄수하고 완벽주의적인 경향을 보인다. 부모가 배변 훈련을 지나치게 허용적으로 시키면 변을 배설하는 경향이 일반화되며 이에 고착되면 항문 배설적(anal-excretive) 성격을 갖게 된다. 즉, 잔인하고 파괴적이며 난폭하고 적개심을 나타내며, 지나치게 불결하고 무질서하며, 외설적 농담을 즐기며, 이성과의 관계에서 강한 소유욕을 보인다. 항문기 단계의 반동형성에 의해서는 지나치게 친절하거나 혹은 과도하게 청결함을 보이는 결벽증이 나타난다. 프로이트는 화가가 사용하는 물감과 진흙이 대변을 상징하는 것으로 보았으며, 항문기에는 세심하고 꼼꼼한 특성을 보이기 때문에 이 단계에서 승화되면 그림과 조각에 재능을 보이거나 통계학에 남다른 소질을 보일 수 있다고 하였다.

(3) 남근기(the phallic stage : 4~5세)

앵그르의 오이디푸스와 스핑크스(1808)

4세부터 5세 사이에는 성감대가 남근기로 옮겨간다. 이 단계의 아동들은 자신의 성기를 관찰하고, 자위행위(masturbation)를 하며, 출생과 성에 대한 관심을 나타낸다. 이 시기는 남아의 경우 오이디푸스 콤플렉스(Oedipus complex)가, 여아는 엘렉트라 콤플렉스(Electra complex)가 나타난다. 오이디푸스 콤플렉스는 남자아이가 아버지를 미워하고 어머니를 좋아하는 근친상간적 욕구를 의미한다. 엘렉트라 콤플렉스는 반대로 여자아이가 어머니를 미워하고 아버지를 좋아하는 감정을 의미한다. 이 콤플렉스의 발생과 해결 과정은 남녀 간에 다소 차이가 있다. 남아의 경우, 어머니를 소유하려는 자신의 감정을 아버지가 알고 이에 대한 보복으로 자신의 성기를 잘라 버릴 수 있다는 거세불안(castration anxiety)을 느낀다. 결국 아이는 어머니에 대한 성적 욕망을 포기하게 되며, 아버지와의 동일시를 통해 남자로서의 정체감과 초자아를 형성함으로써 오이디푸스를 해결한다. 반면 여아는 자신이 남근이 없는 원인을 어머니에게 돌리지만 어머니를 미워하는 대신에 남근이 있는 아버지를 좋아하게 되는 남근선망(penis envy)을 보인다. 하지만 어머니는 자신에게 음식과 보살핌 등 다양한 것을 제공하는 존재이기 때문에 결국 어머니와 동일시하게 되고, 초자아와 여자로서의 정체감을 형성함으로써 엘렉트라 콤플렉스를 해결한다.

프로이트는 '한스' 라는 다섯 살 된 소년의 아버지가 자신에게 쓴 편지에 토대를 두고 그 소년의 공포증을 분석하면서 오이디푸스 콤플렉스의 개념을 찾아냈다. 이 소년은 유모와 산책을 나갔다가 마차가 전복하는 장면을 본 뒤 집을 나서면 말이 깨물 것이라고 두려워하는 '말 공포증'을 보였다. 자유연상을 통하여 말의 눈가리개와 재갈은 아버지의 안경과 수염이었고, 말은 결국 아버지였으며, 말에 대한 두려움은 아버지의 거세에 대한 불안을 상징하는 것이 밝혀졌다. 결국 소년이 어머니가 자신의 음경을 만져 주기를 바라고, 어머니와 같이 자고 싶어 하고, 아버지를 두려워한 것 등은 이 소년의 오이디푸스 콤플렉스를 보여 주는 것이었다(홍숙기 역, 2008, pp. 118-119).

　오이디푸스 콤플렉스는 그리스의 신화에 등장하는 내용이다. 신화의 내용을 소개하면 다음과 같다.

　　테베의 왕인 레이아스에게 한 예언자가 "당신의 아들이 장성하면 당신을 죽이고 당신의 아내를 취할 것이다."라는 끔찍한 예언을 한다. 레이아스와 왕후인 조카스터 사이에서 아이가 태어나는데, 이 아이가 바로 오이디푸스다. 예언을 두려워한 왕에 의해 오이디푸스는 발이 묶인 채 산에 버려져 죽음을 기다리다가 양치기에게 구조되어 이웃 나라 공주의 아들로 자란다. 청년이 된 오이디푸스는 다른 예언자에게서 아버지와 동일한 예언을 듣고 방랑길에 오른다. 오이디푸스는 여러 나라를 배회하다 테베에 가게 되고, 외나무다리를 건너던 중 친아버지인 레이아스 왕을 만나서 서로 길을 비키라고 언쟁을 하다가 친아버지인 줄 모르고 그만 왕을 죽이게 된다. 그 무렵 테베에는 스핑크스라는 괴물이 나타나 수수께끼를 내서 답을 맞히지 못하는 사람을 잡아먹는 사건이 발생한다. "스핑크스를 없애는 자는 왕으로 삼고, 왕후와 결혼을 시킨다."는 공고가 나라 곳곳에 붙는데, 오이디푸스가 스핑크스의 수수께끼를 풀자 스핑크스는 바다에 몸을 던져 죽는다. 예언자의 말대로 오이디푸스는 테베의 왕이 되고 친어머니인 조카스터와 결혼하게 된다. 오이디푸스가 나라를 평화롭게 다스리던 중 갑자기 온 나라에 전염병이 퍼진다. 오이디푸스가 예언자를 불러 전염병의 원인을 묻자 자신의 친아버지를 죽이고 친어머니와 결혼을 한 사람 때문이라고 한다. 친아버지를 죽인 자를 찾다가 오이디푸스는 바로 자신이 친아버지인 레이아스를 죽이고 친어머니인 조카스터와 결혼한 사실을 알게 된다. 이 사실을 괴로워한 오이디푸스는 결국 두 눈을 찔러 소경이 되고, 조카스터는 스스로 목숨을 끊는다.

　남근기에 고착된 남자는 경솔하고, 남자다움과 정력을 과시하고, 허세를 부리며, 야심만만하고, 자위를 자주 하며, 바람기가 많은 경향이 있다. 여자의 경우는 남자 관계에서 순진하고 결백해 보이지만, 실제로는 남자 관계가 복잡하고 유혹적이며 노출이 심하고 경박스럽거나 자기주장이 강하고 남자를 이기려는 경쟁심이 강한 경향이 있다. 남근기에 반동 형성으로는 성을 터부시하거나 성에 대한 청교도적 태도를 보여 포르노 상영 등을 결사적으로 반대할 수 있다. 특히 남자는 성적 무기력이 나타나고, 여자는 성 혐오증이 나타나는 경우가 많다. 승화의 경우에는 시와 연극에 관심과 재능을 보이거나, 이러한 분야에서 성공하기 위해 많은 노력을 기울일 수 있다.

(4) 잠복기(the latency stage : 6~12세)

잠복기는 성적인 본능이 감추어지고 억압된 시기로서 그 대신 지적인 관심, 운동, 친구 간의 우정 등에 관심을 보이게 된다. 이 시기는 주로 초등학교 시절에 해당하며, 남자는 남자끼리 어울리고 여자는 여자끼리 어울린다. 프로이트는 이 시기에 일어나는 발달 과정에 대해서는 큰 관심을 보이지 않았다.

(5) 성기기(the genital stage : 13세 이후)

성기기는 이차성징이 나타나는 사춘기의 발달과 함께 이성에 대한 관심이 증가되며, 성적 충동이 다시 나타나는 시기다. 이 시기는 성적 충동을 이성과의 성교로써 만족시키려는 특징이 있다. 모든 인간은 성기기 이전에 자기 자신만을 최고로 여기는 자기애적(narcissistic) 성향을 가지며, 성기기 초기에는 동성애적(homosexual) 성향을 보여 동성의 친구나 선생님 혹은 주변 인물을 좋아하다가, 점차 성적 에너지의 대상이 이성으로 옮겨가 이성애(opposite sex)를 보이며, 이성에게 강하게 끌리게 되고, 결혼을 하게 된다.

프로이트는 성격 발달을 5단계로 구분했으나, 한 단계에서 다른 단계로 넘어갈 때 명확한 단절이나 갑작스러운 변화가 있기보다 이 5단계가 모두 작용하여 성격이 형성되는 것으로 보았다(이상로 등, 1997, p. 60). 즉, 인간의 성격 형성에는 모든 단계의 발달이 함께 영향을 미치고 있다고 볼 수 있다.

3) 성격의 역동성

프로이트는 인간을 에너지의 복합체로 간주하였으며, 인간행동의 원천을 바로 이 에너지로 보았다. 이러한 에너지는 음식물을 통해 얻어지는데, 프로이트는 에너지 보존의 법칙을 적용하여 호흡과 운동 등에 사용되는 신체적 에너지가 사고와 기억 등에 사용되는 정신적 에너지로 전환될 수 있다고 보았다. 신체적 에너지와 정신적 에너지의 교량 역할을 하는 것이 바로 이드와 본능이다(이형득 등, 1984, p. 57).

본능(instinct)이란 인간의 욕구 때문에 생기는 흥분 상태를 충족하려는 갈망(wish)을 의미한다. 본능은 이드 속에 포함되어 있는 힘의 원천이다. 즉, 배고픈 사람은 음식을 찾게 되고, 음식을 먹음으로써 에너지가 만들어지게 된다. 프로이트는 본능을 삶의 본능(eros)과 죽음의 본능(thanatos) 두 가지로 나누었다. 삶의 본능 중 성격 발달에 가장 중요한 역할을 하는 것이 성 본능이며, 성 본능에 내재하는 정신적 에너지를 리비도(libido)라고 불렀다. 죽음의 본능은 생물체가 무생물로 돌아가려는 본능으로서, 자살, 살인, 공격, 전쟁 등과 같은 행동을 의미한다. 삶과 죽음의 본능은 서로 중화와 대체가 가능하다. 음식을 먹으려는 삶의 본능은 음식을 씹는 죽음의 본능으로 만족을 얻게 됨으로써 중화되고, 사랑은 증오로 변할 수 있다.

본능은 성격의 세 가지 요소인 이드와 자아 및 초자아의 에너지 원천이 된다. 한 개인이 가지고 있는 정신적 에너지의 양은 한정되어 있으므로, 그 개인이 어떤 사람이 되는가를 의미하는 성격의 역동성은 일정한 양의 에너지가 이드, 자아, 초자아 간에 어떻게 분배되는가를 통해 이해할 수 있다. 예를 들어, 이드가 에너지를 거의 차지하고 있는 사람이라면 자신의 말을 무시하고 대답하지 않았다는 이유로 다른 사람을 죽일 수 있으며, 마음에 드는 이성이 나타났을 때 아무나 끌어안을 수 있다. 자아가 에너지를 차지하게 되면 보다 나은 미래를 위해 무더운 여름날 에어컨도 가동되지 않는 강의실에서 찜통 더위를 참아가며 열심히 강의를 들을 수 있다. 초자아가 에너지를 장악하고 있는 사람이라면 생명이 위독한 환자를 차에 태우고도 아무도 지나가지 않는 새벽에 횡단보도의 빨간색 신호등을 보고 정지할 수 있다.

3. 주요 개념

프로이트의 이론에서 핵심 개념은 정신적 결정론, 무의식적 동기, 불안, 자아방어기제, 부적응의 원인, 도식화 등이 있다.

1) 정신적 결정론

자연현상에는 어떤 결과를 낳게 하는 원인이 항상 존재한다. 예를 들면, 하늘에 구름이 많아지면 비가 오고, 바람이 불면 나뭇가지가 흔들린다. 이러한 자연현상과 마찬가지로 인간의 정신 현상에도 우연히 일어나는 일은 없고 반드시 선행사건이라는 원인이 있다는 것이 '정신적 결정론(psychic determinism)'이다. 즉, 우연히 일어난 것처럼 보이는 것은 단지 선행사건이 의식되지 않았기 때문이며, 우리가 생각하고 느끼고 행동하는 모든 저변에는 원인이 있다는 것이다. 예를 들면, 어떤 사람이 자신도 모르게 콧노래를 부를 경우에, 어쩌면 그 자신은 모르고 있지만 조금 전 라디오에서 그 노래를 들었기 때문에 콧노래를 부르는 행동을 하게 된다는 것이다. 또한 우연히 일어나는 실수나 실언은 없고, 그러한 실수와 실언을 유발한 이유가 있다는 것이다. 예를 들어, 아버지에게 적대감을 가지고 있는 아들이 아버지가 아끼는 도자기를 다른 곳으로 옮기다가 떨어뜨려서 깨뜨렸다면, 이것은 실수가 아니라 아버지에 대한 적대감 때문에 나타난 행동일 가능성이 있다는 것이다. 마찬가지로 자신에게 아침마다 호통치며 결재서류를 집어 던지는 부대의 상관인 박 소령과 술자리에서 "박소령 놈! 한 잔 받으십시오."라고 말했다면, 이 또한 단순한 실언이 아니라 박 소령에 대해 내재된 분노와 적개심이 원인이 되어 나온 말이라는 것이다.

정신적 결정론은 특히 5세 이전의 성과 관련된 심리적 외상(trauma)에 의하여 인간의 성격이 형성되거나 신경증적 증상이 나타난다는 이론이다. 정신적 결정론에 대한 이해를 돕기 위해서 필자의 상담 사례를 소개한다.

몇 년 전 한 남자 대학생이 필자에게 상담을 받으러 온 적이 있다. 내담자가 처음에 호소한 문제는 공부를 열심히 하는데 성적이 오르지 않는다는 것이었다. 필자가 그에게 얼마나 열심히 공부하는지를 묻자 하루에 5시간 정도 잠을 자며, 늘 도서관에서 지낸다고 하였다. 도서관에서 어떻게 공부하는지 구체적으로 살펴봤더니, 의자에 앉아서 책을 보기는 하지만 집중해서 공부를 하지 못하고 있었다. 책상 위에 책이 한 권이라도 앞으로 튀어나와 있거나 뒤로 들어가 있으면 눈에 거슬려서 책을 가지런히 맞춰야 하며, 책가방이 조금이라도 왼쪽이나 오른쪽으로 기울어져 있으면 신경이 쓰여서 공부가 안 된다는 것이었다. 또한 책을 한 권이라도 새로 사면 첫 페이지부터 마지막 페이지까지 책장을 한 장씩 다 넘겨보아야 마음이 편하다고 하였다. 그 이유는 혹시라도 책장 사이에 파지가 끼어 있을 수도 있기 때문이라는 것이다. 더 놀라운 사실은 시험을 볼 때의 일이다. 내담자는 답안지에 이름을 쓰는 데 적지 않은 시간을 허비하였다. 즉, 이름을 적을 때 성을 쓴 후, 두 번째 글자가 조금이라도 위나 올라가거나 아래로 내려간 느낌이 들면 글자를 지우고 다시 쓰는 것을 계속해서 반복하였다. 시험 시간이 흘러가 마음은 조급하지만 그냥 넘어갈 수 없다고 하였다. 그러기를 10여 분, 다행히 어느 정도 이름이 마음에 들면 이제 시험문제로 넘어가는데, 시험점수는 늘 좋지 않다는 것이었다. 그 이유를 들어보니 시험문제로 서술형 두 문제가 나오면, 2번 문제는 읽어보지도 못한다는 것이었다. 왜냐하면 1번 문제의 답을 완벽하게 쓰려다보니 시험 시간이 다 되어서 제출해야 하기 때문이었다. 그러다보니 결국 시험점수는 잘해야 50점밖에 못 받는다는 것이었다. 이와 같은 완벽주의 성향이 언제부터 시작되었는지 물어보니, 초등학교 때부터이며 최초의 증상은 바지의 지퍼를 확인하는 것이라고 하였다. 즉, 그는 화장실을 다녀온 후 혹시라도 바지의 지퍼가 내려갔는지를 수시로 확인하였다는 것이었다. 그의 어릴 때의 기억을 더듬어보게 했더니, 여러 번의 시도 끝에 만 세 살 정도의 기억을 떠올렸다. 그는 시골에 살았는데, 옆 동네에 사는 사촌 집에 잔치가 있어서 엄마 손을 잡고 사촌 집에 갔다고 한다. 사촌 집에는 두 명의 사촌 형이 있었는데, 초등학교 저학년과 고등학생이었다고 한다. 어른들은 잔치 준비로 바빴기 때문에 그는 초등학교 저학년인 사촌 형과 방에서 둘이서 놀게 되었는데, 그 형이 내담자의 성기를 만지기도 하고 심지어는 서로의 성기를 비비는 성희롱을 했다고 한다. 그러고 나서 방을 나오는데, 바지가 흘러내린 것을 본 고등학생 형이 "칠칠맞게 바지가 그 모양이니! 이리와. 내가 잘 입혀 줄게!"라고 말했다고 한다. 그 후로 내담자가 어떤 일을 하고 나서 적당히 넘어가려고 하면, 늘 "똑바로 해! 제대로 못해!"라는 형체 없는 음성이 들리곤 하는데, 그 음성의 주인공이 바로 세 살 때의 큰 사촌 형이었던 것이다.

2) 무의식적 동기

프로이트의 두 가지 기본 가정인 정신적 결정론과 무의식적 동기(unconscious motivation)는 서로 분리할 수 없는 개념이다. 정신적 결정론이 뜻하는 인간의 사고와 감정 및 행동의 원인이 되는 것이 바로 무의식적 동기라고 할 수 있다. 인간의 생각과 감정 및 행동을 결정하는 정신적 원인을 알기 위해서는 인간의 마음을 '아는 것'과 '모르는 것'으로 구분하는 것이 필요하다. 마음에 담겨 있는 것 중에서 사람들이 이미 알고 있는 것을 의식이라고 하며, 존재하지만 모르고 있는 것을 무의식이라고 한다. 우리는 "빙산의 일각이다."는 말을 가끔 사용한다. 밖에서 볼 때는 눈으로 볼 수 있는 빙산의 한 부분이 마치 전부인 것처럼 여겨지지만, 빙산의 극히 일부분만 겉으로 드러나 있을 뿐, 거의 대부분은 수면 밑에 가라앉아 있다. 이처럼 겉으로 드러난 빙산의 일각이 인간의 의식에 해당하며, 수면 밑에 숨겨진 대부분이 우리가 알지 못하는 무의식에 해당한다고 볼 수 있다. 즉, 우리 마음의 대부분은 무의식에 해당하며, 우리가 의식하고 있는 것은 극히 일부에 불과하다는 것이다.

그러면 우리가 알지 못하는 무의식은 왜 존재하게 되는가? 인간이 의식하기에 너무 위협적이거나 고통스럽거나 무섭거나 창피하거나 싫은 경험들, 혹은 자신이나 사회가 용납하기 힘든 기억들은 잊어버리는 것이 낫기 때문에, 과거에는 생생히 알고 있었던 기억들이 망각되어 모여 있는 기억의 저장소가 무의식인 것이다. 이와 같이 망각된 기억들은 결코 완전히 사라지지 않는다. 그러한 기억들은 인간이 생각하고 느끼고 행동하는 가장 기본적인 동기로 작용하며, 여러 가지 심리적 증상의 원인이 된다. 예를 들어, 한 내담자가 다섯 살 경에 어머니로부터 "너는 피임을 잘못해서 태어난 아이다."라는 말을 들었지만 전혀 기억하지 못할 수 있다. 이 내담자는 이 말로 인해 늘 자신이 무가치하며 쓸모없는 존재라는 생각을 하며 살 수 있지만 그 이유는 전혀 모를 수 있다. 사람들은 종종 "나도 나를 잘 모르겠다."는 말을 하는데, 이것은 바로 자신이 모르는 무의식이 동기로 작용하기 때문이라고 할 수 있다.

3) 불안

뭉크의 절규(1895)

프로이트는 신경증 환자들을 치료하면서 그들이 보이는 불안(anxiety) 증세에 관심을 가지게 되었고, 그 불안의 원인이 무엇인가에 대하여 연구하였다. 그는 초기에는 불안이 성적 에너지가 억제되거나 성적 에너지를 적절하게 해소하지 못하기 때문에 일어난다고 보았다. 하지만 그는 연구를 계속하면서 불안의 원인이 자아의 기능에 있다고 함으로써 초기의 주장을 바꾸었다(이훈구 역, 1998, p. 73). 다시 말하면, 자아는 이드의 충동적인 본능과 완벽을 추구하는 초자아와의 갈등을 중재하는 역할을 하는데, 이러한 이드와 초자아와의 갈등이 하나의 신호로 나타나는 것이 불안이라는 것이다. 불안이 언제 생기는 것인가에 대한 견해는 두 가지로 나뉜다. 먼저 랭크(Otto Rank)는 인간이 출생 과정에서 엄마와 생물학적으로 분리되면서 혼자서는 아무것도 할 수 없기 때문에 초기불안이 생긴다고 주장하였다. 반면에 프로이트는 유아기 때 엄마와 떨어져 혼자 있게 되거나, 어두움 속에 혼자 남겨지게 되는 등의 상황에 처할 때 불안이 생긴다고 주장하였다(이훈구 역, 1998, p. 74). 이드와 자아 그리고 초자아와 관련하여 현실에서 나타나는 불안은 현실 불안, 신경증 불안, 도덕 불안 등으로 나누어진다. 이 세 가지의 불안 유형을 살펴보면 다음과 같다(김완일 등, 2015, pp. 63-64).

(1) 현실 불안

현실 불안(reality anxiety)은 말 그대로 맞닥뜨린 현실이 자신을 위협한다고 느낄 때 생긴다. 예를 들면, 산에 갔는데 독사가 발 앞에 있다거나, 운전 중에 앞에 가는 차가 충돌하는 장면을 목격한다거나, 시험을 앞두고 있을 때 같은 상황에서 발생하는 불안이다. 이러한 현실 불안은 자아가 현실을 지각할 때 생기는 것이므로 위협이 되는 대상이 사라지면 불안이 줄어든다. 하지만 이러한 불안은 앞으로 예상되는 위협에 대처할 수 있는 자아의 기능을 강화시키기 때문에 적절한 불안이라고 할 수 있다(이훈구 역, 1998, p. 75).

(2) 신경증 불안

신경증 불안(neurotic anxiety)이란 이드의 본능적인 충동, 즉 성 본능이나 공격 본능이 현실에서 나타날지도 모른다는 두려움으로 인하여 나타나는 정서적 반응이다(이훈구 역, 1998, p.75). 신경증 불안은 자아가 적절하게 이드의 충동을 조절하지 못하여 처벌을 받을지도 모른다는 생각에서 발생한다(이상로 등, 1997, p. 48). 예를 들면, 한 병사가 자신이 느끼기에 과도한 업무를 시키는 소대장에게 대들어서 영창을 다녀왔다고 했을 때, 그 병사는 다음에 또 자신이 참지 못하면 어쩌나 하는 불안감이 생길 수 있다.

(3) 도덕 불안

도덕 불안(moral anxiety)은 양심에 대한 두려움으로써 자아가 초자아의 양심이나 기대에 미치지 못하게 될 때 생겨나는 정서적 반응이다. 개인은 자신이 세운 양심의 기준에 위배되는 본능적인 행동이나 생각을 할 경우에 죄의식이나 수치심 등을 경험하게 된다(이상로 등, 1997, p. 48). 초자아는 부모의 권위가 내재된 양육에 의해 형성되며, 초자아가 잘 발달된 사람들은 도덕적이지 않은 행동이나 생각을 조금도 허용하지 못하고 도덕적인 불안에 시달린다. 가령 부모로부터 "절대로 다른 사람에게 피해를 주면 안 된다." 혹은 "불쌍한 사람을 보면 반드시 도와주어야 한다."라는 말을 계속 듣고 자란 사람이 있다고 하자. 이 사람은 조금이라도 남에게 피해를 주었다는 생각이 들 때나, 길거리에서 누워 자는 노숙자들 옆을 지나칠 때 마음이 편치 않으며, 죄책감을 느끼게 된다는 것이다.

4) 자아방어기제

자아방어기제(ego defence mechanism)란 사회적으로 용납하기 어려운 이드의 충동 표출과 초자아의 도덕적인 강한 압력으로 생기는 불안으로부터 자아를 보호하기 위한 기제다. 모든 방어기제는 세 가지 특징이 있다. 첫째, 무의식적으로 작용하기 때문에 스스로 알지 못하는 자기 기만적이다. 둘째, 개인으로 하여금 현실을 거부하거나 왜곡하여 지각하도록 함으로써 불안으로부터 자아를 보호하려는 비현실적이고 방어적이다. 셋째, 문제에 대한 직접적인 해결 방법이 아니라 간접적 · 우회적인 문제해결이다. 방어기제를 사용하는 데는 일정한 에너지가 소모되기 때문에 실질적이고 건설적인 문제해결을 위한 행동에 에너지를 사용하는 데 제한을 받게 된다. 따라서 거의 대부분의 방어기제는 바람직하지 않다. 대표적인 자아방어기제를 살펴보면 다음과 같다.

(1) 억압

억압(repression)은 불안을 가장 직접적인 방법으로 회피하기 때문에 일차적 자아방어기제라고 한다. 이는 사회적으로 용납될 수 없는 욕구나 충동(예: 근친상간) 혹은 기억하면 불쾌하고 괴롭거나 고통스러운 경험(예: 초등학교 시절 수업시간에 옷에 오줌을 싼 일)을 무의식 속에 숨겨 버리고 기억하지 않는 것을 뜻한다. 그러나 무의식 속에 억압된 내용은 살아가면서 그 개인의 말과 생각과 행동의 동기로 작용한다. 예를 들어, 꿈, 농담 또는 말이나 행동의 실수 등으로 나타난다. 억압은 모든 신경증(예: 마비), 정신신체장애(예: 위궤양), 성 심리적 장애(예: 심인성 발기부전)의 원인이 된다. 이러한 억압은 자발적이고 무의식적이라는 점에서 의식적인 억제(suppression)와는 다르다.

(2) 합리화

합리화(rationalization)는 사실이 아닌 그럴듯하고 정당한 이유와 핑계를 대서 자존심과 체면을 살려 불안을 피하려는 방법을 말한다. 대표적인 것으로 '신포도 기제'와 '달콤한 레몬 기제'가 있다. 먼저 신포도 기제는 이솝우화에 나오는 이야기다. 여우가 먹음직스럽게 잘 익은 포도를 발견하였지만, 키가 작아서 포도를 따 먹을 수 없자 신 포도여서 안 먹는다고 생각하는 것처럼 사실은 자신이 원하는 것이지만 원하지 않는 것으로 받아들이는 것을 의미한다. 예를 들면, 소개팅에서 애프터를 신청했다가 거절당한 남학생이 그 여학생은 사실 마음에 안 들었고 예의상 애프터를 신청했다고 생각하는 것이다. 달콤한 레몬 기제는 레몬의 본래 맛이 시큼한데 달콤하다고 생각하는 것처럼 원하지 않는 일을 한 후에 자신이 원하는 일이라고 받아들이는 것을 의미한다. 예를 들어, 거절을 잘하지 못하는 성격을 가진 사람이 마지못해 친구에게 돈을 빌려주고 나서는 자신이 기꺼이 돈을 빌려줬다고 생각하는 것이다.

(3) 투사

투사(projection)는 자신이 스스로 받아들일 수 없는 충동이나 생각, 행동 등을 무의식적으로 다른 사람이나 환경 탓으로 돌리는 것을 말한다. 다른 사람을 탓하는 경우의 예를 들면, 실제로는 자신이 누군가를 싫어하거나 좋아하는데 반대로 그 사람이 자신을 싫어하거나 좋아한다고 생각하는 것이다. 즉, 남자를 유혹하려는 성적 욕망이 강한 여자가 데이트하는 모든 남자들이 자신을 유혹하려 한다고 받아들이거나, 바람피우고 싶은 마음이 있는 남자가 주변 남자들이 모두 바람을 피우고 싶어 한다고 생각하는 것이다. 환경 탓을 하는 예를 들면, 골프를 칠 때 자신의 실수로 공을 잘못 쳐놓고 골프채를 탓하거나, 자신은 공부를 열심히 하지 않고서 다른 학생들이 커닝을 해서 자신의 학점이 상대적으로 낮게 나왔다고 믿는 것이다.

(4) 반동 형성

반동 형성(reaction formation)은 자신의 실제 욕구나 충동과 정반대의 행동을 함으로써 그러한 욕구의 표출로 느끼게 될 불안에서 자신을 보호하는 것을 말한다. 즉, 의식되는 감정이나 생각 및 행동이 무의식적인 것과 정반대로 표현되는 것이다. 이것은 두 가지 단계를 거친다. 첫째는 받아들일 수 없는 충동을 무의식 속에 억압하는 것이고, 둘째는 억압된 내용과 반대되는 행동을 보이는 것이다. 예를 들면, 계모는 자신의 친아들이 아닌 아이가 없어졌으면 하는 마음을 무의식 속에 억압하고 속마음과는 정반대로 지나치게 비싼 명품 옷을 사 입히고 남에게 자랑할 수 있다. 또한 성욕이 강한 사람이 성욕을 억압하고 외설적 영화 상영을 결사반대하거나, 잘난 체를 하고 싶어서 안달이 난 사람이 겉으로 겸손해하며 주변에서 잘난 체 하는 사람을 극도로 싫어할 수 있다.

(5) 전위

전위(displacement)는 본능적 충동의 표현을 재조정해서 위협을 많이 주는 대상에서 적게 주는 대상으로 바꾸는 것을 말한다. 예를 들어, 부부싸움을 한 교사가 자신의 부인 대신 학생들을 과도하게 꾸짖어 화풀이를 하거나, 엄마에게 꾸중을 들은 아이가 애꿎은 동생을 때리는 경우, 또는 애완견을 발로 차거나 장난감을 집어던지는 행동을 하는 경우가 이에 해당한다. 또한 사법고시를 도전하는 데 자신감이 없는 사람이 공무원 시험을 준비하거나, 마마보이가 어머니를 닮은 여자와 결혼하려는 것 등도 이에 해당한다.

(6) 퇴행

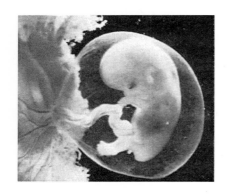

퇴행(regression)은 좌절을 경험할 때 불안으로부터 자신을 보호하기 위해 발달 초기로 후퇴하여 보다 만족스러웠던 어린 시절의 유아적인 행동을 보이는 것을 뜻한다. 어린 시절에는 배가 고프거나 무서울 때 울기만 하면 모든 조건이 충족되었기 때문에, 성인이 되어서 어려운 상황에 봉착하고 자신의 뜻대로 되지 않을 때 울어버린다거나, 부부싸움을 한 아내가 남편이 보는 앞에서 짐을 챙겨서 자신의 뜻을 다 받아 주던 친정으로 가는 경우, 성인이 되어서 어린아이 같은 말투(예: 맘마 줘)나 행동(예: 입을 내미는 것)을 하는 것 등이다. 동생이 생긴 아이가 갑자기 말을 더듬거나 대소변을 가리지 못하는 등의 어린애와 같은 행동을 보이는 것도 퇴행의 일종이다.

(7) 승화

승화(sublimation)는 억압된 욕구나 충동을 사회적으로 인정받을 수 있는 가치 있는 목표로 옮겨서 실현하는 것으로서, 방어기제 중 유일하게 건설적이고 바람직한 기제다. 즉, 성적(sexual)이거나 공격적 목표를 사회적으로 바람직한 목표로 바꿔서 성적이거나 공격적 에너지를 사회에 도움이

되도록 사용하는 것이다. 예를 들어, 레오나르도 다빈치가 모나리자를 그린 것은 어릴 때 헤어진 어머니에 대한 그리움이 승화된 것으로 볼 수 있으며, 차이콥스키는 동성애의 경향성을 음악으로, 외과 의사나 도살업자 혹은 격투기 선수는 자신의 공격성을 사회적으로 용인되는 방법으로 승화시킨 것으로 볼 수 있다.

5) 부적응의 원인

프로이트의 정신분석에서는 부적응의 원인을 다음과 같이 설명하고 있다(김완일 등, 2015, p. 68).

첫째, 인간의 정신에너지인 성 욕구를 적절하게 충족시키지 못하여 무의식에 억압되어 있는 경우에 부적응이 생긴다는 것이다. 프로이트는 5단계로 성격발달을 제시하였는데, 각 발달 단계에서 성적 욕구가 적절하게 충족되지 않아 고착되면 성인이 된 후에 부적응적인 심리적인 증상이나 행동이 나타난다고 하였다. 다시 말하면, 고착은 어떤 발달단계에 있었던 문제가 잘 해결되지 못한 것을 뜻한다(이훈구 역, 1998, p. 65). 예를 들면, 줄담배를 피우는 어른은 어릴 적 구강기 때 엄마의 젖을 마음껏 빨지 못하여 고착된 경우라고 볼 수 있다.

둘째, 5세 이전에 경험한 트라우마가 있는 경우에 부적응이 발생한다는 것이다. 프로이트는 부모가 개인의 성격발달에 결정적인 영향을 미친다고 하였다. 어린아이들은 누군가의 돌봄을 받아야만 살아갈 수 있는 연약한 존재다. 어린아이 대부분은 부모가 양육하는데, 부모의 따뜻한 애정과 적절한 보호가 이루어지지 않고 방임되거나 버림받는 경험을 하게 되면, 성인이 되었을 때 부적응 증상이 나타날 수 있다. 예를 들면, 어릴 적에 버림받은 경험이 있는 아이는 성인이 된 후에 다른 사람과 관계를 잘 맺지 못할 수 있다. 또 버림받게 될까 봐 두려워 다른 사람에게 가까이 다가가지 못할 수 있고, 자신이 먼저 관계를 끊어버리는 행동 패턴을 지속적으로 하기 때문이다.

셋째, 프로이트는 성격 구조를 이루고 있는 세 가지 요인, 즉 이드와 자아 그리고 초자아가 균형을 이루지 못할 때 심리적인 부적응이 나타난다고 하였다. 예를 들면, 한 개인이 이드에 치우치면 본능에 입각하여 충동적인 행동을 한다거나, 초자아에 치우치면 도덕성을 너무 중시하는 까닭에 부적응을 초래할 수 있다는 것이다. 프로이트는 이와 같은 원인들이 신경증을 유발하며, 이것은 건강한 성격발달에 방해가 되어 부적응을 초래한다고 보았다.

6) 도식화

프로이트의 정신분석에서 핵심 개념을 중심으로 도식화하면 [그림 2-2]와 같다.

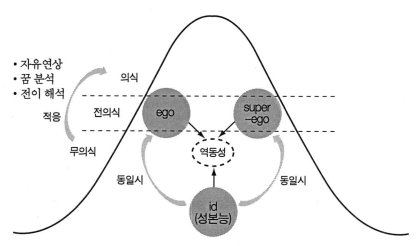

[그림 2-2] 프로이트의 정신분석상담의 도식화

※ 출처: 김완일 등, 2015, p. 69.

위에 제시한 [그림 2-2]를 설명하면 다음과 같다.

첫째, 성격 구조는 이드, 자아, 초자아 등의 세 가지 요소로 구성된다. 이드는 심상을 통한 만족을 추구하기 때문에 실제적인 만족은 이루어지지 않는다. 따라서 이드에서 심상과 외부세계의 대상과의 동일시 과정을 거쳐 자아가 형성된다. 또한 이드에서 부모와 사회의 가치와의 동일시 과정을 거쳐 초자아가 형성된다.

둘째, 인간의 성격은 지형학적인 관점에서 의식, 전의식과 무의식으로 나눌 수 있으며, 구조적 관점에서 이드, 자아, 초자아로 이루어져 있다. 두 가지 관점의 관계는 인간을 움직이는 에너지인 성 본능이 핵심인 이드는 무의식에만 존재하며, 자아와 초자아는 의식, 전의식, 무의식의 모든 영역에 걸쳐 존재한다.

셋째, 인간의 부적응의 원인은 무의식에 억압되어 있는 과거의 외상이나 충족되지 못한 성 욕구 혹은 성격의 세 가지 구조 간의 불균형에 있다. 이러한 부적응을 해결하기 위해서는 자유연상이나 꿈의 분석 및 전이의 해석 등을 통해 개인의 무의식을 의식화하는 작업이 필요하다.

넷째, 성격의 세 가지 구조인 이드와 자아 그리고 초자아 중 어느 요소가 에너지를 많이 차지하는지에 따라서 개인의 성격이 나타난다. 세 가지 구조가 지나치지도 않고 덜하지도 않게 적절하게 충족되어 균형을 이룬 상태가 가장 건강한 상태다. 이를 위해서는 이드와 초자아의 욕구를 적절히 충족시켜 주기도 하고 때로는 지연을 요구하기도 하는 자아가 개인의 에너지를 차지하도록 도울 필요가 있다.

제3절 상담 목표 및 방법

1. 상담 목표

정신분석상담의 목표는 내담자의 증상과 관련된 무의식을 의식화하고, 자아의 기능을 강화하여 현실에 보다 잘 적응할 수 있도록 돕는 데 있다. 무의식을 의식화한다는 것은 내담자로 하여금 위협이나 비난을 받을 위험이 전혀 없는 안전한 분위기에서 기억할 수 없는 과거의 중요한 장면을 떠올리게 하고 그와 관련된 억압된 감정이나 충동을 자유롭게 표현하도록 도와주는 것을 의미한다. 내담자는 무의식을 의식화하는 과정에서 자신의 문제 행동의 원인을 통찰하게 되고 자신의 현재 행동이 적절한지를 탐색하게 되어, 보다 적절한 행동을 할 수 있게 된다. 이와 같이 겉으로 드러난 문제만 해결하는 것이 아니라 원인으로 작용하는 무의식적 갈등에 대한 해결을 시도한다는 점에서 정신분석은 일종의 '뿌리치료' 다. 뿌리치료란 겉으로 드러난 심리적 증상 자체를 완화하는 대신 그러한 증상의 뿌리에 해당하는 무의식적 충동이나 갈등을 해결하는 심층적인 심리치료를 말한다(이장호 등, 2013, p. 80). 또한 이드의 충동과 압박을 적절히 조절하고 통제하는 자아 기능의 역할을 강화하여 자아가 그 자신을 주도함으로써 궁극적으로는 잘 적응하는 개인, 즉 진정으로 자신과 타인을 사랑할 수 있고 일에 열중할 수 있는 개인으로 성장하도록 돕는 것이 정신분석상담의 궁극적인 목표다.

2. 상담 과정

정신분석상담은 내담자 자신도 기억하지 못하는 무의식을 의식화하는 작업이기 때문에 그리 쉬운 일은 아니다. 물론 상담의 시작과 마무리에 대한 일정한 절차는 있지만 상담의 진행 과정은 일정한 틀을 정하기가 어려운 과정이다. 프로이트는 이러한 정신분석의 상담과정을 체스(chess)게임에 비유하기도 하였다. 체스게임의 시작과 마무리는 대체로 정해진 규칙에 따르지만, 중간 단계는 변화에 개방적이라 그 과정이 예측하기 어려울 정도로 복잡하다는 것이다(노안영, 2005, p. 127). 또한 정신분석상담은 내담자가 무의식에 대한 완전한 통찰을 이루어 나가기까지 오랜 시간이 필요하며, 목표 달성을 위해서는 몇 년의 기간이 걸리기도 한다. 특히 상담 과정의 중간 단계에서 가장 많은 시간을 요하며, 다양한 변화에 개방적인 자세로 상담을 하여야 한다. 정신분석상담의 과정은 초기 단계, 전이 단계, 통찰 단계, 훈습 단계의 4단계로 구분할 수 있다(천성문 등, 2011, p. 121). 초기 단계는 내담자와 상담 관계를 형성하고, 전이 단계는 내담자가 상담자에 대해 전이 감정을 느끼고 표현하는 단계다. 그리고 통찰 단계는 전이에 대한 분석이 이루어지는 단계며, 마지막으로 훈습 단계는 자신이 깨달은 통찰을 현실생활 속에서 계속 유지하기 위해 노력하는 단계다. 상담 과정 4단계를 구체적으로 살펴보면 다음과 같다.

1) 초기 단계

정신분석상담의 초기 단계는 내담자가 분석에 적절한 사람인지를 평가하고 치료계약을 맺는 단계다. 상담자가 내담자를 처음 만나는 순간부터 상담이 시작되며, 내담자가 이야기하고 행동하는 모든 것은 그 사람을 이해하는 데 중요한 단서가 될 수 있기 때문에 세밀한 관찰이 중요하다. 이 단계에서는 상담자와 내담자 사이에 신뢰관계를 맺는 것이 중요하다. 왜냐하면 내담자 입장에서는 자신도 알지 못하는 무의식의 내용을 처음 만나는 상담자가 알게 되는 것이 두렵고 편하지 않을 수도 있기 때문이다. 상담자와 내담자 사이에 신뢰관계가 형성되고 내담자가 지닌 심리적 문제에 대한 윤곽이 드러나면 상담자는 내담자와 치료동맹을 맺는다(천성문 등, 2011, p. 122). 치료동맹은 내담자의 감정이나 사고, 동기 등을 수용하고 이해할 때 더욱 잘 이루어진다. 이 과정에서 내담자는 한 인간으로 온전히 이해받으며 점점 상담자에게 의존하게 된다. 잘 맺어진 치료동맹은 내담자의 전이감정을 촉진시키는 역할을 한다. 한편, 정통적인 정신분석은 장기간 동안 진행되므로 본격적인 상담 진행에 앞서 내담자가 정신분석에 적절한 능력을 가진 사람인지 평가하는 것이 필요하다.

정신분석상담에 적합한 내담자의 다섯 가지 능력은 다음과 같다. 첫째, 치료동맹을 맺을 수 있는 능력이 있어야 한다. 둘째, 치료 작업을 위한 충분한 시간과 경제력이 있어야 한다. 셋째, 치료적 퇴행을 견딜 수 있는 능력과 퇴행으로 인해 발생되는 불안을 극복할 능력이 있어야 한다. 넷째, 전이신경증을 형성할 수 있어야 한다. 다섯째, 환상과 현실을 구별할 능력이 있어야 한다(노안영, 2005, p. 128).

2) 전이 단계

전이(transferences)란 내담자가 어릴 때 자신에게 결정적인 영향을 미친 중요한 타인에 대해 가졌던 감정이 상담 장면에서 상담자에게 옮겨서 느끼는 현상을 말한다. 내담자는 어린 시절에 자신과 밀접하게 관련되어 있는 대상에 대한 감정을 상담자에게서 느끼게 된다. 이러한 현상은 대부분이 무의식적으로 일어나기 때문에 내담자는 알지 못한다. 전이가 일어나면 상담자와 내담자의 관계는 현실적인 관계를 벗어나며 내담자는 어릴 적 채워지지 않은 욕구를 상담자에게서 충족 받으려고 한다. 상담자는 내담자의 이런 전이 욕구를 잘 파악하여, 포용력과 존중하는 마음과 태도로 참고 견딜 수 있어야 한다. 내담자의 욕구에 지속적으로 중립적인 태도를 취하며, 그 욕구나 행동을 해석해 주고, 참여적 관찰자 역할을 통하여 궁극적으로는 내담자의 전이 욕구를 좌절시켜야 통찰의 단계로 나아갈 수 있다.

3) 통찰 단계

통찰(insight)이란 말 그대로 내담자가 자신이 고민하는 문제에 대한 원인을 알게 되는 것을 의미한다. 내담자는 자신의 의존 욕구나 사랑의 욕구 등 전이의 좌절에서 오는 적개심을 상담자에게 표현하게 된다. 이러한 감정 표현을 통해 내담자가 느끼는 불안이나 죄의식에서 벗어날 수도 있지만 자신도 알지 못했던 의존 욕구와 사랑의 욕구 등의 숨은 동기를 파악하게 된다. 그리고 자신의 부정적 감정이 의존 욕구나 사랑의 감정의 좌절에서 비롯되었다는 것을 통찰하게 된다. 상담자가 내담자의 의존 욕구를 다루게 되면, 그 욕구의 좌절로 인해 야기된 부정적 감정을 다루기가 쉬워진다. 전이의 분석에 따른 내담자의 문제에 대한 통찰은 반복, 정교화, 확충의 활동으로 이루어진 지속적 활동 과정을 통해 심화되고 공고해진다. 이런 지속적 활동은 전이의 분석과 어린 시절의 중요한 경험들에 대한 망각의 극복 사이에서 촉매 역할을 한다(이형득 등, 1992, p. 74). 한편, 상담자는 자유연상을 통해 내담자가 떠오르는 모든 것을 이야기하도록 하는데, 이 과정에서 잊었던 어린 시절의 기억과 억압된 무의식들을 의식적으로 재연하게 된다. 이 과정을 통해 현실과 환상, 과거와 현재를 분별할 수 있게 되고, 어린 시절의 욕구와 충동들을 현실적으로 이해하도록 해석해 줌으로써 통찰을 할 수 있게 된다.

4) 훈습 단계

훈습(working through)은 자신의 심리적 갈등을 깨달은 후에 실생활에서 부적응적인 사고와 행동을 수정하고 적응하는 방법을 실행하는 것을 말한다. 내담자가 자신이 가지고 있는 심리적 문제를 통찰하는 것은 자신의 문제가 어디에서 비롯된 것인지 깨달았다는 것이지 해결된 것은 아니다. 따라서 상담자는 내담자가 통찰을 통해 알아낸 것을 실제 생활로 옮기도록 조력해야 하는데, 바로 이 과정이 훈습 단계다(천성문 등, 2011, p. 122). 훈습 단계에서 상담자는 내담자가 획득한 통찰을 현실에 적용하려 할 때마다 적절한 강화를 주어 내담자의 통찰을 더욱 공고하게 해 준다. 이를 통해 내담자는 자신의 억압된 감정이나 충동을 이해하고 수용하게 되며, 그 결과 현실에 직면하여 보다 효과적인 방법으로 적절히 반응하게 된다. 훈습 단계를 통해 내담자의 행동 변화가 안정되게 일어나면 종결을 준비한다. 상담 종결 시에는 내담자가 상담을 요청하게 된 원인이었던 '증상'들이 약화되고, 지금까지 억압되었던 기억들이 나타나 상담 초기에 이루어졌던 해석이나 재구성이 확고히 정교해지며, 내담자와 상담자 모두가 더 이상 상담의 필요성을 느끼지 않게 된다(이형득, 1992, p. 75). 즉, 이와 같은 훈습 단계까지 진행되어야 정신분석상담이 효과적으로 이루어진 것이라 할 수 있다.

3. 상담 방법

정신분석상담 기법에는 자유연상, 꿈 분석, 전이 및 저항의 해석 등이 있다. 이와 같은 상담기법의 이해를 돕기 위해 필자의 상담 사례를 제시하였다. 내담자를 보호하는 차원에서 신상에 관한 내용은 익명으로 하였으며 내담자의 동의를 얻어 이 책에 싣게 되었다.

1) 자유연상

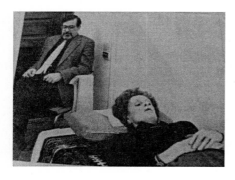

자유연상(free association)이란 내담자로 하여금 아무리 사소하고 외설스럽고 망측스럽고 고통스럽고 비논리적이고 무의미하고 겉보기에 시시하다고 할지라도, 마음속에 떠오르는 것이면 무엇이든 이야기하도록 함으로써 혼자서는 기억할 수 없는 개인의 무의식을 의식화하는 방법을 말한다.

자유연상의 과정은 다음과 같이 진행된다. 먼저 외부의

방해를 최소한으로 줄이기 위해 내담자는 조용한 방에서 안락의자에 편하게 누워서 이야기하고, 상담자는 내담자 옆이나 뒤편에 앉아서 내담자와 눈을 마주치지 않고 아무런 판단 없이 온화하고 관심 있는 태도로 내담자의 이야기를 경청한다. 이와 같이 하는 이유는 상담자는 내담자와 눈을 마주치거나 내담자의 말을 판단하거나 평가하는 반응을 하면 내담자는 상담자를 의식해 자유로운 연상이 방해될 수 있기 때문이다. 상담자는 내담자의 이야기가 끊어질 때는 질문을 하기도 하며, 내담자가 말하는 여러 가지 내용을 관련지어 설명해 주거나, 내용의 의미를 해석해 줄 필요가 있을 때는 연상의 흐름에 개입하기도 한다. 이와 같이 내담자의 연상의 흐름을 따라가며 연상 내용의 관련성과 의미를 해석해 주면 내담자는 혼자서 떠올리기 어려운 자신의 무의식 속에 내재된 경험을 기억해낼 수 있게 된다.

자유연상법은 프로이트가 히스테리 환자들을 치료하면서 완성한 기법으로 다음과 같은 과정을 겪으면서 만들어진 것이다. 프로이트는 처음에는 코카인이라는 약물을 통해 히스테리 환자를 치료했는데, 친구인 마르호프의 모르핀 중독을 치료하면서 코카인의 중독성을 경험하고 코카인 치료를 포기한다. 다음으로 샤르코와 함께 최면요법을 통한 치료를 시도하였으나 최면요법을 통해 치료된 증상이 재발되는 경향이 있어 포기한다. 그 이후 브로이어와 함께 정화법을 사용하여 환자를 치료하다가 또 다른 증상이 나타나서 정화법도 포기한다. 그러던 어느 날 프로이트는 엘리자베스라는 한 환자를 치료하면서 하고 싶은 말을 자유롭게 하도록 내버려 두라는 환자의 반발에 부딪치게 되고, 이때 자유연상법이라는 방법을 최초로 시도한다.

자유연상이 최면요법과 다른 점은 최면요법은 내담자 자신이 최면 상태에서 한 이야기를 대체로 기억하지 못하는 반면에, 자유연상은 자신이 이야기한 내용을 기억한다는 점이다. 최면요법은 자의식이 강하고 남을 잘 믿지 못하는 사람은 최면에 절대로 걸리지 않기 때문에 모든 내담자에게 적용할 수 없다는 문제가 있다. 또한 최면요법은 일시적으로 증상이 해소되는 효과가 있지만 재발의 가능성이 높으며, 최면술사가 강제로 최면을 유도한다는 문제점이 있다. 자유연상과 정화법의 차이점은, 첫째, 정화법은 증상이 발생한 최초의 시점에 관심을 갖지만, 자유연상은 떠오르는 기억을 어떤 것이라도 이야기하도록 한다는 점이다. 둘째, 정화법은 문제 증상의 원인이 되는 경험을 생각하도록 상담자가 내담자에게 요구하는 반면에 자유연상은 어떤 생각도 강요하지 않고 내담자 스스로의 연상의 흐름을 따라간다는 점이다.

프로이트는 폐쇄공포증을 호소하는 한 여대생을 자유연상 기법으로 치료하였다. 그녀는 자신이 왜 폐쇄공포증에 시달리는지 원인을 알지 못했으나, 프로이트는 자유연상법을 활용하여 그녀의 어린 시절의 무의식에 내재된 경험에 접근할 수 있었다. 이 기법을 통해 그녀는 세 살쯤의 기억을 떠올리게 되었다. 부모님이 외출한 어느 날 그녀는 형제들과 함께 숨바꼭질 놀이를 하다가 우연히 벽장에 숨게 되었는데, 벽장의 바깥문이 잠겨서 부모님이 집에 돌아올 때까지 몇 시간 동안을 어두컴컴한 벽장 안에 갇히게 된 것이다. 두려움에 떨면서 벽장 안에 갇혀서 울었던 어린 시절의 경험이 폐쇄공포증의 원인이었으며, 결국 이러한 경험을 기억해낸 후 그녀의 폐쇄공포증은 사라졌다.

다음은 필자가 자유연상을 통해 내담자를 치료한 사례다.

필자는 후천성 청각장애를 가진 내담자를 상담한 적이 있다. 그는 초등학교 시절부터 가는귀가 먹어 많은 어려움을 겪었다고 하였다. 자유연상을 통해 과거의 기억을 더듬어가던 중 그는 세 살쯤에 있었던 충격적인 경험을 떠올리게 되었다. 어린 시절 내담자의 아버지는 술을 마시면 그의 형과 그를 불러다 놓고 심하게 구타하는 경우가 많았는데, 그냥 때리기만 한 것이 아니라 "너는 내 아들이 아니고 네 엄마가 바람피워서 난 자식이니까 집에 있지 말고 나가 버려!"라는 충격적인 말까지 하였으며, 심지어는 집에서 내쫓기까지 한 적이 있었던 것이었다. 내담자는 이런 일들을 떠올리면서 필자 앞에서 오랫동안 대성통곡하였다. 상담과정에서 밝혀진 사실이지만 그의 아버지는 심한 의처증 환자였다. 이 내담자가 왜 소리를 들을 수 없게 되었을까? 그의 아버지의 폭언은 자신이 세상이 원하는 생명이 아니라는 말이었기 때문에 너무 고통스러워서 세상의 모든 소리를 거부하고자 하는 무의식적 자아방어기제가 작용했기 때문으로 볼 수 있다. 이와 같은 증상은 심인성으로서 신체에 이상이 있어서 생기는 것이 아니라 정신적인 문제 때문으로 볼 수 있다. 이 내담자는 이와 같은 세 살 때의 경험을 떠올리고 나서 청각장애가 없어졌다.

2) 전이의 해석

전이란 내담자의 중요한 타인(significant others)에 대한 긍정적 혹은 부정적 감정을 상담자에게 느끼는 현상을 말한다. 전이는 무의식적으로 작용하기 때문에 내담자는 이를 전혀 의식하지 못한다. 때로 상담자는 전이 현상을 즉시 해석해 주지 않고 내담자가 전이신경증

(transference neurosis)²⁾을 발달시킬 때까지 전이를 장려하기도 한다. 내담자는 상담자와의 전이관계의 참된 의미를 각성하게 됨에 따라 억압된 감정과 갈등을 알게 되고, 과거의 경험이 현재 어떻게 작용하는지를 통찰하게 된다. 더불어 중요한 타인과 관련된 자신의 문제를 이해하게 됨으로써 자신의 문제를 해결하려고 시도하게 된다. 정신분석가들은 전이의 해석을 성공적인 치료를 위한 가장 중요한 요소로 간주한다. 즉, 정신분석상담은 전이로 시작해서 전이로 끝난다고 표현할 정도를 전이를 중시한다고 볼 수 있다.

프로이트는 '도라'라는 한 히스테리 환자를 치료한 사례에서 "많은 옛 체험들이 과거에 지나간 것들이 아니라, 상담자라는 한 인간과의 관계를 통해 다시 생생해진다."라는 말로 전이의 중요성을 설명하였다. 필자도 상담 과정에서 내담자의 전이 현상을 경험한 적이 있어서 전이에 대한 이해를 돕기 위해 이를 소개한다.

필자에게 한 내담자가 찾아왔다. 그는 자신을 낳아 준 친아버지를 죽이고 싶은 충동으로 괴로워하였다. 급기야는 식사하는 도중에 좀 일찍 귀가하라는 아버지의 말 한마디에 의자를 집어던져서 아버지의 이마에 상처가 나고, 병원에서 몇 바늘을 꿰매는 사건이 벌어졌다. 그는 아버지에게 지금까지 한 번도 인정이나 칭찬을 받아 본 적이 없다고 하였으며, 늘 확인하고 일방적으로 지시하는 아버지가 죽이고 싶도록 밉다고 하였다. 내담자의 집이 상당히 부유함에도 불구하고 아버지는 자립심을 키운다는 이유로 중·고등학교 때부터 아르바이트를 강요했다. 상담을 요청하기 얼마 전에 식당에서 서빙을 하고 신문배달을 하였는데, 식당에서 접시를 나르다가 식당 주인의 "접시를 똑바로 잡고 나르라."는 지시조의 말 한마디에 이성을 잃어서 접시를 던져 버린 일이 있었다고 하였다. 하루는 신문배달을 하려고 신문사를 나오는데, 직원의 "○○집에 신문을 잘 넣었니?"라는 말 한마디에 극도로 흥분이 되어 신문을 내던지고 주먹질까지 하여 직원의 이를 부러뜨린 적이 있다고 하였다. 필자는 그가 흥분을 조절하는 것이 필요하다는 생각이 들어서 근육이완 기법을 가르쳐 주고 감정이 폭발할 때마다 활용하도록 하였다. 약 2주 후 그에게 이완기법을 잘 사용하고 있느냐고 묻자, 그는 갑자기 얼굴을 붉히면서 "당신이 제대로 상담해 준 것이

2) 내담자가 유아기에서부터 특징적으로 발달시킨 중요한 인물에 대하여 반응하고 느끼고 지각하는 방식에 대한 통찰을 촉진시키는 것을 의미한다.

뭐가 있느냐?" 면서 필자에게 삿대질을 했다. 필자는 극도로 화가 나고 낙심하여, 지도교수에게 상담을 요청했는데, 지도교수는 내담자가 필자에게 보인 모습이 아버지에게 느끼는 부정적 감정을 필자에게 옮긴 전이 현상이라고 설명해 주었다. 이 말을 듣고 내담자의 행동이 이해된 필자는 힘을 얻어 상담을 계속할 수 있었다.

역전이(counter-transference)는 전이의 상대적인 개념으로 상담자가 내담자에게 느끼는 전이 현상을 의미한다. 상담자는 미처 해결하지 못한 자신의 감정이나 문제가 상담과정에 개입되어 내담자에게 긍정적 혹은 부정적인 감정을 느끼게 되는데, 이러한 역전이는 상담에 영향을 미치게 된다. 따라서 상담자는 내담자의 분노, 사랑, 아첨, 비판 등의 강력한 감정이 느껴질 때 발생하는 역전이를 객관적으로 처리할 수 있어야 한다(노안영, 2011, p. 131). 역전이에 대한 이해를 돕기 위해서 필자가 역전이를 경험한 사례를 소개한다.

필자는 대학원 시절에 대학의 학생상담연구소에서 조교를 한 적이 있었다. 어느 날 한 학생을 접수 면접하는 중에 한 달 용돈의 액수를 묻게 되었는데, 그는 자신의 한 달 용돈이 500만 원이라고 하였다. 그런데 어머니는 한 번 쇼핑하면 1,000만 원을 넘게 쓴다면서 자신의 용돈이 매우 부족하다는 것이었다. 그 당시 연구소 조교 월급으로 30여만 원을 받았던 필자는 그 말을 듣는 순간 거의 이성을 잃을 뻔 하였으며, 내담자의 따귀라도 때리고 싶을 정도로 흥분이 되어서 접수 면접을 서둘러서 마칠 수밖에 없었다. 하필이면 그가 필자에게 상담을 받고 싶다고 하여 상담을 하게 되었는데, 그와 상담이 있는 날은 왠지 모르게 기분이 좋지 않았으며, 시험 기간이어서 상담을 한 번이라도 쉬면 그렇게 기분이 좋을 수가 없었다. 그 당시에는 잘 몰랐지만 이때 내담자가 극도로 미운 감정이 들었던 것이 바로 역전이 현상이었던 것이다. 필자가 슈퍼바이저에게 교육 분석을 받으면서 필자의 핵심 문제 중 한 가지가 가난에 대한 열등감이라는 것을 알게 되었다. 필자는 어릴 적 집안이 매우 가난해서 음식을 마음껏 먹은 적이 없어서 음식을 마음껏 먹어 보는 것이 가장 큰 소원이었다. 대학 시절에도 장학금을 받고 아르바이트를 해 가며 학교를 다녔다. 이 시절에 집이 부유한 사람들은 이유 없이 미웠으며, 값비싼 수입차를 보면 흠집을 내고 싶은 강한 충동을 느낄 정도였다. 가난에 대한 깊은 열등감을 단적으로 보여 주는 한 가지 사건이 있다. 하루는 친구를 만나기로 했는데, 버스비가 없었다. 친구들에게 버스비를 빌려도 될 텐데 자존심이 허락하지 않아서 두 시간 이상을 걸어서 목적지에 간 적이 있었다. 가난에 대한 뿌리 깊은 열등감이 필자로 하여금 내담자를 극도로 미워하게 한 원인이 되었던 것이다. 필자는 교육 분석을 통해 이와 같은 스스로의 문제를 알게 되었으며, 그 후에 가난에 대한 열등감을 극복할 수 있었다.

3) 꿈의 분석

프로이트는 '꿈은 무의식에 이르는 왕도'라고 했다. 잠을 자는 동안에는 무의식에 대한 자아의 방어가 약해지므로 억압된 욕구와 충동들이 의식으로 쉽게 떠오를 수 있기 때문이다. 또한 꿈은 억압된 무의식적 소원으로 구성되어 있기 때문에 꿈의 내용을 통해서 많은 무의식적 자료를 얻을 수 있다. 이러한 꿈의 의미를 분석함으로써 상담자는 내담자의 문제를 이해할 수 있다.

(1) 꿈의 이중 구조

꿈은 두 가지 수준의 내용이 있다. 잠재적 내용(latent content)과 현시적 내용(manifest content)이 바로 그것이다. 잠재적 내용이란 스스로 알 수 없는 무의식적인 동기들로 구성된 꿈으로, 실제 내용이 가장되어서 숨겨져 있으며 상징적인 의미를 내포하고 있다. 현시적 내용이란 잠재적 내용이 너무 고통스럽고 위협적이기 때문에 무의식적인 성적·공격적 충동이 보다 용납될 수 있는 내용으로 변형되어 꿈에 나타나는 내용을 말한다.

(2) 꿈의 재료

꿈의 재료에는 유아기의 기억(예: 어린 시절 물놀이를 하고 놀던 일)과 환상(예: 자신이 하늘을 날아다니는 사람이 되는 생각), 신체적 감각 유입(예: 자기 몸속에서 오는 내적 자극, 즉 배고플 때 꿈속에서 진수성찬을 먹는 것이 있으며, 외부 자극에서 오는 것, 즉 자명종 소리를 들으면서 꿈에서 전쟁터의 대포 소리를 듣는 것), 현재의 생활환경(예: 부도가 난 사업가가 꿈속에서 빚쟁이에게 쫓기거나 은밀한 곳에 숨어 있어도 덜미가 잡히는 꿈), 일상적인 일(예: 직장인이 직장에서 일하는 꿈) 등이 있다.

(3) 꿈의 작업

무의식적인 성적 · 공격적 욕구가 의식 수준에 직접 표현된다면 혼란스럽거나 죄책감을 느낄 수밖에 없다. 자아가 의식하기에는 너무나 고통스럽고 위협적인 잠재 내용을 보다 덜 고통스럽고, 의식적으로 수용할 수 있으며 덜 위협적인 현재 내용으로 바꾸는 것을 꿈의 작업(dream work)이라 한다. 꿈의 작업은 다음과 같은 여러 가지 과정을 포함하고 있다.

① 압축

압축(condensation)이란 여러 가지 잠재 요소를 하나의 현재 요소로 줄여서 표현하는 것을 말한다. 예를 들면, A라는 사람과 B라는 사람이 둘 다 나를 싫어하는 경우 꿈에서 B와 같은 행동을 하는 A가 나타나는 경우다. 꿈에서는 현실에서 사용하지 않는 복합어가 곧잘 나오는데 이것이 압축의 대표적인 예라고 할 수 있다. 왼쪽의 그림에는 호수 위에 백조가 떠 있고, 호반에 그림자가 드리워져 있다. 하지만 그 그림자는 백조가 아니라 코끼리다. 이 그림을 거꾸로 보면, 두 종류의 동물들이 중첩되어 백조이면서 동시에 코끼리로 압축된 것을 알 수 있다.

② 전위

전위(displacement) 란 꿈의 사소한 잠재 내용이 매우 중요한 현재 내용으로 바뀌어서 나타나거나 그 반대의 경우를 말한다. 예를 들어, 어떤 여자가 꿈에서 사랑하는 조카가 죽어 장례식장에 갔을 때 아무런 슬픔이 느껴지지 않는다. 이때 그 이유는 그 전에 장례식에서 본 뒤로 짝사랑하게 된 남자를 다시 보고 싶다는 소원을 은폐하기 위해서일 수 있다. 그림은 발의 형태가 신발의 형태로 전위된 것을 보여 주고 있다.

③ 극화

극화(dramatization)란 무의식적 요소들이 꿈에서 구체적인 시각적 상이나 그림으로 바뀌어서 나타나는 것을 말한다. 예를 들면, 저자가 집필 중인 책의 매끄럽지 못한 부분을 다듬어야겠다고 생각할 때 나무 토막을 대패질하는 꿈을 꾸게 되는 것이다.

④ 이차적 가공

이차적 가공이란 꿈에서 깨어나기 전에 단편적인 꿈 내용에 대해 논리적인 연결 고리를 덧붙여서 논리 정연한 꿈의 줄거리를 만드는 것을 말한다. 즉, 꿈이 만들어지는 마지막 단계에서 마치 누더기를 깁듯 꿈의 빈틈을 메워 나가는 것이다. 이 부분은 나중에 덧붙여지기 때문에 가장 먼저 망각된다.

⑤ 타협 형성

현재몽은 일종의 타협(compromise formation)의 결과다. 무의식적 소망이 꿈속에 나타나기는 하지만 가장된 형태로 나타나기 때문이다. 자아는 잠자는 동안에도 무의식적 소망을 억압함으로써 수용할 수 없는 무의식적 요소가 표면화되는 것을 막는 역할을 한다. 자아가 이러한 억압의 역할을 적절히 수행하지 못하면, 사람들은 악몽을 꾸게 된다. 신경증적 증상도 무의식적 증상이며, 금지된 소망이 가장되고 왜곡되어 표현된 결과다.

(4) 꿈 해석의 목표

꿈 해석의 목표는 현재몽의 꿈 내용을 자유연상법으로 분석하여 꿈의 작업에 의해 왜곡된 원래의 꿈의 의미를 알아내는 것이다. 정신분석에서 꿈을 해석할 때는 보편적 상징으로 해석하기보다는 자유연상법으로 해석한다.

(5) 꿈 해석 사례

프로이트는 1896년 자신의 부친이 연로하여 병으로 사망했을 때, 심한 우울증을 앓았다. 어떤 일도 하기 힘들어지자 프로이트는 자기 스스로가 환자가 되기로 결심하고 자신의 꿈을 분석했다. 프로이트는 7~8세경에 꾼 꿈을 기억해냈는데, 그 내용은 다음과 같다.

> "어머니는 이상하리만큼 평화롭게 잠든 얼굴로 날아다니는 새의 얼굴을 한 두세 사람
> 에 의해 방으로 옮겨져 침대 위에 눕혀졌다. 나는 소리를 지르며 눈을 떴으며, 바로 양친의
> 방으로 달려갔다." (Freud, 1938, p. 522).

프로이트는 자신의 꿈을 다음과 같이 해석하였다. 독일어의 성교를 나타내는 은어 (vogeln)는 새라는 뜻도 있는데, 자신의 꿈속에서 새의 머리 모양을 한 사람이 출현한 것은 어머니에 대한 성적인 소망을 의미한다고 보았다. 또한 어머니의 평화로운 표정은 할아버지가 죽었을 때의 표정을 어머니의 얼굴로 옮긴 것이며, 어머니의 죽음에 대한 불안 속에는 아버지에 대한 죽음의 소망이 내재되어 있었다고 보았다. 결국 이 꿈은 자신이 어렸을 때 아버지가 죽었으면 하는 무의식적 소망과 어머니에 대한 성적인 충동을 의미하는 오이디푸스 콤플렉스를 보여 준 것이다(홍숙기 역, 2008, p. 120). 프로이트는 아버지의 사망에 대해 자신이 책임이 있다는 생각에 그 죄책감으로 인해 심한 우울증에 빠졌던 것이다. 꿈을 해석하는 방법을 이해하는 데 도움을 주기 위해서 꿈을 분석한 사례를 두 가지 소개하고자 한다.

첫 번째로 여대 졸업생이 맞선을 본 그날 밤에 다음과 같은 꿈을 꾼 사례다.

> 속이 은근히 비치는 잠옷 같은 것을 입은 젊은 여자가 한밤중에 백마를 타고 소나무 숲
> 이 우거진 산등성이를 뛰어넘어 저 멀리 환한 보름달을 향해 달려가는데, 유심히 보니 말
> 의 다리 하나가 부러져 있었다. 그런데도 그 여자는 기분이 참 좋은 것 같았다.

그녀가 선을 본 남자는 일류대학을 나와 장학금을 받고 3개월 후에 유럽으로 공부하러 떠나기로 되어 있었는데, 한 가지 흠은 홀어머니 밑에서 커 온 외아들이라는 점이었다.

자유연상을 통하여 꿈속의 내용이 다음과 같은 것을 상징하는 것으로 밝혀졌다. 한 젊은 여자는 일종의 투사로, 꿈을 꾼 내담자를 뜻한다. 꿈에서 자신이 등장하면 너무 적나라하여 용납이 안 되기 때문에 잘 알지 못하는 한 여자의 꿈을 꾸게 된 것이다. 속이 은근히 비치는 잠옷은 신혼의 침실 광경과 연결되며, 선을 본 남자와 결혼하고 싶은 욕구를 의미한다. 백마

는 백인들이 사는 유럽으로 곧 비행기를 타고 떠날 맞선 본 남자를 의미한다. 숲이 우거진 산은 철부지 어린 시절 밤 늦게까지 술래잡기하고 놀았던 시골 고향집 뒷산과 연결되며, 서로 몸을 부딪치며 남녀 아이들이 섞여 놀 때의 성적 흥분을 의미한다. 이와 비슷하게 백마를 타고 보름달을 향해 하늘 위로 솟듯이 달리는 것도 성적인 흥분을 뜻한다. 한편 말의 다리가 하나 부러진 것은 홀어머니의 아들이라는 그 남자의 흠을 의미한다. 결국 이 꿈은 "다소 흠이 있지만 맞선 본 남자와 같이 유럽에 가서 신혼의 보금자리를 꾸미고 싶다." 라는 무의식적 소망을 나타내고 있다. 그녀는 실제로 3개월 뒤에 선을 본 남자와 결혼하여 남편과 함께 유럽으로 떠났다.

두 번째로 군에 갓 입대한 이등병이 맞선임인 김 일병에게 임무 수행 중 실수로 호된 꾸지람을 받은 날에 꾼 꿈 사례다.

> 매우 더운 날이었는데, 살쾡이 한 마리가 돌아다녔다. 늙고 털이 빠지고 볼품이 없는 흉측한 모습이었는데 앞마당에 종종거리는 병아리 앞을 어슬렁거리고 있었다. 덩치가 크고 인상이 괴팍해 보이는 한 남자가 작대기를 들고 쫓아가서 그 살쾡이를 마구 두드려 패서 쫓아 버렸는데, 그 살쾡이는 비명을 지르며 달아났다. 살쾡이가 담장을 넘으며 자신을 쳐다보았는데, 놀랍게도 살쾡이의 얼굴은 맞선임인 김 일병의 모습이었다.

꿈에 나온 살쾡이는 너무도 미워서 두들겨 패고 싶은 김 일병이며, 덩치가 크고 인상이 괴팍한 남성은 자신을 상징한다. 자신이 인상이 괴팍해 보이는 남자로 꿈에 나타난 것은 자신이 임무수행을 제대로 하지 못했다는 죄책감과 후임으로서 선임의 말에 복종해야 한다는 군대 윤리와 도덕성이 자신의 폭력 욕구를 자책하고 있는 것으로 해석할 수 있다. 하지만 잘못한 것에 비해 꾸지람이 과했다는 생각과 억울하다는 생각, 그리고 김 일병이 사라졌으면 하는 생각으로 인해 살쾡이를 두드려 패서 쫓아 버린 내용으로 꿈에 나타난 것으로 볼 수 있다.

4) 저항의 해석

저항(resistance)은 치료의 진전을 방해하고 상담자에게 협조하지 않으려는 내담자의 무의식적인 모든 행동을 의미한다. 저항이 나타나는 이유는 불안으로부터 자아를 방어하려는 경향 때문이다. 저항은 무의식에 숨겨진 원초적 충동과 욕구, 다른 사람에 대한 적개심, 자신에 대한 무력감 등의 내용이 의식의 표면으로 올라오려고 할 때, 그 고통을 직면하지 않으려는 내담자의 태도다. 이러한 저항은 무의식적 내용의 각성을 방해하기 때문에 상담자는 내담자에게 그것을 지적하고 내담자가 맞닥뜨리게 해 주어야 한다. 상담자는 내담자가 보이는 가장 뚜렷한 저항에 대하여 내담자가 관심을 갖도록 한 다음 내담자가 수용할 수 있도록 배려하면서 저항을 해석하는 것이 좋다.

저항은 다음과 같이 여러 가지로 표현된다. 내담자가 상담실에 오지 않아 상담이 중단되거나, 상담 시간에 지각을 하거나, 상담자와 약속한 사실을 잊어버리거나, 자유연상을 힘들어하거나, 꿈을 잊어버리거나, 상담자의 해석을 시시하다고 거부하거나, 상담 중에 화제를 바꾸거나, 두통을 호소하거나, 현실적인 이유(예: 사업차 여행)로 상담을 연기할 수밖에 없도록 자신도 모르게 상황을 꾸미거나, 과거의 기억을 상실하거나, 상담자가 말을 걸지 못하도록 의미 없는 말을 계속하거나, 문제가 없다고 회피하거나, 침묵을 지키거나, 중요한 내용을 빠뜨리고 사소한 이야기만 하거나 상담의 종결을 요구하는 것 등이 모두 저항에 해당한다.

제4절 이론의 평가

1. 공헌점

첫째, 프로이트는 심리학에서 최초로 체계적인 이론을 창시하여 모든 상담 이론의 선구자적 역할을 하였으며, 이후의 많은 이론의 발달에 공헌하였다. 기존의 이론을 비판하는 것은 쉽지만 체계적인 이론이 전혀 없는 상태에서 최초의 새로운 이론을 창시하는 것은 매우 어려운 일이다.

둘째, 프로이트 이전에는 대부분의 학자가 의식을 통해서 인간을 이해하려 한 반면에 프로이트는 인간의 정신세계를 무의식까지 확장하여 자신이 의식하지 못하는 무의식의 내용이 인간 행동의 근본적인 동기가 된다는 점을 밝혔다.

셋째, 프로이트는 자유연상과 전이의 해석 등의 치료기법을 개발하여 히스테리 환자를 치료하는 데 크게 공헌하였다. 즉, 그는 자유연상법을 활용하여 내담자 혼자서는 기억해낼 수 없는 무의식 속에 담긴 경험 중에서 증상의 원인이 되는 내용을 기억해내도록 하여 증상을 치료하였다.

넷째, 프로이트는 인간이 5세경의 남근기가 되면 성격의 거의 대부분이 형성된다고 봄으로써 자녀 양육에서 조기교육의 중요성을 부각시켰다.

다섯째, 한 이론의 가치는 이론 적용의 폭뿐만 아니라 그 이론으로 얼마나 많은 인간 현상을 설명할 수 있는지가 기준이 될 수 있는데, 그 어느 이론보다도 프로이트의 이론은 문학, 예술, 연극 및 광고에 이르기까지 적용의 폭이 광범위하며 다양한 인간 현상을 설명해 준다.

여섯째, 프로이트의 이론은 물리학이나 화학의 역학 법칙을 통해 인간을 이해하려 한 최초의 상담 이론이다. 심리학의 역사는 인간의 역사만큼이나 오래되었지만, 과학적인 심리학은 1879년 독일의 라이프치히 대학교의 실험실에서 분트(Wunt)가 한 연구를 시발점으로 보고 있다(김현택 등, 2001, p. 17). 이러한 과학적인 접근은 프로이트에게도 영향을 주어 인간의 정신 과정에 역학 법칙을 적용하였으며, 세 가지 성격의 구성요소가 역동적으로 상호작용하는 정신 과정을 중시하였다는 점은 높이 살 만하다.

일곱째, 프로이트의 이론은 임상에서 실제적이고 경험적인 자료를 토대로 정립되었다. 프로이트는 정신과 의사로서 신경증 환자들을 치료하면서 쌓은 임상적인 자료를 근거로 자신의 이론을 체계화하였다. 또한 자신을 치료 대상으로 삼아 자신의 정신세계를 분석하는 과정을 통해 심리적인 문제가 어디에서 시작되었는지를 밝히고자 하였다.

2. 한계점

첫째, 프로이트의 이론은 표집의 대표성이 없고, 일반화에 한계가 있다. 히스테리 환자를 대상으로 연구했기 때문에 정상인을 대표할 수 없으며, 환자와 정상인은 다르기 때문에 환자를 대상으로 연구한 결과를 정상인에게 적용하는 데 한계가 있다는 것이다.

둘째, 프로이트는 자신의 꿈을 분석하거나 특정 사례(예: 한스, 로라 등)를 분석하는 등 통제되지 않은 자연 상황에서 불완전한 자료를 관찰한 것에 근거하여 자신의 이론을 정립하였기 때문에 연구 방법과 절차가 과학적이지 못하다.

셋째, 프로이트는 인간이 오이디푸스 콤플렉스와 같은 근친상간 욕구가 있다고 함으로써 인간을 성의 지배를 받는 존재로 보았기 때문에 인간관이 지나치게 비관적이고 부정적이다.

또한 5세 이전의 경험에 의해 성격이 형성되며, 문제 증상의 원인은 억압된 성적 충동 때문이라고 보고 인간을 결정론적이고 비합리적인 존재로 가정하여 인간의 자율성과 합리성을 경시한다.

넷째, 프로이트는 여자아이가 남근을 선망할 뿐만 아니라 초자아의 발달이 남자아이보다 부족하다고 주장하여 남녀 차별적이며 여성에 대한 편견을 보인다.

다섯째, 정신분석은 치료를 하는 데 최소한 몇 년이 걸리기 때문에 지나치게 치료 기간이 길어서 치료비가 많이 들고 비경제적이다. 현대인은 단기 상담을 선호하기 때문에 적용에 제한점이 있다.

여섯째, 정신분석은 행동이나 증상이 발생한 후에 원인을 찾아서 이를 치료하는 데 효과적인 반면 증상을 사전에 예방하거나 추후의 행동을 예언하는 데는 효과적이지 못해서 사후약방문적인 경향이 있다.

일곱째, 정신분석의 개념 중 반동 형성과 같은 방어기제는 과잉 해석의 가능성이 있다. 예를 들어, 상담자가 환자의 특성을 공격적이라고 분석하였다면, 실제로 공격적이어도 이 해석이 옳은 것이며, 공격적이 아니라 할지라도 일종의 반동 형성이라고 설명할 수 있어서 어떤 경우에도 반론이 어렵다는 것이다.

여덟째, 프로이트는 인지 발달을 무시하고 정서 발달에 치중하였으며, 현재의 경험보다 과거의 경험을 지나치게 강조하고 있다. 또한 인간 발달에 미치는 생물학적 요인을 강조하여 사회적 요인의 영향을 간과하였으며, 발달 단계에서 문화적인 차이를 고려하지 못하였다.

요약

1. 정신분석의 출현에는 도덕성을 극도로 강조하며 인간의 본능과 성욕을 억압하던 빅토리아 문화와 심각한 경제 위기로 인한 빈부의 격차 그리고 인종차별이 성행했던 오스트리아의 시대적인 상황이 반영되어 있다.

2. 프로이트에게 영향을 미친 이론은 다윈의 진화론, 페히너의 정신물리학, 브뤼케와 헬름홀츠의 역학 법칙, 샤르코의 최면요법 그리고 브로이어의 정화법 등이다.

3. 프로이트의 인간관은 비관론, 유전론, 결정론, 전체론, 주관론적인 관점이다.

4. 성격은 이드(id), 자아(ego), 초자아(supper-ego)로 구성되어 있으며, 인간의 성격은 세 가지 요소의 역동이다. 성격은 리비도가 몰려 있는 신체 부위인 성감대에 따라 구강기, 항문기, 남근기, 잠복기, 성기기 등의 심리성적발달 5단계로 발달한다.

5. 부적응은 무의식에 성본능이나 트라우마의 억압과 발달 단계에서 과잉 충족과 과소 충족으로 인한 고착 그리고 이드와 자아 및 초자아가 균형을 이루지 못하기 때문이다.

6. 상담 목표는 내담자의 증상과 관련된 무의식을 의식화하고 자아의 기능을 강화하여 현실에 보다 잘 적응하도록 돕는 것이다.

7. 상담 과정은 내담자와 관계를 형성하는 '초기단계', 상담자와 내담자의 관계에서 전이가 나타나는 '전이 단계', 내담자가 숨겨진 자신의 욕구의 동기를 파악하는 '통찰 단계', 상담을 통해 얻어진 통찰을 실제 생활로 옮기는 '훈습 단계'로 이뤄진다.

8. 상담 방법에는 자유연상, 전이 해석, 꿈의 분석, 저항의 해석 등이 있다.

9. 공헌점은 최초로 체계적인 상담 이론을 정립하였으며, 인간의 무의식의 존재를 밝혔고, 자유연상이나 전이의 해석 등의 치료기법을 발견한 것이다. 초기 아동기의 경험이 중요하다고 강조하여 조기교육의 중요성을 부각시켰으며, 다른 성격 이론들의 출현에 이론적인 토대를 제공하였다.

10. 한계점은 환자들을 대상으로 하였기 때문에 일반화의 문제가 있으며, 연구 방법이 과학적이지 못하고, 인간이 성에 지배를 받는다는 비관적인 입장이라는 것이다. 또한 남녀 차별적 이론일 뿐만 아니라, 치료 기간이 길고 비용이 많이 들며, 정서 발달에 치중하여 인지 발달을 무시했다는 점 등도 한계점으로 지적된다.

제3장

행동수정

제1절 개관

　행동수정의 기원을 살펴보면 다음과 같다. 1800년대에 알렉산더 마코노키(Alexander Maconochie)는 남태평양의 노폴크(Norfolk)섬에 있는 수용소에서 죄수들의 행동을 통제하기 위하여 토큰 시스템을 적용하였다(Pitts, 1976). 1845년 프랑스 파리에서는 특정 생각에 몰두해 있는 강박신경증 환자를 치료하면서 강박사고에 수반해서 음식물을 제공하고 노래를 부르는 행동을 하도록 했다(Stewart, 1961).

　행동수정이라는 용어는 1953년 린드스리와 스키너 및 솔로몬(Lindsley, Skinner & Solomon)이 정신질환자에게 조작적 조건 형성을 적용한 것을 언급하면서 처음 알려졌다(Corsini, 1981). 라자루스(Lazarus, 1971)는 행동치료는 체계적 둔감법이나 주장훈련과 같은 일련의 역조건형성(counterconditioning)과 관련된 방법인 반면에, 행동수정은 바람직한 행동에 대해 강화를 사용하는 조작적 절차를 강조하는 기법이라며 행동치료와 행동수정을 구분하였다. 반면에 행동치료와 행동수정을 동의어로 사용하는 학자들(Rimm & Masters, 1974; Wilson,

1978; Wolpe, 1973)도 있다. 이 책에서도 행동치료와 행동수정을 동의어로 사용하는 입장을 취하며, 행동수정이라는 용어로 통일하여 사용하고자 한다.

행동수정의 특징은 인간의 정신 내적인 측면보다 현재 보이는 행동에 초점을 둔다. 즉, 관찰과 측정이 가능한 외현적인 행동을 통해 인간을 이해하려고 한다. 그리고 적절한 강화를 받지 못하거나 부적절한 강화를 지속적으로 받았을 때, 부적응적인 증상이 나타난다고 보기 때문에 적절한 강화를 이용하여 적응적인 행동을 학습시키는 데 있다. 결국 행동수정은 행동을 바탕으로 강화를 통해 문제 해결, 즉 행동의 변화를 시도한 것으로 이해할 수 있다.

1. 이론의 출현 배경

행동수정은 19세기 후반의, 경험과 객관적인 증거, 특히 감각을 통한 지각을 강조하는 경험론의 영향을 받았다. 경험론이란 인간의 이성보다 경험을 중시하는 철학 사상으로 인간은 무엇보다도 직접 경험함으로써 지식을 획득한다는 입장이다. 경험은 좁은 의미로는 색깔, 소리, 냄새 등과 같은 감각이지만, 넓은 의미로는 사실이나 사건에 대한 직접적인 관찰을 가리킨다. 관찰의 과정은 이러한 경험론을 토대로 한 바, 이것은 겉으로 보이는 행동 관찰을 통하여 인간을 이해하려 한 행동수정에 영향을 주었다.

1879년 라이프치히 대학교 심리학 실험실

20세기 초 · 중반 미국에서 가장 영향력이 있었던 철학사조는 실용주의(pragmatism)다. 실용주의는 그리스어에 어원을 둔 말로서, 행동이나 사건을 의미한다. 실용주의는 실제적으로 나타나는 대상을 중요시하였으며, 그 대상에 관념이 같이 나타난다는 입장을 취한다. 관념이나 사고는 겉으로 드러나지 않지만, 행동이나 사건은 실제적으로 눈에 보이는 대상이 존재한다는 것이다. 이러한 실용주의는 자본주의의 영향을 받았기 때문에 실용주의에서는 실제적인 적용, 효과, 유용성이 중요시된다. 인간이 가진 지식을 도구적 · 기능적으로 보고 실제에 적용하며, 관찰이 가능하고 측정이 가능한 과학적인 행동 분석의 필요성을 강조하던 것이 당시 실용주의의 흐름이었던 만큼 이 철학사조가 행동수정이론에 반영되었다고 볼 수 있다(김완일 등, 2015, pp. 314-315).

2. 이론의 특징

행동수정은 대표적인 학자들이 많기 때문에 일치된 특징을 찾기가 어렵다. 그러나 대표적인 이론들을 종합해 보면, 다음과 같은 다섯 가지 특징이 있다.

첫째, 행동수정은 과거나 미래보다 현재의 구체적인 행동을 강조한다. 내담자의 문제를 과거의 경험이나 미래의 기대에서 찾으려고 하지 않고, 현재의 행동에서 찾으려고 한다. 행동수정은 인간의 정신 과정을 눈으로 볼 수 없고 객관적인 절차를 통하여 측정할 수 없기 때문에 오직 관찰과 측정이 가능한 행동을 통하여 인간을 올바로 이해하고 인간의 문제를 정확하게 파악할 수 있다는 입장이다. 파블로프의 연구에서 시작되어 1950년대 스키너에 이르기까지는 행동이란 관찰되고 측정되며 수량화되는 행동만을 의미하였다. 그 이후에 행동수정이론가들은 행동을 행하는(acting) 것은 물론 느끼고(feeling), 생각하는(thinking) 것까지도 함께 포함하는 활동(activity)으로 정의하고 있다. 그럼에도 불구하고 행동수정은 사고와 감정보다는 행동을 중시하는 입장이다.

둘째, 행동수정은 상담과정을 교육과정과 같은 것으로 본다. 행동수정은 학습이론에 기초를 두고 있기 때문에, 상담자가 여러 가지 학습 원리를 사용하여 내담자가 원하는 새로운 행동을 학습하도록 돕는 것을 상담과정이라고 보는 것이다. 행동수정은 특히 인간의 복잡한 행동은 연합(connection)을 기초로 학습된다는 조건형성이론에 입각하고 있다. 이 이론에서 연합은 하나의 자극과 다른 자극의 연합(예: 검은 구름과 비), 자극과 그 자극에 수반되는 반응의 연합(예: 운전기사는 붉은 신호를 보면 차를 멈춘다), 반응과 그 반응에 수반되는 자극의 연합(예: 좋은 성적을 받기 위해 열심히 공부한다) 등의 세 가지를 의미한다.

셋째, 행동수정은 내담자의 문제의 원인을 과거에 부적절한 강화를 받은 경험 때문으로 보고, 상담 장면에서 적절한 강화와 보상을 통하여 바람직하지 못한 행동을 소거하고, 바람직한 행동을 습득하도록 하는 데 상담의 목적을 둔다.

넷째, 행동수정은 개개인에게 가장 적절한 상담 기술을 사용한다. 즉, 특정 내담자의 문제에 맞는 상담 기술을 찾아 적용한다는 것이다. 엄격히 말하면 모든 내담자는 모두 다른 상담 기술의 적용을 받을 수 있다. 행동수정에서는 내담자의 문제를 구체적인 행동 수준으로 분석한 후에 그에 맞는 개별적인 상담전략을 사용한다.

다섯째, 행동수정은 과학적인 방법을 사용한다. 행동수정에서는 주로 동물을 대상으로 실시한 실험을 통해서 내담자에게 도움을 줄 수 있는 기술을 개발하는 데 초점을 둔다. 즉, 누구나 그 절차에 따라 실험을 하면 똑같은 결과가 나올 수 있는 기술 개발을 강조한다. 또한 상담기술의 개발뿐만 아니라 객관적인 목표의 설정과 그 결과에 대한 객관적인 평가를 강조한다.

3. 행동수정의 발달 과정

1) 발달 과정

행동수정의 발달 과정을 개관하면 다음과 같다. 이 이론의 첫 번째 뿌리가 되는 학자는 파블로프(Ivan Petrovich Pavlov, 1849~1936)다. 파블로프가 소련에서 고전적 조건형성 실험을 시작할 무렵, 미국에서는 손다이크(Edward Thorndike, 1874~1949)를 중심으로 시행착오 실험이 진행되었으며, 이 연구는 후에 스키너의 조작적 조건형성이론에 결정적인 영향을 미쳤다. 또한 파블로프가 개를 대상으로 실험하여 나온 결과는 왓슨(John Broadus Watson, 1878~1985)에게 영향을 미쳤다. 왓슨은 파블로프의 고전적 조건형성이론을 처음으로 인간에게 적용하여 11개월 된 앨버트(Albert)에게 흰쥐에 대한 공포 반응을 조건형성시키는 실험을 하였다. 그 후 존스(Cover Jones, 1924)는 피터(Peter)라는 소년에 대한 실험을 통해 공포가 제거될 수 있다는 것을 입증하였다. 1950년대에 들어서면서 헐(Clark Leonard Hull, 1884~1952)의 학습이론을 중심으로 정신분석에 대한 도전이 일어났다. 특히 달라드와 밀러(Dollard & Miller)는 정신분석학과 사회인류학, 그리고 헐의 학습이론을 기초로 하여 강화이론을 제시함으로써 심리치료의 새로운 방향을 제시했다. 1950년대 중반을 넘어서면서 스키너(1953)의 조작적 조건형성이론이 주축이 되어 정신분석이론에 대한 비판이 계속됐다. 월피(Jacobson Wolpe, 1958)는 실험실의 학습이론을 치료에 적용하여 성공하였다. 1960년대 중반 반두라(Albert Bandura, 1925~)는 스키너와 월피의 이론에 의존하던 행동수정에 새로운 전환점을 가져 왔다. 즉, 인지적 측면, 특히 자기 지도(self-direction)를 중시하면서 자신의 문제를 스스로 지도할 수 있는 능력을 기르는 데 초점을 두고 있다.

2) 관련 이론

행동수정의 근간이 되는 파블로프의 고전적 조건형성이론, 손다이크의 시행착오학습, 왓슨의 행동주의, 헐의 학습이론, 달라드와 밀러의 강화이론, 월피의 상호제지이론, 반두라의 사회인지이론에 대하여 간략하게 제시하고, 스키너의 조작적 조건형성이론에 대하여 중점적으로 살펴보고자 한다.

(1) 파블로프의 고전적 조건형성

파블로프

파블로프는 어두운 방에 개를 묶어 놓고, 전등을 켠 후 30초가 지난 다음 고기 가루를 개의 입에 넣어 주어 개의 입에서 침이 나오게 하는 실험을 하였다. 이러한 과정을 20~40회 반복하면, 처음에는 침과 아무런 관계가 없었던 불빛만 비추어도 개는 침을 흘리게 된다. 이와 같이 조건자극(불빛)과 무조건자극(음식)을 결합시켜 조건 반응(침 분비)을 일으키는 것을 '조건형성(conditioning)'이라고 한다. 조건형성은 흥분의 법칙에 근거하고 있다. 조건형성이 되기 전의 중성자극인 불빛과 무조건자극인 음식물을 짝지어 조건반응을 유발하는 것이 조건형성에 있어 흥분하는 속성을 이용하기 때문이라는 것이다. 고전적 조건형성은 행동을 유발하는 힘이 없는 중성자극에 반응 유발 능력을 불어넣어 중성자극을 조건자극으로 변화시키는 과정을 말한다.

파블로프는 다음과 같은 네 가지 기본 학습 현상을 제시하였다.

첫째는 '소거(extinction)'인데, 조건형성이 되었다 하더라도 무조건 자극 없이 조건자극만 계속 제공하면 조건 반응이 일어나지 않는 것을 의미한다. 이러한 소거는 그가 주장한 '내부제지법칙'에 근거하고 있다. 내부제지법칙이란 조건형성이 이루어지고 나서 무조건 자극을 제시하지 않고 계속해서 조건자극만 제시하면 이미 확립된 조건 반응이 일어나지 않는 것을 말한다. 예를 들어, 먹이를 주는 행위 없이 불빛만 되풀이해서 비춰주면 개는 점차 침을 흘리지 않게 되고, 나중에는 불빛을 비춰도 더 이상 침이 나오지 않게 된다.

둘째는 '자극일반화(stimulus generalization)'로서, 조건형성이 된 조건자극과 비슷한 자극에도 조건반응이 일어나는 것을 말한다. 예를 들어, 100Lux 밝기의 전등에 침이 분비되는 조건형성이 이루어졌다면, 90Lux나 110Lux에도 침의 양에 다소의 차이는 있지만 조건반응이 일어나는 현상을 말한다. 우리 속담 중 '자라보고 놀란 가슴 솥뚜껑 보고 놀란다.'라는 말이나 혹은 흰 토끼를 무서워하는 아이가 하얀 털 코트를 입은 여자를 보고 울거나, 하얀 턱수염의 할아버지를 보고 도망치는 것이 이에 해당한다.

셋째는 '자극변별(stimulus discrimination)'인데, 이는 조건형성 과정에서 특정 조건자극에만 고기를 주고 그 외의 자극에는 고기를 주지 않을 때, 조건자극과 다른 자극을 구별할 수 있게 되어 처음 조건형성된 조건자극에만 침을 흘리는 현상을 말한다. 예를 들어, 100Lux의 전등이 켜질 때만 고기를 주고 다른 밝기에서는 고기를 주지 않으면, 100Lux의 전등에 침을 흘리는 반면, 90Lux나 110Lux의 전등에서는 침을 흘리지 않게 되는 것이다.

마지막으로, '자발적 회복(spontaneous recovery)'은 조건반응이 소거절차를 통해 소거된 후 일정 기간이 지나서 다시 조건자극을 제시하면 소거되기 이전보다는 약하지만 다시 조건반응을 보이는 현상을 말한다. 자발적 회복은 파블로프가 주장한 '외부제지법칙'에 근거하고 있다. 외부제지법칙이란 새로운 외부 자극이 잘 확립된 조건반응의 양을 줄이거나, 잘 소거된 조건반응의 양을 늘리는 데 작용하는 것을 말한다(이형득 등, 1984, p. 332). 즉, 조건형성이 확립된 후 조건자극과 함께 새로운 방해자극을 제시하면 조건반응의 크기가 줄어든다는 것이다. 또한 잘 소거된 조건반응도 일정 기간이 지나서 조건자극을 제시하면 무시하지 못할 정도의 조건반응이 나타난다는 것이다. 예를 들어, 개가 불빛에 더 이상 침을 흘리지 않게 된 며칠 후, 갑자기 불빛을 비추어 줬을 때 다시 침이 분비되는 경우다.

(2) 손다이크의 시행착오학습

손다이크

손다이크의 시행착오 학습(trial and error learning)이란 어떤 목표에 도달하기 위한 확실한 방안이 없는 경우, 목표에 도달하기까지 여러 번 실수를 되풀이하다가 우연히 목표에 도달하게 되면서, 그 방법이 학습되는 현상을 말한다. 즉, 시행착오를 거치는 동안에 행동의 학습이 이루어진다는 것이다. 손다이크의 문제상자를 이용한 고양이 실험이나 쥐를 이용한 미로 실험이 대표적인 사례다. 쥐의 미로실험을 살펴보면, 입구에서 출구까지 복잡한 미로를 만들어 놓고 출구에는 먹이를 준비해 놓는다. 쥐는 이리 저리 미로 속을 헤매다 우연히 출구에 도달하게 된다. 이와 같은 과정을 되풀이한 쥐를 다시 입구에 놓으면 쥐는 한 번에 출구에 정확히 도착한다. 손다이크는 이와 같이 쥐에게서 새롭고 발전된 행동의 변화가 나타날 수 있는 것은 '효과의 법칙' 때문이라고 보았다.

(3) 왓슨의 행동주의

왓슨은 파블로프의 연구를 토대로 아동에게 학습 원리를 적용하였던 최초의 심리학자다. 특히 그는 어린 아동에게 쥐에 대한 공포가 어떻게 조건형성 되는지에 대한 실험을 통해 분노, 사랑, 공포 등의 정서까지도 조건형성으로 학습될 수 있다는 사실을 보여 주었다. 왓슨(1930)은 "나에게 건강한 12명의 유아와 그들을 잘 자라게 할 수 있는 환경만 제공해 준다면, 나는 무작위로 그들 중 한 명을 택하여 그의 재능, 기호, 경향, 능력, 직업, 인종에 상관없이 그를 변호사, 예술가, 상인 심지어 거지와 도둑으로도 만들 수 있다."라는 유명한 말을 하였다. 이 말은 강화와 벌이 인간의 행동을 결정짓는 데 얼마나 절대적인지를 알게 해 준다. 또한 왓슨은 심리학의 목적을 행동을 예측하고 통제하는 것으로 보아, 자극을 알면 반응을 예측할 수 있고, 하나의 자극이 원하는 반응을 유발할 수 있도록 자극과 반응 간에 새로운 결합을 형성함으로써 행동을 통제하는 것이 가능하다고 보았다.

(4) 헐의 학습이론

헐은 열여섯 가지의 공리를 통해 학습이론을 설명하고 있다. 이 중에서 핵심적인 공리는 여덟 번째 공리인 "반응은 피로를 일으키며 이것은 조건반응의 인출에 역작용을 한다."와 아홉 번째 공리인 "불반응(not responding: 반응을 보이지 않는 것)이란 학습된 반응이다." 그리고 마지막 공리인 "같은 장면에서 두 개 이상의 양립 불가능한 반응이 유발되어야 할 때는 순간적인 유효 반응 잠재력이 가장 큰 것이 일어난다." 등의 세 가지다.

반응도 하나의 활동이기 때문에 반응을 계속하면 피로해진다. 즉, 어떤 반응이나 행동을 계속 반복하면 생리적 피로나 심리적 싫증이 일어난다. 이때의 피로나 싫증이 그 반응이나 행동을 제지하는 요인이 된다. 이러한 제지를 '반응성 제지(reactive inhibition)'라고 한다. 피로나 권태는 부적 욕구 상태이기 때문에 반응을 하지 않는 것이 하나의 보상이 될 수 있다. 즉, 반응하지 않음으로써 부적 욕구인 피로가 감소된다. 이렇게 볼 때 반응을 하지 않는 불반응은 학습된 반응이다. 상담과 관련지어 이야기한다면 피로나 권태가 하나의 혐오자극이 되기 때문에 이를 피하기 위해 반응을 보이지 않음으로써 어떤 행동이나 반응이 제지되는 것이다. 이러한 제지를 '조건성 제지(conditioned inhibition)'라고 한다.

예를 들어, 처음에는 즐거워서 노래를 불렀지만 오래도록 노래를 부르다 보면 피로하여 부르기 힘들게 된다(반응성 제지). 이때 노래를 부르지 않는 것이 자신에게 보상이 된다. 이러한 경우가 반복되면 피로감이 하나의 혐오자극으로 노래 부르는 행동과 결합되어 노래를

부르는 행동을 제지하게 된다(조건성 제지). 이러한 원리들은 혐오치료 등의 여러 가지 상담
기술에 활용되고 있다.

(5) 달라드와 밀러의 강화이론

달라드(John Dollard)와 밀러(Neal Miller)는 정신분석이론의 통찰을 헐의 학습이론의 틀로
해석하여 새로운 강화이론을 제안하였다. 그들은 학습 상황의 네 가지 근본 요인으로 추동,
단서, 반응, 보상을 주장하였는데, 이 요소들은 쥐의 단순한 행동뿐만 아니라 복잡한 인간의
행동을 설명하는 데도 사용될 수 있다.

첫 번째 요인인 추동(drives)은 유기체가 행동하도록 충동하는 강한 내적 자극을 의미한
다. 그것들은 선천적일 수도 있고(일차적 추동: 배고픔, 목마름 등) 학습된 것일 수도 있다(이차
적 추동: 공포, 죄책감, 인정받으려는 욕구 등). 그러나 하나의 추동은 일차적이든 이차적이든
관계없이 동일한 효과로 유기체에게 작용한다.

두 번째 요인인 단서(cues)는 유기체가 어떤 반응을 할지, 언제 그것을 할지, 어디서 그것
을 할지를 결정하는 자극을 의미한다. 단서는 외적 사상 혹은 자극일 수도 있고, 내적 자극
일 수도 있다.

세 번째 요인은 반응(responses)이다. 한 반응이 강화되려면, 먼저 반응이 발생해야 한다.
그러나 한 반응이 강화되어야만 학습이 일어날 수 있다면, 애초의 반응은 어떻게 해서 발생
하는가? 어떤 반응은 사전에 아무런 강화 없이 발생할 수 있다. 달라드와 밀러는 한 유기체
의 반응에는 순위가 있어서 '원초서열'을 이룬다고 주장한다. 반응은 선천적인 요인이나 과
거의 학습 때문에 발생 확률이 서로 다르다. 학습이 이루어지는 것은 반응 서열의 순위를 바
꾸는 일로써, 가령 애초에 발생 잠재 강도가 비교적 약한 반응이었던 것이 이제는 강해지는
것을 의미한다.

마지막으로 보상(rewards)은 학습의 네 번째 기본 요인이며, 한 특별한 자극 혹은 단서가
어떤 주어진 반응을 일으킬 확률을 증가시키는 모든 것을 의미한다. 어떤 한 추동의 강도를
증가시키는 반응은 상황 조건이 유사할 때 발생할 잠재 강도가 높아진다.

(6) 월피의 상호제지이론

월피는 상호제지(reciprocal inhibition)란 "한 반응의 유발이 동시에 일어날 다른 반응의 강
도를 감소시키는 것"이라고 하였다. 이는 앞에서 설명한 파블로프의 외부제지법칙, 헐의 열

여섯 가지 공리를 활용한 것으로 볼 수 있다. 월피(1958)는 아동을 대상으로 공포에 대해 연구한 존스(1924)의 결과를 토대로 고양이를 대상으로 실험을 했다. 그 결과 그는 다음과 같은 원리를 체계화하였다. 불안 유발 자극이 존재할 때 불안과 반대되는 한 반응이 일어나서 이 반응이 불안 반응을 완전히 혹은 부분적으로 억압할 수 있다면, 불안 유발자극과 불안 반응 사이의 결합은 약화된다는 것이다. 월피는 동물에게 효과적이었던 상호제지의 원리를 인간에게도 적용하였는데, 인간의 부교감신경계의 반응이 교감신경계의 불안 반응과 양립할 수 없다는 것이다. 그래서 그는 불안을 줄이는 방법으로 부교감신경계의 활동을 극대화시켜서 교감신경계의 기능을 약화시키는 방법을 사용했다. 예를 들어, 부교감신경계인 근육이 이완되면 교감신경계의 불안이 없어지므로 근육이완훈련을 통해 불안을 제거할 수 있다는 것이다.

(7) 반두라의 사회인지이론

행동을 강화의 결과로 설명할 수 있다는 왓슨과 스키너의 주장에 모든 학자들이 동의한 것은 아니다. 반두라는 인지적 요인과 동기적 요인의 역할을 강조하였다. 그는 강화가 특정 행동의 수행에 필요하기는 하지만 행동의 습득에 반드시 필요한 것은 아니라고 주장한다. 반두라는 줄리안 로터(Julian Rotter, 1916~)의 사회적 학습이론의 영향을 받았다. 로터는 사람들이 자기 행동의 결과와 자기가 받을 강화의 종류 등을 예측한다고 보았으며, 또한 사람들은 저마다 개인적으로 추구하는 가치가 있어서 자신의 행동과 자신이 받는 강화에 개인적인 가치 판단을 내린

반두라

다고 하였다. 이러한 로터의 입장은 인간의 인지 과정에 관심을 둔 반두라의 이론에 반영되었다.

반두라는 1960년대 초에 자신의 이론을 사회적 학습이론이라고 부르다가 최근에는 사회인지이론(socio-cognitive theory)이라고 부르고 있다. 그는 어떤 행동을 유발하기 위해서 항상 직접적인 강화를 줄 필요는 없다고 주장한다. 그는 다른 사람을 관찰하고 그들의 행동의 결과를 보기만 해도 학습이 일어난다는 관찰 학습(observational learning) 또는 대리 학습(vicarious learning)을 강조한다. 그가 자신의 이론에 사회란 명칭을 붙인 것은 행동 또는 성격의 결정 요인으로서의 사회적 요소를 중시하기 때문이다. 즉, 대부분의 학습이 다른 사람의 행동을

관찰하고 모방한 결과라는 것이다. 또한 인지란 명칭도 학습 과정에서 인지적 요인의 중요성을 강조하기 때문에 붙여진 것이다.

① 상호결정론

'상호결정론(reciprocal determinism)'이란 세 가지 요소, 즉 한 사람(P)과 그 사람이 처한 환경(E), 그리고 그 사람의 행동(B)이 상호작용하여 후속 행동이 나타난다는 것을 의미한다. 반두라는 한 인간의 행동이 그 개인의 특성들과 사회적인 환경 사이의 상호작용의 결과로 나타난다는 주장을 넘어서서 인간의 행동, 개인, 환경 세 가지 모두가 서로 영향을 주고받는다고 주장하였다. 다시 말하면, 개인의 특성과 사회적인 환경만이 행동의 원인이 되는 것이 아니라는 것이다. 개인의 행동 역시 개인의 특성과 사회적 환경에 영향을 주어서 결국 인간의 행동, 개인, 환경이 상호작용하여 인간 행동이 결정된다는 것이다. 상호작용의 방향은 다음과 같다. 첫째, 개인과 환경이 서로 영향을 주고받는다. 예를 들면, 도박을 좋아하는 사람(개인)이 도박판(환경)을 찾고, 도박판(환경)을 찾으면 도박꾼(개인)이 된다. 둘째, 개인과 행동이 상호작용한다. 도박꾼(개인)은 도박(행동)을 하게 되며, 도박(행동)을 많이 하면 도박꾼(개인)이 된다. 셋째, 환경과 행동이 상호작용한다. 도박판(환경)을 찾으면 도박(행동)을 하게 되며, 도박(행동)을 하면 도박판(환경)에 머물게 된다. 이와 같은 과정을 그림으로 나타내면 [그림 3-1]과 같다.

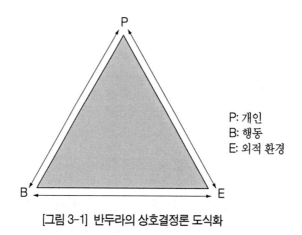

P: 개인
B: 행동
E: 외적 환경

[그림 3-1] 반두라의 상호결정론 도식화

② 실험 방법과 결과

반두라는 학습이 반응의 결과를 직접 경험해야만 일어날 수 있다고 본다면 점진적인 수행만이 가능하고 수많은 시행착오를 감수해야 할 것이라고 비판하였다. 그는 인간은 외적 강화 없이도 타인을 본보기로 삼아 행동을 수행하는 학습을 할 수 있다는 것을 객관적인 연구를 통해 입증하였다. 반두라는 보보인형에 대한 두 가지 실험을 통해 타인의 행동을 관찰하거나 혹은 타인이 강화를 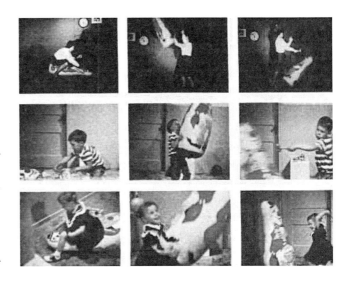 받는 것을 보는 것만으로도 학습이 이루어진다는 것을 밝혔다.

첫 번째 실험은 다음과 같다. 그는 스탠퍼드 대학교 부설 유아원에 다니는 4세 남아와 여아 각각 33명씩 총 66명을 대상으로 실험을 하였다. 우선 아동들을 세 집단으로 분류하여 모든 집단에게 5분 정도의 영화를 보여 준다. 영화의 내용은 한 어른이 보보인형(바람을 넣어 사람 모양으로 만든 풍선)을 주먹으로 때리고 발로 차고 넘어뜨리는 등의 공격행동을 하는 것이다. 그러나 세 집단에게 영화의 끝부분이 서로 다른 내용을 보여 준다. 첫째 집단에게는 또 다른 어른이 보보인형을 괴롭힌 어른에게 사탕과 음료수를 주며 최고라고 칭찬하는 내용의 영화를, 둘째 집단에게는 보보인형을 괴롭힌 어른에게 삿대질을 하며 욕을 하는 내용의 영화를, 셋째 집단에게는 모델의 행동에 아무런 결과가 뒤따르지 않는 내용의 영화를 보여 주었다. 그 후 아동들은 다양한 장난감이 있는 방으로 이동하여 놀도록 하였는데, 그 결과 둘째 집단이 첫째와 셋째 집단에 비해 공격행동을 훨씬 적게 보였다. 첫째와 셋째 집단의 결과는 별 차이가 없었다. 이 실험은 관찰만 해도 학습이 가능하다는 것과 다른 사람이 강화를 받는 모습만 보아도 학습이 가능하다는 것을 시사한다. 즉, 강화를 받는 것을 본 집단은 모방이 촉진되고, 벌을 받는 것을 본 집단은 모방이 감소되며, 벌이 오지 않았다는 것을 관찰하면 대리적 강화만큼 모방이 촉진된다는 것이다.

두 번째 실험에서는 세 집단에게 영화를 보여 준 후, 실험자가 그들에게 영화에서 본 내용을 재현하면 주스와 예쁜 스티커를 주겠다고 하였다. 그리고 일방경(one-way mirror)으로 아이들의 행동을 관찰하였다. 그 결과 세 집단 간의 공격행동에서 차이가 없었다. 즉, 모든 아동은 영화와 똑같은 정도로 또는 그 이상으로 공격행동을 보였다. 이 실험의 시사점은 둘째 집단에서 새로운 행동의 수행을 방해받았을 뿐 그 행동의 습득을 방해받은 것은 아니라는 점이다. 즉, 둘째 집단은 공격행동을 학습했으나 수행하지 않았을 뿐이라는 것이다. 이러한 결과는 학습과 수행이 구분되어야 한다는 점을 시사한다.

③ 관찰 학습의 과정

'관찰 학습(observational learning)'이란 사회적 환경 속에서 타인의 행동을 관찰함으로써 새로운 행동을 습득하는 것을 말한다. 반두라는 인간이 보이는 대부분의 행동은 다양한 사회 환경 속에서 다른 사람들을 관찰하고, 또 그 행동을 모방하여 수행하는 절차를 통해서 학습된다고 하였다. 예를 들면, 사람들이 영화나 뉴스에서 살인이나 절도를 접한 뒤 범죄에 사용된 구체적인 방법을 그대로 따라서 하는 모방 범죄 같은 경우다.

관찰 학습은 네 가지 과정, 즉 주의, 기억, 운동 재생, 동기화로 이루어지며, [그림 3-2]와 같다.

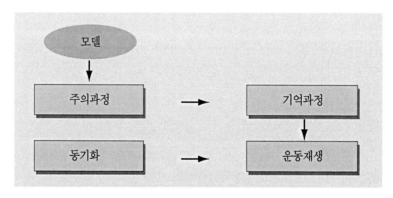

[그림 3-2] 관찰 학습의 과정

예를 들면, 스키를 배운다고 할 때 주의 과정에서 관찰자는 스키 선수들이 스키 타는 모습을 유심히 관찰한다. 기억 과정에서는 스키 타는 방법과 행동을 기억 속에 저장한다. 운동 재생 과정에서는 스키를 타는 행동을 실제로 해 본다. 마지막으로 동기화 과정에서는 스키를 배워 멋지게 타서 뽐내고 싶은 마음이 스키를 더 열심히 배우게 만든다.

• **주의 과정**

관찰 학습이 이루어지는 첫 번째 단계는 모델에게 '주의집중(attention)'을 하는 것이다. 주의집중은 모델을 따라 하기 위해 모델의 어떤 부분을 선택하여 관심을 기울일 것인지를 결정하는 것으로써, 모델을 단지 지켜보는 것만이 아니라 모델로부터 적절한 정보를 이끌어낼 수 있을 정도로 모델의 행동을 주의 깊게 관찰하는 단계다. 주의집중에 영향을 미치는 요인에는 '자신과 상호작용이 쉬운 정도' '모델의 개인적인 매력' '권위' '유능성' '성과 연령의 유사성' '종교적 신념' '정치적 태도' 등이 있다. 또한 실제 주변 사람들뿐만 아니라 대중매체 모델에게서도 영향을 받을 수 있다. 예를 들면, TV에서 매력적인 모델이 상품을 광고하면 시청자들이 주의를 집중하는 것 같은 경우가 그것이다.

• **기억 과정**

관찰 학습의 두 번째 단계는 모델의 행동을 장기간 기억하는 것으로써 '파지 과정(retention)'이라고도 한다. 반두라는 이 기억 과정이 심상체계와 언어체계라는 두 가지 주된 방식으로 이루어진다고 하였다. 먼저 '심상체계(image system)'는 모델을 관찰하는 동안에 관찰 대상에 대한 내용을 잘 기억할 수 있도록 심상을 형성하는 것을 말한다. 다음으로 '언어체계(words system)'란 관찰한 내용을 언어로 부호화하여 저장하는 것을 의미한다. 즉, 주의를 집중한 모델의 행동을 기억하는 과정은 주로 심상과 언어적 부호화의 형태로 이루어진다는 것이다. 예를 들면, 다른 사람들이 스키를 타는 모습을 관찰할 때, 머릿속으로 스키를 타는 모습을 떠올리거나 혹은 '회전할 때 무릎을 굽히고, 다음으로 몸을 앞으로 하고……' 등과 같이 마음속으로 되뇌일 수 있다.

• **운동 재생**

관찰 학습의 세 번째 단계는 '운동 재생(reproduction)'으로써, 이는 기억한 내용을 실제 행동으로 전환하는 것이다. 즉, 심상과 언어를 통해 상징적으로 부호화한 기억을 적절한 행동으로 전환시키는 것을 의미한다. 관찰자는 모델로부터 획득한 기억을 자신의 행동과 비교해 보는 연습 과정을 거친다. 자신의 행동과 모델의 행동에 대한 기억 사이에 괴리가 있으면 자신의 행동을 교정하고, 이러한 교정이 반복되어 결국 운동 동작이 거의 완전히 재생된다.

운동 재생 과정은 네 가지 하위 단계로 구성되어 있다. 첫 번째는 인지 조직화(cognitive organization of response), 두 번째는 반응 시작(initiation of response), 세 번째는 반응 조성

(monitoring of response), 마지막 단계는 반응 정교화(refinement of response)다. 즉, 인간은 이러한 네 단계의 운동 재생 과정을 통해서 시행착오를 거치게 되고, 서투른 행동을 조정하면서 정교한 행동으로 재생할 수 있게 되는 것이다(이재창 등, 2009, p. 204).

• 동기화

관찰 학습의 마지막 단계는 '동기화(motivation)' 다. 관찰한 것을 행동으로 옮기려면 동기가 있어야 한다. 모델 활동에 주의를 기울이고, 기억하고, 행동을 수행할 능력이 있어도 동기가 없으면 행동을 수행하지 않게 된다. 예를 들어, 긍정적 강화(예: 직접적 강화, 대리 강화, 자기 강화 등)가 주어지면 동기화가 이루어져서 주의집중을 통해 저장된 기억이 행동으로 전환될 수 있다. 이와 같이 행동의 수행 여부는 강화에 의해 동기화가 이루어졌는지에 좌우될 수 있다.

④ 자기조절

'자기조절(self-regulation)'이란 사람들이 자기 자신에게 동기를 부여하기 위해 스스로 목표를 설정하여 그 결과에 대해 자신이 보상과 처벌을 함으로써 자신의 행동을 스스로 조절하는 것을 뜻한다. 인간의 행동은 외부에서 주어지는 보상과 처벌뿐만 아니라 자신이 스스로 하는 내적 보상과 처벌의 영향을 받는다. 또한 사람들은 끊임없이 자기 자신의 행동을 조절하며 자신의 행동에 일관성을 부여한다. 인간은 타인이 자신의 행동에 대하여 부과한 보상과 처벌을 통해 기준을 학습하며, 타인으로부터 습득한 이 기준은 곧 자신을 평가하는 기준이 된다. 이러한 기준들은 모델의 행동을 관찰해도 습득할 수 있다. 그런데 자신이 스스로에게 주는 내적 강화가 타인이 주는 외적 강화보다 영향력이 더 클 수 있다. 때로는 외적 강화로 오히려 동기가 감소되기도 한다. 예를 들면, 매일 일기를 쓰는 습관이 있는 자녀에게 일기를 쓸 때마다 용돈을 주었다면 용돈을 주지 않을 때는 자녀가 일기를 쓰지 않게 될 수 있다.

반두라는 자기조절의 실행 과정을 세 단계로 나누어 설명하였다. 첫 번째는 '자기관찰(self-observation)'인데, 이는 자신의 행동을 스스로 관찰하는 것이다. 두 번째는 '판단 과정(judgement process)'이다. 이는 인간이 자신의 행동을 어떤 기준을 가지고 비교하는 것으로, 이러한 기준은 사회적인 기준이거나 혹은 자신의 개인적인 기준이 될 수 있다. 마지막 단계는 '자기반응(self-response)'으로서 기준에 의해 스스로를 판단한 후 기준에 비해 수행을 잘하였다고 생각하면 스스로 보상을 주고, 부족하다고 생각하면 스스로 처벌하는 것을 의미한다.

⑤ 자기효능감

'자기효능감(self-efficacy)'이란 특정 상황에서 자신에게 주어진 일을 성공적으로 해낼 수 있다는 자신에 대한 믿음을 의미한다. 자기효능감은 자신의 목표 설정에 영향을 미친다. 또한 자신이 어떤 결과를 기대할지, 목표 성취에 얼마나 많은 노력을 기울일지, 장애물이나 실패 경험에 부딪칠 때 얼마나 견딜지 등에도 영향을 준다. 반두라는 실험 결과, 자

기효능감이 높은 사람은 낮은 사람보다 환경을 더 잘 통제하며, 불확실성을 더 적게 경험한다고 하였다. 또한 그들은 노력과 성취 경험을 더 많이 하고, 과제를 더욱 오래 지속할 수 있으며, 두려움을 적게 경험한다고 하였다.

⑥ 인지적 요인 강조

반두라가 인지적 요인을 강조한 근거는 다음과 같다.

첫째, 반두라는 사람이 직접적인 강화 없이 단지 관찰이나 대리적 강화를 통해서 행동을 습득한다고 주장한다. 새로운 행동이 관찰만으로 획득될 수 있다고 본다면, 이러한 학습은 인지적인 것으로 볼 수 있다. 그는 학습이론이 내적인 인지 변인을 포함해야 한다고 주장한다. 그는 인간이란 강화를 수동적으로 받아들이는 기계적인 존재가 아니라 심상, 사고, 계획을 사용하여 생각하고 인식하는 존재로 본다.

둘째, 반두라는 인간의 행동은 자기가 처해 있는 장면과 그 장면에 대한 자기의 해석에 의해 결정된다고 주장한다. 자신이 처한 장면을 해석할 때는 반드시 개인의 인지적 과정이 작용한다.

셋째, 반두라는 생각하고 판단하는 인간의 인지 능력 때문에 인간의 학습과 행동은 동물의 학습이나 행동과 같을 수 없다고 주장한다. 같은 강화라도 누구에게나 효과가 똑같은 것이 아니라 개인적으로 다르게 해석되어 받아들여지기 때문에, 똑같은 외적 자극이 주어져도 서로 다른 반응이 일어나기도 하고, 서로 다른 자극에 대해 같은 반응이 일어날 수 있다는 것이다.

제2절 조작적 조건형성이론

이 절은 김완일 공저(2015)인 『성격심리학』의 제10장을 참조하였다.

1. 스키너의 생애

부르스 프레더릭 스키너

부르스 프레더릭 스키너는 1904년 미국 펜실베이니아 주의 북동쪽에 있는 철도 도시 서스퀘안나에서 태어났다. 그의 아버지 윌리엄 스키너(William Skinner)는 법률가여서 그는 어린 시절 보상과 훈육이 적절하게 주어진 안정된 양육 환경에서 자랐다. 스키너는 어머니 그레이스 스키너(Grace Skinner)를 아름답고 현명할 뿐만 아니라 가정 일에 몰두하고 근면하며 사랑이 넘쳤다고 회고하였다. 그가 소년 시절에 많은 시간을 쏟은 일은 롤러스케이트, 회전목마, 연, 모형 비행기 등과 같이 기계장치가 있는 물건을 만드는 일이었다. 끊임없이 실패하면서도 움직이는 기계에 대한 그의 흥미는 계속되었다. 그의 이러한 관심은 후에 그의 이론에서 관찰 가능한 행동을 변화시키는 데 대한 관심으로 이어졌으리라 생각된다. 스키너가 자신의 이론에서 중요시했던 행동 변화에 대한 관심은 어린 시절 그의 일화에서도 잘 나타나 있다.

내가 만든 것 중 몇 가지는 인간 행동에 영향을 주는 것이다. …… 한때 어머니는 내게 파자마를 거는 것을 가르쳤다. 매일 아침 식사 때마다 어머니는 내 방으로 올라와서 파자마가 걸려 있지 않은 것을 발견하면, 즉시 나를 불러 파자마를 똑바로 걸어 놓도록 시켰다. 어머니는 이것을 수주일 동안 계속하였다. 나는 이 일을 더 이상 참을 수 없어서 기계장치를 고안했다. 내 방 장 속의 특수한 고리와 방문 위에 거는 표시판을 줄로 연결했다. 파자마가 옷 고리에 걸려 있으면 표시판은 문 위의 높은 곳에 걸리고, 파자마가 고리에 걸려 있지 않으면 문 틀 중앙에 정면으로 걸리게 되는 장치였다. 그 표지판은 마치 "네 파자마를 걸어라."라고 말하는 효과가 있었다(Skinner, 1967, p. 396: 이훈구 역, 1998, p. 224 재인용).

　고등학교 졸업 후, 그는 1926년 해밀턴 대학교에서 영어를 전공하면서 작가가 되기로 결심하였다. 2년여 동안 소설가의 꿈을 키우며 단편소설을 몇 편 쓰기도 하였지만, 신통치 않자 소설가의 꿈을 접은 후 하버드 대학교에 입학하여 심리학으로 전공을 바꾸었다. 하버드 대학교의 동료였던 켈러(Fred Keller)와 뛰어난 실험생물학자인 크로지어(W. J. Crozier)는 스키너에게 많은 영향을 주었다. 그들 외에도 스키너는 레브(Jacques Loeb), 셰링턴(Charles Scott Sherrington), 파블로프 등과 같은 학자들의 영향을 받았으며, 왓슨, 손다이크와도 학문적으로 교류하였다(이상로 공역, 1997, p. 695). 1931년에 박사학위를 받은 스키너는 5년 동안 크로지어 연구소에서 연구 활동을 한 후, 1936년에 미네소타 대학교로 자리를 옮겼다. 미네소타 대학교에서 9년간 많은 학문적인 업적을 쌓았으며, 쥐를 이용하여 개발한 학습 원리를 『유기체의 행동(The Behavior of Organism, 1938)』이라는 책에 처음으로 소개하였다. 이 책은 스키너 이론의 핵심이 들어 있는 가장 중요한 저서이며, 특히 '스키너의 상자'라고 불리는 실험이 실려 있다.

　또한 이 시기에 심리학의 원리에 입각하여 실험적인 사회를 그려낸 『월던 투(Walden Two, 1948)』라는 소설도 저술하였다. 그 후 『자유와 존엄성을 넘어서(Beyond Freedom and Dignity, 1971)』라는 책은 인간의 자유와 존엄성을 현대사회의 발전에 방해가 되는 것이라 주장하여 많은 논쟁을 불러일으키기도 하였다. 인간에 대한 그의 견해는 그의 이론에 그대로 반영되었다. 인간의 사고와 감정을 부인하고 인간을 기계론적인 존재로 보아 인간의 자유와 존엄을 경시한다는 이유로 많은 비판을 받았지만, 그가 심리학계에 기여한 업적은 그를 비판하던 이론가들도 인정할 만큼 지대하여 그는 심리학자에게 주어지는 많은 상을 수상하였다. 86세 되던 1990년 1월에 그는 백혈병 진단을 받고 투병하던 중에 미국심리학회에서 특별 평생공로상을 수상하고 그해에 생을 마감하였다.

2. 주요 개념

1) 인간관

　정신과 육체를 별개의 것으로 보지 않고 같은 것으로 간주하는 '심신일원론'에 기초한 스키너의 이론에서 인간을 바라보는 관점은 낙관론과 비관론의 중립적, 환경론적, 결정론적, 요소론적 관점이라고 할 수 있다(김완일 등, 2015, pp. 321-322). 그리고 주관론과 객관론의 측면에서는 객관론적인 관점이다.

(1) 중립적 인간관

스키너는 다른 행동주의이론가들과 마찬가지로 인간은 선하지도 악하지도 않은 상태로 이 세상에 태어난다는 중립적인 인간관을 가지고 있다. 인간의 마음을 '텅 빈 유기체'라고 표현할 정도로 그는 인간 내면의 감정이나 사고에는 관심을 크게 기울이지 않았다. 스키너는 인간이란 선한 속성이나 악한 속성 그 어느 것도 가지지 않은 백지 상태로 태어나며, 어떠한 환경에 처하느냐에 따라서 선하게 될 수도 있고 악하게 될 수도 있다는 중립적인 입장을 취한다.

(2) 환경론적 인간관

스키너(1977)는 "인간 행동을 결정짓는 변수는 환경에 달려 있다."라고 주장할 만큼 환경적인 요인을 중시하였다. 그는 인간이 환경에 종속되어 있으며, 인간이 서로 다른 것은 체질적인 요인들 때문이 아니라 그들이 성장한 환경이 다르기 때문이라고 하였다(이훈구 역, 1998, p. 257). 예를 들면, 어떤 사람이 도박에 중독되었다면, 도박에 대한 강한 충동적 성향 때문이 아니라 도박을 쉽게 접할 수 있었던 환경 때문이라는 것이다(이영만 등, 1996, p. 97). 이렇듯 스키너는 인간은 내적인 충동보다 환경의 영향을 더 받는다는 입장이다.

(3) 결정론적 인간관

스키너는 인간행동을 과학적으로 연구할 때 결정론적 가정이 절대적으로 필요하다며 다음과 같이 주장하였다.

> 인간을 연구하는 분야에 과학적 방법을 적용하려면, 행동에는 법칙이 있고 그 법칙에 따라서 행동이 결정된다는 것을 가정해야 한다. 그리고 인간의 행동은 특정한 조건의 결과이고, 이러한 조건이 발견되면 인간의 행동은 예측할 수 있다(Skinner, 1953, p. 6).

스키너는 인간에게는 행동을 스스로 선택할 자유가 없으며, 그의 행동은 외부의 강화에 의해서 결정된다고 보았다(이훈구 역, 1998, p. 253). 즉, 그는 인간의 자유로운 선택을 인정하지 않으며, 인간의 행동이 환경에 의해 결정된다는 점을 강조하고 있다.

(4) 요소론적 인간관

스키너는 한 개인의 다양한 행동을 살펴보면 그 사람의 특성을 알 수 있으며, 그 행동들의 집합체가 성격이라고 하였다. 개인의 성격은 비교적 복합적이지만, 독립적으로 학습된 하나하나의 반응, 즉 행동으로 구성되어 있다는 것이다. 그는 하나의 자극에 대한 하나의 반응들이 무수히 모여서 한 개인의 성격을 형성한다고 보았다. 그리고 인간의 모든 행동은 조건형성된 상황에서 학습된 결과이기 때문에, 그 개인이 어떻게 조건형성이 되었는지의 역사를 이해하는 것이 필요하다고 하였다. 형태주의에서 주장하는 "전체는 부분의 합 이상이다." 라는 전제에 반대하여, 스키너는 "전체는 부분의 합이다." 라고 주장한다(이훈구 역, 1998, p. 256). 이렇듯 그는 인간이 보이는 행동을 분석하는 요소주의적인 입장이다.

(5) 객관론적 인간관

스키너는 유기체를 폐쇄된 상자로 보았는데, 이는 그가 인간을 '객관적'으로 본다는 것을 뜻하며, 사람의 행동을 설명하는 데 상자 안을 조사할 필요가 없다는 것을 의미한다. 스키너는 인간의 행동은 객관적인 자극과 반응의 관계만으로 설명할 수 있다고 주장한다. 즉, 입력(input)이 발생하면 출력(output)이 결정되며, 그리고 출력 후에 뒤따르는 강화는 미래에 강화를 유발한 유사한 입력이 있을 때 다시 출력이 생길 가능성을 결정한다는 것이다. 그는 사람이 자신에게 들어오는 반응과 나가는 반응에 대해 어떻게 생각하고 느끼는 것은 중요하지 않고 사람의 행동과 관련도 없다고 하였다(이훈구 역, 1998, p. 258). 따라서 그는 인간의 주관적 경험보다는 자극에 의한 반응만을 중시하는 객관적인 관점을 가지고 있다고 볼 수 있다.

2) 성격의 구조 및 발달

(1) 성격의 구조

스키너는 인간의 성격 자체에 대해서는 그리 관심을 기울이지 않았다. 하지만 스키너의 이론에서 인간의 성격은 '자극에 대한 반응으로 나타나는 행동 패턴의 집합체'로 볼 수 있다. 그는 하나의 자극에 대한 하나의 반응이 일정한 패턴을 이루어 습관이 되고, 이러한 습관은 그 사람만의 행동적인 특성으로 나타난다고 하였다. 그는 이러한 행동 패턴이 모든 사람에게 각기 다르게 나타나기 때문에 행동 패턴을 그 사람의 독특성, 즉 성격으로 간주할 수 있다는 입장이다. 그리고 그는 한 개인의 행동에는 사고와 감정이 포함되어 있다고 주장한다. 이것은 인간의 마음과 몸, 즉 정신과 신체가 별개가 아니라 하나의 유기체로 같이 작용한다는 심신일원론(心身一元論)적인 입장과 맥락을 같이 한다고 볼 수 있다.

(2) 성격의 발달

스키너는 인간의 성격을 중요시하지 않았기 때문에 그의 이론에는 성격이 무엇으로 이루어져 있는지에 대한 구체적인 제시가 없다. 하지만 굳이 조작적 조건형성의 원리에 따라 인간의 성격 형성 과정을 설명한다면, 성격은 한 개인이 보이는 행동 패턴의 발달로 볼 수 있다. 다시 말하면, 현재의 행동은 이전 삶에서 주어진 강화에 따른 행동의 발달 과정과 동일하게 일어난다는 것이다. 인간의 성격 형성 과정은 한 개인이 성장 과정에서 경험한 강화와 처벌로 인해 구체적인 행동이 조건형성되고 소거된 과정이라고 할 수 있다(이수연 등, 2013, p. 264). 즉, 성격의 발달은 개인이 처한 환경에서 강화로 인해 겪은 행동의 변화 과정이라는 것이다.

3) 핵심 개념

스키너의 이론에서 핵심 개념은 조작적 조건형성, 강화와 처벌, 변별자극, 부적응의 원인, 도식화 등이 있다. 이를 구체적으로 살펴보면 다음과 같다.

(1) 조작적 조건형성

조작적 조건형성(operant conditioning)이란 행동에 뒤따르는 강화를 통해 특별한 행동을 조성하고 유지하는 과정을 의미한다. 다시 말하면, 조작적 조건형성은 행동과 그 결과인 강화를 연합함으로써 조작행동을 형성하는 절차다(노안영 등, 2013, p. 372). 여기서의 조작행동은 자동적으로 일어나는 반응행동(예: 밝은 불빛에서 동공이 축소되거나 음식물이 주어질 때 타액이 분비되는 것과 같은 자동적 반응)과는 달리 환경을 변화시키는 자발적인 행동으로서, 반응에 따르는 사건인 강화물에 의해 강해지거나 약해지는 행동을 말한다. 즉, 행동의 결과가 행동의 증감에 영향을 미치는 행동을 말한다. 스키너는 자신의 이론을 정립하기 위하여 스키너 상자(Skinner box)를 만들어 다음과 같은 실험을 하였다.

먼저 실험쥐는 일정 기간 먹이를 박탈당한 뒤 하루에 한 번만 먹도록 길들여지는 박탈 스케줄(deprivation schedule)에 따라 훈련된다. 이렇게 훈련된 다음 쥐는 스키너 상자에 넣어진다. 상자 안에 들어간 실험쥐는 새로운 환경을 탐색하다가 우연히 지렛대를 누르게 되고 그로 인해 먹이를 얻게 된다. 이때 먹이(강화인. reinforcer)는 지렛대를 누르는 행동을 강화해 주기 때문에 지렛대를 누르는 행동이 증가하게 된다. 이제 실험쥐는 환경을 스스로 바꿈으로써 어떤 결과를 생성해내기에 이르는데, 이것을 조작(operation)이라고 한다.

스키너의 인간행동에 대한 패러다임은 [그림 3-3]과 같다.

[그림 3-3] 스키너의 인간행동에 대한 A, B, C 패러다임

스키너는 고전적인 조건형성을 연구했던 파블로프와는 대조적으로 자발적인 행동을 연구했다. 배고픈 쥐가 지렛대를 누르는 반응은 그에 따른 후속자극인 먹이에 의해 학습되었다고 볼 수 있다.

(2) 강화와 처벌

스키너의 조작적 조건형성이론에서 핵심 개념은 강화다. 강화(reinforcement)란 특정행동에 뒤따르는 결과 중에서 행동 재현의 가능성을 높여 주는 것을 말한다. 즉, 강화는 반응행동이 일어날 확률을 증가시키는 것으로 정적 강화와 부적 강화로 나눌 수 있다. 처벌(punishment)이란 특정 행동에 뒤따르는 결과 중에서 행동 재현의 가능성을 낮추는 것을 가리킨다. 즉, 처벌은 반응이 일어날 확률

을 감소시키는 것으로 정적 처벌과 부적 처벌의 두 종류가 있다. 처벌의 궁극적인 목적은 부적절한 행동을 감소시키는 데 있다. 강화와 처벌의 네 가지 유형에 대하여 구체적으로 살펴보면 다음과 같다.

① 정적 강화

정적 강화(positive reinforcement)란 특정 반응이 일어난 다음에 어떤 자극(강화물)이 주어짐으로써 그 반응이 일어날 확률을 증가시키는 것을 말한다. 즉, 유쾌한 자극을 제공하여 바

람직한 행동을 증가시키는 것으로써 일반적인 의미의 강화를 의미한다. 정적 강화에 사용되는 강화물에는 음식, 수면 등의 생리적 욕구를 충족시키는 강화물도 있고, 인정, 칭찬 등의 사회적 욕구를 충족시키는 강화물도 있다. 예를 들면, 부대에서 선행을 한 병사에게 휴가증을 주어 지속적으로 선행을 하도록 하는 것이다.

② 부적 강화

부적 강화(negative reinforcement)란 특정 반응이 일어난 다음에 어떤 자극을 제거하여 그 반응이 일어날 확률을 증가시키는 것을 말한다. 즉, 불쾌한 자극을 제거하여 바람직한 행동을 증가시키는 것이다. 예를 들면, 대대 전투력 측정 훈련에서 우수한 성적을 받은 중대에게 사역과 훈련을 면제해 주는 것이다.

③ 정적 처벌

정적 처벌(positive punishment)은 특정 반응이 일어난 다음에 어떤 자극을 줌으로써 그 반응이 일어날 확률을 감소시키는 것을 말한다. 즉, 불쾌한 자극을 주어 바람직하지 않은 행동을 감소시키는 것이다. 예를 들면, 근무 시간에 잠을 잔 병사에게 군장을 멘 채 연병장을 1시간 동안 뛰도록 해서 근무시간에 잠을 자지 않도록 하는 것이다.

④ 부적 처벌

부적 처벌(negative punishment)은 특정 반응이 일어난 다음에 어떤 자극을 제거하여 그 반응이 일어날 확률을 감소시키는 것을 말한다. 즉, 유쾌한 자극을 제거하여 바람직하지 않은 행동을 감소시키는 것이다. 예를 들면, 근무 태도가 불량한 병사에게 부대원들 모두가 주말에 외출 시 홀로 부대에 남아있게 함으로써 외출이라는 유쾌 자극을 제거하는 것이다.

강화와 처벌의 네 가지 유형에서 정적(positive)이라는 의미는 자극을 제공하는 것인 반면에, 부적(negative)이라는 의미는 자극을 제거하는 것이다. 강화는 바람직한 행동을 증가시키는 것인 반면, 처벌은 바람직하지 않은 행동을 감소시키는 것을 의미한다. 강화와 처벌의 네 가지 유형을 요약하면 〈표 3-1〉과 같다.

〈표 3-1〉 강화와 처벌의 네 가지 유형

자극의 종류	행동 증가	행동 감소
자극 제시	정적 강화	정적 처벌
자극 제거	부적 강화	부적 처벌

(3) 강화 계획

강화 계획(schedule of reinforcement)이란 행동을 증가시킬 목적으로 강화물을 제시하는 방법을 의미한다. 강화 계획에 따라 강화물이 제시되지 않는 상황에서 반응이 유지되는 정도가 달라질 수 있기 때문에 강화 계획은 중요하다. 강화 계획은 '시간 간격' 혹은 '반응 횟수' 중 어느 쪽에 기준을 두느냐에 따라 '간격 강화 계획'과 '비율 강화 계획'으로 나뉜다. 네 가지 강화 계획을 구체적으로 살펴보면 다음과 같다.

① 고정 간격 강화 계획

'고정 간격 강화 계획(fixed-interval reinforcement schedule)'이란 처음 보상을 받은 후 '일정한 시간'마다 강화가 주어지는 것을 말한다. 매월 일정한 날짜에 월급을 받거나 용돈을 주는 경우가 이에 해당한다. 이러한 경우에 월급을 받기 직전에는 일을 열심히 하지만 월급을 받은 직후에는 일을 열심히 하는 정도가 줄어들 수 있어서 이 강화 계획은 다른 강화 계획에 비하여 전체 행동 빈도가 낮은 경향이 있다.

② 변동 간격 강화 계획

'변동 간격 강화 계획(variable-interval reinforcement schedule)'은 일정한 시간 내에 강화가 주어지지만 그 시간 간격이 불규칙적인 것을 말한다. 즉, '평균적인 시간'마다 강화가 이루어지지만, 언제 강화가 주어질지 모르는 경우다. 예를 들면, 버스 정류장에서 버스를 기다리는데 배차 간격이 30분인 버스의 경우, 버스가 25분 만에 올 수도 있고 35분 만에 올 수도 있지만 평균적으로 30분 간격으로 온다는 것이다. 이 강화 계획은 언제 강화가 주어질지 알 수 없기 때문에 강화 직후 행동이 줄어들지 않으며, 지속적으로 행동을 하는 경향이 있다.

③ 고정 비율 강화 계획

'고정 비율 강화 계획(fixed-ratio reinforcement schedule)'은 행동이 일어나는 '일정한 반응

횟수'마다 강화가 주어지는 것이다. 강화가 '반응의 수'에 근거하여 제공된다. 예를 들면, 자동차 세일즈맨이 자동차 한 대 팔 때마다 판매 수당을 지급하거나 혹은 커피숍에서 커피 열 잔을 구매하면 커피 한 잔을 무료로 제공하는 경우다. 이 강화 계획은 강화를 제공하는 비율이 높지 않을 때 행동 빈도가 높은 편이며, 강화 직후에는 행동이 감소했다가 다시 높아지는 경향이 있다.

④ 변동 비율 강화 계획

'변동 비율 강화 계획(variable-ratio reinforcement schedule)'은 '평균적인 반응 횟수' 마다 강화가 주어지지만 몇 번째에 주어질지는 알 수 없는 불규칙적인 강화 방법을 말한다. 즉, 평균적인 일정한 횟수 내에서 아무 때나 강화가 주어지는 것이다. 예를 들면, 도박을 할 때 평균적으로 열 번 하면 한 번 정도 이긴다고 가정했을 때, 첫 번째에 이길 수도 있고 열 번이 넘어서 이길 수도 있는 경우가 이에 해당한다. 이 강화 계획은 강화 후 행동이 감소하는 현상이 나타나지 않으며, 일반적으로 높은 행동 빈도를 유지한다.

앞에 제시한 네 가지 유형의 강화 계획을 요약하면 〈표 3-2〉와 같다.

〈표 3-2〉 강화 계획의 유형

구 분	시간 간격	반응 횟수
고 정	고정 간격 강화 계획 (일정 시간 간격, 예: 월급)	고정 비율 강화 계획 (일정 반응 횟수, 예: 성과급)
변 동	변동 간격 강화 계획 (평균 시간 간격, 예: 버스 기다리기)	변동 비율 강화 계획 (평균 반응 횟수, 예: 도박)

(5) 기본 원리

① 변별자극과 자극일반화

'변별자극(discrimination stimulus)'이란 특정한 반응이 보상되거나 보상되지 않을 것이라는 단서 혹은 신호로 작용하는 자극을 의미한다. 즉, 어떤 행동이나 반응을 보여야 바람직한 결과를 얻을 수 있을 것인지를 알려 주는 신호를 말한다. 변별자극이 인간의 행동을 완전히 통제할 수 있는 것은 아니다. 하지만 어떤 바람직한 결과를 성취하려면 어떤 행동을 선택해야 할지를 미리 알려 주는 기능을 한다. 따라서 변별자극을 통해 인간은 외적 세계를 더 잘 예측하며 통제할 수 있게 된다. 예를 들면, 아빠가 술을 마시고 들어오는 날에 용돈을 자주 받은 아이는 어느 날 아빠가 술 마시고 온다는 것을 알게 되었다면 잠을 자지 않고 아빠를 기다릴 수 있다. 이때 아빠가 술을 마시는 것은 용돈에 대한 변별자극이 된다.

변별자극과 상대적인 개념으로 '자극일반화(stimulus generalization)'가 있다. 즉, 강화된 어떤 행동이 다양한 유사한 상황에서도 일어날 가능성을 의미한다. 예를 들면, 낯선 남성에게 성희롱을 당한 젊은 여성은 그로 인한 정신적·육체적 충격 때문에 모든 남성에게 적대감을 가지게 될 수 있다(이훈구 역, 1998, p. 252). 또 다른 예로, 말을 배우는 유아가 아빠라는 호칭을 배우면서 길거리에서 만나는 남자 어른들에게도 아빠라고 부를 수 있다.

② 소거와 자발적 회복

'소거(extinction)'란 학습된 행동이 없어지는 것을 의미한다. 소거의 원리는 특정 상황에서 반응을 보여도 계속해서 강화가 주어지지 않으면, 그러한 반응이 더 이상 나타나지 않는 것이다(노안영 공저, 2013, p. 377). 예를 들면, 떼를 많이 쓰는 아이의 경우에 이런 행동이 어머니의 관심 때문에 습관화된 것이라면, 아이가 떼를 쓸 때 어머니가 더 이상 관심을 보이지 않고 내버려 두면 결국 그런 행동은 없어진다는 것이다(이재창 등, p. 192). '자발적 회복(spontaneous recovery)'이란 소거로 인하여 나타나지 않던 행동이 다시 나타나는 현상을 말한다. 즉, 소거를 통해 없어진 어떤 행동이 일정한 기간이 지난 후에 다시 나타난다는 것이다. 이러한 현상은 '세 살 버릇 여든까지 간다.'라는 말처럼 한번 배운 행동을 완전하게 없애기는 쉽지 않다는 것을 보여 준다.

(6) 부적응의 원인

스키너는 인간의 부적응 행동을 단순하게 적절한 반응을 하지 못하는 것으로 보았으며, 부적응 행동은 학습의 결과로 보았다. 즉, 잘못된 강화와 조건형성으로 인해 신경증 및 정신병적 행동이 나타난다는 것이다. 그가 주장하는 부적응 행동을 일으키는 원인에는 세 가지가 있다(김완일 등, 2015, pp. 329-330).

첫째, 강화와 처벌을 충분히 받지 못해서 부적절한 행동이 나타난다는 것이다. 이것은 부적절한 사회화를 가져오며, 그로 인해 개인은 환경의 요구에 적절하게 대처하지 못하게 된다는 것이다. 예를 들면, 어린 시절에 줄을 서서 기다리는 것과 같은 공중도덕을 지키지 않았을 때 적절한 벌을 받지 않은 아이는 어른이 되어서 새치기를 하는 경향이 있다는 것이다.

둘째, 부적절하고 바람직하지 못한 강화를 들 수 있다. 예를 들면, 우울한 사람의 우울 증세(예: 식욕 감퇴)가 다른 사람들에게 관심을 받을 뿐만 아니라 책임을 면제해 주는 보상을 받으면, 우울증이 지속될 수 있다는 것이다. 다른 예로, 몸이 약한 아이에게 무엇이든지 다 해 주는 엄마의 과잉보호 때문에 아이는 자신이 할 수 있는 일도 남에게 미루는 의존적인 사람이 될 수 있다. 또 다른 예로 자신을 괴롭히는 특정 강박관념에 시달리는 환자가 심장이 뛰는 횟수를 강박적으로 세는 경우다. 강박증 환자는 심장박동을 세는 동안에는 강박관념이 떠오르지 않기 때문에 심장박동을 세는 것이 강화를 받아 이러한 행동이 지속되는 것이다.

셋째, 단서 변별에 실패할 경우 부적응 행동을 보인다. 예를 들면, 정신분열증 환자의 경우에 적절한 단서는 처벌과 연합되고, 부적절한 단서는 보상과 연합이 되어 특이한 행동을 보일 수 있다. 즉, 정신병 환자는 사람들에게 관심을 기울이면 다른 사람들이 자신을 미친 사람으로 취급하여 마음에 상처를 입는 반면에, 무생물인 책에 주의를 기울이면 고통이나 거부를 느끼지 않기 때문에 책을 살아 있는 존재로 생각하고 대화를 나눌 수 있다.

(7) 도식화

스키너의 이론에서 행동 과정의 인과관계는 ABC 모형으로 설명할 수 있다. 먼저 A는 선행조건(antecedents)으로 행동이 일어나기 전의 상황을 의미한다. 다음으로 B는 그 상황에서 일어나는 행동(behavior)을 뜻한다. 마지막으로 C는 행동 뒤에 일어나는 결과(consequences)를 말한다. 스키너는 인간이 특정 자극에 대해 반응한 다음 그 뒤에 주어지는 후속 자극인 강화자극으로 무엇을 받느냐에 따라 학습이 이루어진다고 주장했다. 스키너의 이론에서 제시한 핵심 개념을 중심으로 도식화하면 [그림 3-4]와 같다.

[그림 3-4]를 ABC 이론에 적용해 보면 다음과 같다.

첫째, 쥐에게 배고픔이라는 자극(S1)이 제공되면 쥐는 지렛대를 누르는 반응(R)을 한다. 쥐가 지렛대를 누르면 음식물이라는 강화자극(S2)이 주어지는데, 이 때 강화자극에 의해 지렛대를 누르는 행동이 조건형성된다. 여기에서의 반응(R)은 조작행동을 의미하며, 이것은 스스로 환경을 변화시키는 행동이다. 즉, 지렛대를 누르면 음식이 주어진다는 것을 알기 때

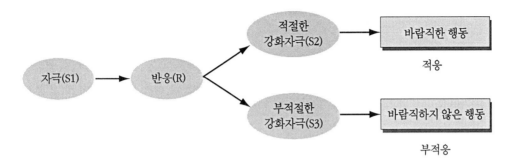

[그림 3-4] 스키너의 조작적 조건형성 이론의 도식화

※ 출처: 김완일 등, 2015, p. 330.

문에 지렛대를 누르는 새로운 행동이 학습된다.

둘째, 자극에 대하여 반응을 보일 때 적절한 강화자극을 주면 적절한 행동을 하여 적응을
잘하게 되는 반면에, 부적절한 강화자극을 주면 부적절한 행동을 하게 되어 부적응이 발생
한다.

제3절 상담 목표 및 방법

1. 상담 목표

행동수정 상담가들은 인간이 본질적으로 그들의 환경에 의해 결정되고, 인간의 모든 행
동은 학습된 것으로 본다. 그들은 현재의 행동을 강조하며, 과거의 내력과 문제의 원인에는
관심을 두지 않으며, 겉으로 드러난 구체적 행동을 변화시키는 것에 초점을 둔다. 행동수정
의 상담 목표는 잘못 학습되었다고 생각되는 바람직하지 않은 행동을 소거하고, 보다 효과
적이고 바람직한 행동을 새롭게 학습하도록 도와주는 것이다. 상담 목표에 따라 상담의 과
정과 기술이 달라질 수 있기 때문에 상담 목표의 설정은 대단히 중요하다. 상담 목표는 내담
자마다 각기 다르며, 상담 목표의 진술은 구체적인 행동으로 진술되어야 한다.

행동수정에서 상담자는 내담자가 더 효과적인 행동을 학습할 수 있도록 능동적이고 지시
적인 훈련가와 교사의 역할을 하게 된다. 상담자는 구체적으로 부적응적인 행동을 진단하고

그 행동을 개선하기 위한 치료적 절차를 처방하는 역할을 한다. 내담자는 상담과정 속에서 능동적이어야 하며, 새로운 행동을 실험할 수 있어야 한다. 내담자와 상담자 간의 인간적 관계는 강조되지 않으나, 문제를 효과적으로 해결해 나가는 데 기초가 되는 협조적인 관계는 유지할 필요가 있다. 행동수정 상담자들은 관찰 가능한 구체적 행동과 그 행동을 일으킨 선행 요인 및 결과에 초점을 두며 행동 모델로서의 기능을 적극적으로 수행한다는 점에서 다른 이론의 상담자들과 다르다.

관찰 가능한 행동과 환경적 사건에 초점을 두는 전통적인 행동수정 상담자와 인간의 사고가 선행 요인과 결과의 매개 요인으로 작용한다고 보는 인지적 행동수정 상담자 간에는 서로 입장 차이는 있으나 공통적으로 따라야 할 원칙이 있다. 그 원칙은 다음과 같다.

첫째, 도움의 효과성을 측정할 수 있는 행동, 즉 관찰 가능한 문제행동과 환경적 조건에 치료적 초점을 두어야 한다.

둘째, 도움 과정은 문제행동을 유지하거나 새로운 행동의 학습을 방해하는 환경에 대한 평가로부터 시작된다.

셋째, 평가는 문제행동과 그 선행 요인과 결과를 검토하는 것이다. 상담자와 내담자는 일정한 기준선을 설정하고 그에 따라 행동을 측정한 후 정확한 행동 평가를 실시하여야 한다.

넷째, 개입은 행동의 선행 요인과 결과를 수정하는 것이며, 내담자의 환경 조건을 내담자에게 도움이 되는 방식으로 변화시키는 것이다.

다섯째, 상담자와 내담자는 내담자의 조건 변화, 즉 구체적인 목표와 관련된 조건뿐만 아니라 변화 과정에서 나타날 수 있는 기대하지 않았던 결과에 대해 정기적이고 체계적인 점검을 하여야 한다.

2. 상담 과정

행동수정의 관점에서 통일된 하나의 상담 과정을 제시하기는 어려우나, 일반적인 상담과정은 다음과 같다(LaFleur, 1979).

첫째, 상담관계의 형성이다. 상담자는 내담자에게 온정적이고 공감적인 태도와 관심을 보임으로써 상담자가 내담자를 이해하고 있다는 점을 내담자에게 전달한다.

둘째, 문제행동의 규명이다. 상담자는 내담자 스스로가 자신의 문제를 확실히 알 수 있도록 도와주어야 한다.

셋째, 현재 상태의 파악이다. 상담자는 내담자가 가지고 있는 현재의 느낌, 가치, 생각 등을 파악할 수 있어야 한다. 현재 상태를 파악하는 목적은 현재 내담자가 나타내는 반응 수준을 알아내고, 최종적인 문제행동과 관련된 현재 장면에서의 문제행동을 기술하기 위한 것이다.

넷째, 상담 목표의 설정이다. 목표를 설정하는 이유는 상담 방향을 제시하고 상담에서 어떤 기술을 선택할 것인가를 결정하도록 하며, 내담자에게 자신의 행동을 바꾸도록 동기를 제공하기 위한 것이다.

다섯째, 상담 기술의 적용이다. 상담자는 내담자가 행동을 수정하고 싶어 하는 구체적인 환경에서 내담자의 행동수정을 도울 수 있는 상담기술을 선택하고 적용한다.

여섯째, 상담 결과의 평가다. "상담자가 얼마나 상담을 잘 했는지?", "사용되고 있는 상담기술이 얼마나 효과적인지?"를 판단하는 것이다. 특정 기술에 얽매이지 않고 평가 결과에 따라 기술은 계속 바뀔 수 있고, 상담이 끝날 때는 물론이고 상담 도중에도 평가는 계속된다.

일곱째, 상담의 종결이다. 개개인의 구체적 상담 목표가 달성되었을 때, 내담자와 상담자의 합의하에 상담의 종결을 결정한다. 추가 상담이 필요한지에 대해서도 함께 판단한다.

3. 상담 방법

인간의 모든 행동은 후천적인 학습이나 경험 등 환경에 의해서 이뤄지기 때문에 또 다른 학습이나 경험 등에 의해 줄어들거나 제거될 수 있고, 촉진되거나 강화될 수도 있다. 이런 행동수정에는 네 가지 접근 방법이 있다. 첫째, 내담자가 사회 적응에 필요한 행동을 전혀 하지 못할 때 필요한 행동을 습득시키는 방법, 둘째, 기대치만큼의 행동을 못할 때 그 행동을 강화하는 방법, 셋째, 사회에 부적응한 행동을 할 때 이 행동을 제거시키는 방법, 넷째, 정상보다 지나친 행동을 하는 경우 그 행동을 약화시키거나 소멸시키는 방법 등이 그것이다 (김홍규 등, 2007, p. 107).

행동수정의 상담기법은 그 수를 헤아리기 힘들 정도로 많다. 상담기법을 설명할 때 이해를 돕기 위해서 필자의 상담 사례를 제시하였다. 제시된 사례는 내담자 보호 차원에서 내담자의 신상에 관한 내용을 익명으로 하였으며, 필자가 각색한 부분도 있다. 구체적으로 살펴보면 다음과 같다.

(1) 강화와 관련된 기법

강화와 관련된 기법으로는 대표적으로 토큰 시스템과 프리맥의 원리가 있다.

① 토큰 시스템

'토큰 시스템(token systems)'이란 바람직하거나 원하는 행동을 할 때마다 강화물로 토큰을 주고, 사전에 정해진 수만큼 토큰을 모으면 약속된 강화자극을 제공하는 것을 말한다. 예를 들면, 군부대에서 병사들이 선행을 할 때마다 스티커를 주고, 스티커가 몇 개 이상 모이면 휴가를 보내 주는 것이다. 이러한 토큰 시스템은 바람직한 행동을 증가시키는 강화자극으로 사용된다.

토큰 시스템의 장점은 다음과 같다.

첫째, 토큰으로 원하는 강화물과 교환할 수 있기 때문에 포만 효과를 제거할 수 있다. 포만 효과란 처음에는 강화물이 효과가 있으나, 나중에는 효과가 없어지는 것을 말한다. 예를 들면, 자녀가 심부름을 할 때마다 부모가 과자를 주면 나중에는 과자가 더 이상 강화물의 효과를 상실하게 되는 경우다.

둘째, 토큰은 휴대가 용이하여 즉각적으로 강화를 제공할 수 있다. 예를 들면, 일반 강화물인 로봇 장난감은 부피가 커서 휴대가 어렵지만, 토큰은 언제든지 휴대가 가능하고 목표행동을 보일 때 그 자리에서 바로 토큰을 제공할 수 있다.

셋째, 일반 강화물은 목표행동을 방해하는 경우가 있는데, 토큰은 자체가 소비되는 것이 아니기 때문에 목표행동을 방해하지 않는다. 예를 들어, 자녀가 공부를 열심히 해서 성적이 오를 경우 일반 강화물인 용돈을 주면 용돈으로 피시방에 가서 게임을 함으로써 공부에 방해가 될 수 있지만, 토큰은 피시방에서 사용할 수 없어서 공부에 방해물이 되지 않는다는 것이다.

넷째, 사람마다 효과적인 강화물이 다른데, 토큰으로 일차적 강화물과 교환하도록 하여 이러한 문제점을 해소할 수 있다.

토큰 시스템의 문제점으로는 다음과 같은 것이 있다.

첫째, 목표행동보다 토큰이나 강화물에 관심을 보일 수 있다. 이는 '염불보다 젯밥에 관심이 더 많다.'는 속담과 일맥상통한다.

둘째, 토큰 시스템의 사용은 창의적인 문제해결을 방해할 수 있다. 예를 들어, 한 사람이 과거에 어떤 방법을 시도하여 토큰을 받은 경우, 과거에 토큰을 받았던 방법을 고수함으로써 새로운 방법을 찾으려 하지 않을 수 있다.

셋째, 토큰 시스템은 특정 행동 자체가 좋아서 자발적으로 행동을 하는 것을 의미하는 '내재적 흥미'를 떨어뜨릴 수 있다. 예를 들면, 처음에는 동화책을 읽는 것이 좋아서 독서를 했던 아동에게 동화책을 읽을 때마다 토큰을 주면, 독서에 대한 자발적 흥미가 사라져서 나중에는 토큰을 주지 않으면 책을 읽지 않게 된다.

② 프리맥의 원리

'프리맥의 원리(principle of premack)'는 미국의 심리학자인 데이비드 프리맥(David Premack)의 이름에서 따온 것으로서 발생 빈도가 낮은 행동, 즉 선호하지 않는 행동의 빈도를 높이기 위해 발생 빈도가 높은 행동, 즉 선호하는 행동을 강화인자로 사용하는 것을 말한다. 예를 들면, 공부(발생 빈도가 낮은 행동)를 싫어하는 학생에게 계획된 학습량을 공부하면, TV 시청이나 컴퓨터 게임 등(발생 빈도가 높은 행동)을 하도록 허용하는 것이다. 프리맥의 원리를 효과적으로 사용하기 위해서는 낮은 빈도로 나타나는 선호하지 않는 행동이 먼저 일어나야 한다. 또한 적절한 강화인자를 찾아내는 것이 중요하다. 프리맥에 따르면, 강화인자를 선택할 때 개인에게 여러 가지 활동 기회를 제공하고, 그의 행동을 관찰하여 가장 자주하는 활동을 선택하는 것이 효과적이라고 하였다.

(2) 처벌과 관련된 기법

처벌과 관련된 기법에는 혐오치료, 소거, 타임아웃 등이 있다.

① 혐오치료

'혐오치료(aversive therapy)'란 바람직하지 못한 행동을 할 때 혐오자극(예: 전기충격, 화학적·시각적 혐오자극, 내재적 과민성 제거)을 제시하여 부적응 행동을 감소시키는 방법이다. 혐오자극의 예를 들면 다음과 같다.

첫째, '전기충격'의 예는 동성애자에게 동성의 사진을 보여 주며 전기충격을 주면 나중에는 동성연애에 대한 상상만 해도 과거에 받았던 전기충격이 떠올라서 동성연애를 싫어하게 된다는 것이다.

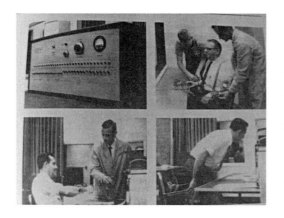

둘째, '화학적 혐오자극'의 예는 알코올중독자에게 술에 구토제를 타서 마시게 하면 좋아하던 술을 마실 때마다 구토를 하게 되어 나중에는 술만 보아도 구토를 하게 되는 경우다. 이때 무조건자극은 구토제이고, 조건자극은 술이며, 구토제에 대한 무조건 반응과 술에 대한 조건 반응은 구토가 된다.

셋째, '시각적 혐오자극'의 예는 담배를 피우는 것을 지나치게 좋아하는 사람에게 담배를 많이 피워서 폐가 흉측해진 폐결핵 환자의 사진을 보여 주면 담배를 끊게 되는 경우다.

넷째, '내재적 과민성 제거(covert sensitization)'는 부적절한 행동에 대하여 혐오스러운 결과를 상상하도록 해서 부적절한 행동을 하지 않도록 하는 것이다. 예를 들어, 노출증(exhibition)이 있는 남자의 경우 노출로 인해 친구나 가족들로부터 심한 비난을 받거나, 경찰에게 잡혀 망신을 당하는 것과 같은 결과를 상상하도록 하여 노출을 하지 않게 만드는 것이다. 이와 같은 혐오치료는 약물 및 알코올중독 혹은 비만증, 강박관념, 도박벽, 동성연애, 소아기호증 등과 같은 문제를 치료할 때 다른 행동 기법과 함께 사용된다.

하지만 정신과에 입원한 알코올중독 환자를 치료할 때 술에 구토제를 타서 마시게 하는 것은 별 효과가 없다. 환자는 병원에서 제공하는 술을 한 번 마시면 술에 구토제를 탔다는 사실을 알게 된다. 퇴원 후에는 구토제가 없는 술을 직접 사서 마실 수 있기 때문에 구토제를 이용한 알코올중독 치료는 실효성을 거두기 어렵다. 알코올중독 환자들에게는 상상력을 이용한 혐오치료를 적용하면 효과적이다. 이와 같은 기술로 치료한 사례를 소개한다.

한 여대생이 폭식증 때문에 상담을 받게 되었다. 그녀와 결혼을 약속한 남자가 군 복무 중에 총기 오발사고로 사망한 후 음식물 섭취를 절제하지 못하는 폭식증이 생겨났다. 이 내담자는 잠에서 깨어난 순간부터 잠시라도 음식을 먹지 않으면 견디지 못하였다. 밥을 먹은 후에도 음료수와 과자, 아이스크림 등을 계속 먹지 않으면 식은땀이 나고 불안해졌다. 또한 몸에 음식물이 떨어져도 불안이 고조되었다. 이 내담자의 폭식증을 치료하기 위해 내담자가 먹는 음식물마다 구토제를 타는 것은 현실적으로 불가능하다. 따라서 상상력을 동원한 혐오치료를 적용할 수 있다. 내담자 앞에 아주 먹음직스러운 콩나물 국밥이 뚝배기에 담겨 있는 것을 상상하게 한다. 이 내담자는 음식이라는 말만 들어도 좋아하기 때문에 내담자의 표정이 흐뭇해지면 음식물에 대한 상상을 한 것으로 받아들이고 두 가지 방식으로 나누어서 상담을 진행하였다. 첫 번째는 국밥을 한 숟가락 떠서 삼켰을 때 먹은 음식물이 식도를 타고 올라와서 구토하는 장면에 대해 최고의 혐오감을 조성하며 생생하게 묘사를 한다. 즉, 입가에 콩나물 줄기가 매달려 있고, 토해 놓은 음식물을 보니 콩나물 머리가 반쯤 잘려져 있고 음식물 위에는 침이 가득한데 토해 놓은 음식물을 다시 손가락으로 먹는 장면을 떠올리게 하는 것이다. 두 번째는 국밥을 한 숟가락 떠서 삼키려다가 다시 제자리에 놓을 때 가장 행복했던 순간을 떠올리게 한다. 이와 같은 방법을 반복해서 실시하자 내담자는 음식물에 대한 혐오감이 조성되어 폭식증이 없어지고 몸에 음식물이 떨어져도 불안하지 않게 되었으며, 결국 체중도 상당히 줄어 성공적으로 상담을 마치게 되었다.

위에서 소개한 기법은 자칫 잘못 적용하면 거식증과 같은 역효과가 나타날 수 있기 때문에 전문가가 적절히 사용해야 한다.

② 소거

'소거(extinction)'는 바람직하지 않은 행동에 대해 강화물을 제거하여 행동의 발생 빈도를 줄이는 것을 말한다. 소거는 바람직하지 못한 행동을 할 때 강화물을 제거함과 동시에 바람직한 행동을 할 때 정적 강화를 제공하는 것이 효과적이다. 학생이 교실에서 소란을 피울 때, 교사가 심한 꾸중을 하여 처벌하였지만 이것이 오히려 관심을 기울이는 강화로 작용하여 꾸중이 효과가 없을 수 있다. 이런 경우에는 학생의 소란을 무시할 뿐만 아니라 학생이 조용히 있을 때 관심을 기울이면 소란스러운 행동을 더 이상 보이지 않을 수 있다.

소거를 효과적으로 사용하기 위해서는 다음 사항을 유념해야 한다. 첫째, 현재 그 행동을 강화하고 있는 것이 무엇인가를 확인해서 제거해야 한다. 예를 들어, 과속을 하면 목적지에 일찍 도착할 수 있어서 자주 과속을 한다면, 과속을 쉽게 차단하기 어렵다. 따라서 경찰이 과속하는 차량을 반드시 단속하여 과속할수록 오히려 목적지에 늦게 도착하도록 만들어야 한다.

둘째, 바람직하지 않은 행동 대신 바람직한 행동을 찾아서 강화를 하는 것이 좋다. 예를 들어, 수업 시간에 소란을 피우는 아동의 경우 조용히 있거나 수업을 잘 들을 때 교사가 적극적인 관심을 기울이는 것이다.

셋째, 주위 사람들에게 바람직하지 않은 행동은 무시하고, 바람직한 행동은 강화하도록 교육하여 모든 사람이 일관성 있게 강화를 제공하여야 한다. 예를 들어, 잠들기 전에 칭얼대는 아이의 문제행동이 부모의 무관심으로 소거되었는데, 어느 날 이모가 와서 칭얼대는 것을 받아 주면 문제행동이 다시 나타날 수 있다.

필자의 경험을 한 가지 소개한다.

필자는 형님 가족과 함께 에버랜드에 놀러간 적이 있다. 다같이 놀이기구를 타기 위해 돌아다니다가 조카가 거품이 나오는 총을 보자 형수에게 그 총을 사달라고 조르기 시작했다. 형수가 총을 사 주지 않자 조카는 갑자기 길바닥에 주저앉더니 몸부림을 치며 울기 시작했다. 어린아이들이 이처럼 떼를 쓰는 것을 템퍼 텐드룸(temper-tendrum)이라고 한다. 그래도 총을 사 주지 않자, 조카는 급기야 입에서 거품을 뿜으며 기절을 하는 것이었다. 형수는 깜짝 놀라서 조카에게 물을 먹이고 온몸을 주무르면서 조카가 깨어나기를 기다렸다. 조카가 깨어나자마자 형수는 총부터 사서 그의 손에 쥐어주었다. 조카는 그 후에도 자신이 원하는 것을 부모가 들어주지 않을 때마다 발작을 일으키며 기절을 하곤 했다. 필자는 형수에게 '아름다운 무관심(beautiful indifference)'이라는 방법을 소개해 주었다. 아름답다와 무관심은 서로 어울리지 않는 단어다. 또한 이 세상에 무관심처럼 무서운 것이 없다. 차라리 서로 싸우는 것이 무관심보다는 낫다는 말도 있다. 하지만 문제행동을 치료하기 위해 보이는 무관심을 아름다운 무관심이라고 한다. 자녀가 떼를 쓸 때 부모가 보고 있으면 더 심해지고 보지 않으면 떼를 쓰는 행동이 줄어들 수 있다고 하면서, 가장 좋은 방법은 조카가 떼를 쓸 때 아예 조카의 시야 밖으로 사라지는 것이라고 말해 주었다. 그 후 형수는 아름다운 무관심의 방법으로 조카의 떼쓰는 버릇을 없앨 수 있었다.

③ 타임아웃

'타임아웃(time-out)'이란 개인이 부적절한 행동을 할 때, 그를 격리시켜서 긍정적 강화를 받을 수 있는 기회를 일시적으로 박탈하는 방법을 의미한다. 예를 들면, 수업 시간에 떠드는 학생을 복도로 나가게 해서 다른 학생들 곁에 있지 못하도록 하는 것이다. 또 다른 예로는 자폐아가 발작을 보이는 것은 주위 사람의 관심을 끌기 위한 것이기 때문에 발작을 일으킬 때 아무도 없는 곳에 격리시키면 발작이 멈출 수 있다.

필자가 군 복무를 하면서 타임아웃 기법을 응용한 경험이 있어서 소개하고자 한다.

필자가 전역을 한 달 정도 앞두고 있을 때, 생활반에 신병이 전입해 왔다. 필자와 고향이 같았던지라 여러 가지로 그를 배려해 주었다. 그는 인상이 험악한 편이었는데, 샤워를 할 때 그의 몸을 보니 담배로 지진 자국과 칼을 맞은 자국 투성이였다. 그는 입대 전에 조폭이었다고 했다. 그는 군 생활에 적응을 잘 못하고 힘들어 하다가 결국 사고를 일으키고 말았다. 어느 날 밤 자다가 갑자기 생활반에서 시끄러운 소리가 들려서 눈을 떠보니 바로 그 신병이 한 손에는 회를 뜨는 생선회 칼을, 다른 한 손에는 반쯤 깨진 소주병을 들고 있는 것이었다. 나중에 들은 이야기로는 그와 함께 보초를 서야 하는 선임병이 일어나지 않아서 혼자 보초를 서다가 담을 넘어가 소주를 두 병 사서 안주도 없이 마셨다는 것이었다. 그는 욕설을 퍼부어 대면서 전투화로 잠을 자고 있는 선임병들의 머리를 걸어차며 소란을 피우고 있었는데, 이 소리에 필자가 잠에서 깬 것이었다. 생활반을 둘러보면서도 필자는 별로 놀라지 않았다. 왜냐하면 신병이 욕설을 하고 선임병들을 걸어찬 이유가 자신을 함부로 대하지 말라는 일종의 엄포라고 여겨졌기 때문이다. 선임병들을 정말 죽이려고 했으면 굳이 깨울 필요가 없었을 것이다. 그런데 갑자기 신병이 바닥에 있는 깨진 소주병 조각을 입속에 털어 넣고 씹기 시작했다. 입가에 피가 맺혔다. 그는 선임병들의 얼굴을 향해 유리 조각을 뱉은 후 소매를 걷더니 깨진 소주병으로 팔뚝을 자해하기 시작했다. 팔뚝에서는 피가 흐르는데, 신병이 팔뚝을 흔들어대니 핏방울이 사방으로 튀기까지 했다. 신병의 얼굴을 보니 두 눈이 빨갛게 충혈되어 있었다. 생활반에는 필자를 비롯해 선임병들이 열 명 정도 있었는데, 그들의 얼굴이 하얗게 질려갔다. 어떻게 할지를 고민하던 중 순간적으로 타임아웃이라는 방법이 뇌리를 스쳤다. 타임아웃을 사용하려면 신병을 보쌈이라도 해서 다른 곳으로 격리시켜야 하지만, 전혀 그렇게 할 수 있는 상황이 아니었다. 그때 '현재이 신병에게 강화물은 선임병들이 무서움에 떨고 있는 모습이기 때문에 선임병들을 신병의 시야에서 사라지게 하면 된다.'는 생각이 머릿속을 스쳐 지나갔다. 그래서 뒷짐을 지고 한손으로 출입구 쪽을 가리키며 선임병들에게 나가라는 사인을 보냈다. 그런데 겁에 질린 선임병들은 아무도 움직이지 않았다. 필자는 용기를 내서 신병 가까이 다가가서 신병을 끌어안았다. 그러고는 신병의 시야를 가리면서 한 손으로 출입구 쪽으로 사인을 보냈다. 그제야 선임병들이 한두 명씩 출입구로 나가고 결국 몇 명만 남았다. 강화 인자였던 무서움에 떠는 선임병들이 절반 이상 사라지자 신병은 감정이 누그러졌고 필자는 그에게서 칼과 소주병을 빼앗을 수 있어서 다행히 한 명의 부상자도 없이 사건을 잘 무마할 수 있었다.

(3) 연습과 관련한 기법

연습과 관련한 기법에는 근육이완훈련, 행동 조성, 역할 연기 등이 있다.

① 근육이완훈련

'근육이완훈련(muscle relaxation training)'은 머리부터 발가락에 이르기까지 정해진 계열에 따라 몸의 중요한 수의근에 긴장과 이완을 반복하는 기법이다. 이 기법은 근육의 이완과 심리적 불안은 서로 양립할 수 없다는 원리를 이용하여 근육이완을 통해 불안을 감소시키는 방법이다. 이 기법을 적용할 때는 상담자가 먼저 2~3회 실시한 후 내담자 스스로 시도하도록 하는 것이 좋다. 실시 절차는 다음과 같다.

첫째, 내담자를 편안한 안락의자에 앉히고 근육이완법에 대해 설명한다. "당신이 요즈음 경험하고 있는 긴장, 불안, 흥분 및 불편은 근육의 이완으로 감소시킬 수 있다. 지금부터 근육의 긴장을 이완시키는 방법을 가르쳐 주려고 한다. 이 방법은 손에서부터 시작해서 몸 전체의 특정한 근육에 대해 긴장과 이완을 반복해서 하는 것이다."

둘째, 내담자에게 최대한 편안한 자세를 취하도록 한다. 목에 꼭 끼는 넥타이는 느슨하게 풀도록 하고 전신을 의자에 기대도록 한 후, 숨을 깊게 들이쉬고 천천히 내쉬도록 한다.

셋째, 손부터 시작해서 모든 근육을 이완시킨다. "팔을 들어 올려 앞으로 쭉 펴고 주먹을 온힘을 다해 아주 세게 쥐세요. 팔과 손에 불편감과 긴장감을 느껴 보세요. 약 10초 후에 내가 이완하라고 하면 무거운 납덩어리를 들었다 놓는 것처럼 팔을 무릎 위에 탁 내려놓으세요.” “이번에는 반대쪽을 긴장하는 것입니다. 손가락을 뒤로 최대한 힘껏 굽히세요. 10초 뒤에 손을 허벅지에 탁 떨어뜨리세요.”

　근육 훈련의 순서는 다음과 같다. 주먹을 꽉 쥐었다가 이완, 손가락을 뒤로 굽혔다가 이완한다. 어깨를 뒤로 당겼다 이완, 앞으로 당겼다 이완한다. 목을 축으로 머리를 한쪽 방향으로 3~4회 회전시키고 반대로 회전시킨다. 입을 가능한 한 넓게 벌렸다 이완하고, 입술을 오므리고 최대한 앞으로 쭉 내밀었다 이완한다. 혀를 최대한 세게 입천장으로 내밀었다 이완하고, 혀를 최대한 입바닥에 눌렀다 이완한다. 눈을 감고 자동차를 몰고 가면서 아주 멋진 경치를 바라보는 것을 상상하게 한다. 허파가 가득 찰 때까지 공기를 들이쉬고, 허파 속의 공기를 다 내보낼 때까지 내쉰다. 등이 아치형이 되도록 몸을 앞으로 굽혔다가 이완하고, 뒤로 젖혔다가 이완한다. 엉덩이로 의자를 파듯이 짓누르다가 이완한다. 다리를 뻗고 15cm 정도 들었다가 이완하고, 장단지를 허벅지 뒤로 구부렸다 이완한다. 복근이 등뼈에 닿을 정도로 뒤로 끌어당겼다가 이완하고, 복근을 힘껏 확장했다가 이완한다. 발가락이 머리 쪽을 향하도록 발을 구부렸다 이완한다. 발가락으로 신발 바닥을 파듯이 이완하고, 발가락으로 신발 윗 부분을 힘껏 밀었다 이완한다. 이때 유의사항은 근육이 긴장할 때와 이완할 때 어떤 느낌이 드는지에 집중하고, 특정 근육을 긴장하라고 할 때 다른 근육은 긴장하지 않아야 한다는 점이다. 예를 들어, 주먹을 꽉 쥐고 있는 동안 이를 악물거나 눈살을 찌푸리지 않는 것이다.

　넷째, 각 신체 부위의 근육이완훈련이 끝나면 호흡 훈련을 한다. 숨을 내쉴 때마다 “마음을 평온하게” 또는 “긴장을 풀고”라고 말하도록 한다.

　군에서 불안이나 과도한 스트레스, 흥분, 불면증, 두통, 목과 등의 통증 및 가벼운 우울 등을 보이는 부하들에게 이 기법을 적용하면 상당히 효과적이다.

② 행동 조성

　'행동 조성(behavior shaping)'이란 목표행동을 한 번에 습득하기 어려울 때, 목표행동에 근접하는 행동들을 여러 단계로 나누어서 하나씩 습득하도록 함으로써 결국 최종 목표행동에 도달하도록 하는 방법을 말한다. 행동 조성과 관련된 필자의 경험담을 한 가지 소개하고자 한다.

오래전에 제주도에서 바다사자 쇼를 본 적이 있다. 인기 있는 쇼여서인지 관람하는 여행객이 많아 계단에 신문지를 깔고 앉아 구경하였다. 그 쇼는 바다사자들이 악기로 노래를 연주하는 쇼였다. 어떤 바다사자는 오르간 건반을 치고, 다른 하나는 작은북을 치

고, 또 다른 하나는 탬버린을 쳤다. 제법 그럴싸하게 연주를 해나가는 도중 갑자기 모든 바다사자가 연주를 멈추었다. 그 이유는 바다사자가 연주행동을 한 가지씩 할 때마다 조련사가 먹이를 던져주었는데, 조련사가 먹이를 주지 않았기 때문이었다. 바다사자가 악기를 연주하게 된 것은 행동 조성의 기법으로 가능했던 것이다. 처음에는 바다사자가 어떤 건반이라도 건반을 건드리면 먹이를 주고, 다음에는 특정 건반을 두드려야 먹이를 주고, 다음에는 특정 건반을 연달아 두드려야 먹이를 주는 식으로 조련을 해서 결국 오르간을 연주하는 바다사자가 된 것이다.

행동 조성 기법은 이와 같이 동물을 조련할 때 주로 활용된다. 예를 들어, 춤추는 쥐를 만들고 싶으면, 먼저 쥐가 오른쪽 발을 들 때 먹이를 주고, 다른 행동을 하면 벌을 준다. 다음에는 왼쪽 발을 들 때 먹이를 준다. 마지막으로는 왼쪽 발을 든 상태에서 한 바퀴 돌 때 먹이를 준다. 이와 같은 훈련을 반복하면, 결국 춤추는 쥐가 만들어지는 것이다. 또 다른 예로 오른 발로 악수하는 개를 조련할 수 있다. 처음에는 개가 두 앞발을 들 때 먹이를 주고, 다음에는 오른쪽 앞발을 들 때 먹이를 주고, 마지막으로는 사람 앞에 오른쪽 앞발을 들 때 먹이를 주면 악수하는 개로 조련할 수 있다.

행동 조성 기법을 적용할 때 유의할 점은 목표행동에 도달하기 위한 중간 단계의 목표를 과도하게 강화하면 그 단계에 고착되어 다음 단계로 나아갈 수 없으므로 중간 단계를 적절히 강화해야 한다는 것이다. 강화는 대상자에게 가장 효과적인 강화물을 찾아서 제공하는 것이 효과적이다.

③ 역할 연기

'역할 연기(role playing)'는 상담 장면에서 가장 많이 사용하는 기법 중 한 가지다. 이 기법은 다음과 같은 두 단계로 이루어진다.

첫째, 상담자는 내담자가 갈등을 느끼는 대상의 역할을 맡아 내담자의 과거 경험 내용을 재현한다. 이때 내담자가 과거에 표현하지 못했던 감정을 충분히 표현하도록 하는 것이 중요하다. 이렇게 함으로써 내담자의 마음속에 쌓인 감정이 표출되어 감정이 정화되는 효과가 있다.

둘째, 첫 번째 단계에서 했던 역할을 서로 바꾸어서 과거의 경험을 재현한다. 즉, 상담자는 내담자 역할을 하고, 내담자는 과거의 갈등 대상의 역할을 하는 것이다. 내담자가 자신과 갈등관계에 있는 인물의 역할을 직접 해 봄으로써 상대방의 마음을 느끼고 이해하게 되는 효과가 있다. 역할 연기를 적용하여 상담한 필자의 상담 사례를 한 가지 소개한다.

> 필자는 아버지를 죽이고 싶은 충동 때문에 괴로워하는 남자 대학생을 상담한 적이 있다. 이 내담자를 상담하면서 역할 연기 기법을 적용하였다. 즉, 처음에는 필자가 그의 아버지 역할을 맡고 그가 아들 역할을 맡았으며, 다음에는 서로 역할을 바꿔서 필자가 아들이 되고 그가 자신의 아버지가 되어 과거 경험을 재연하였다. 역할 연기의 내용은 내담자가 겨울철 매일 새벽 여섯 시에 스케이트를 배웠던 다섯 살 때의 경험이었다. 즉, 아버지는 새벽 여섯 시 전에 먼저 일어나서 아들을 깨워 옷을 입히고 차에 태워서 스케이트장에 데려다 준 뒤 집으로 돌아갔다가 강습이 끝날 때쯤 스케이트장에 와서 아들을 태워서 집으로 데려가는 내용이었다. 그는 역할 연기를 하기 전까지는 아버지가 자신을 사랑하지 않는다고 믿고 있었다. 그러나 역할 연기 기법을 적용하여 그가 아버지 역할을 하면서 아버지가 자신을 진정으로 사랑하지 않는다면 이와 같은 일을 할 수 없었다는 것을 깨달았다. 결국 그는 아버지와의 관계를 개선하기 위해 여러 노력을 하게 되었고, 그 결과 아버지와 관계가 좋아졌다.

상담자들이 역할 연기에 대해 충분히 이해하지 못하거나 숙달되어 있지 않거나, 내담자들이 역할 연기를 할 준비가 되어 있지 않은 상태에서 성급하게 역할 연기를 실시하면, 내담자들이 역할 연기에 대해 어색함과 부담감을 느껴 상담이 실패로 끝날 가능성이 있다. 따라서 상담자는 이 기법에 대해 충분히 숙달하고, 내담자와 믿을 수 있는 신뢰관계를 형성한 다음 문제해결 단계에서 적절하게 사용할 필요가 있다.

(4) 만끽과 관련된 기법

만끽(滿喫)과 관련된 기법에는 부적 연습과 심적 포화가 있다.

① 부적 연습

'부적 연습(negative practice)'은 문제가 되는 증상을 의식적으로 반복하여 오히려 그 증상이 더욱 나타나도록 하는 방법이다. 따라서 이 기법은 일종의 역설적인 방법이라고 할 수 있다. 역설(paradox)이란 상식과 일반적인 논리에 모순되는 일종의 궤변을 의미한다. 상담이란 일반적으로 문제 증상을 없애는 것이 목적인데, 이 방법은 오히려 문제 증상이 더욱 나타나도록 한다는 측면에서 역설적이라고 말할 수 있다. 이 기법은 한 가지 행동을 반복해서 하게 되면 피로감과 권태감이 쌓이는데, 이것이 일종의 벌로 작용하여 그 행동을 더 이상 하지 않게 된다는 원리를 이용한 것이다. 이 기법은 '하던 짓도 멍석을 깔아 주면 못한다.' 라는 속담과 일맥상통한다고 볼 수 있다. 예를 들어, 밤새 잠을 못 이루는 불면증 내담자가 있다고 하자. 이 내담자는 잠을 자려고 애를 쓰면 쓸수록 잠이 더욱 달아날 수 있다. 이러한 경우에 잠을 자지 말고 차라리 밤을 지새워 책을 읽겠다고 생각하고, 특히 자신이 좋아하지 않는 내용의 책을 읽는다면 자신도 모르는 사이에 잠이 들 수 있다.

부적 연습을 사용한 필자의 상담 사례를 소개한다.

> 필자에게 말을 더듬는 내담자가 찾아온 적이 있다. 필자는 이 내담자에게 부적 연습의 기법을 적용하여 상담을 하였다. 하지만 내담자에게 강제로 말을 더듬도록 강요한다고 해서 내담자가 말을 더듬을 수 있는 것은 아니다. 필자는 이 내담자에게 역할극에 참여하도록 한 후 역할극에서 말더듬이 역할을 맡겼다. 이 내담자는 역할극에서 평소처럼 말을 더듬으면 자신의 역할을 잘하게 되는 것이다. 그런데 이 내담자는 말을 더듬어야 하는 역할극 상황에서 오히려 말을 더듬지 않고 말을 술술 잘하였다.

부적 연습을 적용할 수 있는 다른 예는 얼굴이 빨개지는 '적색 공포증'이다. 이런 내담자들은 길을 걸을 때에도 고개를 숙이고 걷고, 남과 말할 때에도 눈을 마주치지 못한다. 남이 조금만 의식되면 금세 얼굴이 빨개진다. 예를 들어, 이들은 버스 요금을 낼 때 버스 안에 있는 승객들 중 그 누구도 자신을 쳐다보는 사람이 없건만 모든 승객이 자신을 쳐다본다는 생각에 얼굴이 빨개진다. 적색 공포증 내담자를 상담하는 경우에는 그에게 거울을 보면서 남이 의식되는 상황을 상상하도록 해서 얼굴을 최대한 빨갛게 달아오르도록 연습을 시킨다. 막상 일부러 얼굴을 빨갛게 달아오르게 하려고 노력하면 오히려 얼굴이 빨개지지 않는다.

또 다른 예로, 많은 사람 앞에서 발표를 해야 하는 상황에서 얼굴이 빨개지고 식은땀이 나고 목소리가 떨려서 발표에 어려움을 겪는 무대 공포증 내담자에게 부적 연습을 적용할 수 있다. 이러한 내담자에게는 발표 장면을 떠올린 후 최대한 얼굴이 빨개지고, 목소리가 떨리도록 일부러 노력하게 하면 오히려 떨지 않고 발표를 잘할 수 있다. 남 앞에서 떠는 이유는 자신이 떨고 있는 모습을 감추려고 하기 때문이다. 차라리 이런 자신의 모습을 인정하면 마음이 편안해져서 결과적으로 발표를 더 잘할 수 있다. 하지만 연습이 행동을 확고하게 하는 면도 있기 때문에 부적 연습을 통해 문제 증상이 더 악화될 수 있으므로 이 기법은 적절히 적용해야만 한다.

② 심적포화

'심적포화(satiation)'란 정적 강화자극이라도 그 자극을 너무 많이 받으면 그 자극의 가치가 줄어든다는 원리에 입각한 방법이다. 예를 들면, 애연가에게 담배를 끊게 하기 위해 혀가 쓰릴 정도로 담배를 많이 피우게 하는 것이다. 또 다른 예로, 알코올중독자에게 의식을 잃어서 못 견딜 만큼 술을 많이 마시게 한다거나, 그가 하고 싶은 일을 할 수 없을 정도로 자주 술을 마시게 하는 방법이다. 하지만 이 기법은 잘못하면 건강을 해칠 수도 있기 때문에 상담자가 적절히 활용할 필요가 있다.

(5) 심상과 관련된 기법

심상과 관련된 기법에는 사고 중지, 체계적 둔감법, 정서적 상상법, 내파법, 자극홍수법 등이 있다.

① 사고 중지

'사고 중지(thought stopping)'는 자신이 원하지 않는 생각이 반복해서 떠올라 자신을 괴롭힐 때, 그러한 생각을 억제하기 위해 사용하는 기법이다. 원하지 않는데 자꾸 떠오르는 생각을 '강박적 사고'라고 한다. 대표적인 강박적 사고에는 불길한 일이 일어날 것 같은 생각(예: 나는 교통사고를 당해서 죽을지 모른다)이나 충동적으로 아주 끔찍한 일을 저지를 것 같은 생각(예: 나는 내 자녀를 죽일지도 모른다) 등이 있다. 사고 중지법은 다음과 같은 세 단계로 이루어진다.

첫째, 상담자는 내담자에게 강박적인 사고를 하도록 요구하고, 내담자는 그 사고가 떠오르면 손가락으로 신호를 하도록 약속한다. 신호를 보자마자 상담자는 아무런 예고도 없이 갑자기 큰소리로 "그만!"이라고 소리치면서 책상을 힘껏 내리친다. 이렇게 하면 대부분의 내담자는 깜짝 놀라서 조금 전까지 머릿속에 떠올랐던 강박적인 사고가 사라진다. 그러고 나서는 사전에 약속된 긍정적이고 즐거운 생각이나 활동을 하도록 한다.

둘째, 상담자와 같이 하는 것이 어느 정도 숙달되면, 내담자 스스로 강박적인 생각을 떠올리고 자신에게 "그만!"이라고 큰소리로 외치면서 책상을 힘껏 치도록 한다. 그러고 나서 내담자가 긍정적이고 즐거운 생각을 하도록 한다.

셋째, 내담자가 강박적인 생각을 떠올린 후 큰소리로 "그만!"이라고 외치고 책상을 치는 대신 마음속으로 "그만!"이라고 외친 다음 긍정적인 생각이나 활동을 하도록 한다.

사고 중지법을 사용해서 상담한 필자의 상담 사례를 소개한다.

필자는 한 남자 대학생을 상담한 적이 있다. 이 내담자는 귀에서 윙윙거리는 소리가 들리는 '이명 현상'으로 힘들어 하였으며, 자신이 누군가를 해칠지도 모른다는 강박적인 생각이 떠올라 괴로워하였다. 필자는 먼저 이 내담자에게 이명 현상과 강박적 사고를 떠올리게 하고, 사고 중지법을 세 단계로 적용하여 치료에 성공하였다.

② 체계적 둔감법

'체계적 둔감법(systematic desensitization)'은 근육의 긴장을 풀어 주고 이완시켜 불안이나 공포를 느끼는 상황에서 불안과 공포를 단계적으로 줄여 나가는 방법이다. 이 기법은 다음과 같은 원리에 따라 사용된다. 우리 몸에 있는 신경계 중 자율신경계에는 교감신경계와 부교감신경계가 있다. 교감신경계는 사람이 놀랄 때 동공이 확장되거나 심장 박동이 빨라지는 등 우리 몸의 에너지를 사용하는 역할을 하는 반면, 부교감신경계는 위와 장 등의 소화기관을 활성화시켜 에너지를 만드는 역할을 한다. 근육이 이완되면 부교감신경계의 작용이 활발해진다. 그런데 교감신경계와 부교감신경계는 서로 양립할 수 없기 때문에 교감신경계가 활성화되면 부교감신경계는 활성화되지 않는다. 따라서 근육이 이완된 상태에서는 심리적 불안이나 공포가 일어나지 않는다는 것이다.

체계적 둔감법을 실시하는 순서는 다음과 같다.

첫째, 근육이완훈련을 시킨다. 이 훈련은 우리 몸의 모든 근육을 풀어 주는 훈련으로 특정 부위의 근육을 최대한으로 긴장시켰다가 한순간에 긴장을 푸는 방법을 주로 사용한다. 예를 들면, 오른손을 앞으로 뻗은 다음 있는 힘을 다해 다섯 손가락을 말아 쥐게 하고 한순간에 손가락과 팔에 힘을 빼서 무릎 위에 물건을 던지듯이 떨어뜨리도록 하는 것이다. 내담자가 자유자재로 근육의 긴장을 이완시킬 수 있을 때까지 이완 훈련을 반복한다.

둘째, 불안위계목록을 작성한다. 내담자가 불안이나 공포를 느끼는 장면 열 가지 정도를 생각하도록 한 다음, 불안이나 공포를 느끼는 정도에 따라 위계적으로 목록을 만든다.

셋째, 불안위계목록에 따라 근육이완훈련을 한다. 근육이완훈련을 실시하여 모든 근육이 이완된 상태에서 불안을 일으키는 장면을 상상하는 것이다. 이와 같은 장면을 상상하게 할 때는 훈련이 필요하다. 예를 들어, 서울 도심에 내담자가 있다는 상상을 하도록 한 다음, 주변의 차 소리와 사람들의 소리를 느끼도록 하는 것이다. 처음에는 불안이 가장 낮은 장면에서부터 시작하여 불안이 가장 높은 장면까지 단계적으로 실시하는데, 이러한 훈련을 불안이 느껴지지 않을 때까지 반복한다. 필자의 상담 사례를 소개한다.

필자는 체계적 둔감법을 활용하여 대인공포증 내담자를 치료한 적이 있다. 먼저 근육이완훈련 방법을 가르친 다음, 열 단계의 불안위계목록을 작성하도록 하였다. 가장 낮은 단계는 가족들과 식사할 때였고, 가장 높은 단계는 많은 사람들 앞에서 발표할 때였다. 불안위계목록의 가장 하위 단계에 있는 장면을 상상하도록 한 다음 근육이완훈련을 시켜서 더 이상 불안이 느껴지지 않으면 다음 단계로 넘어갔다. 이때 중요한 것은 불안 유발 장면에 대해 상세한 시나리오를 작성하고, 불안 장면을 생생하게 상상하도록 하는 것이다. 청중 앞에서 연설하는 모습을 상상하는 장면에서 내담자가 원고를 들고 청중이 모여 있는 강당의 단상 앞으로 한 걸음 한 걸음 걸어 나온다고 말해 주며 근육이완훈련을 실시하였다. 청중이 웅성거리는 소리를 녹음해서 틀어 주었더니 내담자의 얼굴이 새빨개졌다. 이때 이와 같은 체계적 둔감법을 활용하여 결국 이 내담자의 대인공포증을 성공적으로 치료할 수 있었다.

③ 정서적 상상법

'정서적 상상법(emotive imagery)'은 내담자에게 실제 장면이나 행동에 대한 느낌을 마음속으로 생생하게 상상해 보도록 하는 방법을 말한다. 정서적 상상법은 체계적 둔감법에서 나온 것으로 내담자의 불안이나 공포를 제거하는 데 효과가 있는 것으로 밝혀졌다. 정서적 상상법은 체계적 둔감법처럼 근육이완훈련을 실시하지 않는다. 대신 주어진 장면에서 공포나 불안을 차단하기 위해 자기주장이나 긍지, 애정, 기쁨 그리고 행복과 같은 긍정적인 느낌이 일어날 수 있도록 여러 가지를 상상하는 것이다. 즉, 이 기법에서 내담자는 실생활의 공포나 불안 유발 상황에 대처하기 위한 준비로, 그리고 공포나 불안을 야기하는 느낌을 차단하기 위한 방법으로 안전하고, 긍정적이며, 유쾌한 내용을 상상하는 데 관심을 기울인다.

정서적 상상법은 우리의 신경계 중에서 교감신경계와 부교감신경계가 양립할 수 없는 것처럼 공포, 고통 및 불안과 같은 부정적인 감정과 긍정적인 상상이 양립할 수 없다는 원리에 입각한 것이다. 정서적 상상법에는 두 가지 요인이 영향을 주는 것으로 알려져 있다. 하나는 긍정적인 느낌이 근육이완 효과를 나타내며, 불안이나 공포를 감소시킨다는 것이다. 다른 하나는 상상하는 것 자체가 실제의 불안이나 고통을 줄이는 데 효과가 있다는 것이다.

이 기술을 사용하여 개에 대한 공포가 심해 외출을 못할 정도인 학생을 치료한 사례가 있다. 이 학생의 꿈은 카레이서가 되는 것이었는데, 상담자는 이 학생에게 세계적으로 유명한 카레이스 대회에서 우승하는 장면을 생생하게 상상하도록 하여 개에 대한 두려움을 극복할 수 있었다.

최근에는 녹음 테이프를 이용해 더 생생한 정서적 상상을 하도록 하는 등 다양한 방법이 많이 활용되고 있다. 녹음 테이프를 활용하여 정서적 상상법을 실시한 사람이 그렇지 않은 사람보다 얼음이 들어 있는 물속에 손을 담그고 세 배 이상을 더 참고 견뎠다는 연구 결과도 있다. 그러나 내담자가 상상하는 데 어려움이 있거나 상상하는 것을 꺼린다면 정서적 상상법이 아닌 다른 방법을 사용하는 것이 좋다. 또한 이 기법은 정신병이나 일반화된 불안신경증을 가진 내담자에게 사용하기에는 부적절하다. 이런 내담자들은 이미 현실과의 접촉을 상실했기 때문에 극도의 위협을 느낄 수 있기 때문이다. 군에서 유격과 공수 훈련 등 여러 가지 힘든 훈련을 받아야 하는 장병 중에서 특정 장면이나 대상에 대한 공포가 심한 경우는 긍정적이고 즐거운 상상을 통해 공포나 불안을 제거하여 훈련을 잘 받고 군 생활에 적응을 잘하도록 도와줄 수 있다.

④ 내파법

'내파법(implosive therapy)'이란 상담자가 내담자에게 불안을 느끼는 장면과 관련된 끔찍하고 무시무시한 결과를 아주 생생하게 상상해 보도록 함으로써 실제로는 그런 결과가 일어나지 않는다는 것을 깨닫게 하여 불안을 극복하는 방법을 말한다. 이 기법은 결과에 직접 직면시키기 때문에 '결과 직면 과민성 제거법'이라고도 한다. 이 기법은 근육이완훈련을 하지 않고, 내담자에게 무섭고 위험을 느끼는 장면과 관련된 결과를 반복해서 오랫동안 상상하도록 하는 것이 핵심이다. 예를 들어, 뱀을 무서워하는 내담자가 있을 때 상담자는 내담자에게 "뱀이 당신의 몸통을 감고, 얼굴을 물어뜯고, 피를 빨아먹고, 살점이 뜯겨 나가서 피가 흐르고 있는 것을 당신의 두 눈으로 똑바로 보아라."라고 말한다. 이처럼 무서운 결과가 나타날 것이라고 생각되는 장면을 여러 번 반복해서 상상해 보도록 하면, 아무리 상상해도 무시무시한 결과가 실제로 일어나지 않으므로 결국 불안이 없어진다. 내파법을 사용해서 상담한 필자의 상담 사례를 소개하고자 한다.

> 필자는 심한 대인공포증 때문에 외출을 못하는 내담자를 상담한 적이 있다. 이 내담자는 집 밖으로 나가면 처음 보는 사람들이 자신을 폭행하고 귀중품을 빼앗을지 모른다는 두려움 때문에 외출을 하지 못했다. 필자는 내파법을 활용하여 백화점에 가서 쇼핑을 하는 장면을 상상하게 한 다음, 자신 곁에서 쇼핑을 하던 한 남자가 자신의 얼굴을 주먹으로 치고, 발로 걷어차고 나서 지갑을 빼앗는 장면을 여러 번 반복해서 생생하게 떠올리도록 했다. 내담자가 이와 같은 장면을 떠올릴 때 처음에는 얼굴에 두려운 표정이 가득하고 상기되면서 식은땀을 흘렸으나, 반복해서 이 장면을 떠올려도 자신에게 아무 일도 일어나지 않는다는 것을 깨닫게 되었다. 심지어 실제로 일어나지도 않은 일로 두려워하며 떨고 있

는 자신이 우스꽝스럽다는 말까지 하였다. 결국 반복해서 이와 같은 끔찍한 장면을 떠올
려도 더 이상 두려움을 느끼지 않게 되었고 나중에는 혼자서 외출을 할 수 있게 되었다.

⑤ 자극 홍수법

'자극 홍수법(flooding)'은 내담자가 불안을 느끼는 장면에 불안을 일
으킬 수 있는 요소들을 추가로 덧붙여서 상상하게 하거나, 실제 상황에
서 이들 장면을 반복해서 경험하게 하는 것이다. 이렇게 해도 예상했던
결과가 실제로 일어나지 않는다는 것을 경험하게 하여 불안을 제거하는
것이다. 이 기법은 '직면 과민성 제거법'이라고도 한다. 예를 들어, 공중
화장실에서 소변 보는 것에 대해 극심한 공포증이 있는 내담자를 공중
화장실로 데리고 가서 소변을 볼 때까지 기다린다. 처음에는 소변을 보
기까지 한 시간이나 걸렸지만 열 번째는 들어간 지 1분도 안 돼서 성공
한다. 이러한 기법이 성공할 수 있었던 것은 공중 화장실에 가도 예상했던 것처럼 두려운 결
과가 나타나지 않는다는 사실을 경험했기 때문이다. 내파법과 자극 홍수법의 차이점은 내담
자가 상상하는 장면의 형태에 있다. 내파법은 무섭고 혐오적인 결과를 상상하게 하지만, 자
극 홍수법은 두려움을 일으키는 자극을 무시무시한 결과와 관련짓지 않고 오랫동안 상상하
게 한다는 점이다.

(6) 인지와 관련된 기법

인지와 관련된 상담기법에는 모델링, 자기효능치료, 자기강화 등이 있다.

① 모델링

'모델링(modeling)'이란 어떤 특정한 사람의 행동이나 말 등을 그대로 따라하는 것을 의미
한다. 바람직한 행동을 따라하는 것은 문제가 되지 않지만, 바람직하지 않은 행동을 그대로
하는 것이 습관화되면 문제행동으로 이어질 수 있다. 사람들은 일상생활에서 많은 모델링을
경험한다. 예를 들면, 10대 청소년이 연예인을 모방하여 특정 연예인과 같은 머리를 하거나
옷을 입을 수 있다. 이러한 모델링은 세 가지 효과가 있다.

첫째, 새로운 반응이나 기술 그리고 그것을 수행하는 방법 등을 획득할 수 있다. 예를 들면, 배드민턴 레슨 동영상을 보고 운동 기술을 습득하게 된다.

둘째, 공포나 불안이 줄어들 수 있다. 예를 들면, 물리지 않고 뱀을 만지는 사람을 보고 뱀에 대한 두려움이 감소한다.

셋째, 학습된 반응이 촉진될 수 있다. 예를 들어, 초등학교에 다니는 아동이 부모가 운동을 하는 모습을 보고 전보다 운동을 더 자주 하게 된다.

모델링은 세 단계로 이루어진다.

첫째, '동조'로서, 단순히 타인의 행동과 똑같은 행동을 하는 것이다. 예를 들면, 모델이 박수를 치면 같이 박수를 치는 것이다.

둘째, '관찰 학습'으로, 모델이 행동하는 것을 관찰한 후에 그것을 비슷하게 재생하는 것이다. 예를 들면, 휘트니스 클럽에서 옆 사람이 운동기구를 사용하는 모습을 보고 따라하는 것이다.

셋째, '비제지'로서, 타인이 처벌을 받지 않고도 위협적인 행동을 하는 것을 본 후, 그 행동을 시도해 보는 것이다. 예를 들면, 시범 조교가 비행기에서 낙하해도 다치지 않는 것을 보여 준 후 직접 낙하를 하도록 하는 것이다.

이러한 모델링은 단순히 모델의 행동을 보고 따라하는 차원을 넘어 새로운 행동도 창조해낸다. 예를 들면, 한 아동이 모델의 행동을 보고 인형에게 과자를 나누어 주는 것을 배웠다면, 그 아동은 친구들과 장난감을 나누어 갖는 행동이나 엄마의 집안일을 도와서 물건을 정리하는 행동도 할 수 있다(이훈구 역, 1998, p. 177). 이처럼 모델링을 통한 학습은 인간의 학습에 많은 부분을 차지하고 있다.

② 자기효능치료

'자기효능치료(self-efficacy therapy)'란 자기 자신을 유능하며 세상을 통제할 수 있는 존재로 지각하도록 하여 불안 증상을 치료하는 것이다. 이러한 자기효능치료는 여러 연구를 통해 긍정적인 효과가 있는 것으로 밝혀졌다. 자기효능치료는 실행 경험과 대리 경험을 하도록 할 뿐만 아니라 설득 정보와 생리적 정보 등을 제공하는 방법을 통해 이루어진다. 예를 들어, 심장마비 환자에게 실행 경험으로 러닝머신 달리기를 하도록 하고, 대리 경험으로 능동적인 삶을 다시 시작한 과거의 심장병 환자와 이야기하도록 한다. 설득 정보 제공으로 물리치료사가 사실적 정보를 제공하고 환자의 일반적 활동을 격려하며, 생리적 정보 제공으로 피로와 스트레스를 심장마비 증상과 구별하는 방법을 알려 주는 것이다.

③ 자기강화

'자기강화(self-reinforcement)'는 행위자 자신이 자신의 행위에 대하여 강화 인자[1]를 제공하는 방법이다. 예를 들어, 아버지가 자녀에게 과자를 주고(S), 흘리지 않고 먹을 때(R) "착하다."라고 강화(SR+)하면, 자녀는 "나는 착한 아이다."라고 자기만족을 하는 자기강화(SR++)가 일어난다. 이런 일이 반복되면 나중에는 착하다는 강화(SR+)가 있기 전에 "착하다."를 예상할 수 있게 된다. 즉, 과자를 먹는 상황에서 먹는 행동(R)을 하기 전에 자기강화의 기대와 예상이 일어나 과자를 흘리지 않고 먹게 되는 것이다.

필자는 중학교 때 공부를 하면서 자기강화 기법을 적용하여 공부를 열심히 한 적이 있다.

> 필자가 태어날 즈음 집안이 경제적으로 매우 어려웠다. 어린 시절을 회상하면 늘 배가 고팠던 기억이 떠오르며, 맛있는 음식을 마음껏 먹어보는 것이 가장 큰 소원이었다. 그래서 그런지 지금도 식탐이 있다. 필자는 학교에서 점심 식사를 할 때 반찬을 남길 때가 종종 있다. 욕심 때문에 먹지 않을 것 같은 반찬도 식판에 담아서 결국 반찬을 버리면서 후회를 하곤 한다. 또한 승부욕이 강해서 남에게 지는 것도 아주 싫어한다. 초등학교를 졸업하고 중학교에 입학하면서 처음으로 교복을 입게 되었다. 그 당시 기분이 말 할 수 없을 만큼 좋았고, 의욕이 넘쳤으며, 공부를 잘해 보고 싶은 생각으로 가득 찼다. 고민 끝에 일주일 단위로 공부 계획표를 짜고, 계획대로 공부를 한 경우에는 주말에 한 식당에 가서 평소에 모아 둔 용돈으로 먹고 싶은 음식을 사먹기로 하였다. 반면에 계획을 지키지 못했을 경우에는 토요일 저녁을 굶기로 하였다. 계획대로 공부를 했던 주말 어느 날, 식당에 가서 한정식을 시켰는데 반찬이 서른 가지가 넘고 찌개가 세 가지나 되는 밥상을 받고 천하를 얻은 듯이 기뻤던 적이 있다. 하지만 제대로 공부를 못한 주말에는 한 끼를 굶었는데, 바빠서 식사를 거를 때와는 다르게 배고픔을 참기가 힘들었던 기억이 난다. 이렇게 스스로에게 강화와 벌을 적용하여 중학교 때는 열심히 공부를 했다.

----
1) 한 행동에 뒤따르는 사건으로써 그 행동의 발생을 증가시키는 사건을 뜻하며, 일종의 강화물이나 보상을 일컫는다.

제4절 이론의 평가

1. 공헌점

첫째, 행동수정은 인간본성에 대한 객관적인 이해를 제공하였다. 이 이론은 행동을 통한 인간의 이해를 강조했는데, 행동의 특징은 관찰과 측정이 가능하다는 것이다. 따라서 행동수정은 수량화라는 객관적인 방법으로 인간을 이해하도록 돕는 데 기여하였다.

둘째, 행동수정은 심리학의 연구에 과학적인 방법론의 토대를 제공하였다. 행동수정이론가들은 통제된 실험실에서 동물을 대상으로 한 과학적인 연구를 통해 인간의 행동이 어떻게 학습되는지에 대한 과정을 밝혀 심리학이 과학적으로 인정받는 데 기여하였다.

셋째, 행동수정은 강화와 벌을 사용하여 행동을 변화시키는 것을 목적으로 하기 때문에 즉각적이고 가시적인 상담 효과가 있다. 또한 내담자의 행동을 변화시키기 위한 구체적이고 다양한 상담기법을 제시하였으며, 특히 불안, 공포행동, 대인관계 문제, 약물 복용 등과 같은 문제에 효과적이다.

넷째, 행동수정은 상담의 효과를 객관적으로 평가할 수 있다. 이 이론은 수량화가 가능한 구체적인 행동을 상담 목표로 설정하기 때문에 이 이론에 근거한 상담기법이 문제행동의 치료에 효과가 있는지에 대한 객관적인 평가가 가능하다.

다섯째, 행동수정은 행동에 초점을 둔 이론으로, 20세기 초에 시작되어 심리학의 제2세력으로 불리울 만큼 심리학 분야에 커다란 영향력을 행사하였다. 또한 행동수정은 정신분석, 인간중심 그리고 인지치료와 함께 대표적인 네 가지 상담이론 중 하나로 인정받고 있다.

2. 한계점

첫째, 행동수정은 일반화에 한계가 있다. 이 이론의 기본원리는 학습이론인데, 학습이론은 실험실에서 동물을 대상으로 이루어진 연구에 근거한다. 그리고 실험실 상황에서 나타나는 현상을 인간의 행동 과정에 적용한다. 하지만 동물과 인간은 다르며, 실험실 상황과 인간이 살아가는 현실은 다르기 때문에 동물을 대상으로 실험실에서 이루어진 연구 결과를 인간의 현실에 일반화하는 것은 한계가 있다.

둘째, 행동수정은 행동의 변화를 강조하기 때문에 상담과정에서 내담자의 인지와 정서적 측면을 경시하였다. 그는 눈에 보이지 않는 인간 내면의 정신 과정에 관심을 갖지 않았으며, 오로지 겉으로 나타나는 행동에 관심을 두었기 때문에 인간을 사고와 감정 그리고 행동 등의 다양한 측면에서 전체적이고 심층적으로 이해하는 데 한계가 있다.

셋째, 행동수정은 인간의 존엄성과 가치를 경시하고 있다. 이 이론은 적절한 강화와 처벌을 사용하여 인간으로 하여금 어떤 종류의 행동도 하도록 만들 수 있다고 함으로써 인간을 기계적인 존재로 보고 있다. 즉, 인간을 자유의지를 가지고 스스로 선택하여 결정하는 자율적인 존재이기보다는 환경의 지배를 받는 수동적인 존재로 봄으로써 인간의 자기실현을 돕는 데 적합하지 않다는 것이다.

넷째, 행동수정에 근거한 상담기법으로는 근본적인 문제해결에 한계가 있다. 이 이론은 내담자가 현재 보이는 문제행동에만 초점을 두고 있으며, 그와 같은 현재 문제행동에 영향을 미친 과거의 내력을 경시하고 있다. 즉, 일시적으로 사라진 행동은 다른 형태로 다시 나타날 수 있기 때문에 행동의 변화만으로는 내담자의 문제를 근본적으로 해결하기에 한계가 있다.

3. 파블로프 이론과 스키너 이론의 비교

파블로프의 고전적 조건형성이론과 스키너의 조작적 조건형성이론을 비교하면 〈표 3-3〉과 같다.

〈표 3-3〉 파블로프 이론과 스키너 이론의 비교

구 분	고전적 조건형성이론	조작적 조건형성이론
원 리	무조건자극과 조건자극의 연합	조작행동에 뒤따르는 강화
반 응	피험동물은 수동적 역할, 자극을 실험자가 제시	피험 동물이 능동적인 역할, 피험 동물이 환경을 변화시키는 조작행동
순 서	자극을 먼저 제시한 후 반응 발생	반응이 먼저 발생한 후 자극 제공
유 지	연합의 빈도	강화의 크기

첫째, 학습이 이루어지는 원리의 측면에서, 고전적 조건형성이론에서는 연합에 의해 학습이 이루어진다고 보고 있다. 즉, 무조건자극인 음식물과 조건자극인 불빛이 짝지어졌을

때 학습이 이루어진다는 것이다. 이와는 다르게 조작적 조건형성이론에서는 강화에 의해 학습이 이루어진다고 보고 있다. 즉, 환경을 변화시키는 어떤 행동 뒤에 강화가 따를 때 학습이 이루어진다는 것이다.

둘째, 피험 동물의 역할을 살펴보면, 파블로프의 이론에서 피험 동물은 수동적인 역할을 한다. 즉, 피험 동물의 의사와 상관없이 실험자가 임의로 자극을 제시하기 때문에 파블로프의 이론을 고전적 조건형성이라고 한다. 반면에 스키너의 이론에서 피험 동물은 능동적인 역할을 한다. 즉, 피험 동물이 지렛대를 누르는 것과 같이 환경을 능동적으로 변화시키는 행동을 할 때 강화물이 주어지기 때문에 스키너의 이론을 조작적 조건형성이라고 한다.

셋째, 자극과 반응의 순서를 살펴보면, 고전적 조건형성에서는 자극이 먼저 제시된 후에 반응인 행동이 나타난다. 즉, 무조건자극인 음식물이나 조건자극인 불빛이 제시된 다음 무조건 반응이나 조건 반응인 타액이 분비된다. 이와는 대조적으로 조작적 조건형성에서는 반응이 먼저 나타난 뒤에 자극이 제공된다. 즉, 지렛대를 누르는 행동인 반응 다음에 강화물인 자극이 보상으로 주어진다.

넷째, 행동을 유지시키는 기제를 고전적 조건형성에서는 연합의 빈도로 보고 있다. 즉, 무조건자극인 음식물과 조건자극인 불빛이 함께 얼마나 자주 제시되는가에 따라 행동의 유지가 결정된다는 것이다. 이와는 달리 조작적 조건형성에서는 강화의 크기를 행동 유지의 기제로 간주하고 있다. 즉, 강화가 얼마나 많이 주어지는지가 행동의 유지를 좌우한다는 것이다.

요약

1. 행동수정의 출현 배경은 19세기 후반의 경험과 객관적인 증거와 감각을 통한 지각을 강조하는 경험론과 20세기 초중반 미국에서 가장 영향력이 있었던 철학사조인 실용주의다.

2. 행동수정의 근간이 되는 이론은 파블로프의 고전적 조건형성, 손다이크의 시행착오학습, 왓슨의 행동주의, 스키너의 조작적 조건형성, 헐의 학습이론, 달라드와 밀러의 정신분석학적 관점, 월피의 상호제지, 반두라의 사회인지이론 등이다.

3. 행동수정의 가장 대표적인 이론가인 스키너의 인간관은 낙관과 비관의 중립론, 환경론, 결정론, 요소론 그리고 객관론적 관점이다.

4. 행동수정에서는 인간의 성격을 중요시하지 않았기 때문에 성격이 무엇이며, 어떻게 발달하는지에 대하여 구체적으로 제시하지 않고 있다.

5. 부적응은 바람직하지 않은 행동에 대하여 부적절하게 강화를 주거나 강화와 벌이 충분히 제공되지 않거나 혹은 단서에 대한 변별을 실패할 때 발생한다.

6. 상담 목표는 잘못 학습되었거나 현재 생활에 바람직하지 못한 영향을 미치는 행동을 찾아 소거하고, 효과적이고 바람직한 행동을 새롭게 학습하도록 도와주는 것이다.

7. 상담 과정은 상담관계의 형성, 문제행동 규명 및 현재 상태의 파악, 상담 목표의 설정, 상담 기술의 적용, 상담 결과의 평가 등으로 이루어진다.

8. 상담 방법에는 강화와 관련된 기법(토큰 시스템, 프리맥의 원리), 처벌과 관련된 기법(혐오치료, 소거, 타임아웃), 연습과 관련된 기법(근육이완훈련, 행동 조성, 역할 연기), 만끽과 관련된 기법(부적 연습, 심적 포화), 심상과 관련된 기법(사고 중지, 체계적 둔감법, 정서적 상상법, 내파법, 자극 홍수법), 인지와 관련된 기법(모델링, 자기효능치료, 자기강화) 등이 있다.

9. 공헌점은 인간에 대한 객관적인 이해를 통해 심리학 분야에 커다란 영향력을 행사하였으며, 즉각적이고 가시적인 상담효과가 있으며, 상담 효과를 객관적으로 평가할 수 있다는 점이다.

10. 한계점은 동물에 대한 연구를 인간에게 적용하여 일반화의 문제가 있으며, 인간의 인지와 정서를 경시하였고, 인간을 자극에 반응하는 기계적인 존재로 보아 존엄성을 무시하였으며, 인간의 현재 행동에 초점을 두어 과거의 원인을 간과한 점 등이다.

제4장

인간중심상담

제1절 개관

1940년 초에 칼 로저스(Carl Ransom Rogers, 1902~1987)는 인간중심 상담을 창시하였다. 로저스는 초기에는 자신의 이론을 비지시적 상담 이라고 명명하였으나, 1951년에는 내담자 중심으로 바꿨다가, 1974년 에는 인간중심이라고 불렀다. 이와 같이 이론의 명칭이 바뀐 것은 로저 스의 독특한 인간관에 기초한다. 그는 인간의 무한한 잠재 능력과 가능 성을 믿었으며, 인간 스스로 자신의 문제를 해결할 수 있는 능력이 있 다고 보았다. 그는 치료자들이 내담자에 대한 믿음에 기초하여 치료할 것을 강조하여 자신의 이론을 내담자중심이라고 하였으며, 후에 자신

칼 랜섬 로저스

의 이론이 치료 장면에서뿐만 아니라 인간 전반에 대한 이해로 확대하여 적용되기를 바랐기 때문에 인간중심이라고 하였다.

인간에 대한 믿음은 어떤 이론을 선호하더라도 치료자가 가져야 할 기본적인 자세다. 따

라서 이 이론은 단순히 여러 이론 중의 하나가 아니라, 치료자가 지녀야 할 기본적인 철학과 태도를 제공하고 있다(이장호 등, 2004, pp. 67-68). 20년 넘게 심리학을 가르치고 상담을 해 온 필자도 가장 선호하는 이론을 꼽으라면 인간중심상담이다. 가장 많은 치료자들이 인간 중심상담의 틀에 기초하여 치료를 하고 있다.

인간중심상담은 각 개인이 지각하는 현실인 주관적 현실의 중요성을 강조하였기 때문에 현상학적 접근 대표적 이론으로 손꼽히기도 한다. 한 개인의 현상적 장에서 일어나는 모든 경험을 다른 사람들은 알 수 없으며, 그저 추론을 통하여 이해할 수밖에 없기 때문에 각 개인 의 행동은 그 사람의 주관적인 현실 속에서 이해할 때에야 비로소 설명될 수 있다고 보았다.

인간중심상담은 인본주의에 입각하여 각 개인은 세상에 하나밖에 없는 유일한 존재이기 때문에 평가되기보다는 존중되어야 한다는 것을 강조한다. 그리고 인간을 목적 지향적이 며, 합리적이고 바람직한 방향으로 지속적으로 성장해 나가는 미래지향적인 존재로 보고 있다. 따라서 선천적으로 타고나는 잠재력을 발휘할 수 있는 조건만 적절히 갖추어지면 인 간은 성장할 수 있다고 보기 때문에 상담자는 상담 장면에서 조력자 역할을 할 것을 강조한 다. 상담자와 내담자의 관계 형성을 중시하며, 특정한 상담기법을 제시하지 않은 것이 또 하 나의 특징이다.

1. 이론의 출현 배경

로저스의 인간중심상담이 출범하던 시기는 두 가지 이론, 즉 유럽에서 시작되어 미국에 서 주류를 이루던 정신분석과 심리학을 과학의 영역으로 끌어올린 행동주의가 심리학계의 주류를 이룬 시기라고 볼 수 있다. 인간중심상담은 인간이 성본능의 지배를 받는다고 보는 정신분석 입장과 인간을 자극에 대해 수동적으로 반응하는 존재로 보는 행동주의 입장에 대 한 반작용으로 출현하였다. 현상학적 관점에 바탕을 둔 로저스의 이론은 인간의 주관성을 중시하였는데, 이러한 주관성으로 인해 인간은 이 세상에 단 하나밖에 없는 긍정적인 존재 라고 본 것이다.

한편, 로저스가 활동하던 시기는 전 세계가 세계대전을 두 번이나 겪는 혼란을 경험한 직 후였다. 인간의 생명보다 국가 간의 이념과 권력이 우선시되어 일어났던 전쟁은 수많은 사 람의 죽음과 세계 여러 나라가 황폐해지는 상황을 초래하였다. 이러한 상황으로 인하여 인 간성 상실에 대한 자성의 목소리가 높아졌고, 진정한 인간의 본질에 대하여 생각하는 사상이 확산되었다. 인간 그 자체를 중요시하는 로저스 이론의 출현은 이러한 시대 상황을 반영하고 있다고 볼 수 있다.

2. 인간중심상담에 영향을 미친 이론

1) 후설의 현상학

후설(Edmund Husserl, 1859~1938)은 눈에 보이는 객관적 세계보다는 개인이 그것을 어떻게 받아들이는가의 주관적 세계가 행동의 원천이라고 본다. 그는 인간이 경험한 주관적 세계를 현상학적 장(phenomenal field)이라고 하였다. 그는 인간이 직접 경험한 세계를 존중하며, 그 세계에 대한 이해를 통해 개인의 행동을 결정짓는 내적 준거의 틀을 찾고자 하였다. 이러한 후설의 현상학적 관점의 영향을 받아서 로저스는 치료자가 내담자의 주관적 현실을 이해하는 것이 중요하며, 이를 위해서는 치료자도 내담자가 세상을 보는 시각으로 같이 보아야 하며, 치료자가 내담자의 입장에 서게 될 때에야 비로소 내담자를 공감할 수 있다고 하였다.

2) 랭크의 의지치료

오토 랭크(Otto Rank, 1884~1939)는 프로이트의 정신분석을 비판하고 자신의 이론을 새롭게 정립한 신정신분석학자다. 그는 치료에 영향을 미치는 세 가지 요인으로 내담자와 치료자, 그리고 내담자와 치료자의 관계를 제시하였다. 그는 내담자를 건강한 사람이 되려는 의지를 가지고 있는 존재로 보았으며, 치료자가 내담자를 이해하고 수용하는 과정을 통해 치료자와 내담자 사이에 믿을 수 있는 관계가 형성된다고 하였다. 이러한 관계를 기초로 내담자는 스스로 자신의 문제를 해결하게 되어 건강한 사람이 된다는 것이다. 탭트(Jessie Taft, 1882~1960)는 이러한 랭크의 견해를 미국에 가져와서 치료자와 내담자의 관계를 강조하였다. 그는 치료자가 내담자의 문제에 대해 부여하는 어떤 지적인 해석보다도 중요한 것은 두 사람의 관계라고 믿었으며, 이러한 그의 관점은 치료 장면이 허용적인 분위기가 되는 데 기여하였다. 랭크의 의지치료의 영향을 받아 로저스는 치료자와 내담자의 관계를 중시했으며, 내담자는 스스로 자신의 문제를 해결하고자 하는 의지가 있을 뿐만 아니라 문제를 해결할 수 있는 능력이 있기 때문에 치료자는 내담자를 돕는 촉진자의 역할을 해야 한다고 주장하였다.

3) 듀이의 아동중심 교육사상

존 듀이

듀이(John Dewey, 1859~1952)는 아동중심 교육사상가로서 아동이 어른의 축소판이 아니며, 아동은 고유한 특성을 가진 인격적인 존재라고 주장하였다. 따라서 교사는 학습 장면에서 아동 스스로 탐구할 수 있도록 자율성을 존중해 줌으로써 학습에서의 주체가 교사가 아니라 아동이 되도록 해야 한다는 것이다. 이러한 듀이의 교육 사상의 영향을 받아서 로저스는 치료 장면에서의 주체는 치료자가 아니라 내담자가 되어야 한다는 내담자 중심 상담을 주장하게 된 것으로 여겨진다.

4) 형태주의 심리학

형태(形態)란 독일어로 게슈탈트(gestalt)인데, 이는 하나의 의미 있는 전체를 뜻한다. 형태주의 심리학에서는 인간의 행동을 전체적인 측면에서 이해해야 한다고 주장한다. 예를 들면, 엄마가 그릇에 남은 음식물을 버리고, 세제를 사용해 그릇을 닦고, 다시 물로 헹구는 일련의 행동을 보고서 아이는 '엄마가 설거지를 하는구나!' 라고 알아차린다. 즉, 아이는 엄마의 행위를 분리하지 않고 하나의 의미 있는 전체로 지각할 때 '설거지'라는 게슈탈트를 형성한다는 것이다. 이는 로저스의 전체론적인 인간관에 영향을 주었다. 로저스 이론의 핵심개념인 '자기'와 '유기체'는 인간을 전체적이고 통합적인 측면에서 이해하는 것이다.

5) 골드슈타인의 유기체이론

유기체(organism)는 생물체라는 용어와 유사한 의미를 지닌 것으로, 생물처럼 물질의 각 부분이 연결되어 하나의 목적을 가지고 움직이는 조직체라고 할 수 있다. 유기체 이론의 가장 대표적인 학자로는 골드슈타인(Kurt Goldstein, 1978~1965)이 있다. 그는 제1차 세계대전 중에 뇌가 손상된 군인들을 연구하여 환자의 어느 특정한 증상은 결코 한 기관 때문이 아

니라 신체 전체의 문제라는 것을 발견하였다. 그는 인간을 살아 있는 생물체로서의 유기체로 간주하였다. 즉, 인간의 정신과 신체는 별개가 아니며, 정신이나 신체도 독립된 기관으로 구성된 것이 아니라는 것이다(이상로 등, 1997, p. 260). 이러한 유기체 이론은 로저스 이론의 '유기체'라는 주요 개념에 영향을 주었다. 로저스는 인간은 유기체로서의

기본 성향, 즉 자기 자신을 유지하고 실현하려는 경향을 가지고 있다고 주장하였다.

3. 로저스의 생애

로저스는 미국 일리노이 주 시카고 교외에 있는 오크파크에서 5남 1녀 중 넷째로 태어났다. 그의 아버지는 건축가이자 청부업자였기 때문에 집안은 부유한 편이었다. 어릴 적 그의 가정은 정통 기독교 집안이었는데, 그는 부모님의 양육 태도를 다음과 같이 회고하였다.

> 다른 사람들의 행동은 우리 집에서는 용납이 안 된다. 많은 사람들이 카드놀이를 하고, 영화를 보러 가며, 담배를 피우고, 춤추고, 술 마시고, 그 밖에 여러 가지 활동을 한다. ……가장 좋은 방법은 그들이 더 잘사는 법을 알지 못한다고 생각하고 이해하는 것이다. 그렇지만 그들과 가까이 지내며 교제한다든지, 그들을 가족 안에 끌어들여서는 안 된다(오제은 역, 2011, p. 48).

이 같은 이유 때문인지 그는 이웃과 교류가 거의 없었으며, 친구도 사귀지 못하였고, 대부분의 시간을 사색과 독서로 보냈다. 또한 부모님과의 관계에 대하여 이렇게 회고하였다.

> "부모님이 나를 사랑한다는 것은 알았지만, 부모님과 내 마음속의 생각이나 느낌을 나누는 일은 전혀 없었다. 얘기를 한다 해도 판단하거나 지적할 것이라고 생각했다. 나의 생각, 환상 그리고 이런저런 감정을 마음속에만 간직해 두었다."(오제은 역, 2011, p. 48).

혼자서 많은 시간을 보냈던 어린 시절을 그는 외로웠다고 표현하며, 또 그 외로움이 상담과 심리치료에 흥미를 가지게 된 직접적인 이유가 되었다고 하였다. 또한 그의 이론에서 주장하는 '가치의 조건화'라는 개념은 어린 시절 부모의 가치를 그대로 자신의 것으로 받아들여 세상을 인식하게 된 로저스 자신의 경험에서 비롯된 개념으로 볼 수 있다.

그는 위스콘신 대학교에서 농업을 전공하고, 교회 활동을 적극적으로 하면서 목사가 되고자 하였다. 그리고 대학 시절 중국의 북경에서 개최된 국제기독학생연합회에 12명의 미국 대표 중 한 사람으로 참석하여, 6개월간 중국에 머물면서 다양한 종교와 문화적 특성을 지닌 외국인들과 만나게 되었다. 이를 계기로 "나는 나 자신의 사고방식대로 생각할 수 있고, 나 자신의 결론에 도달할 수 있으며, 나 자신이 믿는 바에 따라 행동할 수 있다."는 인식을 갖게 되면서 로저스는 부모에게 매여 있던 종교적 연대에서 자유로워지게 되었다. 그는 종교에 대한 내적 혼란을 겪은 후에 스스로의 가치관을 정립하게 되면서 신학을 포기하고 콜롬비아 대학교에서 심리학을 공부하게 되었다. 졸업 후 그는 어린 시절부터 친구이며 대학동창인 헬렌 엘리엇(Hellen Eliot)과 결혼하여 두 딸을 낳았다(이훈구 역, 1998, p. 445). 그는 대학에서 듀이의 제자인 킬패트릭(William Kilpatrick)의 영향을 받아 학습의 자유사상을 갖게 되었다. 또한 아동생활지도연구소에서 정신분석을 지도받고, 사범대학에서는 과학적인 행동주의를 접하게 된다. 1931년 임상심리학으로 박사학위를 취득한 후, 로저스는 로체스터의 아동학대예방협회에서 12년간 있으면서 랭크의 영향을 받았다. 로저스는 콜롬비아 대학교에서 석사(1928)와 박사(1931)학위를 받으면서 이 대학의 아동생활지도연구소에서 실제 내담자를 대상으로 최초로 상담을 하였다. 또한 그는 이곳에서 정신분석학자들의 지도를 받아 정신분석적인 관점을 배웠다. 이와 동시에 콜롬비아 대학교 사범대학에서 손다이크(Edward Thorndike)의 영향을 받아 행동주의 관점을 학습하게 되는데, 이 두 가지 관점을 모두 경험한 로저스는 이들 사이에서 갈등을 하게 되었다. 로저스는 당시 자신은 "완전히 다른 두 세계에서 활동하고 있는 것 같았으며, 양자는 결코 조화를 이룰 수 없는 것으로 느껴졌다."라고 회고하면서, 그러한 갈등 상태에서의 학습이 가장 가치 있는 경험이었다고 술회하였다(Rogers, 1961). 결국 로저스는 정신분석과 행동수정을 융합하고 이를 승화시켜 새로운 상담이론을 주장하게 되었으니 여기에 그의 위대성이 있다.

로저스는 1942년 『상담과 심리치료(Counseling and Psychotherapy: Newer Concepts in Practice)』라는 책에서 당시 지배적이었던 정신분석과 행동수정의 지시적 상담에 반하는 비지시적 상담을 주장하였다. 1951년에는 『내담자 중심치료(Client-Centered Therapy)』를 출판하면서, 제한된 의미를 내포하는 비지시적이라는 용어 대신 '내담자 중심'이라는 용어를 사용하여, 내담자 속에 있는 성장 가능성에 초점을 두고 있다는 사실을 강조하였다. 1974년 이후에는 인간에 내재된 잠재력을 실현시킴으로써 내담자가 기능을 충분히 발휘할 수 있는 인간으로 성장하도록 돕는다는 의미를 고려하여 '내담자 중심'을 '인간 중심'으로 수정하여 사용하였다. 그가 주장하는 치료자가 지녀야 할 세 가지 태도, 즉 진실성, 수용 및 공감은 인간의 다양한 행동에 적용되었다. 로저스는 인생의 후반기에 국가 간의 분쟁을 다루고 세계 평화를 증진하는 일에 힘을 쏟았다. 그는 많은 학술단체의 회장직을 역임했으며, 미국심리학회에서 수여하는 우수과학공로상(1956), 우수공로자상(1972)을 수상하기도 하였다. 1987년 82세의 나이로 세상을 떠날 때까지 그는 여행과 집필을 계속하며 열정적으로 활동하였다(천성문 등, 2013, p. 213).

제2절 주요 개념

1. 인간관

로저스의 인간중심상담에서 인간을 바라보는 관점은 낙관론적, 유전론적, 자유론적, 전체론적 관점이라고 할 수 있다(김완일 등, 2015, pp. 277-278). 그리고 주관론과 객관론적인 측면에서는 주관론적인 입장을 취하고 있다.

1) 낙관론적 인간관

로저스는 자신이 30여 년 동안 상담한 결과 "인간에게는 자신의 내면에 긍정적 방향으로 나아가려는 강한 경향이 있다."(Rogers, 1961, p. 27)는 것을 알게 되었다고 하였다. 즉, 인간은 자기를 실현하고 조절하고 통제하는 능력이 있다는 것이다. 그러므로 적절한 조건만 제공되면 씨앗이 성장하여 열매를 거두는 것처럼 인간은 타고난 잠재력을 건설적으로 발달시킨다고 보았다. 특히 로저스는 인간을 자기실현 경향성을 가지고 태어난 성장 지향적인 존재로 보았기 때문에 그의 인간관은 낙관적이라고 볼 수 있다.

2) 유전론적 인간관

로저스는 인간은 선천적으로 잠재력을 가지고 태어난 존재로 보았으며, 그 잠재력을 '실현 경향성'이라고 하였다. 또한 인간은 경험을 통하여 자기가 형성되면서 자기의 타고난 잠재력을 실현하려는 특성인 '자기실현 경향성'을 가지게 될 뿐만 아니라 타인으로부터 '긍정적 존중'을 받고자 하는 욕구를 선천적으로 가지고 태어난다고 보았다. 로저스의 이러한 개

넘은 인간이 선천적인 기본 동기에 따라 행동하고 있음을 인정하는 것이다. 하지만 로저스의 이론에서는 환경의 영향도 무시할 수는 없다. 왜냐하면 그는 '자기'의 발달에 환경이 중요한 영향을 미친다고 보았기 때문이다. 즉, 인간은 타인으로부터 긍정적 존중을 받기 위해 타인의 조건을 따라가게 되며, 타인으로부터 무조건적 긍정적 존중을 받으면 자기의 발달이 촉진된다고 하였다(이훈구 역, 1998, p. 475). 결국 그는 선천적인 욕구와 후천적인 환경이 모두 성격 형성에 영향을 미친다고 보았지만, 생득적인 측면에 좀 더 비중을 두고 있다.

3) 자유론적 인간관

로저스는 인간의 삶이란 자신이 스스로 통제할 수 없는 어떤 힘에 의해 조종당하는 피동적인 결과가 아니라 각 개인이 자유롭게 능동적으로 선택한 결과라고 보았다. 즉, 모든 인간은 자신의 과거와 현재 생활 상태를 정확히 인식할 수 있기 때문에 자신의 미래를 능동적으로 선택할 수 있다는 것이다. 그는 인간을 선천적으로 타고난 성장 가능성을 실현하는 과정에서 인생 목표와 방향을 스스로 결정하고, 이러한 결정에 따르는 책임을 수용하는 존재로 보고 있기 때문에 자유론적 인간관을 가지고 있다고 여겨진다.

4) 전체론적 인간관

로저스는 인간을 유기체로 보아 유기체의 전체 경험으로 인간 행동을 이해하고 설명하고 있다. 그는 인간의 각 행동을 단편적인 사건으로 분석하기보다는 오히려 전체적으로 기능하는 개인이라는 관점에서 이해하였다. 즉, 인간은 모든 신체 부위가 유기적으로 상호 연결되어 있기 때문에 신체의 한 부위가 아프면 그로 인하여 전체적인 기능에 이상이 온다는 것이다. 또한 인간은 실현 경향성이라는 에너지원을 가지고 있으며, 이것이 전체 유기체를 유지하고 향상시킨다고 보고 있다. 다시 말해, 인간은 유기체와 자기, 객관적 현실과 주관적 현실 그리고 현실적 자기와 이상적 자기의 끊임없는 일치와 통합을 추구하며 이를 통해 전체로 기능하도록 성장해 가는 존재라는 것이다. 따라서 로저스는 전체주의적 인간관을 가지고 있다고 볼 수 있다.

5) 주관론적 인간관

로저스 이론에서 중요한 가정은 주관성이다. 그는 인간은 사적이며 주관적인 세계 속에 살아갈 뿐만 아니라 세계를 주관적으로 지각하며 그에 반응한다고 보았다. 그리고 그 지각체계 중심에는 자신에 대한 지각, 즉 자기 개념이 있다고 하였다. 특히 로저스는 인간 행동의 사적인 경험 세계를 참고하지 않고서는 인간을 이해할 수 없다고 하였다. 또한 객관적인 환경 조건만을 단순히 알아서는 인간행동을 적절히 이해할 수 없고, 항상 개인의 내부를 들여다보고 그 개인의 관점에서 세계를 바라보아야 한다고 하였다(이훈구 역, 1998, p. 476). 이렇게 로저스는 어느 학자보다도 인간의 주관성에 강한 확신을 갖고 있다.

2. 성격의 구조 및 발달

1) 성격의 구조

로저스는 인간의 성격을 '자기(self)'로 보았다. 자기란 개인이 경험을 통해서 자신의 특성이라고 받아들이는 모든 것을 말한다. 인간은 태어나서 처음에는 자신의 손가락조차 자기 것인 줄 모르다가 근육과 신경 발달을 통해서 점차 자신과 타인을 구별하게 되면서 비로소 손가락이 자신의 것임을 알게 된다. 이 과정에서 자기가 형성된다. 또한 부모와 상호작용을 통한 경험의 일부도 자기가 되는데, 로저스는 이러한 경험을 통해 개인의 성격이 형성된다고 보았다. 로저스가 인간의 성격 구조를 설명하는 데 가장 중요하게 거론하는 개념은 '유기체'와 '자기'다. 유기체와 자기에 대한 구체적인 내용을 살펴보면 다음과 같다.

(1) 유기체

유기체(organism)의 사전적 의미는 '물질이 유기적으로 구성되어 생활 기능을 하는 조직체', 즉 '생물'이다. 이는 많은 부분이 한 가지 목적 아래 통합되어 부분과 전체가 서로 관계를 가지게 된 조직체를 뜻한다. 로저스에게 유기체란 한 개인의 사상, 행동 및 신체적 존재 모두를 포함하는 전체로서의 개인을 의미한다. 유기체는 그 자체 내의 어떤 한 부분의 변화라도 다른 부분의 변화를 유발하는 특성을 가지고 있기 때문에 심리학적으로 유기체란 모든 경험의 소재지로 간주될 수 있으며, '인간 존재'라는 용어에 비해 더 기술적인 용어라고 할 수 있다. 로저스는 유기체 경험을 중시하는데, 유기체 경험이란 한 개인이 살아 오면서 경험한 모든 것, 즉 '경험의 총체'를 의미한다. 여기서 경험이라는 말에는 의식적인 내용뿐만 아니라 무의식적인 것도 포함한다.

(2) 자기와 자기 개념

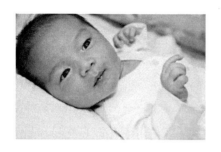

'자기(self)'는 로저스 이론의 핵심이 되는 개념이며, 자기란 '개인의 전체적인 현상적 장[1]'으로부터 분화된 부분으로서 자신의 특성으로 받아들인 모든 것'을 의미한다. 아동은 다른 사람들과 상호작용을 하면서 자신의 전체적인 경험의 장에서 자신의 특성으로 받아들이는 하나의 심상을 형성하게 된다. 인간은 처음에는 '나'와 '나 아닌 것'을 구분하지 못하다가 이 두 가지 사이의 차이를 구별할 수 있게 되면서 자기가 형성된다. 다시 말하면, 현상적 장을 구분하는 과정, 즉 어떤 것이 자신의 것이고 어떤 것이 자신의 것이 아닌가를 구분하는 과정에서 자기가 형성된다. 자기란 스스로에 대한 일련의 가치와 인식으로서 성격 구조의 중심이 된다. 예를 들면, 신생아는 우유병과 자신을 구분하지 못한다. 그러나 성장해 가면서 신생아는 우유병이 뜨거운 주전자에 닿으면 아무런 느낌이 없지만, 자신의 손가락이 주전자에 닿으면 통증을 느끼는 것을 깨닫게 되면서 우유병은 자신이 아니고 손가락은 자신임을 알게 된다.

또한 의미 있는 타인인 어머니 혹은 아버지와 상호작용을 하면서 유아가 경험한 모든 것인 유기체적 경험의 일부가 '자기'로 분화된다. 유아는 부모와 관계를 맺으면서 이루어진 모든 경험 중에서 일부를 자신의 특성으로 받아들이게 되는 것이다. 예를 들어, 어머니가 자신을 '잘생긴 아이'라고 말하거나 아버지가 자신을 '머리가 좋은 아이'라고 말할 때, 자신이 '잘생기고 머리가 좋다'라고 받아들이는 것이 바로 '자기'인 것이다.

자기 개념(self-concept)은 자기의 여러 특성이 하나로 조직화된 것을 의미하는 것으로, '자기에 대하여 여러 가지 지각된 내용의 조직화된 틀'을 말한다. 따라서 자기 개념은 개인의 여러 특성과 능력을 통합한 속성을 의미한다. 예를 들면, 공부나 운동이나 친구 사귀는 일 등 모든 일을 자신이 잘한다고 생각할 때 긍정적인 자기 개념을 가졌다고 말할 수 있다.

2) 성격의 발달

로저스는 인간의 성격 발달을 구체적으로 제시하지는 않았다. 그는 인간행동의 가장 기

---

1) 현상적 장이란 특정 순간에 개인이 주관적으로 지각하고 경험하는 모든 것을 의미하며, 한 개인의 현실을 의미한다.

본적인 동기를 '실현 경향성'으로 보았으며, 이 중 인간에게 중요한 것은 '자기실현 경향성'이라고 하였다. 인간은 실현 경향성을 충족시켜 주는 경험은 긍정적 가치로, 그렇지 못한 경험은 부정적 가치로 평가하는 '유기체의 평가 과정'을 거친다. 이와 동시에 인간은 타인으로부터 '긍정적 존중'을 받고자 하는 욕구도 발달하는데, 로저스는 긍정적 존중의 욕구가 유기체의 평가 과정보다 더 강력하게 작용한다고 보았다. 긍정적 존중은 부모에 의해 조건적으로 주어지는데, 만일 부모의 조건과 유기체의 실현 경향성이 상충될 경우, 유기체는 긍정적 존중을 받기 위해 자기실현의 욕구를 포기하게 된다는 것이다. 이와 같은 과정에서 인간은 자기 개념(자신의 특성으로 받아들인 부분)에 맞게 유기체적 경험(자신이 지금까지 경험한 모든 내용)을 받아들이게 되면서 자신의 경험을 왜곡하거나 부인하여 자기와 유기체 경험 간에 불일치가 생겨난다. 따라서 치료자가 내담자를 무조건적으로 긍정적 존중을 해 주면, 내담자는 자신의 유기체로서의 모든 경험을 자신의 것으로 받아들이게 되어 자기와 유기체 경험이 일치되어 충분히 기능하는 사람이 된다는 것이다.

3. 주요 개념

로저스 이론의 핵심 개념에는 실현 경향성과 자기실현 경향성, 유기체의 평가 과정과 긍정적 존중, 가치의 조건과 조건적 긍정적 존중, 왜곡과 부인, 공감, 충분히 기능하는 인간, 부적응의 원인, 도식화 등이 있다. 이와 같은 개념들을 설명하면 다음과 같다.

1) 실현 경향성과 자기실현 경향성

인간을 포함하는 모든 유기체는 자신의 고유한 잠재 가능성을 바람직한 방향으로 성취하고자 하는 '실현 경향성(actualizing tendency)'을 가지고 있다. 이것은 태어날 때부터 존재하는 것으로, 행동의 가장 중요한 동기로 작용하며, 신체적·심리적 요인을 두루 망라하고 있다. 실현 경향성은 음식을 통해 신체적 욕구를 충족하여 생존을 가능하게 할 뿐만 아니라 유기체의 심리적인 성숙을 촉진시킨다.

유기체에게 '자기(self)'가 형성되면 그 후 자기실현 경향성이 나타난다. 자기실현 경향성(self-actualization tendency)은 '자신을 성장시키고 발전시키기 위해서 자신의 모든 잠재력을 발휘하는 인간의 선천적인 경향성'을 의미한다. 실현 경향성과 자기실현 경향성은 서로 일치하거나 상반되게 작용할 수 있다. 실현 경향성은 생리적인 영향을 많이 받으며, 신체적 요소가 우세하고, 유기체의 성장과 성숙이 관련되어 있어 학습과 경험의 영향을 적게 받는 반면 자기실현 경향성은 사회적인 영향을 많이 받으며, 심리적 요소가 우세하고, 학습과 경험에 의해 촉진되거나 방해를 받을 수도 있다.

자기실현 경향성은 긴장을 감소시키는 것만이 목적이 아니라 긴장을 증가시키기도 한다. 예를 들어, 걸음마를 배우는 과정에서 어린아이는 일어서서 한 발자국이라도 내딛으려고 하다가 비틀거리고 넘어지기도 한다. 하지만 포기하지 않는 이유는 자기실현 경향성이 고통을 피하려는 욕구보다 더 강하기 때문이다.

2) 유기체의 평가 과정과 긍정적 존중

아동은 부모나 그 밖의 사람들과의 상호작용을 통해 자기를 실현하는 과정에서 자신의 경험을 평가하게 된다. 즉, 자신의 잠재력을 유지시키거나 향상시키는 경험은 긍정적으로 평가하여 더욱 더 추구하려고 하는 반면에, 방해가 되는 경험은 부정적으로 평가하여 회피하게 된다. 로저스는 이를 '유기체의 평가 과정(organismic valuing process)'이라고 하였다.

예를 들면, 음식을 섭취하거나 안전을 도모하는 것은 생존에 도움이 되기 때문에 긍정적으로 평가되고, 배고픔과 고통은 생존에 방해가 되기 때문에 부정적으로 평가된다. 이를 입증해 주는 데이비스(Davis, 1933)의 연구가 있다. 그가 서른 가지의 음식을 양념도 하지 않은 채 배열해 놓고 아동들이 알아서 먹도록 했을 때, 아동들은 모든 영양소를 골고루 섭취하는 균형 잡힌 식사를 하였다. 즉, 아동은 어떤 음식이 자신에게 필요한지를 스스로 안다는 것이다.

유기체의 평가 과정만 존재한다면 모든 인간은 자기실현을 하게 되고 행복하게 살 수 있다. 하지만 인간은 중요한 사람들로부터 사랑과 인정을 받고 싶어 하는 '긍정적 존중(positive regard)'의 욕구를 선천적으로 가지고 태어난다. 이 욕구는 자기에 대한 의식이 생김에 따라 발달하는 것으로, 유기체의 평가 과정보다 더 강력하게 작용하기 때문에 긍정적 존중을 받기 위해서라면 유기체의 평가 과정을 무시할 수도 있게 된다. 즉, 아동은 유기체의 실현 경향성을 충족시켜 줄 수 있는지의 여부에 상관없이 다른 사람들로부터 긍정적 존중을 얻을 수 있는 행동을 하는 반면, 긍정적 존중을 얻을 수 없는 행동은 피한다는 것이다. 결국 인간은 긍정적 존중의 욕구 때문에 자신의 실현 가능성을 포기하게 되고, 타인이 원하는 모습이 되려고 노력하게 된다. 또한 인간은 타인뿐만 아니라 자기 자신으로부터도 긍정적 존중을 받고자 하는 '자기존중(self-regard)'의 욕구가 있다. 이 욕구는 자신을 평가하는 다른 사람들의 영향을 받는다. 다른 사람이 자신을 인정하면 자기 자신도 자신을 인정하는 반면에 다른 사람이 자신을 인정하지 않으면 자신도 스스로를 인정하지 않게 된다.

3) 가치의 조건과 조건적 긍정적 존중

아동은 부모나 주요한 타인이 제시하는 '가치 조건(conditions of worth)'에 부합되게 행동할 때 긍정적 존중을 받게 된다. 예를 들면, 시험 성적이 좋으면 부모가 용돈을 올려 주거나 칭찬을 해 주는 등의 관심을 받게 되지만, 성적이 좋지 않으면 부모의 칭찬이나 인정을 받을 수 없다. 이와 같이 자녀의 행동이 부모나 타인의 가치 조건에 맞을 때 긍정적 관심을 받게 되는 것을 '조건적 긍정적 존중(conditional positive regard)'이라고 한다. 가치 조건은 말을 타고 있는 장님 같아서 실제 자신의 모든 경험을 자신의 것으로 받아들이지 않게 하거나 혹은 자신의 실제 특성이 아닌 것을 자신의 것으로 받아들이게 한다.

4) 왜곡과 부인

인간은 자기에 대한 지각과 자신의 경험 사이에 일관성을 유지하려는 경향이 있다. 따라서 개인의 자기 개념에 일치하는 경험만이 의식되고 지각되고, 자기 개념과 갈등을 일으키는 경험은 자기 개념에 위협이 되기 때문에 정확하게 지각되지 않거나 아예 의식되지 않을 수 있다. 인간은 자기 개념이 위협을 받는다고 느낄 때, 자기 개념을 유지하기 위한 방법으로 두 가지 방어기제를 사용한다. '왜곡(distortion)'과 '부인(denial)'의 기제가 그것이다.

'왜곡'은 의식되기는 하지만, 실제 경험 내용과는 다르게 지각하는 것을 말한다. 예를 들면, 자신이 매우 똑똑하고 공부를 잘하는 사람이라는 자기 개념을 가진 학생의 경우, 형편없이 낮은 성적을 받았을 때 그 성적을 받아들이기는 하지만 그 이유를 '시험 문제가 적절하지 않아서'라고 실제와는 다르게 지각하여 공부를 잘한다는 자기 개념을 손상시키지 않는 경우다.

'부인'은 자기 개념과 불일치하여 자기 개념에 위협이 되는 경험의 존재 자체를 무시하거나 인식하지 않음으로써 자기 개념을 유지하려는 것을 말한다. 예를 들어, 자신은 공부를 잘한다는 자기 개념을 가진 수험생이 세 번에 걸쳐 실시한 모의수능에서 점수가 기대 이하로 나왔을 경우, 대학 진학 상담을 할 때 자신의 모의수능 점수를 전혀 기억하지 못할 수 있다.

5) 공감

현상학적인 관점에서 로저스가 중시한 공감의 개념은 주관적 현실, 역지사지, 현재와 미래 등의 세 가지 측면에서 이해할 수 있다.

(1) 주관적 현실

현상학적 입장에서 한 개인의 현실(reality)은 '주관적 경험(subjective experience)', 즉 특정 사건에 대하여 그 사람이 어떻게 지각하고 해석하여 경험하는가를 의미한다. 이러한 주관적 경험은 행동의 원천이 된다. 인간은 사건 그 자체에 반응하는 것이 아니라 사건을 지각하고 해석하는 내용에 따라 반응한다는 것이다. 예를 들어, 사막에서 길을 잃어 목이 마른 사람은 신기루로 나타난 연못을 보고 필사적으로 달려간다. 왜냐하면 신기루를 진짜 연못으로 지각하고 해석하기 때문이다. 그 순간 그 사람에게는 신기루가 하나의 현실인 것이다. 주관적 현실에 대한 이해를 돕기 위해 필자의 상담 사례를 소개한다.

필자는 피해망상증 환자를 상담한 적이 있다. 필자가 병실 문을 열고 환자의 병실에 들어가자마자 이 환자는 갑자기 책과 슬리퍼, 심지어는 컵까지 던졌다. 날아오는 물건들을 간신히 피하고 나서, 환자에게 왜 그러느냐고 묻자 이 환자는 병실 창문을 열고 뛰어내리려고 하였다. 극도로 놀란 필자는 있는 힘을 다해 달려가서 가까스로 환자를 붙잡았다. 그 다음 날 그 환자에게 어제 왜 그랬느냐고 묻자, 그는 필자가 국가기관의 비밀지령을 받고 자신을 암살하러 온 요원이기 때문에 그런 행동을 했다는 것이었다. 그 환자는 필자가 병원 담벼락에 붙어서 발자국 소리를 내지 않으려고 살금살금 걸어 들어오는 소리를 들었으며, 병실 문을 열고 권총을 꺼내서 자신을 죽이려고 해서 살기 위해 물건을 던졌으며, 필자를 못 당할 것 같아 도망가기 위해 창문으로 뛰어내리려고 했다는 것이었다. 이 순간 그에게는 필자가 자신을 치료해 주려는 상담자가 아니라 자신을 죽이려는 암살자로 받아들여져서 그와 같은 행동을 한 것이었다.

여러분도 만일 누군가가 여러분을 죽이려고 한다는 사실이 확실히 믿어질 때 어떻게 할지 생각해 보라. 이 환자처럼 틀림없이 먼저 공격하거나 혹은 도망가는 행동을 할 수밖에 없을 것이다. 이러한 환자를 진정으로 이해하려면 바로 이 환자의 주관적 현실(subjective reality)을 알아야 한다. 개인의 현실은 주관적이기 때문에 현상학적 관점에서는 인간의 숫자만큼 인간의 현실이 존재한다고 말한다. 따라서 한 사람을 진정으로 이해하고 공감하기 위해서는 그 사람이 경험하고 있는 그 사람만의 주관적 현실을 이해하기 위해 노력해야 한다.

(2) 역지사지

인간은 자신이 세상을 바라보고 해석하는 틀인 내적준거체계(internal frame of reference)와 일치하는 방향으로 현실을 받아들이기 때문에, 한 개인을 이해하고 그 사람의 행동을 예측할 수 있는 가장 좋은 방법은 그 사람의 내적준거체계를 아는 것이다. 이러한 내적준거체계를 이해하는 방법은 그 사람의 입장이 되어서 세상을 받아들이고 느끼고 생각하는 것인데, 이와 같은 것을 역지사지(易地思之)라고 한다.

(3) 현재와 미래

인간의 행동은 과거에 일어난 어떤 사건에 의해서가 아니라 과거의 경험에 대한 현재의 해석에 의해 결정된다. 피해망상증 환자가 세상에 대하여 적대적으로 행동하는 이유는 세상을 위협적인 장소로 보기 때문이지 어릴 때 학대받은 경험 때문이 아니라는 것이다. 현재의 행동은 항상 현재에 대한 지각과 해석에 영향을 받으며, 또한 개인이 미래를 어떻게 예견하는지가 현재의 행동에 영향을 준다. 예를 들어, 여자 앞에 서기를 두려워하는 한 남자의 현재 행동은 과거의 실패 경험보다 현재 지각하고 있는 미래의 실패에 대한 두려움 때문일 수 있다. 따라서 사람은 현재와 미래의 틀 속에서 이해되어야 한다.

6) 충분히 기능하는 인간

로저스는 훌륭한 삶(good life)을 사는 사람을 '충분히 기능하는 인간(the fully functioning person)'으로 기술하고 있다. 충분히 기능하는 인간이란 자신의 잠재력을 인식하고, 자신의 능력과 재능을 최대한 발휘하는 방향으로 나아가는 사람을 의미한다. 패터슨(Patterson, 1980)은 한 인간이 충분히 기능하는 것을 최적의 심리적 적응, 최상의 심리적 성숙, 완전한 일치, 경험에의 완전한 개방성 등과 동의어로 보았다. 로저스는 충분히 기능하는 인간이란 하나의 존재 상태가 아니라 과정으로 보았으며, 충분히 기능하는 인간이 되어 가는 과정의 특징을 다섯 가지로 설명하였다.

첫째, 모든 경험을 왜곡하거나 부인하지 않고 받아들이는 '경험에 대한 개방성(openness to experience)'이다. 이러한 사람은 자신이 하고 있는 경험에 대하여 보다 정확하게 인식하며, 자신의 감정을 있는 그대로 느끼며, 상황에 적절하게 대처한다.

둘째, 삶의 매 순간을 보다 충실하게 살고자 하는 경향인 '실존적 삶(existential living)'이다. 이러한 사람은 삶의 순간순간을 새로운 것으로 받아들이며, 매 순간 자신이 어떤 존재이고, 자신이 무엇을 할 것인가를 알고, 그러한 삶에 충실하다.

셋째, 타인보다는 자기 자신을 믿고 의지하는 '유기체에 대한 신뢰(organismic trusting)'다. 이러한 사람은 주어진 상황의 여러 측면을 모두 고려할 수 있으며, 결과적으로 상황의 모든 측면을 가장 잘 만족시킬 수 있는 결정을 하여 결국 자신에 대한 믿음을 갖게 된다.

넷째, 자신이 선택한 인생을 자신이 원하는 대로 자유롭게 살아가고 있다는 느낌인 '경험적 자유(experiential freedom)'다. 이러한 사람은 모든 선택을 스스로 하며, 자기 자신이 모든 일을 주도하고, 자신이 원하는 것을 행동으로 옮길 수 있으며, 자신의 행동의 결과에 대하여 스스로 책임을 진다.

다섯째, '창의성(creativity)'이다. 이러한 사람은 타인과 다른 자기 자신만의 고유한 삶을 영유하며, 삶 속에서 창의적인 결과물을 생산하고, 주어진 환경에서 늘 새로운 방식으로 살아간다.

7) 부적응의 원인

로저스는 인간의 부적응 원인을 크게 두 가지로 보고 있다. 첫째는 자기와 유기체 경험의 불일치이며, 둘째는 현실적 자기와 이상적 자기의 불일치다. 이와 같은 불일치가 심해지면 부적응이 발생한다는 것이다. 구체적으로 살펴보면 다음과 같다(김완일 등, 2015, pp. 286-289).

(1) 자기와 유기체 경험의 불일치

개인이 실제 경험한 내용과 다르게 받아들이는 '왜곡'이나 혹은 경험한 내용을 받아들이지 않는 '부인'이 일어나면, 개인은 환경과 충분한 상호작용을 할 수 없게 되어 자기 개념과 유기체 경험(자신이 경험한 모든 것)의 불일치(incongruence)가 발생하게 된다. 로저스는 이러한 자기 개념과 유기체 경험 간의 불일치 상태를 '부적응'이라고 보았다. 그는 자기 개념과 유기체 경험이 불일치하게 되면 인간은 불안을 느끼며, 신경증이 나타난다고 하였다. 또한 이와 같은 불일치가 심해지면 왜곡과 부인 등의 방어기제조차도 사용할 수 없게 되어 성격장애와 정신병리가 나타나는데, 로저스는 이를 '정신병'이라고 하였다.

하지만 치료자가 아무런 조건 없이 내담자를 있는 그대로 수용하는 '무조건적 긍정적 존중(unconditional positive regard)'을 보이면, 내담자는 자신이 왜곡하고 부인했던 경험을 포함한 모든 경험을 있는 그대로 받아들일 수 있게 된다. 이러한 과정을 통해 내담자의 자기 개념과 유기체 경험이 일치하게 됨으로써 적응을 잘하게 되어서 결국 자신의 잠재력을 충분히 발휘하는 인간이 된다.

실현 경향성을 가진 인간이 자기 개념과 유기체 경험의 불일치로 인해 부적응에 이르는 과정과 치료 과정을 예를 들어 설명하면 다음과 같다.

명수는 미술에 재능이 있지만 아버지는 그가 사관학교에 가기를 원하는 경우를 보자. 명수는 미술에 잠재력을 가지고 태어났기 때문에 그의 자기실현은 화가가 되는 것이다. 그는 유기체의 평가 과정에 따라 화가가 되는 데 도움이 되는 행동(예: 사생대회에 나가려고 연습하는 것)은 긍정적으로 평가하고, 방해가 되는 행동(예: 미술 학원에 가지 않고 수학 학원에 가는 것)은 부정적으로 평가하는 과정을 겪게 된다. 하지만 장군이 되는 꿈을 이루지 못한 아버지는 아들이 자신의 한을 풀어 주기를 바라며, 명수가 어렸을 때부터 '너는 공부를 열심히 해서 사관학교에 가야 한다.'는 것을 끊임없이 가르쳐 왔다. 즉, 아버지의 가치 조건을 아들에게 부여한 것이다. 그래서 아버지는 명수의 학교 성적이 좋을 때만 칭찬과 인정을 한다. 그는 부모에게 긍정적 존중을 받으려는 욕구가 화가가 되려는 욕구보다 더 강해 공부 쪽에 매달리게 된다. 공부를 잘해야 사관학교에 갈 수 있기 때문이다. 그가 초등학교 시절에 사생대회에 나가서 1등을 해서 상장을 받았을 때, 부모는 시큰둥하고 칭찬을 하지 않는다. 하지만 그가 기말고사에서 처음으로 반에서 3등을 했을 때, 부모는 아주 좋아하며 칭찬을 해 준다. 그는 '사생대회에서 상을 탄 것은 큰 의미가 없으며, 단지 운이 좋아서였다.'라고 생각하면서, 미술에 재능이 있어서 인정받은 자신의 유기체 경험을 자기의 것으로 받아들이지 않는 '부인'의 방어기제를 사용한다. 또한 초등학교 고학년이 되면서 실제로 성적이 별로 좋지 않았지만, 저학년 시절 공부를 잘했던 순간에 집착하여 자신은 공부를 잘하는 똑똑한 아이라고 생각한다. 중학교 때 반에서 중간 정도의 성적을 받자, 그는 '왜곡'의 방어기제를 사용하여 선생님이 가르쳐 주지 않은 문제를 출제해서 성적이 잘 나오지 않았다고 불평불만을 한다. 이와 같이 미술 방면에 대한 자신의 실제 경험은 받아들이지 않고, 공부 장면에 대한 경험은 사실과 다르게 받아들임으로써 자기 개념과 유기체 경험 간의 불일치가 커지게 된다. 고등학교 때 반에서 중간 정도의 성적이었던 아들은 사관학교에 지원했으나 떨어진다. 재수를 해 가며 다시 도전했으나 또 떨어진다. 취미로 그림을 그리고 싶었지만, 아버지의 실망하는 모습이 떠올라 포기한다. 생활이 반복되면서 허탈감, 우울, 좌절감은 커져 가고 삼수 생활에 절망감을 느껴 죽고 싶어진다.

명수의 경우, 치료자가 아무런 조건 없이 있는 그대로의 그를 수용하는 '무조건적 긍정적 존중'의 태도를 보이면, 그는 자신이 공부 쪽에 재능이 없음을 보여 주는 모든 경험뿐만 아니라 미술에 재능이 있음을 보여 주는 모든 경험을 자신의 것으로 받아들이게 된다. 상담을 통해 결국 명수는 사관학교 진학을 포기하고 미술학원을 다니며 공부를 해서 미대에 진학하여 졸업 후 미술 분야의 직업을 갖게 되어 자신의 잠재력을 실현하게 된다.

이와 같은 내용을 그림으로 나타내면 [그림 4-1]과 같다.

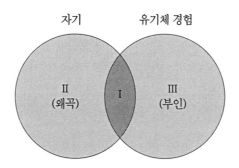

[그림 4-1] 자기와 유기체 경험의 불일치

① 유기체 경험을 표시하고 있는 원은 인간의 전체적인 경험으로써 한 개인이 성장해 오면서 경험한 모든 것을 의미한다. 명수의 경우는 '그림을 잘 그린다, 공부는 중간 정도다.' 등과 같이 실제 겪은 모든 경험이 이에 해당한다.

② 자기 개념은 개인의 성격과 가치관 등을 포함하는 여러 가지 자기 모습이 통합된 특성을 의미한다. 즉, 주어진 현실적 장 속에서 자신의 특성으로 받아들인 내용이다. 명수의 경우는 '공부를 잘하는 나, 그림 그리기는 운이 좋아 잘하는 것처럼 보이는 나' 등이 이에 해당한다.

③ 영역 I은 자기 개념과 유기체 경험이 일치하는 부분이다. 영역 I의 크기가 적응과 부

적응을 결정한다. 부적응은 영역 I이 작아서 자기 개념과 유기체 경험의 불일치가 큰 경우를 뜻한다. 명수가 그림에 재능이 없는 반면에, 공부에 재능이 있다고 잘못 받아들이거나(왜곡), 혹은 실제로 미술에 재능이 있는데도 재능이 없다고 생각하여 그림에 재능이 있다는 것을 보여 주는 경험을 받아들이지 않는(부인) 모습이 이에 해당한다. 이와는 반대로 적응은 영역 I이 커서 자기 개념과 유기체 경험의 일치가 큰 경우를 뜻한다. 치료자가 명수에게 무조건적 긍정적 존중을 보임으로써 명수가 과거에 사생대회에 나가서 1등한 경험과 공부를 보통 정도로 한 경험을 자신의 특성으로 받아들이게 되는 것이 이에 해당한다.

④ 영역 II는 자기 개념 중 유기체 경험과 일치하지 않는 부분이다. 이것은 '왜곡'에 의해 실제 경험하지 않은 내용을 사실과 다르게 자신의 것으로 받아들인 부분이다. 명수가 중·고등학교 시절 성적이 보통으로 나왔을 때 시험 문제나 교사 탓을 하며 자신의 실력만큼 성적이 나오지 않았다고 생각하여 그릇되게 받아들인 것이 이에 해당한다.

⑤ 영역 III은 유기체 경험 중 자기 개념과 일치하지 않는 부분이다. 이것은 '부인'의 방어기제를 사용함으로써 실제 경험한 내용의 의식화를 거부하는 부분이다. 명수가 사생대회에 나가서 1등을 한 경험을 잊어버리고 기억하지 못한다거나 혹은 실제로 자신이 잘해서가 아니라 운이 좋아서 1등을 했다고 생각하는 것이 이에 해당한다.

(2) 현실적 자기와 이상적 자기의 불일치

로저스의 이론에서 자기(self)는 가장 중요한 구성 개념이다. 자기는 개인이 자신에 대해 의식하는 지각과 가치를 의미한다. 즉, 현재의 나는 어떠한 사람인가에 대한 자신의 생각이다. 그런데 이러한 자기는 자신의 현재 모습에 대한 지각뿐만 아니라 자기가 되고 싶거나 또는 되어야 한다고 생각하는 것까지도 포함한다(이훈구 역, 1998, p. 457). 현재의 자신에 대한 지각은 '현실적 자기(real self)'이며, 앞으로 되고 싶은 자신의 모습에 대한 지각은 '이상적 자기(ideal self)'다. 로저스는 이러한 현실적 자기와 이상적 자기의 불일치 정도가 심해지면 부적응이 발생할 수 있다고 하였다. 예를 들어, 유명한 운동선수가 되고 싶은 사람이 있다고 하자. 그런데 이 사람은 운동신경이 그리 뛰어나지 않아 운동으로 성공을 할 가능성은 희박하다. 이 사람에게 운동신경이 좋지 않은 자기는 현실적 자기이며, 유명한 운동선수는 이상적 자기다. 이 사람은 유명한 운동선수가 되고 싶지만 현실적 자기와 이상적 자기의 차이가 커서 그렇게 될 가능성이 희박하기 때문에 결국 부적응이 발생한다는 것이다.

8) 도식화

인간중심상담의 핵심 개념들 간의 관계를 도식화하면 [그림 4-2]와 같다.

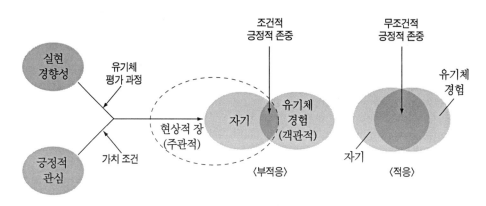

[그림 4-2] 로저스의 인간중심상담의 도식화

※ 출처: 김완일 등, 2015, p. 289.

[그림 4-2]를 설명하면 다음과 같다.

첫째, 인간은 유기체로서의 '실현 경향성'과 '긍정적 존중'을 받고자 하는 욕구를 선천적으로 가지고 태어난다. 인간은 한편으로는 실현 경향성에 부합하는 경험은 긍정적으로 평가하는 반면, 방해가 되는 경험은 부정적으로 평가하는 유기체의 평가 과정을 겪는다. 다른 한편으로는 타인에게 긍정적 존중을 받고자 하는 욕구를 충족시키기 위해 타인이 제시한 '가치의 조건'을 따르게 된다.

둘째, 인간은 태어나서 주어진 현상적 장 속에서 자신과 자신이 아닌 것을 구분하면서 자신의 특성으로 받아들이게 되는 '자기'가 형성된다. 자기는 그 자신이 실제로 경험한 모든 내용인 유기체 경험과 일치하지는 않는다. 현상적 장은 개인의 주관성이 작용하여 현재 경험하고 지각하는 세계를 의미하는 반면, 유기체 경험은 객관적인 경험과 지각을 의미한다.

셋째, 부모의 '조건적 긍정적 존중'에 의해 자기와 유기체의 경험의 불일치가 크면 부적응 증상이 발생하는데, 이는 자신의 실제 경험을 잘못 받아들이는 '왜곡'과 자신의 실제 경험을 자신의 것으로 받아들이지 않는 '부인'의 방어기제가 원인이다.

넷째, 치료자가 내담자를 평가하지 않고 있는 그대로의 모습을 수용해 주는 '무조건적인 긍정적 존중'을 내담자에게 보이면, 내담자는 왜곡과 부인이 줄어듦으로써 자기와 유기체 경험이 일치하게 되어 자신의 모든 경험을 있는 그대로 받아들여 충분히 기능하는 사람이 될 수 있다.

제3절 상담 목표 및 방법

1. 상담 목표

인간중심상담에서 상담자는 상담과정에서 내담자에게 아무런 가치 조건도 부여하지 않고 내담자를 있는 그대로 존중하고 수용함으로써 내담자로 하여금 왜곡과 부인 등의 방어적인 행동을 하지 않도록 돕는다. 그렇게 함으로써 내담자는 자신이 살아오면서 경험한 모든 유기체 경험을 개방적인 태도로 자신의 것으로 받아들이게 하여, 그 결과 자기 개념과 유기체 경험 간에 일치의 정도를 높인

다. 궁극적으로는 내담자가 자신의 잠재력을 충분히 발휘하는 인간이 되도록 돕는 것이 인간중심상담의 목표다.

즉, 인간중심상담의 목표는 내담자가 자기(출생 시부터 가지고 태어난 잠재력)를 실현하도록 돕는 데 있다. 인간중심상담은 내담자가 호소하는 심리적 문제를 해결하는 데 중점을 두기보다는 내담자 자신에게 중점을 두고, 내담자에게 적절한 환경을 만들어 주면 내담자가 스스로 자신의 문제를 해결할 수 있다는 믿음에 기초하고 있다.

상담자가 지금(now) 여기(here)에서 진행되는 모든 경험을 왜곡과 부인 없이 수용할 때, 비로소 내담자는 자신의 참모습을 발견할 수 있다. 내담자가 자기의 진실한 모습을 발견하기 위해서는 자신의 가면인 왜곡과 부인을 벗어버려야 한다. 상담자는 아무런 가치조건도 부여하지 않고 내담자를 있는 그대로 수용함으로써 이러한 왜곡과 부인을 해제해 나간다. 이렇게 될 때 내담자는 자신의 모든 경험을 위협이나 불안감 없이 자신의 것으로 받아들일 수 있게 된다. 결국 인정하고 싶지 않아서 잘못 받아들였거나 거부했던 자신의 모든 경험을 자신의 것으로 받아들이게 되어 진정한 자신의 잠재력을 발견하게 되고, 그러한 잠재력을

실현하게 된다.

2. 상담 과정

인간중심의 상담 과정은 상담자와 내담자의 관계의 질에 달려 있다 해도 과언이 아니다. 왜냐하면 상담자와 내담자 사이에 관계가 형성되지 않으면 상담이 진행되기 어렵다고 보기 때문이다. 로저스는 상담의 필요충분조건으로 여섯 가지 과정을 기술하였으며, 그중 상담자의 세 가지 태도가 내담자를 변화시킨다고 하였다. 그가 제안했던 여섯 가지 상담의 필요충분조건은 다음과 같다(노안영, 2005, p. 219; 윤순임 등, 2005, p. 243).

첫째, 내담자와 상담자가 만나서 심리적인 접촉을 한다.

둘째, 내담자는 불일치 상태에 있고, 상처받기 쉬우며, 초초하고 불안한 상태다.

셋째, 상담자는 내담자와의 관계에서 일치성을 보인다.

넷째, 상담자는 비평가적이며, 내담자를 무조건적 긍정적 존중을 하며 수용한다.

다섯째, 상담자는 내담자의 내적 참조의 틀을 공감하고, 내담자에게 자신이 공감한 경험을 시도한다.

여섯째, 내담자는 의사소통 과정을 통해 상담자의 무조건적 긍정적 존중 및 공감적 이해를 지각하고 경험한다.

인간중심상담에서는 내담자를 일주일에 한 번씩 만나며, 중·장기적으로 상담이 진행되기도 한다. 그러나 상담자의 효과적인 노력을 통해 신속하게 내담자의 변화가 일어나면, 6~15회 정도의 단기치료로 내담자의 문제를 해결할 수도 있으며, 내담자는 치료의 기간과 종결을 결정하는 중요한 역할을 하기도 한다(권석만, 2013, p. 297). 또한 인간중심상담은 상담에서의 관계를 중시하기 때문에 상담자가 해야 할 과정을 세분화하는 것이 쉽지 않다. 상담과정을 통해 내담자는 태도나 느낌, 자각 등이 긍정적으로 변화해 가는데, 인간중심상담에서 이러한 과정이 진행되는 것을 단계별로 보면 다음과 같다(윤순임 등, 2005, p. 243).

1) 상담 초기

상담 초기에 내담자는 자신의 심리적 문제를 쉽게 이야기하지 못한다. 이때 상담자는 내담자의 이야기를 무조건적으로 수용하고 공감하는 태도를 보이는데, 이를 통해 내담자는 상담자를 신뢰하게 되고, 자신의 감정을 깊이 있게 탐색할 수 있게 된다. 또한 긍정적 감정

뿐만 아니라 불안이나 분노, 죄책감과 같은 부정적인 감정도 자유롭게 표현하게 되며, 자연스럽게 통찰이 증가하여 자기 개념과 유기체 경험 간의 불일치가 어떤 것이었는지 깨달아 가게 된다.

2) 상담 중기

상담 중기의 내담자는 자신에 대한 이해가 깊어지고, 자기 수용에 관대해지며, 이전보다 더욱 긍정적이고 건설적인 행동을 취하게 된다. 내담자는 상담을 시작하기 전과는 다른 새로운 방식으로 자신을 이해하여 수용하게 되며, '지금-여기'에서의 감정에 솔직해지려 노력하게 된다. 또한 지금까지 '자기 개념'에 맞추기 위해 왜곡하거나 부인해 왔던 사고, 감정, 충동 등이 부정적인 것이 아니라, 긍정적이며 가치가 있는 것임을 깨닫고 자신이 하는 경험에 솔직하게 반응하고자 노력하게 된다.

3) 상담 종결

상담이 종결 단계에 이르면, 자신이 부인했던 감정을 감싸 안는 힘이 생긴다. 또한 이전에 부인하던 현실을 왜곡 없이 있는 그대로 받아들이게 된다. 나아가 문제를 스스로 해결할 수 있는 능력이 생겨 상담자의 도움을 더 이상 필요로 하지 않게 되며, 내담자는 충분히 기능하는 인간으로 성장하게 된다.

그 결과, 내담자는 언어나 동작으로 자신의 감정을 자유롭게 표현하게 되고, 내담자가 표현하는 감정은 점차 자아와 관련이 되며, 과거에 자각하지 못했거나 왜곡되게 자각했던 감정을 완전하게 지각하는 경험을 하게 된다. 내담자의 자기 개념은 왜곡되었거나 부인하던 경험을 포함할 수 있도록 재조직되며, 자기 구조의 재조직이 지속해서 이루어져 내담자의 자기 개념은 점차 일치되고 방어가 줄어든다. 결국 내담자는 점차 가치 조건보다는 유기체의 가치화 과정으로 경험에 반응하게 되는 것이다(윤순임 등, 2005, p. 244).

3. 상담 방법

로저스는 활동 초기에는 상담 기술에 대해 관심이 많았다. 1942년에 출판된 『상담과 심리치료(Counseling and Psychotherapy)』에서 그는 전통적인 지시적 상담과 자신의 비지시적 상담의 차이에 대하여 상담 기술의 측면에 중점을 두고 설명하였다. 그러나 1951년에 출판한 『내담자 중심치료(Client-centered Therapy)』에서 그는 상담의 기술보다는 상담자의 태도와 철학에 더 관심을 갖게 되었다고 하였다. 로저스는 자신의 이론을 '만일 ~하면 ~한다 (if ~ then).'라는 문장으로 설명할 수 있다고 하였다. 즉, 상담자와 내담자 간에 이루어지는 상담관계에서 진실성, 무조건적 긍정적 존중 및 공감적 이해와 같은 상담자의 태도가 나타나면, 내담자가 긍정적인 방향으로 성장하고 변화하여 내담자 스스로가 자신의 문제를 해결하게 된다는 것이다. 인간중심상담에서 상담의 기술이란 상담자가 내담자와 더불어 상호작용하는 상담 과정에서 상담자가 자신의 진실성, 무조건적 긍정적 존중 및 공감적 이해의 태도를 내담자에게 표현하고 전달하는 방법을 말한다.

이 세 가지 촉진적 상담관계의 조건은 각각 독립된 별개의 조건이 아니고, 실제로 서로 얽혀 있고, 논리적으로 연결되어 있다. 무조건적 긍정적 존중과 공감적 이해도 상담자 자신의 경험에 진실성이 없으면 내담자에게 무의미할 수 있으며, 상담자에게 무조건적 긍정적 존중의 태도가 없으면 내담자는 상담자가 자신을 공감하고 있다고 느낄 수 없기 때문이다. 다음 내용은 김현수 공저(2001)의 『상담심리학』을 주로 참조하였다.

(1) 진실성

로저스는 내담자의 변화를 촉진하는 상담관계의 조건으로 진실성, 무조건적 긍정적 존중, 공감적 이해 등을 제시하고 있는데, 그중에서도 특히 다른 두 가지 조건의 전제 조건으로 진실성(genuineness)을 들고 있다. 이 세 가지 조건을 언급할 때 항상 진실성을 맨 앞에 둘 뿐만 아니라, 상담관계를 결정짓는 가장 중요한 요인이 진실성이라고 말할 정도로, 그는 바람직한 상담관계의 토대로 진실성을 강조하였다(Rogers & Stevens, 1967). 즉, 내담자에 대한 진지한 관심과 자세가 선행되어야 상담자의 무조건적 긍정적 존중과 공감적 이해의 태도가 비로소 제 기능을 발휘할 수 있다는 것이다.

로저스는 진실성을 '상담자가 일관성 있는 모습으로 내담자와의 관계에서 아무런 겉치레나 가면 없이 순간순간 자기 안에서 흐르는 느낌과 태도에 열려 있는 것'으로 설명한다. 그는 진실성을 신뢰성, 일치성, 투명성, 순수성, 성실성 등 여러 가지 용어로 표현하고 있는데, 이 용어들은 크게 성실성과 일치성 두 가지로 요약할 수 있다. 먼저 성실성이란 '최선을 다하여 성실하게 다른 사람을 대하는 것'이며, 다음으로 일치성이란 '겉과 속이 일치하여 거짓이 없이 솔직하게 자신을 드러내는 것'이다. 이 두 가지에 대해 알아보고자 한다.

① 성실성

우리는 일상생활에서 어떤 일이나 사람에게 온 정성을 다하면 엄청난 힘이 발휘되고 상대방을 감동시키는 경우를 종종 발견한다. 다음과 같은 일화가 있다. 초나라의 양유기라는 사람은 돌을 들소로 잘못 보고 활을 쏘았다. 화살이 돌에 맞았는데, 화살의 날개까지 돌에 박힐 정도로 깊이 돌을 파고 들어가 꽂혔다. 그것은 돌을 진짜 들소로 생각하고 오직 그 돌을 맞추어야겠다는 일념으로 온 정성을 다해 쏘았기 때문이다(정영호 역, 1992, p. 277).

이 일화처럼 상담자는 내담자와 더불어 문제를 해결하겠다는 일념으로 온 정성을 다해 내담자의 세계 속으로 들어가야 한다. 적어도 내담자와 함께하는 시간만큼은 내담자가 상담자의 모든 것이 되어야 한다. 상담자의 눈에는 오직 내담자만 보여야 하고, 상담자의 모든 동작 하나하나는 내담자를 대상으로 한 것이어야 한다. 내담자의 생각과 감정이 고스란히 자신에게 스며들 때까지 상담자는 자기 마음에 내담자를 담고 있어야 한다. 이렇게 할 때 내담자는 일상의 관계에서 느껴보지 못한 새로운 관계를 경험하게 되고, 상담자와 더불어 문제해결에 적극적으로 나서게 될 수 있다.

자살을 시도하기 직전, 세상에 하직 인사를 하는 셈 치고 '생명의 전화'에 전화를 걸었던 사람이 밤이 새도록 자신의 이야기를 열심히 들어 준 상담자의 정성에 감동하여 자살을 포기하였다는 사례나 사춘기 여고생이 상담실에 찾아와 아무 말 없이 40분간 실컷 울다가 돌아갔는데 나중에 상담자에게 고맙다는 감사 편지를 보냈다는 사례 등은 상담자의 성실성이 내담자의 변화에 얼마나 중요한지를 잘 보여 준다.

상담자는 내담자를 성실하게 대하는 만큼 자신의 체험 내용에도 성실해야 한다. 상담자가 내담자와 함께 시간을 보내는 동안 상담자의 내면에는 여러 생각과 느낌이 들기 마련이다. 상담자는 자신의 내면에 흐르는 온갖 상념을 무시하거나 과장하지 않고, 열린 마음으로 생생하게 경험해야 한다. 상담자는 내담자와 관련된 자신의 체험을 충실히 느끼기 위하여 무엇보다도 마음을 비워야 한다. 상담자는 자신의 느낌을 존중하고, 내담자에게서 전해오는 느낌을 순간순간 있는 그대로 진실하게 받아들이도록 최선을 다할 필요가 있다. 결국 상담자의 진실성은 내담자의 진실성을 촉진시키는 기폭제 역할을 한다.

② 일치성

일치성은 외적인 표현과 내면의 느낌을 하나로 통일하는 것이다. 상담자의 체험 내용은 언어와 비언어적 행동을 통해서 내담자에게 전달된다. 상담자의 비언어적 행동은 체험 내용을 거짓이나 왜곡 없이 있는 그대로 드러내게 된다. 하지만 상담자가 언어를 통해 자기 체험을 표현할 때는 일종의 여과 과정을 거치게 되는데, 이 과정에서 일치성이 사라질 가능성이 있다. '이 말을 하면 내담자가 충격을 받겠지.' '이 말은 내담자를 실망시킬 거야.' '상담자로서 이런 말은 하지 않는 편이 나아.' 등의 이유 때문에 상담자는 자기의 체험 내용을 진실하게 털어 놓지 못하게 된다.

일치성을 어렵게 하는 또 다른 이유는 상담자가 항상 부드럽고 따뜻해야 한다는 잘못된 신념 때문이다. 내담자에 대한 따뜻한 온정은 상담자가 취해야 할 중요한 태도다. 하지만 온정을 가지라는 것이 항상 내담자를 부드럽고 따뜻하게 대하라는 뜻은 아니다. 예를 들어, 대부분의 부모는 기본적으로 자녀에게 따뜻한 온정을 지니고 있다. 하지만 일상생활에서 부모는 자녀를 야단치기도 하고, 심한 말을 할 수도 있다. 그렇다고 해서 부모의 따뜻한 애정을 의심하는 자녀는 거의 없다. 상담관계에서도 마찬가지다. 상담자와 내담자의 신뢰관계가 형성되어 있다면, 상담자가 내담자에게 잘 보이기 위해 속마음과 다르게 표현할 필요가 없다. 상담자가 내담자에게 어떤 감정이 느껴질 때 그러한 감정을 감추지 않고 표현하는 것이 훨씬 더 내담자의 신뢰를 받을 가능성이 높다. 상담자의 겉과 속이 같은 태도가 치료에서 얼마나 중요한지를 보여 주는 상담 사례를 한 가지 소개한다.

나는 정신병동에 함께 근무하던 동료 치료자와 함께 어떤 한 환자를 치료하게 되었다. 그 환자가 내 치료실에 들어왔을 때, 그는 우스꽝스런 외모를 하고 있었다. 틀니에 마치 전기 철망을 둘러싼 듯한 머리 위에 삐죽이 세워진 빨간 머리카락, 돼지를 닮은 작은 사팔뜨기 눈, 토마토처럼 생긴 둥그런 코, 더듬거리는 말투 등 정말 가관이었다.

나는 그를 보자마자 배를 잡고 눈물이 흐를 때까지 웃고 또 웃었다. 동료는 바짝 긴장해서 눈살을 찌푸리며 "프랭크, 지금 뭐 하는 거야?"라고 말했다. 나는 터져 나오는 웃음으로 숨을 헐떡이며, "어쩔 수 없어. 이 사람은 기절할 정도로 우습잖아!"라고 말했다.

환자는 나와 동료를 번갈아 보며, "아니요, 괜찮아요. 바로 이것이 문제였어요. 나는 사람들을 웃기려고 노력해요. 그런데 그들은 내가 원할 때는 웃음을 숨기고, 오히려 내가 원치 않을 때 웃어서 나는 상처를 받고 사고를 치지요."라고 말했다. 겉과 속이 일치하는 솔직한 웃음으로 인해 환자는 나를 신뢰하게 되었고, 신뢰를 바탕으로 치료가 성공적으로 이루어졌다. 그는 두 달 후에 퇴원하였다.

> 나는 한 가지 확신을 갖게 되었다. 즉, 치료자가 일치성을 지속적으로 보이면 환자에게 믿음을 준다는 것이다. 나는 환자에게 내 느낌을 있는 그대로 표현하여 웃었고, 나의 솔직함은 환자의 치료에 도움이 되었다. 내담자로 인해 생기는 치료자의 생각과 느낌을 숨기는 것보다 솔직하게 표현하는 것이 때로는 치료에 도움이 된다는 것을 깨닫게 해 준 사례였다(Frank, F. & Jeff, B., 1974, Provocative therapy, pp. 13-14).

이 예화에서 상담자는 상상할 수 없을 정도로 솔직하게 내담자에게서 받은 느낌을 드러내고 있다. 내담자의 우스꽝스러운 외모를 보고 숨김없이 내담자 앞에서 폭소를 터뜨린 것이다. 상담자의 이러한 솔직함은 내담자에게 신뢰감을 주는 결정적인 계기가 되었고, 상담을 성공으로 이끄는 토대가 되었다. 내담자가 지금까지 만난 적이 있는 대부분의 사람도 내담자의 외모를 보고 웃음이 터져 나왔겠지만, 내담자에게 상처를 줄지도 몰라서 속으로 참고 아무렇지 않은 척했을 가능성이 높다. 사실 내담자 스스로 자신의 외모가 남들에게 웃음을 살 것이라는 점을 아는데, 자기를 보고 아무렇지도 않는 척하는 사람들에게 신뢰감을 느끼기는 어려웠을 것이다. 상담자의 거짓 없는 솔직한 반응으로 내담자는 잠시 어리둥절했을 수 있지만, 이 반응은 내담자에게 적어도 그가 자기를 속이지 않는 사람이라는 신뢰감을 심어 주었고, 상담자는 이러한 신뢰감을 바탕으로 치료에 성공할 수 있었다.

(2) 무조건적 긍정적 존중

무조건적 긍정적 존중(unconditional positive regard)이란 상담자가 내담자를 평가하거나 판단하지 않고, 내담자가 보이는 어떤 감정이나 행동도 있는 그대로 수용하며 받아들이는 태도를 말한다. 로저스는 내담자가  어떤 상태에 놓이든 간에 상담자의 무조건적 긍정적 존중의 태도를 경험하면, 변화가 일어난다고 주장한다. 그는 "상담자가 내담자를 무한한 잠재 가능성을 지닌 하나의 인격체로 대하고, 어떤 것도 요구하지 않으며, 내담자의 어떤 모습은 수용하고 어떤 모습은 수용하지 않는 것이 아니라 모든 것을 수용할 때 내담자에게 바람직한 변화와 성장이 일어난다."라고 하였다. 무조건적 긍정적 존중은 소유하지 않으며, 조건이 없고, 따뜻한 마음이 배어 있다는 의미를 담고 있다.

① 비소유성

흔히 사람들은 누군가를 좋아하면 그를 소유하려고 한다. 좋은 물건이 있으면 갖고 싶어 하는 것과 마찬가지로 좋아하는 사람이 생기면 그를 자기 사람으로 만들고 싶어 한다. 하지만 어떤 사람을 자신의 소유로 만들려는 순간, 그는 고유한 인격체로서의 가치를 상실하게 된다. 그는 다른 대상과 마찬가지로 나의 욕구를 충족시키는 하나의 도구이자 수단으로 전락한다. 이렇게 되면 자신의 목적을 위해 상대방을 쉽게 이용하게 된다. 즉, '나와 너'의 인격적 관계가 '나와 그것'의 수단적 관계가 되면서 상대방의 인격에 대한 배려가 사라지는 것이다.

문제는 이와 같은 소유욕이 무의식적으로 일어난다는 데 있다. 대부분의 부모는 자녀가 자신들의 소유물이 아니라고 말한다. 그러나 실제로 자녀에게 보이는 그들의 언행은 자녀를 자신의 소유물로 여기고 있음을 드러낸다. 자녀의 적성이나 흥미를 무시하고 부모 자신이 젊은 시절에 이루지 못한 꿈을 자녀를 통해 달성하기 위해 자녀에게 자신의 꿈을 강요하는 부모가 대표적인 경우다. 물론 소유적인 관계는 부모와 자녀 관계뿐만이 아니다. 우리 사회 도처에서 이루어지고 있는 관계는 대부분 소유적인 속성이 있다. 상사와 부하의 관계, 남편과 아내의 관계, 동료 간의 관계에서 비소유적인 관계를 찾기란 그리 쉽지 않다. 소유적인 관계가 문제가 되는 것은 상대방이 하나의 인격체로 대우 받지 못한다는 데 있다. 비인격적인 대우를 받으면, 상처를 입고 마음의 문을 닫게 된다. 또한 다른 사람들에 대한 신뢰감이 깨어져 정신적으로 건강한 생활을 영위하기 어려워진다. 상담자를 찾는 많은 내담자들이 소유적인 인간관계의 희생양임을 생각해 볼 필요가 있다.

따라서 비소유적이라는 말은 자신이 하나의 인격체로서 소중한 존재인 것처럼 다른 사람도 똑같은 대우를 받아야 하는 독립된 인격체로 인정한다는 뜻이다. 즉, 나에게 좋아하는 것과 싫어하는 것이 있는 것처럼 상대방에게도 좋고 싫음이 있으며, 내게 장점과 단점이 있는 것처럼 상대방에게도 장점과 단점이 있다는 것을 받아들이는 것이다. 비록 내 마음에 들지 않더라도 상대방은 자신만의 고유한 개성을 가지고 있음을 인정하고 존중하는 것이다. 예를 들어, 나의 팔처럼 강하지는 않지만 자녀의 여린 두 팔에도 힘이 생겨날 수 있음을 믿고, 답답하더라도 현재의 그 여린 팔을 지켜볼 줄 아는 것이 비소유적인 존중이다. 상담 장면에서 상담자가 자신의 가치나 생각을 내담자에게 일방적으로 강요하는 것은 바람직하지 않다.

현재 내담자의 상태를 인정하고, 그 상태에서 내담자 스스로에게 맞는 방식으로 성장할 수 있도록 지켜보고 도와주는 것이 상담자의 역할이다. 비록 내담자가 현재는 힘들고 고통스럽지만, 스스로 자신의 고통을 이겨 넘으로써 얻는 성장의 경험이야말로 내담자의 삶을 뒤바꿀 수 있다. 내담자의 이런 성장 경험은 참고 기다릴 줄 아는 상담자의 비소유적인 존중을 통해 비로소 가능해진다.

② 무조건성

'무조건'이라는 말은 말 그대로 아무런 조건이 없다는 뜻이다. 아무런 조건 없이 사람들을 수용한다는 것이 과연 가능할까? 로저스(1957)도 인정하듯이 완전한 '무조건적' 존중은 이론적으로나 가능하다. 하지만 상담과정에는 무조건적 존중이라고 부를 수 있는 순간이 있다. 특히 성공적인 상담의 경우, 조건적 존중의 사이사이에 무조건적 존중이라고 부를 수 있는 순간이 자주 발견된다. 따라서 무조건적 존중은 상담관계의 질을 나타내는 개념으로 이해할 수 있다.

사람들은 태어나면서부터 조건화라는 굴레를 안고 살아간다. 때로는 적응이라는 이름으로, 때로는 성장이라는 이름으로, 때로는 사회화라는 이름으로 사람들은 끊임없이 무엇인가에 의해서 강요받는다. 따라서 아무런 조건 없이 자신이나 남을 수용한다는 것은 상상하기 쉽지 않다. 특히 부정적인 행동이나 특성을 조건 없이 수용한다는 것은 사람으로서는 불가능해 보일 수 있다. 하지만 원래 수용이라는 말은 긍정적이고 밝은 측면보다는 부정적이고 어두운 측면과 연관되어 더 많이 사용된다. 잘생긴 자기 얼굴을 수용한다는 말보다는 못생긴 자기 얼굴을 수용한다는 말이 더 어울린다. 사실 자신의 좋은 측면, 바람직한 측면, 잘하는 측면, 내세우고 싶은 측면을 수용하지 못할 이유는 없다. 문제는 무엇인가 부족하고 모자라서 피하고 싶은데도 그것을 받아들여야 한다는 데 있다. 진정한 수용은 바로 이처럼 자신의 모자라고 어두운 부분 혹은 숨기고 싶고 바꾸고 싶은 부분, 심지어는 없애고 싶은 부분을 받아들이는 것이다. 자신에 대해서는 물론 타인에 대해서도 마찬가지다. 상대방의 긍정적 측면을 수용하는 것은 그리 어렵지 않다. 하지만 상대방이 범죄를 저지르고, 남에게 피해를 주는 등의 문제행동을 했을 때에도 그를 수용할 수 있을까? 그런 행동조차도 있는 그대로 받아들이는 태도가 바로 진정한 수용이다. 이런 측면에서 '무조건적'이라는 용어는 수용과 잘 어울린다. 상대방의 행위의 옳고 그름이나 좋고 나쁨에 상관없이 그를 있는 그대로 인정하고 받아들이는 것이 바로 무조건적 수용이다. 진정한 수용이란 상대방의 어떤 부분은 인정하고 어떤 부분은 거부하는 것이 아니다. 어떤 기준에 비추어 판단하거나 평가하지 않고 상대방의 생각, 느낌, 행동을 하나의 고유한 전체로서 있는 그대로 모두 받아들이는 것이다.

③ 온정성

수용에는 따스함이 배어 있다. 이 따스함은 부모가 자녀에게 느끼는 감정과 유사하다. 부모는 기본적으로 자녀에 대해 따뜻한 감정을 가지고 있다. 자녀가 부모의 기대를 채워 줄 때는 물론 기대를 저버리고 잘못된 길을 가더라도 자녀에게 향하는 부모의 애정은 변함이 없다. 자녀가 잘하거나 잘못하는 것을 떠나서 부모는 항상 자녀를 진정으로 위하려는 마음이 있다. 자녀의 잘못을 나무라는 순간에도 부모의 마음속에는 자녀에 대한 사랑이 흐르고 있다. 자녀에게 보내는 이 같은 부모의 깊은 애정이 바로 자녀를 성장하게 하는 원동력이 된다.

상담자의 온정 어린 따뜻한 배려는 내담자에게 동일한 기능을 한다. 상담자의 따뜻한 수용은 내담자에게 편안함을 느끼게 해 주고, 마음의 안식처를 찾은 느낌을 준다. 이런 따뜻한 분위기는 관계 형성을 돕고, 내담자가 자기 탐색을 하도록 촉진한다. 상담자가 보여 주는 따뜻한 관심은 내담자에게 성장의 밑거름으로 작용한다. 상처 입고 아픈 마음을 치료하기 위해 먼저 필요한 것은 새로운 목표를 향해 다그치고 몰아가는 것이 아니라 상처를 감싸고 위로하는 일이다. 상처가 아물면서 내담자는 자연스럽게 자기 탐색을 시작하고, 새로운 목표를 향하여 나아가게 된다. 상담자의 온정 어린 수용은 상담의 초기에만 필요한 것이 아니다. 상담의 시작부터 끝까지 상담의 전 과정에 일관성 있게 나타나야 한다.

수용은 사람을 변화시키는 커다란 영향력을 지니고 있다. 다음 예화를 통해서 수용의 놀라운 효과를 이해할 수 있을 것이다.

장발장과 주교

다음날 아침, 미리엘 주교는 여느 때처럼 일찍 일어나 정원을 거닐고 있었다.

그때 마를루아르가 숨을 헐떡이며 달려왔다. "주교님, 은식기, 은촛대가 보이질 않아요! 주교님께서 다른 곳에 두셨어요?" "아니, 나는 모르는 일이오." "그럼 역시 도둑맞은 것이 분명하군요. 그 남자예요. 바로 그 남자가 훔쳐 갔다고요!" 정원의 화초가 누군가의 발에 의해 무참하게 짓밟혀 있었다. 주교가 그것을 애처로운 눈길로 쳐다보고 있는데, 그 자리를 떠났던 마를루아르가 다시 돌아와 말했다.

"그 남자는 없어요. 도망가 버렸어요. 저길 보세요. 저기에서 담을 넘어간 것이라니까요." 담에는 누군가가 넘어간 자국이 선명했다. 주교는 한동안 잠자코 있다가 이윽고 부드러운 목소리로 이야기했다. "그 은식기가 원래 우리 것이었다고 할 수 있을까요? 아무래도 내가 잘못 생각하고 있었던 것 같군요. 그것은 우리 같은 사람들의 것이 아니라 더욱더 가난한 사람이 가져야 할 것이었다는 생각이 드는군요. 어젯밤의 그 남자도 그렇게 가난한 사람 중 한 사람이었으니까요." 마를루아르는 놀란 얼굴로 주교를 향해 말했다. "어떻게 그런 말씀을 하실 수 있어요, 주교님? 앞으로 식사를 하실 때는 어떻게 하지요?" "난 나무 그릇만으로 충분해요."

그들이 식탁에 앉았을 때, 누군가 현관문을 두드렸다.

"예, 들어오세요." 하고 주교가 대답하자 문이 거칠게 열리며 경찰처럼 보이는 세 남자가 한 남자의 목덜미를 잡고 들어왔다. 붙잡혀 온 사람은 바로 장발장이었다. 계급이 높은 경찰이 무엇인가 말하려 하자, 주교는 벌떡 일어나 장발장 곁으로 다가가 말했다. "아, 난 또 누구신가 했네요. 은촛대 한 짝을 잊고 가셨더군요. 그것도 드리려고 했는데." 장발장은 깜짝 놀라 무엇인가 이야기하고 싶은 듯한 표정을 지었으나, 주교는 모르는 척 했다. "그러면 이 남자가 이야기한 것이 사실이란 말입니까? 이상한 차림새가 눈에 띄어 붙잡아 조사해 보니 은식기와 은촛대를 가지고 있기에." "이렇게 말씀드렸겠지요. 이곳에서 묵었는데 선물로 받았다고요." "예, 말씀그대로입니다. 그럼 이대로 놓아 주어도 되겠습니까?" "물론입니다."

장발장은 꿈을 꾸고 있는 것이 아닌가 하는 생각이 들었다. 주교가 내미는 은촛대를 받아들면서 그는 부들부들 몸을 떨었다. 주교는 속삭이듯이 그러나 엄숙한 목소리로 말했다. "내 말을 잘 들으십시오. 이것들은 당신이 참된 인간이 되기 위한 것입니다. 당신은 이미 악의 세계가 아니라 선의 세계에 속한 사람입니다. 이 사실을 결코 잊어서는 안 됩니다."

장발장은 주교의 집을 나서자 도망치듯이 디뉴 마을을 빠져 나왔다. 그리고 앞뒤 생각할 것도 없이 무작정 들길을 걷기 시작했다. 아침부터 아무것도 먹지 않았는데 조금도 시

장기를 느낄 수 없었다. 그의 머릿속은 몹시 어지러웠다. 그때까지 가지고 있던, 인간을 믿지 못하던 생각이 흔들리기 시작하는 것을 그는 느끼고 있었다. 이러한 흔들림이 그를 괴롭게 만들었다. 차라리 경찰에게 끌려가는 편이 낫지 않았을까 하는 생각도 들었다. 그러면 이렇게 마음이 흔들리는 일도 없었을 텐데. 멀리 저편에는 알프스 산들이 이어져 있는 모습이 보였다. 태양은 서쪽으로 기울고 있었다. 장발장은 어찌할 바를 모르고 혼자 들판에 웅크리고 앉아 있었다(강명희 역, 1993, pp. 22-25).

우리가 잘 알고 있는 장발장의 이야기다. 은촛대를 훔친 장발장을 사랑으로 수용하는 주교의 태도는 눈물겹도록 감동적이다. 주교는 장발장의 도둑질을 비난하지도 처벌을 원치도 않았다. 오히려 장발장의 도둑질을 덮어 주고 한 걸음 더 나아가 장발장 본인도 모르는 선한 인간성을 수용하고 있다. 이러한 주교의 태도로 인해 장발장의 내심은 충격과 혼란으로 떨리게 되고, 지금까지 사람들에 대해 가지고 있던 생각이 흔들리게 된다. 주교는 전혀 예상치 못했던 수용의 경험을 장발장의 가슴속에 깊이 새겨 장발장의 인생을 전환시키는 역할을 한 것이다. 단 한 번의 깊이 있는 인정과 수용이 한 사람의 인생을 뒤바꾸어 놓은 것이다. 우리는 주변에서 장발장과 유사한 이야기를 가끔 접한다. 초등학교 시절 어느 선생님의 칭찬 한 마디로 인생의 진로를 결정한 사람, 혹은 힘들고 어려운 시절에 자신의 가능성을 인정하고 도움을 준 사람을 감격스럽게 기억하는 사람을 쉽게 떠올릴 수 있다.

장발장을 수용한 주교의 태도를 살펴보자. 먼저 주교는 이미 저질러진 도둑질에 대해 옳고 그름을 따지지 않았다. 한걸음 더 나아가 주교는 은촛대가 장발장이 참된 인간이 되기 위해 사용될 물건으로 간주하고, 그가 이미 선의 세계에 속한 사람이기 때문에 그의 변화가 기정사실이라고 선포하여 장발장의 현 상태와 미래를 긍정적으로 해석하고 수용하였다. 장발장으로서는 달리 선택할 여지가 없이 주교의 수용 방식에 자신을 맡길 수밖에 없었다. 그는 도둑질을 한 것이 아니라 선물로 받은 것이므로, 처벌이 아니라 기쁨을 누려야 하는 것이다. 그리고 이미 선의 세계에 속한 자이므로 그에 합당한 인생을 살아가는 것이 당연하다. 물론 이런 결론을 얻을 때까지 장발장은 많은 혼란을 경험하지만, 결국 그가 살아간 인생은 이때 방향이 정해진 것이나 다름없다. 주교가 행한 타인 수용은 장발장의 자기 수용으로 이어졌다. 이로 인해 한 사람의 새로운 성장과 변화가 나타나는 과정을 보여 준 장발장 이야기는 수용의 효과를 잘 보여 주고 있다.

수용은 다음과 같은 특성이 있다.

첫째, 수용에는 사람의 인생을 변화시키는 엄청난 힘이 있다. 수용이 일어나는 순간은 짧지만, 그 효과는 사람의 일생을 극적으로 반전시키는 힘이 있다.

둘째, 잘못된 점을 수용해 주는 예상치 못한 수용은 당사자에게 혼란을 일으켜 내면에 커다란 충격을 주지만 결국 긍정적인 방향으로 변화를 유도한다.

셋째, 타인에게 받은 수용은 자기 자신을 수용하도록 이끌어 주고, 결국은 문제에서 벗어나도록 도와준다.

넷째, 수용의 자세에는 비소유적이고 무조건적이며 판단하지 않는 속성이 포함되어 있으며, 사람들에 대한 따뜻한 온정이 스며 있다.

다섯째, 수용에는 현재의 상태를 받아들이는 것과 동시에 이를 극복하고 새로운 경지로 나아갈 수 있다는 미래의 가능성을 존중하는 자세가 포함되어 있다.

(3) 공감적 이해

내담자의 내면세계를 이해하기 위한 상담자의 태도는 '공감적 이해'다. 공감적 이해(empathic understanding)는 상대방의 눈으로 보는 것처럼 보고, 상대방의 귀로 듣는 것처럼 듣고, 상대방의 코로 냄새 맡는 것처럼 냄새 맡는 것을 말한다. 자신을 잠시 제쳐놓고 상대방의 내면으로 들어가 자신이 상대방인 것처럼 생각하고 느끼고 행동하는 것이다. 그러기 위해서는 모든 선입견을 버리고 상대방의 이야기를 경청하고 그 속으로 뛰어 들어가야 한다. 그러다 보면

한순간 메아리가 되돌아오듯 하나가 된 느낌이 드는데, 이것이 바로 공감인 것이다(박성희, 1997).

① 공감의 의미

필자는 두 가지 예화를 통해서 공감의 의미를 생각해 보고자 한다.

첫째는 광대가 자신의 입장을 버리고 공주의 입장에서 느끼고 생각하고 행동함으로써 문제를 해결한 '달과 공주'라는 이야기다.

어린 공주가 하늘에 떠 있는 달이 갖고 싶어서 왕과 왕비에게 달을 따달라고 보챘다. 왕과 왕비는 공주에게 달은 따올 수 없는 것이라고 열심히 타일렀다. 하지만 공주는 들은 체 만 체하며 여전히 달을 따달라고 졸랐다. 공주가 쉽게 물러서지 않자 왕은 유명하다는 학자들을 불러들여 공주를 설득하도록 했다. 그들은 한결같이 공주에게 달은 따올 수 없는 것이라고 말하였다. "공주님, 달은 너무 멀리 있어서 가까이 다가갈 수도 없습니다. 달을 따온다는 것은 불가능합니다." "공주님, 달은 너무 커서 가까이 간다 하더라도 따올 수 없습니다." "공주님, 달에 대해 너무 많이 생각하셔서 병이 든 것 같습니다. 제발 더 이상 달을 생각하지 마세요." 라고 말하였다. 하지만 공주는 뜻을 굽히지 않았다. 달을 따달라는 요구를 들어주지 않자 드디어 공주는 음식은 물론 물조차 먹지 않았다. 왕과 왕비는 설득과 협박을 반복했지만 공주는 서서히 말라가기 시작했다. 그러던 어느 날 공주와 친하게 지내던 광대가 이 소식을 듣고 공주를 만나서 몇 가지 질문을 던졌다.

광대: 공주님! 달은 어떻게 생겼나요?

공주: 달은 동그랗게 생겼지 뭐.

광대: 그러면 달은 얼마나 큰가요?

공주: 바보! 그것도 몰라? 달은 내 손톱만 하지. 손톱으로 가려지잖아!

광대: 그럼 달은 어떤 색인가요?

공주: 달이야 황금빛이 나지.

광대: 알겠어요, 공주님. 제가 가서 달을 따올 테니 조금만 기다리세요.

공주의 방을 나온 광대는 손톱 크기만 한 동그란 황금 구슬을 만들어 공주에게 가져다주었다. 공주는 뛸 듯이 기뻐하였다. 음식을 먹지 않으면서까지 그렇게 원하던 '달'을 드디어 손에 넣은 것이다. 기뻐하는 공주를 바라보며 광대는 슬그머니 걱정이 되었다. 달을 따왔는데 오늘밤 달이 또 뜨면 공주가 뭐라고 할지 염려가 된 것이었다. 광대는 공주에게 말을 건넸다.

광대: 공주님, 달을 따왔는데 오늘밤 또 달이 뜨면 어떻게 하지요?

공주: 이런 바보! 그것을 왜 걱정해! 이를 빼면 새 이가 또 나오지? 그것과 같은 거야. 달은 하나를 따오면 또 나오게 되어 있어. 그리고 달이 어디 하나만 있어? 달은 호수에도 떠 있고, 물 컵에도 떠 있고, 온 세상 천지에 가득 차 있어. 하나쯤 따온다고 문제될 게 없지 (김헌수 등, 2001, pp. 222-223).

이 예화에는 공감적 이해의 본질이 담겨 있다. 공감이란 상대방이 사용하는 어휘의 참된 의미를 밝히는 작업이다. 예화에서 왕과 왕비는 물론 초청받은 학자들은 한결같이 공주가 말하는 달을 으레 자신이 생각하는 달과 같은 것이라고 여겼다. 그러다 보니 달에 대한 자신의 입장을 고집하면서 공주를 설득하는 일로 일관할 수밖에 없었다. 학자들이 한 말을 잘 살펴보면, 결국 학자들은 자기 방식대로 공주가 말하는 달에 대해 판단하고 해답을 내놓고 있다. 자신이 가지고 있는 달에 대한 이해의 틀을 벗어나지 못한 것이다. 사람의 내면에 있는 주관적 세계는 그야말로 그 세계 속으로 뛰어들어야 이해할 수 있는데, 자신의 틀을 고집함으로써 공주의 주관적 세계를 이해할 수 없게 된 것이다. 남을 진정으로 공감하려면 그만큼 상대방이 사용하는 말의 의미, 그 말에 담겨 있는 그 사람만의 감정 등을 정확하게 파악하여야 한다. 이를 위해 상담자는 내담자에게 직접 물어 볼 필요가 있다. 광대가 한 일은 그리 대단한 것이 아니다. 그저 그는 공주가 생각하는 달이 무엇인지 확인하기 위해 몇 가지 질문을 던졌을 뿐이다. 하지만 그 간단한 질문을 통해 공주가 생각하는 달이 무엇인지 분명하게 드러났고, 결과적으로 해결의 실마리를 찾을 수 있었던 것이다.

공감적 이해란 상담자가 내담자 스스로 문제를 해결할 수 있다는 믿음을 가지고 내담자의 흐름을 따라가는 것을 의미한다. 문제해결은 결국 상담자가 아니라 내담자가 하는 것이다. 상담자는 내담자의 문제해결 능력을 믿고 문제를 정확히 이해하기 위해 노력하면 된다. 내담자의 내면세계를 열심히 따라가며 함께 해 줄 때 내담자는 자신의 방식으로 문제를 스스로 해결할 수 있게 된다. 광대가 특별한 설명을 붙이지 않았지만, 공주는 자신의 수준에 어울리는 자신만의 논리로 '달을 따왔는데 또 뜨는 달'을 훌륭하게 설명하고 있다.

두 번째는 파리가 자신의 몸속에 들어갔다는 상상으로 괴로워하는 한 남자를 치료한 '남자와 파리'라는 예화다.

입을 벌리고 자는 버릇이 있는 한 남자가 잠을 자던 중에 파리가 뱃속으로 들어갔다고 생각을 하였다. 그는 거의 미칠 지경이 되었다. 그는 의사를 여러 명 찾아가 보았지만 전혀 도움을 받지 못했다. 의사들은 한결같이 웃음을 터뜨리며, "그것은 당신의 상상일 뿐입니다."라고 말했던 것이다. 어느 날 그는 치료를 잘하기로 이름난 의사가 있는 병원에 찾아갔다. 그 의사는 남자의 배를 만지면서 "그렇군요. 그 놈들이 여기에 있군요!"라고 말했다. 남자는 그 말을 듣고 매우 기뻐했다. 그는 의사의 발을 만지며 경의를 표하고는 이렇게 말했다. "당신은 제 고충을 알아 주는 유일한 분입니다. 지금까지 치료를 잘한다는 의사는 거의 다 만나 보았지만 그들은 모두 제 말을 믿지 않았습니다. 그래서 나는 그들에게 '여보시오, 치료 방법이 없으면 없다고 말하시오. 왜 자꾸 내가 상상에 빠져 있다고 말하는 것이요?' 라고 말했습니다. 이제야 드디어 제 고충을 알아 주는 분을 만났습니다. 당신은 아시지요?' 그러자 의사는 "나는 알아요. 분명히 파리가 당신 뱃속에 있어요. 자, 여기에 누워 눈을 감아요. 내가 당신에게 눈가리개를 하고 그 놈들을 꺼낼 겁니다. 입을 벌리세요. 그러면 내가 그 놈들을 꺼내겠습니다."라고 말했다. 남자가 매우 행복해하며 자리에 누웠다. 의사는 잠시 그를 놔두고 재빨리 집으로 뛰어 갔다. 파리 두 마리를 잡기 위해서였다. 그가 눈을 떴을 때, 의사는 병 속에 갇힌 파리 두 마리를 보여 주었다. 남자는 "이 병을 제게 주십시오. 그 바보들에게 가서 보여 주어야겠습니다."라고 말하고 나서 완전히 회복되었다(김헌수 등, 2001, pp. 224-225).

예화의 주인공이 '내 뱃속에 파리 두 마리가 들어가서 날아다니고 있다.' 라고 생각하는 것은 현실적 기준에서 보면 우스꽝스럽기 짝이 없다. 파리가 입으로 들어가기도 어려울 뿐만 아니라 입으로 들어갔다 하더라도 뱃속에서 이미 소화되어 없어지고 말았을 것이다. 남자가 만난 모든 의사들이 '그것은 당신의 상상일 뿐'이라고 말한 것은 지극히 당연한 반응이다. 문제는 남자가 바로 이 비현실적인 생각 때문에 괴로워하고 있다는 사실이다.

의사는 남자의 논리를 인정하고 여기서부터 해결책을 찾아내고 있다. 남자의 논리는 파리가 입을 통해 자신의 뱃속으로 들어갔고, 그 파리는 여전히 살아서 이리저리 움직이고 있다는 것이다. 남자의 이 논리를 그대로 따라가면, 그의 입을 벌려 파리를 꺼내는 것이 문제를 해결하는 유일한 방법이다. 의사는 자신의 특별한 어떤 생각을 덧붙이지 않고 남자의 생각을 있는 그대로 거울처럼 반영하면서 행동했을 따름이다. 하지만 그 효과는 놀라울 정도로 확실하고 빠르게 나타났다.

상담에서 문제를 호소하는 내담자의 문제 안에 해답의 실마리가 담겨 있는 경우가 많다. 상담자는 내담자의 어떤 것을 바꾸려고 애쓰기보다는 내담자의 논리와 생각을 인정하는 것이 바람직하다. 마치 유도 경기에서 상대방을 자기 힘으로 넘기려고 애쓰다가 상대방의 저항에 부딪쳐 곤혹을 치르는 대신, 상대방의 움직임을 따라가다가 그의 힘을 역이용하여 한

판승을 얻는 것처럼 내담자가 골똘해 있는 문제의 핵심에 들어가 내담자의 논리를 따라가면서 내담자 안에 있는 치유의 힘을 발동시켜 문제를 해결하는 것이 바로 공감인 것이다.

② 역지사지

상담자가 내담자를 공감하기 위해서는 역지사지(易地思之)의 자세가 필요하다. 역지사지란 글자 그대로 상대방의 입장에 서 보는 것이다. 상담자가 내담자를 진정으로 이해하고 공감하며 내담자를 있는 그대로 받아들이기 위해서는 내담자의 입장에 서는 역지사지의 자세가 필요하다. 역지사지의 의미를 이해하는 데 도움이 되는 예화를 소개한다.

> 두 사람이 깜깜한 동굴 안에서 막대기를 가지고 발밑을 더듬는다고 하자. 한 사람은 짧은 막대기를, 다른 사람은 긴 막대기를 가지고 있다고 하자. 두 사람이 자기가 가지고 있는 막대기가 어떤 막대기인지를 모른다면 어떤 일이 일어날까? 짧은 막대기를 가지고 있는 사람은 막대기가 땅에 닿을 때까지 한참을 구부려야 하기 때문에 앞이 내리막길이라고 주장할 것이고, 긴 막대기를 가진 사람은 막대기가 금방 땅에 닿기 때문에 앞이 오르막길이라고 주장할 것이다. 이들은 동굴에 대한 지각이 막대기에 의해 구속되었다는 것을 모르고, 동굴의 모양이 원래 그렇게 생겼다고 생각할 수 있다는 것이다.

상담자가 내담자를 진정으로 이해하기 위해서는 먼저 상담자 자신이 가지고 있는 막대기를 통해 내담자를 이해하고 있다는 것을 깨달아야 한다. 또한 상담자가 가지고 있는 막대기가 절대적이 아니라는 것을 인정할 필요가 있다. 다음으로 상담자는 내담자가 가진 막대기를 통해 세상을 이해하려고 노력해야 한다. 여기서 막대기란 각자가 세상을 바라보고 이해하는 관점이나 시각이라고 할 수 있다. 이러한 상담자의 자세가 바로 역지사지라고 할 수 있다.

역지사지에 대한 이해를 돕기 위해 두 가지 일화를 소개한다.

첫째는 연암 박지원의 글에 실린 일화다. 백호 임제가 잔칫집에 갔다가 술이 거나하게 취하였다. 집에 돌아가려고 잔칫집을 나와 말을 타려는데 하인이 말하였다. "나리! 신발을 잘 못 신으셨습니다요. 왼발에는 가죽신을, 오른발에는 나막신을 신으셨습니다요." 그러자 백호가 대답하였다. "이놈아! 길 왼편에서 보는 자는 내가 가죽신을 신은 줄 알 터이고, 길 오른편에서 보는 자는 내가 나막신을 신은 줄 알 터이니 무슨 상관이란 말이냐? 어서 가자."라고 말하였다 한다. 이 일화는 우리가 사물을 바라볼 때 어느 쪽에서 바라보느냐가 중요하다는 것을 깨닫게 해 준다.

두 번째는 조선시대 명재상이었던 황희 정승의 일화다. 어느 날 집에서 부리는 하인들이 싸움을 하다가 그 중 한 하인이 황희 정승에게 가서 자기가 옳다고 하소연하였다. 그러자 황희 정승은 "네가 옳구나!"라고 말하고 돌려보냈다. 그런데 이번에는 상대방 하인이 와서 자기가 옳다고 주장하였다. 그러자 황희 정승은 다시 그에게도 "네가 옳구나!"라고 말하였다. 옆에서 이를 지켜보던 정승의 부인이 어이가 없어서 "한쪽이 옳으면 한쪽이 그른 것이지 어떻게 양쪽이 다 옳을 수 있단 말입니까?"라고 한마디하자 황희 정승은 다시 부인에게도 "그 말도 옳구려!"라고 말하였다 한다. 황희 정승은 두 하인과 부인의 입장에서 생각하는 역지사지의 자세를 가졌기 때문에 이와 같은 말을 할 수 있었던 것이다.

제4절 이론의 평가

1. 공헌점

첫째, 로저스의 인간중심상담은 인본주의 관점에 입각한 이론으로서 심리학의 제3세력이라고 불릴 만큼 중요한 위치를 차지한다. 심리학의 제1세력인 정신분석은 인간을 비관적인 존재로 바라보았다면, 제2세력인 행동주의는 인간을 기계적이고 수동적인 존재로 이해하였다. 반면에 인본주의에서는 인간을 자유와 존엄성을 지닌 긍정적인 존재로 보았다.

둘째, 로저스의 인간중심상담은 '자기(self)' 이론이라고 불리며, 심리학의 연구 분야에서 자기에 관한 연구를 활성화하는 데 기여하였다. 뿐만 아니라 상담 및 심리치료 장면에서도 내담자 자신이 가지고 있는 잠재력을 발견하고 실현할 수 있도록 돕는 것이 유용하다는 것을 밝혔다.

셋째, 인간중심상담은 치료에서 상담자와 내담자 간의 관계의 중요성을 부각시켰으며,

이를 위해 상담자의 진실성, 수용 및 공감을 강조함으로써 상담자가 지녀야 할 기본적인 철학과 태도를 제시하였다. 또한 상담 장면의 주체는 내담자임을 강조하여, 내담자 스스로 자신의 문제를 해결하도록 상담자가 조력할 것을 주장하였다.

넷째, 로저스는 『상담과 심리치료』라는 저서를 통하여 상담과 심리치료를 연결하고, 당시까지만 해도 심리치료 영역에서만 다루어지던 내담자 문제를 상담자도 다룰 수 있다고 주장하였다. 또한 로저스는 자신의 상담 장면을 테이프에 담아 공개하고 상담기술을 체계화하여 상담을 보편화시켰다.

2. 한계점

첫째, 로저스의 이론은 지나치게 소박한 현상학에 근거하여 의식적으로 표현되는 것을 전적으로 신뢰한다. 그러나 인간은 의식할 수 없는 무의식적인 요인에 의해 행동이 나타날 수 있으며, 인간의 표현은 사실과 다르게 왜곡될 수 있기 때문에, 내담자의 말을 그대로 수용하기에는 무리가 있을 수 있다는 점을 간과하였다.

둘째, 로저스는 상담 장면에서 내담자가 주도적인 역할을 하는 상담을 강조하면서 상담자는 가치중립적이어야 한다고 주장하였다. 하지만 상담과정에서 상담자의 가치중립이 가능할 수 있는가에 대한 의문이 제기된다.

셋째, 로저스의 인간중심상담은 공감과 수용을 통해 내담자의 내면세계의 감정 표현을 강조하여 내담자의 신념이나 사고 등의 인지적 요인뿐만 아니라 행동의 변화를 경시하는 경향이 있다.

넷째, 로저스의 대표 개념 중 어떤 것은 상당히 범위가 넓고 모호할 뿐만 아니라 경험적 증거가 부족하다. 예를 들어, 유기체 경험, 자기 개념, 충분히 기능하는 인간이란 용어들은 너무 포괄적이어서 이해하기 어렵다. 또한 유기체적 평가 과정이라는 선천적 기제가 있다는 증거를 제시하지 못했다.

3. 타 이론과 비교

정신분석과 행동수정 그리고 인간중심을 비교하면 〈표 4-1〉과 같다(김완일 등, 2015, pp. 307-309).

〈표 4-1〉 정신분석, 행동수정, 인간중심의 비교

구분	정신분석	행동수정	인간중심
인간관	비관론, 유전론, 결정론, 전체론	중립, 환경론, 결정론, 요소론	낙관론, 유전론, 자유론, 전체론
성격 구조	이드, 자아, 초자아 (id, ego, super-ego)	가정 안 함	유기체, 자기
성격 발달	심리성적 발달 5단계	구체적 단계 가정 안 함	구체적 단계 가정 안 함
인간 이해	정신 구조 (이드, 자아, 초자아)	관찰과 측정이 가능한 행동	주관적 경험과 감정
행동의 원천	성 본능	강화와 처벌	실현 경향성과 긍정적 존중의 욕구
시제	과거	현재	현재와 미래
부적응의 원인	5세 이전의 외상 경험과 세 가지 성격 체계의 불균형	바람직하지 못한 행동의 강화	자기와 유기체의 경험의 불일치, 현실적 자기와 이상적 자기의 불일치
치료 목적	무의식의 의식화 자아 기능의 강화	바람직하지 못한 행동 소거/ 바람직한 행동 학습	자기와 유기체 경험의 일치
상담자 역할	중간적 역할	적극적 역할	조력자 역할

〈표 4-1〉을 설명하면 다음과 같다.

첫째, 인간의 본성을 보는 관점을 살펴보면, 정신분석은 인간을 비관적이고, 생득적인 성 본능을 타고 나며, 5세 이전의 성과 관련된 경험에 의해 성격이 결정되며, 성격의 세 가지 정신 구조의 조화와 통합을 중시한다. 행동수정은 인간은 선하지도 악하지도 않게 태어나며, 행동이 환경에 의해 결정되며, 인간의 행동을 하나하나 분석하는 요소적인 측면이 강하다. 인간중심은 인간은 무한한 잠재력이 있는 긍정적인 존재, 즉 생득적인 실현 경향성을 가지고 태어나 무한한 잠재력을 가지고 있으며, 자신의 삶을 창조해 나가는 자유로운 존재이며, 인간을 유기체의 관점에서 전체적으로 이해한다.

둘째, 성격의 구조와 발달을 살펴보면, 정신분석은 성격의 구조를 이드, 자아, 초자아의 세 가지 요소로 보았으며, 성감대의 변화에 따른 5단계의 심리성적 발달을 제시하였다. 행동수정은 인간의 성격 자체나 발달 단계를 가정하지 않고 있다. 인간중심은 유기체와 자기가 성격 구조의 중심이 된다고 하였다. 또한 성격 발달 단계를 구체적으로 제시하지 않았으나 적응이나 혹은 부적응에 이르는 성격 발달을 제시하고 있다.

셋째, 인간 이해의 방법과 행동의 원천에 대하여 정신분석은 정신 구조와 과정을 통한 이해, 즉 세 가지 성격 구조의 역동과 과거의 무의식을 강조하였으며, 성 본능을 행동과 에너지의 원천으로 보았다. 행동수정은 관찰과 측정이 가능한 현재 행동을 통한 인간 이해를 강조하였으며, 행동의 원천은 강화와 처벌이라고 하였다. 인간중심은 지금과 여기의 주관적 경험과 감정을 통한 인간 이해를 중시했으며, 행동의 원천은 실현 경향성과 타인에게 긍정적 존중을 받고자 하는 욕구로 보았다.

넷째, 부적응의 원인으로 정신분석은 5세 이전의 성과 관련된 억압된 경험과 세 가지 성격 체계의 불균형 그리고 발달단계의 고착을 들었다. 행동수정은 행동에 대한 바람직하지 못한 강화로 부적응이 생긴다고 하였다. 인간중심은 유기체의 경험과 자기가 불일치하거나 혹은 현실적 자기와 이상적 자기의 차이가 커지면 부적응이 발생한다고 보았다.

다섯째, 상담의 목표와 상담자의 역할을 살펴보면, 정신분석은 무의식에 억압되어 있는 외상들을 의식화하고 자아 기능을 강화시켜야 하며, 이러한 치료 과정에서 상담자는 내담자의 연상을 도와서 따라가는 역할을 강조하였다. 행동수정은 바람직하지 못한 행동을 소거하고 바람직한 행동을 학습하는 것을 목표로, 상담자가 다양한 치료 기법을 적극적으로 사용해야 한다고 주장하였다. 인간중심은 상담자의 세 가지 태도인 진실성, 수용과 공감을 통해 내담자가 자신의 경험을 개방적으로 받아들여 자기와 유기체의 일치를 돕는 것을 목표로, 상담자는 내담자가 스스로 자신의 문제를 해결하도록 도울 것을 제안하였다.

요약

1. 인간중심상담의 출현 배경은 인간이 성본능의 지배를 받는다고 보는 정신분석 입장과 인간을 자극에 대해 수동적으로 반응하는 존재로 보는 행동주의 입장에 대한 반작용과 더불어 수많은 사람의 죽음과 세계의 여러 나라를 황폐하게 했던 두 번의 세계대전으로 인한 인간성 회복에 대한 자성 등이다.

2. 로저스에게 영향을 미친 이론은 후설의 현상학, 랭크의 의지치료, 듀이의 아동중심 교육사상, 형태주의 심리학, 골드슈타인의 유기체이론 등이다.

3. 로저스의 인간관은 낙관론, 유전론, 자유론, 전체론, 주관론적인 관점이다.

4. 인간의 성격은 자기(self)이며, 성격은 유기체와 자기로 구성되어 있다. 그리고 성격발달은 인간의 자아실현 경향성과 타인에게 긍정적 관심을 얻기 위한 욕구가 갈등하는 과정에서 자기와 유기체적 경험 간의 상호작용으로 이루어진다.

5. 부적응은 개인이 부모의 긍정적 존중을 받기 위해 부모의 가치 조건을 따라감으로써 왜곡과 부인이 일어나 자기와 유기체 경험이 불일치하거나 혹은 현실적 자기와 이상적 자기가 불일치할 때 발생한다.

6. 상담의 목표는 내담자가 왜곡과 부인 등의 방어적인 행동을 하지 않도록 돕는 것과 내담자가 살아오면서 경험한 모든 유기체적 경험을 개방적인 태도로 자신의 것으로 받아들여 자기 개념과 유기체적 경험 간의 일치 정도를 높이는 것이다.

7. 상담의 과정은 상담자가 내담자에게 무조건적으로 수용하고 공감하는 태도를 보이게 되며 서로 신뢰관계를 형성하게 되는 '초기 단계', 내담자가 자신에 대한 이해가 깊어지고 지금-여기의 감정에 솔직해지는 '중기 단계', 자신이 부정하고 왜곡했던 경험을 받아들이며, 나아가 스스로 충분히 기능하는 인간에 도달하는 '종결 단계'가 있다.

8. 상담자의 태도에는 성실성과 일치성을 의미하는 '진실성', 비소유성과 무조건성, 온정성 등을 의미하는 '무조건적 긍정적 존중' 그리고 역지사지를 의미하는 '공감적 이해'가 있다.

9. 공헌점은 인본주의에 입각하여 인간의 자유와 존엄성을 강조하고, 자기에 관한 연구의 활성화에 기여하였으며, 치료자와 내담자의 관계의 중요성을 강조한 점 등이다.

10. 한계점은 내담자와의 관계에서 치료자의 가치 중립이 어려우며, 인지적·행동적 요인을 간과하였고, 유기체 경험, 자기 개념 등과 같은 주요 개념이 추상적이라는 점 등이다.

제5장

인지행동상담

제1절 개관

1960년대에 들어서면서 심리학에 대한 관심은 인간의 인지에 중점을 둔 인지이론에 모아지게 된다. 이 시기는 토머스 쿤의 과학 발달의 패러다임과 함께 컴퓨터와 인터넷의 발달로 전 세계가 정보화시대에 접어드는 시점이다. 인간이 외부세계로부터 획득한 정보를 어떻게 지각하고 이해하고 기억하는가에 대한 정보처리이론의 영향으로 인간의 인지 구조와 과정에 대한 연구가 활발하게 진행되었다. 인지이론은 인지 혁명이라는 말이 사용될 정도로 심리학 전반에 걸쳐 급속한 변화를 주도해 오고 있으며, 심리학의 제4세력으로 자리를 굳히고 있다.

인지이론은 심리학의 주류를 이루었던 정신분석과 행동주의가 주장한 인간 이해의 한계를 지적하며, 인지 구조나 신념 체계 등 인간의 정신 내적 과정을 통하여 인간을 이해해야 한다고 주장한다. 그리고 인간 이해를 위한 세 가지 체계인 지·정·의, 즉 생각, 행동, 감정 중에서 무엇보다도 생각이 중요하다는 것을 강조한다. 즉, 개인의 인지, 정서,

행동상의 바람직한 총체적인 변화를 이끌어 내는 데 인지가 선구자적인 역할을 한다는 입장이다.

인지행동상담의 특징은 다른 상담이론에 비해 문제해결 중심으로 이루어지기 때문에 내담자가 겪는 정서적·행동적 문제의 해결책을 신속히 제시하여 짧은 시간에 치료 효과가 나타난다는 점이다. 그리고 개인이 현재 보이는 문제 증상의 원인이 특정한 사건 때문이 아니라 그 사건을 바라보는 개인의 신념체계에 있다고 본다. 따라서 상담자의 역할은 내담자의 역기능적인 비합리적 신념을 논박을 통하여 합리적 신념으로 바꾸어 주어 기능적으로 살아갈 수 있도록 돕는 데 있다.

이 책에서는 인지행동상담의 대표적인 엘리스의 인지·정서·행동치료이론과 벡의 인지치료이론을 중심으로 살펴보고자 한다. 영향을 미친 이론, 생애, 주요 개념, 평가 등에 대한 부분은 『성격심리학(김완일 등, 2015)』을 주로 참조하였다.

1. 이론의 출현 배경

1950년 중반의 심리학의 흐름은 인간행동에 선행하여 일어나는 인간 마음의 구조와 작용에 대해 새로운 관심이 일어나고 있던 시기였다. 여기에서 '구조'라는 것은 전체를 구성하고 있는 여러 요소들의 조직을 의미하며, 또한 일정한 체계가 존재한다는 것을 가정하고 있다. 이는 구조주의(structuralism)라는 철학사상에서 나온 개념으로써 본질적인 요소들 사이의 상호관계 위에 정신적·언어적·사회적·문화적 '구조'가 성립되며, 그 구조에서 개인이나 문화의 의미가 만들어진다는 관점이다. 이러한 시대적인 철학사조인 구조주의는 인문학과 사회과학 등 인간의 문화와 언어 그리고 사회와 관련된 다양한 학문에 영향을 주었으며, 심리학의 제4세력인 인지이론이 출현하는 배경이 되었다.

또한 이 시기는 컴퓨터 기술이 급속하게 발달하여 전 세계를 정보화시대로 만드는 데 기여하였고, 인간을 이해하는 심리학에도 영향을 미쳐 인간의 내적 처리 과정에 컴퓨터 프로그램의 원리를 적용하게 되었다. 더욱이 1956년 MIT공대에서 개최된 정보처리이론 심포지엄을 계기로, 인간의 인지 구조와 과정에 대한 연구가 인지혁명이라 불릴 만큼 활발하게 진행되었다. '정보처리이론(information-processing theory)'은 인간이 외부세계로부터 획득한 정보를 어떻게 지각하고 이해하고 기억하는가에 대한 이론이다. 정보처리이론은 인간의 정신 내적인 처리 과정이 컴퓨터의 입력 및 출력 시스템과 유사하다는 가정에서 출발하였는데, 인지이론은 인간의 인지적인 흐름도 이러한 시스템하에서 이루어진다고 보는 관점이다.

2. 인지행동상담에 영향을 미친 이론

1) 엘리스

엘리스의 이론에 영향을 미친 학자나 이론에는 소크라테스, 에픽테토스, 프로이트의 정신분석이론, 아들러의 개인심리이론, 카렌 호나이의 당위적 횡포 등이 있다.

(1) 소크라테스

엘리스의 인지 · 정서 · 행동 치료(Rational Emotive Behavior Therapy, 이하 REBT) 기법 중에서 내담자의 비합리적 신념체계를 합리적으로 바꾸기 위해 적용하는 논박 과정이 있다. 논박 과정에서는 내담자가 가진 비합리적 신념을 스스로 논박할 수 있도록 돕기 위하여 소크라테스 식 질문법을 많이 사용한다. 소크라테스(Socrates, B. C. 470~399년경)는 "사람들은 자신이 생각하는 것보다 훨씬 더 지적이다."라고 하였다. 이러한 생각 때문에 그는 자신의 학생들에게 기하학의 원리를 가르칠 때 연속적인 질문을 사용했다(박경애, 2008, p. 35). 엘리스는 소크라테스의 영향을 받아서 내담자가 자신의 비합리적 신념을 지지할 수 있는 논리적인 증거가 없다는 사실을 스스로 깨닫도록 내담자에게 계속 질문하는 논박 기법을 사용하였다.

(2) 에픽테토스

그리스 스토아 철학자인 에픽테토스(Epictetus, 55~135년경)는 "인간은 어떤 사물이나 일 때문에 혼란을 겪는 것이 아니라 그것을 대하는 자신의 관점 때문에 혼란을 겪는다."라고 하였다. 뿐만 아니라 그는 인간은 스스로 선택할 수 있으며, 자신의 관점이나 행동을 결정할 수 있는 선천적인 능력이 있는 존재라고 하였다. 이러한 그의 견해는 엘리스의 이론에서 찾아볼 수 있다. 엘리스는 선행사건에 대한 개인의 비합리적 신념체계 때문에 문제 증상이 나타난다고 보았다. 또한 그는 인간을 합리적인 사고나 비합리적인 사고를 할 뿐만 아니라 자신의 사고를 바꿀 수 있는 능력이 있는 존재로 보았다. 이와 같은 엘리스의 관점은 에픽테토스의 영향을 받았다고 볼 수 있다.

(3) 프로이트의 정신분석이론

한때 자신을 정신분석가로 지칭하기도 했던 엘리스(Ellis, 1957)가 "REBT는 프로이트의 사고에 상당한 빚을 지고 있다."라고 말한 것에서도 알 수 있듯이 엘리스는 정신분석이론에 영향을 많이 받았다. 그는 프로이트가 종교를 비과학적인 것으로 간주한 것이나 삶의 목적을 사랑과 일로 본 것에 대해 동의하고 있다. 프로이트는 현실 원리에 따른 자아의 역할을 강조하고 있는데, 이는 엘리스의 합리적인 사고의 특성인 현실성과 유용성의 관점에 영향을 주었다. 또한 엘리스가 인간의 생득적인 경향성, 즉 유전적인 소인을 인정하며, 인간이란 쾌락을 추구하는 리비도 원리의 지배를 받을 뿐만 아니라 성적 기쁨을 추구하는 향락적인 존재로 보는 것 역시 프로이트의 영향을 받은 것이다(박경애, 2008, p. 44).

(4) 아들러의 개인심리이론

엘리스(Ellis, 1957)는 아들러를 가리켜 "나의 주요한 스승 중 한 사람이다."라고 하였다. 이처럼 아들러도 엘리스 이론의 개념적 틀을 형성하는 데 영향을 미쳤다. 아들러는 인간의 정서적 반응과 생활양식은 그 개인의 기본 신념과 관련되어 인지적으로 형성된다고 보았다. 아들러가 인간의 행동에 신념이 영향을 미치며, 내담자들이 자신을 열등하다고 여긴다는 견해는 엘리스가 인지를 강조하고, 비합리적 사고를 핵심 개념으로 간주하는 것과 일맥상통한다고 볼 수 있다.

(5) 카렌 호나이의 당위적 횡포

카렌 호나이(Karen Horney, 1885~1952)는 신정신분석학자다. 엘리스는 호나이 연구소에서 정신분석 훈련을 받은 적이 있다. 그는 신경증 환자가 반드시 무엇인가 되어야만 하거나 혹은 무엇인가를 해야만 한다고 느끼는 것들을 '당위성의 횡포'라고 불렀다(노안영 등, 2013, p. 147). 엘리스의 이론에서 당위적 사고는 호나이의 당위성 횡포의 영향을 받은 것이라고 할 수 있다. 호나이는 사랑을 받아야만 한다는 당위적 사고가 비합리적이라는 것을 확실히 깨닫는 것이 비합리적 사고를 포기하는 첫 번째 단계라고 주장하는데, 이와 같은 호나이의 견해는 엘리스가 치료 장면에서 내담자가 자신의 비합리적 사고를 깨닫도록 하는 데 중점을 둔 점에 영향을 주었다.

2) 벡

벡의 이론에 영향을 미친 이론으로 프로이트의 정신분석이론, 현상학, 칸트의 구조이론, 켈리의 구성 개념 이론, 인지심리학 등이 있다.

(1) 프로이트의 정신분석이론

프로이트의 이론에서는 성격의 구조를 이드, 자아, 초자아로 설명하고 있는데, 이 중 이드는 일차적 과정으로 쾌락 원리에 따라 본능적인 욕구를 머릿속에 떠올려서 욕구를 충족한다. 하지만 심상에만 머무르기 때문에 진정한 충족은 이루어지지 않는다. 근본적인 욕구 충족을 위해 이드에서 자아가 생겨나고, 자아는 현실 원리에 따라 심상으로 떠올렸던 욕구를 대상과 현실적으로 접촉하여 해결한다. 이때 자아는 지각, 학습, 기억, 현실검증 등을 포함하는 이차적인 과정을 수행한다. 프로이트의 성격 구조와 발생에 관한 이와 같은 이론은 벡의 인지치료이론에 영향을 주었다. 벡은 인간의 인지 구조를 네 가지, 즉 스키마, 핵심 신념, 중재적 신념, 자동적 사고로 설명하고 있으며, 가장 근원적인 인지 도식인 스키마를 중심으로 다른 구조 요인들이 파생된다고 보았다.

(2) 현상학적 접근

현상학의 기본 가정은 사건 자체가 행동을 결정하는 것이 아니라, 그 사건을 어떻게 지각하고 해석하느냐가 행동을 결정한다는 것이다. 따라서 한 개인이 특정 상황을 어떻게 지각하고 있는지를 알지 못하면 그를 완전히 이해할 수 없다고 본다. 예를 들면, 한 사람이 으르렁거리는 개를 보고 움찔하는 것은 그 개 자체 때문이 아니라 그가 개를 위협으로 지각했기 때문이라는 것이다. 경험에 대한 주관적인 지각을 중요시하는 이런 현상학적인 관점은 벡의 이론에서 개인의 인지 구조에 따라 같은 상황을 다르게 해석할 수 있다는 관점에 영향을 주었다.

(3) 칸트의 구조이론

칸트(Immanued Kant)는 인간에게는 두 가지의 인식 기능인 '감성'과 '오성'이 선천적으로 존재하며, 이 같은 기능은 고유한 방식에 따라 능동적으로 구성된다고 주장하였다. 감성은 외부로부터 감각적 현상을 받아들여 지각하도록 하는 선천적인 기능이고, 오성은 현상을 나름의 범주로 분석하여 보편성을 부여하는 선천적인 인식 기능이다. 그런데 인간은 감성을 통해 지각할 때, 바깥의 실재를 있는 그대로 이해하는 것이 아니라 자신의 주관적인 방식으로 해석하여 받아들인다는 것이다. 그러므로 칸트는 대상에 대한 개인의 이해를 인간 나름의 해석이라고 말한다. 이러한 칸트의 구조이론은 인지 도식에 따라 상황을 바라보는 관점이 다르다고 주장한 벡의 이론에 영향을 주었다.

(4) 켈리의 개인 구성 개념 이론

켈리(George A. Kelly, 1905~1967)는 '구성적 대안주의'에 기반한 개인 구성 개념 이론을 주장하였다. 구성적 대안주의는 객관적 진실이나 절대적 진리란 존재하지 않으며, 세계는 자신이 해석하는 방식으로 존재한다는 관점이다. 또한 개인 구성 개념이란 개인이 자신의 경험을 표현하거나 세상을 바라보는 방식을 의미한다. 켈리(Kelly, 1955)에 의하면, 인간은 각자에게 주어진 세계를 이해(construct)하려고 노력하는 존재다. 그리고 그는 구성 개념을 세상에 대한 개인의 결론, 해석 또는 추론이라고 정의하였다(홍숙기 역, 2008, p. 164). 벡은 켈리의 영향을 받아 개인마다 가지고 있는 틀이 있다고 보았으며, 이 틀에 따라 외부의 정보를 지각하고 해석하는 것이 달라진다고 하였다. 또한 켈리는 행동 변화에 개인이 지닌 신념의 역할을 중요시하였는데, 이는 벡이 인지를 강조한 것에 영향을 주었다.

(5) 인지심리학

인지심리학(cognitive psychology)은 인간의 마음이 어떻게 작용하는가에 대하여 연구하는 학문이다. 더 구체적으로 설명하자면, 인간이 외부의 정보를 어떻게 수집하고 조직화하는지, 또한 저장된 지식을 생활 장면에 어떻게 활용하는지에 대하여 과학적으로 연구하는 심리학의 한 분야다. 벡의 인지치료이론은 인지 모델을 근거로 하고 있다. 인지 모델에서는 사람들의 감정이나 행동이 어떤 사건에 대한 그들의 지각에 의해 영향을 받는다고 가정한다(최영희 공역, 2007, p. 26). 인지심리학자들은 행동주의가 간과했던 인간의 인지, 관념, 감각, 사고와 같이 마음속에서 일어나는 내적 과정을 밝히려고 노력하였다. 이러한 인지심리학적인 접근은 인간의 인지가 정서와 행동에 영향을 미친다고 주장한 벡의 이론에 영향을 주었다.

제2절 인지 · 정서 · 행동치료이론

1. 엘리스의 생애

앨버트 엘리스

앨버트 엘리스(Albert Ellis, 1913~2007)는 미국 펜실베이니아 주의 피츠버그에서 태어났다. 네 살 되던 해, 아버지의 사업 때문에 뉴욕으로 이사를 간 뒤 엘리스는 인생의 대부분을 뉴욕에서 살았다. 그의 아버지인 헨리 엘리스(Henry Ellis)는 사업가였는데, 집에는 별로 신경 쓰지 않고 집을 떠나 있는 시간이 많았다. 어머니 해티 엘리스(Hettie Ellis)도 집에는 있었지만, 집안 살림과 아이들 양육에는 관심이 없었다. 엘리스가 열두 살이 되었을 때 부모는 이혼을 하였으며, 삼남매 중 장남인 엘리스는 어머니에 대하여 "어머니가 나를 돌본 만큼 나도 어머니를 돌봐야 했다."라고 표현하였다(노안영 등, 2013, p. 437). 이와 같은 말은 엘리스가 부모에게 적절한 양육을 받지 못하였음을 알게 해 준다. 엘리스는 5세쯤에 편도선염 수술을 받았는데, 그 후유증으로 급성신장염이 발병하여 일곱 살 때까지 거의 여덟 번 정도 입 · 퇴원을 반복하였다. 그는 병원에 있을 때에도 부모의 간호를 거의 받지 못했으며, 혼자서 병원생활을 한 적이 많았다. 더욱이 소심한 성격이었던 그는 남 앞에 나서기를 매우 두려워하였다(박경애, 2008, p. 21). 그는 무관심했던 부모, 외향적이나 사려 깊지 못했던 남동생 그리고 불평불만이 많았던 여동생, 잦은 병치레로 불우한 아동기를 보냈다. 그는 이러한 상황을 다음과 같이 회고하였다.

> "저는 인지 · 정서 · 행동치료를 자연스럽게 창안했습니다. 그것은 제가 아주 어린 시절부터 시작된 것이나 다름없습니다. 왜냐하면 그것이 제 타고난 성향이기 때문입니다."(Weiner, 1988, p. 42)

인간의 정신건강은 주어진 상황보다는 그 상황을 어떻게 해석하고 받아들이는가에 달려 있다고 주장한 그의 이론은 자신의 경험이 그대로 반영된 것이라고 볼 수 있다. 그는 자신이 처한 상황에서 독립심과 자율성을 발휘하여 동생들까지도 돌보며 학교생활을 충실히 하였다. 특히 여동생은 우울증과 불안 증세를 보였지만 후에 그는 REBT 기법으로 여동생을 치료하였다. 엘리스는 약함 몸 때문에 늘 건강에도 많은 관심을 가졌으며, 활동적인 일보다는 지적인 일에 주로 몰두하였다. 그는 자신을 극도로 부끄러움을 잘 타는 내성적인 성격으로 묘사하였다. 사춘기를 겪으며 또래 여자아이들과 함께 있는 것을 매우 부끄럽게 여겼던 것이다. 이런 자신의 심리적 어려움을 극복하게 한 브롱스(Bronx) 식물원의 '위험 무릅쓰기 연습(risk-taking exercise)' 일화가 있다.

> 한 달 동안 100명의 소녀들에게 다가가서 말을 걸어보는 것이었다. 단 한 명의 소녀가 데이트 약속에 동의했지만, 결과적으로 그녀는 약속 장소에 오지 않아서 데이트를 하는 데는 성공하지 못했다(천성문 공역, 2013, p. 341).

이러한 훈련을 통해 엘리스는 남들 앞에 나설 때의 불안이나 공포를 극복하고 강연을 즐길 수 있게 되었다. 이와 같은 그의 경험은 그가 자신의 성장을 위해 얼마나 부단히 노력했는지를 보여 준다. 이런 그의 경험은 후에 그의 이론에 반영된 것 같다.

소설가의 꿈을 가졌던 그는 청소년기를 지나는 동안에 다방면에 걸쳐 많은 책을 읽었으며, 16세 때에는 에픽테토스(Epictetus), 스피노자(Spinoza), 칸트(Kant), 러셀(Russel) 등의 글을 읽었다. 그는 1934년 뉴욕의 시립대학교를 졸업하고, 몇 년 동안 작은 회사에 다니며 소설을 썼다. 대학 시절부터 28세가 되어 대학원에 진학하기까지 다수의 책을 저술했지만 결과는 그리 성공적이지 못했다. 특히 그는 그 당시에 소홀히 다뤄지던 성(性)과 가정에 대한 새로운 시각에 관심을 갖고 연구에 매진하였다. 이때 집필한 『무차별 성관계에 관한 사례(The Case for Sexual Promiscuity)』는 여러 출판사에서 출간을 거부당했지만 20년 후인 1965년에 출판되었다(박경애, 2008, p. 24).

그는 28세에 상담자로서의 꿈을 이루기 위해 콜롬비아 대학교에 입학하여 1943년 임상심리학 박사학위를 취득하였고, 자신의 관심사였던 상담과 심리치료를 본격적으로 하게 되었다. 많은 연구를 통해 능력을 인정받은 그는 1950년에는 뉴저지 주의 모든 기관과 연구소를 관장하는 부서의 총책임자가 되었다(박경애, 2008, p. 26). 그는 상담자로서의 기술을 증진하기 위해 '카렌 호나이 정신분석 연구소'의 헐벅(Charles Hulbeck) 박사에게 정신분석 훈련을 받았다(이동귀 역, 2011, p. 38). 그는 내담자를 치료하는 중에 고전적인 정신분석치료가 비용이 많이 들고, 치료에 지나치게 장기간이 소모되는 것을 깨닫게 되면서 보다 효율적인 자신만의 치료 이론을 구상하게 되었다.

1956년 그는 자신의 심리치료 이론을 합리적 치료(rational therapy)로 처음 소개하였다. 하지만 엘리스가 주장하고자 했던 의도와 달리 정서를 배제하고 있다는 비판을 받게 되자 1961년에 정서를 추가하여 합리적·정서적 치료로, 1993년에는 행동적인 측면의 중요성을 강조하여 합리적·정서적·행동치료(REBT)로 명칭을 변경하였다(노안영 등, 2013, p. 436).

엘리스는 세 개 대학의 심리학과 부교수로 재직하면서도 개인 및 집단 REBT 실습과 뉴욕에 있는 자신의 센터인 앨버트 엘리스 연구소에서 심리치료자들을 훈련시키는 일에 몰두하였다. 1959년에 설립된 이 연구소는 워크숍과 심리치료자 훈련, 개인 치료 및 집단 치료를 하는 비영리 기관이었다(천성문 공역, 2013, p. 341).

그는 결혼에 두 번 실패하고, 심리학자이면서 REBT 연구소의 행정 감독관이었던 월피(Wolfe)와 1965년부터 동거하였다. 엘리스는 자녀를 잘 양육할 자신이 없다는 이유로 아이를 낳지 않았지만, 그들은 적절한 관계를 유지하며 서로의 성장을 도우며 살았다(이동귀 역, 2011, pp. 60-63). 엘리스는 평생 동안 다양한 장르에 걸쳐 75권의 책과 800편에 가까운 논문을 집필할 정도로 에너지가 넘치는 사람이었다. 그는 평생 동안 당뇨, 청각 및 시각장애 그리고 다른 신체장애들을 경험하였지만 자신이 주장한 이론을 적용하여 2007년 93세에 세상을 떠날 때까지 건강하고 활력 넘치는 삶을 살았다(노안영 등, 2013, p. 437).

2. 주요 개념

1) 인간관

엘리스의 인간에 대한 관점은 낙관론과 비관론의 중립적, 유전론과 환경론의 양자적, 자유론적, 전체론적, 주관론적 입장이라고 할 수 있다.

(1) 중립적 인간관

엘리스는 인간이 합리적인 사고를 할 수도 있고 비합리적인 사고를 할 수도 있다고 가정한다. 즉, 한편으로는 자기를 보호하고, 행복을 누리고, 사랑하며, 다른 사람과 친분을 맺고, 스스로를 성장시키고, 자신의 성장 가능성을 실현하는 경향성을 가지고 있다는 것이다. 하지만 다른 한편으로는 스스로를 파괴하고, 일을 뒤로 미루고, 실수를 계속 반복하고, 미신에 빠져들고, 참을성이 없고, 완벽하려 하고, 자기를 비난하고, 자신의 성장 가능성을 포기하는 경향성을 가지고 있다는 것이다(이형득 등, 1984, p. 268). 이와 같이 그는 인간이 긍정적인 측면과 부정적인 측면을 동시에 가지고 있다고 보기 때문에 그의 인간관은 중립적인 입장이라고 할 수 있다.

(2) 유전론과 환경론의 양자적 인간관

엘리스는 인간은 유전과 환경의 영향을 동시에 받는다는 입장을 취하고 있다. 먼저 그가 유전의 영향을 중시한다는 근거는 인간이 자기파괴적인 성향을 가지고 태어난다는 데 있다. 즉, 인간은 자신에게 이롭지 않은 비합리적이고 자기파괴적인 신념을 가지고 태어난다는 것이다. 다음으로 그가 환경의 영향을 중시하고 있다는 근거는 인간을 사회적인 존재로 간주한 데서 찾을 수 있다. 즉, 그는 비합리적인 신념의 대부분이 부모와 문화에 의해 습득되며, 타인으로부터 사랑과 인정의 욕구가 적절히 충족되지 않으면 신경증적인 성격이 나타날 수 있다고 보았다. 따라서 엘리스는 인간은 유전과 환경 둘 다의 영향을 받는다는 입장이다.

(3) 자유론적 인간관

엘리스는 인간을 변화가 가능한 존재로 보았다. 인간은 자신의 인지와 정서, 그리고 행동을 바꿀 수 있는 능력이 있고, 자신이 늘 하던 방식과는 다른 방식의 반응을 선택할 수 있다는 것이다. 예를 들면, 인간은 자신의 비합리적인 사고를 합리적으로 바꿀 수 있는 능력을 가지고 있다. 뿐만 아니라 인간은 자신의 정서적 혼란을 그대로 방치하지 않으며, 자신의 여생을 편안한 마음으로 살아가도록 스스로 훈련할 수 있다고 하였다(이형득 등, 1984, p. 268). 즉, 인간은 자신이 가지고 있는 비합리적인 신념들에 의문을 제기하고, 자신을 더 바람직한 방향으로 변화시켜 나갈 수 있다는 입장을 취하고 있기 때문에 그는 결정론보다는 자유론적 인간관에 가깝다고 여겨진다.

(4) 전체론적 인간관

엘리스는 인간을 이해할 때 인지와 정서 그리고 행동을 분리하여 이해할 수 없다는 입장이다. 즉, 인간은 사고하는 동시에 느끼고 행동하며, 이들은 서로 영향을 주고받는다는 것이다. 이러한 상호 인과적 관계는 그의 ABC 모델에 잘 나타난다. 최초에 나타난 개인의 정서적 문제가 새로운 사건이 되고, 이 사건에 대한 신념이 또 하나의 다른 정서와 행동이 포함된 결과를 만들어 낸다는 것이다. 예를 들면, 불안 증세가 있는 내담자는 불안 증세가 언제 또 나타날지 모른다는 생각으로 인해 더욱 우울해지고, 사람들을 피하는 행동을 한다는 것이다. 이는 인지와 정서 그리고 행동의 관계가 단순한 일직선상의 원인과 결과로 작용하는 것이 아니고 서로 영향을 주고받는 관계이기 때문에 세 가지 구조를 전체적인 관점에서 이해해야 한다는 것을 의미한다. 따라서 그는 전체론적인 관점에서 인간의 본성을 보고 있음을 알 수 있다.

(5) 주관론적 인간관

엘리스는 '비합리적인 신념'이란 각 개인이 지닌 독특한 특성으로 사람마다 다르다고 주장한다. 이는 어린 시절에 부모와의 관계나 중요한 타인과의 관계에서 형성되는데, 개인에게 일어난 객관적 사건보다는 그 사건을 바라보는 관점이 한 개인에게 더 중요한 영향을 미친다는 것이다. 엘리스는 '사건보다 사건을 바라보는 우리의 관점'이 사람들을 당황하게 만든다는 에픽테토스의 말을 자주 인용하였다. 이는 똑같은 상황이라도 어떻게 상황을 해석하느냐에 따라 받아들이는 세계가 다르며, 펼쳐지는 세상도 다르게 지각한다는 것으로, 그가 주관적 인간관을 가지고 있음을 잘 보여 준다.

2) 성격의 구조 및 발달

(1) 성격의 구조

엘리스는 성격에 대한 정의를 명확하게 제시하지 않고 있다. 다만 그는 각 개인의 신념체계가 합리적인지 아니면 비합리적인지에 따라 정서와 행동이 달라진다고 하였다. 결국 엘리스의 이론에서 성격이란 그 개인의 신념체계라고 할 수 있다. 그리고 성격은 합리적 사고와 비합리적 사고로 구분되는데, 비합리적 사고는 대체로 네 가지 수준으로 구성되어 있다고 가정한다. 이 네 가지 수준은 자동적 사고, 추론과 귀인, 평가적 인지, 핵심 인

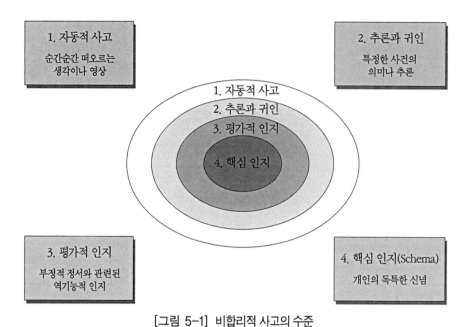

[그림 5-1] 비합리적 사고의 수준

※ 출처: 박경애, 2008, p. 219.

지다. 각 수준은 [그림 5-1]과 같다(박경애, 2008, p. 219).

(2) 성격의 발달

엘리스는 성격의 구체적인 발달단계를 제시하지 않았다. 주로 성격의 변화와 발달을 다루고 있는데, 영향을 미치는 요인으로 성격의 생득적 경향성, 성격의 사회적인 측면 그리고 성격의 심리적인 측면 등을 제시하고 있다.

① 성격의 생득적 경향성

엘리스는 인간은 자기파괴적인 정서와 행동으로 이끄는 비합리적인 신념을 구성하는 생득적인 경향성이 있다고 하였다(Ellis, 1976). 즉, 인간은 자신에게 상처를 입히거나 혹은 비합리적인 방식으로 생각하는 경향성을 타고난다는 것이다. 예를 들어, 인간은 자신에게 나쁜 결과를 가져오는 일이라 해도 그 일에 대한 생각을 바꾸기 어렵고, 바람직하지 못한 목표라 할지라도 욕망을 버리지 못한다는 것이다. 또한 인간은 자신의 뜻대로 세상 일이 이루어지기를 바라고 또 그렇게 되어야 된다고 생각하며, 이루어지지 않았을 때에는 자신과 타인 그리고 세상을 비난하는 경향성을 가지고 태어난다는 것이다(이형득 등, 1984, p. 269).

② 성격의 사회적인 측면

엘리스는 모든 인간은 사회적 관계를 떠나서는 살아갈 수 없다고 보았다. 인간은 다른 사람들의 인정을 받을 때, 자신이 쓸모 있고 가치 있는 존재라고 느낀다. 물론 사회적인 관계 속에서 살아가기 때문에 타인을 생각하지 않을 수 없지만 과도하게 타인들의 시선과 평가를 염려하면 불안이나 우울 등의 정서적인 어려움을 초래하게 된다(천성문 공역, 2013, p. 345). 이와 같은 엘리스의 주장을 통해 그는 개인의 성격 형성에 사회적인 요인들의 영향을 인정하고 있음을 알 수 있다.

③ 성격의 심리적인 측면

엘리스는 슬픔, 유감, 좌절감 등과는 구별되는 정서적 혼란이 비합리적인 신념에서 유발된다고 보았다. 개인은 비합리적인 사고를 통해 불안과 우울을 경험하게 되면, 자신이 불안하고 우울한 것에 대해 또 불안해하고 우울해하는 악순환을 경험하게 된다(노안영 등, 2013, p. 439). 이렇게 반복되고 되풀이되는 심리적인 특성은 개인의 성격에 영향을 미친다.

(3) 핵심 개념

엘리스의 이론에서 주요하게 거론되는 핵심 개념인 REBT이론의 원리와 특징, ABC이론, 비합리적 사고, 인지적 왜곡, 적절한 정서와 부적절한 정서 그리고 부적응의 원인 등을 살펴보고자 한다.

① REBT이론의 원리

REBT이론에서 주장하는 여섯 가지 중요한 원리는 다음과 같다(노안영 등, 2013, p. 442).

첫째, 인지는 인간 정서의 가장 중요한 핵심 요소다. 둘째, 역기능적 사고는 정서장애의 중요한 결정 요인이다. 셋째, REBT의 기본 개념은 우리가 사고하고 있다는 것을 깨닫는 것이기 때문에 REBT는 사고의 분석부터 시작한다. 넷째, 비합리적 사고와 정신 병리를 일으키는 요인들은 유전과 환경의 영향을 포함하는 여러 요소로 이루어져 있다. 다섯째, REBT는 행동에 대해 그 행동에 미친 과거의 영향보다 현재에 초점을 둔다. 마지막으로 비록 쉽지는 않지만, 신념은 변화한다고 믿는다.

엘리스는 인간의 인지, 정서, 행동은 서로 분리되어 존재할 수 있는 것이 아니고 매우 밀접하게 관련이 있으며, 이 세 가지는 서로 상호작용을 한다고 보았다. 이 세 가지 심리구조의 상호작용은 [그림 5-2]와 같이 표현할 수 있다(박경애, 2008, p. 41).

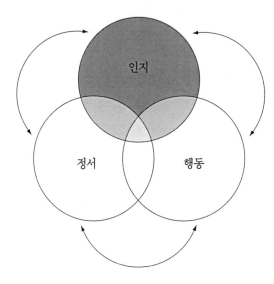

[그림 5-2] 인간의 심리구조

[그림 5-2]와 같이 그는 인간의 인지가 정서와 행동을 결정하기 때문에 인지가 인간의 정신건강에 가장 중요한 역할을 하고 있다고 보았다(Ellis & Dryden, 1987). '인지'란 용어는 '영적 세계 또는 미지의 세계를 알다 또는 경험하다.'라는 의미를 지닌 'cognosco'에서 파생되어 지금은 비교적 넓은 의미로 사용된다. 심리학자들 사이에서도 인지, 사고, 지각, 이해 그리고 기억이라는 용어 사이의 명확한 경계를 내리기는 어렵다고 말하고 있다. 인지는 사고, 신념, 기대, 귀인 등의 인지적 활동과 지각체계를 모두 포함한다고 볼 수 있다.

② REBT이론의 특징

REBT이론의 특징을 살펴보면 다음과 같다(박경애, 2008, pp. 138-149).

첫째, REBT이론은 인간의 심리적 장애의 원인과 치료에 인지를 강조한다. 인간의 기능적인 측면에 인지가 중요하다는 입장은 엘리스 이전의 다양한 학자들도 주장하여 왔지만,

엘리스는 역기능적인 인지를 수정하는 이론적인 틀과 방법을 구체적으로 제시하였다.

둘째, REBT이론은 ABC모델을 제시하고 있다. 엘리스는 내담자를 치료할 때 비합리적인 사고를 찾아내어 논박을 하는 데 초점을 두었다. 대부분의 다른 인지치료자들은 내담자의 인지적 왜곡에 집중하여 이러한 생각을 수정하려고 한 반면에, 엘리스는 인지적 왜곡의 기저에 깔려 있는 비합리적인 당위적 사고를 찾아내려고 하였다. 이는 그가 인간의 정서적인 장애의 원인이 비합리적이며 역기능적인 신념에 있다고 보았기 때문이다.

셋째, REBT이론은 인간의 심리적 장애의 치료 효과를 지속시키기 위해서 철학적 변화를 강조한다. 철학적 변화란 개인이 자신의 기본적인 삶의 태도와 가치를 변화시키는 것을 의미한다. 예를 들면, 장기적 향락주의라든지 융통성, 자기수용과 같은 가치들을 받아들이는 것은 개인의 행복에 많은 영향을 미친다고 보기 때문이다.

넷째, REBT이론은 심리적 장애를 다루는 자기조력적(self-help) 접근의 중요성을 강조한다. 이는 치료에 내담자 자신의 노력이 중요하다는 것을 의미한다. 엘리스는 자가기록지를 사용하거나 수치심 공격하기, 위험 무릅쓰기 연습 등 내담자가 스스로 할 수 있는 기법을 다양하게 개발하였다.

다섯째, REBT이론은 치료자의 적극적이며 지시적인 역할을 강조한다. 정신분석과 인간중심이론가들처럼 치료자가 내담자 스스로의 통찰과 변화를 도와야 한다는 소극적인 역할에 찬성하지 않고, 치료자가 치료 장면에서 보다 적극적이고 지시적인 역할을 할 때 내담자의 변화에 도움이 된다고 하였다.

여섯째, REBT이론은 치료자와 내담자의 관계를 강조한다. 엘리스는 내담자가 치료자에게서 느끼는 과도한 따뜻함은 라포 형성에는 도움이 되지만 치료자에게 의존하게 되고 상담회기도 길어지게 되는 등의 부작용을 유발할 수 있다고 하였다. 하지만 엘리스는 치료자의 무조건적 수용과 자기개방적인 태도 그리고 유머 사용 등 내담자와의 관계 형성에 도움이 되는 태도를 강조하고 있다.

일곱째, REBT이론은 중다양식적인 접근을 강조한다. 엘리스는 치료적인 접근을 할 때, 다양한 측면의 기법들을 활용할 것을 권장하였다. 그는 주로 언어적 논박을 통하여 내담자의 비합리적인 신념을 수정할 수 있도록 도왔지만, 다른 인지적 · 정서적 · 행동적인 기법도 다양하게 사용하였다. 이는 사람마다 자신의 비합리적인 신념을 수정하는 방법이 다르다고 보았기 때문이다.

③ ABC 모델

ABC 이론에서 A(activating events)는 선행사건이며, B(belief system)는 그 사람의 신념체계이고, C(emotional consequence)는 정서적·행동적 결과를 의미한다. 엘리스는 어떠한 선행사건 A가 정서적·행동적 결과인 C의 직접적인 원인이 되는 것이 아니라, 선행사건 A에 대한 그 사람의 신념체계인 B가 C의 원인이 된다고 하였다. 즉, 어떤 사건이 발생했을 때, 그 사람의 신념체계가 합리적인지 비합리적인지에 따라서 결과가 다르게 나타날 수 있다는 것이다. 이 같은 신념체계는 선행사건이 즐거운 것이고, 자신의 목표에 도움이 되는 것일 때에는 개인에게 유용한 방향으로 잘 기능한다. 하지만 선행사건이 자신의 목표에 도움이 되지 못하면, ABC 이론 체계 내에 심리 장애의 잠재 요인이 촉발된다.

일반적으로 대부분의 사람은 선행사건 때문에 결과가 나타났다고 생각한다. 예를 들면, 성적이 떨어져서 자살하거나, 이성 친구와 헤어져서 우울증에 걸렸다고 생각하는 것이다. 하지만 엘리스는 결과가 나타난 것은 선행사건 때문이 아니라 선행사건에 대한 개인의 신념체계 때문이라고 말한다. 앞의 예에서 성적이 떨어진 사람은 더 이상 살아갈 이유가 없다는 생각 때문에 자살을 할 수 있으며, 이성 친구와 계속 만나지 못하면 삶이 더 이상 의미가 없다는 생각 때문에 우울증에 빠진다는 것이다.

④ 비합리적 사고
• 비합리적 사고의 예

엘리스는 인간이 타고난 경향성과 어려서부터 부모나 사회문화적 영향으로 형성된 여러 가지 비합리적인 사고를 〈표 5-1〉에 제시하였다(이형득 등, 1984, pp. 272-276).

엘리스는 앞에 제시한 비합리적 신념 대부분이 부모나 문화의 가르침에서 나온 것이며, 대부분의 성인이 이런 신념을 가지고 있다고 말한다. 결과적으로 통계상 정상이라고 하는 대부분의 사람도, 비합리적 사고로 특징지어지는 신경증적인 경향을 지니고 있다(이형득 등, 1984, p. 276).

• 비합리적 사고의 요소

엘리스는 비합리적 사고는 당위적 사고, 과장적 사고, 자기비하적 사고 그리고 낮은 인내성으로 구성되어 있다고 하였다(박경애, 2008, pp. 90-92). 비합리적 사고의 네 가지 요소는 〈표 5-2〉와 같다.

〈표 5-1〉 비합리적 사고의 예

- 자신은 주위의 모든 사람에게 항상 사랑과 인정을 받아야만 한다.
- 가치 있다고 여겨지기 위해서는 완벽하리만큼 유능하고, 적절하며, 성취를 해야만 한다.
- 나쁘고, 사악하며, 악랄한 사람들은 반드시 비난과 처벌을 받아야만 한다.
- 일이 바라는 대로 되지 않는 것은 곧 무시무시한 파멸이다.
- 사람의 불행은 외부 환경 때문이며, 사람으로서는 어쩔 수 없는 일이다.
- 위험하거나 두려운 일은 항상 일어날 가능성이 있는 것으로 커다란 걱정의 원천이 된다.
- 어떤 어려움이나 주어진 자기 책임을 직면하는 것보다는 이를 피하는 것이 더 쉬운 일이다.
- 사람은 타인에게 의존해야만 하고, 자신이 의존할 만한 더 강한 누군가가 있어야만 한다.
- 과거의 경험이나 사건은 현재의 행동을 결정하며, 사람은 과거의 영향에서 벗어날 수 없다.
- 사람은 주위의 다른 사람들이 문제나 혼란에 처하는 경우, 자신도 당황할 수밖에 없다.
- 모든 문제에는 가장 적절하고 완벽한 해결책이 반드시 있으며, 그것을 찾지 못하면 파멸이다.

〈표 5-2〉 비합리적 사고의 요소

종 류	내 용
당위적 사고	• 모든 비합리적인 사고의 핵심이 됨 • 자신에 대한 당위성, 자신과 가까운 타인들에 대한 당위성, 세상의 조건에 대한 당위성 등이 있음
과장적 사고	• '현실을 있는 그대로 직시하기보다는 훨씬 더 과장해서 생각하는 것 • '……이 끔찍하다.' '……하면 큰일 난다.' 등 • 엘리스는 과장적 사고에 대해 파국화(awfulizing)라는 용어를 사용함
자기비하적 사고	• 어떤 실패처럼 보이는 상황을 통해 자기 자신을 무가치하게 여기는 것 • '……한 것을 보니 나는 무가치한 사람이다.' 라는 식으로 자신을 규정 • 임의적 추론에서 발생되며, 지나친 일반화에서 비롯됨
낮은 인내성	• 낮은 인내성은 인간에게는 조급한 성향이 있기 때문인데, 자신의 욕구가 좌절되는 상황을 견디지 못함 • '이건 너무 어려워.', '나는 이 중압감을 참을 수 없어.' '너무 놀라서 아무 것도 할 수 없어.' 등과 같은 진술

〈표 5-2〉와 같이 당위적 사고는 '반드시 해야만 한다.' 라는 생각이며, 과장적 사고는 현실을 사실보다 과장하여 생기는 것이고, 자기비하적 사고는 자신의 가치를 총체적으로 평가(global rating of human worth)하지 못하여 자신을 낮추는 것이며, 낮은 인내성은 조

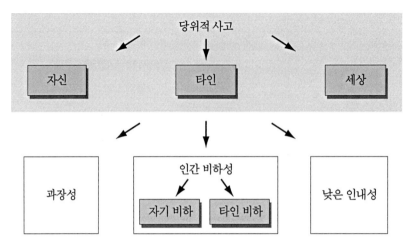

[그림 5-3] 비합리적 사고의 구성요소들의 관계

※ 출처: 박경애, 2008, p. 92.

급함으로 인해 자신이 바라는 것이 좌절되는 상황을 견디지 못하는 것을 의미한다. 이 네 가지 요소는 인간의 합리적인 사고를 방해한다.

앞에서 살펴본 비합리적 사고의 네 가지 요소들의 관계는 [그림 5-3]과 같다.

[그림 5-3]을 보면, 비합리적 사고의 핵심은 자신과 타인과 세상에 대한 당위적 사고이며, 이 당위적 사고에서 과장성, 인간 비하성, 낮은 인내성이 파생됨을 알 수 있다.

• 비합리적 사고의 기준

쿠엔(Kuen, 1970)은 논리성, 현실성, 실용성 등의 측면에서 합리적 사고와 비합리적 사고를 비교하였다. 이에 더하여 엘리스는 융통성, 정서적 · 행동적 결과의 파급 효과 측면

〈표 5-3〉 합리적 사고와 비합리적 사고의 비교

특 성	합리적 사고	비합리적 사고
논리성	논리적으로 모순이 없다.	논리적으로 모순이 있다.
현실성	경험적 현실과 일치한다.	경험적 현실과 일치하지 않는다.
실용성	삶의 목적 달성에 도움이 된다.	삶의 목적 달성에 방해가 된다.
융통성	융통성이 있고, 경직되어 있지 않다.	절대적 · 극단적이고, 경직되어 있다.
파급 효과	적절한 정서와 적응적 행동에 영향을 준다.	부적절한 정서와 부적응적 행동을 유발한다

을 추가하였다. 엘리스가 말하는 합리적 사고와 비합리적 사고의 차이는 〈표 5-3〉과 같
다(박경애, 2008, p. 75).

⑤ 적절한 정서와 부적절한 정서

엘리스의 이론은 인간의 사고에 초점을 두고 있기 때문에 정서 부분은 간과하고 있다
는 비판을 받기도 하지만 인간의 정서 또한 매우 중요시하였다. 엘리스(1979b)는 인간의
정서를 적절한 정서와 부적절한 정서로 구분하였다. 먼저 적절한 정서는 욕망(desiring),
원망(wishing), 선호(preferring) 등과 같이 느낌이 좌절되거나 차단될 때 일어나는 감정으
로, 긍정적인 것과 부정적인 것이 있다. 긍정적인 정서에는 사랑, 행복, 쾌락, 호기심 등
이 있고, 부정적 정서는 불쾌감이나 걱정 등이 있다. 인간이 이 같은 정서를 느끼는 것은
지극히 자연스러운 현상으로, 부정적인 자극을 받는 상황에서는 부정적인 정서를 느끼는
것이 건강하다고 볼 수 있다.

다음으로 부적절한 정서는 우울, 불안, 절망감, 적개심, 무가치감 등과 같은 감정이다.
이러한 정서의 대부분은 사람들이 싫어하는 어떤 상황이나 조건을 바꾸도록 도와주는 것
이 아니라 더 악화시키는 경향이 있다. 예를 들어, 길을 가다가 돌멩이에 걸려 넘어졌을
때, 화를 내고 욕을 하다보면 다른 돌멩이에 걸려서 또 넘어질 수 있다. 이러한 부적절한
정서는 강한 욕망이나 원망 그리고 선호 때문이 아니라 '반드시 해야만 한다.'라는 당위
적 사고에서 비롯되는 비합리적인 신념에 원인이 있다(이형득 등, 1984, p. 281).

⑥ 인지적 왜곡

엘리스는 이러한 비합리적인 신념에서 인지적 왜곡이 생겨난다고 하였다(박경애, 2008,
pp. 92-93). 여러 가지 인지적 왜곡을 〈표 5-4〉에 간략하게 제시하였다.

〈표 5-4〉 인지적 왜곡의 종류

종 류	내 용
과잉 일반화 (overgeneralizing)	한 가지 경우가 옳다면 다른 비슷한 경우에도 모두 적용될 수 있다고 믿는 것
선택적 추상화 (selective abstraction)	사건의 일부나 세부사항만을 기초로 결론 내리고, 전체 맥락에서 중요 한 부분을 간과하는 것

종 류	내 용
과도한 책임감 (excessive responsibility)	자신이 모든 잘못된 일과 실패 등에 책임이 있다고 생각하는 것
인과성의 영속성 가정 (assuming temporal causality)	과거에 사실이었다면 앞으로도 영원히 사실일 것이라고 믿는 것
자기참조 (self-references)	실제로 그럴 만한 이유가 없음에도 '나는 모든 사람의 관심의 초점이 다.' '나는 불행의 원인이다.' 라고 생각하는 것
재앙화 (catastrophizing)	항상 최악을 생각하고, 그것이 언제든지 자신에게 일어날 수 있다고 생 각하는 것
이분법적 사고 (dichotomous thinking)	모든 것을 흑 아니면 백 두 가지 극단으로 생각하는 것
인위적 추론 (arbitrary inference)	결론을 지지할 만한 증거가 없거나 결론과 반대가 되는 증거가 있음에 도 특정한 결론을 내리는 것
극대화와 극소화 (magnification and minimization)	어떤 사건의 중요성을 지나치게 극대화하여 과장되게 평가하거나 또 는 극소화하여 그 중요성을 무시하는 것
비현실적인 결론 (unrealistic conclusion)	현실에 전혀 맞지 않는 결론을 내리는 것
불합리한 추론 (non sequitur)	정의롭지 않고 귀찮은 것들이 나를 괴롭힌다면 그것은 절대적으로 재 난이 된다고 결론을 내리는 것
정의하거나 반복하는 말 (difinitional or tautological statement)	자신이 어떻게 상황을 정의하느냐 하는 것이 바로 진리라고 믿는 것
신학적 결론 (theological conclusion)	운명은 자신을 가치 없는 인간으로 여기거나 자신의 실패에 대해서 과 도하게 응징한다고 믿는 것
자기파괴적 결론 (self-defeating conclusion)	자신은 가치 없고 바람직하지 못한 사람이어서 자신이 성공하려던 것 이나 즐기는 것이 아무 소용이 없다고 믿는 것
이차적인 장애 결론 (secondary disturbance conclusion	자신의 비합리적 생각과 무가치한 정서는 자신이 얼마나 부적절하며 가치 없는 인간인가를 증명하는 것으로 받아들이는 것
절망적 결론 (hopeless conclusion)	자신은 결코 혼란된 정서와 생각, 행동을 고칠 수 없으며, 정말로 절망 적이라고 결론을 내리는 것
자기성찰적 결론 (self-reflective conclusion)	자신의 무가치감은 의심할 여지없이 사실이어서 그것들은 아무리 바 꾸려고 해도 소용이 없다고 믿는 것

⑦ 부적응의 원인

엘리스는 인간이 부적응을 보이는 원인으로 자기파괴적인 성향과 학습된 비합리적 신념을 들고 있다. 구체적으로 살펴보면 다음과 같다.

• 자기파괴적인 성향

엘리스는 인간이 자기파괴적인 성향을 가지고 태어난다고 보았다. 예를 들면, 사람들은 자신이 가지고 있던 사고가 더 나쁜 결과를 가지고 올지라도 그 사고를 잘 바꾸지 못하고, 분명히 좋지 않은 습관인데도 버리지 못하는 선천적인 경향을 가지고 있다는 것이다. 엘리스는 심각한 수준의 혼란을 경험하는 사람(정신병, 경계선성격장애, 강박신경증 등)은 그 원인이 환경적인 스트레스뿐만 아니라 생화학적 이상에도 있다고 하였다(Ellis, 1991). 이는 기질적으로 타고난 성향이 정신적 문제나 부적응에 영향을 미친다는 것을 의미한다.

• 학습된 비합리적 신념

엘리스는 인간을 합리적인 올바른 사고를 할 수도 있고 비합리적이고 왜곡된 사고를 할 수도 있는 존재로 보았다. 합리적인 사고는 인간을 성장하게 하는 반면, 당위적인 사고에서 기인하는 비합리적인 사고는 인간의 성장 가능성을 방해한다. 엘리스에 따르면, 대부분의 정서장애의 핵심은 자신이 세운 기준에 미치지 못할 때 자신을 비난을 하는 데 있다고 하였다. 우리가 정서적 혼란에 빠져 있을 때는 '반드시 해야 한다.' 와 '당연히 해야 한다.' 등의 당위적인 신념을 주의 깊게 살펴야 한다. 이러한 요구는 분열적인 감정과 역기능적 행동을 만들어 낸다(조현춘 공역, 2013, p. 269). 즉, 생득적인 비합리적인 사고와 아동기의 주요한 타인과의 관계에서 학습된 비합리적 신념으로 인해 자기암시나 자기반복 과정을 겪고, 이것이 곧 정서적 · 행동적인 부적응을 나타내게 된다는 것이다.

⑧ 도식화

엘리스는 내담자의 비합리적 신념을 확인하고 논박을 통하여 비합리적 신념을 합리적 신념으로 변화시킨 다음에 긍정적인 효과가 나타나는 일련의 치료 과정을 ABCDEF 모델로 제시하였다. 예를 들면, 한 청년이 입사 시험에 떨어진 사건이 있다고 할 때(A: 선행사건), 그는 우울한 상태에 빠지거나 모든 것을 포기하려는 극단적인 생각을 할 수 있다(C:

결과). 그런데 이러한 결과(C)는 선행사건(A) 때문이 아니라 선행사건(A)에 대한 비합리적 신념(IrB: 나는 시험에 떨어지면 절대 안 된다, 시험에 떨어진 나는 살 가치가 없어 등) 때문에 나타난다는 것이다. 이때 치료자는 논박(D: 이런 생각의 근거가 뭐지? 다른 사람도 떨어졌어! 이러한 생각이 어떤 도움이 되지? 등)을 통해서 비합리적인 신념을 합리적인 신념으로 변화시켜 정서적 건강(E)을 꾀하고 이로써 새로운 감정이나 행동(F)을 이끌어 낼 수 있다고 보았다.

REBT이론에서 ABCDEF 모델을 도식화하면 [그림 5-4]와 같다.

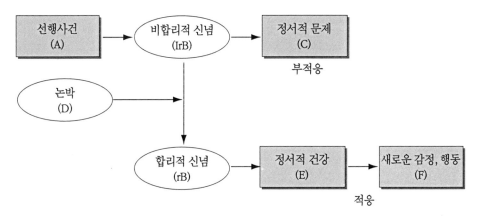

[그림 5-4] 엘리스의 REBT이론의 도식화(ABCDEF 모델)

[그림 5-4]를 설명하면 다음과 같다.

첫째, A(Activating Event)는 선행사건이며, B(Irrational Belief: IrB)는 사건에 대한 내담자의 비합리적인 신념이다. C(Consequnce)는 A(선행사건)에 대한 B(내담자의 비합리적 신념) 때문에 생겨난 내담자의 부정적인 정서적 문제다. D(Dispute)는 부정적인 결과를 가져 온 원인이 되는 비합리적인 신념을 논박하는 것이며, E(Effect)는 논박의 결과로 나타난 효과로써 정서적 건강의 회복을 뜻한다. 그리고 F(Feeling)는 논박을 통해 바뀐 합리적 신념에서 비롯된 새로운 감정이나 행동을 의미한다. ABCDEF 모델에 대한 이해를 돕기 위해 필자가 상담한 사례를 소개하고자 한다.

필자는 부부간의 심한 갈등으로 이혼은 고민하는 30대 중반의 여성을 상담한 적이 있다. 필자는 그녀에게 ABCDEF 모델을 적용하여 상담하였다. 선행사건(A)은 남편과 의사소통이 되지 않아 부부싸움이 잦은 상황이며, 그로 인한 정서적 문제(C)는 화가 나고 우울하며 무기력한 감정이었다. 선행사건에 대한 내담자의 비합리적인 신념(IrB)은 '내 말과 의도는 남편에게 반드시 수용되어야 한다.'와 '나는 남편에게 절대로 지면 안 된다.'는 것이었다. 필자는 내담자의 이와 같은 비합리적 신념을 논박(D)하였다. 이러한 논박의 과정을 통하여 내담자는 '타인에게 인정받아야만 한다.'는 핵심 사고를 가지고 있다는 것을 발견하게 되었다. 그리고 그러한 비합리적인 신념이 남편과의 관계뿐만 아니라 다른 인간관계에도 영향을 미치고 있음을 알게 되었다. 결국 이와 같은 비합리적 신념은 합리적인 신념(rB)인 '나는 남편에게 인정을 받으면 좋겠지만 인정받지 못할 수도 있다.'로 바뀌었으며, 분노와 무력감이 없어지고 정서적인 안정을 찾게 되었다(E). 그리고 지속적인 노력을 통하여 부부간의 갈등이 해결되었다(F).

3. 상담 목표 및 방법

1) 상담 목표

REBT의 일차적인 상담 목표는 내담자가 가지고 있는 비합리적인 신념을 합리적인 신념으로 바꾸는 데 있다. 그리고 내담자가 정서적 고통과 자기패배적인 행동을 줄여 자신의 잠재력을 발휘하고, 행복한 삶을 누릴 수 있도록 돕는 데 있다. 이를 위해서 상담자는 내담자가 합리적 사고를 통해 적절한 감정을 느끼고, 삶의 목표를 달성할 수 있도록 조력하여야 한다. 또한 상담자는 내담자의 문제 증상을 없애는 데 관심을 가질 뿐만 아니라, 문제를 일으키는 내담자의 삶의 철학이 무엇인지 확인하고, 문제의 주된 원인이 되는 내담자의 신념이나 가치를 새롭게 정립하여 증상의 근원을 없애기 위해 노력한다. 이처럼 REBT 상담의 궁극적인 목적은 내담자의 신념과 가치를 변화시키는 데 있다.

2) 상담 과정

REBT의 상담 과정은 ABCDEF 모형을 실천하는 과정이다. 실제 상담 과정은 선행사건

(A)부터 감정(F)까지 순서대로 진행되는 것이 아니라, 내담자가 호소하는 부정적인 감정 (C)에서 출발하여 감정을 촉발한 사건을 확인하고, 그 사건과 부정적 감정 사이의 신념 (B)을 찾는 순서로 진행되는 것이 일반적이다(권석만, 2013, p. 216). 즉, 내담자가 현재 겪고 있는 정서적 · 행동적 결과(C)를 탐색하고, 이런 정서적 · 행동적 결과를 가져온 선행 사건(A)을 확인하여 원인이 되는 사고체계나 신념(B)을 찾아 논박(D)함으로써 정서적인 건강회복의 효과(E)와 새로운 감정(F)을 가져올 수 있도록 조력하는 과정이다. 상담의 진행 단계를 구체적으로 살펴보면 다음과 같다.

(1) 1단계: 내담자의 정서적 · 행동적 결과 탐색(C)

부대 내 상담은 자발적이든 비자발적이든 내담자가 감정적으로 부적응을 경험하기 때문에 상담 장면에 온다. 1단계에서 내담자는 자신이 경험하는 정서적 · 행동적 어려움을 털어놓는다.

(2) 2단계: 선행사건 탐색(A)

상담을 통해 부적절한 정서나 행동을 유발시킨 사건(A)을 찾아 구체적으로 확인한다. 이 과정에서 주의할 점은 내담자가 있는 그대로의 현실을 파악하도록 해야 한다. 내담자들은 선행사건에 대해 부정적 감정을 지니고 있는 상태이므로, 객관적인 사실과 주관적인 지각을 혼동하는 경우가 많다.

(3) 3단계: 정서적 · 행동적 결과의 원인이 되는 신념이나 사고 탐색(B)

이 단계에서는 내담자가 자기보고를 통해 '~하지 않으면 안 된다.' '~해야만 한다.' 와 같은 비합리적인 신념을 찾도록 상담자가 조력해야 한다. 아울러 상담자는 내담자가 지닌 비합리적 신념을 확인하고 평가해야 한다. 이를 통해 내담자는 자신의 비합리적인 생각이 정서적 · 행동적 문제를 지속시키고 있다는 것을 알게 되며, 자신의 합리적 신념과 비합리적인 신념을 구분하는 법을 배우게 된다.

(4) 4단계: 논박(D)

REBT이론의 핵심은 논박을 통해 내담자가 지니고 있는 신념의 합리성을 평가하고, 비합리적인 신념을 합리적으로 변화시키는 것이다. 내담자들은 선행사건 때문에 정서적인 문제와 부적응적인 행동이 나타난다고 생각하지만 REBT이론에서는 비합리적인 신념이나 사고가 정서적 · 행동적인 결과를 유발시킨다고 본다. 상담자는 내담자가 비합리적 신념을 지니고 있다는 사실만 깨닫게 해서는 안 되며, 반드시 사고를 수정하고 비합리적인 신념을 버릴 수 있도록 도와야 한다. 이를 위해서는 내담자가 자신이 지닌 비합리적 신념을 이해하도록 조력하며, 필요할 경우 상담자가 직접적으로 논박을 하거나, 합리적인 신념의 예시를 들어주고 시범을 보여 주기도 한다.

(5) 5단계: 정서적 건강 회복(E)과 새로운 감정 및 행동 경험(F)

논박을 통해 합리적인 사고로 전환되면, 정서적 · 행동적으로 건강을 회복하고 새로운 감정과 행동을 보이는 긍정적 결과가 나오게 된다. 합리적 사고를 발견하고 삶에 대한 효과적인 신념을 갖게 되면, 삶을 보다 더 적응적으로 변화시킬 수 있다. 이런 긍정체험을 통해 내담자는 변화된 합리적 사고가 자신에게 도움이 된다는 것을 깨닫고 지속적인 상담과 과제를 수행하게 하여 내담자가 재조직한 합리적 사고를 바탕으로 삶을 살아갈 수 있도록 조력해야 한다.

3) 상담 방법

REBT의 주된 상담 방법은 논박과 심리상담교육이다. 엘리스는 중다양식적 접근(a mulity-modal approach)을 강조하며, 인지적 · 정서적 · 행동적 기법을 모두 사용할 것을 권장한다(김규식 등, 2013, p. 207).

(1) 인지적 기법

REBT는 지시적인 방식으로 내담자의 문제를 일으키는 비합리적 신념이나 역기능적인 사고 등을 보여 준다. 그런 다음 논박을 통해 내담자들의 현실에서 적응적인 사고를 선택하도록 도와준다. 논박은 내담자로 하여금 자신이 지닌 신념의 타당성과 유용성을 평가하도록 하는 적극적인 개입 방법이다.

① 비합리적 신념 논박하기

REBT에서 가장 많이 사용되는 방법은 내담자가 지닌 비합리적인 신념을 논박하는 것이다. 이를 통해 내담자는 어떤 사건 때문에 심리적 부적응이나 행동 장애를 보이는 것이 아니라, 자신의 지각과 자기 진술 때문에 부적응을 보인다는 것을 깨닫게 된다. 이를 위해서는 비합리적인 신념이 없어지거나 강도가 약해질 때까지 계속해서 질문한다.

② 인지적 과제 주기

상담자는 내담자 스스로 자신의 비합리적 신념에 대한 목록을 만들고 그 신념에 대해 논박하도록 한다. 또한 REBT에 관한 책을 읽게 하거나, 자신이 상담한 내용을 직접 듣고 비합리적 신념을 찾아 논박하는 과제를 줄 수도 있다. 과제는 상담회기 중에 배웠던 인지적 기술을 강화하는 역할을 하며, 다음 상담을 시작하기 전 공백을 연결시켜 준다. 상담자는 과제 부여 후에 반드시 실행 여부를 확인해야 하며, 자신이 지닌 비합리적 신념을 없애기 위한 도전을 잘 실천할 수 있도록 내담자를 격려해야 한다.

③ 내담자의 언어를 변화시키기

REBT에서는 부정확한 언어가 왜곡된 사고를 일으키는 원인 중 하나라고 주장한다. 따라서 상담자는 상담 시에 내담자들의 언어 패턴에 특히 주의를 기울여야 한다(천성문 등, 2014, p. 247). 따라서 '~해야만 한다.' '~하지 않으면 안 된다.' 와 같은 당위적 언어를 '~하면 더 좋겠다.' '~하고 싶다.'로 바꿀 수 있고, 자기비난의 언어를 수용적 언어로 대체할 수 있음을 알려 주어야 한다.

(2) 정서적 기법

REBT에서는 인지적 개입을 강화하기 위해 정서적이고 체험적인 기법을 많이 사용한다(권석만, 2013, p. 220). 즉, 상담자는 내담자가 지니고 있는 신념과 당위적 사고를 구별할 수 있도록 다양한 정서적인 방법을 이용한다(노안영, 2005, p. 356). 이 기법의 목적은 내담자가 자기 정화를 경험할 뿐만 아니라 자신의 사고, 정서, 행동을 변화시키도록 돕고, 무조건적 수용의 가치를 체득하도록 한다(한국군상담학회, 2009, p. 83).

① 합리적 정서 심상법

이 기법의 주된 목적은 내담자가 문제 상황에서 느낄 수 있는 적절하고 건강한 정서를 찾도록 조력하는 것이다(권석만, 2013, p. 221). 우선 습관적으로 부적절한 느낌을 주는 최악의 장면을 생각하게 한다. 그런 다음 내담자가 스스로 부적절한 행동을 적절한 행동으로 바꾸어 보게 한다. 이런 인지 · 정서 심상을 통해 내담자가 스스로 자신의 감정을 적절한 감정으로 변화시키게 되면, 행동 역시 적절하게 변화시킬 수 있다. 또한 이 기법을 통해서 실제 스트레스 상황에서도 적응적인 생각을 떠올려 적절한 감정을 느낄 수 있게 한다.

② 역할 연기

이 기법은 내담자가 심리적 고통을 겪었거나 또는 그러할 것으로 예상되는 상황을 상담자와 함께 체험해 보는 방법이다(권석만, 2013, p. 221). 역할 연기에는 정서적 요소와 행동적 요소가 포함되어 있다. 먼저 내담자가 겪고 있는 힘든 상황에서 어떤 느낌을 가지고 있는지 알기 위해서 직접적 행동을 시도하도록 한다. 역할 연기가 끝나면 내담자에게 역할연기를 하면서 어떤 생각과 감정이 들었는지, 또 역할 연기 중에 바꾸고 싶은 내용은 무엇이었는지 등에 대해 질문을 한다. 이런 시도를 통해 내담자가 자신이 힘들어하는 상황에 자신이 지니고 있는 비합리적 신념이나 사고를 통찰하도록 하고, 내담자가 알게 된 합리적인 신념과 행동을 연습하도록 한다. 이때 상담자는 내담자가 부적절한 감정을 적절한 것으로 바꾸기 위해 내담자가 할 수 있는 행동이 무엇인지 분명히 인식하도록 개입해야 한다. 이 기법은 내담자가 느끼는 힘든 상황의 밑바탕에는 비합리적인 생각이 있으며, 그것을 알게 하는 것을 강조한다.

③ 수치심 공격하기

이 기법은 사람들의 어떠한 행동에 대한 비합리적인 수치심을 제거하는 것을 돕기 위한 것이다. 이 기법은 자신의 행동에 대해 주위 사람들이 어떤 부정적 생각을 할 것이라는 두려움 때문에 하고 싶은 행동도 못하는 사람에게 실제로 그 행동을 해 보게 하는 것이다. 이런 과정을 통해 내담자는 주변 사람들은 내담자 자신에 대하여 별 관심이 없다는 것을 깨닫게 된다.

④ 유머의 사용

유머는 REBT의 정서적 기법 중 가장 인기 있는 기법이다. 엘리스는 사람들이 매사를 진지하게 생각하며 살기 때문에 일상생활에서 유머감각을 잃게 되어 정서적 혼란이 생긴다고 하였다. 상담자는 내담자에게 논박할 때와 조언을 할 때 유머를 사용하여 내담자가 자신의 잘못이나 비합리적 생각을 가벼운 마음으로 바라볼 수 있도록 조력한다. 예를 들면, 내담자가 지닌 비합리적 신념을 노랫가락에 맞춰 부르기를 권하는 것 등이 있다(권석만, 2013, p. 222). 유의할 점은 유머를 사용할 때 비합리적인 신념을 공격해야지 내담자를 공격하면 안 된다는 것이다.

(3) 행동적 기법

행동적 기법은 내담자가 직접 행동을 통해 실천해 보고 검증하는 작업이다. REBT는 행동치료의 한 형태이기 때문에 대부분 행동수정 상담기법을 활용한다. 즉, 조작적 조건형성, 자기관리, 체계적 둔감법, 자기표현 훈련, 이완, 강화와 처벌 등의 기법이 사용된다(노안영, 2005, p. 357). 이 기법은 내담자에게 어떤 행동을 하게 하여 그의 비합리적 신념체계를 변화시키고 보다 생산적인 행동을 하도록 돕는다. 행동수정은 행동의 변화가 주된 목적이지만, REBT의 행동적 기법은 행동의 변화뿐만 아니라 인지와 정서까지 변화시키는 데 목적이 있다.

제3절 인지치료이론

1. 벡의 생애

아론 템킨 벡

아론 벡(Aaron Temkin Beck 1921~)은 로드아일랜드 주의 프로비던스에서 아버지 해리 벡(Harry Beck)과 어머니 엘리자베스 템킨(Elizabeth Temkin) 사이에서 삼형제 중 막내로 태어났다. 그의 부모님은 미국으로 이주한 러시아계 유대인이었다(노안영 등, 2013, p. 443). 그의 아버지는 자유로운 생각을 지닌 사람으로 지적인 활동을 좋아하였으며, 어머니는 활달한 성격으로 종교 활동이나 사회 활동에 적극적으로 참여하였다(권석만 역, 2010, p. 28). 벡과 그의 형들이 학문에 대해 관심과 열정이 컸던 것은 아버지의 영향 때문이라고 볼

수 있다. 벡은 원래 5형제가 있었는데, 그중 둘은 유아기 때 사망하였다. 두 자녀의 사망으로 벡의 어머니는 여러 해 동안 우울증에 시달리다가 벡이 태어나면서 호전되기 시작하였다. 그의 어머니는 두 자녀를 잃었기 때문에 막내아들인 벡을 과잉보호하며 키웠다.

일곱 살 때 그는 부러진 팔이 감염되어 오랫동안 병원 생활을 하였는데, 그로 인하여 같은 학년을 두 번이나 다니게 되었다. 그 사건으로 그는 불안 증세와 공포증을 경험하였으며, 자신이 무능하고 어리석은 사람이라는 신념을 갖게 되었다(권석만 역, 2010, p. 35). 그 당시를 그는 다음과 같이 회고하고 있다.

> 벡이 초등학교 일학년 때 담임교사는 혹독하고 엄격했다. 한번은 하늘을 하늘색이 아닌 파란색으로 잘못 색칠했다고 그에게 크게 소리를 지른 적이 있었다. 이것은 하나의 사건에 불과했지만, 이 사건으로 그는 자신이 매우 바보같이 느껴졌다고 회상하였다. "그 일은 커다란 상처가 되었고, 나는 그것을 잊을 수 없었기 때문에 그 사건은 아마도 나에게 부정적 인지 도식을 만들어 준 것 같다."라고 그는 말하였다(권석만 역, 2010, p. 35).

이와 같은 경험으로 인해 그에게 '역기능적인 인지 도식'이 형성되었다. 하지만 그는 자신이 겪은 어려움을 인지적으로 해결하였고, 이런 경험을 후에 그의 이론과 치료기법에 적용하여 부정적 인지 도식을 지닌 사람들을 조력하는 데 이용하였다(노안영 등, 2013, p. 444). 그는 높은 곳에 대한 공포를 극복하기 위해서 피사의 사탑에 올라가기도 하고, 수술 공포증을 극복하는 과정에서 체계적 둔감법을 사용하기도 했다(권석만 역, 2010, p. 41).

그의 집안은 가난하지는 않았지만 검소한 편이었으며, 벡과 그의 형들도 대학을 다닐 때 용돈을 스스로 벌어서 썼다. 그는 1942년 브라운 대학교를 우등으로 졸업하였고, 1946년에 의과대학을 졸업한 후에도 1948년까지 외과, 신경과, 병리학 등의 다양한 분야에서 수련을 받은 후 마침내 신경학을 전공 분야로 택하였다. 그는 인턴 생활 중에 브라운 대학교의 학생이었던 휘트먼(Phyllis Whitman)을 만나 수년 동안 연애한 끝에 1950년 결혼하였다. 그의 아내는 벡이 인지치료이론을 정립하는 데 많은 영향을 주었는데, 인지적 구조를 '인지 도식'이라고 명명하는 데에도 결정적인 도움을 주었다(권석만 역, 2010, p. 61). 벡은 에릭슨에게 정신분석 수련을 받았으며, 1954년에는 펜실베이니아 의과대학 정신과 교수가 되면서부터 정신분석치료의 원리를 검증하기 위한 연구를 시작하였다. 이 연구는 결과적으로 인지치료를 발전시키는 계기가 되었다(권석만 역, 2010, p. 51).

그는 우울증 환자를 치료하면서 여러 수준의 인지가 있다는 사실을 알게 되었고, '자동적 사고'를 중시하게 되었다(Diffily, 1991). 특히 우울한 사람들의 경우, 자동적 사고가 부정적으로 편향되어 있음을 발견하였다. 그의 이론은 켈리(George Kelly), 호나이(Karen Horney), 그리고 아들러(Alfred Adler) 등의 영향을 받아 발전하였다. 1961년 벡은 우울척도(BDI)를 개발하였고, 1963년에는 그 당시 합리적·정서적 상담가였던 엘리스와 의견을 교환하며 인지치료이론을 정립하였다. 벡은 대부분의 시간을 펜실베이니아 대학교에서 보냈으며, 대학 내에 벡 인지치료연구소를 설립하였다. 이 연구소에서 벡은 우울, 자살, 불안, 공황장애, 물질남용, 결혼 문제, 성격장애 등에 관하여 연구하였다(노안영 등, 2013, p. 444). 1982년에는 모교인 브라운 대학교에서 명예의학박사학위를 받았으며, '10명의 가장 영향력 있는 심리상담자'로 인정받는 등 수많은 상을 수상하였다. 또한 그는 인지치료와 다양한 정서장애 심리치료와 관련된 500편이 넘는 논문과 25권의 책을 집필하였다(천성문 공역, 2013, p. 385).

2. 주요 개념

1) 인간관

벡이 인간을 바라보는 관점은 낙관론과 비관론의 중립적, 환경론적, 자유론적, 전체론적, 주관론적 관점이라고 할 수 있다.

(1) 중립적 인간관

벡은 인간의 본성을 선하지도 악하지도 않은 중립적인 관점에서 보고 있다. 개인이 특정한 사건을 경험할 때, 그 개인이 가지고 있는 신념이나 도식에 따라서 바람직한 행동을 할 수도 있고, 바람직하지 않은 행동을 할 수도 있다는 것이다. 예를 들어, 긍정적이거나 기능적인 인지 도식을 가진 사람은 정신적으로 건강하게 살아가는 반면에, 부정적이거나 역기능적인 인지 도식을 가진 사람은 여러 문제 증상을 보인다는 것이다.

(2) 환경론적 인간관

벡은 세상을 바라보는 틀인 인지 도식이 생애 초기부터 형성되기 시작한다고 보았다.

주 양육자와의 관계에서 다양한 경험을 하면서 인지 도식이 적절하게 형성될 수도 있고, 잘못된 인지 도식이 만들어질 수도 있다는 것이다. 그는 이와 같이 형성된 인지 도식으로 인해 부지불식간에 떠오르는 자동적 사고와 스트레스를 주는 생활 사건이 상호작용하여 심리적 장애가 발생한다고 보았다. 이는 인간을 환경의 영향을 받는 존재로 보고 있음을 알게 해준다. 하지만 그는 인간이 타고난 기질 때문에 어떤 사람은 공격 성향을, 다른 사람은 회피 성향을 보인다고도 하였다. 즉, 그는 인간의 본성에 대하여 생득적인 측면도 어느 정도 고려하고 있음을 알 수 있다. 하지만 그는 인간의 성격을 주 양육자와의 관계에서 형성된 인지 도식으로 설명하고 있기 때문에 유전보다는 환경을 더 중시한다고 볼 수 있다.

(3) 자유론적 인간관

벡의 이론은 인간은 일생을 통하여 지속적으로 성장하고 변화할 수 있다는 것을 전제로 하고 있다. 또한 인간은 자신만의 인지 도식으로 현실에서 경험한 내용을 선택적으로 해석한다는 현상학적인 입장을 취하고 있다. 결국 인간은 다른 무엇인가에 의해 결정되는 존재가 아니라 자유의지를 가지고 스스로 선택하며, 새로운 것을 창조할 뿐만 아니라 변화하려는 의지를 가진 능동적인 존재라는 것이다. 다시 말하면, 인간은 자신의 역기능적 인지 도식을 기능적으로 바꿀 수 있는 능력이 있다는 것이다. 이와 같은 점들을 고려해 볼 때, 벡은 인간을 결정되는 존재이기보다는 성장과 변화가 가능한 자유론적 존재로 보고 있음을 알 수 있다.

(4) 전체론적 인간관

벡의 이론에서 인지 도식은 요소로 분리할 수 없는 조직적이고 체계적인 하나의 틀을 의미한다. 그는 인지의 수준을 핵심 신념, 중재적 신념, 자동적 사고, 스키마 등의 네 가지로 구분하였으며, 네 가지의 인지 수준은 서로 긴밀하게 연결되어 있다고 보았다. 또한 그는 인간의 행동을 '정상' 혹은 '비정상'으로 구분하지 않고 연속적인 것으로 보았으며, 진화론적 이론체계를 적용하여 증상을 포함한 모든 행동을 적응의 맥락에서 전체적으로 이해하고자 하였다(Beck, 1976). 따라서 그는 인간을 전체적인 관점에서 보고 있음을 알 수 있다.

(5) 주관론적 인간관

벡은 인지 도식이란 각 개인이 지닌 독특한 특성으로 사람마다 다르다고 하였다. 이러한 인지 도식은 다른 사람과 관계를 맺는 자신만의 독특한 전략의 기본 틀이 된다. 이는 선천적으로 타고난 개인의 기질적 영향도 있지만 환경에 의해서도 발달한다고 하였다. 즉, 어린 시절 부모와의 관계나 중요한 타인과의 관계에서 인지 도식이 형성되기 때문에 부모가 자녀를 대하는 행동이나 피드백이 중요하다는 것이다. 결국 이러한 과정을 통해 발달된 인지 도식은 개인의 주관적인 의미를 지속적으로 형성해 가며, 더욱 자신만의 세계를 만들게 된다. 즉, 벡의 이론은 인간의 주관성을 중시하고 있기 때문에 주관적인 관점이라고 볼 수 있다.

2) 성격의 구조 및 발달

(1) 성격의 구조

벡의 인지치료이론에서 성격은 한 개인의 인지 도식이라고 할 수 있다. 즉, 그의 이론에서 성격이란 환경에 대한 반응으로부터 발달된 기본적 도식 또는 대인관계의 전략을 반영하는 것이며, 성격은 선천적인 기질과 환경이 상호작용하여 형성된 것으로 볼 수 있다. 따라서 개인의 마음속에서 작용하는 인지 도식이 어떠한지를 살펴보면 그 개인의 성격을 알 수 있다. 벡은 성격의 가장 기본 단위를 도식, 즉 인지적·정서적·행동적 과정을 좌우하는 기본 구조라고 보았다. 그는 한 개인이 세상을 바라보는 틀인 인지 도식은 스키마, 핵심 신념, 중재적 신념, 자동적 사고 등의 네 가지 인지 수준으로 이루어져 있다고 하였다(Seligman, 2001, pp. 333-334). 네 가지 인지수준은 [그림 5-5]와 같다. 예를 들어, 결혼을 생각하는 한 남성이 가지고 있는 인지 도식을 네 가지 인지 수준으로 설명하면 다음과 같다. 결혼을 생각할 때 부지불식간에 떠오르는 생각인 자동적 사고의 예를 들면, '나는 여자 친구가 원하는 남편이 될 수 없고, 우리의 결혼은 깨질 것이다.'이다. 중재적 신념의 예는 극단적인 규칙과 태도가 반영된 것으로 '좋은 남편은 아내와 아이들을 위해 자신을 기꺼이 희생할 수 있어야 한다.' 또는 '결혼은 아주 소수만 성공하는 어려운 일이다.' 등이다. 핵심 신념은 세계, 타인, 자신, 미래에 대한 자신의 견해가 반영된 것으로, 예를 들면 '나는 다른 사람을 사랑할 수 없고 우리 관계에서 내가 줄 것은 거의 없다.'이다. 스키마는 핵심 신념을 수반하는 개인의 특유하고 습관적인 방식으로써 '나는

[그림 5-5] 인지도식의 네 가지 인지수준

부적절한 존재이고 내가 아무리 노력한다 해도 결국은 실패할 운명이다.' '무엇을 하든 실패할 것을 알면서 노력하는 것이 무슨 의미가 있을까?' 등이 그 예다(김영혜 공역, 2011, pp. 420-421). 네 가지 인지 수준을 구체적으로 살펴보면 다음과 같다.

① 스키마

스키마(schema)는 인지 도식이라고도 표현하며, 자신, 세계 그리고 미래를 보는 개인의 특유하고 습관적인 사고방식을 의미한다. 이는 한 개인이 자신만의 고유한 방식으로 세상을 이해하는 틀이라고 할 수 있다. 벡은 스키마를 정보처리와 행동을 지배하는 구체적인 규칙으로 보았다. 벡과 바이샤르(Beck & Weishaar, 2008)는 스키마는 생애 초기에 개인적인 경험과 다른 사람과의 상호작용에서 발달된다고 하였다. 그리고 스키마가 부정적으로 형성되면 인지적 왜곡이 일어나며, 이것은 정서나 행동에 좋지 않은 영향을 준다. 스키마는 개인적인 것이지만, 같은 장애를 지닌 경우에는 공통적인 특성이 있다. 예를 들어, 우울증을 유발하는 인지 도식은 결핍, 패배, 상실, 무가치 등을 포함한다. 불안장애의 공통적인 인지 도식은 위험이나 위협을 포함한다.

② 핵심 신념

핵심 신념(core beliefs)은 자동적 사고의 바탕이 되는 자신에 대한 아주 근원적이고 깊은 수준의 믿음으로, 보편적이며 과일반화되어 있다. 그러므로 사람들은 이러한 믿음을 의문 없이 당연한 것으로 여기고 절대적인 진리로 받아들인다. 핵심 신념은 자신, 세계 그리고 미래에 대한 자신의 견해를 반영한다. 예를 들어, 인지치료에 대한 전문서적을 읽게 된 한 사람이 있다고 하자. "이건 너무나 어려워. 나는 정말 바보야. 나는 결코 이 치료를 숙달하지 못할 거야. 나는 상담자가 못 될 거야."라고 말하며 슬픔에 빠질 수 있다. 이 사람의 핵심 신념은 '나는 무능하다.' 라는 것이다. 이러한 믿음은 그가 우울한 상태에 있을 때에만 작동할 수도 있고, 생활 대부분에서 활성화될 수도 있다. 그리고 핵심 신념이 부정확하고 역기능적이라 할지라도 그것을 계속 믿게 된다. 핵심 신념은 모든 영역에 영향을 미치고, 지나치게 일반화되는 특징이 있다(최영희 공역, 2007, p. 27).

③ 중재적 신념

중재적 신념(intermediate beliefs)은 자동적 사고를 형성하는 극단적인 태도(attitude), 규칙(rule), 그리고 가정(assumption)으로 구성되어 있으며, 핵심 신념의 영향을 받는다. 사람들은 종종 이 중재적 신념을 잘 인식하지 못한다. 앞에서 언급한 인지치료 관련 전문서적을 읽은 한 사람은 다음과 같은 중재적 신념을 가지고 있다.

첫째, '무능력하다는 것은 끔찍한 일이다.' 라는 태도다. 둘째, '나는 항상 열심히 일을 해야 한다.' 라는 규칙과 기대다. 셋째, '열심히 일을 한다면 다른 사람들이 쉽게 할 수 있는 일들을 나도 할 수 있게 될지 모른다.' 라는 가정이다.

이러한 중재적 신념은 주어진 상황을 보는 관점에 영향을 주며, 그렇게 형성된 관점은 또 다시 그 사람이 어떻게 생각하고 느끼고 행동하는가에 영향을 준다(최영희 공역, 2007, p. 28). 즉, 중재적 신념은 핵심 신념이 자동적 사고를 유발하는 데 중간 역할을 한다.

④ 자동적 사고

자동적 사고(automatic thoughts)란 어떤 사건을 경험할 때, 노력하지 않아도 저절로 떠오르는 생각을 의미한다. 자동적이라는 말이 붙은 것은 자신도 모르게 생각이 떠오르기 때문이다. 즉, 자신의 의지와 상관없이 부지불식간에 생각이 떠오른다는 것이다. 심리적인 문제를 경험하는 사람은 이러한 생각을 했다는 것조차 자각할 수 없는 경우가 대부분이다. 그럼에도 불구하고 왜곡되거나 극단이거나 부정적인 내용의 자동적 사고가 존재하여 심리적 문제와 직접적인 연관성을 갖는다(이장호 등, 2013, pp. 94-95). 예를 들어, 오랫동안 사귄 여자 친구와 헤어진 한 남자가 있다고 하자. 그가 식욕을 잃고, 잠도 못 이루고, 사람들을 만나는 것을 꺼려 하루 종일 집에서만 지내는 이유가 사랑하던 여자와의 이별 때문이기도 하지만, 여자와의 이별로 그에게 떠오른 생각, 즉 자동적 사고 때문이기도 하다. 만약 그에게 '정말 속이 후련하다. 잘 됐다.' 라는 생각이 떠올랐다면 우울하기는커녕 쾌재를 불렀을 것이다. 아니면 '그녀와 나는 인연이 아닌가 봐.' 라는 생각이 떠올랐어도 최소한 우울에 빠지지는 않았을 것이다. 하지만 그는 '그녀 없이는 아무런 삶의 의미가 없다.' 라는 생각이 떠오르고, 이로 인해서 심한 우울 증상을 보이게 되었을 수 있다.

한 사람에게 내재된 핵심 신념이나 중재적 신념은 어떤 특정한 상황에서 지각에 영향을 주고 자동적 사고로 나타난다. 그리고 자동적 사고는 감정은 물론 행동에까지 영향을 준다. 자동적 사고는 심사숙고하거나 합리적인 판단이 아니기 때문에 아주 빠르고 순간적으로 나타난다. 앞에 제시한 A라는 사람의 경우 "이 책은 너무 어려워. 나는 이 책을 결코 이해할 수 없을 거야."라며 슬픔에 빠지고 책을 덮어 버리는 행동을 하게 된다는 것이다. 이러한 자동적 사고를 인식하면, 그 사고의 타당성을 평가할 수 있다(최영희 공역, 2007, p. 27). 자동적 사고는 한순간에 생겨나는 것이 아니라 부정적인 경험이 반복되어 형성된다.

벡은 우울 증상을 경험하는 사람들의 자동적 사고가 세 가지 내용으로 구성되어 있다고 하였으며, 이를 '인지 삼제(cognitive triad)' 라 불렀다. 인지 삼제란 자신과 세상 그리고 미래를 부정적·비관적으로 보는 것을 의미한다. 즉, 자신을 실패자로 보고, 세상을 위협적이고 적대적으로 인식하며, 미래를 절망적으로 보는 것이다. 우울증을 경험하는 사람들은 흔히 실패, 상실, 무능감 등과 관련된 부정적이고 비관적인 내용의 자동적 사고를 가지고 있다. 예를 들어, 자신에 대하여 '나는 가치 없는 사람이다.' 세상에 대하여 '세상은 나를 받아 주지 않는다.' 그리고 미래에 대하여 '나의 미래는 절망뿐이다.' 등의 생각을 가지고 있는 사람은 일상생활에서 자동적 사고를 유발하는 사건을 경험할 때, 우울증을 경험하게 된다(김춘경 등, 2012, p. 344).

(2) 성격의 발달

벡은 인간의 성격은 타고난 기질과 환경의 상호작용으로 발달한다고 보았다. 하지만 벡은 성격발달의 단계를 구체적으로 제시하지는 않았다. 예를 들어, 선천적으로 거절당하거나 버림받는 것에 대하여 유난히 과민하게 반응하는 성향을 타고난 사람은 그와 같은 사건을 경험할 때 세상은 자신을 결국 버릴 것이라는 역기능적 인지 도식이 형성된다는 것이다. 이렇게 발달된 개인의 인지 도식은 자신과 타인에 대한 정보를 처리하는 방식에 지속적으로 영향을 미친다.

3) 핵심 개념

벡의 인지치료이론의 핵심 개념에는 역기능적 인지 도식, 인지적 왜곡 그리고 부적응의 원인 등이 있다.

(1) 역기능적 인지 도식

인간은 삶을 살아가면서 자신이 어떤 사람인지, 인생이 어떤 의미가 있는지 등의 자신이나 세상에 대한 지식을 쌓아간다. 어린 시절부터 이러한 과정을 통하여 한 개인은 자신의 삶 속에서 체계화된 지식의 복합체인 인지 도식을 형성한다. 인지 도식이란 자신과 세상을 자기 나름대로 이해하는 틀을 의미하는데, 인지 도식의 내용이 긍정적이거나 최소한 중립적이라면 그리 문제가 되지 않는다. 하지만 인지 도식의 내용이 부정적이면 심리적인 문제의 원인으로 작용한다.

역기능적인 인지 도식이란 개인이 현실에 적응하는 데 도움이 되지 않는, 부정적인 내용으로 이루어진 생각의 틀을 의미한다. 역기능적인 인지 도식을 가지고 있는 사람은 일상생활에서 스트레스 사건을 경험할 때, 부정적인 내용의 자동적 사고가 떠오르게 되고, 더불어 다양한 유형의 인지적 왜곡이 나타나서 사실과 다르게 지각하거나 아주 극단적인 오류를 범해 문제 증상을 겪게 된다. 심리적 문제를 초래하기 쉬운 몇 가지 역기능적 인지 도식의 예를 들면, '사람은 멋지게 생기고 똑똑하고 돈이 많지 않으면 행복해지기 어렵다.' '다른 사람의 사랑 없이 나는 행복해질 수 없다.' '인정을 받으려면 항상 일을 잘해야만 한다.' 등이다(이장호 등, 2004, p. 131).

(2) 인지적 왜곡

역기능적 인지 도식은 자동적 사고뿐만 아니라 '인지적 왜곡(cognitive distortion)'을 유발시킨다. '왜곡'이란 사건과 상황을 사실과 다르게 해석하거나 그릇되게 받아들이는 것을 의미하며, '인지적 왜곡'이란 개인의 인지 도식에 결함이나 오류가 있어서 특정 상황에 대한 정보를 제대로 지각하지 못하거나 사실과 다르게 해석하고 받아들이는 것을 뜻한다. 예를 들면, 길을 가다 마주 친 사람과 어깨를 부딪쳤을 때, 사실은 길이 좁아서 부딪쳤는데 상대방이 자신을 넘어뜨리려고 일부러 그랬다고 주관적으로 잘못 해석하는 경우다. 또 다른 예로는 어릴 때부터 여러 번 다른 사람에게 거부당한 한 남자가 있다고 하자. 그가 한 여자와 데이트를 하는데, 한번은 그 여자는 약속 시간보다 30분 늦게 나타나자 자신과 헤어지려고 한다는 자동적 사고가 불쑥 떠올랐다. 사실은 그 여자가 차가 막혀서 약속 시간에 늦게 도착했는데도 자신이 싫어졌다고 해석하여 사실과 다르게 받아들인 것이다. 이와 같은 인지적 왜곡이 일어난 이유는 '사람들은 언젠가는 나를 버릴 것이다.' 라고 세상을 바라보는 그의 역기능적 인지 도식 때문이다. 이는 배고픈 사람 눈에는 먹을 것밖에 안 보이고, 목마른 사람 눈에는 마실 것밖에 안 보인다는 말과 일맥상통한다고 볼 수 있다(이장호 등, 2013, p. 97).

벡은 정서장애를 가지고 있는 사람들이 현실에 대해 자기를 비하하는 쪽으로 왜곡하는 '논리적 오류'를 범하는 경향이 있다고 하였다(조현춘 공역, 2013, p. 280). 이러한 인지적 왜곡의 대표적인 유형으로 자의적 추론, 이분법적 사고, 선택적 추론, 파국화, 과잉 일반화, 명명 및 잘못된 명명, 극대화 또는 극소화 등이 있다. 이와 같은 인지적 왜곡의 유형을 살펴보면 다음과 같다.

① 자의적 추론

'자의적 추론(arbitrary inference)'은 충분하고 적절한 증거가 없음에도 불구하고 결론을 내리는 것을 의미한다. 이러한 오류는 특정 상황에서 비극적인 결말이나 최악의 시나리오를 생각하게 되어 자신을 괴롭히는 결과를 낳는다. 예를 들면, 직장에서 바쁜 하루를 보낸 엄마가 자녀들에 대해 가지는 미안한 마음을 '나는 정말 나쁜 엄마야.' 라는 결론의 증거로 삼는다는 것이다. 자의적 추론의 다른 형태로 독심술과 부정적 예측이 있다. '독심술(mind reading)'이란 인간관계에서 타인이 어떤 생각을 하고 있는지를 자신이 다 안다고 생각하는 것이다. 예를 들면, 친구에게 쇼핑을 같이 가자고 했는데 친구가 못 간다고 할 때, 자신이 그 친구의 생각을 읽어서 친구가 자신을 좋아하지 않는다고 결론내리는 경우다. 친구는 실제로 다른 약속이 있거나, 몸이 아프기 때문일 수도 있다. '부정적 예측(negative prediction)'은 타당한 근거가 없는데도 좋지 않은 일이 일어날 것이라고 믿는 것을 의미한다. 예를 들면, 한 학생이 지난 번 시험을 잘 보았고 시험 준비를 충분히 했는데도 이번 시험에 실패할 것이라고 예측하는 것이다. 그러나 실패에 대한 이런 예측은 사실과 무관할 때가 많다(천성문 공역, 2013, p. 393).

② 이분법적 사고

'이분법적 사고(all-or-nothing thinking)'란 어떠한 행동으로 인한 결과를 놓고 완전한 성공 아니면 완전한 실패라는 양자택일적인 생각을 하는 것이다. 이러한 이분법적 사고는 자신의 실패나 나쁜 측면만을 생각하도록 하여 자동적으로 부정적인 신념을 유도하고, 낮은 자존감을 불러일으킨다. 특히 사고가 단순하고 상투적이기 때문에 두 범주로 나누는 특징이 있다.

그래서 이러한 사고는 좋거나 나쁘다, 검거나 희다, 옳거나 그르다, 가능하거나 불가능하다 등과 같이 양극적인 사고인 흑백 논리와 관련이 있다. 예를 들면, 심리학자가 되는 것이 꿈인 대학생이 있다고 하자. 그 학생은 심리학개론 시험에서 A학점을 받지 못하면 '나는 실패자야! 심리학자가 되는 꿈을 이루긴 틀렸어.'라고 생각한다. 이 학생은 A보다 낮은 점수는 실패라고 생각하기 때문에 자책하게 되는 것이다(천성문 공역, 2013, p. 392). 또 다른 예로 박사 입학시험에 응시한 사람이 '내가 교수들이 본 적도 없는 최고의 답안을 쓰지 못한다면, 나는 학생으로서 실패자야.'라고 생각하는 것도 이분법적인 사고라 할 수 있다.

③ 선택적 추론

'선택적 추론(selective abstraction)'이란 어떠한 상황에서 전체적인 맥락을 고려하지 않고, 세부사항에 초점을 두는 것을 말한다. 선택적 추론은 정신적 여과(mental filtering)라고도 하며, 특히 관심을 두는 부분이 실패와 부족한 점 등의 부정적인 세부사항인 경우가 많다. 그리고 전체적인 상황 중에서 특정 말이나 사건만 보고 그릇된 해석을 내리게 된다. 예를 들면, 시끄러운 파티 장소에서 친구 여럿이 테이블에 둘러 앉아있을 때, 자신의 여자 친구가 남자 동료의 말을 들으려고 고개를 기울이는 모습을 보고 순간 질투심이 생겨 그 자리를 박차고 나간 남자의 경우가 이에 해당한다. 그는 파티 장소가 너무 시끄러워 말하는 소리가 잘 안 들려서 여자 친구가 고개를 기울일 수밖에 없는 전체적인 상황을 보지 못했기 때문에 그러한 행동을 할 수 있다.

④ 파국화

'파국화(catastrophizing)'란 어떤 특정 사건에 대하여 모든 것이 끝났다고 과장해서 생각하여 과도한 걱정과 두려움을 느끼는 것을 뜻한다. 과장은 특정 사건의 결과가 지닌 심각성을 부풀려 파국으로 몰아간다. 자신을 계속 파국화시키는 사람은 광명 천지에도 먹구름만 바라보거나 그것을 만들어 내는 특징이 있다. 보통 사람들도 '아, 이제 끝이로구나, 망했구나!'라는 생각이 들 때가 종종 있다. 파국화는 분노나 좌절감을 일으키는 감추어진 공포 때문에 일어나는 경우가 많다. 예를 들면, 유난히 수줍음이 많아서 긴장하면 손이 떨리는 사람이 있다고 하자. 남들 앞에서 강의를 해야 하는 상황에서 아무렇지도 않은 듯 애써 표정을 관리하는데, 포인터를 누르는 손이 떨리는 것을 느낀다. 그러자 '사람들이 내가 떨고 있는 것을 알아채면 어떡하지? 오늘 강의는 완전히 망쳤군!' 이라는 생각이 들게 된다. 이런 생각이 들자마자 가슴이 두근거리고 숨이 막혀 온다. 사실 손을 떤다고 강의를 망치는 것은 아닌데도 결국 그는 강의를 제대로 하지 못하게 된다.

⑤ 과잉 일반화

'과잉 일반화(overgeneralization)'란 하나의 사건이나 몇 개의 특정한 사건에서 일반적인 규칙을 만든 뒤 그것과는 관련이 없는 다른 상황이나 장면까지 확대 해석하여 적용하는 것을 의미한다. 이는 가장 심각한 인지 왜곡 중 하나라고 볼 수 있다. 과잉 일반화에 주로 사용되는 핵심적인 말은 '전혀' '항상' '모두' '한 번도' 등과 같이 절대적인 성격을 띤 말이다. 예를 들면, 한두 번 프러포즈에 실패하고 나서 '남자들은 다 똑같아. 나는 항상 거절당할 거야.' 라고 결론을 내리는 여성의 경우다. 혹은 남편이 회사일로 바빠서 미처 전화를 못한 경우, 부인이 '남편의 사랑이 식었어!' 라고 결론을 내리는 경우가 이에 해당한다.

⑥ 명명 및 잘못된 명명

'잘못된 명명(labeling and mislabeling)'은 과잉 일반화의 극단적인 형태로 개인이 자신의 불완전함을 근거로 자신을 부정적으로 인식하는 것을 뜻한다. 그리고 그 모습이 자신의 진정한 모습이라고 단정지어 버리는 것이다. 예를 들면, 내담자의 기대에 부응하지 못한 상담자는 "나는 전혀 가치 없는 인간이기 때문에 지금 당장 상담심리사 자격증을 반납해야 해." 라며 자신을 비하하는 것이다(조현춘 공역, 2013, p. 81).

⑦ 극대화 또는 극소화

'극대화 또는 극소화(magnification or minimization)'는 어떤 사건의 의미를 지나치게 과장하거나 축소하는 경향을 의미한다. 즉, 무엇인가를 실제로 그런 것보다 훨씬 더 중요하게, 또는 덜 중요하게 보는 것이다. 이와 같은 사람은 자신의 불완전한 점을 극대화하고 좋은 점을 극소화하기 때문에 결국 자신이 부적절하며 타인들보다 열등하다고 생각하고 우울을 느끼게 된다(천성문 공역, 2013, p. 392). 예를 들면, 의사가 자신의 상태를 위궤양으로 진단했는데 위암으로 받아들인다든지, 그 반대의 진단인 위암을 위궤양으로 받아들이는 경우다. 자신의 결점을 극대화하거나 장점을 극소화하기도 한다. 결점을 극대화하는 예를 들면, 시합을 앞두고 근육통으로 고생하는 운동선수가 '나는 오늘 시합을 할 수 없을 것 같아. 운동선수로서의 삶은 끝났어.' 라고 생각하는 것이다. 이와는 반대로 장점의 극소화는 시합에서 금메달을 딴 선수가 '오늘 경기에서 우승을 했지만 충분하지 않아. 내가 원하는 기준에 도달하려면 아직 멀었어!' 라고 생각하는 것이다.

⑧ 개인화

'개인화(personalization)'란 자신과는 아무런 관계가 없는 일들을 자신과 관련이 있다고 생각하는 것을 의미한다. 타인의 행동이 모두 자신을 두고 하는 것이라고 습관적으로 믿는 사람들이 이에 해당한다. 예를 들면, 한 남자가 붐비는 거리를 건너며 아는 사람이 지나가는 것을 보고 손을 흔들었다. 상대방이 인사를 받지 않고 지나가자 그는 '내가 저 사람에게 무언가 잘못한 게 틀림없어.' 라고 결론을 내려 버리는 것이다. 또 다른 예로, 어떤 사람이 길을 걸어가는데 앞에서 마주보고 오던 사람이 웃는 것을 보고 자신을 비웃었다고 화를 내며 시비를 거는 경우다. 사실 마주 오던 사람이 웃은 이유는 어제 밤에 보았던 개그 프로가 떠올라서 혼자서 웃었던 것인데, 이를 자신과 관련이 있다고 받아들였을 수 있다.

⑨ 정서적 추론

'정서적 추론(emotional reasoning)'이란 정서적 경험에 근거해서 자신, 세계 혹은 미래에 관해서 추리하는 것을 말한다. 정서적 추론의 문제점은 정서적 감정이 왜곡으로 보이지 않고, 현실과 진실을 반영하는 것으로 여겨지는 데 있다. 예를 들면, '나는 매사에 부적절하기 때문에 나는 쓸모없는 사람이다.' 라고 추론하는 것이다(노안영 등, 2013, p. 447).

⑩ 긍정 격하

'긍정 격하(disqualifying the positive)'란 개인이 자신의 긍정적인 경험을 폄하하여 평가하는 것을 말한다. 이는 긍정적인 경험을 감소시키거나 그것을 부정적인 경험으로 전환하게 하여 모순되는 증거가 있는데도 왜곡된 신념을 유지할 수 있도록 한다. 긍정격하를 선택적 추론과 비교한다면, 선택적 추론은 상황의 부정적인 측면에 초점을 맞추고 긍정적인 측면을 무시하는 데 반해서 긍정 격하는 긍정적인 측면을 스스로 무력화시킨다. 긍정 격하야말로 진실로 승리의 문턱에서 패배를 자초하고 마는 어처구니없는 왜곡이다(노안영 등, 2013, p. 447). 예를 들면, 운동 경기에서 우승을 했을 때 자신의 기량이나 노력에 의한 결과로 돌리기보다는 운이나 자신보다 잘하는 선수가 출전하지 않았기 때문이라고 생각하는 경우다. 이는 겸손한 태도로 보일 수도 있지만 정신건강 측면에서는 이롭지 않다.

(3) 부적응의 원인

벡은 인간이 보이는 부적응 증상의 원인은 역기능적인 인지 도식과 인지 과정에서의 왜곡이라고 하였다.

인지 도식은 생의 초기에 구축되기 시작하는데, 특히 부모를 비롯한 중요한 사람들과의 상호작용을 통해 형성된다. 인지 도식이 바람직하고 긍정적으로 형성되면 문제가 없지만, 역기능적으로 형성되면 부적응을 일으킨다. 즉, 역기능적인 인지 도식은 인간의 잘못된 사고, 적절하지 않거나 올바르지 않은 정보에 근거한 그릇된 추론, 환상과 현실의 구분 실패 등의 인지적인 문제 증상의 원인이 된다(조현춘 공역, 2013, p. 280).

또한 역기능적인 인지 도식은 다양한 유형의 인지적 왜곡을 불러와서 개인의 심리적인 건강을 위협한다. 인지적 왜곡은 인지적 오류라고도 하며, 인간이 정보를 처리하는 과정에서 나타나는 현상으로, 정보에 대한 잘못된 인지 처리 과정을 의미한다. 즉, 일상생활에서 일어나는 상황이나 사건을 객관적으로 보지 못하고 사실과 다르게 잘못된 해석을 내리는 것이다.

(4) 도식화

벡의 인지치료이론에서 핵심 개념을 중심으로 도식화하여 나타내면 [그림 5-6]과 같다.

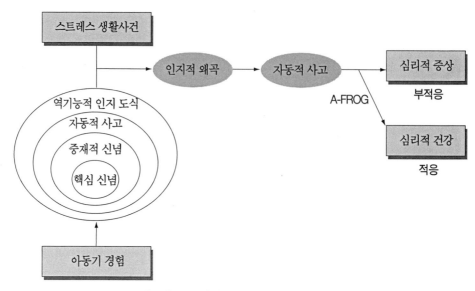

[그림 5-6] 벡의 인지치료이론의 도식화

[그림 5-6]를 설명하면 다음과 같다.

첫째, 생애 초기에 주 양육자와 상호작용에서 형성된 역기능적 인지 도식을 가진 사람이 현재 스트레스를 주는 생활사건을 만날 때, 그 사건에 대해 인지적 왜곡이 일어나서 순간적으로 자신도 모르는 사이에 불쑥 자동적 사고가 떠올라 우울증과 같은 심리적인 문제 증상이 발생한다.

둘째, 역기능적 인지 도식은 핵심 신념과 중재적 신념 그리고 자동적 사고로 구성되어 있으며, 인지 타당성 평가를 통하여 역기능적 인지 도식을 기능적 인지 도식으로 바꾸어 주면 정신적으로 건강한 사람이 될 수 있다.

3. 상담 목표 및 방법

1) 상담 목표

인지치료이론의 상담 목표는 내담자가 가지고 있는 자동적 사고를 찾고, 인지 도식을 재구성하여 내담자가 보다 효과적으로 기능하도록 돕는 데 있다. 따라서 상담자의 관심은 부적응 행동이나 감정을 유지시키는 내담자의 정보처리 방식에 있다. 상담자는 내담자의 부적응적인 행동과 정서를 유발하는 인지 도식을 찾아 재구조화하여 내담자가 긍정적인 감정과 사고로 행동하도록 조력하여야 한다. 상담 목표가 명료하고 구체적일수록 내담자의 신념체계를 더 잘 변화시킬 수 있다(노안영, 2005, p. 369). 상담자는 내담자와 협력하여 구체적이고 우선적인 상담 목표를 설정한다. 처음의 상담 목표는 증상을 완화시키는 것이지만, 더 궁극적 목표는 내담자가 가지고 있는 신념체계의 인지적 오류를 제거하는 것이다.

2) 상담 과정

인지치료의 상담 과정은 자동적 사고와 같은 역기능적 사고 패턴을 발견하여 이를 기능적으로 변화시키고 인지적 오류를 바로잡는 과정으로 진행된다. 상담 과정은 직접적인 문제를 다루는 데 보통 4~14회기로 진행되며, 각 회기는 효과를 극대화하기 위해 사전에 철저히 계획되고 구조화되어야 한다. 상담 과정은 4단계로 이루어진다.

(1) 1단계: 내담자의 정서적 · 행동적 결과 탐색

내담자의 부적응에 대해 탐색하여 현재 내담자가 경험하는 정서적 · 행동적 어려움의 결과를 확인한다.

(2) 2단계: 내담자의 자동적 사고 찾기

내담자는 순간 머리를 스치고 지나간 자신의 생각에 주의를 기울여 자신이 어떤 생각을 주로 하는지를 알아야 한다. 예를 들어, 야간행군에서 한 병사가 낙오하였다. 그는 '야간 행군에 낙오하다니, 나는 형편없는 놈이야.'라는 생각을 하게 되었고 우울해졌다. 상담자는 야간행군에서 낙오한 병사를 우울하게 만든 자동적 사고가 무엇인지를 찾는 것을 도와주어야 한다.

(3) 3단계: 객관적 현실 검토

상담자는 내담자가 객관적으로 현실을 느낄 수 있도록 소크라테스 식 질문기법 등 여러 대화기법을 사용하여 현실을 객관적으로 바라볼 수 있게 해야 한다. 그리고 이를 통해 내담자는 자동적 사고가 지나치게 과장적이며 비현실적이라는 것을 스스로 인식해야 한다.

(4) 4단계: 자동적 사고 변화시키기

'나는 야간행군에 낙오했는데, 그것은 내가 야간행군을 하는 날 컨디션이 안 좋았고 기초체력 훈련을 게을리했기 때문이다. 기초체력 훈련을 더 열심히 한다면, 다음 행군에는 낙오하지 않을 것이다. 그리고 모든 훈련을 성공적으로 마친 후 건강하게 전역할 수 있을 것이다.' 라는 식으로 생각이 긍정적으로 변화된다면 우울한 기분에서 벗어날 수 있다. 이처럼 상담자는 내담자가 자신의 자동적 사고를 구체적으로 인식하고, 보다 합리적인 사고로 전환시키도록 돕는다. 또한 내담자가 가지고 있는 역기능적 가정을 재구성하여, 부정적 인지 도식을 변화시키도록 조력한다. 이때 상담자는 내담자가 긍정적인 경험을 할 수 있도록 행동적인 과제를 부여할 수 있다.

3) 상담 방법

인지치료는 내담자의 부정적·자동적 사고를 점검하고 인지·정서·행동 사이의 관계를 인식하며, 자동적 사고를 지지하는 증거를 찾아낸다. 아울러 왜곡된 인지를 현실적인 해석으로 대체하고, 경험을 왜곡시키는 이전의 신념들을 확인한 후 변화 방법을 가르칠 수 있는 학습을 하는 것으로 구성된다(노안영, 2005, p. 191). 이러한 목표를 달성하기 위하여 인지치료상담에서는 인지적 기법과 행동적 기법을 사용한다. 어떤 기법은 자동적 사고를 이끌어 내는 데 사용되고 어떤 기법은 부정적 인지 도식을 발견하여 적응적으로 변화시키는 데 사용된다.

(1) 인지적 기법

상담자는 언어적인 기법으로 내담자의 자동적 사고를 알아내고, 그 사고 뒤에 있는 인지적 오류를 분석하여 타당성을 검토한다. 내담자가 힘겨워하는 상황에서 어떠한 생각이 떠오르는지를 질문하여 자동적 사고를 찾아낼 수 있다. 인지적 왜곡을 확인하는 것이 도움이 되는 이유는 인지적 왜곡을 드러내는 것만으로도 내담자가 범하는 구체적인 오류를 수정할 수 있기 때문이다.

① 재귀인하기

내담자는 어떤 부정적 사건의 발생에 자신의 책임이 거의 없는 경우에도 사건의 책임을 자신에게 돌릴 수 있다. 상담자는 재귀인하기를 통해 내담자가 자신의 책임 여부를 정확한 인과관계에서 파악할 수 있도록 조력하고, 대안적 원인을 고려하여 내담자가 고통에서 벗어날 수 있도록 한다.

② 재정의하기

재정의는 문제가 개인의 통제를 넘어선 것이라고 믿는 내담자를 상담할 때 필요한 방법이다. '아무도 나에게 관심을 가져 주지 않아서 외롭다.' 라고 생각하는 내담자에게 '나는 다른 사람과 접촉하고 돌봄을 받을 필요가 있다.' 라고 문제를 재정의하는 것이다. 문제를 재정의한다는 것은 문제를 좀 더 구체적이고 특수하게 만들어서 내담자 자신의 행동 관점에서 말하는 것까지를 포함하는 의미다.

③ 탈중심화

탈중심화는 주로 타인들의 관심이 자신에게 쏠려 있다고 믿어서 불안해하는 내담자를 상담할 때 사용하는 방법이다. 예를 들어, 군 집단교육 시간에 발표하기를 꺼렸던 한 병사는 교육에 참여한 모든 병사들이 자신을 계속 쳐다보며 자신의 발표 불안을 알고 있다고 믿었다. 이 병사는 상담 후에 자신의 불안과 불편함에 초점을 두는 대신 다른 동료들을 관찰하는 쪽으로 초점을 바꾸어 보려고 시도하였다. 그 결과, 어떤 병사는 필기를 하고, 어떤 병사는 교관을 바라보고 있으며, 어떤 병사는 졸고 있음을 알게 되었다.

④ 특별한 의미 이해하기

어떤 특정 단어들은 개인의 자동적 사고와 인지 도식에 기초하여 개인에게 전혀 다른 의미를 가질 수 있다. 예를 들어, 우울한 사람은 '당황한' '우울한' '죽고 싶은' 등과 같은 단어를 사용한다(노안영, 2005, p. 371). 따라서 이런 단어들이 어떤 것을 의미하는지 내담자에게 질문하여 내담자가 자신의 사고 과정을 이해하는 데 도움을 줄 수 있다.

⑤ 절대성에 도전하기

'모든' '결코' '항상' '전부' 등과 같은 단어는 절대성을 포함한다. 상담자는 내담자가 어떠한 절대적 단어를 자주 사용하는지를 파악하여 내담자의 생각에 도전한다. 이런 과정을 통해 내담자는 자신의 극단적 생각이 잘못되었음을 깨닫게 된다.

⑥ 인지적 왜곡 명명하기

내담자가 사용하는 인지적 왜곡이 흑백논리, 과잉 일반화, 선택적 추론 등 여러 가지 인지 왜곡 중 어떤 것에 해당하는지를 찾아 명명하도록 하는 것이다. 이런 과정을 통해 내담자는 자신의 올바른 추론을 방해하는 자동적 사고를 파악할 수 있다(노안영, 2005, p. 372).

⑦ 파국에서 벗어나기

내담자는 일어나지도 않은 어떤 결과를 매우 두려워하기도 한다. 이러한 두려움을 다루기 위해 'What~if?(만약 ~하면, 어떤 일이 일어날까?)'의 기법을 사용할 수 있다. 이 기법은 내담자가 가능한 결과에 대해 과잉 반응할 때 매우 효과적이다(노안영, 2005, p. 372). 예를 들어, 부대에서 인정받는 대위가 소령 진급을 못하면 파국이라고 생각하는 경우, "만약 소령 진급을 못하면 어떤 일이 일어날 것 같은가요?"라고 질문하여, 그런 결과가 마음 아프긴 하지만 모든 것이 끝난 것은 아니라는 것을 깨닫게 한다.

⑧ 인지 예행 연습

앞으로 다가올 사건을 다룰 때는 긍정적인 상상을 하는 것이 도움이 될 수 있다. 예를 들어, 초급 간부가 상관 앞에서 브리핑을 하는 장면에서, 상관이 자신에게 "네가 병사도 아닌 초급 간부인데 어떻게 이렇게 수준 이하의 발표를 할 수 있어?"라고 많은 사람이 보는 앞에서 질책받는다는 상상을 할 수 있다. 이런 파국적 상상은 발표를 못하게 하는 원인으로 작용한다. 이 경우 초급 간부는 상관 앞에서 성공적으로 브리핑을 하고, 상관은 브리핑 내용을 흐뭇하게 경청하는 것을 상상하게 할 수 있다. 상담자는 이런 인지 예행 연습을 통해 내담자가 적절한 방식으로 발생 가능한 상황에 대처할 수 있도록 조력해야 한다.

(2) 행동적 기법

인지치료이론에서는 자동적 사고와 인지적 오류를 수정하기 위해서 행동적 기법을 사용한다. 특정한 부적응적인 신념에 도전하거나 새로운 학습을 증진시키기 위해 고안된 행동적 기법을 사용한다. 행동적 기법은 기술 훈련을 통해 내담자 반응의 범주를 확장시켜 주고, 그들을 점진적으로 이완시켜 준다. 그리고 여러 활동 계획을 만들고 내담자가 두려워하는 자극에 노출시키기는 등 행동적 시연을 통해 인지적 변화를 촉진시킨다. 따라서 행동 시연 후에 내담자의 지각이나 사고 등이 시연하기 전과 어떻게 바뀌었는지 점검하는 것이 중요하다.

제4절 이론의 평가

1. 엘리스 이론

1) 공헌점

첫째, 엘리스의 이론은 인지적 접근이 심리학의 주류로 자리매김하는 데 기여하였다. 엘리스는 인간을 이해하는 데 인지의 중요성을 심리학계에 널리 알림으로써 심리학의 제1세력인 정신분석이론과 제2세력인 행동주의이론 그리고 제3세력인 인본주의이론과 함께 인지이론을 심리학의 제4세력으로 인정받는 데 중추적인 역할을 하였다.

둘째, 엘리스의 REBT는 포괄적이고 절충적인 치료를 주장함으로써 대부분의 상담자들이 가장 선호하는 이론으로 인정받고 있다. REBT는 중다양식적인 접근으로 인지 · 정서 · 행동적인 기법을 모두 사용할 것을 권장한다. 또한 실제적인 치료 장면에서 인지, 정서, 행동의 변화를 유도하는 다양한 기법을 제시하고 있기 때문에 상담자들이 가장 많이 사용하는 접근 중 하나라고 할 수 있다.

셋째, 엘리스는 인간의 정서적인 장애와 문제행동은 비합리적 신념체계가 그 원인이라는 것을 체계화하였을 뿐만 아니라 이와 같은 장애의 해결 방안을 명확하게 제시했다. 그는 ABCDEF 모델을 통하여 비합리적 신념체계가 장애의 원인이며, 이를 치료하기 위해서는 논박을 통해 비합리적 신념을 합리적으로 바꿔줘야 한다고 주장하였다.

넷째, 엘리스의 REBT는 다른 치료 이론에 비해 짧은 시간에 치료 효과가 나타난다. REBT에서는 과거의 원인을 탐색하기보다는 지금 현재 내담자가 가지고 있는 인지적 구조를 변화시키는 것에 목적을 둔다. 이에 엘리스는 상담자가 적극적 · 지시적(active-directive) 태도를 가지고 치료에 대해 교육적 접근을 하도록 함으로써 내담자가 겪는 정서적 · 행동적 문제의 원인과 해결책을 신속히 제시하는 특징이 있다(이동귀 역, 2011, p. 130).

2) 한계점

첫째, 엘리스는 내담자가 보이는 부적응 증상의 원인에 대하여 내담자가 현재 어떻게 사고하고 있는지에 치중하여 과거 경험의 영향을 간과하고 있다. 즉, 내담자의 초기 생활사를 탐색하거나 과거 행동과 현재 행동을 연결시키는 데 관심을 기울이지 않는다는 것이다. 또한 부모나 형제 등과의 초기 관계에 대해서도 깊이 탐색하지 않는다(조현춘 공역, 2013, p. 273).

둘째, 엘리스의 이론은 인지 능력이 낮은 내담자에게 적용하기 어렵다. 이 이론에서 치료는 내담자의 인지 구조를 바꾸어야 한다는 것에서 출발한다. REBT는 먼저 부적응 증상을 보이는 내담자의 신념을 파악하고, 비합리적인 신념을 찾아내 논박을 통하여 합리적인 사고로 바꾸는 치료 과정이다. 따라서 엘리스의 REBT는 지적 능력이 낮거나, 현실감이 떨어지거나, 사고가 경직된 내담자에게는 효과를 기대하기가 어렵다.

셋째, REBT는 상담자의 철학적 관점이나 가치가 내담자에게 강요될 가능성이 있다. 이 이론은 한 사람의 신념체계를 중시하는 철학적인 접근이다. 그러므로 한 사람이 가지고 있는 신념체계를 바꾸어 주는 치료 과정에서 상담자의 철학적 관점이나 가치가 내담자에게 영향을 줄 수 있다는 것이다. 특히 REBT에서는 상담자가 교육자 역할을 할 정도로 치료에 적극적으로 개입하기 때문에 이와 같은 문제점이 나타날 가능성이 높다.

2. 벡 이론

1) 공헌점

첫째, 벡은 인간의 이해와 치료에서 인지 혁명이라고 불릴 정도로 인지의 중요성을 강조함으로써 인지이론이 정신분석, 행동주의, 인본주의와 함께 심리학의 주류를 이루도록 하는 데 기여하였다. 그는 인지가 어떻게 조직화되고 어떠한 과정을 거쳐서 행동이나 정서에 영향을 미치는지의 인지 과정을 밝혀 주었다. 남극을 제외한 모든 대륙에 인지치료센터가 설립될 정도로 이 이론은 전 세계적으로 각광받고 있다.

둘째, 이 이론은 과학적인 방법론을 적용하여 문제 증상을 유발하는 인지적 요인을 밝혔다. 인지치료이론은 정신분석적 입장이 지니고 있는 연구 방법의 과학성 결여라는 한계와 행동주의적 입장에서 문제시되는 깊이 있는 인간 이해가 부족하다는 한계를 극복하였다. 특히 인지와 관련된 주요한 부적응 증상인 우울, 불안, 자살 사고 등을 측정할 수 있는 평가 도구를 개발하여 과학적 연구에 기여하였다.

셋째, 인지치료이론은 우울증 치료에 효과적이다. 이 이론은 우울 증상을 보이는 다양한 환자에 대한 임상적 관찰 결과를 반영하여 정립되었으며, 단극성 우울증의 치료에 효과적이라는 연구 결과가 많은 연구를 통해 입증되었다. 뿐만 아니라 이 이론은 이해하기 쉬우며 불안장애나 알코올중독, 섭식장애 등의 다양한 심리장애를 치료하는 데 효과가 있는 것으로 밝혀졌다.

넷째, 인지치료이론은 인지의 재구성을 유도할 수 있는 다양한 기법을 제시하고 있다. 이와 같은 기법들은 인간의 심리적인 증상을 파악하여 그에 따른 적절한 개입을 가능하게 하였다. 특히 이 이론은 단기치료로 진행되는데, 최근의 심리치료 추세가 단기화 되는 경향이 있어 현대사회에 적합하다.

2) 한계점

첫째, 벡의 인지치료이론은 개인의 인지와 현재의 문제 증상에만 초점을 두어 정서나 무의식의 중요성을 간과하고 있다. 그는 정서를 '인지에 이어 나타나는 결과적 현상(a post cognitive phenomenon)'으로 보아서 인간의 정서 부분을 소홀히 다루었다. 또한 지나치게 현재의 문제 증상의 해결에만 치중하여 숨겨진 갈등이나 무의식을 고려하지 않았다는 지적을 받고 있다.

둘째, 벡의 이론은 개인이 가지고 있는 역기능적 인지 도식이 형성되는 기제를 제시하지 않고 있다. 이 이론에서는 인간의 부적응적인 증상의 원인이 역기능적 인지 도식에 있다고 주장한다. 그런데 역기능적 인지 도식의 형성 과정을 구체적으로 설명하지 않았다는 것이다. 물론 이 도식이 인간이 태어나서 타인들 특히 어릴 때 부모와의 경험으로 형성된다는 점을 주장했지만 구체적인 과정은 제시하지 않았다.

셋째, 벡의 이론은 적용할 수 있는 대상에 한계가 있다. 이 이론은 한 개인의 심리적인 증상을 치료할 때, 내담자의 사고에 초점을 둔다. 그런데 내담자가 위기 상태에 있거나 정신증적 증상이나 심한 성격장애 문제가 있을 때는 적용하기 어려울 수 있다. 또한 인지기능이 저하된 사람은 자신의 인지 도식을 정확히 관찰하는 것이 어려울 수 있으며, 자신이 가진 사고가 기능적인지 혹은 역기능적인지를 판단할 인지 능력이 부족할 수 있다.

3. 엘리스 이론과 벡 이론의 비교

엘리스의 이론과 벡의 이론을 비교하면 〈표 5-5〉와 같다.

〈표 5-5〉 REBT이론과 인지치료이론의 비교

구 분	REBT이론	인지치료이론
공통점	인간관은 중립(낙관-비관)적, 자유론 및 전체론, 주관론, 문제 중심, 단기치료, 현재 중심, 상담자가 적극적 역할, 인지 변화 중시	
인간관	유전과 환경	환경(주 양육자)
성격의 개념	신념체계	인지 도식
인간 이해 방법	인지	인지
부적응의 원인	비합리적 신념	역기능적 인지 도식
상담자 역할	지시적 역할(교사)	협력적 역할(조력자)
치료 목표	비합리적 신념을 합리적 신념으로 재구성	역기능적인 인지 도식을 기능적인 인지 도식으로 재구성
치료기법	논박, 저항 다루기, 유머의 활용	소크라테스의 대화법, 자기 관찰

엘리스와 벡의 공통점을 살펴보면 다음과 같다.

첫째, 인지의 중요성을 강조하고 성격을 인지체계로 보았다. 즉, 엘리스는 성격을 신념체계로, 벡은 인지 도식으로 보고 있다.

둘째, 인간의 본성을 중립적이며, 자유론적이고, 전체론적이며, 주관론적 입장에서 보았다.

셋째, 치료 목표는 잘못된 인지 구조를 변화시켜 현재의 문제 증상을 해결하는 데 초점을 두었으며, 단기치료를 적용하고, 상담자가 인지 구조의 변화를 시도할 때 현실성과 유용성의 측면을 중시하였다.

엘리스와 벡의 차이점을 살펴보면 다음과 같다.

첫째, 엘리스는 인간의 신념체계가 형성될 때, 유전과 환경의 영향을 받는다고 본 반면, 벡은 인지 도식의 형성에서 환경의 영향을 더 중시하였다.

둘째, 엘리스와 벡은 인지적 오류를 바라보는 관점이 서로 다르다. 엘리스는 내담자가 가지고 있는 신념 중 일부는 생물학적인 원인에 기인하고 있고, 그것이 비합리적이어서 문제 증상이 발생한다고 보았다. 하지만 벡은 내담자의 역기능적 인지 도식은 비합리적이라기보다 정상적인 인지 과정이 방해받고 있는 것이며, 이것이 문제 증상을 발생시킨다고 보았다(Beck & Weishaar, 2008). 즉, 벡은 역기능적 사고는 비합리적인 신념이 아니라 사고가 지나치게 절대적이거나 포괄적 또는 극단적일 뿐이라고 주장한다.

셋째, 상담자와 내담자의 관계를 바라보는 관점에도 차이가 있다. 엘리스는 상담자와 내담자의 관계가 필수적이지는 않다고 보았으며, 상담자가 교사와 같은 지시적인 역할을 할 것을 강조한 반면에, 벡은 상담자와 내담자의 협력 관계가 필수적이며, 상담자는 조력자 역할을 할 것을 주장하였다.

요약

1. 출현 배경

인지행동상담의 출현 배경은 두 이론 모두 본질적인 요소들 간의 상호관계를 중시하는 구조주의와 인간의 내적 정신 과정에 컴퓨터 프로그램의 원리를 적용한 정보처리이론 등이다.

2. 엘리스

① 영향을 미친 학자는 소크라테스, 에픽테토스, 프로이트, 아들러, 호나이 등이다.

② 인간관은 낙관론과 비관론의 중립적, 유전론과 환경론의 양자적, 자유론, 전체론, 주관론적인 관점이다.

③ 성격은 한 개인의 신념체계이며, 자동적 사고, 추론과 귀인, 평가적 인지, 핵심 인지 등으로 구성되어 있다.

④ 핵심 개념은 REBT이론의 원리와 특징, ABC이론, 비합리적 사고, 인지적 왜곡, 적절한 정서와 부적절한 정서 등이 있다.

⑤ 부적응의 원인은 당위적 사고, 과장적 사고, 자기비하적 사고 그리고 낮은 인내성이 특징인 비합리적 신념 때문이다.

⑥ 상담 목표는 비합리적인 신념을 합리적인 신념으로 바꾸어 내담자의 잠재력을 발휘하도록 돕는 데 있다.

⑦ 상담 과정은 ABCDE 모형을 실천하는 과정이다. 1단계는 내담자의 정서적·행동적·부정적 정서를 탐색(C)하고, 2단계는 부적절한 정서나 행동을 유발시킨 선행사건을 찾아 구체적으로 확인(A)하며, 3단계는 정서적·행동적인 결과의 원인이 되는 신념이나 사고를 탐색(B)하고, 4단계는 논박을 통해 비합리적인 신념을 합리적 신념으로 전환(D)시키며, 5단계는 합리적인 사고의 실생활 적용을 통해 정서적·행동적인 건강을 회복(E)하고 새로운 감정(F)을 갖게 된다.

⑧ 상담 방법에는 인지적 기법(비합리적 신념 논박하기, 인지적 과제 주기, 내담자 언어 변화시키기), 정서적 기법(합리적 정서 심상법, 역할 연기, 수치심 공격하기, 유머의 사용 등), 행동적 기법(자기관리, 체계적 둔감법, 자기표현 훈련, 이완, 강화와 처벌 등) 등이 있다.

⑨ 공헌점은 인지적 접근이 심리학의 핵심 세력으로 자리매김하는 데 기여하였으며, 포괄적이고 절충적인 접근과 다양한 치료기법을 제시한 점이다. 인간의 문제 증상의 원인이 비합리적 신념체계라는 것을 밝혔으며, 단기간에

치료 효과가 있다는 점 또한 공헌점이다.

⑩ 비판점은 과거 경험의 영향을 간과하였으며, 인지 능력이 낮은 내담자에게 적용하는 데 한계가 있고, 상담자의 가치가 내담자에게 강요될 가능성이 있다는 점이다.

3. 벡

① 영향을 미친 이론은 정신분석이론, 구조이론, 구성 개념 이론, 인지심리학 등이다.

② 인간관은 낙관론과 비관론의 중립적, 환경론, 자유론, 전체론, 주관론적인 관점이다.

③ 성격은 한 개인의 인지 도식이며, 스키마, 핵심 신념, 중재적 신념, 자동적 사고 등으로 구성되어 있다.

④ 핵심 개념은 역기능적 인지도식, 자동적 사고, 인지 삼제, 인지적 왜곡 등이 있다.

⑤ 부적응은 개인이 부정적 사건을 경험할 때 어릴 적 형성된 역기능적인 인지 도식으로 인해 나타나는 인지적 왜곡으로, 자동적 사고가 떠올라서 발생한다.

⑥ 상담 목표는 자동적 사고를 변화시키고, 부정적 인지 도식을 재구성하여 보다 효과적으로 기능하도록 돕는 데 있다.

⑦ 상담 과정은 4단계로 이루어진다. 1단계는 내담자의 정서적·행동적 결과의 탐색, 2단계는 내담자가 갖고 있는 자동적 사고 탐색, 3단계는 여러 가지 대화기법을 사용하여 객관적인 현실 검토, 4단계는 자동적인 사고를 합리적 사고로 변화시키는 것이다.

⑧ 상담기법에는 인지적 기술(재귀인하기, 재정의하기, 탈중심화, 특별한 의미 이해하기, 절대성에 도전하기, 인지 왜곡 명명하기, 파국에서 벗어나기, 인지 예행 연습)과 행동적 기술(점진적 이완, 활동 계획 후 활동하기, 행동적 시연) 등이다.

⑨ 공헌점은 인지의 중요성과 인지 과정을 밝혔으며, 과학적인 연구 방법을 적용하였고, 우울증 치료에도 기여하였으며 단기치료에 적합한 점 등이다.

⑩ 한계점은 현재의 사고에 초점을 두기 때문에 정서나 무의식의 중요성을 간과하였으며, 역기능적인 인지 도식이 형성되는 기제를 밝히지 못했고, 인지 기능이 저하된 내담자에게 적용하기 어렵다는 점이다.

PART

03

군 개인상담

제6장

군 상담 과정 및 방법

제1절 군 상담 과정

1. 상담에 대한 이해

상담이 어떠한 것인가를 이해하기 위해서는 상담으로 간주하기 어려운 것을 먼저 알아보는 것이 도움이 될 수 있다. 상담으로 잘못 오해할 수 있는 것들을 제시하면 다음과 같다.

- 상담 과정에서 정보를 제공할 수 있으나, 정보 제공 자체가 상담은 아니다.
- 상담에서 충고, 제안, 조언 등이 이루어질 수 있으나 충고, 제안, 조언이 곧 상담은 아니다.
- 상담은 면담이 중요한 부분을 차지하나 직접적인 대화나 면담 그 자체를 상담이라 할 수는 없다.
- 상담이 아무리 여러 가지 간접적인 방법에 의해 이루어지는 것이라 하더라도 설득, 유도, 권고에 의해서 태도, 신념, 행동을 변화시키는 것은 어렵다.
- 강요나 경고 또는 지시 등에 의해서 행동을 변화시키는 훈육이 상담은 아니다.

• 어떠한 일이나 활동을 개인에게 부여하거나 해결책을 제시하는 것 자체가 상담은 아니다.

필자는 상담이 무엇인가에 대한 이해를 돕기 위해 '상담의 의미 체크리스트'를 제작하였다.

상담의 의미 체크리스트

다음은 상담에 관한 일반적인 생각이다. 각 항목을 읽고 자신의 평소 생각이나 태도와 일치하면 ○표, 일치하지 않으면 ×표 하시오.

1. 상담자는 상담을 통해 내담자의 모든 문제가 해결될 수 있다는 믿음을 가져야 한다. (   )
2. 상담자는 상담 과정에서 주체가 되어 적극적이고 주도적인 역할을 해야 한다. (   )
3. 상담자와 내담자 간에 섭섭하거나 부정적인 감정은 서로 묻어두는 것이 좋다. (   )
4. 상담자는 매 회기마다 내담자가 무엇인가를 얻게 해 주어야 한다. (   )
5. 상담자가 내담자를 이해하려는 노력이 말로 표현하는 것보다 더 중요하다. (   )
6. 상담자는 상담을 할 때 문제해결에 대한 답을 어느 정도 미리 가지고 있는 것이 좋다.(   )
7. 내담자가 상담 및 상담자에 대하여 가지는 주관적인 견해를 인정하고 묵인해 주어야 한다. (   )
8. 상담자는 상담 과정에서 내담자보다 상담이론과 기법에 대한 전문적 지식을 더 갖추고 있음을 내담자에게 알려 줘야 한다. (   )
9. 상담자는 상식선에서 바람직한 가치관과 태도를 내담자에게 전달해야 한다. (   )
10. 상담자는 문제해결에 도움이 될 만한 바람직한 해결책을 내담자에게 먼저 제시할 수 있다. (   )

상담의 이론적 입장에 따라 달라질 수 있지만, 필자는 열 개 문항 모두에서 '×'라고 답하고 싶다.

먼저 상담은 모든 문제를 해결해야만 하는 활동이 아니라, 모든 문제를 해결하도록 노력하고 도와주는 활동이다. 물론 상담자는 상담을 통해 내담자의 문제가 해결될 수 있다는 바람이나 믿음을 가지고 상담에 임할 필요가 있다. 하지만 상담은 내담자가 지닌 모든 문제를 해결할 수 있는 활동이 아니다. 즉, 모든 문제가 해결될 수 있다는 상담만능주의는 현실성이 떨어진다. 내담자가 지닌 문제가 상담자가 도와줄 수 있는 능력 이상의 문제일 수도 있고, 최선을 다해 상담을 한다 해도 내담자가 지닌 문제를 해결하지 못하는 경우도 있다. 만약 상담만능주의를 믿고 있는 상담자라면 내담자가 지닌 문제가 해결되지 않았을 때, 절망감에 빠져 오히려 이후의 상담에 부정적인 영향을 끼칠 수도 있다. 상담은 내담자가 문제를 해결할 수 있도록 같이 노력하는 과정이며, 상담을 통해 내담자가 지닌 모든 문제가 해결되지 않을 수도 있다는 상담의 한계를 인정할 필요가 있다.

둘째, 상담자는 상담의 이론적 입장이나 내담자의 성향에 따라 적극적인 교사 역할과 조언자 역할을 하기도 한다. 하지만 기본적으로 상담에서의 주도적인 역할은 상담자가 아닌 내담자가 하는 것이 좋다. 내담자가 주도적으로 자신의 문제를 털어놓을 때 카타르시스를 느끼게 되며, 상담의 효과가 상승한다. 그리고 내담자가 지니고 있는 문제는 상담자가 해결해 주는 것이 아니라, 내담자가 스스로 해결할 수밖에 없다. 그렇기 때문에 상담에서의 주인공은 오직 내담자가 되어야 한다. 상담에서 상담자가 주도적인 역할을 한다는 것은 연극무대에서 조연이 주인공을 제치고, 주인공보다 더 앞서서 스토리를 이끌려는 것과 같은 모습이다. 문제를 해결해야 할 사람도 내담자이고 그 해결에 대한 실마리도 내담자가 갖고 있기 때문에, 내담자가 주도적으로 상담을 이끌 수 있도록 상담자는 조력해야 한다.

셋째, 상담을 하다보면 상담 중에 상담자나 내담자 서로에게 섭섭하거나 부정적인 감정이 개입될 수 있다. '혹시 상담관계에서 어색해지지 않을까?' 하는 염려로 부정적인 감정을 묻어둔다면, 상담자가 지녀야 할 자세 중 솔직성에 위배된다. 이는 궁극적으로 상담에 방해 요소로 작용하여 내담자의 문제를 해결하는 데 부정적인 영향을 끼치게 되며, 서로 간 심리적 거리감이 생기게 만드는 요소로 작용할 수 있다. 상담 간에 부정적인 감정이 떠오른다면, 서로 솔직하게 자신의 감정을 이야기하고, 왜 이런 감정을 느끼는지에 대해 다룰 수 있다. 이때 유의할 점은 내담자에게 상담자가 느끼는 부정적인 감정을 표현할 때, 내담자를 탓하는 자세를 보이면 안 된다는 것이다. 내담자를 탓한다면 내담자는 이 일로 감정적인 상처를 입게 된다. '누군가를 가리킬 때 나머지 손가락 세 개는 나를 가리키고 있다.'는 말처럼 상대를 탓하기보다는 자신을 성찰하는 자세로 자신에게 떠오르는 부정적인 감정을 살펴보는 것이 중요하다.

넷째, 상담자가 매 회기마다 내담자에게 무언가를 얻게 해 주면 좋은 일일 것이다. 하지만 매 회기마다 내담자에게 무언가를 얻게 해 줄 수는 없다. 상담을 진행하면서 내담자는 아픈 과거를 드러내면서 심리적 고통을 느끼기도 한다. 하지만 곪은 부분을 도려내면 처음에는 아프지만 새살이 돋으면서 상처가 치료되는 것처럼 상담을 통해 심리적으로 아픈 상처를 다루게 되면 처음에는 아프고 고통스럽지만, 궁극적으로는 그 아픔이 치유되고 더 나은 삶을 살게 된다. 이 과정은 상담 전체를 통해 얻게 되는 결과이지, 매 회기마다 얻을 수 있는 것은 아니다. 내담자에게 매 회기마다 무언가를 반드시 얻도록 해 주어야 한다는 생각을 가진 상담자라면, 상담을 할 때마다 이런 생각이 압박감으로 작용하고 부담으로 작용하여 오히려 상담 효과를 떨어뜨릴 수 있다. 잘해야 한다는 생각이 오히려 결과를 망치게 할 수 있듯이, 내담자에게 무언가를 얻게 해야 한다는 생각이 오히려 역효과를 가져올 수 있다. 따라서 상담을 통해 결과적으로 무엇을 얻게 해 주면 좋은 것이지만, 반드시 내담자로 하여금 무엇인가를 얻게 해야 한다는 생각은 상담자의 소진을 앞당기는 지름길이 될 수 있다.

다섯째, 상담자가 내담자를 이해하려는 노력을 열심히 하지만, 말로 전혀 표현하지 않는다면 내담자는 과연 그 상담자의 노력이나 마음을 알 수 있을까? 결론부터 말하자면 상담에서는 내담자를 이해하려는 노력뿐만 아니라 말로 표현하는 것도 중요하다. 상담은 언어로 진행되는 예술이다. 물론 언어로 표현하면서 보여지는 비언어나 반언어도 무척 중요하다. 상담자가 내담자의 눈을 바라보면서 고개를 끄덕거리거나 그의 손을 한 번 잡아 주는 것은 그 어떠한 언어보다 강력한 비언어적 행동일지도 모른다. 하지만 그것만큼 내담자에게 말로 표현하는 것도 중요하다. 상담을 받는 내담자들은 감정적으로 힘들어서 자신의 마음을 추스르기에 급급하다. 이런 사람들에게 상담자가 노력하고 있다는 것을 몸짓이나 표정뿐만 아니라 말로 표현해 준다면 상담의 효과는 배로 향상될 것이다.

여섯째, 상담자가 상담을 할 때는 내담자가 상담을 통해 문제해결에 대한 답을 찾도록 해야 한다. 만약 상담자가 문제해결에 대한 답을 어느 정도 갖고 있다면, 상담을 진행하면서 그 답에 내담자를 맞추려고 하거나 그 답에 자신의 상담 내용을 맞추려고 무의식중에 노력할지도 모른다. 자신도 모르는 사이에 자신이 원하는 답이 나오는 쪽으로 상담을 몰아갈 수도 있고, 상담자의 생각을 정답인 것인 양 제시할 수도 있다. 특히 간부들이 군 상담을 진행할 경우 내담자가 겪는 부적응을 내담자 과거 이력을 근거로 미루어 짐작하는 경우가 있다. 하지만 비슷한 상황이라도 개인마다 느끼는 감정이나 어려움이 다르며, 상담자가 생각하지 못했던 전혀 다른 문제를 지니고 있는 경우도 있다. 상담자가 옳다고 생각했던 답이 과연 정답이라고 할 수 있는지도 생각해 볼 문제다. 세상에 완벽한 정답은 없다. 그렇기 때문에 상담자는 선입견을 가지지 않고, 있는 그대로 내담자가 지닌 문제에 대한 해결책에 대해 내담자와 함께 고민하며 내담자가 스스로 답을 찾아갈 수 있도록 조력하는 것이 바람직하다.

일곱째, 내담자는 상담이나 상담자에 대해 가지는 주관적인 견해가 있을 수 있다. 이는 과거의 경험에서 오는 것일 수도 있고, 주변에 누군가에게 상담을 받은 이후에 생긴 견해일 수도 있다. 모든 상담자가 내담자의 기대를 맞춰 줄 수 없다. 특히 내담자의 주관적인 견해가 부정적이라면 상담관계 형성이나 상담 진행을 방해할 수 있다. 이럴 경우에는 상담을 시작하기 전 내담자와 함께 충분히 상담에 대한 구조화를 실시해야 한다. 내담자가 지니고 있는 상담자와 상담에 대한 견해, 선입견이 어떤 것인지 충분히 들어주고, 왜 그런 생각을 가지게 되었는지 함께 이야기를 나눈 후, 그런 선입견이 상담관계 형성이나 상담에 방해를 줄 수 있음을 알려 주어야 한다. 그리고 상담과 상담관계를 구조화하여 내담자가 충분히 인식하도록 도울 필요가 있다.

여덟째, 상담자는 대체로 내담자보다 상담이론과 기법 면에서 전문적인 지식을 갖추고 있다. 따라서 상담 과정에서 보이는 상담자의 전문적인 모습을 통해 내담자는 상담자의 전문성을 자연스럽게 느끼게 되며, 상담 장면에서 상담자가 내담자를 대하는 모습에서 상담자의 전문성이 자연스럽게 묻어온다. 그렇기 때문에 굳이 상담자가 지닌 상담이론이나 기법의 전문성에 대해 알려 줄 필요가 없다. 만약 상담자가 자신의 전문성을 알리기 위해 내담자에게 얘기한다면, 내담자는 그 말에 대한 자신의 견해를 말할 것이고, 그러다보면 상담시간이 토론의 장처럼 변질되고 사변으로 흐를 가능성도 있다. 따라서 상담자는 상담 과정 중 보이는 자연스러운 모델링을 통해 내담자가 상담자의 전문성을 깨닫게 하면 된다. 단, 내담자가 상담자의 전문성에 대해 지속적으로 믿음을 보이지 못한다면, 더 적합한 상담자를 소개해 줄 수 있음을 내담자에게 알린 후 다른 상담자에게 의뢰할 수 있다.

아홉째, 어느 조직이나 집단에서든 바람직하다고 믿는 가치관이나 태도가 있다. 하지만 가치관이나 태도는 집단별로 다르고 개인마다 다를 수 있다. 상담은 서로 다름을 전제로 한다. 상담은 서로 다른 다양성을 인정한다. 따라서 상담자는 열린 마음으로 내담자가 나와 다를 수 있음을 인정할 수 있어야 하며, 있는 그대로의 내담자 모습을 바라보아야 한다. 절대적으로 옳은 가치관이나 믿음, 태도는 없다. 상담자가 지니고 있는 가치관이 바람직한 가치관인지도 알 수 없다. 상담자가 자신의 가치관을 내담자에게 전달하려고 한다면, 이는 상담이 아니라 또 다른 형태의 교육이나 훈육이 될 수도 있다. 따라서 상담자는 항상 내담자의 가치관을 인정하고 존중하는 자세를 지녀야 함을 잊지 말아야 한다.

마지막으로, 상담자는 해결책을 제시할 때 무엇보다 신중해야 한다. 만약 상담자가 먼저 해결책을 제시한다면 여기에는 책임 문제가 발생한다. 상담자가 제시한 해결책을 내담자가 실행에 옮겨 실제로 문제가 해결되지 않거나 오히려 문제가 악화된다면, 그 책임은 상담자의 책임일까 아니면 내담자의 책임일까? 물론 내담자가 혼자 여러 가지 해결책을 찾다가 실패한 경우, 내담자의 교육수준이 낮은 경우, 내담자의 인지 능력이 부족해서 해결책을 찾아내지 못하는 경우처럼 특수한 경우에는 상담자가 문제해결에 도움이 될 만한 바람직한 해결책을 제시할 수 있다. 하지만 이러한 경우에도 상담자가 먼저 해결책을 제시해 주는 것이 아니라 같이 찾아본 다음 해결책을 제안할 수 있고, 결국 선택은 내담자가 하게 하여 그 책임은 자신에게 있음을 알게 해 주어야 한다. 상담자가 문제해결을 위한 방법을 찾기 위해 같이 고민해 줄 수는 있지만, 실제 문제 해결은 내담자가 하는 것이기 때문에 상담자는 고기를 잡아 주는 것이 아니라 고기 잡는 방법을 알려 주어 내담자 스스로 고기를 잡도록 해야 한다.

2. 군 상담자의 역할

상담자가 수행하는 역할은 다양하다. 그중 첫째는 시범자의 역할이다. 상담자는 내담자를 대하는 태도에서 내담자가 문제에 대처하는 방법을 배울 수 있는 모델로서의 모습을 보이는 것이 중요하다.

둘째는 참여적 관찰자의 역할이다. 상담자는 능동적인 참여자로서 내담자와의 상호작용에 적극적으로 참여하는 한편, 내담자로부터 조금 떨어져서 내담자에게 지금 어떤 일이 일어나고 있으며, 내담자와 자신 사이에서 어떤 상호작용이 일어나고 있는가를 관찰하고, 이해하면서 그것을 조절하는 사람이다.

셋째는 격려자 역할이다. 상담자는 내담자가 자신의 문제의 원인을 통찰하고 문제해결을 위한 노력을 보일 때, 칭찬하고 격려하며 지지하는 역할을 한다.

넷째는 수용자의 역할이다. 상담자는 내담자를 한 인간으로 존중하고 인정하며, 내담자의 입장에 서서 내담자의 감정을 공감하는 역할을 한다. 또한 내담자를 평가하거나 비판하지 않으며 내담자를 있는 그대로 받아들이는 자세가 필요하다.

다섯째는 직면자로서의 역할이다. 상담자는 내담자의 앞뒤 말과 말 사이나 말과 비언어적 행동 사이의 불일치나 모순, 방어기제 등을 내담자에게 직면시키는 역할을 해야 한다.

마지막으로, 조력자 역할이다. 상담자는 앞에서 언급한 여러 역할을 통해 내담자가 스스로의 잠재력과 여러 가지 장점을 발견하고, 이를 통해 스스로 문제를 해결하여 새롭게 태어나도록 돕는 역할을 할 수 있다.

군에서의 상담자 역할은 직책별로 다를 수 있다. 육군본부의 군 상담(2009)을 참조하면 군에서의 모든 지휘관(자)은 상담자로서의 기본 역할이 주어져 있다. 지휘관(자)이 상담 임무를 소홀히 한다는 것은 자신에게 부여된 임무 중 한 가지를 불이행하는 것이다. 일반적으로 지휘관(자)들은 지휘계통상 부하들을 지도해야 한다. 즉, 대대장은 중대장을, 중대장은 중대 행정보급관 및 소대장ㆍ부소대장을 상담해야 한다.

상담에 대한 직책별 역할은 다음과 같다.

첫째, 분대장, 소대장 및 부소대장은 분ㆍ소대원을 상담한다.

둘째, 중대장 및 행정보급관은 지휘계통 내의 부하들을 상담하며, 그들이 겪고 있는 문제나 어려움 등에 대해 상담을 한다.

셋째, 대대장급 이상 지휘관은 자신이 지휘하는 부대 내에 상담 분위기를 정착하기 위해 힘쓴다. 또한 지휘계통에 있는 부하들을 상담하고, 그의 부하 지휘관(자)들이 각자의 상담 역할을 잘 수행하도록 지도하며, 부하 지휘관(자)에게 보고받은 상담 문제를 적극적으로 처리한다. 아울러 부하 지휘관(자)들이 상담 관련 교육을 받을 수 있도록 상급 부대에 편성되어 있는 전문상담관이나 상담 관련 전문기관과 협력한다.

넷째, 계급이나 직책과는 무관하게 상담을 하는 간부는 공통적으로 상담이 필요한 부하를 식별해야 하며, 상담의 기록을 잘 유지해야 한다. 또한 상담과 관련된 자신의 능력과 제한사항뿐만 아니라, 부대 내 조치에 대한 자신의 능력과 제한사항에 대해서도 인지하고 있어야 한다. 상담 내용이나 조치 가능한 부분이 자신의 능력 범위를 벗어날 때는 내담자를 보다 전문적으로 상담할 수 있는 상담자에게로 의뢰해야 한다.

군 상담자의 역할은 부하가 상담 후 상담실을 떠났을 때 끝나는 것이 아니라, 상담자가 설정한 기준에 따라 지속적인 수행평가를 포함한 후속 조치까지 마무리해야 끝나는 것이다. 즉, 상담 후속 조치를 통해 상담 목적을 달성하고, 상담받은 부하의 부대 내 성과를 극대화하고, 다른 부대원들의 성과를 향상시켜야 한다.

3. 군 상담 과정

1) 상담 과정

(1) 상담 신청 및 접수 면접

① 상담 신청

상담 신청서는 내담자 본인이 직접 작성하는 것이 원칙이다. 신청서에 포함되는 내용은 양식 번호, 내담자 이름, 내담자에 관한 정보(연령, 학력, 가족사항 등), 상담 및 정신과 치료 경험, 주요 문제 및 증상 등이다.

② 접수 면접(intake interview)

• 목적: 신청서에 기재된 내용 중에 좀 더 심층적으로 정보를 수집하여 상담을 적절하게 조치하기 위한 것이다.

• 포함 내용: 호소 문제(상담을 받으려는 이유, 목적이나 배경, 문제의 현 상태와 심각도 등), 현재 및 최근의 주요 기능 상태, 스트레스원, 사회심리적 자원, 호소 문제와 관련된 개인사 및 가족관계, 외모 및 행동, 진단평가 및 면접자 소견 등이다.

• 진행 요령: 내담자를 편안하게 해 준다. 접수 면접의 목적과 내용을 알기 쉽게 설명해 준다. 내담자가 문제해결 및 변화에 희망을 갖도록 돕는다. 상담이나 치료의 경험을 파악한다.

(2) 초기 상담

초기 상담에서는 접수 면접자의 진단 및 평가에 대한 확인, 내담자의 문제에 대한 상담자의 평가, 상담에 대한 구조화, 상담 기간에 대한 계획 등이 이루어진다. 초기상담에서 유의해야 할 사항들은 다음과 같다.

① 라포 형성이 중요하다. 라포(rapport)는 상담자와 내담자 사이에 친밀한 신뢰적 관계를 말한다. 라포 형성을 위해서 상담자는 내담자에게 진실성과 공감 및 수용의 자세를 보이며 내담자의 인격을 존중하여야 한다.

② 내담자를 따뜻하게 맞이하고 표정을 밝게 한다.

③ 내담자의 이름을 가능한 한 기억하고 가급적 대명사(군, 자네, 너, 김 일병 등)는 사용하지 않는다.

④ 내담자가 방에 들어오면 앉을 자리를 가리키며 편안한 자세로 앉도록 한다.

⑤ 좌석은 불빛이나 직사광선에 직면하지 않게 않고, 서로 정면으로 대면하여 앉지 않으며 옆이나 비스듬히 앉는다.

⑥ 실내는 밝고 부드러운 분위기가 좋다.

⑦ 언어는 '왜?', '무슨 일?' 보다는 '어떻게?' 라고 말하는 편이 좋다.

⑧ 내담자가 자기 문제를 진술하고 있는 중간에 상담자가 말을 가로채거나 심문하는 식의 질문 또는 간단한 대답을 유도하는 질문은 피하는 것이 좋다.

⑨ 상담자가 대화를 독점해서는 안 되며, 화제 변경은 조심스럽게 한다. 상담자는 정서적인 문제가 개입되어 있을 때, 말을 많이 하는 것보다는 주로 듣는 것이 좋다.

⑩ 내담자가 짧은 시간 내에 모든 것을 말하도록 하는 것은 바람직하지 않다. 왜냐하면 내담자의 성장 배경은 복잡하므로 짧은 시간에 내담자를 전반적으로 이해하기는 어렵기 때문이다.

⑪ 내담자가 진술하는 표면적인 문제보다는 그 저변에 있는 핵심적인 문제에 더 관심을 가져야 한다.

⑫ 상담 종결은 유쾌하게 하는 것이 좋다.

(3) 중기 상담

상담이 4~5회 이상 진행된 상태로, 문제를 명확히 파악하고 어떤 방법과 절차를 적용할 것인가를 결정한다. 내담자는 문제에 대한 자각과 합리적 사고가 촉진되며, 상담자와 내담자는 실천행동을 모색하고 내담자는 실천에 옮긴다.

내담자의 감정 표현을 촉진하고 언급된 문제를 다시 구체적으로 인식하도록 한다. 즉, 내담자의 감정과 생각을 탐색·정리하는 것이 좋다. 내담자의 심리적 부담이나 저항을 줄이도록 노력한다. 내담자와 상담자의 의사소통을 통하여 가능한 실천행동을 찾고 실행에 옮기도록 하며, 이때 상담자는 내담자를 적극적으로 지지하고 격려한다.

① 내담자의 현재 문제에 대한 구체적 진술과 전후 상황을 자세히 검토한다.

• 동료들이 나를 싫어한다(어떻게 싫어하나?). 나를 따돌리고 자기들끼리 노는 것 같다(그

때 어떻게 행동하나?). 성질이 나고 가까이 가고 싶지만 말을 못한다(언제부터 그랬나?).

② 내담자가 느끼는 감정에 주목하고 이에 공감한다.

- 나는 열심히 한다고 하는데 선임들이 알아 주지 않는다(열심히 하려는 너의 노력을 인정해 주지 않는구나!).

③ 구체적인 동료관계, 병영에서의 역할, 일과 후 생활 등 전체적인 병영생활에 대하여 파악한다.

- 동료관계는 어떤가? 생활관에서의 활동은 어떤가? 일과 후 시간은 어떻게 보내나? 등을 파악한다.

④ 가정에서의 성장 과정을 파악한다. 아동기 생활양식, 가족관계, 가정에서의 위치와 역할, 부모의 기대, 부모의 성격 등에 대하여 현재 문제와 관련지어 파악한다.

⑤ 내담자의 강점과 긍정적 측면 등을 파악한다. 이를 초기에 파악하고 상담 과정에서 필요에 따라 격려하여 문제해결에 도움을 준다.

- 생활관에서 책임을 다 하려고 노력하는구나! 생활관에서 하는 활동은 어떤 것들이 있지? 동료와 좋은 관계를 맺기 위해 노력하는구나! 화부터 내지 않고 침착하게 대응하려고 애쓰는구나!

⑥ 내담자가 안심하고 충분히 화난 감정, 우울한 감정, 슬픈 감정, 기쁜 감정 등을 표현하도록 하고 이를 공감한다. 주의할 점은 우울한 경험에 너무 집착하지 말고, 기쁜 경험도 표현할 수 있게 하여 내담자의 감정에 긍정적인 측면도 있음을 자각시킨다.

⑦ 내담자에게 과거의 경험과 감정들이 현재 행동과 문제에 영향을 미친다는 사실을 통찰시킨다. 특히 집에서 부모에게 인정받기 위한 행동이 현재 내담자의 행동을 형성하는 데 영향을 미쳤다는 것과 인정받지 못하여 느끼던 감정이 지금도 민감하게 작용하고 있으며, 이것들이 현재 문제와 관련이 있다는 사실을 자각시킨다.

⑧ 문제해결을 위해 시도해 본 내담자의 경험을 자세히 파악하고, 그동안의 문제해결 방법에 대해 함께 분석하여 좀 더 나은 해결 방법을 모색하고 이를 실천하도록 격려한다.

⑨ 내담자의 자신에 대한 생각이 부정적인 것에서 긍정적으로, 현실에서의 대처도 소극적인 자세에서 적극적인 자세로 변화하는 모습을 보이면, 충분히 격려하여 더욱 긍정적인 방향으로 나아가도록 한다.

(4) 종결 상담

상담의 목표 달성 여부와 효과성 및 경제성을 고려하여 상담의 종결을 결정한다. 어느 정도의 긍정적인 문제해결을 보이면 종결한다. 상담자와 내담자는 종결에 대해서 몇 회기(session)에 걸쳐 논의하고 상담을 종결하게 된다.

종결은 상담자와 내담자가 합의하여 이루어진다. 내담자가 종결을 희망하더라도 성과가 불충분하다면 상담을 계속하도록 권고한다. 상담 간격을 늘려가며(1주→2주→한 달) 점진적으로 종결한다. 종결 시 느끼는 내담자의 감정(이별과 배척)을 적절히 공감해 준다. 종결 후에도 다시 상담자를 만날 수 있다는 이야기를 해 주어 이별과 배척의 느낌이 들지 않도록 한다.

추수상담은 상담 효과에 대해 평가를 하는 것으로서, 정해진 상담이 끝나고 일정 시간이 지난 후 실제 생활에서 경험한 것을 토대로 내담자의 변화가 지속되고 있는지를 확인한다.

2) 상담 진행 요령

상담은 상담자가 내담자를 대면하는 순간부터 상담이 종결될 때까지 일련의 과정을 거친다. 이러한 과정을 상담의 과정이라고 말하며, 이는 상담 시작 전 준비 단계와 상담을 실시하는 단계, 그리고 상담 후에 조치하는 단계 등 3단계로 이루어진다. 이 절은 육군보병학교(2004)의 고등군사반 교재와 야전교범 『병영상담』(2013)을 참조하였다.

(1) 상담 전 준비 단계

이 단계는 성공적인 상담을 위해 상담자가 상담을 시작하기 전에 상담에 필요한 사항들을 확인하는 단계다. 이 단계를 통해 상담자는 상담을 진행하는 동안 발생할 수 있는 여러 상황에 대해 보다 융통성 있게 대처할 수 있다. 또한 상황과 여건을 고려하여 필요한 사항을 사전에 준비하면서 궁극적으로 상담의 효과를 극대화할 수 있다.

① 상담 시기

상담 시기를 결정할 때는 내담자에게 초점을 맞추어야 한다. 상담이 필요한 경우는 다음과 같다.

- 내담자가 당일에 상담을 요청할 경우 다음날로 늦추지 말고 즉시 상담한다.
- 신상 변화 시(예: 가정 변화, 휴가 후, 진료 전후, 부대 훈련 전후, 캠프 입소 전후 등) 상담을 실시한다.

• 전입신병은 가능한 한 빠른 시간 내에 상담을 해야 불안감이 감소된다. 상담 시 좋은 첫인상을 심어주고, 어려울 때 찾아가 도움을 받을 수 있겠다는 믿음을 갖게 한다.

• 부하의 개인적 문제해결이 필요할 때(예: 신상, 가정, 기타 문제 등) 상담한다.

• 신병의 부대 적응 및 동화가 필요할 때 상담한다.

• 사건이나 사고를 미리 예방하거나 이미 발생하였을 때 상담한다.

• 임무수행 과정에서 수반되는 문제해결 시(예: 보직 변경, 파견, 전출 등) 상담한다.

• 휴가 복귀 및 전역 임박 시 상담한다.

• 부하의 동태를 지속적으로 파악해야 할 경우에 상담한다.

② 상담 장소

상담 장소는 다음과 같은 곳을 선택한다.

• 지휘관실과 같은 공식적인 장소는 경직된 분위기로 인해 개방적인 대화를 유도하기가 어려우므로 비공식적 장소를 선정하는 것이 좋다. 예를 들면, 중대 상담실이나 간부 연구실, 옥외 휴게실, 간부 숙소 등이 좋다.

• 상담 진행에 방해를 받지 않는 장소가 좋다. 상담 중 다른 사람이 출입하거나 소란하면 상담의 흐름이 깨지고 집중이 되지 않기 때문에 바람직하지 못하다.

• 온화하고 아늑한 장소가 좋다. 부드러운 간접조명에 다소 어두운 편이 마음을 차분하게 안정시켜 준다. 적절한 실내온도와 환기 및 통풍이 잘되는 곳이 좋다.

③ 상담시간 계획

상담시간 계획은 다음과 같이 적절하게 수립하여 실시해야 한다.

• 가능하면 근무시간 중에 상담을 하며 내담자의 자유 시간을 보장해 주는 것이 좋다.

• 바람직한 상담시간은 1시간 정도다. 상담시간이 길어지면 사변으로 흘러 갈 가능성이 있으며, 상담자와 내담자 모두 주의집중을 제대로 하지 못할 수 있다.

• 피곤하거나 시간에 쫓기지 않도록 선정한다. 상담 후 상담자나 내담자에게 중요한 일이 예정되어 있는 경우에는 상담을 계획하지 않는 것이 좋다. 상담 후 중요한 일이 계획되어 있으면 상담에 집중이 안 될 수 있으며, 상호 간에 피곤한 경우에도 상담에 대한 집중력이 떨어진다. 단, 생명을 위협할 정도의 위기 상황에 처한 부하의 경우에는 즉각 상담을 실시해야 한다.

• 상담시간과 장소에 대해 개방적인 자세를 가져야 한다. 일상의 병영생활 속에서 지속적으로 상담하는 것이 좋다. 예를 들어, 근무지를 방문하여 안부를 묻거나 격려하고, 운동하면서 표정이나 어울리는 것을 관찰할 뿐만 아니라 목욕을 하면서 몸의 상처를 파악할 수 있다.

④ 정보수집

상담을 위해 부하에 대한 사전 정보를 수집한다. 이를 통해 내담자의 생각과 태도를 잘 이해하고 발생 가능성이 있는 문제를 파악하며 상담 목적을 가늠할 수 있다. 내담자에 대해 잘 알고 있는 경우라면 최근에 변화가 있는 사항 위주로 파악하고, 갑작스런 상담으로 사전 정보수집이 제한되는 경우라면 상담 종료 후에 필요한 정보를 수집할 수도 있다.

정보를 수집할 내용은 다음과 같다.

• 가정, 학력, 성장 과정, 질병 유무, 이성 문제 등에 대한 신상기록부 내용이다. 이를 통해 내담자의 생각이나 태도를 이해할 수 있다.

• 신인성검사 결과다. 이를 통해 내담자의 심리 상태와 성격, 정신건강에 대한 정보를 알 수 있다.

• 병영생활에 대한 간부, 동료 및 선임병사들의 평가 내용이다. 이를 통해 정보의 일관성 여부나 문제를 식별할 수 있다. 구체적으로 알 수 있는 내용은 다음과 같다.

  – 평소 사고방식과 생활태도 및 근무태도다.

  – 부하의 욕구: 부하가 인정, 지시, 지원 받기를 원하는지 등이다.

  – 감정 상태: 현재 겪고 있는 문제로 인한 불안과 긴장으로 일상생활에 지장을 주는지의 여부와 지장을 주는 정도다.

  – 대인관계의 폭: 터놓고 이야기할 수 있는 전우가 있는지 등이다.

  – 상담에 대한 기대감: 상담으로 문제를 완전히 해결하고자 하는지, 단지 답답함을 호소하고자 하는지의 여부다.

  – 부하가 자신의 문제를 받아들이는 정도: 자신의 문제에 대해 어느 정도 심각하게 생각하고 반응하는지의 정도다.

  – 부하의 현재 및 최근의 기능 상태: 부하의 지적 · 정서적 · 사회적 기능을 평가하며, 부하의 최근 전우관계, 업무 능력, 가족관계 등에서의 변화를 이해한다.

  – 스트레스 원인: 부하에게 스트레스나 압력이 될 만한 조건에는 대인관계의 불화, 의

사 결정, 업무, 재정적 어려움, 신체적 곤란, 환경 등이 있으며, 상황적 요인과 심리적 요인으로 구분하여 이해한다.

- 사회적 · 심리적 자원: 자원이란 내담자가 보다 바람직한 방향으로 변화하는 데 촉진적인 역할을 하는 내 · 외적 요인들이다. 사회적 자원은 부하와 관련된 주변 사람들과의 관계 속에서 찾을 수 있고, 심리적 자원은 부하가 자기 스스로에 대하여 지니고 있는 신념, 태도 등이다.

- 신체적 특성과 건강 평가: 부하가 자신의 신체적 특성을 어떻게 평가하고 어떻게 수용하고 있는지가 중요하다.

⑤ 상담 사실 공지

상담을 한다는 사실을 사전에 부하에게 알려 준다. 내담자인 부하에게도 상담에 임할 수 있는 준비시간과 마음 자세가 필요하다. 왜, 어디서, 언제 이루어질 것인가를 이야기해 주고, 상담 목적과 개략적인 소요시간 등을 알려 주어 편안한 마음을 유도한다.

⑥ 상담 계획 구상

상담자는 상담 전 파악된 정보를 분석하여 상담을 효율적으로 실시하기 위한 개략적인 상담 계획을 구성한다. 이를 통해 상담 접근 방법이나 상담 방향을 결정할 수 있으며, 상담 중에 발생할 수 있는 문제도 사전에 예측하여 보다 유연하게 대처할 수 있다. 상담시간과 장소 역시 상황과 여건에 맞도록 사전에 가늠해 보는 것이 좋다. 상담 계획을 구상할 때는 상담 목적, 상담 시간 및 장소, 상담의 진행 방향 등이 포함되어야 한다.

⑦ 상담자의 정서적 안정 유지

상담자의 정서적인 상태는 내담자와의 관계 형성에 큰 영향을 미칠 수 있다. 상담자는 최대한 편안하고 안정된 상태에서 상담에 임할 수 있도록 해야 한다. 상담자 자신의 개인적인 어려움이나 고민도 내담자의 문제해결에는 도움이 되지 않으므로, 상담자 자신의 문제를 잘 다스린 후에 상담을 진행해야 한다.

(2) 상담 실시 단계

상담은 상담자의 특성, 상담 내용과 상황 등에 따라 조금씩 다를 수 있지만, 상담을 효율적이고 체계적으로 실시하기 위해 전개하는 일반적 절차가 있다. 이런 진행절차에 따르면 상담을 보다 잘 진행할 수 있고 상담 목표에 도달할 가능성이 높아진다.

상담 실시 단계는 상담관계 형성, 문제 식별, 해결방안 탐색, 행동 계획 수립 및 실제 행동으로 구분할 수 있다. 실제로 상담을 진행할 때는 각 단계가 동시에 진행되거나, 어느 한 단계가 생략될 수도 있으며, 상담 내용에 따라서는 출발점이 다를 수도 있다. 예를 들어, 초기에 내담자와의 라포 형성을 위해 상담관계 형성이란 단계를 일반적으로 거치지만, 경우에 따라서는 문제 식별을 먼저 할 수도 있다. 따라서 상담자는 상담 실시 단계를 숙지하되 상황에 따라 융통성 있게 진행해야 한다.

육군 야전교범 『병영상담』(2013)을 참고하면 상담 실시 단계는 다음과 같다.

① 1단계 상담 관계 형성

상담이 성공적으로 이루어지기 위해서는 상담자와 내담자 간에 친밀한 관계(Rapport)가 형성되는 것이 중요하다. 상담자의 첫 번째 행동이나 말이 상담 분위기 조성에 상당한 영향을 미치므로, 첫 상담 시 가벼운 유머나 일상 이야기를 통해 긴장을 풀어주는 것이 좋다. 경우에 따라서는 상담자가 적절히 자기개방을 하는 것도 내담자와 신뢰감과 친밀감을 형성하는 데 도움을 준다. 자리의 배치도 상담 효과에 영향을 미치는데, 첫 대면 시나 정보 교환 등의 간단한 주제로 상담을 할 때는 상담자와 내담자가 마주보는 것이 좋다. 전문적인 상담 시에는 내담자와 상담자는 90도의 위치에 앉는 것이 좋다. 또한 진로상담 등 여러 가지 자료를 같이 탐색하는 작업이 필요할 때는 상담자와 내담자가 나란히 옆으로 앉는 것이 좋다. 부하를 상담하는 경우라면 평소 상담자와 내담자의 인격적 신뢰관계가 중요한 요인이 된다. 따라서 상담자는 실제 상담에서뿐 아니라 평소 부대원들이 믿고 의지할 수 있는 관계를 유지하는 것이 중요하다.

② 2단계 문제 식별

이 단계에서는 내담자가 자신의 문제를 어떻게 인식하고 있는지 탐색하고, 여러 가지 관점에서 자신의 문제를 돌이켜 봄으로써 정말 자신에게 중요한 문제가 무엇인지 식별하도록 조력하는 단계다. 만약 내담자가 호소한 문제가 상담자의 역량을 벗어난다면, 상급자에게 보고하여 상담전문가의 도움을 받아야 한다. 이 단계에서 내담자가 자신의 문제를 솔직하게 털어놓아야 상담목표를 정확히 할 수 있고 촉진적인 상담관계가 형성된다. 더불어 무엇이 문제인지 혹은 무엇을 내담자가 원하는지가 명확해야만 해결방안을 탐색할 수 있다. 만약 내담자가 여러 가지 문제를 호소한다면, 상담자는 내담자에게 가장 시급한 문제를 우선으로 하여 문제해결에 우선순위를 정하도록 도와야 한다.

③ 3단계 해결 방안 탐색

이 단계에서는 식별된 문제에 대해 가능한 해결 방안을 찾아서 선택하고 결정하도록 돕는다. 우선 상담자는 내담자와 함께 브레인스토밍을 통해 문제해결을 위한 다양한 방안을 탐색한다. 그 후에는 내담자가 필요로 하고 원하는 방안을 고려하여 현실적인 목표를 수립해야 한다. 목표는 내담자의 행동을 변화시키는 데 상당한 동기부여를 할 수 있으므로 가장 우선적이고 현실적 목표를 세우는 것이 중요하다. 목표 설정 후에는 내담자가 목표에 강한 의지를 갖고 실천하도록 실천 가능한 하위 목표를 구체화해야 하는데, 목표를 추구하는 데 방해가 되는 요인에 대처할 수 있고 도움이 될 수 있는 자원이 무엇인지 반드시 확인해야 한다. 이 단계에서 중요한 것은 내담자에게 '상담자가 아니라 내담자 자신이 상담의 목표를 수용하고 달성해야 할 책임이 있다.'는 것을 깨닫게 하는 것이다.

④ 4단계 행동 계획 수립

이 단계는 내담자의 목표를 달성하기 위해 구체적이고 현실적인 행동 계획을 수립한다. 행동 목표를 계획할 때에는 언제, 어디서, 무엇을, 어떻게 할 것인지를 구체화하도록 하는 것이 효과적이다. 상담자는 내담자가 목표를 달성하는 데 필요한 지원 요소가 무엇인지 도출하고, 가용 시간과 업무 등을 고려하여 지원 및 활용 가능성을 판단하여 다양한 활동 계획을 수립할 수 있다. 때때로 내담자는 계획을 실행할 때 필요한 자원이 무엇인지 모르는 경우가 있다. 이때 상담자는 내담자의 상황과 자원, 능력에 맞게 행동 계획을 수립할 수 있도록 지원 요소를 도출하고 적절한 판단을 유도해야 한다. 또한 이 단계에서는 세부 행동 실천 계획을 수립하고 행동 결과를 평가해야 한다.

⑤ 5단계 실제 행동

행동이 따르지 않는 계획은 아무 소용이 없다. 따라서 상담에서는 각 단계의 계획을 행동으로 옮겨야 한다는 것을 강조한다. 실제 행동 단계에서는 내담자가 행동을 실행하는 데 도움이 될 방법을 확인한다. 상담자는 내담자가 스스로 수립한 행동 계획에 따라 실제로 문제를 잘 해결하고 있는지, 또는 문제해결에 필요한 적절한 조치가 취해지고 있는지를 지속적으로 확인해야 한다. 상담자는 내담자의 행동을 관찰하면서 피드백을 제공하고, 필요 시에는 행동을 수정할 수 있도록 도와야 한다. 내담자의 동기부여를 위해 적절한 보상을 제공하는 것도 중요하고, 동료들의 지지와 격려를 유도하는 것도 하나의 방법이다. 상담자는 내담자에게 지속적인 관심을 기울이고, 상담 장면뿐 아니라 일상생활에서 칭찬과 격려 하여 내담자가 행동 실천을 적극적으로 할 수 있도록 도와야 한다.

상담 실시 단계에서 중요한 점을 정리하면 다음과 같다.

첫째, 편안한 분위기를 조성한다. 내담자는 상담을 시작할 때 긴장할 수 있으므로, 속마음을 털어놓을 수 있는 편안한 분위기를 조성한다. 가벼운 농담으로 긴장을 풀 수 있다. 그리고 어떤 이야기라도 진지하게 내담자의 입장에서 들어주겠다는 약속을 한다. 몸의 방향을 내담자 쪽으로 약간 기울이고, 부드러운 시선을 보내면서 들을 자세를 취한다. 내담자가 긴장하는 느낌이 들면 마음을 편하게 가지라고 가볍게 말한다. 내담자의 문제점을 처음부터 물어보기 전에 내담자의 신상에 대해 관심을 보이면서 시작한다.

둘째, 경청을 통해 호소하는 문제를 파악한다. 촉진적 반응(예: 끄덕임, 장단 맞추기 등)과 비언어적 행동의 관찰(예: 목소리 떨림, 표정, 시선, 몸짓 등)을 통해 내담자의 문제를 파악하도록 노력한다.

셋째, 핵심 감정을 파악하여 공감한다. 내담자의 입장에서 함께 느끼도록 노력하고, 특히 내담자가 겉으로 드러내는 감정 이면에 숨어 있는 감정을 느끼도록 한다.

넷째, 구체적으로 격려와 칭찬을 한다. 내담자에게 문제가 있는데도 지금까지 견딘 것에 대해 격려한다. 또한 내담자가 지금까지 문제해결을 위해 나름대로 노력한 것을 인정해 준다.

다섯째, 내담자가 스스로 자신의 문제에 대한 해결 방법을 생각하고 찾도록 도와준다. 내담자가 제시한 해결 방법에 대해 같이 고민한다. 또 다른 해결 방법에 대해 조심스럽게 제안하고 내담자 스스로 결정하도록 한다.

여섯째, 문제해결을 위한 노력을 다짐한다. 상담 내용을 내담자가 요약하도록 하고, 상담 후 느낌을 물어보며, 내담자에게 문제해결을 위해 노력할 것을 다짐하도록 한다.

일곱째, 상담한 내용을 기록한다. 상담 중에 잘 경청하였다가 상담 후 곧바로 기록한다. 기록은 내담자의 핵심 문제와 문제의 원인 파악, 해결 방안 모색 및 상담 효과를 확인할 때 필요하다.

여덟째, 비밀보장을 강조한다. 원칙적으로 비밀이 지켜지지 않을 경우 상담 진행이 불가능해진다. 내담자에게 비밀보장을 약속하였다면 반드시 지켜야 한다. 내담자인 부하에게 비밀보장의 한계와 책임을 충분히 설명한다. 단, 내담자 자신과 타인 및 조직에 대해 심각한 위해를 가할 것이 분명한 상황에서는 비밀을 지킬 필요가 없다. 이때는 내담자에게 반드시 먼저 말을 하고 지휘계통이나 문제해결에 도움을 줄 수 있는 전문상담관, 군종장교, 군의관 등에게 알릴 수 있다. 문제가 심각하여 판단이 곤란할 때는 상급자, 동료 및 전문가에게 의뢰한다.

(3) 상담 후 관리 단계

상담이 종료된 후에는 상담자가 설정한 기준에 따라 내담자의 지속적인 행동평가를 포함한 후속 조치를 하는 것이 중요하다. 이는 상담 목적을 달성하고 상담 과정상의 결점을 보완하며, 내담자의 성과를 향상시킬 수 있다. 만약 성과가 나타나지 않는다면 이유를 찾아내기 위해 상황을 다시 점검해야 한다. 행동 단계에서 이루어진 내담자의 문제해결 방안을 지속적으로 확인하는 것 외에 상담내용에 대한 기록을 유지한다. 필요 시에는 보고와 의뢰 같은 추가 조치를 실시한다. 이를 통해 내담자를 위한 유용한 행동지침을 제공하거나 차후에 상담을 위한 정보를 제공 할 수 있다. 또한 상급자에게 보고가 필요한 경우 정확성을 보장해 주며, 공식적인 조치가 필요할 때 유용한 정보를 제공할 수 있다. 상담자는 상담 과정에서 논의된 것 중 자신이 조치해야 할 사항은 실행에 옮기고, 문제가 심각하거나 자신의 능력 범위를 벗어날 경우에는 지휘계통을 통해 보고하거나 관련 기관과 협조하여 내담자가 적절한 조치를 받도록 해야 한다.

상담 후 관리할 사항은 대해 구체적으로 다음과 같다.

- 부하에게 약속한 사항은 반드시 이행하며 결과를 알려 준다. 약속한 사항을 이행하는 데 시일이 요구될 때는 중간에 진척사항에 대하여 이야기해 준다.
- 부하가 문제해결을 직접적으로 느낄 수 있도록 조치한다.

- 부하의 문제를 파악하고 해결 방안에 대하여 동료, 상급자, 전문상담관 및 군종장교에게 조언을 구한다.
- 약속한 사항을 이행하지 못할 경우 반드시 부하에게 이유를 설명하고 양해를 구한다.
- 문제가 해결될 때까지 지속적으로 관찰하고 격려하고 관심을 표명한다. 부하가 바람직한 변화를 보일 때는 칭찬과 지지 및 격려를 아끼지 않는다.
- 상담 준비부터 종결까지 상세하게 개인상담기록부에 작성한다. 상담 내용의 기록 방법에는 부하에게 양해를 구하고, 상담을 하면서 개별상담카드에 기록하는 방법, 상담 중 요점만 기록하였다가 상담이 끝난 후 카드에 기록하는 방법, 부하에게 양해를 구하고 녹음기를 사용하는 방법 등이 있는데, 가능하면 두 번째 방법을 사용한다.
- 상담이 종결된 후 상담 결과를 확인하기 위해 추수상담(follow-up counseling)을 한다.
- 부하와 약속한 비밀은 반드시 지켜 신뢰할 수 있는 관계를 지속한다.
- 문제가 심각하거나 해결이 곤란할 경우 지휘계통에 보고하고, 전문상담관, 군종장교, 군의관 및 민간 상담전문가 등에게 의뢰한다.

제2절 군 상담 방법

1. 상담 초기단계 기법

1) 구조화

(1) 정의
상담자가 내담자에게 상담의 의미와 상담자 및 내담자의 역할, 상담의 제한 조건과 방향 등을 알려 주며, 상담 기간 및 상담 비용 등을 정하는 것을 말한다.

(2) 방법
- 구조화 내용은 최소한으로 하는 것이 상담자와 내담자 모두에게 편안하게 느껴질 수 있다.
- 구조화는 적절한 시점에서 이루어져야 효율적이며, 상담시간 및 내담자의 행동 규범에

대해서 구체적으로 정해야 한다.

(3) 구조화 유형

시간제한, 내담자의 행동 제한, 상담자와 내담자의 역할, 상담 과정 및 목표의 구조화 등이 있다.

(4) 예

- "나는 지금 소대장으로서가 아니라, 상담자로서 정 상병을 대하고 있는 거야."
- "정 상병의 문제에 대한 해결방안은 누구보다도 정 상병 자신이 가장 잘 알 수 있다고 믿어."
- "정 상병과 내가 함께하고 있는 이 상담은 정 상병이 자신의 문제를 스스로 해결하도록 내가 단지 돕는 거야."

2) 경청

(1) 정의

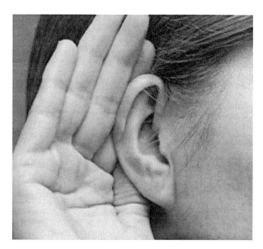

상담자가 비언어적 혹은 언어적 표현을 통해 내담자로 하여금 생각이나 느낌을 자유롭게 표현할 수 있도록 적극적이고 능동적으로 반응하는 것을 말한다. 특히 적극적 경청이란 내담자의 문제해결에 도움이 되는 표현에 대해 적극적으로 반응하는 것을 의미한다. "사람을 움직이는 가장 중요한 무기는 입이 아니라 귀다." "상담은 입으로 하는 것이 아니라 가슴과 귀로 하는 것이다."라는 말이 있듯이, 경청은 상담에서 매우 중요한 부분을 차지한다. 경청을 할 때는 상대방에게 일어난 구체적인 사건을 들어야 하며, 그 사건에 대한 내담자의 주관적인 생각이나 감정 및 행동 양식에 귀를 기울여야 한다.

(2) 경청을 해야 하는 이유

- 내담자가 자신이 처해 있는 문제 상황과 자신의 생각, 감정 및 행동양식 등에 대하여 좀 더 구체적으로 이야기할 수 있는 기회를 제공하기 위해서다.
- 상담자가 내담자를 좀 더 잘 이해하여 적절한 도움을 제공할 수 있기 위해서다.
- 효과적인 대화를 통해 내담자가 자신의 문제 상황을 해결할 수 있는 방안을 모색할 기회를 제공하기 위해서다.

(3) 경청의 자세

- 개방적이며 편안한 자세를 취하라.
- 상대방의 눈을 적절히 응시하라.
- 고개를 적절히 끄떡여라.
- 잘 듣고 있다는 반응으로 단음절의 반응(예: 아, 예, 응, 그래, 그랬구나, 그 점이 결국 문제였군! 등)을 보여라.
- 관심어린 질문을 하라.
- 내담자의 표현에 대해 반복, 요약 및 환언을 하라.

(4) 방법

① 신체적 행동

- 시선 접촉: 내담자에게 보내는 시선을 통해 관심을 가지고 있음을 전한다.
  예) 고정적으로 응시하지 않는다. 진지하고 자연스러운 눈길을 보낸다. 내담자의 반응을 고려하여 적정 거리를 유지한다.
- 자세: 이완된 자세로 몸을 자연스럽게 앞으로 약간 기울인다.
  예) 내담자의 이야기를 진지하게 들으려는 자세를 보인다. 팔짱을 끼고 몸을 뒤로 젖힌 채 앉지 않는다. 하품을 하거나 다리를 꼬았다 풀었다 하지 않는다. 의자를 손으로 꽉 붙잡는 자세를 취하지 않는다.
- 몸짓: 가끔 고개를 끄덕여 관심을 갖고 있다는 표현을 한다.
  예) 편안하고 안락한 몸동작을 한다. 손을 거칠게 흔들지 않는다.
- 얼굴 표정: 사람의 느낌, 정서, 반응 등을 전해 준다.
  예) 자연스럽고 편안한 표정을 유지한다. 상담의 흐름에 맞는 느낌을 표현한다. 상담자가 경청하고 있다는 것을 내담자에게 확인시켜 준다.

② 목소리의 어조와 억양

• 높이, 빠르기, 속도, 강도 등을 통해 표현한다.
• 내담자의 이야기를 받아들이는지 아닌지를 판단하는 근거가 된다.

③ 언어

• 내담자의 말을 가로막지 않고 말의 흐름에 따르는 언어 반응을 한다(재진술, 환언 등).
• 내담자가 이야기를 계속할 수 있도록 유도한다.
• "으음." "그래." 등을 통해 상담자가 경청하고 있음을 확인시켜 준다.

(5) 경청 연습

① 공감을 통한 경청

• 방법: 내담자의 말 속에 깔려 있는 중요한 감정, 태도, 신념, 가치 기준 등을 파악하여 '좋다-나쁘다' 혹은 '맞다-틀리다' 라는 판단을 하지 않고 내담자의 입장에서 내담자를 이해한다.
• 예
  - 내담자: "업무를 하려고 하면 집중이 안 되고 시간이 지날수록 머리가 아파 옵니다. 저는 업무가 잘 안 맞는 것 같습니다."
  - 상담자: "업무를 하려고 노력해도 다른 생각만 들고 집중이 안 되어 자신은 업무가 안 맞는 사람이라고 생각되니 많이 힘들겠구나."
• 반응 공식: (   ) 생각이 들어(일이 생겨서) 기분이 (   ) 하겠군.

② 수용적 존중을 통한 경청

• 방법: 내담자의 말 속에서 긍정적인 동기를 확인해 주고, 긍정적인 동기의 진정한 가치를 능력이나 결과에 의하지 않고 있는 그대로 인정한다.
• 예
  - 내담자: "며칠 전 김 일병과 심하게 말다툼을 했습니다. 그 후로 먼저 말을 걸려고 생각해도 그게 잘 안 됩니다."

- 상담자: "김 일병과 말다툼을 했지만 지나고 보니 후회도 되고, 김 일병과 그전처럼 친하게 지내고 싶은데 잘 안 돼서 답답한 모양이군!"
- 반응 공식: (   ) 하고 싶은데 잘 안 돼서 기분이 (   ) 하겠군.

③ 질문을 통한 경청

- 방법: 개방적인 질문은 말할 수 있는 기회를 제공한다. 간접 질문은 상대방에게 위협을 주지 않는다. 질문은 간단하고 명료하게 한다. 질문은 내담자가 자신의 문제 상황이나 자신의 특성을 이해하는 데 도움이 되는 방향으로 한다.
- 예
  - 내담자: "저는 생활관 내에서 혼자입니다."
  - 상담자: "구체적으로 어떻게 혼자인지 궁금하군!"
- 반응 공식: (   )하면 어떠십니까?
             (   )이 궁금하군.

④ 요약을 통한 경청

- 방법: 내담자의 말을 상담자가 이해하고 있다는 것을 보여 주거나 혹은 내담자가 한 말을 요약해 준다.
- 요약할 내용: 내담자가 이야기하고자 하는 사실적인 내용, 사실의 밑바탕에 깔린 내담자의 기분이나 감정, 내담자가 구체적으로 말하지 못하고 있는 생각이나 감정 및 사건, 내담자의 말이 장황하거나 핵심이 불분명할 때
- 반응 공식: 그러니까 (   )란 말이군.

3) 질문

(1) 형태

- 질문은 가능한 한 개방적이어야 하며, 한 번에 한 가지씩만 질문한다.
- 간결하고 명확해서 알아듣기 쉬워야 하며, 간접적인 질문일수록 좋다.
- '왜' 라는 질문은 가능한 한 피해야 한다.
- 일단 질문한 다음에는 그 질문에 대해 충분히 생각할 시간을 주어야 하며, 질문에 대한

내담자의 말에 귀를 기울여야 한다.

(2) 시기

- 상담자가 내담자의 말을 잘 알아듣지 못했거나, 잘못 들었거나 혹은 이해하지 못했을 때
- 내담자가 상담자의 말을 이해했는지 확인할 때
- 내담자가 지금까지 표현한 생각이나 감정을 보다 명확하게 탐색할 때
- 내담자를 충분히 이해하기 위하여 자세한 정보가 필요할 때
- 하고 싶은 말이 더 있는데도 말을 계속하기 어려워하는 내담자를 격려할 때

(3) 예

① 폐쇄적 질문 및 개방적 질문

- 폐쇄적인 질문: "병영생활이 불편하지?" "휴가 때 애인을 만났니?" (×)
- 개방적인 질문: "현재 병영생활은 어떠니?" "휴가는 어떻게 보냈지?" (○)

② 직접적 질문 및 간접적 질문

- 직접적인 질문: "김 병장은 어제와 같은 상황을 어떻게 생각하지?" (×)
- 간접적인 질문: "김 병장은 어제 같은 상황을 어떻게 생각하는지 궁금하군." (○)

③ 이중 질문

- "내일 오겠니? 아니면 모레 오겠니?" (×)

④ '왜' 라는 질문

- "왜 그렇게 했지?" (×)

4) 바꾸어 말하기

(1) 정의

내담자가 말한 내용을 상담자가 다른 말로 바꾸어 표현하는 것을 의미한다.

(2) 방법

• 전달하고자 하는 요점을 분명히 전하면서 인지적인 측면과 내용을 강조한다.
• 이야기의 핵심을 쉽게 이해하기 위해 간단히 표현한다.

(3) 예

• 김 일병: "박 병장은 정말 좋은 사람 같습니다. 생각도 깊고 누구에게나 친절합니다. 박
　　　　　병장과 같이 근무하는 날은 피곤하지도 않습니다."

　소대장: "김 일병은 박 병장을 무척 좋아하고 있군."

• 이 상병: "정 하사는 정말 이해할 수가 없습니다. '이렇게 하라'고 했다가 곧이어 다시
　　　　　'저렇게 하라'고 합니다."

　주임원사: "정 하사가 이 상병을 종잡을 수 없게 한단 말이지?"

5) 요약

(1) 정의

여러 가지 생각과 감정을 매 회기의 상담이 끝날 무렵 하나로 묶어서 정리하는 것을 말한다.

(2) 방법

• 내담자의 말 중에서 중요한 내용과 감정에 주의를 기울인다.
• 대화의 내용과 감정 중에서 핵심이 되는 내용과 일반적인 줄거리를 파악한다.
• 파악된 생각과 느낌을 넓은 의미로 통합해서 전달하며, 상담자 자신의 새로운 견해를
  더하지 않도록 한다.
• 가능한 한 내담자가 스스로 요약할 수 있도록 돕는다.

(3) 시기

• 더 이상 대화가 없거나 내담자가 두서없이 말할 때
• 상담자의 말을 제대로 이해하고 있는지 점검할 필요가 있을 때
• 매 회기의 상담이 끝날 무렵이나 상담이 종결될 때

(4) 예

- "자네가 오늘 이야기한 내용을 정리해 보겠나?"
- "지금까지 자네는 이렇게 말했네."
- "박 상병이 가정이나 학창시절, 현재의 부대생활에 대하여 말한 것을 보면, 모든 생활에서 패배감을 느낀 것 같은데."
- "박 상병은 지금까지 과거생활에 대하여 좋았던 점과 싫었던 점을 이야기했고, 앞으로 군 생활을 어떻게 할 것인지에 대해서 이야기했네."

6) 반영

(1) 정의

거울에 자신의 모습이 비추어지듯 내담자의 태도와 감정을 다른 참신한 언어 및 비언어적 수단으로 상담자가 표현해 주는 것을 말한다.

(2) 방법

- 가능한 한 다른 말을 사용하고, 내면적 감정을 정확히 파악하여 전달한다.
- 서로 일치하지 않는 행동과 감정을 반영해 준다.
- 내담자의 말에서 표현된 감정의 정도만큼 반영을 하고, 그 이상을 첨가하거나 삭제하지 않는다.
- 비언어적 행동(예: 자세, 몸짓, 억양, 눈빛 등)으로 표현할 수도 있다.

(3) 예

- "김 일병은 지금 괜찮다고 말하고 있지만, 내가 볼 때는 초조해 보이는데……."
- "박 병장은 아버지를 사랑한다고 이야기하면서, 아버지에 대해 말할 때마다 주먹을 꽉 쥐는군!"

2. 상담 중기 및 종결 단계 기법

1) 명료화

(1) 정의
내담자가 한 말 중에서 모호한 부분을 확실히 알도록 해 주는 것을 말한다.

(2) 방법
- 내담자의 말을 비판한다는 인상을 주지 않도록 조심한다.
- 내담자의 말이 명확하지 않거나 잘 이해되지 않았을 때 한다.
- 구체적인 예를 들어 명확하게 해 줄 것을 요청한다.
- 내담자의 진술에 대한 상담자 자신의 반응을 나타내어 내담자의 반응을 명료화한다.

(3) 예
- "잘 이해하지 못하겠는데. 김 상병이 말하고자 하는 바를 좀 더 분명하게 말해 줄 수 있 겠나?"
- "김 상병이 병영생활에서 느끼는 감정이 어떤지 확실하게 이해되지 않는군!"
- "예를 들어서 간략하게 다시 말해 주면 고맙겠구나!"

2) 직면

(1) 정의
내담자의 사고나 행동 등에 대한 모순과 불일치를 지적해 주어 내담자의 자각을 돕 는 것을 의미한다.

(2) 방법
- 내담자 스스로 깨닫지 못하고 있지만, 그의 말이나 행동에서 불일치가 발견될

때 이를 지적한다.

- 내담자가 자신의 욕구에 따라 상황을 바라볼 것이 아니라, 상황을 있는 그대로 보도록 할 때 사용한다.
- 내담자가 상담에서 특정 화제를 이야기하는 것을 피하거나, 다른 사람의 의견이나 생각, 느낌 등을 받아들이려 하지 않을 때나 혹은 이를 내담자에게 이해시키고자 할 때 사용한다.
- 부정적인 측면에 초점을 맞추거나, 내담자가 자신의 한계를 깨닫도록 하는 것은 금물이다.
- 내담자가 상담자를 깊이 신뢰하고, 상담자가 내담자의 성장과 변화를 진술하게 배려하는 분위기에서 행하는 것이 바람직하다.

(3) 예

- 한 상병: "지난밤 꿈에 이 병장과 사냥을 갔는데, 제가 글쎄 사슴인줄 알고 쏘았는데 나중에 가까이 가보니까 이 병장이 죽어 있었습니다. 그래서 깜짝 놀라 잠에서 깨어났습니다."

  중대장: "혹시 너무 권위적이고 무관심한 이 병장이 일찍 사고로 죽었으면 하는 생각이 마음 한구석에 있었는지 모르겠군."

3) 해석

(1) 정의

내담자가 자신의 문제를 새로운 각도에서 이해하도록 그의 생활 경험과 행동의 의미를 설명하는 것을 말한다.

(2) 방법

- 내담자에게 새로운 관점을 제공하여 내담자가 자기 문제에 효과적으로 대처하도록 돕는 데 활용한다.
- 내담자의 견해와 어느 정도 일치해야 효과가 있으며, 내담자가 말한 내용의 초점을 요약하면서 상담자가 타당하다고 여기는 다른 자료를 덧붙여 설명한다.

• 해석은 내담자가 받아들일 준비가 되어 있을 때 하는 것이 효과적이다. 시기상조한 해석은 내담자에게 상처를 주고, 상담이 중단되도록 할 가능성이 있다.

(3) 예
• 오 일병: "후송을 자주 갔다 왔더니 병영생활이 불안해집니다."
  소대장: "후송을 자주 가서 병영생활에 소홀한 것에 대해 선·후임병들이 어떻게 보고 있을지 걱정이 된다는 얘기구나!"

4) 조언

(1) 정의
상담자가 내담자에게 문제해결에 도움이 되는 방안을 직접적이거나 간접적으로 제안하는 것을 의미한다.

(2) 시기
• 비효과적인 조언 시기: 내담자가 저항을 나타낼 때 혹은 내담자가 고민에 대해 조언을 요구할 때는 조언을 중단하고 내담자의 현재 감정에 대한 이야기를 시도하는 것이 좋다.
• 효과적인 조언 시기: 구체적이고 복잡하지 않은 조언을 요구할 때 혹은 호소 문제가 구체적이지 않지만 문제해결에 도움이 될 수 있으리라고 판단될 때 조언을 하는 것이 좋다.

(3) 방법
• 상담자는 내담자가 지금까지 시도해 온 노력이나 방법에 대해 묻고, 그러한 노력의 효과에 대해 내담자와 함께 검토한다. 이때 문제해결에 도움이 될 만한 내담자의 노력이 발견되면 최대한 내담자를 격려하여 내담자와 공감대를 형성함으로써 상담자의 조언을 받아들이려는 마음을 갖게 하는 것이 중요하다.
• 조언하기 전에 내담자가 상담자의 조언에 따를 준비가 되어 있는지 확인한다. 아무리 좋은 조언도 내담자가 조언을 받아들일 준비가 되어 있지 않으면 하지 않은 것이 좋다.
• 상담자가 내담자에게 하는 조언은 강요가 아니며, 그 조언대로 하는 것은 내담자의 선택임을 강조하는 것이 좋다.

- 조언의 요령은 최대한 간단하고 구체적으로 하며 한 번에 한 가지만 해야 한다.
- 상담자는 조언 후 내담자의 즉각적인 피드백을 받을 필요가 있다. 내담자로 하여금 조언을 실행한 후 조언이 문제해결에 어느 정도 도움이 되었는지를 확인하도록 한다.

(4) 예
- 최 병장: "전역 후 도대체 뭘 해야 할지 고민이 많습니다. 좋은 방법이 없겠습니까?"
  소대장: "적성검사를 해 본 적이 있는지 모르겠는데, 적성검사를 먼저 해 보면 어떨까?"

5) 지시

(1) 정의
상담자가 내담자에게 말이나 억양, 몸짓, 침묵 등을 통해 직접적 혹은 간접적으로 지시를 하는 것이며, 조언보다 더 강제성이 있다.

(2) 목적
이전과 다른 행동을 유도하여 변화를 일으키고, 내담자와 상담자의 관계를 더욱 돈독하게 하려는 것이다.

(3) 유형
- 직접적 지시: 상담자에게 권위가 있거나 지시 내용을 그대로 따르도록 할 때 사용한다.
- 간접적 지시: 상담자에게 권위가 부족하거나 지시 내용을 부분적으로 따르게 할 때 혹은 자발적인 변화를 유도할 때 사용한다.

(4) 방법
- 지시를 할 때는 구체적이고 명확하게 과제를 제시하는 것이 좋다.
- 지시사항에 대해 내담자가 충분히 이해했는지 의심스러울 때는 과제에 대한 이해 여부를 질문할 필요가 있다.
- 상담자가 제시한 과제를 반드시 수행하겠다는 생각을 갖도록 하며, 상담자는 내담자가 상담자의 지시대로 했을 때 내담자 자신이 원하는 목표를 이룰 수 있다는 확신을 주어

야 한다.

(5) 예

• 박 이병: "어제 오래달리기에 또 낙오했습니다. 앞으로 정말 어떻게 해야 할지 난감합니다."

소대장: "그래 마음이 복잡하고 힘들었구나! 일과 후나 주말에 시간을 내서 혼자 뛰어 보면 어떨까?"

제3절 군 상담 사례를 통한 상담 방법 이해

이 절에 제시한 사례는 필자가 국방대학교에서 강의한 '상담의 이론과 실제' 과목을 수강했던 한 장교가 상담한 내용을 정리한 것이다.

1. 일반사항

1) 내담자 인적사항: ○○사단 1대대 1중대 1소대장 고민(가명) 소위. 만 24세. 서울 태생
2) 내담자 가족관계: 부(53세, 개인사업), 모(51세, 주부), 남동생(18세, 학생)
3) 내담자 문제 및 특징: 내담자는 소대장으로 복무한 지 3개월이 경과하였으며, 사관학교 출신으로 업무수행에 있어서 매사에 활력이 있고 적극적인 태도를 보이며 소대장 임무를 수행하고 있으나, 계속된 선임 병사들과의 갈등과 중대장의 지휘 스타일에 대한 불신, 소대 선임하사와의 불협화음 등으로 자신감이 많이 저하된 상태다. 또한 대대 자체 설문조사 결과, 소대원들의 불만이 많은 것으로 나타났다. 이는 업무 의욕만 앞선 내담자의 태도가 주변 인물들과의 관계를 어렵게 만드는 것으로 보인다.
4) 상담자 인적사항: ○○사단 1대대 인사장교 조언(가명) 대위, 국방대학교 리더십 전공
5) 상담 경위: 자체 부대진단 결과 1소대장에 대한 소대원들의 불만이 팽배해 있고, 평소 잘 따르던 사관학교 후배인 내담자가 최근 침울한 표정이 잦아 상담자가 내담자인 1소대장을 불러 상담을 실시하였다.
6) 내담자의 부대 현황: 내담자의 부대는 대대와 60킬로미터 떨어져 있는 요충지 선점 독

립중대의 소대로써 전통적으로 병사들 간의 응집력이 큰 반면, 간부들에 대한 신뢰가 부족하고 중대장의 지휘 태도는 다소 방임적인 면을 보여 초급간부들의 초기 적응이 어려우며, 그로 인한 사고의 위험성이 높은 부대다.

7) 상담목표 및 계획: 상담목표는 내담자의 갈등과 자신감 부족의 원인을 파악하고, 부대에 원활한 적응을 유도하며 자신감을 회복하는 것이다.

2. 상담 과정 및 기법

1) 접수면접

대대 자체 설문조사 결과와 부대 내 생활 전반에 관한 관찰 및 주변 동료, 상·하급자의 평가 내용을 근거로 문제의 현 상태를 파악하였다.

(1) 대대 설문조사 결과

1소대장이 "독단적이다." "화를 잘 낸다." "부하의 말에 귀를 기울이지 않는다." 등으로 나타났다.

(2) 관찰 및 주변 평가

업무에 대해 적극적으로 임하나 성과 미흡, 경직되고 화난 표정, 통제와 규정에 대한 강박적 집착, 주변 인물들과의 대화 부족, 일과 이후 잦은 외출, 음주 횟수 증가, 고민이 많은 모습, 중대장 및 선임하사와 불화 등이 있다고 평가되었다.

2) 초기 상담

상담자가 내담자를 불렀으며, 신뢰감 형성과 편안한 분위기를 유도하여 수용적 분위기를 만들었다. 접수면접을 따로 하지 않았기 때문에 접수면접의 기능을 부분적으로 수행하였다.

(1) 중점사항

촉진적 관계형성에 주안점을 두었고, 편안하고 자연스러운 분위기에서 느낌을 공유하였다.

(2) 구성 내용

화제 유도(부대업무), 목표설정과 구조화, 자기노출, 내담자 문제에 대한 평가 및 상담의 필요성 인식 등이다.

(3) 주요 방법

구조화, 경청, 공감, 지지, 해석, 명료화, 질문, 조언, 반영, 자기노출 등이다.

첫 상담 축어록

내 1: 들어가도 좋습니까?(경례) 소위 고민, 인사장교님께 불려 왔습니다.

상 1: 아~ 민이. 어서 들어와. (악수를 하면서) 자! 여기 앉을까?

상 2: 차는 어떤 걸로 할래?

내 2: (잠시 주저하더니) 커피로 하겠습니다.

(화제 유도)

상 3: (커피를 타 주면서) 그래. 중대장님은 좀 어떻게 지내시니?

내 3: 예. 잘 지내십니다. 오늘 인사장교님께 간다니까 안부 전해 달라고 하셨습니다.

상 4: 아 그래! 한번 간다 하면서도 잘 안 되는구나!

내 4: (침묵……)

(화제 유도)

상 5: 어제 있었던 간부시험은 잘 봤어? 난 쉬울 줄 알았더니 생각보다 까다롭게 출제된 거 같더라! 오랜만이라 그런지 힘들더라.

내 5: 예……. 전 그런대로 할 만했습니다. 그런데 분대장들은 어땠는지 모르겠습니다. 열심히 준비하라고 했는데……(침묵)

(공감)

상 6: 자식들 정말 말 안 듣지?

내 6: (침묵)

(자기노출)

상 7: 나도 소대장할 때 선임병장들 때문에 애 좀 먹었지(웃으면서). 가끔씩은 내가 탈영하고 싶더라니까! 병장들은 말 안 듣지, 그렇다고 두들겨 팰 수도 없지, 중대장님은 닦달하지, 야~ 정말 괴롭더라구!

내 7: (호기심 어린 눈빛으로 약간 웃으며 침묵⋯⋯.)

(화제 유도)

상 8: 참! 지난 주 외박 갔었지? 서울에 애인이 있다고 했던 것 같은데?

내 8: 예. 서울에 가서 애인을 좀 만나고 왔습니다.

상 9: 응. 그랬구나!(침묵)

(구조화)

상 10: 오늘 내가 왜 민이를 만나자고 했는지 궁금하지?

내 9: (침묵⋯⋯.)

상 11: 사실 요즘 민이 얼굴이 좀 안 좋고 힘들어 보였어. 그런 민이를 보니 소대장을 해 본 내 입장에서 민이가 혹시 하고 싶은 얘기가 있을지 모른다는 생각이 들더구나. 그래서 실은 나도 요즘 많이 바쁘지만 사랑하는 후배를 돕고 싶은 마음에 허심탄회하게 이야기 좀 하고 싶어서 오늘 만나자고 한 거야. 지금 나는 인사장교로서 민이 앞에 있는 것이 아니라 민이와 똑같은 한 인간으로 있는 거야. (잠시 침묵) 또한 우리가 하는 이야기는 우리만의 비밀이 되어야지. (잠시 침묵) 어떻게 생각하니?

내 10: 한번 진지한 시간을 가져 보는 것도 좋을 것 같습니다.

상 12: (웃으며) 고맙구나! 내심 거절할까 봐 걱정되었는데. (다시 한 번 악수를 청하면서) 인간적인 만남을 갖는다고 하니까 기분 좋은데.

(질문)

상 13: 그래 어떤 얘기부터 시작할까? (잠시 후) 요즘 병사들 다루기 어떠니?

내 11: 사실은 어디서부터 잘못되었는지 모르겠습니다. 제가 소대장 자질이 모자란 건지 병사들이 인간이 덜된 건지 모르겠습니다.

(명료화)

상 14: 예를 들어서 얘기해 줄 수 있니?

내 12: 어제도 오전 구보할 때 소대원들이 구령을 제대로 맞추지 않아 질책했더니 나잘난 병장이 제 지시도 없이 소대원들을 데리고 제멋대로 구보를 했습니다.

(공감)

상 15: 정말 황당했겠구나!

내 13: 주먹이 올라오는 것을 가까스로 참고 그 녀석 멱살을 잡았더니……. 다른 소대원들이 말리고(흥분한 어조로)…… 다들 쳐다보고 있는데…… 뭐라고 해야 할지…….

(반영)

상 16: 나도 네 심정을 이해할 수 있을 것 같다. 사관학교 출신 소대장이 병사들에게 수모를 당하였다는 그 느낌 말이야.

내 14: (잠시 후) 이럴 때는 정말 어떻게 해야 할지 모르겠습니다. 정말이지 다 때려 부수고 싶지만…… 그럴 수도 없고…….

(명료화)

상 17: 방금 이럴 때라고 했는데 그전에도 이런 일이 있었다는 얘기니?

내 15: 예. 실은 제가 처음 전입 와서부터 계속된 일이라고 할 수 있습니다. 첫날 소대장 취임식을 할 때 대열 뒤편에 서 있는 병장들의 건들거리는 태도가 무척 신경에 거슬렸지만 절대로 구타는 안 된다는 생각을 했습니다. 그건 임관할 때 제 자신과의 약속이었습니다. 매사에 솔선수범하기 위해 작업할 때도 맨 앞에서 삽을 들고 열심히 뛰어 다녔는데, 아무 소용이 없는 것 같았습니다. 게다가 다른 소대장들은 병장들에게 이렇게 당하고 사는 게 아무렇지도 않은 듯 보였습니다. 다른 소대장들이 교육할 때 빈정거리는 놈들이 있지 않나. 시키면 이 핑계, 저 핑계 대서 빠져 나가려고만 하질 않나……. (침묵 후) 심지어 중대장님한테 보고해도 별 조치도 하지 않으십니다. 저희만 나무라시고…… 2소대장하고 저만 힘이 듭니다.

(공감)

상 18: (고개를 끄덕이며) 지금까지 잘 참아 온 민이의 인내심이 대단한 것 같구나! 쉽지 않았을 텐데.

내 16: 열 받아서 애들하고 한바탕 하고나서는 신세 한탄이나 하고 있습니다. 하지만 전역 말년 밑에 있는 애들은 하나씩 잡아가고 있는 중이니까 좀 있으면 괜찮아질 겁니다.

(질문)

상 19: 혹시 전역 말년 밑에 있는 병사들을 다루는 특별한 방법이 있니?

내 17: 뭐 특별한 방법이라기보다는 지들이 저하고 오래 있어야 하고, 제가 짬밥이 올라가면 좀 더 쉬워지지 않겠습니까? 또 지금은 병장들 눈치 보느라 저한테 잘 못해도 걔들만 전역하면 더 나아질 겁니다. 지금도 몇몇은 선임병들 안 보는 데서 저를 잘 따릅니다.

상 20: 잘 따르는 애들은 어떻게 해서 따르게 됐지?

내 18: 한 녀석은 상병인데 제가 가끔씩 얘기도 들어주고, 한번은 다리 아플 때 파스를 사다 붙여 주고 마사지도 해 주면서 친해진 것 같고, 다른 녀석은 대대에 부식 타러 갈 때 같이 가면서 이런저런 얘기하다가 친해진 것 같습니다. 그 녀석들은 다 착한 구석이 있는 녀석들입니다.

(해석)

상 21: 가끔씩 이야기도 하면서 마음을 열 수 있었던 병사들은 민이를 잘 따르고 서로 통한다는 말이구나!

내 19: (잠시 생각하며) 그렇습니다.

(명료화)

상 23: 주로 병장들이 어떤 때 말을 잘 안 듣는 것 같니?

내 20: 소대원이나 중대원 전체가 모여 있거나 다른 사람이 교육을 할 때입니다.

상 23: 예를 들면?

내 21: 지난번 태권도 교육 시간에 3소대장이 교육을 했는데 교육 준비를 해야 할 분대장들이 자신의 역할은 제대로 하지 않고 3소대장하고 농담 따먹기나 하면서 장난을 치고 있었습니다. 그래서 제가 나서서 병장들에게 욕을 하고 야단을 쳤더니 모두 인상을 썼습니다. 그래서 제가 태권도 장비를 던졌습니다. 그랬더니 장비에 맞은 녀석이 생활관으로 들어가 버리는 바람에 교육도 엉망이 되어 버렸습니다.

(반영)

상 24: 병사들이 자신이 해야 할 일의 책임도 다하지 않은 채 소대장을 무시하는 모습에 화가 났었구나!

내 22: 예. 요새 병사들은 소대장을 우습게 보고 자신을 편하게 해 주는 간부만 좋아합니다.

(질문)

상 25: 병장들이 항상 그렇게 말을 안 듣니?

내 23: 대부분 그렇습니다. (잠시 후) 하지만 개인적으로 불러서 면담을 할 때는 그런대로 말을 듣는 것 같기도 합니다.

상 26: 어떤 이야기를 주로 하니?

내 24: 병사들 개인 면담을 한 달에 2~3회 정도 해야 하니까 주로 가정 문제나 이런저런 자질구레한 이야기를 합니다. 그냥 어디 아픈 데는 없는지, 고민은 없는지……. 그런 겁니다. 아무리 보기 싫어도 제 소대원들인지라 어쩔 수 없이 면담은 하고 있습니다.

(명료화 및 조언)

상 27: 면담 시간에 병장들에게 왜 그런 행동을 하는지 물어본 적은 있니?

내 25: 뻔한 것 같고 면담시간마저 그런 일로 불편해지고 싶지 않아 직접 물어보지는 않았습니다. 새로운 소대장이 와서 자기를 좌지우지하는 게 싫어서 그런 걸 겁니다.

상 28: 알고 있다 하더라도 직접 들어보고 확인해 보는 것이 도움이 되지 않을까?

내 26: (조금 생각한 후) 다음 면담 때는 한번 시도해 보겠습니다.

상 29: (웃으며) 역시 민이는 어렵고 하기 싫다고 피하지 않는구나!

(요약)

상 30: 오늘 이렇게 솔직하게 이야기를 해 줘서 고맙다. 민이가 지금까지 말한 것을 보면, 의도와는 다르게 병사들과 갈등이 있었고, 그로 인해 군 생활을 힘들게 느끼는 것 같구나. 우리가 어떻게 해야 할지를 지금 당장 알아낼 수는 없지만 시간을 갖고 함께 상의해 가면 방법이 있을 거야. 다음 주 토요일에 혹 시간이 되면 다시 한 번 상의해 보자. 아, 그리고 이건 민이의 성격에 대한 이해를 돕기 위한 거니까 다음에 올 때 작성해서 가져올래? [성격유형검사(MBTI)를 건네준다.]

내: 알겠습니다. 신경 써 주셔서 감사합니다. 안녕히 계십시오. (경례)

2) 중간 상담(첫 상담 후 4~5회)

(1) 중점사항

문제의 원인을 명확하게 파악하려고 했으며, 문제해결의 구체적인 방법과 절차를 결정하였다. 내담자에게는 자각과 합리적 사고를 촉진하고 실천행동을 모색하였다.

(2) 구성 내용

화제 유도, 병장들과의 갈등 원인 파악, 과거 경험 파악, 내담자의 문제에 대한 자각 유도 및 조언으로 구성되어 있다.

(3) 주요 기법

화제 유도, 경청, 공감, 명료화, 직면, 해석, 지지, 자기노출, 질문 등이다.

(4) MBTI 결과

ISTJ(14/21/60/55)형: 보수적이며 현실 감각 및 인내심이 강하다. 타인의 감정에 대한 배려와 전체적이고 타협적인 관점이 필요하다.

중간상담 축어록

(화제 유도)

상 1: 이 녹차는 내 동생이 보성에서 가져온 건데 향이 아주 좋아. 마셔 봐. 어때?

내 1: 예. 향기가 아주 좋습니다.

(화제 유도)

상 2: 요즘 지현 씨하고 연락은 잘 되니?

내 2: 예. 통화는 종종합니다만 많이 바쁜 모양입니다.

상 3: 변함없는 사랑과 관심을 보여 줘라. 연예인들은 많이 바쁘기 때문에 쉽게 지치거든.
　　　그때 애인의 따뜻한 관심과 사랑이 큰 힘이 되지.

(화제 유도)

상 4: 어제 2소대장하고 점심 먹다가 민이 얘기 좀 했어. 요즈음 민이가 많이 노력하고 있다
　　　고 하더라. 욕도 많이 줄고 말이야. 말 안 듣는다던 고집 중사 자취방에도 놀러 가고.

내 3: 2소대장 하고 같이 갔었습니다. 소대장하고 선임하사하고 너무 소원한 것 같아서 같
　　　이 술 한 잔 했습니다.

(지지)

상 5: 소대장이 노력하는 모습을 보이니 선임하사 마음도 곧 열릴 거야.

내 4: 어쨌든 고 중사하고 말문이 트였으니 잘 될 것 같습니다.

(명료화)

상 6: 말문이 트였다는 게 어떤 의미지? 요즘 말로 코드가 맞는다는 얘긴가?

내 5: 말하자면 아직 그 정도까지는 아니고 이제 서로의 마음을 알아 가고 있다는 정도입니다. (잠시 쉰 후) 사실은 지난번 병장들과의 면담 때 조금 느낀 것이 있습니다. 그게 옳은 것인지 아직 잘 모르겠습니다만……. 저번에 인사장교님 말씀처럼 저에 대한 불만 사항을 단도직입적으로 물어보았습니다. 그랬더니 대부분 제가 너무 독단적이라 느니, 무조건 규정과 군법만 운운한다느니, 융통성이 없다느니……. 이런 얘기였습니다. 사실 일개 병사가 소대장을 그렇게 평가하고 말까지 한다는 것이 너무도 어처구니가 없어서 속으로 화가 치밀었지만 한편으로 제가 소대장으로서 만만치 않은 놈이라는 걸 알린 것 같아서 다행이다 싶기도 해서 꾹 참았습니다.

(직면)

상 7: 그럼. 아주 잘 참았어. 면담하러 왔다가 야단맞으면 다시는 속마음을 꺼내 놓지 않을걸. 그런데 고 중사 자취방에 간 것하고 그것이 어떤 연관성이 있지?

내 6: 물론 병사들한테는 그런 소리를 들어도 괜찮지만, 혹시나 간부인 선임하사도 그렇게 생각하지 않을까 해서 얘기 좀 해 보려고 갔습니다.

(해석)

상 8: 그러니까 혹시 '나의 태도가 선임하사에게 오해를 샀을 수도 있었겠다.'라고 생각해서 확인해 보려고 했단 말이지?

내 7: 예. 그렇습니다. 덕분에 조금은 사이가 좋아진 것도 같습니다.

(직면)

상 9: 그래? 그럼 어떻게 사이가 좋아진 걸까? 단순히 술 한 잔 했기 때문일까? 아니면 다른 이유가 있을까?

내 8: (잠시 생각한 후) 아무래도 술 한 잔 하면서 제 마음을 털어 놓았기 때문인 것 같습니다.

상 10: 내 생각도 그런 것 같구나. 그동안 바늘로 찔러도 피 한 방울 나오지 않을 것 같던 소대장이 선임하사 자취방까지 그 먼 길을 걸어와 먼저 속마음을 얘기했으니까…….

내 9: (흐뭇한 미소를 짓는다.)

(해석)

상 11: 그래서 민이도 조금은 기분이 좋았겠네? 그런데 민이는 간부들과는 달리 병사들한 테는 강한 이미지를 보여야 한다고 생각하는 것 같은데?

내 10: 예. 사실 병사들은 소대장이 주도권을 잡고 이끌어야 하지 않습니까? 생도 때 배운 것처럼 패기와 위엄이 넘치는 소대장이 되어야 한다고 생각합니다.

(해석)

상 12: 그래. 민이의 얘기도 틀린 건 아니야. 하지만 병사들도 정을 필요로 하는 존재인데 그건 어떻게 생각하니?

내 11: (잠시 생각하다가) 저는 제 월급의 반만 저축하고 나머지는 병사들을 위해 씁니다. 소대회식이나 단결활동시간에 간식을 사 주기도 하고, 생일날 선물을 챙겨 주기도 하고, 소대 업무비로 쓰기도 하면서 말입니다. 그런데 이 자식들은 먹을 거 줄 때만 좋아하고 돌아서면 그만입니다.

(자기노출 및 직면)

상 13: 하긴 나도 그렇게 사비를 털었던 적이 많았지. 나름대로 잘 해 줬다고 생각했는데 소대원들은 잘 알아주지도 않고…… 그런데 지나고 나서 그때 내가 진정으로 애정 을 가지고 소대원들을 대했던가를 되짚어 보면 선뜻 자신 있게 대답을 못하겠더라 고. 인기를 끌려고 한 건 아닌가…… 아님 정말 관심을 가지고 대했던가…….

내 12: (약간 침울한 듯한 표정)

(직면)

상 14: (침묵하면서 내담자의 반응을 기다림)

내 13: (잠시 더 생각한 후에) 사실 그 부분에 대해서는 저도 자신이 없습니다. 저도 존경받 는 소대장이 되고 싶습니다. 하지만 그 녀석들 태도를 보면…… (입술을 지그시 깨 문다.)

(자기노출)

상 15: 사관학교에 들어간 특별한 동기라도 있니? 나는 그냥 군인이 좋았고, 생도 제복도 멋있어 보여서 아무것도 모르고 들어갔었는데…….

내 14: 예. 저는 그런 이유도 있었지만 가정 형편상 별다른 길이 없었습니다. 일반대학의 등록금 문제가 마음에 걸렸고, 뭐 적성도 어느 정도 맞는 것 같아서 지원했습니다.

(공감)

상 16: 부모님께서 마음이 좀 아프셨겠구나!

내 15: (잠시 주저하더니) 사실 부모님은 제가 그렇게까지 생각하고 있었는지 잘 모르십니다. 그냥 제가 좋아서 사관학교에 들어온 줄 아십니다. 주변에 제게 마땅히 조언해 줄 사람도 없었고, 그런 경제적인 문제를 선생님이나 친구들에게 말하기도 그랬고. 무엇보다도 부모님께 그런 일로 마음 아프게 해 드리고 싶지 않았습니다.

(해석)

상 17: 말하자면 장남이라는 책임감 때문에 모든 걸 혼자 짊어지고 나가려고 했단 얘기구나?

내 16: 예. 아마도 그런 것 같습니다.

상 18: 게다가 속사정도 잘 모르는 사람에게 이러쿵저러쿵 이야기하는 것도 내키지 않았고?

내 17: 예······. 누구와 대화할 필요성을 느끼지 못했습니다. 그리고 생도 생활도 그랬던 것 같습니다. 누구와 마음속에 있는 이야기를 진지하게 털어 놓고 이야기 해 본 적이 거의 없었던 것 같습니다.

상 19: 그건 아마도 민이가 MBTI 결과에도 나와 있듯이 자존감이 강해서 다른 사람들에게 약한 모습을 보이고 싶지 않아서일 거야.

내 18: 예······. 아마도 그래서 남들이 저를 강하고 딱딱한 사람으로 보고, 얘기하기도 힘든 상대로 본 것 같습니다.

(해석)

상 20: 소대원들도 마찬가지 아닐까? 소대장이 늘 저렇게 강하게 나오고, 옳은 말만 하고, 자기들이 하기 어려운 일도 아무 말 없이 따라 하기만을 강요하는 것처럼 느끼고. 게다가 업무적인 것 말고는 별로 말도 없으니 답답하고, 피하고 싶고······.

내 19: (심각한 표정을 지으며) 그럴 것 같습니다.

(지지)

상 21: 하지만 나는 그런 민이의 모습도 큰 장점이 있다고 생각해. 모든 일을 책임감과 인내심을 가지고 주도적으로 처리하는 능력은 아무에게나 있는 것은 아니거든. 어떠한 상황에도 굴하지 않고 스스로 해결책을 찾아가는 모습도 마찬가지야. 그래서 대대장님과 대대 간부 모두가 민이에게 남다른 기대를 하고 있잖아.

내 20: 예.

(질문)

상 22: 민이의 장점은 참 많아……. 그러면 이제 민이의 어떤 면을 더 계발해야 할까?

내 21: (조금 생각하더니) 먼저 큰소리나 일방적인 지시나 욕 같은 것을 줄여야 할 것 같습니다. 그리고 자주 만나서 제 속마음도 털어 놓고, 걔네들 개인적인 이야기에 귀도 기울여 주고…… 좀 부드럽게 대해야 할 것 같습니다.

(지지)

상 23: 그래. 아주 좋은데. 거기서부터 시작해 보자. (웃으며) 하지만 엄과 정의 조화는 되어야 해. 애들 군기를 다 빼놔서 나를 바쁘게 하면 알지?

내 22: (웃으며) 알겠습니다.

상 24: 아까 마셨던 차 좀 줄까? 그리고 다음에 다시 한 번 우리네 인생살이 이야기를 해 보자.

내 23: 감사합니다. 선배님.

3) 종결 상담

(1) 중점사항
상담의 목표 달성 여부를 확인한다.

(2) 구성 내용
관심 보이기, 소대 설문 결과에 대한 칭찬, 상담 과정에 대한 요약, 중대장과 주변 간부 및 병사들로부터의 다면평가 결과를 말해 주어 지속적으로 긍정적인 복무 자세를 유지토록 유도하고, 선배로서 계속적인 멘토링 자세를 유지한다.

(3) 주요 기법

화제 유도, 지지, 공감, 경청, 요약, 종결 유도 등

종결상담 축어록

내 1: (경례)

상 1: 오, 민이 왔어? 여기 앉아. 오늘 메뉴는 차와 케익이다.

내 2: (웃으며) 감사합니다. (뒤에서 드링크를 꺼내며) 오늘은 제가 준비해 왔는데…….

(화제 유도)

상 2: 지난번 소대대항 축구경기에서 우승하였다면서? 소대원들이 정말 좋아하던데?

내 3: (머리를 긁적이며 씩 웃는다.) 그때 헹가래를 치다가 녀석들이 장난치는 바람에 떨어져서 다칠 뻔했습니다. 저희 소대가 3년 만에 우승한 거라서……. 하여튼 한바탕 난리를 쳤습니다.

(지지)

상 3: 오~ 그래? 그런데 요즘 민이 얼굴에 웃음꽃이 활짝 핀 것 같은데?

내 4: 예. 요즘 좋습니다. 이제 어느 정도 소대원들이 따르는 것 같기도 하고, 할 만합니다.

(공감)

상 4: 그럼! 그동안 민이가 얼마나 많은 노력을 했나! 휴일에는 외박도 안 나가고 소대원들과 운동하고 대화하고……. 하여튼 힘들지는 않았니?

내 5: 솔직히 처음에는 무슨 말을 먼저 해야 할지 고민도 되고 어색하기도 하고 좀 많이 불편했습니다. 그런데 시간이 지나면서 꾸준히 다가가는 저의 모습을 보고 애들이 점점 마음을 열고 있다는 게 느껴졌습니다. 이젠 병장들이 먼저 면담을 요청하기도 합니다. 물론 아직도 맘에 들지 않는 모습이 있긴 합니다만 그래도 전보다 훨씬 나아졌습니다.

상 5: 그래? 내 기분까지 좋은데?

내 6: 감사합니다. 선배님

(지지)

상 6: 이번에 자체 부대진단 설문조사 결과를 보니까 1소대의 사기가 엄청나게 높아졌더라고. 소대장 칭찬을 쓴 녀석들도 있고 말이야. 내가 후배 하나는 잘 됐단 말이야.

(상담 목표 달성 확인)

내 7: 솔직히 처음 3개월은 정말 힘들었습니다. 언젠가 선배님께서 말씀하신 것처럼 탈영이라도 하고 싶은 심정이었습니다. 하지만 선배님과 상담하면서 제가 바뀌어야 할 부분이 많이 있다는 것을 느꼈습니다. 지금은 어느 정도 자신감도 회복되었고, 제 위치도 찾은 것 같습니다. 앞으로도 제 자신을 먼저 개방해서 소대원들의 마음도 열고, 독단이나 일방적인 지휘가 아닌 하나가 되어 함께 나아가는 소대장이 되겠습니다.

(요약 및 종결 유도)

상 7: 내가 하고 싶은 말을 민이가 다 해 버리네. (어깨를 두드려 주며) 자식! 이제 더 해 줄 말도 없겠구먼. 그간 우리가 같이 이야기를 하면서 잘하고 있는 것과 부족했던 것을 찾아내어 실천 계획도 세우고 노력하면서 민이가 많이 변해 가고 있다는 것을 느낄 수 있었어. 특히 이제는 민이가 스스로 문제를 발견하고 해결해 나가는 모습을 보니까 정말 자랑스러워.

내 8: 사실은 저도 놀랐습니다. 지금까지 항상 마음속으로 속만 태우고 있었는데 제 속마음을 털어놓으니까 속도 시원해지고, 제가 스스로 저를 낮추려고 하니까 오히려 소대원들이 저를 높여 주는 것 같습니다.

(지지)

상 8: 중대장님도 민이가 많이 변했고, 1소대도 명실상부한 선봉소대로 변하였다고 기뻐하시더라. 병사들이나 부사관들도 민이를 좋아하고 따르는 것 같다고 하니 마음이 뿌듯해지는구나!

내 9: (씩 웃으며) 감사합니다.

(종결)

상 9: 앞으로 어려운 일이나 같이 나누고 싶은 이야기가 있으면 언제든지 찾아와라. 내가 민이 밥 한 번 사줄 능력은 되잖니? 그리고 지현 씨에게도 안부 좀 전해 주고. 효리 씨 사인 좀 부탁한다고 전해 주렴.

내 10: 알겠습니다. 꼭 전하겠습니다. 그동안 도와주셔서 정말 감사했습니다.

요약

1. 상담자의 역할에는 시범자, 참여적 관찰자, 격려자, 수용자, 직면자, 조력자로서의 역할 등이 있다. 군에서 상담자의 역할은 직책별로 다를 수 있으며, 군에서 모든 지휘관(자)들은 상담자로서의 기본 역할을 하게 된다.

2. 상담의 과정은 상담자가 내담자를 대면하는 순간부터 상담이 종결될 때까지 일련의 과정을 의미한다. 이는 상담 시작 전 준비 단계와 상담을 실시하는 단계, 그리고 상담 후에 조치하는 단계 등 3단계로 이루어진다.

3. 초기 상담에서는 내담자의 문제에 대한 상담자의 평가, 첫 회 상담 전에 파악된 정보를 통한 내담자의 성격이나 상호작용에 대한 내용 검토, 상담에 대한 구조화 등이 이루어진다. 중기 상담에서는 문제를 명확히 파악하고 어떤 방법과 절차를 적용할 것인가를 결정한다. 종결 상담에서는 상담의 목표 달성 여부와 효과성 및 경제성을 고려하여 종결을 결정하며, 어느 정도의 긍정적인 문제해결을 보이면 종결한다.

4. 상담의 방법에는 반영, 구조화, 바꾸어 말하기, 요약, 명료화, 해석, 질문, 직면, 조언, 지시, 경청 등이 있다.

5. 상담의 주요 문제로는 비자발적인 내담자, 내담자가 저항하거나 상담자의 조언을 회피하는 경우, 내담자가 침묵하는 경우, 상담을 저해하는 표현 방식을 사용할 때 등이 있는데, 문제별로 어떤 원인과 해결책이 있는지를 명확하게 숙지하여 필요 시 적용할 수 있어야 한다.

제7장

군 상담기법

이 장에서는 상담에서 긍정적 효과를 가져 오는 요인과 기법들에 대한 선행연구를 개관하였다. 그리고 이러한 요인과 기법 중에서 군 장면에 효과적으로 활용할 수 있는 스무 가지의 상담기법을 선정하였다. 아울러 각 상담기법에 대한 이해를 돕고 그 기법들을 상담 장면에 효율적으로 활용하기 위해 각 상담기법을 적용한 상담 사례를 제시하였다.

먼저 상담 효과를 가져오는 요인들을 정리하면 다음과 같다.

- Strong(1968): 상담자의 전문성, 매력, 신뢰감 등
- Yalom(1970): 이타주의, 집단응집력, 보편성, 대인관계 학습, 조언, 정화, 동일시, 자기이해, 희망 고취 등
- Ryan & Gizynski(1971): 공감, 경청, 지지, 동의, 충고, 믿음 등
- Frank(1973): 새로운 인지적 학습, 희망 고취, 성공 경험, 정서적 고양, 사회적 고립의 완화, 내담자에 대한 영향력 등
- Murphy, Cramer & Lillie(1984): 충고, 관심과 지지, 격려 등

- Stiles 등(1986): 내담자의 상담 동기, 자기 효능감, 내적 준거 틀 탐색 등
- Kellerman(1992): 상담자의 기술(능력, 성격), 감정 반응(정화, 감정 표출), 인지적 통찰(자기이해, 자각, 통합), 대인관계(참만남, 전이, 역전이 탐색과 학습), 행동학습(상벌, 행동화), 상상(가상행동, 놀이, 흉내 내기), 비특정 요인(신뢰성, 암시와 희망 고취) 등
- Garfield(2000): 상담자와 내담자 관계, 해석과 이해, 인지수정, 정서 표현과 정화, 둔감화, 이완, 정보제공, 정서적 지지, 내담자 기대, 노출과 직면 등
- Voge 등(2006): 내담자의 기대, 변화를 향한 내담자 동기, 내담자가 보이는 작업동맹의 다양성
- Crits-Christoph 등(2011): 상담 개입 능력, 자질, 다양한 작업동맹 기술, 내담자에 대한 상담자 반응

내담자의 경험 요인에 초점을 두고, 앞에서 제시한 상담의 효과성 요인을 정리하면, 다섯 가지로 범주화할 수 있다.

첫째, 자기노출과 정화 그리고 일치 경험을 촉진하기 위한 것들로써, 상담관계, 자기노출과 정화, 이완, 일치, 수용 경험, 교정적 정서 체험 등이다.

둘째, 자기이해 경험을 촉진하기 위한 것들로써, 정보 습득, 관점 변화, 인지적 통찰, 인지수정, 자기 개념 또는 자기 효능감의 변화, 가치화, 긍정적 자기 암시, 치료적 재경험, 이타성 및 보편성 인식 등이다.

셋째, 대안 및 목표 설정 경험을 촉진하기 위한 것들로써, 내담자 기대, 목표 설정, 계획 수립, 문제해결 대안 수립 등이다.

넷째, 실행과 그 결과로 나타나는 바람직한 행동 변화의 경험을 촉진하기 위한 것들로써, 둔감화, 성공 경험, 대안행동 학습, 사회적 기술 학습 등이다.

기타 요인으로는 생리와 관련된 심상, 최면, 바이오피드백, 식사, 운동, 약물 등이 있고, 심리와 관련된 강화, 모델링, 의사결정, 역설, 주장 등이 있으며, 환경과 관련된 가족 구조의 긍정적 변화, 가족 내 긍정적 의사소통 증진, 가족 내 역할 조정, 지지 기반 형성 등이 있다.

제1절 인지적 기법

1. 관점 바꾸기

1) 정의

관점이란 대상을 관찰하거나 인식하는 기본적인 입장이다. 관점은 1차, 2차, 3차적 관점이 있다. 1차적 관점은 기본 관점으로서 내담자가 문제 상황에서 취하고 있는 관점을 말한다. 2차적 관점은 역 관점으로 내담자가 취하고 있는 기본 관점과 반대되는 관점을 말한다. 3차적 관점은 초월 관점으로 이원론에서 벗어나 객관적이거나 초월적인 입장을 취하는 관점을 말한다.

또 다른 측면에서 관점은 부정적 관점, 긍정적 관점, 초월적 관점으로 분류할 수 있다. 부정적 관점은 내담자가 문제 상황에서 취하는 관점으로 부정적인 측면에 초점을 두는 것이다. 긍정적 관점은 문제 상황의 긍정적인 측면을 보려는 것이다. 초월적 관점은 부정과 긍정의 이원론에서 벗어나 문제와 관련되어 일어나는 현상을, 하나의 객관적인 대상처럼 관찰하는 것이다.

관점 바꾸기를 활용할 때는 문제 상황과 관련된 내담자의 기본 관점이 무엇인지를 밝히고, 이러한 기본 관점과 연관된 역 관점 또는 초월 관점을 취하여 문제 상황을 새롭게 인식해 보도록 촉진하는 과정을 거친다. 이렇게 하기 위해 상담자가 역 관점이나 초월 관점에서 상황을 해석하여 모범을 보이는 방법과 역할 연습 등을 통해 상대방 입장과 자신의 입장을 번갈아 가면서 생각해 보도록 하는 방법이 있다. 또한 주변의 현명한 사람이나 전능한 신의 입장에서 상황을 보게 하는 방법, 시간적으로 과거나 현재 혹은 미래의 입장에서 생각해 보게 하는 방법 등도 활용할 수 있다.

군에서는 선임병과 심각한 갈등 상황에 처해 있는 병사와의 상담에서 사용할 수 있다. 한 후임병은 선임병의 지시와 언행 등이 너무 불합리하다고 생각하는 관점은 1차적 관점이나 혹은 부정적 관점으로 볼 수 있다. 후임병과 상담을 하면서 선임병의 입장을 설명한 후, 선임병 나름의 입장과 역할이 있음을 이야기해 준다. 즉, 선임병의 관점에서는 그러한 행동이 합리적인 행동이 될 수 있음을 생각해 보게 한다. 이러한 관점은 2차적 관점이나 긍정적 관점으로 볼 수 있다. 다음으로 선임병과 후임병의 관계를 벗어나 인간과 인간으로서의 관계나 혹은 조직 전체 및 인생이라는 커다란 틀에서 문제를 봤을 때, 어떠한 행동이 객관적으로 올바른 것인가를 내담자와 함께 생각해 본다. 즉, 1차적 관점과 2차적 관점을 모두 살펴본 후, 이러한 관점 모두를 통합하거나 초월할 수 있는 방법을 생각해 본다. 이러한 관점은 선임병과 후임병이 모두 만족할 수 있는 방법인 3차적 관점과 초월적 관점이 된다.

2) 사례

선임병인 박 병장이 일을 많이 시켜서 힘들어하는 김 일병의 사례다.

소대장 1: 김 일병! 어서 와. 요즘 무슨 고민이라도 있니?

김 일병 1: 소대장님! 사실은 인사 계원인 박 병장의 태도와 행동에 불만이 있습니다. 제가 얼마 전 박 병장의 후임병으로 일하기 시작했는데, 한 달 정도 되어 갑니다. 그런데 그동안 박 병장이 일을 너무 많이 시켜서 다른 병사들처럼 자유 시간을 가져 본 적이 손으로 꼽을 정도로 거의 없습니다. 저를 훈련시킨다는 명목하에 이것저것 일을 닥치는 대로 시키는데, 특히 일과가 끝날 때만 되면 일을 많이 시킵니다. 중대장님이 박 병장에게 일을 지시하고 퇴근하시면 박 병장은 저한테 어떻게 하라고 시키기만 하고 식사하러 나가고, 결국에는 저 혼자 일을 하게 됩니다. 하루이틀도 아니고……. 너무 불합리하고 저만 혹사시키는 것 같다는 생각이 듭니다.

소 2: 그래? 박 병장이 너무 불합리하게 김 일병을 혹사시킨다는 말이군.

김 2: 정말이지 박 병장만 없으면 업무량이 반으로 줄어서 군 생활을 아무 걱정 없이 잘해 낼 수 있을 것 같습니다.

소 3: 박 병장이 지금까지 불합리하게 지시한 일들이 어떤 게 있지?

김 3: (한참 골똘히 생각하다가) 예를 들면, 중대장님께서 일과 시간을 준수해야 한다고 강조를 하시는데도 박 병장은 저한테 일과 시간이 끝나고 나서야 일을 시키고, 부대 운영이나 인사 문제(휴가, 진급, 포상)에 관한 내용을 처리하는 일을 미숙한 저에게 시켜놓고 모르는 것을 물어봐도 핀잔만 주고 잘 가르쳐 주지도 않습니다. 결국 일이 잘 못 처리되면 그 책임 추궁은 저한테 돌아오니 미치겠습니다.

소 4: 그래! 일을 잘하고 싶은데 제대로 가르쳐 주지 않는 박 병장 때문에 정말 섭섭하겠다.

김 4: 예.

소 5: 그럼 중대장님께 이런 내용을 말씀드려 본 적 있니?

김 5: 아닙니다. 공연히 잘못 말씀 드리면 오히려 제가 혼이 납니다. 지난번 중대 행정반에
　 서 박 병장에게 힘들다고 말했다가 '말이 많다.'고 야단만 맞았습니다.

소 6: 음! 그러면 이 일을 어떻게 처리하면 좋겠니?

김 6: (입을 열어 말을 하려다가 그만 침묵을 한다.)

소 7: (함께 침묵을 지킨다.)

김 7: (한참 생각하다가 불쑥 말을 한다.) 잘 모르겠습니다. 다만 박 병장이 저한테 일을 조
　 금만 시키면 좋겠습니다.

소 8: 그래! 할 일이 많아서 정말 힘든가 보구나! 근데 김 일병이 능력이 있고, 또 책임감이
　 강해서 박 병장이 김 일병을 앞으로 정말 훌륭한 후임병으로 만들기 위해 일부러 단
　 련을 시키는 건 아닐까?

김 8: …….

소 9: 솔직히 박 병장이 인사 계원을 물려받을 때 전임 계원이 잘해 주기만 했지 일을 제대
　 로 가르쳐 준 게 없잖아. 그래서 전임 계원이 전역하고 나서 박 병장이 처음에는 매우
　 힘들어했고……. 후임이 김 일병으로 정해지고 나서 기뻐하면서도 한편으로는 무엇
　 을 어떻게 훈련시킬까 고민을 많이 하던데…….

김 9: 정말입니까?

소 10: 그래. 그리고 어떤 면에서는 중대장님께서도 김 일병의 능력을 인정하고 계신 것 같
　 아. 중대장님께서도 오신 지 얼마 안 되서서 처음에 매일 늦게 퇴근하셨는데 계원들
　 이 중대장님의 업무를 열심히 도와서, 지금은 너희들을 믿고 일찍 퇴근하시잖아.

김 10: 저도 그 점은 느끼고 있습니다.

소 11: 우리가 작게 보면 조그만 행정 업무나 하고 있는 것 같지만, 김 일병뿐만 아니라 다
　 른 중대원들이 중대장님이나 더 나아가서는 우리 군을 위해 아주 중요한 일을 하고
　 있는 거라고. 때로는 힘들고 어려운 일도 즐거운 마음으로 참고 이겨내면 훗날 좋은
　 결과가 올 것이라고 생각해. 혹시 알아? 나중에 김 일병도 후임병 받으면 목에 힘주
　 고 자랑스러워 할 날이 올 거야. 힘들게 고생한 만큼 훨씬 더 값진 것 아니겠어?

김 11: (씩 웃으며) 예. 그렇습니다.

소 12: 언제 기회를 봐서 박 병장하고 단둘이 김 일병의 어려움을 허심탄회하게 이야기 해

보는 게 어때? 처음에는 용기가 나지 않고 쑥스럽겠지만 말이야. 예전에 박 병장 처

음 계원 되었을 때 얘기하면서 말이야……

김 12: (머리를 긁적이며) 예. 알겠습니다.

2. 통찰

1) 정의

통찰은 이해, 의식화, 각성, 자각, 깨달음, 알아차림 등과 같이 여러 용어로 쓰인다. 통찰
이란 새로운 것을 발견하여 알아차리는 것이다. 즉, 의식하지 못하던 새로운 것을 의식하게
되거나, 전보다 더 넓고 깊게 인식할 수 있게 되는 것이다. 또한 다른 의미나 가치를 발견하
는 것뿐만 아니라, 모르고 있던 원리를 알게 되는 것도 이에 포함한다. 통찰을 촉진하기 위
한 방법으로는 구체화, 맞닥뜨림, 해석 등이 있다. 상담자는 이러한 방법을 통해 내담자의
혼란스럽고 모순되며 불일치한 통합되지 않은 경험을 통합하도록 촉진할 수 있다.

상담자는 내담자가 자신의 과거의 행동이나 앞으로 취할 행동의 결과에 대해 통찰을 하
도록 촉진할 필요가 있다. 즉, 목표와 행동 및 결과 간의 관계(예: 동료들에게 인기를 끌고 싶어
하면서도 쌀쌀맞게 대해서 결국 친한 동료가 없다.)에 대한 통찰과 표현이 안 된 감정과 생각에
대한 통찰을 촉진하는 것이다. 내담자는 자기의 신념과 가치관에 대한 통찰이 필요하며, 자
기의 행동이 타인에게 어떤 영향을 미치는지, 혹은 타인의 행동이 자기에게 어떤 영향을 주
는지, 현재의 환경이 자신에게 기대하고 요구하는 바가 무엇인지에 대한 통찰이 필요하다.

예를 들어, 전역을 얼마 앞두고 부대 안에서 위험 인물로 지목되고 성격이 거칠고 괴팍하
여 전우들과 자주 다투는 병사가 있을 때, 자신의 진로에 대해 고민이 많으나 구체적인 대안
이 없어서 공연히 다른 전우들에게 시비를 걸며 과격하게 행동하도록 만들었음을 깨닫도록
하여 스스로 해결책을 찾을 수 있도록 상담을 유도한다.

2) 사례

며칠 전 서로 동기인 조 상병과 싸운 김 상병의 사례다.

중대장 1: 그래, 들어와. 김 상병! 며칠 전에 조 상병과 시비가 붙어서 다툰 일이 있었지?

김 상병 1: 예.

중 2: 사실 오늘 중대장이 김 상병을 부른 이유는 김 상병 얘기를 듣고 싶어서야.

김 2: (아무 말도 하지 못한다.)

중 3: 그래, 김 상병 생각에는 본인이 주변 사람들과 자주 다투고 있다고 생각하지 않아?

김 3: (고민하더니) 예. 그런 것 같습니다.

중 4: 음…… 솔직히 중대장은 남자들이 이유가 어떻든 간에 싸울 수도 있고, 의견 충돌이 생겨서 시비가 붙을 수 있다고 생각해. 더군다나 서로 다른 환경에서 20년을 넘게 살아 온 너희들이니까 그럴 수 있지. 중대장도 가끔은 끓어오르는 분노를 참지 못할 때가 있으니까……. 그런데 김 상병은 조금 정도를 넘어선 거 같다. 어떻게 생각하지?

김 4: 죄송합니다.

중 5: 이번에 조 상병하고 다투게 된 일을 중대장한테 말해 줄 수 있겠니?

김 5: (한참을 머뭇거리다) 그냥 조 상병의 모든 게 마음에 들지 않습니다. 표정, 말투, 행동…… 제가 쭉 지켜봐 왔는데, 제 마음에 하나도 들지 않습니다.

중 6: 그래……. 그런 사람이 있지. 조금만 더 구체적으로 말해 볼까? 특별히 마음에 들지 않는 경우가 있을 텐데.

김 6: (고민하다가) 한번은 조 상병이 휴가 나갔다가 복귀하면서 떡을 많이 사 들고 왔는데 저보고 너는 휴가 나가서 아무것도 안 사 가지고 오니까 먹지 말라고 하는 겁니다. 그래서 홧김에 제가 떡 상자를 발로 찼는데 조 상병이 먼저 제 멱살을 잡는 바람에 저도 모르게 감정이 복받쳐서 싸운 적이 있습니다.

중 7: 그랬군. 충분히 이해가 가는 상황이야. 근데 말이지. 조 상병이 그런 말을 했을 때 그냥 농담으로 받아들일 수도 있었을 텐데. 김 상병이 군이 떡 상자를 발로 찰 정도였을까?

김 7: 뭐, 지금 생각해 보니 그렇지만 그때는 저를 무시하는 거 같고, 깔보는 것 같아서 참을 수가 없었습니다.

중 8: 무엇을 무시하였다는 거지? 어떤 점에서?

김 8: 솔직히 저라고 왜 복귀할 때 맛있는 거 안 사 들고 오고 싶겠습니까? 근데 사실 제가 중학교 다닐 때 아버지께서 돌아가시고, 어머니께서 혼자 집안을 꾸려 오셨는데 얼마 전 교통사고를 당하셔서 병원에 누워 계시고, 고등학생인 여동생 혼자서 어머니 병 수발과 살림을 도맡아 하고 있습니다. 저도 솔직히 군 입대 전에 대학교에 진학하고 싶었지만, 집안 사정이 여의치 않아 스스로 포기했었고……. (목이 멘다.)

중 9: 그랬구나!…… 근데 조 상병이 김 상병의 그런 사정도 모르고 괜히 아픈 곳을 건드린 거로구나!

김 9: 저는 괜히 집안이 부유하거나 대학을 다니다가 온 사람만 보면 화가 나고, 저 자식은 나보다 뭐가 잘나서 저렇게 아무 걱정 없이 지낼까? 세상은 정말 불공평하다는 생각만 듭니다.

중 10: 음. 그래……. 그렇다면 중대장이 지금까지 김 상병을 오해하고 있었구나. 지금까지 김 상병은 아무 이유 없이 싸움만 일으키는 병사라고 생각했는데, 사실은 어려운 집안 사정으로 지금까지 고민하고 상처받아 누구보다도 힘들었던 경험을 가지고 있었구나! 그래서 괜히 김 상병보다 좋은 환경에서 인생을 비교적 순탄하게 살아 온 다른 동료들을 볼 때마다 일종의 불만과 질투심이 생기고 그 감정을 조절하지 못하고 아주 작은 일에도 폭발했던 거야.

김 10: (아무 말 없이 생각 중)

중 11: 중대장은 김 상병이 누구보다도 힘들었을 거라고 생각되는구나.

김 11: (눈물을 글썽이며) 중대장님! 그동안 말썽만 부린 점 죄송합니다. 앞으로 잘하겠습니다.

중 12: 그래. 그런 일이 있을 때마다 언제나 고생하시는 어머니 얼굴 떠올리고, 중대장 생각도 하면서 참도록 노력해 보렴. 정 참기 어려울 땐 중대장을 찾아오고…… 알았지?

김 12: 예. 알겠습니다. 감사합니다.

3. 논박

1) 정의

논박(Disputing)은 심리학자 엘리스(Albert Ellis)가 주장한 상담기법이다. 일반적으로 인간을 이해하고 상담하는데 지ㆍ정ㆍ의라는 세 가지 측면의 핵심 요소가 있다. 먼저 지(知)

는 사고, 생각, 신념을 의미하며, 정(情)은 정서, 감정, 느낌이고, 의(意)는 의지, 행동이다. 엘리스는 지·정·의 세 가지 측면 중 지, 즉 사고를 가장 중시하였다. 그 이유는 인간의 생각이 감정과 행동을 지배한다고 보았기 때문이다. 따라서 상담 장면에서 내담자의 생각을 바꾸면 자연스럽게 감정과 행동의 변화가 일어난다고 보았다. 또한 엘리스는 인간에게 문제가 생기는 이유가 비합리적이고 자기파괴적인 잘못된 생각에 있다고 보았다. 논박은 비합리적이고 자기파괴적인 생각의 잘못된 점을 지적하고 반박하여 비합리적인 생각을 합리적이고 바람직한 생각으로 바꾸는 방법이다.

논박은 A–B–C–D–E의 다섯 가지 과정으로 이루어진다. A(Activating Event)는 선행사건으로써 개인에게 일어난 사건이나 상황이다. B(Belief system)는 신념체계로써 어떤 사건에 대해 개인이 갖게 되는 사고방식을 의미한다. C(Consequence)는 결과로써 선행사건에 접했을 때 각 개인의 반응이나 정서적 결과다. D(Disputing)는 논박으로써 비합리적 신념에 적절한지 검토하도록 촉구하는 것이다. E(Effects)는 효과로써 비합리적 신념을 논박해 합리적 신념으로 바꾼 다음 느끼는, 자기 수용적인 태도와 긍정적인 감정의 결과를 의미한다.

엘리스는 A(선행사건)가 C(정서적 결과)를 초래하는 것이 아니라, A에 대한 생각인 B(신념)가 C를 초래한다고 본다. 예를 들어, 김 이병이 군 입대 후에 극심한 우울증을 경험한다고 하면, 군 입대라는 사건 자체가 김 이병에게 우울증을 경험하게 하는 원인이 아니라, 군 입대에 대한 김 이병의 부정적이고 비합리적인 생각이 우울을 초래한다고 보는 것이다. 군 입대라는 똑같은 상황에서 다른 병사는 우울을 경험하지 않을 수도 있는 것이다. 따라서 부정적인 정서 반응을 일으키는 비합리적인 생각을 합리적인 생각으로 바꾸어 주는 논박이 문제 해결의 핵심이 된다. 비합리적인 생각의 특징은 '반드시 어떻게 해야 한다.'는 당위성이다. 이러한 당위적 사고를 소망적 사고(예: 이렇게 되었으면 좋겠다.)로 바꾸는 것이 논박이다. 예컨대, 구속 받는 것은 죽는 것보다도 못하며, 반드시 자유로워야 한다는 김 이병의 비합리적인 생각을 논박을 통하여 자유롭게 살고 싶지만 현실을 받아들여야 한다는 합리적인 생각으로 바꾸는 것이다. 논박이 성공을 하면 E(효과)로써 적절한 정서와 적응적 행동이 나타난다. 즉, 김 이병이 군 생활에 잘 적응하게 되는 것이다.

2) 사례

김 병장은 전역을 4개월 앞두고 있으며 소대에서도 선임병사다. 그런데 일주일 전 2년 동안 사귀었던 여자 친구에게 이별을 통보받고 마음에 상처를 입은 상태다. 평소에 그와 친하던 이 병장의 말에 따르면 김 병장은 예전에 활달하고, 소대 일에도 적극적으로 참여했으나 현재는 무기력하게 시간을 보낸다고 한다.

소대장 1: 요즘 얼굴이 안 좋아 보이던데 무슨 일이라도 있는 거니?

김 병장 1: 그게 아니라 실은 일주일 전에 여자 친구와 헤어졌습니다.

소 2: 그래. 마음이 많이 아프겠구나!

김 2: 대학교 1학년 때부터 제가 많이 좋아했던 여자 친구인데……. 이렇게 이별을 통보받으니 아무것도 할 수가 없습니다. 정말 죽고 싶습니다. 여자 친구가 정말 밉고 복수를 하고 싶습니다. 앞으로는 다른 어떤 여자도 믿고 좋아할 수 없을 것 같습니다.

소 3: 김 병장 마음은 충분히 이해가 간다. 사실은 소대장도 예전에 3년 넘게 사귀던 여자 친구와 헤어졌었거든. 그때의 마음은 겪어 보지 않은 사람은 모르지. 그런데 죽고 싶은 마음이 든다는 건 왜 그럴까? (침묵)

김 3: 여자에게 걸어 차이는 놈은 살 가치가 없다고 생각합니다.

소 4: 그건 너무 극단적인 생각이 아닐까? 여자 친구와 잘 지내면 좋겠지만 그렇지 않을 수도 있다고 생각하는 건 어때? 여자 친구에게 복수를 한다는 것은 무엇을 어떻게 한다는 거지?

김 4: 예. 지금 마음 같아서는 여자 친구 집에 찾아가서 한바탕 뒤엎고 욕도 실컷 해 주고…….

소 5: 음……. 그렇게 하면 결과가 어떻게 될까? 과연 뭐가 나아질까?

김 5: …….

소 6: 그렇게 한다고 지금 상황을 돌이킬 수 있을까?

김 6: 오히려 더 안 좋아질 것 같습니다.

소 7: 그래. 보다 현실적으로 생각해 보자. 어떻게 하는 게 김 병장 자신을 위해서도 좋은 복수 방법일까?

김 7: 보란 듯이 열심히 해서 성공하고 더 멋진 여자와 사귀는 겁니다.

소 8: 맞아! 정말 그래. 앞으로 그런 맘으로 생활하면 어떨까?

김 8: 네. 알겠습니다.

4. 가치화

1) 정의

가치화는 어떤 대상에 대하여 중요성의 정도를 평가하는 것이다. 스트레스나 갈등을 줄이기 위해서는 가치의 우선순위를 정하여 중요한 것부터 해 나가는 것이 필요하다. 또한 둘 중 하나를 선택해야 되는 상황에서 우선순위가 높은 쪽을 선택하는 것이 바람직하다.

2) 사례

장기 복무를 신청할 것인지 말 것인지에 대해 고민하고 있는 김 하사가 있다.

중대장 1: 요즘 김 하사 표정이 밝지 못한데, 무슨 고민거리라도 있니?

김 하사 1: 저의 아버지는 30년째 조그마한 중소기업을 운영하고 계십니다. 제겐 형이 한 명 있는데, 아버지는 항상 형과 제게 입버릇처럼 "너희 중 누군가는 가업을 물려받아야 한다."라고 말씀하셨습니다. 하지만 내심 장남인 형이 이어받길 바라셨습니다. 그런데 형은 어릴 때부터 음악에 관심이 많았습니다. 그래서 항상 음악을 공부하겠다고 했고, 그로 인해 아버지와 종종 다툼이 있었습니다. 그러다가 2년 전 형이 아버지의 반대를 무릅쓰고 음대에 들어간 다음, 아버지와 크게 다투고는 집을 나가 버렸습니다. 그때부터 아버지는 형 얘기만 나오면 거의 이성을 잃다시피 흥분을 하십니다. 그러고는 그때부터 제게 "더 이상 네 형은 내 아들이 아니다. 내게 아들은 너 하나다."라고 하시며 제게 가업을 이어 받아야 한다고 말씀하시는 겁니다.

중 2: 그랬구나! 그런 아버지의 기대에 대해 김 하사의 생각은 어때?

김 2: 사실 저는 어릴 때부터 군인이 되는 것이 꿈이었습니다. 그래서 간부로 군에 입대한 겁니다. 동료들과 함께 땀을 흘리며 끈끈한 전우애를 나누는 것이 제겐 너무나도 좋습니다. 저는 군 생활이 적성에 맞습니다. 그래서 저는 계속해서 군 생활을 하고 싶은데, 아버지께서는 빨리 전역해서 가업을 물려받으라고 하십니다. 아버지의 뜻대로 하자니 그것은 제 인생이 아닌 것 같아 싫습니다. 그렇다고 군 생활을 계속하자니 형에 이어 저도 아버지의 뜻을 거스르게 되는 것 같아 이러지도 저러지도 못하고 있습니다.

중 3: 음! 정말 고민이 많겠구나. 그런데 우리가 살다 보면 선택의 문제에 부딪치게 되는 경우가 참으로 많아. 이것을 하자니 저것이 걸리고, 그렇다고 저것을 하자니 이것이 걸리고. 그런 경우에는 자신의 인생에서 중요하다고 생각하는 가치관이 어떤 것인가 좀 더 깊이 탐색해 보는 것이 큰 도움이 돼. 김 하사가 아버지의 뜻을 따를 때 앞으로의 삶에서 얻는 것과 잃는 것이 무엇인지, 또한 김 하사의 뜻대로 군 생활을 계속할 때 얻는 것과 잃는 것이 무엇인지 한번 차분하게 생각해 보는 시간을 가져 보는 거야. 그렇게 진지하게 자신의 선택이 이후의 삶에 가져올 이해득실을 하나하나 따져 보고 정리한다면, 혼란스럽기만 한 자신의 생각이 하나둘 정리가 되고 어느 쪽이 진짜 인생을 투자할 만한 가치가 있는 것인지, 삶의 우선순위가 무엇인지 알게 되지. 의사결정을 위해 대차대조표를 이용하는 것도 좋은 방법이야. 즉, 자신의 선택이 가져올 장단점을 하나씩 기록해 보면서 양쪽을 대조해 보는 방법이지. 그렇게 기록을 하면 머릿속에서만 맴돌던 생각이 정리가 되면서 의사결정에 훨씬 큰 도움을 주게 돼. 그것을 토대로 의사결정을 하면 훨씬 바람직한 선택을 하게 되지. 어때, 한번 해 보지 않겠니?

김 3: 네. 알겠습니다.

5. 긍정적 자기암시

1) 정의

자기암시는 자기 자신에게 어떤 결과가 나타날 것이라고 반복해서 생각하는 것을 말한다. 긍정적 자기암시는 자신에게 좋은 결과가 나타날 것이라고 생각하는 것이다. 긍정적 자기암시를 촉진하기 위한 방법은 명확하고 짧게(불명확하고 길지 않게), 긍정적으로(부정적이지 않게), 현재와 연관되게(현재와 무관하지 않게), 반복해서 자기 지시를 하며(한두 번하고 그만두지 않게), 암시 결과에 확신을 가지도록 하는 것이다.

2) 사례

단독군장 구보를 할 때마다 너무 힘들어하는 김 이병의 사례다.

김 이병 1: 하루하루가 너무 힘이 듭니다. 단독군장 구보를 하는 수요일만 되면 정말이지 어디론가 사라져 버리고 싶다는 생각이 간절합니다.

소대장 1: 그래? 항상 밝은 표정으로 생활하던 김 이병에게 그런 고민이 있었구나!

김 2: 수요일에 실시하는 단독군장 구보가 왜 이렇게 버거운지 모르겠습니다. 훈련소에 있을 때만 해도 그렇게 힘이 들지는 않았습니다만 이곳에 와서 선임병들과 함께 뛰다 보니 무척 부담되고, 그래서 그런지 더 힘든 것만 같습니다. 간신히 뛰기는 하지만 조만간 낙오할 것만 같습니다.

소 2: 누구에게는 별일 아닌 일이 누구에게는 정말 견디기 힘든 일이 될 수도 있지. 그리고 그런 일들의 대부분은 같은 상황을 어떻게 생각하고 어떤 마음을 먹느냐에 따라 달라지기도 하고. 그런데 김 이병이 훈련소에 있을 때에는 그렇게 힘들지 않았다고 했는데, 왜 그때는 견딜만 했지?

김 3: 그때는 저뿐만 아니라 모든 동기들이 힘들어했습니다. 그렇지만 동기들끼리 서로 격려하면서 힘을 북돋아 주기도 했고, 때로는 저보다 더 힘들어하는 동기들을 위로해 주면서 오히려 그들을 위로해 주면서 제가 위안을 받기도 했습니다. 그런데 이곳에서는 모두 저만 바라봅니다. 그리고 모두 제게 '너만 넌 왜 그렇게 힘들어하냐?' 하는 듯한 눈빛들입니다. 정말 마음의 부담이 이만저만이 아닙니다.

소 3: 그랬구나! 그런데 혹시 이런 생각을 해 본 적은 없니? 선임병들 대부분이 김 이병을 바라보는 이유가 김 이병을 못 믿어서가 아니라 그들도 힘이 들지만 잘 뛰고 있는 김 이병을 보면서 '막내인 김 이병도 저렇게 잘 뛰는데 내가 낙오하거나 힘들어하는 모습을 보이면 안 되지.'라는 생각을 하고 있다고 말이야.

김 4: 그런 생각을 해 본 적은 없습니다. 선임병들은 모두 잘 뛰는 것 같습니다.

소 4: 물론 잘 뛰는 선임병도 있지. 하지만 김 이병을 바라보는 시각은 다양해. 사실 그냥 구보도 아니고 군장구보는 누구나 힘들어하는 거야. 10년 이상 뛴 나도 힘들 때가 있거든. 그런데 이병이 낙오하는 것과 병장이나 상병이 낙오하는 것 중에 누가 더 창피하겠어? 구보할 때마다 선임병들은 김 이병보다 더 큰 심적 부담을 갖고 있어. 앞으로 이렇게 생각해 보는 게 어떨까. '나와 함께 뛰는 선임병들은 모두 나보다 더 큰 부담을 안고 있다. 오히려 내가 잘 뛰는 모습을 보여 그들을 격려해 줘야겠다.'라고 말이야. 훈련소 시절 힘들어하는 동기들을 독려해 줌으로써 김 이병이 오히려 힘을 얻

었듯이 그때처럼 직접 말은 못하지만 잘 뛰는 모습으로 힘들어하는 선임병들을 도와
주는 거지. 구보하면서 힘이 들 때마다 마음속으로 그런 생각을 떠올려 봐. 훈련소
때 힘들어하던 동기들을 격려해 주던 김 이병의 멋진 모습을 말이야.

김 5: 네. 그렇게 한번 해 보겠습니다.

6. 부정적 사고의 긍정화

1) 정의

부정적 사고란 자동적으로 떠오르는 생각 중에서 개인에게 부정적인 영향을 미치는 생각
을 말한다. 부정적 사고에는 흑백논리, 재앙화(자신에게 재앙이 닥친다는 생각), 긍정적 측면
무시, 낙인찍기, 과일반화, 자기 탓, 당위적 사고 등이 있다.

치료 전략에는 객관화, 탈재앙화, 심상의 활용, 전환기법, 노출기법, 소크라테스 식 문답
법 등이 있다.

2) 사례

전역을 앞둔 김 병장의 얼굴에 수심이 가득하고 좀처럼 웃지 않는 모습을 보인다.

소대장 1: 김 병장! 너 요즘 무슨 고민이 있니?

김 병장 1: 실은 전역이 얼마 남지 않아서 여러 가지 고민이 많습니다. 복학도 해야 하고,
돈도 벌어야 하고, 동생 학비와 생활비도 조금씩 도와줘야 하는 상황입니다. 걱정을 안
하려고 해도 고민을 떨쳐 버릴 수가 없습니다. 저는 매사에 잘 안 되는 쪽으로 생각을
해서 문제입니다.

소 2: 그랬구나! 그런 고민은 너만 그런 게 아니라 네 또래의 젊은이라면 누구나 하는 거란
다. 아마 다른 전우들도 한두 가지는 다 고민이 있을 게다. 모든 문제를 너 혼자 해결
하려고만 생각하면 상황은 더 심각해지고 걱정만 늘게 되지.

김 2: 소대장님 말씀이 맞긴 한데 그게 잘 안 됩니다.

> 소 3: 그럼 이렇게 해 보렴. 네 고민을 종이에 쓰고 모든 고민이 잘 해결되고 매우 만족스러
> 운 결과가 주어졌다고 생각해서 써 보는 거야. 자꾸 모든 일이 잘되는 생각을 반복해
> 서 하는 거지. 그리고 다른 사람들과 고민을 공유해 봐. 그럼 네가 생각하지 못했던 해
> 결책도 새롭게 알게 되고, 다른 사람들도 어려움을 가지고 산다는 것을 알게 될거야.
>
> 김 3: 예. 알겠습니다.

제2절 정서적 기법

1. 관계 형성

1) 정의

관계 형성은 내담자의 상담에 대한 동기 형성, 상담자의 내담자에 대한 이해와 수용, 내담자의 상담자에 대한 정서적 유대, 상담목표와 과제에 대한 상담자와 내담자의 합의, 절차 및 방법에 대한 상담자와 내담자의 합의 등에 대한 내용이다. 관계 형성을 원활히 잘하기 위해서는 경청, 반영, 공감 및 수용 등의 상담방법이 효과적이다.

관계 형성은 상담의 시작 단계라고 할 수 있다. 따라서 병영생활에서 어려움을 겪는 병사를 상담하기 위해서는 상담 장면에서뿐만 아니라 평소에 신뢰관계가 이루어져야 한다. 소대장이나 중대장이 순찰 중에 자연스럽게 병사들이 최근 힘들어할 수 있는 사항을 우회적으로 질문도 하고, 상담 중에는 상담자와 내담자의 관계가 계급이 아닌 인격적인 관계임을 주지시키기도 하여 상담자를 최대한 편하게 대하고 믿을 수 있도록 해야 한다. 그리고 병사들이 고민 사항을 말하면, 상담자는 공감과 경청을 통해 그 고민 사항에 대해 충분히 얘기할 수 있도록 이끌어 나간다.

2) 사례

중대장이 초소 순찰을 나가서 김 이병을 만난다.

김 이병 1: 충성! 근무 중 이상무!

중대장 1: 음, 그래. 날씨가 꽤 춥지?

김 2: 아닙니다.

중 2: 아니긴······. 귀와 얼굴이 꽁꽁 얼었는데······ (귀를 만져 준다.)

중 3: 근무 언제 끝나지?

김 3: 1시간 남았습니다.

중 4: 그래? 그럼 근무 끝나고 중대장한테 들렀다 가라. 중대장실에서 차 한 잔 하자.

김 4: 예. 알겠습니다.

(잠시 후 중대장실)

김 5: 들어가도 좋습니까?

중 5: 음. 들어와.

김 6: 이병 김 고민 중대장님께 불려 왔습니다.

중 6: 고민이 어서 와. 여기 앉을까?

김 7: 예.

중 7: 근무 서느라 고생했다. 요즘 소대장들이 많이 힘들게 하지 않아?

김 8: (긴장 하며) 아닙니다.

중 8: 아니긴. 중대장이 소대장들한테 너희들 좀 괴롭히라고 지시했는데 ······. (웃는다.)

김 9: (웃는다.)

중 9: 내가 고민이 오라고 한 것은 요즘 고민이 안색이 별로 좋지 않아 보여서······. 물론 큰 문제는 없겠지만 그래도 중대장이 알지 못하는 뭔가가 있나 해서······.

김 10: 별거 아닙니다.

중 10: 음······. 사람은 누구나 드러내고 싶지 않은 고민이 있는 법이거든. 솔직히 중대장도 부대원뿐만 아니라 집사람한테도 말 못할 고민이 있는 걸······. 근데 있잖아. 고민이라는 게 내가 생각할 때는 이만큼 커 보이지만 또 다른 사람이 생각하면 별 것 아닌 경우가 있잖아. 그래서 혹시 고민이가 힘들어하는 문제가 있다면 중대장이 같이 생각해 볼 수 있지 않을까 해서 말이야. 나는 지금 중대장과 병사로서가 아니라 한 남자 대 남자로서 이야기하는 거야. 알겠지?

> 김 11: 예.
>
> 중 11: 그리고 여기서 얘기하는 건 우리 둘만의 비밀이니까 다른 사람한테 얘기하기 없기다.
>
> 김 12: 예. 알겠습니다.

2. 감정정화법

1) 정의

문제행동은 부정적인 감정에 대한 억압 때문에 일어난다. 따라서 부정적인 감정을 언어 또는 비언어적 행동을 통해 밖으로 표출하면 감정정화, 즉 신체 또는 정서적 긴장의 감소와 이완, 억압에서의 해방감, 수용 경험과 안도감 그리고 상황에 대한 새로운 조망 등의 효과가 나타난다. 그러나 감정정화만으로는 상담 효과가 제한적이다. 감정정화 이후에 인지적 변화, 문제해결 대안 수립, 실행, 정보제공 등이 이루어졌을 때 상담 효과는 보다 크게 나타난다.

일반적으로 감정정화를 촉진하는 방법은 수용, 공감, 구체성, 긍정적 해석 등과 같은 상담자의 태도 그리고 내담자의 있는 그대로의 경험을 언어적으로 표현하도록 하는 언어화, 경험을 행동으로 표현하도록 하는 행동화, 경험을 그림이나 글 등과 같은 상징으로 표현하도록 하는 상징화, 죄책감과 관련된 경험을 표현하고 이와 관련된 새로운 다짐을 하도록 촉진하는 방법 등이 있다. 예를 들어, 병사들의 고민을 공감해 주고 수용해 줌으로써 병사들이 마음속에 담아 둔 모든 감정을 표현하도록 도울 수 있다.

2) 사례

가정의 문제와 선임병 문제로 힘들어하는 김 이병이 있다.

> 김 이병 1: 중대장님께 드릴 말씀이 있어서 왔습니다.
>
> 중대장 1: 어! 그래 앉아라.
>
> 김 2: 예.
>
> 중 2: 그래 무슨 일이지?

김 3: (잠시 머뭇거리다가) 저 사실은 요즘 너무 힘이 듭니다. 집 생각도 자주 나고, 자꾸 마음이 무거운 것 같습니다.

중 3: 음……. 그랬구나!……. 요즘 김 이병을 힘들게 하는 게 많이 있었나 보구나!

김 4: 예.

중 4: 어떤 것들이 김 이병 마음을 무겁게 만드는지 중대장한테 얘기해 줄 수 있니?

김 5: (잠시 생각하다가) 우선 요즘 어머니께서 몸이 안 좋으셔서 걱정입니다. 지난번 신병 휴가 내내 어머니 간병하느라 어머니 곁에 있었는데, 요즘 잠자리에 누우면 어머니 얼굴이 자꾸 떠오릅니다. (눈물이 글썽거린다.) 또, 지난번에 누나한테 편지가 왔었는데 그 편지를 박 상병이 보고서 자기를 누나에게 소개시켜 달라고 하는 겁니다. 그래서 그냥 모른 척하고 가만히 있었더니 그때 이후로 계속 저를 못살게 괴롭힙니다. 박 상병은 사람을 너무 괴롭혀서 후임병들이 다 싫어합니다. 박 상병은 그런 사실도 모르고……. (눈물을 터뜨린다.)

중 5: (휴지를 건네주며) 김 이병이 많이 힘들었구나!

김 6: (감정을 추스르다가) 게다가 얼마 안 있으면 분대 대항 사격대회가 있는데, 제가 훈련소 때부터 워낙 사격을 못해서……. 우리 분대가 저 때문에 안 좋은 성적을 거두게 되면 어떻게 하나 걱정입니다.

중 6: 그랬구나! 여러 가지 복잡한 일이 김 이병을 한꺼번에 힘들게 하고 있구나! 많이 힘이 들었을 텐데 중대장을 찾아와서 이렇게 속마음을 이야기해 주어서 정말 고맙다! 중대장이 모든 문제를 다 해결해 줄 수는 없겠지만, 도울 수 있다면 최선을 다해 도와주마.

김 7: 감사합니다. 솔직히 중대장님께 제 문제를 해결해 달라고 찾아온 것은 아닙니다. 그냥 너무 마음이 답답해서 들어줄 사람이 필요했던 겁니다. 이렇게 중대장님께 털어놓고 나니 마음이 한결 홀가분해졌습니다.

중 7: 그랬구나!

김 8: 아까는 막 눈물이 나려고 했었는데 선임병들이 보면 또 뭐라고 할 것 같아서 억지로 참았습니다. 그래도 중대장님 앞에서 울고 나니 마음이 후련해진 것 같습니다.

3. 자기노출

1) 정의

　상담자가 내담자와 신뢰할 수 있는 인간관계를 맺으려면 상담자는 자신을 내담자에게 개방하는 것이 좋다. 높은 수준으로 자기노출을 하는 상담자는 과거, 현재, 미래의 참조체제를 통하여 자기 자신을 진지하고 구체적으로 드러낸다. 예를 들어, 상담자는 과거에 자기가 어디서 무엇을 하였고, 어떻게 행동했으며, 왜 그렇게 행동했는지 그리고 어떤 가치관을 가졌고, 삶의 목표가 무엇인지 등에 대해서 내담자에게 이야기해 줌으로써 상호 이해의 폭을 넓힐 수 있다. 효율적인 상담자는 가면을 쓰고 내담자를 대하지 않는다. 오히려 그는 독특한 자신의 면모가 있는 그대로 내담자에게 알려지기를 바라며, 그 결과 내담자는 상담자의 인간으로서의 진면목을 알게 된다.

　대화가 단절될 경우나 내담자가 자기노출을 꺼려 할 때, 자연스럽게 상담이 지속될 수 있도록 필요한 경우에 한해서(내담자가 상담자에게 지나친 관심을 갖지 않도록 한다는 범위 내에서) 상담자는 자기노출을 할 수 있다. 예를 들면, 선임병들과 갈등관계에 있는 소대장을 상담하는 중대장과 대대참모 등이 자신의 소대장 시절에도 선임병사와 여러 가지 갈등관계로 고민한 경험이 있었음을 표현할 수 있다.

2) 사례

　선임병들 때문에 힘들어하는 소대장이 있다.

> 박 대위 1: 그래 김 소위! 어서 와라. 요즘 무슨 고민이 있니?
>
> 김 소위 1: 요즘 말 안 듣는 병사들 때문에 죽겠습니다.
>
> 박 2: 자식들 정말 말 안 듣지?
>
> 김 2: (침묵)
>
> 박 3: 나도 소대장할 때 선임병장들 때문에 애 좀 먹었지(웃으면서). 아, 글쎄 가끔씩은 병장들을 두들겨 패고 싶었다니까. 야~ 정말 괴롭더라고!
>
> 김 3: 어제도 제초 작업을 하는데, 선임병들이 작업은 하지도 않고 놀고 있기에 작업하라고 질책을 했더니 김 병장이 저에게 불만 섞인 태도를 보이는 겁니다.

박 4: 그랬구나! 나도 소대장 때 해안의 격오지 소초로 발령이 났었지. 선임병들이 근무도 제대로 서지 않을 뿐만 아니라 생활관 군기도 엉망이었어. 정말이지 참을 수가 없더라고……. 그런데 가만히 생각해 보니 내가 그 당시에 할 수 있는 게 아무것도 없었어. 그래서 더 답답하더라…….

김 4: 예. 맞습니다. 제가 할 수 있는 게 아무것도 없습니다.

박 5: 그래서 내가 어떻게 했는지 아니?

김 5: 어떻게 하셨습니까?

박 6: 지금의 선임병들은 어차피 내가 무슨 말을 해도 바뀌지 않을 것 같아서 다음에 분대장을 달 예정인 상병들을 내 편으로 만들어야겠다고 생각했지.

김 6: 아! 예. 저도 그렇게 한번 해 보겠습니다.

제3절 행동적 기법

1. 근육이완훈련

1) 정의

이완을 촉진하기 위한 방법으로는 신체를 긴장시켰다가 이완시키는 방법, 신체적 힘을 점진적으로 빼는 방법, 특정한 대상이나 자극에 주의를 집중하는 방법, 호흡을 조절하는 방법, 심상을 통해 이완을 유도하는 방법, 암시를 통해 이완을 유도하는 방법, 기계를 이용하여 뇌파를 통제하는 방법, 요가와 같은 운동을 통해 이완하는 방법, 향기를 이용하여 이완하는 방법 등이 있다. 군에서는 전입신병의 초기 부대 적응의 부담을 덜어 주는 차원에서 음악을 들려주거나, 인생을 음미하는 시를 읽어 주거나, 즐거운 장면을 상상하게 하거나 혹은 머리에서 발끝까지 근육을 이완하는 기법이 유용할 수 있다.

2) 사례

부대에 전입해 온 지 한 달된 김 이병의 사례다.

중대장 1: 김 이병! 자대에 전입해 온 지 얼마나 되었지?

김 이병 1: 예. 한 달 정도 되었습니다.

중 2: 그래. 요즘 생활은 어때?

김 2: 죄송합니다. 중대장님께서 신경 많이 써 주시는데……. 저는 나름대로 잘하려고 하는데, 막상 무언가 잘하려고 하면 긴장을 하게 되고 선임병들 얼굴이 자꾸 떠올라서 그……. 지난번 소대대항 사격대회에서도 잘하려고 했던 건데 긴장한 나머지 조정간을 연발에다 놓고 사격을 해서(울먹이며) 저 때문에 저희 소대가 꼴찌를 했습니다.

중 3: 아니야. 누구나 긴장을 하면 실수를 하는 법이지.

김 3: (감정을 추스르며) 예.

중 4: 중대장이 긴장을 푸는 방법 한 가지 알려 줄까? 자, 중대장하고 같이 한번 해 보자. 엉덩이는 의자의 절반 정도 기대고 허리를 곧바로 세운 다음에 등을 등받이에 편안히 기대 봐. (김 이병을 살펴보며) 옳지. 그래. 그 상태에서 양손은 계란을 쥔 것처럼 가볍게 말아 쥐고 눈을 감고 숨을 깊게 들이마셨다가 천천히 내뱉는 거야. 다시 한 번 더 천천히. 그렇지.(2~3회 반복시킨다.) 자, 그런 다음에 머릿속에 예전에 가장 편안했던 순간을 떠올려 보는 거야. 가령, 따뜻한 봄 햇살 아래 파란 잔디밭에서 누워 낮잠을 청하는 모습, 아니면 추운 겨울에 따뜻한 이불 속에서 포근한 베개를 베고 잠을 자는 모습……(잔잔한 음악을 틀어 준다. 5분 후)

중 5: 자! 이제 호흡을 크게 들이마시고 내쉬면서 천천히 눈을 떠보자. 기분이 좀 어떤 거 같아?

김 4: 예. 한결 편안하고 긴장도 덜 되는 것 같습니다.

중 6: 그래? 그렇다니 참 다행이다. 그럼 다른 거 또 한 가지 해 볼까?

김 5: 예.

중 7: 자! 어깨에 천천히 힘을 주면서 목을 최대한 움츠려 보자. 이렇게 말이야. (시범을 보인다.)

김 6: (따라 한다.)

중 8: 그런 다음에 최대한 힘을 준 상태에서 한 10초 동안 버텨 보는 거야. 중간에 힘을 빼면 안 돼.

김 7: (웃으며) 예.

> 중 9: 자, 하나…… 둘…… 열. 이제 그러고 나서 한꺼번에 힘을 쫙 빼는 거야. 이렇게. (시범)
>
> 김 8: (따라 한다.)
>
> 중 10: 어때?
>
> 김 9: 예. 버티기가 굉장히 힘들었는데, 힘을 빼고 나니 몸이 시원하고 좋습니다.
>
> 중 11: 그래. 이때 호흡도 함께 하면 참 좋아.
>
> 김 10: 예.
>
> 중 12: 병영생활하면서 혹은 훈련하면서 너무 긴장될 때 방금 중대장하고 같이 했던 이 방법을 한 번씩 해 봐. 그럼 한결 좋아질 테니까. 알았지?
>
> 김 11: 예. 중대장님, 정말 감사합니다.

2. 자기효능감 증진

1) 정의

자기효능감은 반두라가 주장한 개념으로써, 목표를 달성하기 위해 필요한 행동을 할 수 있는 능력이 자신에게 있다고 믿는 것을 뜻한다. 즉, 자기효능감이 높은 사람은 주어진 일을 성공적으로 수행할 수 있다고 자신을 믿는 것이다. 자기효능감을 증진시키기 위한 방법으로는 성공 경험, 대리 경험, 설득과 격려, 결과에 대한 긍정적 해석 등의 네 가지가 있다.

예를 들어, 소대에 처음 전입해 온 신병들은 대부분 자신의 감정을 겉으로 표현하지 않고 억제한다. 새로운 환경에 적응하지 못하면 주의 산만이나 불안, 우울 등의 증상이 쉽게 발생할 수 있다. 이러한 병사들에게는 격려와 칭찬이 중요하다. 우선 쉬운 일을 맡겨서 그들이 소대에 도움이 되고 있다는 생각을 하도록 만들어야 한다. 자신이 조직을 위해서 하고 있는 일이 성공적이라고 느끼면 점차 자신감을 가질 수 있다.

2) 사례

상급부대로부터 불시 검열관이 소초에 방문하였을 때, 소초 상황병이 너무 당황한 나머지 상황 보고를 실수하여 상급부대 참모에게 혼이 나게 된다. 상황병은 내성적인 성격이고 말주변도 없어서 자책만 하고 있는 실정이다. 그 사건으로 인해 표정이 어둡다고 판단한 중대장은 상황병을 조용히 불러 상담을 실시하였다.

중대장 1: 음! 김 상병 어서 와.

김 상병 1: 예.

중 2: 사실은 지난번 사단 검열관이 왔을 때 상황 보고 일 때문에 많이 힘들었지?

김 2: (눈을 피하면서) 아닙니다. 괜찮습니다.

중 3: 음! 솔직히 중대장도 처음에는 그 얘기를 듣고 나서 김 상병에게도 무언가 이유가 있
  겠다 싶은 생각이 들더구나. 김 상병을 야단치거나 책임을 묻기 위해서 부른 게 아니
  고 자세한 이야기를 듣고 싶어서 부른 거니깐 마음 편하게 얘기해 보렴.

김 3: (머뭇거리더니) 저……. 사실 저는 상황병을 할 자격이 없는 놈입니다.

중 4: 응? 그게 무슨 말이니?

김 4: 사실은 제가 성격적으로 내성적인데다가 남들 앞에 서는 것을 두려워해서 말도 더듬
  고 했었습니다. 상황병은 육체적으로 덜 힘들 것 같아서 동기들한테 양해를 구하고
  억지로 상황병이 된 건데 이렇게 될 줄은 몰랐습니다.

중 5: 아니야. 중대장 생각에는 사람은 누구나 내성적인 성격이 있다고 생각해. 개인적인
  특성이기 때문에 너무 자책할 필요는 없어.

김 5: 그때도 평소에 대비하지 않고 있다가 갑자기 사단에서 순찰을 나왔다고 하니까 너무
  긴장한 나머지 그동안 외웠던 것이 순간적으로 생각이 나지 않는 겁니다. 정말이지
  그 순간만큼은 쥐구멍에라도 숨고 싶었습니다(고개를 떨어뜨리며 괴로워한다).

중 6: 예전에 말이야. 중대장이 임관하고 처음으로 배치 받은 곳이 어느 해안 소초였어. 거
  기는 군사적으로 아주 중요한 곳이어서 높은 분들이 소초를 자주 방문하셨지. 근데
  처음에 사단장님께서 우리 소초를 방문하신 거야. 중대장도 그때 당시 얼마나 긴장
  이 되던지 다리가 후들후들 거리더라니까. 지금은 중대장도 브리핑을 잘한다는 얘기
  를 듣지만 예전에는 실수도 많이 하고 혼나기도 많이 했던 게 사실이야.

김 6: 정말입니까?

중 7: 그럼. 처음부터 브리핑을 잘할 수 있게 태어난 사람이 어디 있어?

김 7: 그건 그렇습니다.

중 8: 그래. 너무 스스로를 자책할 필요는 없는 것 같아. 오히려 무슨 일을 할 때 긴장하고

있다는 것은 그 일을 할 때 더 잘해야겠다는 의지가 강하다고 해석할 수 있는 것이거든. 자신이 별 관심 없는 일을 할 때는 긴장을 하지 않지.

김 8: (웃는다.) 그래도 중대장님께 너무 죄송합니다. 괜히 저 때문에……

중 9: 음……. 김 상병은 잘하는 점들이 아주 많아. 혹시 기억나니? 해안 근무 교대한다고 했을 때 김 상병이 탄약 개수를 세면서 실제 목록과 차이가 나는 품목을 두 군데나 발견했잖아. 김 상병의 꼼꼼하고 침착한 성격이 아니었으면 꼼짝없이 우리 중대가 모자라는 탄약 개수를 책임질 뻔했지.

김 9: 아! 예. 그때 전 단지 제가 해야 할 일을 묵묵히 했을 뿐입니다.

중 10: 아니야. 김 상병의 차분하고 꼼꼼한 성격이 아니었으면 큰일 날 뻔했지.

김 10: 아닙니다. (웃으며 머리를 긁는다.)

중 11: 실수는 누구나 하는 거야. 그러한 잘못을 왜 했는지 생각해 보고 앞으로 똑같은 잘못을 되풀이하지 않으면 되는 거야. 괜히 자책할 필요는 없는 일이지. 솔직히 상황병이 편하다고 생각하는데 천만의 말씀이야. 근무를 나가지 않아서 몸은 편할지 모르지만, 계속되는 상황 유지하랴, 각종 일지 기록하랴, 대대 지시사항 종합하고 전파하랴……. 하는 일이 좀 많아?

김 11: 그건 그렇습니다.

중 12: 그래. 김 상병은 우리 중대에서 꼭 필요한 사람이라고. 지난번 일은 말끔히 잊어버리고 새로운 마음으로 열심히 다시 시작하는 거야. 자신을 괴롭히지 말고……. 알았지?

김 12: 중대장님! 감사합니다.

3. 대인관계기술 훈련

1) 정의

대인관계에 어려움을 느끼는 내담자의 경우 상담 장면에서 적절한 대인관계기술을 연습하는 훈련을 할 수 있다. 대인관계기술에는 자기노출 및 개방, 자기주장, 의사결정, 관심기울이기, 공감, 의사소통기술 등이 포함된다.

2) 사례

김 일병은 내성적인 성격으로 대인관계에 어려움을 느끼고 있다.

소대장 1: 김 일병! 너 요즘 무슨 고민 있니? 얼굴 표정이 어두운 것 같구나!

김 일병 1: 아닙니다.

소 2: 음…… 그래. 소대장이 느끼기엔 무슨 일이 있는 것 같아서…….

김 2: 사실은 제 성격이 너무 소심해서 다른 병사들하고 어울리는 게 힘이 듭니다.

소 3: 나도 사실은 사관학교에 다닐 때, 남 앞에 나서는 게 두렵고 많이 떨려서 힘들었거든.
그런데 자꾸 연습을 해서 좋아졌어. 우리 이 자리에서 상황을 정해서 연습을 해 보면
어떨까?

김 3: 좀 어색할 거 같지만…… 좋습니다.

소 4: 누구와 어울리는 게 제일 어렵지?

김 4: 저희 분대 박 병장이 제일 어렵습니다.

소 5: 그럼 박 병장과 있었던 실제 경험을 생각해 보고 내가 박 병장이라고 생각하고 김 일
병이 자연스럽게 이야기해 보는 거다.

김 5: 네. 알겠습니다.

4. 강화와 벌

1) 정의

강화인자로 사용할 수 있는 강화물에는 음식물(과자, 음료수 등 생리적 욕구와 관련된 것), 소유물(책, 휴대폰 등의 물질), 토큰(스티커, 점수 등 교환가치가 있는 것), 활동(자유 시간, TV시청 등 좋아하는 활동), 사회적 강화[칭찬, 인정, 관심 보이기, 신체 접촉(쓰다듬기, 가볍게 두드리기, 손을 마주잡기), 얼굴 표정(미소, 시선 접촉, 눈 깜박임, 고개 끄덕임) 등의 강화], 피드백, 내면 강화(혼잣말, 좋은 이미지를 떠올리는 것 등 자신이 수행한 행동에 대해 속으로 자신을 강화) 등이 있다. 강화는 목표행동이 발생한 즉시 주어지고 일관성이 있어야 효과적이다.

벌로 사용할 수 있는 대상물은 혐오자극 제시의 경우 언어적 벌(비난, 꾸중, 경고, 위협 등),

혐오적인 감각 자극물, 벌점 카드, 부정적인 내면 언어(이게 아니야! 이래서는 안 되지!)가 있으며, 긍정적인 자극 없애기의 경우 타임아웃(긍정적인 강화 기회 제거), 반응 대가(벌금이나 벌칙으로 정적 강화를 빼앗음) 등이 있다. 또한 강제 교정행동의 경우 과잉교정(바람직하지 못한 행동을 했을 때 그 행동을 교정하는 다른 행동을 하도록 함. 예: 식탁에 음식물을 쏟았다면 음식물을 깨끗이 청소하도록 함), 역경기법(잘못된 행동과 직접 관련이 없지만 다른 힘든 일을 하게 함으로써 행동을 교정) 등이 있다.

2) 종류

(1) 정적 강화

변화시키고자 하는 행동이 일어난 후에 강화물을 제시하여 그 반응의 출현 확률이나 강도를 증가시키는 절차다.

한글 맞춤법을 모르는 박 이병을 도와준 김 상병의 사례다. 어느 날이었다. 평소 모범병사로 알려져 있던 김 상병은 자대에 전입해 온 지 10일이 갓 지난 박 이병이 한글 맞춤법을 제대로 알지 못한다는 사실을 알고, 일과가 끝나면 하루에 30분씩 한글 맞춤법을 가르쳐 주게 되었다. 중대장인 이 대위는 이러한 사실을 알고는 김 상병을 중대장실로 불렀다.

> 이 대위 1: 김 상병 어서와. 그리로 앉아.
>
> 김 상병 1: 예.
>
> 이 2: 그래. 훈련 준비하느라 요즘 많이 바쁘지?
>
> 김 2: 아닙니다. 오히려 전입해 온 지 얼마 안 된 신병들이 저보다 힘들 겁니다.
>
> 이 3: 음. 그런데 요즘 김 상병이 박 이병하고 함께 있는 모습이 자주 눈에 띄던데……
>
> 김 3: 아! 예……. 사실은 박 이병이 심성도 착하고 다 좋은데, 한글 맞춤법을 잘 몰라서 제가 요즘 가르쳐 주고 있습니다.
>
> 이 4: 그래? 훈련 준비하면 시간이 없을 텐데……
>
> 김 4: 예. 저녁 먹고 자유 시간을 이용해서 30분 정도 하고 있습니다.
>
> 이 5: 음. 생활관에서?
>
> 김 5: 아닙니다. 아무리 이병이지만 다른 병사들이 보면 창피해 할 것 같아서 충효예 교육실에서 남들 몰래 둘이서만 하고 있습니다.

이 6: 박 이병은 뭐래?

김 6: 처음에는 미안해하고 부끄러워하더니 조금씩 맞춤법을 알고 나니 재미있나 봅니다.

이 7: 그래. 바쁜 병영생활 중에 자기 시간을 희생해 가며 후임병 도와주기가 쉽지 않을 텐데 정말 훌륭하다. 중대장이 선행 사실을 대대장님께 알려서 포상휴가를 받을 수 있도록 건의해 볼게.

김 7: (머리를 긁적거리며) 대가를 바라고 한 건 아닌데……. 아무튼 감사합니다.

이 8: 아니야. 전우를 위해 자기 시간을 할애해서 도와주는 행동은 다른 병사들에게도 많은 귀감이 될 거야. 앞으로도 주변에 힘들어하는 동료들이 있으면 지금처럼 도와주도록 해라.

　　이 대위는 선행 사실을 중대뿐만 아니라 대대 전체에 알려야겠다는 생각을 하고 다음날 중대원이 모인 자리에서 이러한 사실을 공표하였다. 그리고 대대장에게 이를 보고하여 대대 전체에 이러한 선행 사실이 전파되었다. 이러한 분위기는 순식간에 확산되어 이 대위가 속해 있는 대대는 연대에서도 '사고 없는 부대, 살맛나는 부대'라는 평가를 받게 되었다.

(2) 부적 강화

　　반응이 일어난 후에 혐오자극을 제거하여 그 반응의 출현 확률이나 강도를 증가시키는 절차다.

　　평소에 후임병들에게 폭언을 일삼아 오던 김 상병은 대대 군기교육대에 입소 중이다.

김 상병 1: 들어가도 좋습니까?

주임원사 1: 그래. 앉아라.

김 2: 예.

주 2: 많이 힘들지?

김 3: 아닙니다.

주 3: 아니긴. 오전에 체력단련하고, 오후에 작업하려면 육체적으로 많이 힘들 거야.

김 4: (말없이 고개를 숙임)

주 4: 어때? 군기교육 받으면서 무슨 생각이 들어?

김 5: 예. 사실은 제가 그동안 너무 군 생활을 잘못했다는 후회가 됩니다.

주 5: 음……. 앞으로 어떻게 군 생활을 할 생각이야?

김 6: 후임병들에게 욕을 하고 싶은 마음이 들어도 참아야겠다는 생각을 했습니다. 솔직히 저는 지금 육체적으로 힘이 들지만, 제게 괴롭힘을 당했던 후임병들은 마음도 많이 아팠을 것 같습니다.

주 6: 그래 많은 것을 느꼈구나! 주임원사가 생각할 때도 김 상병의 행동이 눈에 띄게 변하고 있는 것 같아. 교육대 지시에도 잘 따르고, 주위의 동료들한테 많이 친절해진 것 같고……. 그래서 이제 오전 체력단련은 참석하지 않아도 된다. 오전에는 개인적으로 생활관에서 시간을 보내고, 대신에 오후에 환경 정리 작업에는 계속 참석할 수 있도록 해라. 앞으로 행동이 더 나아지면, 오후 작업에서도 열외시켜 줄 테니까, 행동할 때 조심하도록 해. 알겠지?

김 7: 정말입니까? 감사합니다. 주임원사님! 앞으로 더 잘하겠습니다.

그 후 김 상병은 매사에 솔선수범하는 모습을 보여 오후 작업까지 면제를 받았다.

(3) 정적 벌

목표 반응이 출현한 후 혐오자극을 제시하여 그 반응의 발생 가능성을 감소시키는 절차다.

이 대위는 중대장에 보직된 지 3개월이 지났다. 중대를 관찰하는 동안 일부 병사들의 잦은 욕설과 괴롭힘 등 각종 병영 부조리가 자행되고 있다는 것을 알게 되었다. 그는 이를 해결하는 것이 시급하다고 판단하여, 중대원들에게 욕설을 하거나 괴롭히는 인원을 발견할 시에는 엄중 처벌을 하고, 반대로 칭찬이나 순화된 언어를 사용하는 인원에게는 포상휴가를 주겠다고 하였다. 그러던 어느 날 이 대위는 김 병장이 박 일병에게 욕설을 하고 있는 장면을 목격하였다.

> 이 대위 1: 김 병장! 무슨 일이야?
>
> 김 병장 1: 아닙니다. 박 일병과 대화를 나누고 있습니다.
>
> 이 2: 내가 보기에는 욕설도 하고 심한 말을 하는 것 같은데. 솔직히 얘기해 봐.
>
> 김 2: 사실은 제가 어제 박 일병에게 초소 일반수칙을 외우라고 지시했는데, 오늘 확인해
> 보니까 전혀 관심도 없고 외우지도 않아서 한 소리 했습니다.
>
> 이 3: 알았다. 이유야 어찌 되었던 평소 욕설이나 괴롭힘을 금지한다고 강조했건만 실망이
> 다. 김 병장은 내가 약속했듯이 중대 간부들과 의논하여 적절한 조치를 하겠다. 그리
> 고 박 일병은 선임병인 김 병장의 지시를 왜 이행하지 않았는지 진술서를 작성하여
> 제출하도록 해라.
>
> 김 3: 예…….

결국 욕설과 괴롭힘을 자행했던 김 병장을 입창 조치하였고 박 일병은 근신 조치하였다. 이러한 조치 결과를 중대 게시판에 게시하고 중대원들에게 자초지종을 교육하였다. 이 일이 있은 후에 중대원들 사이에 구타나 괴롭힘은 중대장이 엄중 처벌한다는 소문이 퍼져 이같은 행동이 줄어들었다.

(4) 부적 벌

어떤 반응이 나타난 후에 정적 강화물을 제거하여, 그 반응의 발생 가능성을 감소시키는 절차다.

중대장이 전입해 온 지 얼마 되지 않은 소대장을 호출하였다.

> 중대장 1: 어서 와. 김 소위.
>
> 소대장 1: 예.
>
> 중 2: 그래! 지금 뭐하다 왔지?
>
> 소 2: 예. 다음 주 있을 중대 전술 훈련에 대비하여 교범을 읽고 있었습니다.
>
> 중 3: 그랬구나! 전입해 온 지 얼마나 됐지?

소3: 한 달 거의 다 되었습니다.

중4: 그래. 뭐 병사들은 말 잘 듣고?

소4: 예. 대부분 병사는 말을 잘 듣는데, 1분대장인 박 병장이 평소에 제 지시에 따르지 않는 것 같습니다.

중5: 그래? 어떤 점에서?

소5: 제가 분대장들을 통해 소대원들한테 작성하여 제출하라고 시킨 게 있는데 1분대만 제출하지 않았습니다. 그래서 1분대 병사를 불러서 물었더니 분대장에게 전달받지 못했다고 했습니다. 나중에 알아보니까 아예 제 지시를 전달하지도 않은 겁니다. 이런 경우가 한두 번이 아니고 번번이 제 지시를 어기는 경우가 허다합니다.

중6: 음! 그래? 특별한 이유 없이 소대장의 지시를 습관적으로 어긴다는 말이지?

소6: 예.

중7: 중대장이 알아본 후에 만약 1분대장이 고의로 그런 것이 밝혀지면 1분대장의 정량제 외박을 제한하던지 개인 시간을 박탈하는 등의 조치를 내릴 테니까 소대장은 그렇게 알고 있어.

소7: 예. 알겠습니다.

분대장의 고의성이 밝혀져서 외박을 제한하고 주말 자유 시간을 박탈하였다.

5. 증상 광고하기

1) 정의

군에서 복무 중인 장병들은 때에 따라서 많은 사람들 앞에서 브리핑이나 보고를 해야 하는 경우가 종종 있다. 이러한 경우에 심하게 긴장을 하고 떨려서 사전에 준비한 만큼 브리핑을 제대로 못해 스스로 실망하는 장병들이 있을 수 있다. 대부분의 사람이 대중 앞에서 강연을 하거나 발표를 할 때, 어느 정도 긴장을 하는 것은 당연하다. 특히 청중이 전문성을 가지고 있거나 자신이 평가를 받는 자리일 때는 더욱 긴장의 정도가 심해질 수 있다. 이러한 경우에 긴장하거나 떨지 않고 발표를 잘할 수 있는 방법 중 하나가 바로 증상을 광고하는 것이다. 증상 광고는 자신이 떨거나 긴장하는 모습을 감추지 않고, 말로 표현하고 인정하는 것을 의미한다. 무대공포증이 있어서 많은 사람 앞에 설 때마다 심하게 떠는 사람의 경우, 그 이유는 대체로 자신이 떠는 모습을 감추려하기 때문이다. 긴장하는 모습을 보이고 싶지 않은데, 얼굴은 점점 빨개지고 식은땀이 나고 목소리가 떨리는 것이 느껴지면 더욱 긴장하고 떨게 된다. 이와 같은 경우에 자신이 떨고 있다는 사실을 인정하고 표현하면, 오히려 마음이 편안해질 수 있다.

2) 사례

김 일병은 중대 상황병으로서 다소 내성적이지만 모범적인 병사로 파악되고 있었다. 하지만 최근 연대장이 순시를 나온 자리에서 브리핑을 하던 도중 말문이 막히고 브리핑을 거부하였다. 이 사건에 대해서 중대장인 홍 대위는 김 일병에 대해서 심도 있는 상담이 필요하다고 판단, 상담을 전공한 이 대위에게 상담을 요청하게 되었다.

> 이 대위 1: 그래. 김 일병! 반갑다. 나는 사단에서 근무하는 이 대위야. 자네 중대장인 홍 대위하고는 동기생 사이지. 나 본 적 있지?
>
> 김 일병 1: 충성! 이 대위님. 중대장에게 벌써 얘기 들었습니다.
>
> 이 2: 그렇구나! 그럼 상황실에서 자네가 한 행동에 대해서 나한테 다시 설명해 줄 수 있을까?
>
> 김 2: (우물쭈물하며 말문을 열지 못한다.)
>
> 이 3: (우물쭈물하는 김 일병을 잠시 바라보다가 화제를 전환한다.) 참! 김 일병 고향이 서울이라면서? 집이 어디지?
>
> 김 3: 동작구 흑석동입니다.
>
> 이 4: 아! 국립묘지 있고, 그 맞은편에 한강아파트가 있지?
>
> 김 4: 예. 가 보신 적 있으십니까? 저희 집이 바로 그 한강아파트입니다.
>
> 이 5: 어, 그래? 이런 우연이 있나? 우리 누님이 그 아파트에 살고 계시네.
>
> 김 5: 아! 예.
>
> 이 6: 그러면 김 일병은 학교도 그쪽에서 나왔겠네. (어느 학교를 나왔는지, 학교 다닐 때 성격이 어떠했는지, 어떤 고민이 있었는지, 학업은 어땠는지, 어떤 추억이 있는지 물어서 다음과 같은 사항을 파악한다.)
>
> 〈김 일병은 초등학교까지 시골에서 생활하다가 중학교를 대도시로 가게 되었는데, 가난

에 대한 심한 열등감으로 자신감을 잃어버리고 주눅이 들었다. 그래서 자신의 모든 것을 감추려고 하고, 특히 자신의 모자라거나 부족한 면을 감추려는 경향이 심하였다. 많은 사람들 앞에 서면 심하게 떨고 말을 제대로 하지 못하였다. 대학 시절에는 교수에게 질문을 한 번도 자발적으로 한 적이 없고, 교수의 질문에 대해 답을 알고 있는 경우에도 대답을 한 번도 못하였다고 한다. 심지어 여러 사람들이 모인 자리(예: 신입생 환영회, 과 엠티)는 일부러 참석하지 않았다고 한다. 왜냐하면 자기소개를 해야 하는데 자신의 순서가 다가올수록 심장박동이 빨라지고 식은땀이 나고, 소개하기 위해 자리에서 일어나거나 앞으로 나가면 머리가 멍해지고 아무 생각도 나지 않으며, 소개를 끝내고 자리에 돌아오면 무슨 말을 했는지 기억이 나지 않기 때문이라고 하였다.〉

이 7: 그래. 김 일병! 학교 다닐 때 많이 힘들었겠구나!

김 6: 네. 한시도 마음이 편한 적이 없었습니다.

이 8: 그래. 그러면 이렇게 해 보면 어떨까?

김 7: 어떻게 말씀입니까?

이 9: 우선 가족이나 친한 동료들에게 김 일병이 남 앞에서 많이 긴장이 되고 떨리는 증상이 있음을 이야기하는 거야. 그리고 긴장이 될 때는 긴장하는 자신의 모습을 감추려고 하지 말고 자신의 모습을 있는 그대로 받아들이고 '긴장이 된다.'고 말을 하는 거야.

김 8: (잠시 시간이 흐른 후) 예. 쉽지는 않겠지만 한번 해 보겠습니다.

6. 모델링

1) 정의

모델링은 타인의 본보기를 따름으로써 새로운 행동, 신념, 가치관 및 태도 등을 학습하는 것을 말한다. 모델링은 새로운 행동을 시도하는 데 따르는 불안을 제거해 주고, 실제 행동의 수행 절차를 안내해 주는 이점이 있다. 관찰자와 모델의 관계가 친밀할수록 또한 공통점과 유사성이 클수록 모델링 행동이 증가한다. 본보기 인물의 특성은 대체로 관찰자보다 높은 지위에 있거나 명예를 가졌으며, 더 많은 경험을 했거나 행동에 대하여 자신을 가지고 있다는 점이다. 모델링의 유형은 묵시적인 것(학습자가 의식하지 못하는 사이에 본보기 행동을 배우는 것, 예: 내담자가 처음에는 불안한 모습으로 상담을 시작했으나 상담자의 조용하고 편안한 자세를 자신도 모르는 사이에 닮아 가는 것)과 현시적인 것(학습자가 스스로 모방하고 있음을 자각하는 것, 예: 역할 학습을 통해 다른 사람에 대한 바람직한 반응 연습), 또는 직접적인 것(실제 환경 장면에서 타인의 행동을 관찰하고 모방하는 것, 예: 부모가 개를 어루만지는 행동을 보여 준 후 아이가 만지도록 하는 것)과 대리적인 것(학습자로 하여금 본보기가 되는 제3자의 행동을 관찰하고 본뜨게 하는 것, 예: 물을 무서워하는 아이에게 다른 아이가 물장난하는 녹화 장면을 보여 주는 것)으로 구분한다.

2) 사례

중대장인 김 대위는 평소에 말수가 적고 불안한 모습을 보이는 박 이병을 중대장실로 불렀다.

김 대위 1: 그래. 박 이병 어서 와라.

박 이병 1: (머뭇거리며 고개를 떨어뜨린다.)

김 2: 그래. 편하게 생각해. 쇼파에 허리도 기대고……

박 2: 예. (여전히 불편한 자세로)

김 3: 자. 중대장처럼 쇼파에 허리를 완전히 기대고 앉아 봐. 이렇게. 그렇지.

박 3: 예…….

김 4: 우리 차 한 잔씩 마실래? 커피랑 녹차 어느 것 마실래?

박 4: 커피 먹겠습니다.

김 5: 그래. 중대장이 너를 부른 이유가 궁금한 모양이로구나!

박 5: 아닙니다.

김 6: 아니긴……. 그냥 차 한 잔 마시려고……. 선임병들하고 있을 때는 마음 놓고 차 한 잔도 마시지 못하잖아. 너무 어려워하지 말고 마음 편하게 차 한 잔 마시고 얘기하다 가 가면 되는 거야. 알았지?

박 6: 예.

〈한참 동안 이런저런 얘기를 나눈다.〉

김 7: 그래. 좀 전에 중대장실에 처음 왔을 때보다 훨씬 표정도 밝아지고 자세도 편해졌구나.

박 7: 예. 사실은 중대장님께서 너무 편안하게 앉으셔서 저를 대해 주시고 말씀해 주시니

까 저도 모르게 그만……. (머리를 긁적이며)

김 8: 하하하. 아니야. 어려워할 것 없어. 중대장은 박 이병의 그런 모습이 참 보기 좋다. 앞으로도 중대장실에 차 마시러 가끔 와.

박 8: 예. 감사합니다.

7. 역할 연습

1) 정의

역할 연습은 실패의 위험 부담이 없는 모의 장면에서 새로운 행동 반응을 연습하는 것이다. 즉, 문제가 되는 생활 장면을 상담에서 재현하여, 관계 인물의 입장에서 바람직한 행동 반응을 학습하는 절차다. 역할 연습을 하면서 내담자는 스스로 또는 상담자의 피드백을 통해, 자기행동에 대한 교정을 할 수 있게 된다. 그리고 예측되는 곤란한 대인관계의 대처 방식을 익힐 수 있고, 자기와 생활 배경이 다른 사람들의 감정과 생각을 이해할 수 있게 된다. 이와 같은 역할 연습은 내담자의 행동에 구체적인 변화를 가져오게 한다.

역할 연습의 절차는 상담자가 주요 인물의 역할을 하여 실제 있었던 장면을 재현한다. 이러한 재현을 통해 내담자뿐만 아니라 주요 인물의 감정을 보다 구체적으로 이해하게 되고, 미처 표현되지 않았던 기대와 감정 내용을 파악하며, 내담자가 실제로 한 것과 달리 어떤 반응을 하고 싶은가를 알 수 있다. 다음에는 상담자와 내담자가 역할을 바꾸어 연습을 진행한다. 이렇게 함으로써 내담자는 주요 인물의 입장이 되어서 생각하고 느끼게 되어 주요 인물을 진정으로 이해할 수 있게 된다. 최종적으로는 연습한 행동을 실제 생활 장면에서 실천에 옮기도록 한다.

2) 사례

중대장인 신 대위는 나이가 많은 주임원사나 행정보급관을 보면 식은땀을 흘리고 피해 다니는 한 병사를 중대장실로 불러서 상담을 시도한다.

신 대위 1: 김 이병! 어서 와라. 여기에 앉아.

김 이병 1: 예.

신 2: 요즘 날씨가 꽤 추워졌지?

김 2: 그렇습니다.

신 3: 그래. 추운데 감기 걸리지 않도록 조심하고……. 중대장이 너를 부른 이유는 다름이 아니고, 네가 평소에는 생활을 잘하는 것 같은데, 유달리 주임원사나 행정보급관을 보면 불안해하고 피해 다니는 것 같아서야. 네가 볼 때는 어떤 것 같아?

김 3: (말을 하지 못한다.)

신 4: (대답을 기다리다가) 혹시 무슨 이유라도 있는 거니?

김 4: (잠시 고민하더니) 사실은 주임원사님이나 행보관을 보면 집에 계신 아버지가 생각이 납니다. 아버지는 제가 어렸을 때부터 저를 보기만 하면 못마땅하신지 툭하면 나무라셨습니다.

신 5: 그랬구나! 혹시 아버지랑 그 이유에 대해서 대화를 나누어 본 적은 있니?

김 5: 없습니다.

신 6: 음……. 중대장이 보기에는 아버지에게 쌓인 감정이 많은 것 같은데…….

김 6: …….

신 7: 이 방법은 어떨까?

김 7: …….

신 8: 중대장이 김 이병의 아버지라고 생각하고 연기를 할 테니까, 김 이병은 나를 아버지로 생각하고 과거에 아버지와 있었던 일을 재현해 보는 거야.

김 8: 제가 아들 역할을 하라는 말씀입니까?

신 9: 그래. 아들 역할을 해서 과거에는 아버지에게 말하지 못했던 모든 감정을 털어놓는 거지.

김 9: (잠시 고민하더니) 네.

〈중대장이 김 이병의 아버지 역할을 맡아서 과거에 있었던 일을 재현한다.〉

신 10: 잘했어. 이번에는 서로 역할을 바꿔 보자.

신 11: 중대장이 김 이병이라고 생각하고 연기를 할 테니까, 김 이병이 아버지라고 생각하고 아버지 역할을 해 보는 거야.

> 김 10: 제가 아버지 역할을 말입니까?
>
> 신 12: 그래. 그렇게 해서 아버지의 입장에서 생각하고 느껴보는 거지. 어때? 김 이병과 아
> 버지의 관계를 이해하는 데 도움이 될 것 같은데…….
>
> 김 11: (잠시 고민하더니) 예.
>
> 신 13: 그래. 나를 김 이병이라고 생각하고, 김 이병이 휴가 나갔을 때 아버지가 김 이병에
> 게 하는 말과 행동을 그대로 나한테 하면 돼. 알았지?
>
> 김 12: 예.

제4절 기타 기법

1. 다양한 정보제공

1) 정의

일반적으로 내담자들은 중요한 사항에 대한 정보가 전혀 없거나 정보가 부족하며, 때로는 잘못되거나 왜곡된 정보를 가지고 있는 경우도 있다. 이와 같은 경우에 내담자가 객관적인 정보를 습득하는 것은 치료적으로 매우 의미 있는 일이 된다. 내담자는 객관적인 정보를 습득함으로써 자신의 잘못된 인식을 수정할 기회를 가지게 되어 결국 문제 자체가 없어지거나 문제에 대한 갈등이 줄어드는 성과를 얻을 수 있다.

정보제공의 효과는 내담자의 문제 유형과 관련이 있다. 정보제공이 효과적인 문제 유형은 이성 교제, 진로, 대인관계, 건강 등이다. 이러한 문제와 관련하여 좌절, 불안, 죄책감 등이 일어날 때 정보제공은 특히 효과가 있다.

군에서 각종 전술 훈련과 평가 등 부대의 주요 일정 등을 부대원들에게 알려 주고, 예상되는 어려움 등을 상세하게 설명해 주면 훈련과 평가에 대한 부담이 줄어들 수 있다. 또한 전역을 앞둔 병사들에게 진로와 관련된 정보를 제공해 줄 수 있다.

2) 사례

전역을 앞두고 진로 문제로 고민하는 김 병장의 사례다.

소 9: 만약에 휴가 가서 여자 친구를 만나 박 상병이 예상한 대로 새로운 남자 친구가 생겨서 헤어지자는 것이었다면 어떻게 할 거지? 여자 친구의 마음을 바꾸는 일이 불가능하다면 어떻게 해야 할까? 세상에는 자신의 힘과 노력 밖에 있는 일도 있는데 말이야. 그런 일에 매달리면 정작 자신의 힘으로 할 수 있는 일도 못하게 될 수도 있지.

박 9: (한참 침묵을 지키다가) 좀 더 생각해 보도록 하겠습니다.

요약

1. 군 상담기법에는 관계 형성, 감정 정화법, 자기노출, 근육이완훈련, 다양한 정보제공, 관점 바꾸기, 통찰, 논박, 자기효능감 증진, 가치화, 긍정적 자기 암시, 적절한 목표설정, 문제해결의 대안 수립, 통제력의 유무 구별, 대인관계 기술 훈련, 부정적 사고의 긍정화, 강화와 벌, 증상 광고하기, 모델링, 역할 연습이 있다.

2. 감정 정화는 부정적인 감정을 언어 또는 비언어적 행동을 통해 밖으로 표출함으로써 신체 및 정서적 긴장의 감소와 이완, 수용 경험과 안도감, 그리고 상황에 대한 새로운 조망 등을 얻는 것이다.

3. 자기노출은 상담자가 자신을 내담자에게 드러내 보이는 것을 의미하며, 이 과정을 통해 내담자는 상담자와 신뢰할 수 있는 인간관계를 맺을 수 있게 된다.

4. 근육이완훈련은 근육을 긴장시켰다가 이완시키는 방법, 신체적 힘을 점진적으로 빼는 방법, 호흡 조절을 하는 방법 등을 통해 내담자가 지닌 긴장과 스트레스 수준을 낮추어 스트레스를 극복하는 방법이다.

5. 다양한 정보제공은 일반적으로 내담자들이 중요한 사항에 대한 정보를 전혀 모르거나, 정보가 부족하며, 잘못되거나 왜곡된 정보를 가지고 있는 경우에 정보를 제공해 주는 방법이다.

6. 관점 바꾸기란 내담자가 문제 상황에서 취하고 있는 관점을 또 다른 관점으로 바꿔 주는 것을 것을 의미한다.

7. 통찰은 새로운 것을 발견하여 알아차리게 하여 의식하지 못했던 새로운 것을 의식하게 하거나, 또 다른 의미나 가치를 발견하게 하는 것을 의미한다.

8. 논박은 비합리적이고 자기파괴적인 생각의 잘못된 점에 대하여 지적하고 반박하여 합리적이고 바람직한 생각으로 바꾸는 방법이다.

9. 자기효능감은 목표를 달성하기 위해 필요한 행동을 할 수 있는 능력이 자신에게 있다고 믿는 것을 의미하는데, 성공 경험, 대리 경험, 설득과 격려, 결과에 대한 긍정적 해석 등을 통해 내담자가 지닌 자기효능감을 향상시켜 줄 수 있다.

10. 가치화는 어떤 대상에 대하여 중요성의 정도를 평가하여 가치가 더 높거나 중요한 것을 선택하도록 하는 것이다.

11. 긍정적 자기 암시는 자기 자신에게 어떤 좋은 결과가 나타날 것이라고 반복해서 생각하는 것이다.

12. 적절한 목표 설정은 상담을 통해 성취하고자 하는 결과를 적절하게 설정하여 목표달성에 대한 동기를 부여하여 긍정적인 변화 가능성을 증가시키는 것을 의미한다.

13. 문제해결 대안 수립은 내담자가 문제해결을 할 수 있는 대안을 함께 수립하여 혼란과

불안을 줄이고 구체적인 대처를 할 수 있도록 하는 것이다.

14. 통제력의 유무 구별은 문제에 대해 통제 가능한 부분과 불가능한 부분을 명확히 구분하여 스트레스를 덜 받도록 하는 것이다.

15. 대인관계 기술훈련은 대인관계에 어려움을 느끼는 내담자가 상담 장면에서 적절한 대인관계 기술을 연습하는 훈련을 하도록 하여 대인관계에서 자신감을 가지도록 하는 것이다.

16. 부정적 사고의 긍정화는 자동적으로 떠오르는 부정적인 생각을 긍정적으로 바꾸는 것을 의미한다.

17. 강화는 어떤 특정한 행동을 증가시키는 자극을 의미하며, 벌은 어떤 특정한 행동을 감소시키는 자극을 의미한다.

18. 증상 광고하기는 자신이 떨거나 긴장하는 모습을 감추지 않고, 말로 표현하고 인정하는 것을 의미한다.

19. 모델링은 타인의 본보기를 따름으로써 새로운 행동, 신념, 가치관 및 태도 등을 학습하는 것을 말한다.

20. 역할 연습은 모의 장면에서 새로운 행동 반응을 연습하는 것이다.

제8장

군 상담 사례 연구 및 슈퍼비전모형

제1절 상담 실습

이 절은 두 가지 내용으로 구성되어 있다. 첫 번째는 상담 실습의 목표와 방법 및 원칙 등에 관한 내용이다. 두 번째는 상담자에게 요구되는 주요 태도인 공감적 이해, 수용적 존중, 일관적 솔직성 및 전문적 구체성에 대한 내용이다. 이러한 두 가지 개념을 수준별로 이해할 뿐만 아니라, 실제 사례를 통해서 실습할 수 있다.

1. 상담 실습의 목표 및 방법

1) 상담 실습의 목표

• 상담 활동의 주요 절차와 상담자의 다양한 역할에 대해 이해하도록 한다.

• 내담자의 문제에 따라 상담자가 이해하는 능력을 검증하는 기회를 제공한다.

• 주요 심리검사 결과를 해석하여 검사 결과와 내담자의 행동 및 태도를 연관시켜 파악

하는 훈련을 한다.

- 내담자와 신뢰할 수 있는 관계를 형성하는 능력을 훈련시킨다.
- 상담의 사례 관리에 대한 경험과 실습 기회를 제공한다.
- 상담과정 전체에 대한 이해를 돕는다 .

2) 상담 실습 방법

① 상담 실습 도구

- 국내외 전문가들의 사례연구 축어록
- 국내외 전문가들의 상담 및 심리치료 녹음 테이프
- 실습자가 사용할 녹음기 및 녹음 테이프
- 실습교육에 활용할 동영상 자료
- 각종 심리검사도구
- 검사 및 면접행동의 관찰과 검토에 사용될 일방경(one-way mirror)
- 상담 업무에 관련된 각종 정보 및 자료철

② 상담 실습 방법

- 실습자 집단회의
- 실습자 간 모의상담 실습
- 전문가의 사례집 검토와 녹음 경청 및 동영상 시청
- 사례연구회의 참석
- 조력 또는 공동상담자로서 실습지도자(전문가)의 상담면접 및 심리검사 장면에 참여
- 단독 상담 및 심리검사 수행 후 기록 및 녹음 테이프 내용에 대해 실습지도자와의 협의

2. 상담 실습자의 수준 및 자세

1) 상담 실습자의 수준

상담자의 성장 수준에는 열 가지가 있다.

- 수준 1: 상담이 교육적 대화 및 조언과 다름없다고 생각하는 수준

- 수준 2: 주로 내담자에게 동정과 지지를 보여 주는 수준
- 수준 3: 주로 내담자가 말하는 내용을 경청하는 수준
- 수준 4: 내담자가 말하는 것을 적절하게 반복해서 표현해 주는 수준
- 수준 5: 내담자가 말하는 내용에 담긴 감정을 상담자가 알아차리는 수준
- 수준 6: 내담자가 표현하는 감정을 반영해 주는 수준
- 수준 7: 내담자의 마음을 계속 공감해 주면서 공감한 내용을 내담자에게 전달해 주는 수준
- 수준 8: 내담자가 표현한 감정을 공감, 반영, 명료화해 줄뿐만 아니라 내담자로 하여금 자기이해를 증진하도록 촉진시키는 수준
- 수준 9: 내담자로 하여금 자기, 환경, 자기와 환경과의 관계에 대해 바람직한 통찰을 하도록 촉진시켜 주는 수준
- 수준 10: 이러한 통찰을 토대로 내담자가 자기의 잠재력을 발휘하면서 현실생활 장면에 효과적으로 대처하기 위해 행동 변화를 촉진시켜 주는 수준

2) 상담 실습자의 자세

상담 실습자에게 도움이 되는 일곱 가지 바람직한 자세를 제시하였다.

① 긴장하거나 서두르지 않는다.

상담은 일상생활에서 이루어지는 진지한 대화가 문제해결 중심으로 진행되는 것이다. '과연 이 내담자의 문제를 내가 해결해 줄 수 있을까?'라는 생각과 '내담자의 저 말에 무엇이라고 대답해 주어야 하나?'하는 초조한 마음이 '처음 상담을 하는 사람(이하 초심자)'들을 긴장하고 불안하게 만든다. 상담자는 반드시 내담자의 문제를 해결해 주기보다 내담자 스스로 자신의 문제를 탐색하고 해결해 나가는 과정을 돕는다는 사실을 명심하는 것이 중요하다. 따라서 천천히 면접을 진행하도록 노력하면서, 내담자가 상담과정이 어떤 것인가를 경험하도록 하여야 한다. 초심자들은 불안한 나머지 상담을 너무 빨리 진행하고 의욕이 앞서서 지나치게 앞서갈 수 있다.

② 특정 상담 이론에 얽매이지 않는다.

'어떤 이론에 따라서 상담을 하는가?'를 신경 쓰다 보면 자연스러운 상담이 이루어지지

않을 수 있다. 상담자는 어느 특정한 상담 이론에 맞추어 상담을 할 필요는 없다. 면접 중에 자신의 자연스러운 반응 양식을 특정 상담기법에 맞추지 말고, 오히려 자신의 성격과 언행에 상담기법을 맞추어 가야 할 것이다. 상담자는 진심으로 내담자에게 관심을 가지고 도와주려고 노력하고 있다는 태도를 내담자에게 전달한다면, 설령 특정 상담기법을 정확하게 적용하지 않아도 '신뢰할 수 있는 상담관계'를 유지할 수 있다.

③ 상담 중에는 심리학적인 이해나 가설을 생각하지 않는다.

상담자는 내담자를 정확히 이해하려는 나머지 마음속으로 '……때문에 ……하지 않을까?'라는 식의 가설을 세우고 이를 검증하려 하거나 '이것은 투사고, 저것은 접근회피 갈등'이라는 식의 단정적 해석을 해서는 안 된다. 오히려 아무것도 판단하지 않는다는 마음자세로, 내담자가 자신의 문제를 스스로 깨닫도록 하는 것이 중요하다. 상담자로서의 통찰력과 내담자가 자기이해는 어디까지나 별개의 것임을 명심해야 한다. 상담자가 내담자 문제의 이면을 파악하였다고 하더라도, 어디까지나 내담자가 수용할 수 있는 수준으로 그리고 내담자가 받아들일 수 있을 때 이러한 내용을 전달해 주어야 하는 것이다.

④ 내담자의 언어적·비언어적 행동을 경청하고 관찰한다.

내담자의 말과 행동을 집중해서 듣고 관찰하는 것이 상담자로서의 훌륭한 출발임을 명심해야 한다. 먼저 상담자 자신을 의식하지 말고 내담자의 언행을 열심히 듣고 보는 것이 중요하다. 왜냐하면 상담자가 말한 것에 대한 반응은 내담자의 언행을 통해서 알 수 있기 때문이다. 따라서 비록 사소하게 보이는 내담자의 반응이라도 그것을 놓치지 않고, 내담자에게 갖는 의미가 무엇인가를 생각하는 것이 바람직하다. 또한 내담자의 비언어적 행동에 대해서도 상담관계에 의미가 있을 경우에는 상담자의 생각을 전달해 주는 것이 필요하다. 이러한 전달을 하기 위해서는 먼저 내담자의 말을 경청해야 함은 물론이고, 내담자의 비언어적 행동까지도 민감하게 관찰해야 한다.

⑤ 내담자의 모든 말을 무조건 경청하지 않는다.

내담자가 자신에게 의미 있는 내용을 말하고 있거나, 감정적인 이야기를 하고 있을 때, 그리고 문제해결과 관련이 있는 내용을 이야기하고 있을 경우에는 상담자가 방해하지 않는 것이 바람직하다. 이럴 경우에 상담자가 던지는 말은 대부분 불필요한 반응이 되기 쉽기 때문이다. 상담자는 내담자의 말을 받아들이고 이해하고 있음을 간단히 표현하기만 하면 된다. 그러나 내담자가 자기의 이야기가 아닌 남의 이야기나 시국담 등과 같이 지나치게 일반적인 이야기를 하고 있을 경우에는 천장이나 다른 곳을 바라보면서 다소 무관심한 태도를 보일 수 있다. 혹은 직접적으로 "그런 이야기가 무슨 의미가 있는지 궁금하군요."라는 반응을 통해 내담자의 이야기 흐름을 중단시킬 수도 있다. 흔히 초심자들은 내담자의 '모든 이야기'를 '무조건 경청해야 하는 것'으로 오해할 수 있다. 따라서 이런 '끝없는 무조건적 경청'은 결코 내담자의 문제해결에 도움이 되지 않는다는 것을 알고 있어야 한다.

⑥ 내담자 침묵을 인내한다.

상담자는 상담 중 내담자가 보이는 침묵에 당황하거나 불안해지기 쉽다. 침묵에 대한 이런 당황과 불안감은 특히 초심자들이 주로 경험하는 것이다. 이러한 긴장과 불안은 상담자에게 잘못된 추측을 불러일으키고(예: 내담자가 상담을 그만두고 싶지는 않은지?), 또한 이러한 추측을 하고 있는 자신을 더욱 불안하게 만드는 경우가 많다. 그러나 상담 중 내담자의 침묵은 내담자 편에서 이루어지는, 자기이해나 통찰에 접근하는 과정에서 나타나는 경우가 더 많다. 상담 내용이 내담자 자신에게 의미 있는 내용으로 다가올 경우에 침묵을 한다는 점에서, 침묵은 상담이 잘 진행되고 있는 증거라고도 볼 수 있다. 따라서 상담자는 내담자의 침묵에 인내심을 가지고 기다리는 자세가 필요하다.

⑦ 상담자 자신에게 솔직하고 자신을 격려한다.

상담자는 상담에 임해서 정말 잘하겠다는 포부나 동기가 작용하기 쉽다. 그러나 너무 높은 수준의 목표를 세우고 시작한 상담에서는 기대 수준이 높은 만큼 결과에 만족하기 어려울 수 있다. 따라서 상담자는 상담 장면에서 초심자다운 자연스러움과 솔직성을 지니는 것이 중요하다. 성현들이 말한 '너 자신을 알라.'라는 말은 결국 '너 자신에게 솔직하라.'라는 말로 받아들일 수 있다. 상담자는 만족스럽지 않은 상담을 한 경우에도 결과에 실망할 필요가 없으며 '다음에 더 열심히 하면 된다.'라고 스스로 격려하는 것이 바람직하다.

3. 상담자 태도 실습

상담자 태도에 대한 실습은 다음과 같은 단계로 이루어진다. 첫째, 상담자의 네 가지 주요 태도인 공감적 이해, 수용적 존중, 일관적 솔직성 및 전문적 구체성에 대하여 가장 낮은 1수준부터 가장 높은 5수준까지 다섯 단계로 나누어 각각의 태도에 대한 개념의 이해를 돕는다. 둘째, 실제 사례를 제시해 다섯 가지 수준별 반응에 대해 구분할 수 있도록 하여, 낮은 수준과 높은 수준의 반응을 이해하도록 한다. 셋째, 세 명이 한 조가 되어 각각 상담자, 내담자, 평가자(상담자의 상담효과를 평가)의 역할을 하면서 상담자의 태도를 실습한다.

1) 공감적 이해

(1) 정의

공감이란 상담자가 내담자의 입장이 되어 내담자의 내면에 있는 '소리 없는 소리' 또는 '마음의 소리'를 듣는 것이다. 그리고 내담자의 내적 준거 틀, 즉 내담자가 지니고 있는 생각과 느낌의 틀이나 세상을 보는 관점으로 내담자의 생각과 감정을 이해하고 이를 내담자에게 전달해 주는 것이다.

(2) 효과

내담자는 공감을 통해 자신이 이해받고 있다는 느낌을 갖게 되며, 상담자를 신뢰하게 되어 자신을 깊이 드러내 보이게 될 뿐만 아니라 상담관계가 더욱 촉진된다.

(3) 방법

다음과 같이 내담자의 말과 비언어적 표현을 경청한다.

① 이 내담자는 어떻게 느끼고 있는가?
② 이 내담자는 무엇을 바라는가?
③ 이 내담자는 무엇을 하고자 원하는가?
④ 이 내담자는 상황이나 일의 결과가 어떻게 되어야 한다고 생각하는가?
⑤ 상담자 자신을 내담자의 입장에 놓고 생각하고 느끼며 내담자의 마음을 탐색한다.
⑥ 상담자는 내담자의 생각이나 느낌을 잘 반영해 줄 수 있는 적절한 말을 찾는다. 감정의 강도도 이해했다는 것을 전달한다(신경이 '꽤' 쓰이나 보군. '약간' 긴장을 느끼는 모양이죠? '상당히' 불쾌했나 보군요? 등).
⑦ 내담자를 이해하고 있음을 구체적인 언어와 비언어적 표현을 통해 내담자에게 전달

한다.

(4) 연습
① 사전 검사

〈사례 1〉

박 일병과 싸운 김 일병이 상담자에게 다음과 같이 말했다.

"며칠 전 박 일병과 말다툼을 해서 서로 말도 안 하고 지내고 있습니다. 그 후로 먼저 말을 걸려고 생각해도 그게 잘 안 됩니다."

나의 반응 :

〈사례 2〉

업무에 집중이 잘 안 되는 오 상병이 상담자에게 다음과 같이 말한다.

"우리 행정반은 왜 이렇게 소란한지 모르겠습니다. 행정반에선 영 업무를 할 마음이 안 듭니다."

나의 반응:

② 수준

- 수준 1: 내담자의 느낌과 전혀 무관하거나 상반되어서 내담자의 느낌을 전혀 이해하지 못하거나 이해하지 않으려는 반응, 즉 표면적 감정도 인식을 못하는 것을 말한다. 내담자로 하여금 상담자가 자신의 이야기를 듣고 있는가에 의문을 갖게 하거나 무시당한다는 느낌을 가지게 하여 이야기한 것을 후회하며 마음의 문을 닫아 버리게 할 수 있다.

- 수준 2: 내담자가 표현한 감정에 반응을 하지만, 내담자가 표현한 것 중에서 핵심 감정을 제외시키고 하는 반응이다. 즉, 내담자가 표현한 정도로 내담자의 느낌을 이해하지 못하거나 표면 감정을 부분적으로 이해하는 것이다. 내담자는 무시당한다거나 기분이 상하는 느낌은 받지 않더라도, 아직 이해받지 못한다고 느끼며 계속적인 의사소통이 이루어지기 어렵다.

- 수준 3: 내담자가 표현한 것과 같은 정도로 내담자의 느낌을 이해하는 반응이다. 즉, 내담자의 표면 감정은 정확히 이해하여 반응하지만, 숨겨져 있는 내면적 감정에는 반응하지 못하는 것이다.
- 수준 4: 내담자가 겉으로 표현한 것보다 더 내면적 감정을 표현하는 반응으로 의사소통이 촉진된다. 내담자가 겉으로 드러낸 감정은 물론 마음속이나 더 나아가 내담자 자신도 미처 자각하지 못했던 감정을 이해하는 반응이다.
- 수준 5: 내담자가 표현하는 감정의 내면적 의미를 정확하게 표현하는 반응에 추가하여, 내담자의 성장 동기까지 적극적으로 이해하는 것이다. 이렇게 함으로써 내담자로 하여금 이전에는 깨닫지 못했던 자신의 동기와 욕구를 도와줄 수 있다.

③ 탐색

〈사례 3〉

"왜 내가 김 일병보다 업무를 더 많이 해야 됩니까?"

내담자의 마음 탐색 :

- 업무가 공평하게 배당됐으면 …….
- 김 일병보다 좀 더 편했으면 …….
- 귀찮은 일을 좀 덜 했으면 …….
- 힘든 일을 좀 덜 했으면 …….

〈사례 4〉

"오늘 주특기 측정 결과를 받았습니다. 성적이 너무 떨어져서 고민입니다. 나름대로 열심히 했는데도 그렇습니다."

내담자의 마음 탐색 :

④ 시범

〈사례 5〉

정 상병이 상담자에게 다음과 같이 말한다.

"다른 병사들은 시시한 얘기들도 참 잘하고 잘 어울리는데 저는 왜 그런 이야기거리가 없는지 모르겠습니다. 저는 친한 병사도 없고 항상 외톨이입니다. 어떻게 친구를 사귀어야 할지 모르겠습니다."

- 이 세상에 정말 진정한 친구가 있을까? (1수준)
- 자네는 외롭다는 거지? 혹은 친구가 없다는 거지? (2수준)
- 친구도 없고 말을 걸 줄도 몰라서 외롭다는 거지? (3수준)
- 다른 애들은 친구를 잘 사귀는데 자네만은 친구를 사귈 줄 몰라서 답답하다는 거지? (4수준)
- 4 수준 + 그래서 이제부터는 친구를 사귀는 법을 배우고 싶은 것 아니겠어? (5수준)

⑤ 변별 연습

다음 사례를 읽고 다섯 가지 수준이 한 번씩 포함되도록 (　)안에 수준을 적는다.

〈사례 1〉

"며칠 전 박 일병과 말다툼을 해서 서로 말도 안 하고 지내고 있습니다. 그 후로 먼저 말을 걸려고 해도 그게 잘 안됩니다."

- 박 일병과 사이가 안 좋군. 그래도 동료니까 먼저 양보를 해야 될 것 같구나. (　) 수준
- 말다툼을 했지만 지나고 보니 후회도 되고 박 일병과 그전처럼 친하게 지내고 싶은 생각이 드는 모양이구나. (　) 수준
- 너의 성격이 좀 문제가 되는 것 같아. 그러니까 동료와 그런 일이 생길 수 있지. (　) 수준
- 박 일병과 다투고 나니 마음이 편치 않은 모양이구나. (　) 수준

• 사소한 문제 때문에 말도 안하고 지내려니 맘이 편치 않고 말을 걸고 싶은데 막상 그게 잘 안 되는 모양이구나. (   ) 수준

[정답: 2, 5, 1, 3, 4]

〈사례 2〉
"우리 행정반은 왜 이리도 시끄럽게 생활하는지 모르겠습니다. 그래서 행정반에선 영 업무를 하고 싶은 마음이 없습니다."

• 오 상병이 업무할 때는 다른 병사들이 좀 조용히 해 줬으면 좋겠단 말이지? (   ) 수준
• 좀 시끄러워도 참고 할 수밖에 없지 않겠어? (   ) 수준
• 정말 그렇게 시끄러울까? 업무하기 싫으니까 핑계 대는 것 아니야? (   ) 수준
• 그래. 행정반이 시끄러우니까 업무하기 힘들지? (   ) 수준
• 병사들이 좀 더 조용히 해 주면 업무를 더 잘할 수 있을 것 같단 말이지? (   ) 수준

[정답: 4, 2, 1, 3, 5]

⑥ 실습
3명(내담자 · 상담자 · 평가자)이 한 조가 되어서 다음과 같은 장면에서 역할연기를 한다.

장면 1.
    오 일병이 상담자에게 말한다. 항상 저한테 "이렇게 해라." "이렇게 하지 마라." 하고 간섭하는 것이 지겨워 죽겠습니다. 모든 사람들이 다 그렇습니다. 소대장님도, 분대장도, 심지어 동기인 박 일병까지 그렇습니다. 제발 저를 그냥 내버려 두었으면 정말 좋겠습니다.

장면 2.
    조 병장이 상담자에게 말한다. 주일마다 교회에 가면 항상 보는 피아노 반주하는 여학생이 있습니다. 매주 만나다 보니 나도 모르게 정이 들어 사귀게 되었고, 그 학생을 못 보게 되면 안절부절 못 하는 정도입니다. 그런데 그 여학생은 돈에 대한 욕심도 많고 좀 이기적입니다. 저는 가정에 충실하며 아주 소박하고 성실하게 살고 싶은데 말입니다. 서로가

이런 차이가 있으니 장래를 약속하는 것이 힘들고 고민입니다. 게다가 저희 부모님도 면회 오셨을 때 교회에서 그 여학생을 보고 사귀는 것을 반대하십니다. 옷차림새나 외모가 맘에 안 든다는 겁니다. 막상 연락하지 않으려고 하면 일이 손에 잡히지 않습니다. 하루는 아주 기분이 좋다가도 또 다음날은 울적하고 답답합니다.

2) 수용적 존중

(1) 정의

수용적 존중이란 내담자를 한 인간으로 존중하기 때문에 내담자의 감정 · 사고 · 행동을 평가하거나 판단하지 않으며, 내담자의 모습을 있는 그대로 받아들이는 것을 의미한다. 또한 내담자가 어떤 문제를 지니고 있든지 무조건적으로 그를 소중한 인격체로 여기는 것을 뜻한다.

(2) 효과

내담자는 자신이 존중받고 있다는 느낌을 갖게 되어 자신의 경험과 감정을 자유롭게 표현할 수 있게 되며 상담자와 내담자의 관계가 촉진된다.

(3) 방법

① 내담자의 성취, 경험, 잠재 능력 등을 있는 그대로 수용한다.
② 상담자 자신의 평가 기준을 개입시키지 않는다.
③ 말뿐만 아니라 음성의 억양과 비언어적 단서, 특히 얼굴 표정으로 내담자에게 전달한다.
④ 다음과 같이 내담자의 말과 비언어적 행동을 경청한다.
• 이 내담자는 현재 무엇을 경험하고 있는가?
• 이 내담자는 무엇을 성취하고 있는가?
• 이 내담자는 어떤 잠재 능력을 가지고 있는가?
• 이 내담자가 지금 이런 말과 행동을 어떻게 해서 하게 되었는가?
• 지금 이 내담자가 하고 있는 이 행동이 자기 나름으로는 최선의 선택인가?

(4) 연습
① 사전검사

> **〈사례 1〉**
>
> "부모님이 저한테 너무 많은 기대를 하고 계십니다. 관심도 많으시고 내가 잘될 거라고 말씀하시니 오히려 부담이 됩니다."

나의 반응:

> **〈사례 2〉**
>
> "중대장님이 저에게 아주 심하게 화를 내면서 몰아붙였습니다. 그게 기안 작성을 한 거냐는 겁니다. 저는 무엇이 잘못된 것인지 정말 모르겠습니다."

나의 반응:

② 수준
- 수준 1: 상담자의 언어와 행동 표현에서 내담자에 대한 존중이 명백히 결여되었거나 부정적 배려만 있는 반응이다.
- 수준 2: 내담자의 감정, 경험, 잠재력에 대해 기계적 · 수동적으로 반응하거나 별로 존중하지 않는 반응이다.
- 수준 3: 내담자의 감정, 경험, 잠재력 등에 대해 기본적으로 긍정적인 존중과 관심을 전달하는 반응이다.
- 수준 4: 내담자에 대해 한 개인으로서 자신이 가치 있는 인간임을 경험하도록 긍정적 존중과 관심을 표현하는 반응이다.
- 수준 5: 내담자의 인간적 가치에 집중하여 한 인간으로서의 가치와 잠재력에 대해 매우 깊은 긍정적 존중을 전달하는 반응이다.

③ 탐색

〈사례 3〉

"날씨가 더워서 짜증만 나고 훈련이 잘 안 됩니다. 열심히 해야 할 텐데 말입니다."

- 조건적 존중
  - 좋은 결과를 얻으려면 그 정도는 참아야 한다.
  - 인내력을 기르는 기회로 생각해라.
- 무조건적 존중
  - 덥긴 더운데 훈련은 해야겠고……. 참 고생이 많구나!
  - 더운 데도 훈련하느라고 애를 많이 쓰는구나!
  - 더운 날 훈련하려면 기대만큼 능률이 안 오르지?

〈사례 4〉

"야간에 보초 서기가 너무 힘듭니다. 매일 2시간 이상 보초를 서고 나면 맥이 빠집니다."

- 조건적 존중:
- 무조건적 존중:

④ 시범

〈사례 5〉

"여자 친구한테서 온 편지를 저한테 주지 않고 분대장님 마음대로 뜯어보시면 어떻게 합니까?"

- 분대장이 너에게 관심이 많아서 알고 싶어서 그랬는데, 너를 화나게 해서 미안하구나! (4수준)
- 분대장이 편지 좀 뜯어볼 수도 있지. (2수준)
- 분대장이 궁금한 마음에 뜯어봤는데, 개인적인 프라이버시를 지켜 주지 못해서 미안하

구나! (5수준)

- 편지를 맘대로 봐서 화가 났구나! (3수준)
- 지금 나한테 대드는 거니? (1수준)

⑤ 변별 연습

〈사례 1〉

"부모님이 저한테 너무 많은 기대를 하고 계십니다. 관심도 많으시고 네가 잘 될 거라고 말씀하시니 오히려 부담이 됩니다."

- 김 일병도 이제 성인이라는 것을 부모님이 모르고 계시는구나. (   ) 수준
- 부모님 입장이 되어서 생각해 봐. (   ) 수준
- 부모님이 잘 해 줘도 불만이군. (   ) 수준
- 부모님이 공연한 참견을 자주 해 신경이 많이 쓰이겠구나. (   ) 수준
- 김 일병 혼자서 대부분 일을 잘할 수 있는데도, 부모님이 일일이 간섭하려 하셔서 부담이 되는구나. (   ) 수준

[정답: 4, 2, 1, 3, 5]

〈사례 2〉

"중대장님이 저에게 아주 심하게 화를 내면서 꾸중을 하였습니다. 그게 기안 작성을 한 거냐고 말입니다. 저는 무엇이 잘못된 것인지 정말 모르겠습니다."

- 뚜렷한 이유도 모르고 중대장에게 면박을 받았으니 무척 당황했겠구나! (   ) 수준
- 뭔가 잘못된 것이 있으니까 그러지 괜히 그러겠어? (   ) 수준
- 나도 전에 그런 일을 당한 적이 있어. (   ) 수준
- 잘해 보려고 한 건데 부당한 질책 때문에 일에 대한 회의가 느껴지나 보구나! (   ) 수준
- 부당한 질책 때문에 놀랐겠구나! (   ) 수준

[정답: 4, 1, 2, 5, 3]

⑥ 실습

3명(상담자 · 내담자 · 평가자)이 한 조가 되어서 다음과 같은 장면에서 수용적 존중을 실습한다.

> **장면 1**
>
> 김 상병은 초등학교 동창입니다. 그런데 이 녀석이 계급이 높다고 저보고 이래라 저래라 지시를 합니다.

> **장면 2**
>
> 나는 여자 친구와의 관계에서 무엇이 잘못된 것인지 알 수가 없습니다. 그녀가 원하는 것이면 무엇이든지 다 해 주었습니다. 나는 내가 잘못한 것이면 모두 인정을 하고, 심지어 여자 친구의 잘못이라고 생각되는 것이라도 기꺼이 내 탓으로 돌리기까지 했습니다. 이제 나는 이러지도 못하고 저러지도 못하겠습니다.

3) 일관적 솔직성

(1) 정의

일관적 솔직성은 상담자가 자기 자신 및 내담자와의 관계 속에서 체험하는 것을 있는 그대로 인식하는 것을 의미한다. 거짓말을 하지 않고 이랬다저랬다 하지 않으며, 내면적인 체험과 체험에 대한 인식 및 인식된 체험의 표현이 전부 일치하는 것을 말한다. 아울러 내담자와의 관계를 바람직하게 발전시키기 위하여 필요할 때 표현을 하는 것을 말한다.

(2) 효과

① 상담자가 자신의 모습을 진솔하게 인식할 수 있을 때 비로소 내담자의 모습을 객관적인 시각으로 바라볼 수 있다.

② 내담자 또한 상담자의 말이나 행동을 신뢰하며, 상담자와 내담자 간에 신뢰 관계가 성립되어 촉진적인 의사소통이 이루어진다.

(3) 방법

내담자와의 관계에서 경험하는 감정과 생각을 있는 그대로 인식하며, 내담자에 대한 분노, 좌절, 의심 등의 부정적인 측면까지도 숨기지 않고 인정한다.

① 상담자가 현재 경험하고 있는 감정은 무엇인가?

② 상담자가 현재 가지고 있는 내담자에 대한 생각은 무엇인가?

③ 상담자의 부정적인 감정이나 생각의 기저에 깔린 긍정적인 마음은 어떤 것인가?

④ 현재의 감정이나 생각을 언제 어떻게 표현해야 내담자와의 관계를 발전시키는 데 도움이 될 것인가?

(4) 연습

① 사전검사

〈사례 1〉

"분대장님! 기분이 안 좋으신 것 같습니다. 혹시 제가 뭐 잘못한 거라도 있습니까?"

나의 반응:

〈사례 2〉

"정 상병! 갑자기 어젯밤에 야간 작업을 시켜서 힘들었지?"

나의 반응:

② 수준

- 수준 1: 자신이 느끼는 감정과 무관한 표현을 하거나, 부정적인 것에만 반응하기 때문에 내담자에게 부정적인 영향을 주는 반응이다.
- 수준 2: 주어진 상황에 대한 통상적인 반응을 해서 자신이 느끼는 감정과 거의 관계없는 표현을 하거나 내담자의 부정적인 반응에 초점을 맞춘 반응이다.
- 수준 3: 말하고 느끼는 것 중에서 부정적인 단서를 보이지는 않지만, 긍정적인 단서를 제공하지 못하는 반응이다.

- 수준 4: 내담자에게 긍정적이든 부정적이든 진지한 반응을 나타내며, 긍정적인 반응 단서를 건설적인 방식으로 제시하는 반응이다.
- 수준 5: 긍정적 · 부정적인 모든 형태의 경험을 받아들이며, 부정적인 반응도 건설적으로 제시하는 수준의 반응이다.

③ 탐색

〈사례 3〉
(박 병장과 김 병장은 동기다.) 박 병장! 말도 없이 점호에 늦어서 미안하다. 난처했지?

- 솔직한 태도: "소대장님이 다그쳐서 힘들었다. 미리 말이라도 하지 그랬니?" "소대원들에게 물어봐도 다 모른다고 해서 난감하고 화도 나더라."
- 솔직하지 못한 태도: "뭐 별로. 네가 언제는 말하고 늦었니?" "어쩔 수 없지 뭐."

〈사례 4〉
"오후 일과 끝나고 이 병장이랑 둘이서 P. X.에 다녀왔다. 안 가려고 했는데 이 병장이 자꾸 가자고 해서 갔다 왔어."

- 솔직한 태도:
- 솔직하지 못한 태도:

④ 시범

〈사례 5〉
"소대장님! 소대 주특기 측정 성적이 떨어져서 걱정을 많이 하시는 것 같습니다."

- 물론 걱정이 되지 왜 안 되겠니? (3수준)
- 뭐 별로 신경 안 써. (1수준)
- 그래. 걱정이 많이 돼. 소대장이 바라는 것은 너희들이 열심히 해 주는 거야. (5수준)

- 그럼. 소대 성적에 신경이 많이 쓰이지. (4수준)
- 소대 성적에 대해서 걱정 안하기로 했어. (2수준)

⑤ 변별연습

〈사례 1〉

"분대장님! 기분이 안 좋으신 것 같습니다. 혹시 제가 뭐 잘못한 거라도 있습니까?"

- 내 기분이 어떻든 네가 무슨 상관이냐! (　) 수준
- 사실 네가 하는 일을 보면 신경이 쓰이지. (　) 수준
- 별일 아니다. 네가 신경 쓸 필요 없어. (　) 수준
- 네 태도가 좋아지기를 바라는 마음에 걱정이 되지. (　) 수준
- 그럴 만한 일이 있어서 그래. (　) 수준

[정답: 1, 4, 2, 5, 3]

〈사례 2〉

"정 상병! 갑자기 어젯밤에 야간 작업을 시켜서 힘들었지?"

- 물론 힘들었습니다. 그러나 군대 일이 그렇다고 생각합니다. (　) 수준
- 저야 소대장님이 시키는 대로 해야 하지 않습니까? (　) 수준
- 갑자기 업무를 주셔서 좀 힘이 들었습니다. (　) 수준
- 그 정도야 괜찮습니다. (　) 수준
- 힘들기는 했지만 미리 일을 주실 수 없는 상황이었다는 생각이 듭니다. (　) 수준

[정답: 4, 1, 3, 2, 5]

⑥ 실습

3명(상담자 · 내담자 · 평가자)이 한 조가 되어서 다음과 같은 장면에서 일관적 솔직성을 실습한다.

장면 1.

　김 일병이 처음 1, 2회 상담은 시간을 잘 맞추어 상담실에 오더니 3회가 지나면서부터 연속 두 번이나 5분에서 10분씩 늦게 왔다. 그때마다 그는 거의 비슷한 말을 한다. "죄송합니다. 지난번에도 늦어서 오늘은 시간을 지키려고 했는데 늦고 말았습니다. 다음에는 꼭 시간을 지키겠습니다."

장면 2.

　오 병장은 같은 분대의 이 일병을 구타하고 가혹행위를 하는 등 문제가 있어서 몇 번에 걸쳐 상담을 하고 있다. 그는 처음 한두 번의 상담 동안에는 협조적이었으나 점점 저항하기 시작하였다. 그의 저항은 미묘한 형태를 보이면서도 노골적으로 당신의 능력이나 상담의 가치를 묻는다. 오늘도 역시 그렇게 생각되는 말을 당신에게 한다. "저는 사실 이런 상담이 무슨 효과가 있을지 의문이 듭니다. 제 문제는 해결하지 못할 거라는 생각이 듭니다."

4) 전문적 구체성

(1) 정의
전문적 구체성이란 애매한 표현이나 일반적이고 추상적인 말을 피하고, 경험, 행동, 감정 등에 대하여 실제적이고 사실적인 내용을 상세하게 말하고 질문하는 것을 의미한다.

(2) 효과
① 내담자의 상태를 정확하게 이해할 수 있다.
② 내담자의 느낌, 경험에 대하여 보다 직접적인 반응을 할 수 있다.
③ 막연한 불안이나 불만을 해결 가능한 과제로 전환시킨다.

(3) 방법
내담자의 이야기를 적극적으로 경청하며, 내담자의 이야기 중 애매하거나 이해되지 않는 부분을 질문한다.

① 이 내담자가 처한 상황을 구체적으로 이해한다면 어떤 상황인가?
② 이 내담자가 경험하는 바는 구체적으로 무엇인가?
③ 이 내담자는 어떤 행동을 취하고 있는가?
④ 이 내담자는 어떤 생각을 가지고 있는가?
⑤ 이 내담자는 현재 어떤 감정 상태에 놓여 있는가?

(4) 연습
① 사전검사

〈사례 1〉
"전 이 다음에 결혼을 안 하고 혼자 사는 게 좋겠습니다."

나의 반응:

〈사례 2〉
"우리 가족들은 말이 통하지 않습니다. 말을 해 봐야 아무 소용도 없습니다."

나의 반응:

② 수준
• 수준 1: 상담자는 문제 상황과 관련된 내담자의 감정, 경험 및 행동에 대해서는 언급하지 않고 문제 상황에 대해서 추상적이고 일반적인 수준에서 반응한다.
• 수준 2: 상담자는 문제 상황과 관련된 내담자의 감정, 경험 및 행동에 대해서 언급하지만 언급이 모호하고 추상적인 수준이다.
• 수준 3: 문제 상황과 관련된 감정, 경험 및 행동을 구체적으로 표현하지만 개인적으로 의미 있는 내용이 충분히 구체적이고 명료하게 언급되지 않는다.
• 수준 4: 개인적으로 의미 있는 자료가 충분히 구체적이고 명료하게 언급되는 수준이다.
• 수준5 : 내담자의 감정, 경험 및 행동이 아주 구체적으로 명료하게 언급되고, 상담자는 내담자의 긍정적 변화를 위하여 깊은 수준의 탐색을 적극적으로 촉진하는 수준이다.

③ 탐색

〈사례 3〉

"왜 제가 박 병장보다 늘 업무를 더 많이 해야 하는지 모르겠습니다."

- 어떤 일을 할 때 그런 생각이 드니?
- 그럼 무슨 좋은 방법이 없을까?
- 네 상황이 지금 어때?

〈사례 4〉

"말도 없이 집합에 열외해서 미안하다. 난처했지?"

-
-
-

④ 시범

〈사례 5〉

"동기들이 저를 별로 좋아하지 않는 것 같습니다. 말도 잘 걸지 않고 무얼 해도 저만 빼놓고 저희들끼리만 합니다."

- 네 나이 때에는 그런 생각이 들 수도 있는 거야! ( ) 수준
- 네 동기들이 너에게 어떻게 대하는지 좀 더 자세히 이야기해 봐라. ( ) 수준
- 요즘 세상 사람들이 다 그런 법이야! ( ) 수준
- 네 동기들이 널 싫어하는 까닭이 뭘까? ( ) 수준
- 네 동기들이 너한테 어떻게 하고, 그러는 동기들에게 너는 어떻게 하는지 이야기를 해 봐라. ( ) 수준

[정답: 2, 3, 1, 5, 4]

⑤ 변별 연습

〈사례 1〉

저는 결혼을 안 하고 혼자 사는 게 좋겠습니다.

• 어떻게 그런 생각을 하게 되었니? (　) 수준
• 네가 아직 사람 사는 게 뭔지 잘 몰라서 그래. (　) 수준
• 결혼생활과 독신생활이 무엇이 좋고 나쁘다고 생각하는지 이야기 좀 해 볼래? (　) 수준
• 결혼을 하면 좋지 못한 점이 뭐라고 생각하기에 그런 말을 하니? (　) 수준
• 사람이란 결혼해서 사는 것이 좋은 거야! (　) 수준

[정답: 3, 1, 5, 4, 2]

〈사례 2〉

우리 가족들은 말이 통하지 않습니다. 말을 해 봐야 아무 소용도 없습니다.

• 가족들끼리는 말을 하지 않아도 다 통하는 것 아니야? (　) 수준
• 가족들이 네 이야기를 어떻게 들어주면 좋겠다고 생각하니? (　) 수준
• 사람은 말이 많으면 못쓰는 법이야! (　) 수준
• 네 말을 누가 들어주지 않았기에 그러니? (　) 수준
• 누구에게 무슨 이야기를 했었기에 그러니? (　) 수준

[정답: 2, 5, 1, 3, 4]

⑥ 실습

3명(상담자·내담자·평가자)이 한 조가 되어서 다음과 같은 장면에서 전문적 구체성에 대하여 실습한다.

장면 1.

　동기에게 제 의견을 분명히 말하기가 무척 힘듭니다. 무슨 부탁을 받을 때 싫다고 딱 부러지게 말을 못하겠습니다.

장면 2.

　　박 병장이 상담자를 찾아와 헤어진 여자 친구와의 관계에 대하여 다소 덤덤한 목소리로 말한다. "일과 끝나고 생활관에 가보니 여자 친구에게서 편지가 와 있었습니다. 저에 대한 그녀의 사랑은 변함이 없지만 제가 자기에게 잘 맞지 않는 것 같다고 했습니다. 그 편지에서 지난 3년 동안 함께 나누었던 즐거운 시간을 생각하면 고마울 뿐이라고 했습니다. 그녀는 자기를 잊어 달라면서 그것만이 서로를 더 곤란하지 않게 하는 길이라고 했습니다."

제2절 사례 연구

이 절에서는 사례 연구의 의의, 특성과 절차를 소개하고, 필자의 상담사례를 내담자의 동의를 얻어 수록하였다.

1. 사례 연구의 의의

상담자들은 사례 연구를 통하여 상담사례를 체계적으로 분석하여 상담의 실제를 익힐 수 있다.

2. 사례 연구의 특성

사례 연구의 특성은 다음과 같다.
첫째, 현재의 행동을 설명하는 다양한 변인을 밝힐 수 있다.
둘째, 현재의 문제행동을 완화시키는 효과적인 상담의 접근 방법을 이해하고 정보를 제공한다.
셋째, 상담의 여러 가지 이론이 실제 적용 가능한지 알아볼 수 있다.

3. 사례 연구의 절차

사례 연구의 절차는 대체로 상담의 시작에서 종결에 이르는 기록을 남기는 과정을 포함한다. 또한 사례연구는 기록된 자료가 기초를 이루므로 보다 생생한 자료를 남기는 것이 중요하다. 상담자의 기록은 연구 자료의 주요 출처가 되기 때문에 자신이 관찰하고 경험한 내용을 철저히 기록으로 남겨야 한다.

1) 기본적인 정보수집
기본적인 정보란 다음과 같은 정보를 의미한다.
첫째, 내담자의 성명, 주소, 가족사항, 전화번호 등의 인적사항
둘째, 기혼자의 경우 결혼 시기, 기간, 이혼 여부, 배우자 등의 정보
셋째, 이전 치료나 상담 경험 등

2) 주 호소 내용 정리
- 가능하면 주된 문제를 내담자의 표현대로 축어록에 남긴다.
- 상담자가 파악한 내담자의 주된 문제, 문제가 일어나는 상황, 문제의 원인, 적응 방식 등을 정리한다.

3) 가족관계 자료수집
- 3대에 걸친 가족사항을 조사하는 것이 유용하다.
- 가족 내의 유전적(신체적·정신적 질병) 소인에 관한 정보와 적응 양식, 역할수행 방식 등에 관한 정보를 수집한다.

4) 내담자 개인 특성의 자료 정리
- 내담자의 신체적·정신적·성적 성숙 정도
- 주요 생활 경험(예: 실패, 죽음)에 대한 반응 및 자신에 대한 인식 정도
- 취미, 특기, 희망 등 내담자의 관심 분야, 정서적 지지 기반, 치료에 도움이 될 내담자의 자원
- 내담자의 성격구조 및 특성에 관한 자료

- 내담자의 대인관계에 관한 정보

5) 상담 진행 과정에 관한 자료 정리

- 적용한 상담기법, 상담의 빈도와 횟수, 내담자의 반응
- 상담 중에 일어난 중요한 일
- 상담의 효과로 나타난 변화

6) 기타 자료 수집

- 심리검사의 자료: 성격검사, 지능검사, 적성검사, 투사법검사 등
- 내담자의 변화를 객관적으로 측정하기 위해서 심리검사 실시(상담 효과, 사례 연구 결과 분석 가능)
- 상담자가 예측했던 내담자의 예후에 관한 견해 명시

7) 상담 사례 기록의 필요성

- 상담자로 하여금 내담자에 대한 전체적인 이해를 돕는다.
- 상담자의 성숙, 전문적 역량의 향상과 발휘를 도모한다.
- 상담에 대한 연구와 상담자 훈련에 필요하다.
- 내담자를 다른 상담기관이나 상담자에게 의뢰할 경우 필요하다.
- 상담 전문성을 보장하고 보호하기 위한 객관적 자료가 된다.

8) 상담 사례 기록 방법

(1) 일반적인 원칙

- 정확하고 간결하게 기록한다.
- 가치판단적인 용어는 피한다.
- 지시나 해석보다는 내담자의 행동이나 사실 위주로 기록한다.

(2) 기록의 시기

- 상담이 끝난 후에 중요한 요점을 회상해서 기록한다.

- 2~3회 상담 뒤 신뢰감이 형성되면 기록한다.
- 녹음을 할 경우 필요성을 설명하여 양해를 구하고 녹음 내용에 대하여 내담자에게 피드백을 한다.

(3) 기록의 종류

내담자의 인적사항에 관한 기록, 접수면접 기록, 상담 과정에 대한 기록, 상담 종결 시의 기록, 상담 사례 과정 요약 및 발표용 사례 기록 등이 있다.

9) 상담 사례의 분석 및 평가

(1) 핵심 문제 및 원인

- 내담자가 상담을 하게 된 계기는?
- 사례에 나타난 내담자의 핵심 문제는?
- 내담자의 증상을 일으키게 한 원인은?

(2) 이론적 입장, 기법, 상담 목표 및 전략

- 상담자가 사용한 이론적 배경과 기법, 상담 목표와 전략은 무엇인가?
- 위 사항은 내담자에게 적절한 것인가? 다른 대안은?
- 상담자와 내담자의 반응 중 토의할 만한 사항은?

(3) 상담관계

- 사례에 나타난 상담자와 내담자의 관계는?
- 내담자의 주된 장점 혹은 자원은 무엇인가?

(4) 상담 효과

- 상담 성과는 무엇인가?
- 성과를 가져오게 한 원인은 무엇이라고 생각되는가?
- 현재의 상담 성과와 관련하여 장래의 과제는?

제3절 군 상담 슈퍼비전모형

1. 정의 및 필요성

슈퍼비전은 슈퍼바이저와 슈퍼바이지 그리고 그들이 상담 서비스를 제공하는 내담자 간의 독특한 전문적 관계다. 홀로웨이(Holloway, 1995)는 슈퍼비전이란 경험 많은 상담자가 탁월한 전문가의 안목으로 상담자의 상담을 감독하는 것으로 정의하였다. 그리고 그는 슈퍼바이저가 슈퍼바이지에게 상담 과정의 핵심을 알아차릴 수 있는 기회를 제공하는 것이라고 하였다. 상담자는 실제 상담 관계에서 슈퍼바이저에게 배운 상담 과정의 핵심을 중심으로 내담자가 가진 문제를 좀 더 잘 다룰 수 있게 된다. 이처럼 슈퍼비전은 전문적인 상담자가 되고자 하는 슈퍼바이지가 전문적인 상담 능력을 습득할 수 있도록 슈퍼바이저가 조력하는 교육과정으로 볼 수 있다(유영권 등, 2005). 군 상담 슈퍼비전은 군 상담 경험이 풍부하고 군 상담 슈퍼비전 능력을 갖춘(예: 군 상담 수련전문가 자격증 보유자) 군 상담 슈퍼바이저가 군 상담슈퍼바이지의 상담을 지도하는 것이다.

효과적인 군 상담 슈퍼비전은 군 상담 슈퍼바이지가 전문적인 상담 능력을 갖추도록 조력해 줌은 물론 상담 과정에서 겪는 어려움을 해결하도록 도울 수 있다. 하지만 아무리 전문적인 슈퍼비전 능력을 지니고 있는 군 상담 슈퍼바이저라 하더라도, 군 문화와 군 상담의 특성을 모른다면 슈퍼바이지와 내담자 모두에게 적절한 슈퍼비전을 제공할 수 없을 것이다.

군 상담만이 지니고 있는 독특성이 있다. 우선 일반 상담에서는 현재의 문제해결과 적응을 도와주는 1차 목표가 있으며, 다음으로 현재 일어난 문제의 원인을 찾아 해결할 수 있도록 도와주며, 나아가 성장까지 도울 수 있는 2차 목표가 있다. 따라서 1차 목표를 위해서는 단기상담을 하며, 2차 목표를 이루기 위해서는 장기적으로 상담을 진행해야 한다. 하지만, 병사들의 경우는 의무복무기간이 21개월이기 때문에 장기적인 상담을 받을 수 없다. 따라서 군에서의 상담은 성장지향적인 상담보다는 현재 당면한 문제해결을 통해 군 생활 적응을 조력하고 심신이 건강하게 전역하도록 돕는 1차 목표가 주가 될 수밖에 없다. 둘째, 군의 존재 목적은 유사시 적으로부터 국민의 생명과 재산을 보호하는 것이다. 그렇기 때문에 명확한 계급체계가 존재하고, 각 계급별로 권한이 부여되어 상명하복을 원칙으로 한다. 또한 병사들은 24시간 집단생활을 해야 하며, 간부들도 훈련 시 며칠씩 밤을 지새워야 하는 특수한 조직이다. 군은 자유분방한 분위기에서 형제자매도 없이 자란 병사들이나 초임간부들이 생활하기에는 어려운 점이 많을 수밖에 없다. 영관급 이상 간부라고 해도 가족들을 돌보지 못하는 문제나, 잦은 전근 등 일반사회에서는 생각하지도 못하는 문제가 내재하고 있다. 따라서 군 상담 슈퍼바이지는 상담을 할 때 이와 같은 군의 특수성이나 군 생활을 하는 군인만이 겪을 수 있는 문제에 대하여 미리 염두해 두어야만 하며, 슈퍼바이저 역시 이러한 점들을 인지하고 있어야 한다. 셋째, 군 상담에서는 지휘관의 조력이 절대적이다. 부대 내에 전문상담관이 있고 상담 업무를 담당하는 간부들이 있지만, 실질적으로 이들에게는 의사결정 권한이 없다. 특히 필요한 조치를 취해야 할 경우는 지휘관에게 보고하는 절차를 반드시 거쳐야만 한다. 따라서 군 상담을 할 때는 지휘관과 협조관계를 맺는 것이 중요하며, 필요시 이들에게 적절한 조치를 요청할 수 있어야 한다.

2. 군 상담 슈퍼비전모형

1) 군 상담 슈퍼바이저의 역할

버나드(Bernard, 1979)는 슈퍼비전 모형으로 '변별 모형(Discrimination model)'을 제시하였는데, 이 모형에서는 슈퍼바이저의 역할을 교사, 상담자, 자문가로 제시하였다. 홀로웨이(Holloway, 1995)는 슈퍼비전의 다섯 가지 기능을 제시하였는데, 여기서 슈퍼비전의 기능이란 슈퍼바이저의 역할로 이해할 수 있다. 그가 제시한 다섯 가지 슈퍼비전의 기능은 다음과 같다.

첫째, 점검하고 평가하는 것이다. 슈퍼바이저는 상담자의 전문성과 관련된 행동을 판단하고 평가한다.

둘째, 가르치고 조언하는 것이다. 슈퍼바이저가 전문지식과 기술에 기초하여 슈퍼바이지에게 정보나 방법을 제안하며, 자신의 견해를 제시하는 것을 의미한다.

셋째, 모델링이다. 슈퍼바이저의 전문적인 피드백과 언행은 슈퍼바이지가 실제 상담을 할 때 롤 모델이 된다.

넷째, 자문하는 것이다. 슈퍼바이저는 상담자의 정보나 견해를 바탕으로 하여 슈퍼바이지가 상담 장면에서 문제를 해결할 수 있도록 촉진하는 기능을 한다.

다섯째, 지지 및 공유하는 것이다. 슈퍼바이저는 공감적 관심과 격려를 통하여 상담자인 슈퍼바이지를 지지하며 감정을 공유한다.

군 상담 슈퍼바이저의 역할은 기존 모형들에서 제시한 교육자, 상담자, 자문가, 격려자의 역할과 함께 조언자의 군 상담 전문가의 역할을 추가할 수 있다.

(1) 교육자

군 상담 슈퍼바이저는 회기 내에 상담자와 내담자의 상호작용을 관찰하며, 이에 대해 평가한다. 내담자의 말에 대한 슈퍼바이지의 반응이 적절한 개입이었는지를 확인하며, 필요시에 적절한 개입 기술을 가르쳐줄 수 있다. 또한 시범을 통해 슈퍼바이지가 이론뿐 아니라 실제에도 숙달할 수 있도록 조력해 준다. 또 내담자의 문제해결에 적합한 특정 상담 전략과 방법을 가르쳐 주고, 주어진 상황에서 어떤 전략과 방법을 선택해야 하는지도 알려주며, 그 이유에 대해서도 슈퍼바이지가 이해할 수 있도록 설명해 준다. 또한 슈퍼바이지가 놓쳤던 회기 내에서의 주요한 사건을 해석해 주고, 이러한 사건이 전체 상담의 맥락에서 어떠한 의미가 있는지에 대해서도 슈퍼바이지가 이해하기 쉽도록 가르쳐 줄 필요가 있다.

(2) 상담자

군 상담 슈퍼바이저는 슈퍼비전을 진행하는 중에 슈퍼바이지의 반응에 주의를 기울여야 한다. 동시에 슈퍼바이지가 내담자와 상담회기 중에 느끼는 자신감이나 걱정 등에 대해서도 탐색해야 한다. 슈퍼바이저는 슈퍼비전을 통해서 슈퍼바이지가 자신의 강점과 취약점을 이해할 수 있도록 하며, 상담 역량을 극대화하도록 슈퍼비전 간에 성장을 촉진하여야 한다. 또한 슈퍼바이지 역시 슈퍼비전 과정에서 자기도 모르게 방어기제를 활용하여 자신을 방어할 수 있고, 슈퍼바이저에 대한 부정적인 정서나 전이 등의 감정을 느낄 수 있으며 내담자에 대해 역전이를 느낄 수 있기 때문에, 이러한 감정이나 무의식적 방어기제, 전이 및 역전이를 자각하고 해결하기 위해 노력하도록 슈퍼바이저는 끊임없이 슈퍼바이지를 촉진해야 한다.

(3) 자문가

슈퍼바이지는 상담을 진행하면서 자신이 내담자의 핵심 문제와 원인을 제대로 파악하고 있는지, 자신이 세운 전략과 개입 방법이 적절한지 의구심을 가지는 경우가 많다. 따라서 슈퍼비전을 할 때 이러한 의문점에 대해서 자문을 요청할 수 있다. 슈퍼바이저는 상담 전략과 개입 방법에는 하나만 있는 것이 아니라, 다양한 방법이 있을 수 있다는 것을 알려 주며, 브레인스토밍을 통해서 다양한 전략과 방법을 찾을 수 있도록 격려해야 한다. 또한 슈퍼바이지 스스로 슈퍼비전 회기를 구조화할 수 있도록 조력하는 것이 좋으며, 슈퍼비전을 진행할 때마다 슈퍼바이지가 얻고자 하는 '도움'에 귀를 귀울여 그의 요구를 충족시키도록 노력하는 것이 좋다. 슈퍼바이저는 정확한 사례 개념화를 통해 슈퍼바이지가 실제 상담 시에 활용할 수 있는 대안적인 목표와 개입 방법 그리고 앞으로 다루어야 할 내용을 제공해 주는 것이 좋다.

(4) 격려자

상담자는 내담자의 고통을 함께 나누고, 문제해결에 대해서 같이 생각하며, 내담자의 성장을 함께 도모해야 한다. 때문에 상담자는 내담자에게 많은 에너지를 쏟아야 한다. 때로 상담자는 내담자의 문제에 파묻혀 심신이 소진되는 경우도 있다. 이처럼 상담은 쉽지 않은 일이다. 그렇기 때문에 슈퍼바이저는 슈퍼비전을 통해 슈퍼바이지를 격려하고 지지하는 역할을 해야 한다. 특히 군이라는 특수한 상황에서 상담을 하다보면 내담자의 휴가나 훈련으로 인해 상담의 회기가 이어지지 않거나, 내담자의 복지와 조직의 목표가 상충되거나, 문제해결 방법을 알지만 군이기 때문에 그 방법을 적용할 수 없어서 힘들어할 수 있다. 따라서 슈퍼바이저는 공감과 경청을 통해 슈퍼바이지가 부대 내에서 상담하는 것에 대한 어려움을 충분히 말할 수 있게 하고, 이를 통해 감정을 정화할 수 있도록 조력해야 한다. 슈퍼바이지는 자신이 처한 어려움에 대해 슈퍼바이저가 충분히 공감해 줄 때 슈퍼바이저로부터 이해받는다는 느낌을 갖게 되어 내담자를 돕는 데 전력을 다할 수 있다.

(5) 조언자

슈퍼바이저는 슈퍼바이지가 부대의 지휘관에게 지휘에 도움이 되는 조언을 하거나, 부대 일에 관련하여 자문하는 역할을 적절히 할 수 있도록 도와주어야 한다. 상담은 개인이 지닌 문제해결이 1차 목표가 되며, 2차 목표는 개인의 잠재력 개발이다. 다시 말해, 부대 내에서의 상담은 주로 문제해결이라는 1차 목표가 주가 된다. 이를 통해 내담자 개인의 심리적 안녕뿐 아니라 주변 동료들에게 끼치는 악영향도 감소시켜 주며, 더불어 지휘관의 지휘 부담도 경감시켜 줄 수 있다. 또한 슈퍼바이저는 슈퍼바이지에게 비밀보장의 원칙에 따라 내담자가 지닌 비밀은 보장을 해 주되, 지휘관이 알아야 할 사항이나 내담자를 위해 조치해야 할 사항들에 대해서 지휘 조언을 해 해당 부대가 교육훈련에 전념할 수 있도록 슈퍼비전해야 한다. 뿐만 아니라 부대에 관련된 일에 대해 지휘관이나 간부들이 자문을 구할 경우, 슈퍼바이저는 적절한 조언을 해 주어야 하며, 이 역시 군 상담자가 해야 할 일 중 하나라는 것을 지도해야 한다.

(6) 군 상담 전문가

군에서의 상담 상황은 일반적인 상담 상황과 많이 다르다. 따라서 상담에 대한 접근법이나 내담자가 문제를 해결할 때 사용 가능한 자원의 범위가 다를 수밖에 없다. 따라서 슈퍼바이저가 먼저 군의 특수성이나 군 상담의 제한점 등에 대해서 정확히 알아야 한다. 그런 후에 군 상담과 일반 상담의 차이점이나, 군 상담에서 사용하면 더욱 효과적인 상담기법, 부대 내에서 상담의 효과를 극대화할 수 있는 군 상담 모형 등을 충분히 숙지하고, 이런 지식을 바탕으로 슈퍼바이지의 상담내용을 슈퍼비전해 주는 것이 좋다.

2) 군 상담 슈퍼비전 내용

군 상담 슈퍼비전을 진행할 경우, 슈퍼바이지인 군 간부와 민간 군 상담자에게 공통적으로 해당되는 내용과 각각 해당되는 내용이 있다.

군 상담 슈퍼비전 시 군 간부와 민간 군 상담자 모두에게 공통적으로 해당되는 내용으로는 부적응 장병의 이해, 비밀보장의 한계, 반응 왜곡 다루기, 상담 동기 부족, 상담 후 낙인 효과에 대한 대처, 현재 문제해결 위주 상담 등이다. 민간 군 상담자에게 적용되는 내용으로는 군의 특수성이나 군 문화 특수성에 대한 이해, 지휘관과의 관계 맺음 및 소통의 중요성이 있고, 군 간부가 상담할 시 적용되는 내용으로는 이중관계(간부상담의 경우)와 지시 위주의 상담에 대한 조언 등이 포함된다.

(1) 슈퍼비전의 구체적인 내용
① 복무 부적응 장병의 이해
복무 부적응 장병이란 현재 상당한 주관적 고통을 호소하고 있는 장병으로, 군 입대자 개인의 심리사회적 요인과 군대 조직의 물리적 · 사회문화적 요인 간의 부조화로 개인과 군대의 안녕에 심각한 문제를 일으킬 수 있는 행동을 현저히 나타내고 있거나, 잠재적으로 지니고 있는 자(안현의 등, 2007)를 말한다. 복무 부적응 장병의 대표적인 복무 부적응의 원인은 다음과 같다.

첫째, 개인 내적요인으로, 건강, 성격, 업무 능력 등이 원인이 될 수 있다. 이 중 신체적인 건강에 문제가 있는 경우는 선천적인 질환이 있는 자, 악취가 나거나 코골이, 병원 후송을 경험한 자 등이 해당한다. 선천적으로 신체적 건강에 문제가 있는 경우는 훈련 등에 열외하여 꾀병을 의심받게 되고 따돌림을 당할 수 있다. 악취가 나거나 심한 코골이도 타인에게 피해를 주기 때문에 자연스럽게 집단에서 소외당할 수밖에 없고 이는 부적응으로 이어질 수 있다. 행군 낙오자, 사격 저조자, 경계근무 미숙자 등 업무 능력이 미숙한 것도 원인이 될 수 있다. 훈련이나 업무 과정에서 다른 동료들은 수행해내는 일에 열외하거나 업무 능력이 저조하면 같은 부대의 전우들에게 피해를 끼칠 수 있어 적응을 힘들게 할 수 있다.

둘째, 부대 내적인 요인으로, 미숙한 대인관계를 원인으로 들 수 있다. 사회는 수평적 대인관계와 수직적 대인관계가 공존하지만 군에서의 대인관계는 수직적인 대인관계가 유지된다. 따라서 상하관계가 분명하며, 하급자는 상급자에 대해서 의존적이고 수동적인 역할을 하게 된다. 또한 청년기에 있는 신세대 장병들은 대인관계 기술과 사회적 기술이 부족한 이유로 대인관계에서 복무부적응의 모습을 보이고 있다.

셋째, 부대 외적 요인으로, 가정환경, 이성 문제, 진로 등이 원인이 될 수 있다. 부모의 이혼이나 경제적 가난 등의 어려운 가정환경은 부대 내에 있어서 어떠한 조치를 할 수도 없기 때문에 스트레스로 말미암아 복무부적응으로 이어지는 경우가 많이 발생한다. 이성 문제는 결혼 후 입대한 경우나 동거하다가 입대한 경우, 군 입대 후에 애인이 변심한 경우 등이 대표적이다. 결혼이나 동거 중에 입대한 자는 두고 온 부인이나 여자 친구에 대한 걱정이 가장 크며, 특히 임신을 하였거나 자녀가 있는 경우에는 사회에 남겨진 가족에 대한 걱정 때문에 군 생활에 집중하지 못하고 복무부적응으로 발전되는 경우가 발생한다.

② 비밀보장의 한계

부대 내에서 상담을 하는 경우에는 군 부대 보안에 대한 비밀유지를 반드시 지켜야 한다. 뿐만 아니라 내담자의 권리를 존중하여 상담 내용에 대한 비밀을 보장해야 한다. 특히 군 상담자는 군의 제반 규정 및 방침, 절차 등을 지켜가며 상담을 해야 한다. 또한 부대 보안과 관련이 있는 경우에는 반드시 부대의 동의를 얻어 상담 기록을 유지해야 한다. 상담 시 상담 내용을 녹음하거나 기록할 때는 미리 내담자인 장병의 동의를 구해야 하며, 상담 내용을 타인에게 공개할 때는 내담자의 직접적인 동의를 얻어야 한다.

비밀보장에는 몇 가지 예외가 존재한다. 내담자 자신 및 타인의 생명이나 안전을 위협하는 경우, 감염성이 있는 치명적인 질병이 있다는 확실한 정보가 있을 경우, 그리고 법적인 문제로 정보의 공개를 요구받는 경우다. 따라서 상담자는 상담이 시작될 때와 상담과정 중 필요할 때, 내담자에게 원칙적으로 비밀보장이 지켜지지만 비밀보호가 지켜지지 못하는 경우에 대해 알려 주어야 한다. 만약 비밀보호의 예외 및 한계에 관한 타당성이 의심된다면 군 상담자는 군 상담 슈퍼바이저와 군 지휘관의 자문을 구해야 한다.

군 상담자로서 병사와 상담을 했는데 그 결과를 해당 병사의 상관인 간부가 알려달라고 한다면 어떻게 하겠는가? 또한 상담을 받은 병사가 상담 내용을 절대 간부에게 말하지 말라고 부탁을 했다면 어떻게 대처하겠는가? 이와 같은 경우에 부대의 전투력 향상을 위한 상담 내용 정보공개 요구와 비밀보장을 원칙으로 하는 상담자의 윤리 사이에서 많은 고민이 들 수 있다.

중요한 결론은 상담내용 공개가 '내담자에게 도움을 줄 수 있는 것인가?' 하는 것이다. 간부들이 상담내용을 알고 있을 때 내담자에게 도움을 줄 수 있고, 간부들의 특별한 관심이나 조치가 필요할 때에는 상담내용을 알려 줄 수 있다. 이때에도 반드시 내담자를 충분히 납득시켜야 한다. 전문가 입장에서 간부가 상담내용을 아는 것이 내담자가 가지고 있는 문제를 해결하는 데 훨씬 도움이 됨을 설명하여 이를 내담자에게 이해시키고 동의를 얻은 후 알려 주어야 한다. 또한 상담자가 직접 간부에게 얘기하는 것이 아니라 내담자가 간부를 찾아가 얘기하도록 조언하는 것이 더 효과적이다.

③ 반응 왜곡 다루기

반응 왜곡은 긍정왜곡과 부정 왜곡으로 구분할 수 있다. 긍정왜곡은 사회적으로 바람직하게 보이도록 과장하여 응답하는 것을 의미하며, 부정 왜곡은 심리적인 문제를 실제보다 과장하여 응답하는 것을 의미한다. 이 중 군 상담에서 주의 깊게 살펴봐야 할 것은 부정 왜곡이다. 그 이유는 자신이 처한 군 복무의 현실에서 벗어나기 위한 목적이나 자신의 이익추구와 욕구 충족을 위해서 부정 왜곡을 할 수 있기 때문이다. 즉, 현역부적합심사에 의한 조기 전역을 목적으로 자신의 심신장애를 실제보다 과장되게 응답할 가능성이 있으며, 좀 더 편한 보직으로의 이동, 외출이나 외박, 휴가를 받기 위해 증상을 거짓호소할 수도 있다. 따라서 군 상담자는 어떤 목적을 위해 내담자가 부정왜곡을 하는지 주의 깊게 살펴야 한다. 내담자가 상담 중 부정 왜곡을 하고 있다는 것이 확실해지면 다음과 같은 조치를 취할 수 있다.

첫째, 내담자가 부정왜곡을 하는 이유에 대해서 충분히 들어주고, 내담자의 마음을 공감해 주는 것이 필요하다. 하지만 그의 행동을 지지하는 것은 바람직하지 않다. 사실을 왜곡하거나 군 생활에 대한 회피로 거짓호소를 하는 것은 바람직한 문제해결 방법이 아니란 것을 알려 주어야 한다. 또한 내담자가 의도적으로 한 거짓말이나 거짓 증상 등을 통해 전역할 수 없다는 것을 확실하게 인식할 수 있도록 교육도 필요하다.

둘째, 부정왜곡을 하여 호소하는 증상에 관심을 두지 말고 부정왜곡하고 있다는 것을 직면시켜야 한다. 만약 부정왜곡하고 있다는 사실을 알면서도 내담자와의 상담관계를 고려하여 부정왜곡을 그대로 받아들인다면, 내담자는 계속 거짓호소를 하게 될 가능성이 있다. 따라서 내담자에게 자신의 부정 왜곡 사실을 직면시킬 뿐만 아니라 필요시에는 적절한 처벌도 내려야 한다. 이러한 조치를 통해 자신의 거짓호소가 절대 받아들여지지 않는다는 사실을 깨닫게 하고, 남은 군 생활을 스스로 열심히 하게 하는 마음을 갖도록 해야 한다.

④ 상담 동기 부족

군 상담은 장병들이 자발적으로 요청하는 경우보다는 간부가 부대 내에서 부적응을 보이는 병사들을 의뢰하는 경우가 더 많다. 장병 자신이 필요성을 느껴 상담이 이루어지기 보다는 해당 간부가 필요하다고 판단하여 장병의 의사와는 상관없이 상담이 이루어지기 때문에 내담자들은 상담에 대한 동기가 거의 없다. 이런 이유로 인해 상담자는 다음과 같은 몇 가지를 염두해 두면서 상담을 진행해야 한다.

첫째, 상담자는 내담자인 장병이 상담을 선택할 수 있도록 결정권을 주는 것이 필요하다. 간부가 의뢰했기 때문에 무조건 상담을 진행하는 것이 아니라, 내담자가 상담을 선택할 권리가 있으며, 싫으면 안 해도 된다는 것을 말해 주어야 한다. 따라서 자신이 상담을 선택하여 보다 더 책임감을 가지고 임하도록 해야 한다.

둘째, 상담자의 전문성이 내담자의 문제해결에 도움을 줄 수 있음을 말해 주고, 그 전문성을 신뢰할 수 있도록 해야 한다. 내담자가 상담에 대한 동기가 부족한 이유 중 하나가 상담을 통해 자신의 문제가 해결될 수 있을지에 대한 의구심일 수도 있다. 따라서 상담자는 진정으로 내담자가 원하는 것이 무엇인지 얘기하면, 상담자가 전문성을 바탕으로 내담자가 지닌 문제가 최대한 해결될 수 있도록 돕겠다는 것을 이해시킬 수 있으며, 내담자는 상담에 좀 더 적극적으로 임할 것이다.

셋째, 상담자는 내담자들이 자신의 문제나 어려움을 솔직하게 표현할 수 있도록 내담자가 말하는 어떠한 문제라도 평가하거나 판단하지 않고 긍정적으로 수용하며, 내담자의 현재 기분이 어떤지를 그의 입장과 심정에서 헤아려 주는 것이 무엇보다 필요하다. 그 이유는 내담자들은 자신의 말이 판단 없이 수용되는 경험을 하면 자신이 지닌 어려움을 있는 그대로 얘기할 수 있기 때문이다.

넷째, 상담을 믿지 않는 이유가 상담자에 대한 선입견이나 이전 상담에서 실망했던 경험, 문제병사로 주목받는 것에 대한 부담이나 두려움, 비밀보장 등에 대한 염려라면 이런 문제에 대해 사전에 내담자와 충분히 이야기를 나누는 것이 필요하다. 따라서 내담자가 갖고 있는 상담에 대한 부정적인 생각을 충분히 얘기할 수 있도록 하고, 상담에 대한 신뢰를 갖도록 해 주어야 한다.

마지막으로 상담실에 앉아서 내담자가 오기만을 기다리기보다는 찾아가는 적극적인 상담도 필요할 것이다. 예를 들어, 간부 상담자의 경우는 평소 부대원들의 행동을 잘 관찰하고, 다른 장병들과의 대화 등을 통해 부대생활에 힘들어 하거나, 따돌림을 당한다거나 혹은 자살시도를 한 경험이 있다거나 하는 병사들을 찾아 일상 병영생활 속에서 자연스럽게 상담으로 연결한다. 민간 전문상담자의 경우에는 평상시 간부들과 친밀한 관계를 맺어 상담이 필요한 장병들을 상담자에게 자연스럽게 알려 줄 수 있도록 분위기를 형성하는 것이 중요하다. 또한 정례적인 집단상담을 실시하여 집단 내 역동 속에서 어떤 장병이 상담이 필요한지 식별하여 개인상담을 실시하는 것도 하나의 방법이라 할 수 있겠다.

⑤ 상담 후 낙인 효과에 대한 대처

군 상담은 대부분 간부들의 의뢰로 이루어진다. 2015년 12월 기준으로 병영생활 전문상담관 1명당 장병 1,500여명이 할당되어 있다는 통계에서 보듯 병력 수에 비해 전문상담관의 수가 절대적으로 부족하여 모든 장병이 상담을 받는 것은 불가능하다. 따라서 지휘관들은 부적응을 보이는 장병, 특히 병사 위주로 상담을 의뢰할 수밖에 없는 실정이다. 이 때문에 부대 내 상담은 위기병사나 도움·배려병사들이 어떤 문제를 일으킨 후 혹은 문제의 소지가 있는 경우 이루어진다는 부정적 인식이 존재한다. 이런 부정적인 인식은 내담자에게 낙인 효과로 나타날 수 있고, 자발적으로 상담실을 찾아와 자신이 지닌 고민을 상담하고 싶어 하는 장병도 자신이 문제병사나 관심병사 등으로 오해를 받을까 봐 상담실을 찾지 않을 수 있다.

이런 문제점을 극복하기 위해서는 다음과 같은 조치가 필요하다. 첫째, 장병들이 여러 차례 걸쳐서 실시하는 신인성검사결과에 대하여 전 장병들을 대상으로 해석 상담을 진행하는 것이다. 해석 상담을 통해 내담자 개인이 지닌 특징에 대해 설명을 해 주고, 군 생활의 어려움이나 고민 등에 대해 얘기를 나누며, 상담은 누구나 할 수 있는 것이란 것을 깨닫도록 해야 한다. 둘째, 전 장병을 대상으로 실시할 수 있는 집단상담 프로그램을 선별하여 모집공고를 내고, 여기에 누구나 참여할 수 있도록 유도하는 것이다. 셋째, 전 장병을 대상으로 상담의 중요성에 대해 지속적으로 교육하여 '상담의 필요성'과 '상담의 활용 방법' 등을 널리 알리고, 누구에게나 상담이 필요하다는 인식을 갖게 하는 것이다.

⑥ 현재 문제 해결 위주의 단기상담

일반적으로 상담에서의 목표는 크게 두 가지다. 첫 번째는 1차 목표로서 문제해결적인 접근이다. 이 목표는 내담자가 호소하는 현실적으로 시급한 문제를 해결하도록 돕는 것이다. 즉, 현재 보이는 부적응행동을 적응적으로 변화시켜 더 이상 문제를 일으키지 않고 건강하게 전역하도록 도와주는 것이다. 두 번째는 2차 목표로서 성장 촉진적인 목표다. 이 단계에서는 단순히 내담자의 현재 문제를 해결해 주는 것에 그치지 않고, 문제의 원인을 탐색하여 근본적인 문제를 찾아 해결하여 그의 잠재력이 발휘될 수 있도록 돕는 것이다. 하지만 병사의 복무기간이 21개월로 한정되어 있고, 사단 전체에 전문상담관은 2~5명 정도로 편성되어 있다는 제한점이 있다. 즉, 전문상담관들이 장병 한 명을 대상으로 장기적으로 상담을 지속할 수 없으며, 간부가 상담을 하는 경우에도 개인 업무와 상담을 병행해야 하는 실정이다. 한 명의 간부가 관리해야 할 병사들이 수 명에서 많게는 수백 명에 이르기 때문에 간부 한 명이 병사 한 명을 지속적으로 상담할 수 있는 여건이 되지 못한다. 따라서 군에서의 상담은 단기상담이 주를 이루며, 1차 목표인 문제해결이나 증상에 경감에 초점을 맞출 수밖에 없다. 따라서 장기상담이 어렵고, 부대의 일정을 고려하여 상담이 진행되기 때문에 상담의 연속성이 떨어지는 경우도 많이 있다.

⑦ 군의 특수성 이해

군은 전쟁이 일어났을 때 외부의 적과 싸워서 국가와 국민을 보호하기 위한 목적으로 존재하는 집단이다. 따라서 개인의 이익보다는 집단의 이익을 우선하는 조직으로, 나이나 신분의 고하를 막론하고 계급이 높은 상급자의 명령을 따라야 하는 엄격한 상하관계가 요구된다. 이를 통해 평시든 전시든 조직 구성원들이 같은 목표를 향해 함께 나아갈 수 있고, 군 조직의 응집력이나 단결력, 집단효능감 등을 발휘할 수 있게 된다.

또한 군대는 다양한 인성검사와 신체검사 등을 통과한 20대의 건장한 청년들이 모인 곳으로, 이들의 신체·정신적 특성 변화를 고려한 상담이 필요하다. 이들은 청년기에 속하나 신체 성장이 완료된 것에 비해서 심리적으로는 성인기와 청소년기의 특성이 함께 나타나는 불안정한 상태에 있다. 핵가족화로 독자인 경우가 많아서 단체생활 적응에 어려움을 보인다. 또한 체력이 저조하며, 온라인 게임중독 등 병리적 환경에 노출이 많은 편이라 24시간 통제된 생활을 해야 하는 군에서 부적응을 보일 위험 요인이 많은 편이다. 그리고 군 조직은 비밀에 대한 보안이 무척이나 중요시 되는 집단이다. 군대의 특성상 비밀을 유지해야 하는 것은 필수적이다. 이런 특성 때문에 외부에 대한 개방성이 약하고, 개별 장병들의 요구에 즉각적인 조치가 힘들 수도 있다. 상담자는 군대의 이런 특성을 항상 염두에 두고 상담을 해야 하며, 군의 보안유지를 위해 항상 군 보안실무자와 밀접한 관계를 유지하고 상시 협조해야 한다.

⑧ 지휘관과의 관계와 소통의 중요성 이해

부대 내에서의 상담은 지휘관의 절대적인 관심과 배려가 필요하다. 해당 부대 지휘관이 상담에 부정적인 인식을 가지고 있다면, 상담에 우선순위에서 밀리게 되어 상담할 수 있는 환경과 분위기를 조성하기 어렵다. 따라서 부대의 지휘관이 상담에 대한 긍정적 인식을 갖고 있어야 해당 부대 장병들이 적절한 상담을 받을 수 있게 된다. 그리고 상담자가 요청할 시 내담자에게 필요한 조치를 곧바로 해 주어 내담자의 문제해결이 좀 더 쉬워진다.

전문상담관들은 상담을 통해 내담자의 어려움을 들어주고 해결의 방법을 같이 찾아주고, 조치를 간부에게 건의할 수는 있지만 실제적인 결정권은 없다. 하지만 해당 부대 지휘관은 인사상의 권한을 갖고 있기 때문에 내담자에게 필요한 조치를 해 줄 수 있다. 따라서 상담자는 항상 지휘관과 좋은 관계를 맺도록 노력하고, 필요시에는 지휘에 관련된 조언도 해 주는 등의 노력을 통해 상담 여건을 조성해야 한다.

⑨ 지시 위주의 상담 조언

군 간부가 상담하는 경우에는 준전문가 수준의 상담 능력을 보유하고 있는 경우가 대부분이다. 전문상담자들은 심리치료와 상담을 위해 상담 이론에 대한 지식과 상담기법의 숙달 등을 통한 전문적 능력을 보유한 반면, 일반 간부들은 상담 이론에 대한 지식과 기법이 부족한 경우가 많다. 따라서 자신의 군 생활 경험에 비추어 지시나 조언 위주의 면담 수준의 상담이 이루어질 수밖에 없다.

상담자의 능력은 상담 기술이나 경험과 같은 전문 능력과 인간적인 자질로 크게 나누어 볼 수 있다. 상담의 전문적인 능력은 효과적인 상담을 통해 내담자의 문제해결이나 잠재력 개발을 조력하는 데 필수적인 요소이며, 인간적인 따뜻함과 품성은 내담자와 신뢰로운 관계를 쌓는 데 기본적인 요소다. 따라서 간부 상담자는 평소에 올바른 품성을 갖춰 인간적인 신뢰를 내담자에게 보여 줄 수 있어야 하며, 상담 이론 및 방법과 상담 기술 등을 익히도록 노력해야 한다. 틈틈이 상담과 관련된 책들을 읽고 강의를 들으며, 상담 내용을 슈퍼비전 받는 등의 노력을 아끼지 않는다면, 상담 능력을 갖추어 내담자에게 도움을 주는 상담자가 될 수 있다.

지시나 조언 위주의 상담은 단순한 자신의 경험의 나열일 뿐만 아니라 내담자의 상황에 맞지 않을 확률이 높다. 또한 상담이 끝난 후에 상담자는 내담자에게 도움이 되는 얘기를 많이 해 주어서 스스로 뿌듯할 수 있지만, 정작 상담을 받은 내담자는 답답해지고 간부에게 훈계나 교육을 받은 느낌이어서 오히려 상담 전보다 더 부정적인 심리 상태에 빠질 수 있다. '상담은 입으로 하는 것이 아니라 귀로 한다.'는 말처럼 내담자는 자신이 지닌 문제와 고민을 마음껏 털어놓았을 때 가슴 속이 후련해진다. 이를 위해서는 상담자는 자신의 상담 내용을 녹음하여 축어록을 풀면서 자신의 상담이 과연 어떻게 이뤄졌는지 파악해보는 것이 좋다. 그렇게 하면 자신이 내담자의 말을 경청하는지, 공감하고 있는지, 조언이나 훈계만 한 것은 아닌지 깨달을 수 있다. 녹음 내용을 들어본 후에 발견된 자신의 결점을 보완하기 위해 노력한다면, 이후 상담에서는 좀 더 전문적인 상담자에 가깝게 상담을 진행할 수 있을 것이다.

⑩ 이중관계

상담에서의 이중관계란 상담자가 내담자와의 관계에서 '상담관계' 이외에 다른 관계를 가지는 것을 의미한다. 부대 내 간부상담의 경우는 상담 장면에서는 '상담자'이지만, 실제 생활에서는 내담자의 모든 것을 관리하는 '상급자'가 된다. 즉, 상담 장면을 벗어나면 부대 내의 상급자 역할로 돌아가기 때문에 상담관계 형성이 제한될 수 있다. 이중관계의 경우는 상담자와 내담자 모두에게 상담에 대한 선입견이 작용하여 상담 효과가 떨어질 수 있으므로 상담을 하는 군 간부는 특히 주의해야 한다. 상담을 하는 간부는 병영생활기록부나 다른 부대원의 평가 등을 통해 사전에 알고 있는 내담자에 대한 정보를 바탕으로 선입견을 갖고 상담에 임할 우려가 있다. 내담자인 병사도 자신에게 모든 결정권이 있으며 자신을 평가하는 간부에게 자신의 어려움을 솔직하게 말하지 못할 가능성이 있다. 따라서 부대 내에서 상담을 진행하는 간부는 상담에서의 이중관계에 대해 내담자가 이해할 수 있도록 설명해 주어야 한다. 그렇게 함으로써 평소에는 내담자가 속한 부대의 간부이지만 상담을 할 때는 문제해결을 돕는 한 인간으로 만나는 것임을 깨닫게 해 주어야 한다. 또한 부대원이 속마음을 털어놓을 수 있도록 평소에 신뢰관계를 형성하도록 노력하고, 상담을 진행할 시에는 내담자의 말을 경청하며 그의 말을 공감하고자 노력해야 한다. 상담실에서 상담할 수도 있지만, 근무 중이나 업무 중에도 이중관계에 얽매이지 않도록 따뜻한 대화를 나누는 것도 필요하다.

요약

1. 상담 실습의 목표는 상담 절차와 상담자 역할 이해, 내담자의 문제를 상담자가 이해하는 능력을 검증하는 기회 제공, 주요 심리검사 결과 해석을 통해 검사 결과와 내담자의 행동과 태도를 연관시키는 훈련, 내담자와 신뢰관계를 형성하는 능력 향상, 상담 사례 관리 경험 및 실습 기회 제공, 상담 과정 전체에 대한 이해를 돕는 것 등이다.

2. 사례 연구는 상담 사례를 체계적으로 분석하는 과정을 통해 상담의 실제를 익힐 수 있다는 데 의의가 있다.

3. 사례 연구 절차는 상담의 시작에서 종결에 이르는 기록을 철저히 남기는 과정을 포함한다. 즉, 기본적인 정보 수집, 주 호소 내용 정리, 가족관계 자료 수집, 내담자 개인 특성의 자료 정리, 상담 진행과정에 관한 자료 정리, 기타 자료 수집 등이다.

4. 상담 사례를 분석하고 평가할 때는 핵심 문제 및 원인, 이론적 입장과 기법 그리고 상담 목표 및 전략, 상담관계와 상담으로 나타난 성과 및 효과 등을 포함하여야 한다.

5. 군 상담 슈퍼바이저는 교사, 상담자, 자문가, 격려자, 군 상담전문가의 역할 등을 한다.

6. 군 상담 슈퍼비전의 구체적인 내용은 군 상담 사례 이해, 부적응 장병의 이해, 부대 내 비밀보장의 한계, 반응 왜곡 다루기, 상담 동기 부족, 상담 후 낙인 효과에 대한 대처, 현재 문제해결 위주의 단기상담, 군의 특수성 이해, 지휘관과의 관계와 소통의 중요성 이해, 이중관계, 지시 위주의 상담 조언 등이 있다.

제9장

군 상담의 모형

이 장은 제1절은 김완일(2008)의 『군 상담 이원화모형』을 참조하였고, 제2절은 이동귀 등 (2013)의 『병영생활 전문상담관 운영 및 활동 매뉴얼』을 참조하였으며, 제3절은 초판의 내용에 상담사례를 추가하여 작성하였다.

제1절 군 상담 이원화모형

김완일(2008)은 군 상담 이원화 모형, 즉 준전문가인 군 간부에 의해 이뤄지는 리더십 상담모형과 군 상담전문가에 의해 이루어지는 전문가 상담모형을 제안한 바 있다. 이와 같은 제안에 기초하여 군 상담모형을 '준전문가 상담모형(동료상담＋군 간부 상담)'과 '전문가 상담모형'의 두 가지로 구분하였다. 각각의 모형에 대해 내용적인 측면과 제도적인 측면, 두 가지 관점에서 알아보고자 한다.

1. 준전문가 상담모형

군 간부들 중 상담전문가 자격을 갖추지는 못했으나 소정의 교육을 받고 경험이 있는 경우에 준전문가라고 할 수 있다. 군에서 동료상담 교육을 이수한 동료상담자나 일정시간 상담교육을 받은 군 간부를 준전문가라고 할 수 있다. 준전문가는 전문가에게 상담내용에 대한 슈퍼비전을 받아야 한다. 또한 준전문가는 재량권이 많이 제한되어 있다. 따라서 준전문가는 주어진 매뉴얼에 따라 상담에 임해야 하며, 매뉴얼에서 벗어나는 사례는 반드시 상급지휘관이나 군 상담전문가에게 알려야 한다. 그리고 새로운 지침을 부여 받거나 아니면 상담사례를 군 상담전문가에게 의뢰해야 한다.

준전문가는 정해진 상담 영역에 대해서만 상담이 가능하다. 따라서 이들이 제공할 수 있는 상담서비스의 한계를 정해야 하며, 아울러 상담 시 필요한 능력을 규명하고 이러한 능력을 길러낼 수 있는 교육을 해야 한다(구본용, 2007). 동료상담자나 군 간부들이 장병들에게 질 좋은 서비스를 제공하기 위해서는 이들이 필요한 상담 능력을 갖출 수 있는 교육 내용을 제작하여 교육이 이루어질 필요가 있다.

1) 동료상담모형

(1) 내용적 측면

일반병사들과 연령과 신분이 비슷하며, 병사들이 쉽게 고민을 이야기할 수 있는 분대장이나 상담병, 군종병 및 의무병 등을 동료상담자로 활용할 수 있다. 동료상담자들에 대한 교육목표는 분대원이나 동료, 후임병과 상담을 통해 그들의 문제나 고민을 들어주면서 공감해 주고, 무엇이 문제인지를 파악하여 상급자에게 문제해결을 건의할 수 있어야 한다. 따라서 또래 상담자로서의 자세와 주의사항을 이해하고, 공감, 수용 및 경청 등의 일반적인 상담 방법을 이해하도록 교육한다. 교육 방법은 부대별(사단, 여단급) 분대장 집체교육 시 3일(24H) 정도 시간을 부여하여 부대별로 임명된 상담교관에 의해 동료상담자 과정을

教育하고, 各種 動映像 資料와 參考書籍을 普及하여 各自 學習할 수 있도록 한다.

동료상담자는 문제를 가진 병사들에 대한 초기상담자로서 부대생활에 잘 적응하지 못하는 복무부적응 병사나 가정 문제 및 이성 문제, 건강상의 문제로 고민하는 병사들에 대해서 그들의 고민과 문제를 들어주고 공감해 줄 수 있는 정도의 수준이면 된다. 또한 필요하다고 판단되면 소대장이나 중대장에게 보고 및 건의하여 조치를 받을 수 있도록 해야 한다. 이들은 다양한 상담기법을 적용하여 전문적인 개인 상담을 유도하거나 치료적인 상담을 할 수는 없지만, 병사의 말을 공감해 주고 무엇이 문제인지를 파악하여, 조치를 건의할 수 있을 정도의 역할을 담당한다. 또한 문제병사의 말을 경청해 줌으로써 자신의 감정을 정화시킬 수 있도록 노력하며, 문제병사를 조기발견하여 문제가 확산되는 것을 방지함은 물론 신속한 문제해결을 위해 간부에게 보고할 수 있어야 한다.

(2) 제도적 측면

동료상담모형의 제도적 측면을 살펴보면 다음과 같다.

첫째, 동료상담자를 선발할 때부터 체계적인 관리와 지원이 필요하다. 동료상담자는 부대 내에 어려움을 겪고 있는 동료들에게 실제적인 도움을 제공해야 하므로 신병이나 전역을 앞둔 병장보다는 상병 계급 정도가 적절할 것으로 여겨진다. 따라서 동료상담자를 선발할 때는 분대장이나 상담병, 군종병 및 의무병 중에서 상병 이상의 계급을 선발하고 지속적으로 간부들과 상호협조할 수 있도록 해야 한다.

둘째, 동료상담자 선발 이후에 체계적으로 동료상담 활동을 지속하기 위해서 상담에 대한 보수교육을 받을 수 있도록 제도적 차원에서 상담교육 시간을 확보해 주어야 한다. 동료상담자의 중요성이 강조되고 있지만 현재 대부분의 부대에서 동료상담자 선발 후 단시간의 상담교육이 이뤄지고 있는 실정이다. 물론 또래상담자가 상담전문가와 같이 상담기술을 체득할 필요는 없지만, 동료병사들에게 도움을 주기 위한 기본적인 상담기술과 대화법은 익혀야 한다. 이들은 준상담자로서 동료병사의 문제나 어려움을 들어주는 역할이 주어지지만, 상담 지식과 상담기법에 대한 훈련이 부족하기 때문에 어려움에 직면하게 된다. 따라서 전문상담관에게 체계적인 상담관련 교육을 받아 지속적으로 상담 역량을 강화할 수 있도록 제도적으로 뒷받침되어야 한다.

셋째, 동료상담자의 활동에 대한 지도와 관리가 제도화되어야 한다. 최근 일선 중·고등학교에서 이뤄지고 있는 또래상담은 청소년상담 관련된 지도자들과 잘 개발된 또래상담 프로그램을 통해 안정적으로 운영되고 있다. 이와 같이 부대 내에서 이뤄지는 동료상담자 활동도 이를 관리하는 간부나 전문상담관 등을 지정하고, 군에 맞게 개발된 동료상담 프로그램을 활용하여 교육한다면 그 효과는 현재보다 좋아질 것이다. 따라서 부대 내 간부 중에서 상담 관련 학위가 있거나 공신력 있는 기관에서 상담 관련 자격증을 획득한 간부나 혹은 병영생활 전문상담관을 동료상담자 지도자로 지정한 다음, 이들을 지속적으로 지도하고 체계적으로 지원, 관리한다. 군대 내에서 간부들이 지도자로 지정될 경우에는 자신의 고유 업무외에 동료상담자 지도 업무가 부가되므로 지도 및 관리에 어려움이 예상된다. 따라서 지도자로 지정된 간부는 정해진 기간 동안은 동료상담자로만 활동할 수 있도록 제도가 마련되어야 하며, 병영생활 전문상담관이나 지역 상담기관의 상담전문가와 연계하여 동료상담 활동에 대한 지원과 관리가 이뤄질 수 있도록 해야 한다.

마지막으로 동료상담자 과정을 이수한 병사들에게는 동료상담자 자격증을 수여하고, 동료상담자 과정 이수 시간이나 '상담을 실제로 진행한 시간' 그리고 '멘토로서 동료를 도와준 시간' 등을 대학의 학점으로 인정해 주거나 기업체 입사시험에서 사회봉사 활동으로 인정해 준다면 동료상담자 과정은 더욱 활성화될 것으로 여겨진다. 군 복무 중에 동료상담자로 선발된 병사의 경우, 자발적인 선택이 아니면 상담 활동 자체에 보람을 느끼지 못하거나 오히려 다른 병사를 도와야 한다는 것에서 오는 부담을 느낄 수 있다. 하지만 상담을 통해 상담관련 자격증도 수여받고, 학점이나 사회봉사 활동으로 인정된다면 자발적인 지원자가 많아질 뿐만 아니라 동료상담이 활발히 이루어질 가능성이 높다. 나아가 병사들도 자신의 능력을 개발하고 다른 병사를 도움으로써 의미 있는 군 생활이 될 것이다.

2) 군 간부 상담모형

(1) 내용적 측면

'리더십의 출발점은 사람의 마음을 움직이는 데 있다'는 2차 세계대전 때 연합군을 지휘했던 몽고메리(Bernard Law Montgomery, 영국의 군인) 장군의 말처럼 리더십은 상대의 마음을 움직여 목표를 달성케 하는 과정이다. 상대의 마음을 움직이려면 우선 그 사람의 마음을 알아야 하는데, 리더가 부하의 마음을 이해하기 위해서는 상담이 필요하다. 또 상담 결과를 부대 지휘와 리더십에 어떻게 반영하느냐에 따라 조직의 성패는 크게 달라진다. 성공적인 상담은 리더십을 극대화시키기 때문에 리더십과 상담은 긴밀한 관계에 있다(김완일, 2007).

필자는 소정의 상담교육을 받은 간부들이 그들의 부하장병들을 대상으로 상담하는 활동을 군 간부 상담모형으로 정의하고, 이에 입각하여 모형을 제안한다.

군 간부 상담모형에서 상담자의 역할은 주로 행정보급관, 주임원사, 부소대장, 소대장, 중대장 및 대대장 등 군 간부가 맡게 된다. 이 모형은 부하들을 지휘해야 하는 군 간부들에게 리더십 발휘의 기초가 되는 상담 능력을 제공함으로써 리더십 역량을 강화한다는 의미가 내포되어 있다. 또한 군 상담자 역할을 요구받은 간부들은 상담자라는 역할이 추가로 부가되었다는 의미보다는, 자신의 직책을 보다 원활히 수행하는 데 도움이 되는 기본적인 상담 능력과 상담마인드를 갖추는 계기가 된다고 인식할 수 있다. 여기서 말하는 상담마인드는 상대방을 인격체로 존중하고 공감과 경청의 자세를 보이며, 진실한 애정과 관심을 가지고 지지와 격려하는 것을 의미한다.

따라서 이 모형의 중점은 군 간부들이 자신의 상담 능력을 기르고, 상담마인드를 가져서 리더 역량을 강화하고 자신의 고유한 업무수행과 부대 관리에 도움이 되도록 하는 것이다. 예를 들면, 부사관의 경우 장교와 병사를 중재하고 연결하는 교량 역할을 하게 되는데, 이런 역할을 수행할 때 도움이 되는 갈등 해결 및 관리 기법 등을 교육받는다면 자신의 업무수행과 부대 관리에 많은 도움이 될 것이다.

군 간부 상담모형에서의 상담 목표는 다음과 같다. 첫째, 장병들의 신상 파악 및 신인성 검사 결과 해석 등을 통해 부적응병사를 파악하고 심각성의 정도에 따라 적절히 조치하며, 이들을 집중관리하여 사고를 사전에 예방한다. 둘째, 장병 대상 병영생활지도와 업무수행 관련 상담을 통해 그들의 군 생활 적응력을 키우고 업무수행 능력을 향상한다. 셋째, 진로지도를 통해 전역 후의 진로 탐색을 도움으로써 미래에 대한 준비를 하도록 한다.

(2) 제도적 측면

군 간부 상담의 제도적 측면을 살펴보면 다음과 같다.

첫째, 군 간부들은 기초군사 훈련 시나 병과교육 시 상담 관련 기초 과목을 배운 후 자대에 가면 상담과 관련된 교육을 받을 기회가 거의 없다. 하지만 간부들은 지속적으로 병력을 관리하고 상담을 해야 하기 때문에 전문적인 교육을 받지 못한 이들의 상담 성과는 미흡할 수밖에 없다. 이런 문제점을 해결하기 위해서는 먼저 기초군사 훈련과 병과교육에서 상담 관련 교육시간이 늘어나야 하며, 자대 내에서도 입체적으로 상담교육체계가 구축되어야 한다. 간부들이 상담 역량을 강화할 수 있도록 상담 활동 여건을 보장하고, 주기적으로 간부들도 집단상담에 참여하도록 하여 상담에 대해 체험할 수 있게 하며, 사·여단급에서는 상담 전문가를 초빙하여 상담 관련 교육을 실시해야 한다. 특히 직책상 수행하는 고유 업무 외에 상담 업무가 부담스럽지 않도록 개인 업무를 적절히 조절해 주는 제도 역시 필요할 것이다.

둘째, 모든 간부들이 상담교육을 받는 것이 제한되는 것을 고려하여 국방 IPTV의 군 상담 관련 프로그램 방영을 통해 군 상담 교육에 대한 접근성을 용이하도록 해야 한다. 2013년 국방부는 생활관 단위로 국방 IPTV를 설치하는 사업을 추진하였다. 매주 수요일 정신교육의 날에는 국방 IPTV를 활용하여 정훈병과에서 정신교육을 실시하고 있다. 이 날은 기본 정훈 시청과 명강 특강 시청, 시사 안보 토의 그리고 문화단결 활동 등을 하게 되는데, 가급적 전 병력이 TV를 시청하고 시청한 내용에 대해 토의하게 된다. 따라서 정훈교육이 끝난 이후에 1시간 정도를 활용하거나 명강 특강 시간을 일부 활용하여 상담 관련 콘텐츠를 방영하는 것도 한 방법일 것이다. 이를 위하여 병영상담 관련 기본 강의, 상담기법 교육, 상담 사례 교육 등 다양한 콘텐츠를 개발하여야 하며, TV 방영 후에도 콘텐츠를 인트라넷 등에 탑재하여 간부들이 필요할 때 수시로 볼 수 있도록 개방한다면, 간부들의 정신전력의 강화뿐 아니라 상담 역량 향상을 기대할 수 있다.

셋째, 부사관을 활용하여 그들이 병사 가까이에서 상담을 통해 병사들이 문제를 해결할 수 있도록 조력할 수 있다. 그런데 대부분의 부사관은 충분한 상담교육을 받지 못해 상담에 대한 전문성이 부족하기 때문에 면담 수준의 상담을 할 수밖에 없다. 이들의 전문성을 키워 주기 위해 부사관학과 내에 상담 과목을 개설하여 부사관 후보생들의 상담 역량을 키워줄 수 있다. 또한 장기적으로는 상담부사관 학과를 개설하여 상담만 전담으로 하는 부사관을 양성하는 것도 좋은 방법 중 하나일 것이다.

마지막으로, 상담을 전공하지 않은 간부들이 대학이나 대학원에서의 상담 관련 학과에서 교육받을 기회를 확대하고, 상담 관련 전공자들이 학군사관 후보생이나 학사사관 후보생으로 지원하도록 장려하는 것도 하나의 방법이다. 또한 상담 관련 전공자들을 선발하여 부대 내에서 상담 관련 업무를 전담하도록 제도화할 수 있다. 나아가 상담 전문 특기와 부특기 제도를 도입해 해당 간부들이 대학원에서 상담심리를 전공하거나, (가칭) 군 상담센터 내에 상담전문 과정을 개설하여 군 간부를 대상으로 교육한 후 국방부에서 인정하는 공신력 있는 기관의 상담 자격증을 부여할 수도 있다.

2. 전문가 상담모형

군 상담전문가는 국방부가 인정하는 기관에서 수여하는 군 상담전문가 자격증을 소지해야 한다. 이를 위해서는 상담 관련 석사학위 이상의 학력과 수련 과정을 거쳐야 한다. 따라서 전문가는 준전문가보다 폭넓은 상담 영역을 다룰 수 있으며 더 많은 재량권을 부여받는다. 이들은 준전문가인 동료상담자나 군 간부들이 의뢰한 내담자들에 대한 전문적 상담을 실시하거나, 이들의 상담 내용에 대해 슈퍼비전을 해 주거나, 군 간부들을 대상으로 상담교육을 실시할 수 있다.

1) 내용적 측면

전문상담가 모형은 군 상담전문가들이 모든 장병과 그 가족 및 군 조직 전체를 대상으로 직접적·간접적으로 상담서비스를 제공하는 활동을 의미한다. 이 상담모형은 군 간부들에 의해 실시되는 상담과 더불어 군에서 실시하는 또 다른 유형의 상담이다. 이들의 상담 대상은 모든 장병과 그들의 부모, 배우자, 자녀 등의 가족 그리고 군 조직 전체로 확대하여 이해할 필요가 있다. 전문가 상담모형의 중점은 군 상담전문가들이 개인 수준을 넘어 조직 차원에서 군의 생산성을 높임으로써 군 발전에 기여하고 군 요구를 충족시키는 데 있다. 이 모형에서 상담자 역할은 병영생활 전문상담관 및 군종장교 등의 상담전문가들이 담당한다. 군종장교는 양성 및 보수교육 과정에서 기본교육 이외의 추가 상담교육을 이수하여 상담전문가 자격증을 취득하도록 한 후, 군 상담전문가로 활용할 수 있다. 특히 상담심리학을 전공한 석사급 이상의 학위를 가진 사람을 장교로 선발하여 상담전문장교로 활용하는 제도를 고려해 볼 수 있다. 장기적으로는 법안을 제정하고 재정을 확보하여 대대급에 한 명 정도의 군 상담전문가를 운영하는 것이 바람직하다.

(1) 상담 목표

전문가 상담모형의 상담 목표는 다음과 같다. 첫째, 장병들의 문제해결을 돕고 부적응행동을 치료할 뿐만 아니라 잠재력을 파악하고 개발하도록 돕는 것이다. 둘째, 모든 장병을 대상으로 스트레스 관리, 갈등 관리 및 진로 설계 능력 등에 대한 심리교육을 실시하여 사고를 사전에 예방하고 자기효능감을 갖도록 하는 것이다. 셋째, 장병들에 대한 교육 및 자문 역할을 통해 업무수행 능력을 향상시키고 리더 역량을 증진시키는 것이다. 넷째, 군에 상담 문화를 확산하여 군 정책과 제도 및 병영 문화를 개선하고 군 전투력을 극대화시키는 것이다.

(2) 상담 활동

전문가 상담모형을 개인 차원과 조직 차원, 직접 활동과 간접 활동의 네 가지 영역으로 구분하여 〈표 9-1〉에 제시하였다.

〈표 9-1〉 전문가 상담모형의 상담활동

구분	개인 차원	조직 차원
직접 활동	• 부적응 및 취약장병 대상 개인상담 및 소규모 집단상담 • 개인적 문제해결 • 업무수행 능력 향상 • 잠재력 개발	• 장병 대상 예방 차원의 심리교육: 의사소통 기술, 스트레스 관리, 대인관계기술, 진로 설계, 분노조절 능력 증진, 정신건강 증진, 갈등 관리, 부모교육 등 • 군 간부 대상 상담 기초교육 • 군 생활과 상담에 대한 인식 전환 교육: 상담에 대한 부정적 인식 변화, 군 복무가 사회에서 경험할 수 없는 긍정적 발달과업이라는 인식을 갖도록 함
간접 활동	• 장병 개인의 리더십 역량 강화 및 기초적 상담 능력 배양에 대한 자문 • 동료상담자 교육 및 활용 • 지역상담센터 민간전문가와 연계하여 개별적인 군 간부상담 슈퍼비전	• 상담마인드 공유로 상담 문화 확산 • 병영생활 및 체제 개선 • 군 상담 정책과 제도 제안 • 군의 인적 자원 개발을 통한 군의 생산성 향상 및 군 조직 발전 • 군 전투력 극대화

전문가 상담모형의 네 가지 차원에 대한 구체적인 내용은 다음과 같다.

첫째, 개인 차원의 직접 활동이다. 군 상담전문가들은 부적응을 보이는 장병이나 부적응이 예상되는 취약한 장병 개개인에 대한 개인상담 및 소규모 집단상담 등의 직접적인 상담 활동을 통해 그들이 경험하고 있는 문제를 해결하고 개인적 유능감을 배양할 수 있도록 상담서비스를 제공한다. 군 상담전문가들은 장병 개인의 문제해결을 통해 업무수행 능력을 향상시키고 잠재력을 개발하여 군 조직에 대한 기여도를 최대화하는 데 목적을 두어야 한다. 그리고 문제해결이나 역량 강화를 위해 필요한 다양한 모든 자원을 활용할 수 있어야 한다.

둘째, 조직 차원의 직접 활동이다. 모든 장병을 대상으로 그들이 직면할 수 있는 문제를 해결하는 데 필요한 역량을 사전에 교육시켜 문제를 예방하는 심리교육 활동이다. 발달단계 중 청년기에 속해 있는 장병들은 심리적으로 불안정하여 엄격한 지휘계통이 특징인 군에서 재사회화되기 쉽지 않다. 개인중심적인 성향이 강한 장병은 집단적인 행동이 강조되는 군대규범에 복종해야 할 때 많은 갈등과 좌절을 경험할 수 있다. 실제로 병사들은 병영생활의 부당함, 욕구 충족의 좌절, 스트레스 등을 경험할 때 분노를 경험하며(정병삼, 연문희, 2005) 이런 분노가 부적절하게 표출되면 부대 내 악성사고 등의 부적절한 행동으로 연결되기도 한다. 따라서 군 상담 전문가도 군에서의 심리교육을 통해 장병들에게 대인관계기술, 스트레스 관리, 의사소통 기술, 갈등 관리, 분노조절 능력, 진로설계 능력, 정신건강 등을 함양시켜 이들의 부적응 행동을 예방할 수 있다. 병영생활을 통해 자기통제나 자기관리 능력을 증진시켜 자기개발 기회를 제공할 수 있다. 또한 군 상담 전문가는 장병 전체를 대상으로 군 상담의 필요성을 교육하고, 모든 장병의 잠재력 개발에 노력하여 상담에 대한 부정적 인식을 긍정적으로 바꿀 수 있다.

셋째, 개인 차원의 간접 활동이다. 지휘관을 포함한 장병 개개인의 리더십 역량 개발과 기초적인 상담능력 함양을 위해 교육자나 자문가 역할을 수행할 수 있다. 개인이나 소집단 중심의 상담은 전체 장병들에게 도움을 제공하는 데 한계가 있으며, 전문상담 인력이 절대적으로 부족한 군 현실에서 개인차원의 상담이나 접근은 자칫 군이라는 조직에서 불필요하게 느껴질 수도 있다. 따라서 군 상담전문가는 분대장, 상담병, 군종병 등에게 동료상담자 훈련을 시켜 부대 내의 자조집단(self-helf group)이나 동료상담자로 활용할 수 있다(구본용, 2007). 또한 군 상담전문가들은 지역사회에 있는 시 · 도 청소년 상담실, 사설 지역상담센터 및 군 상담 관련 학회 소속 민간전문가들과 연결망을 구축하여 군 간부들의 상담 내용에 대한 슈퍼비전과 상담 기초 능력 배양교육 및 위기에 처한 장병들의 상담 등의 도움을 받을 수 있다.

넷째, 조직차원의 간접 활동이다. 장병들에 대한 상담활동과 심리교육 및 상담교육을 통해 군 조직 전체에 상담마인드를 갖도록 노력함으로써 군 상담 문화를 확산시키고 병영 문화를 개선하는 활동이다. 군 상담전문가들은 장병들과의 솔직한 의사소통을 통해 병영 내에 존재하는 부조리를 파악하고 이를 개선할 수 있는 새로운 군 상담 정책이나 제도를 건의하고 제안하는 역할을 할 필요가 있다. 또한 군내의 인적 자원을 효율적으로 관리하고 개발하는 방안을 제안하여 군 생산성을 향상시키고, 군 조직을 발전시켜서 최종적으로 군 전투력을 극대화할 수 있다.

2) 제도적 측면

전문가 상담모형 구축을 위한 제도적 측면의 노력을 살펴보면 다음과 같다.

첫째, 국방부와 군 교육기관 관계자들과 군 상담 관련 학회의 군 상담 전문가들이 중심이 되어 병영생활 전문상담관의 주요 업무, 상담 영역, 자격 규정, 교육 내용뿐만 아니라 군 상담 전문가의 선발과 처우 등에 대한 논의가 충분하게 이루어져야 한다. 그리고 공청회를 거쳐 전문상담관 제도에 대한 법제화가 이루어져야 할 것이다. 병영생활 전문상담관의 자격 요건이 강화되어 전문성을 갖춘 인원들이 선발되고 있지만, 2년 계약직 근로자여서 신분이 불안정하고 기본적인 수당조차 지급되지 않는 실정이다. 따라서 이들은 군에서 몇 년의 경력을 쌓고 나서 보다 조건이 좋은 곳으로 옮기는 경우가 다반사다. 전문상담관의 현재 신분으로는 현실적으로 군 상담전문가를 지속적으로 확보하기가 힘든 상황이므로, 이들의 신분을 군무원 등으로 보장해 줄 필요가 있다. 또한 군 상담전문가로서 석사급 이상 상담전문장교 제도를 도입하거나, 군종장교를 활용하기 위한 방안에 대해서도 충분한 연구를 거쳐 이를 법제화할 필요가 있다.

둘째, 군 상담 업무와 관련된 국방부 내 관련 부서로는 인사복지실의 병영정책과, 복지정책과 및 국방여성정책과 등이 있으며, 육군의 경우는 육군본부의 인사참모부, 감찰실, 육군 리더십센터 내 상담학처 등 다양한 부서에서 군 상담 업무를 맡고 있어 혼란이 야기될 수 있다. 따라서 군 상담 업무를 관장하는 주무 부서를 명문화할 필요가 있다.

셋째, 현재 군 교육기관에는 군 상담학과가 개설되지 않은 실정이며, 상지대학교와 충남대학교 및 건양대학교 등 민간대학원에 군 상담 전공이 개설되어 있다. 단기적으로는 상담에 관심 있는 간부들이 민간대학원에 입학하여 군 상담을 전공할 수 있도록 장려하고, 장기적으로는 국방대학교 대학원 등의 군 교육기관에 군 상담학과를 신설하여 군 상담전문가를 양성하는 것이 바람직하다.

마지막으로 군 상담 자격증의 경우 국방부가 전문성을 갖춘 민간 군 상담학회와 연계하여 공청회를 거쳐 (가칭) 군 상담 자격제도를 수립하여 시행할 필요가 있다. 군 상담제도뿐만 아니라 군의 문화에 맞게 군 상담자들의 윤리 규정을 명문화하는 일도 중요하다. 이를 위해 군 상담학회 차원에서 윤리제정위원회를 두어 명문화 작업을 한 다음, 공청회를 거쳐 제정 및 공포하는 절차가 요구된다.

3. 준전문가 상담모형과 전문가 상담모형의 비교

준전문가 상담모형과 전문가 상담모형을 비교하면 〈표 9-2〉와 같다.

〈표 9-2〉 준전문가 상담모형과 전문가 상담모형의 비교

구분	준전문가 상담모형		전문가 상담모형
	병사 상담모형	군 간부 상담모형	
상담자	분대장, 상담병, 군종병	군 간부	군 상담전문가
상담 대상	동료병사	부하장병	장병과 그 가족 및 군 조직 전체
중점	문제나 고민을 들어주고 공감, 상급자에게 건의	리더 역량 강화를 통해 고유 업무수행 도움	조직 차원에서 군 발전에 기여
상담 목표	공감, 사고예방, 정화작용	사고예방, 업무수행 능력 향상, 미래를 위한 준비, 군 전투력 강화	부적응행동 치료, 잠재력 개발, 팀워크 형성, 조직 및 병영 문화 개선
전문성 정도	준전문가		전문가
상담 영역	상담 영역 협소		상담 영역 다양
장점	다양한 인원, 근접 생활, 즉각적 조치		전문성 확보, 수평관계, 단일관계
단점	수평관계, 전문성 부족, 시간 부족	상하관계, 이중관계, 시간 부족, 전문성 부족	인원 부족, 즉각적 조치 곤란, 생활 공간 다름
상담 활동 수준	공감, 격려, 조치 건의	면담(신상 파악), 병영생활 지도, 고충상담, 부적응장병 관리	심리상담, 심리교육, 지휘관 교육 및 자문, 장병가족 상담, 병영 문화 개선
요구되는 능력	공감, 수용, 경청 능력	신상파악 능력, 병영생활 지도 능력, 부하와 관계 형성 능력, 기초적인 상담기법, 신인성검사에 대한 간단한 해석 능력, 위기 대처 능력, 진로 지도 능력	개인상담, 집단상담, 심리검사 해석, 가족상담, 심리교육(삶의 기술, 상담 마인드, 군 상담 중요성), 상담교육, 지휘관 자문, 정책 및 제도 제안
교육 내용	또래상담자의 역할, 공감, 수용 및 경청 등의 일반적인 상담 방법 이해	신상 파악 요령, 병영생활 지도, 관계 형성, 기초적인 상담기법, 간단한 검사 해석 요령, 위기 대처, 진로 지도 집단상담 등	• 민간전문가: 군 문화 및 특성 이해, 병영생활 체험, 군 상담 실습 • 군 전문가: 군 상담기법, 군 상담 실습, 심리검사 해석, 군 간부 상담 슈퍼비전, 의사소통 등 사회적 기술

준전문가 상담모형의 장점은 행정보급관, 주임원사, 부·소대장, 중대장 및 대대장 등 역할과 인원이 다양하며, 병사들과 같이 생활하기 때문에 병사들의 문제를 파악하기가 훨씬 수월하며, 지휘권이 있기 때문에 조치가 용이하다. 그러나 단점은 상담의 전문성과 상담 시간이 부족하며, 내담자인 장병들과 수평적 관계를 형성하기 어렵고, 간부이자 상담자라는 이중관계의 문제점을 지니고 있다.

전문가 상담모형의 장점은 병사들과 수평적인 관계를 형성하기 쉬우며, 상담의 전문성을 갖추고 있어서 부적응 병사들의 적응을 도울 뿐만 아니라 건강한 병사들의 잠재력 개발을 도울 수 있다. 또한 군 간부들의 상담교육 및 자문 역할을 수행할 뿐만 아니라 군 간부들의 가족에 대한 상담을 할 수 있다. 그러나 단점은 인원이 매우 부족하고, 지휘권이 없기 때문에 즉각적인 조치를 취하기 어려우며, 내담자들과 생활공간이 다르다는 점이다.

준전문가 상담모형과 전문가 상담모형 각각의 장점을 제고하고, 단점을 보완할 뿐만 아니라 준전문가인 동료상담자와 군 간부, 군 상담 전문가가 상호 협력하여 두 가지 모형이 조화를 이룰 때 군 상담의 효과를 극대화할 수 있으며, 실효성을 거둘 수 있다.

제2절 전문상담관 상담모형

1. 개요

군 전문상담관의 인력 운영 규모는 빠르게 확대되어 야전부대의 상담관 배치 단위는 연대급 부대까지 이루어졌다. 병영생활 전문상담관 제도가 처음 시행될 때 육군은 사단급 부대에 상담관이 2명씩 배치되어 활동하다가, 현재(2015년 12월 기준)는 사단급 부대에 평균 3명 이상씩 배치되어 상담관 한 사람이 담당하는 병력은 1500여 명 정도다. 해·공군은 책임 장병의 숫자가 육군보다 적어 실제로는 연대급 병력 규모의 장병들을 대상으로 상담활동을 하고 있다. 점차 상담관 운영 규모가 확대되고 책임 장병의 숫자는 지속적으로 감소할 것이므로, 이와 같은 추세는 직무수행 환경에 상당한 변화를 가져오리라 예상된다. 그러나 상담관의 임무와 역할, 활동 중점이나 범위 등에 대해서는 부대 내 계층별로 기대가 서로 다르다. 정책적으로도 구체적인 임무 범위의 설정이 불명확하며, 상담관 운영 규모의 변화에 따른 임무 내용에 대한 조율도 없는 상태다. 따라서 상담관이 자신의 책무와 정체성에 혼란을 겨기도 하고, 상담활동과 관련하여 해당 부대 지휘관이나 관련 간부와 갈등상황에 빠지기도 한다. 따라서 군 전반에서 공유할 수 있는 '전문상담관 상담모형'을 제안한다.

2. 전문상담관 상담모형 구축

1) 군 사고예방 종합시스템

국방부는 2017년까지 상담관 인력 운영 규모를 확대하고 연대급까지 병영생활 전문상담관을 배치한다고 밝혔다. 이처럼 사단급에서 연대급으로 배치제대가 하향화되면서 상담관 1명이 맡아야 하는 책임 장병의 숫자는 감소하였으며, 이에 따라 상담관 활동 목표와 중점, 대상과 방식, 상담 형태를 어떻게 설정하는 것이 바람직한 것인가를 고려해야 한다.

전문상담관 상담모형을 구안할 때 반드시 고려해야 할 것은 다음과 같다. 첫째, 현재 병영생활 전문상담관 제도가 군의 '사고예방 종합시스템'과 밀접하게 연계되어 있다는 것이다. '사고예방 종합시스템'은 〈표 9-3〉과 같이 입영 시 차단에서부터 식별, 관리, 처리의 4단계를 설정하여 복무부적응자와 사고우려자를 식별하고, 비전 및 그린캠프나 병역심사관리대 등을 통해 분리하도록 구성되어 있다. 병영생활 전문상담관은 입영 단계에서부터 자대복무, 현역복무부적합심사에 의한 분리까지 전 과정에 관여하게 된다.

〈표 9-3〉 군 사고예방 종합시스템의 구성

차단	식별	관리	처리
훈련소, 보충대	대대, 연대	군단, 사단	군사령부
• 정밀 신체검사 • 신인성검사 • 자살예방교육 • 교육기간 상담 및 관찰	• 신인성검사 • 면담 및 관찰 • 전문상담관 활동 • 전입신병 집중 관리	• 비전캠프 • 그린캠프 (부적합대상 심의)	• 병역심사관리대 (현역복무심사대)

둘째, 병영생활 전문상담관은 입영 및 신병교육 단계에서부터 자대배치 이후까지 병사들을 관찰하고 상담하며, 각종 심리검사 결과를 활용하여 군 복무에 부적응하거나 어려움을 호소하는 병사들의 관리 및 처리에 대해서 지휘조언을 하기도 한다. 또한 복무부적응으로 비전캠프나 그린캠프에 입소한 인원들에 대해서도 상담을 통해 복무 적응을 돕고, 현역복무 부적

합처리를 전제로 병사들이 입소하는 병역심사관리대에 배치되어 병사들이 복무를 지속할지
에 대한 판정에 개입한다. 이처럼 상담관 활동의 전반은 군의 사고예방 종합시스템과 밀접한
연관이 있는데, 책임 장병의 수가 조정된다고 할지라도 기본적으로는 이와 같은 시스템 속에
서의 역할 수용이 전제되어야 할 것이다. 왜냐하면 군 장면에서의 상담활동은 부적응 장병에
게 심리적 서비스를 제공하여 사고 및 자살을 예방하는 것이 주 목적이기 때문이다.

2) 전문상담관 소요

　상담관 한 사람이 담당해야 할 장병의 수는 각 군의 기존 및 신규 배치 상황을 잠정적으로
고려한 것으로써, 실제 소요는 군의 상담관 운영제도 방향과 중점에 따라 달라질 수 있다.
　우선 연대급을 전제로 하여 상담관 소요를 추정해 보면, 육군은 상담관 한 사람당 책임
장병 수가 1,500여 명 내외가 된다. 해군은 연대급 부대에 상담관 1명을 배치 시 책임 상
담관의 수가 약 45명 정도로 추산되고, 공군은 현재 상담관이 배치되지 않은 부대에 대한
추가 소요 2명에 방공여단에 추가 배치 소요를 반영할 때, 연대급 1명 배치를 위한 소요는
26명 정도로 추산된다. 이외에도 국직부대 중 국방부 근무지원단과 계룡대 근무지원단 등
에 대한 추가 소요가 예상되고, 국군 생명의 전화에도 현재 8명에서 추가로 5명이 소요되
어 총 13명이 요구된다. 이처럼 현실적 운용을 고려하면, 연대급 부대에 상담관 1명씩 배
치 시 전군의 상담관 소요는 육군 331명, 해군 45명, 공군 26명, 국직부대 17명 등 총 419여
명 수준이 된다. 한편, 한국군 64만여 명의 병력 규모를 기준으로 상담관 소요를 추정해 보
면, 연대급 1,500여 명을 기준으로 할 경우 전 군의 상담관 소요는 420여 명이 된다. 대대급
병력 500여명을 상담관 한 사람이 담당할 경우에는 1,300여명이 소요된다. 편제 병력을 기
준으로 한 소요 외에도 별도의 상담관을 고려한다면, 상담관 소요는 50~80여명이 추가된
다. 따라서 대대급 부대에 상담관을 1명씩 배치할 경우에는 1,350~1,380여명 정도의 상담
관이 소요된다.

3) 중장기적 상담활동

　첫째, 장기적인 시각에서 군 상담은 '반응적 서비스'와 '예방적 서비스'의 결합모형을 지
향해야 할 것이다. 반응적 서비스는 위험군 장병들을 대상으로 위기 개입, 치료, 교정을 목
적으로 하는 활동을 의미하며, 예방적 서비스는 장병 전체를 대상으로 개인적 차원에서의
예방과 발달 및 성장을 촉진하고, 조직적 차원에서는 군 전투력 유지 및 강화에 기여하는 활

동을 의미한다. 현 전문상담관의 활동은 군의 사고예방 시스템과 밀접히 관련되어 있으므로 위기병사의 식별과 전문적 상담을 통한 악성사고 예방에 중점을 두고 있다. 하지만 장기적으로는 전 장병을 대상으로 진로 및 취업상담, 잠재력 개발을 위한 각종 교육 등을 담당하는 한편, 군인 가족들을 대상으로 한 가족상담이나 아동상담 등으로 확대해 나가야 한다.

둘째, 전문상담관 군 상담모형은 중장기적 활동 방향을 염두에 두어 전문상담관 인력 규모를 고려한 단계별 직무 내용의 재설계를 주 내용으로 하고 있다. 즉, 전문상담관 인력 운영 규모와 이에 따른 배치제대 및 책임 장병 수를 기준으로 단기·중기·장기 모형을 설정하고, 상담관들은 단계적으로 어떤 직무에 초점을 맞추는 것이 적절한지, 또 반응적 서비스와 예방적 서비스가 어떤 비율로 구성되는 것이 적정한지를 판단해 보고자 한다. 여기서 단기모형은 상담관 인력 운영 규모가 120명 내외로서 사단급 부대 배치 상황을 전제한 것이며, 중기모형은 상담관 인력이 320~420명 내외로 연대급까지 부대 배치를, 장기모형은 상담관 인력이 1,000~1300명 내외로 대대급 부대까지 배치된 것을 상정한 것이다. 또한 이를 기반으로 상담관의 단계별 직무 내용을 제시하였다. 여기서 고려되는 직무는 학술적·정책적·현실적 측면에서 상담관이 수행해야 할 모든 직무를 포함하고 있다.

4) 전문상담관의 주요 활동

병영생활 전문상담관들이 현재 수행하고 있거나, 장래 요구되는 주요 직무는 크게 네 가지로 나뉜다. 첫째, 취약장병의 구호와 지원이다. 취약한 장병의 진단, 위기 개입, 적응 유도 및 후속 조치 활동이 이에 포함된다. 여기에는 심리검사나 평가, 전입신병과 입창자 등을 모두 포괄하는 개인상담, 전화 및 사이버상담 등이 해당된다. 둘째, 전체 장병을 대상으로 한 예방 및 관리 활동이다. 장병들의 스트레스 관리, 갈등 관리, 분노조절, 진로 설계 등의 능력을 함양하여 부적응행동을 예방한다. 그리고 비전 및 그린캠프를 지원하고 상담교육을 한다. 이외에 지휘 조언이나 장병 및 군인 가족에 대한 사회복지 차원의 상담서비스 업무를 수행한다. 따라서 연대급 또는 대대급까지 상담관을 확대 배치함에 따라 앞서 제시한 업무의 우선순위나 중점이 어떻게 변화되는지를 판단해 보는 것이 이 모형의 주된 내용이 된다.

3. 전문상담관 상담모형

국방부에서는 현재 2017년까지 병영생활 전문상담관 규모를 357여 명까지 확대해 나갈 계획이며, 이 계획대로라면 전군에는 연대급 부대에 상담관이 한 사람씩 배치된다. 병영생활 전문상담관이 현재 수행하고 있거나 수행이 기대되는 직무는 개인상담, 집단상담, 위기 장병 식별 및 파악, 심리검사 및 심리평가, 교육, 행정 등 여섯 가지다. 전문상담관이 사단급 부대에 배치되었을 때 '단기모형', 연대급 부대를 기준으로 배치되었을 때 '중기모형', 대대급 부대를 기준으로 배치되었을 때 '장기모형'으로 설정할 경우, 병영생활 전문상담관의 직무 중점과 활동 형태 및 업무 방법은 담당해야 할 책임 장병의 수와 연계하여 달라질 수밖에 없다. 본 모형에서는 각 단계에서 병영생활 전문상담관의 직무 중점 및 업무 형태가 어떻게 달라져야 하는지 제시해 본다.

1) 육군 전문상담관

(1) 개인상담

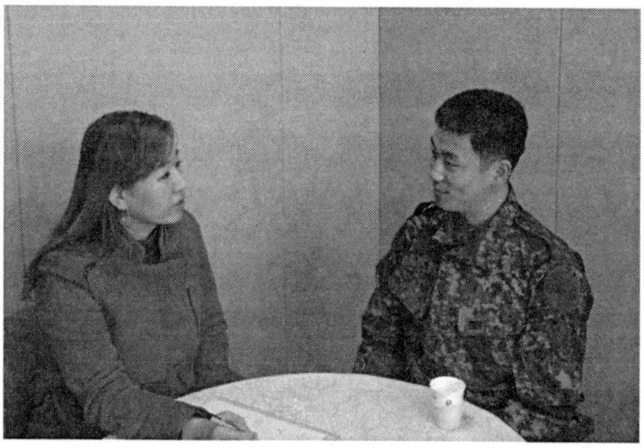

전문상담관의 배치 제대 및 책임 장병 수의 변화에 따라 가장 차이가 크게 나타나는 것은 개인상담이다. 이 중에서도 개인상담 대상과 주제, 회기 수 등이 영향을 받는다. 현재 육군의 경우는 거의 대부분 병사에게 개인상담이 집중되어 진행되고 있으며, 간부를 대상으로 한 개인상담 비중은 매우 작은 실정이다. 개인상담에 대한 각 모형별 변화 내용은 다음과 같다.

단기모형에서 병사(훈련병, 전입병, 일반병) 대상의 상담방식은 내방상담 및 출장상담과 전화상담이 주를 이룬다. 상담 접수경로는 자발적 방문 및 전화, 신인성검사의 결과, 부대 간부 의뢰를 통한 접수 등이다. 상담 주제는 위기 및 복무부적응 상담이 주를 이루며, 회기는 1~2회기의 단기상담이 많다.

중기모형에서는 병사뿐만 아니라 간부도 포함한다. 이때는 내방상담, 출장상담, 전화상담뿐 아니라 사이버상담도 포함한다. 상담 접수경로는 단기모형의 접수경로를 포함하여 동료 장병이나 군인 가족에 의한 접수도 된다. 상담주제는 위기 및 복무부적응 상담뿐만 아니라 진로 및 취업상담도 포함되며 상담회기는 3~5회가 된다.

장기모형에서는 단기와 중기모형의 대상자뿐만 아니라 군인가족이나 전역군인도 개인상담 대상에 포함된다. 방식은 중기상담과 같으며, 상담 접수경로 역시 중기상담자들을 모두 포함한다. 상담주제는 중기상담의 주제뿐 아니라 부부 및 가족상담이 포함되며 상담회기는 6회기 이상이 된다.

(2) 집단상담

집단상담의 단기모형에서는 위기 및 도움·배려병사 및 일반병 중심으로 시행하는 것이 불가피하지만, 중기모형은 훈련병이나 전입신병, 간부 대상으로도 가능하다. 이를 자세히 알아보면 다음과 같다.

단기모형의 상담대상은 위기 및 도움·배려병사(그린·비전캠프 입소자)와 일반병이며, 상담내용은 부대 적응력 향상과 도움·배려병사 스트레스 관리가 주가 된다. 의뢰는 소속부대에서 하는 경우가 대부분이다.

중기모형의 상담대상은 위기 및 도움·배려병사와 일반병뿐 아니라 훈련병 및 전입병과 간부를 포함한다. 내용은 부대 적응력 향상과 위기병사 스트레스 관리뿐 아니라 의사소통 향상, 대인관계 향상, 입대 동기별 집단상담을 포함하며, 의뢰 경로 역시 소속부대뿐 아니라 개인상담이나 심리검사를 통해 식별된 인원을 포함한다.

장기모형의 상담대상은 중기모형의 대상자를 포함하여 부적합심사 대상병까지 포함한다. 내용 역시 중기모형에서 제시된 내용과 더불어 자기이해와 성장, 비구조화 집단상담까지 실시할 수 있다. 소속부대에서 의뢰하거나 개인상담, 심리검사를 통해 식별된 병사들에게 실시하여 필요시 상담관이 계획하여 실시할 수 있다.

(3) 위기장병 식별

단기모형에서 위기장병은 주로 신인성검사 결과나 부대 및 간부의 의뢰, 심리검사 등을 통해 식별된다. 개입 방법은 지휘관에게 보고를 하고, 전문상담관에 의뢰하며 개인상담을 실시할 수 있다.

중기모형에서 위기장병은 단기모형에서의 식별 방법 외에 기타 방법으로 식별하고 있다. 기타 방법은 전입상담, 신병면담, 자살예방 교관, 가족에 의한 식별, 일상생활 관찰 등을 의미한다. 또한 중기모형에서는 단기모형의 개입 방법과 함께 자살예방 교육을 실시할 수 있다.

장기모형에서의 식별과 상담 의뢰 경로는 중기모형과 동일하고 개입 방법에서 현역부적합 심의 요청이 추가될 수 있다.

(4) 심리검사 및 심리평가

단기모형에서 활용되는 심리검사의 종류는 신인성검사, 심리부적응척도(우울, 불안, 자살), MMPI-2, 문장완성검사(SCT) 등이 해당된다.

중기모형에서는 단기모형에서 활용되는 심리검사 외에 진로검사가 추가된다.

장기모형에서는 중기모형에서 활용되는 심리검사 외에 가족(부부, 부모)검사가 추가된다.

(5) 상담교육

단기모형에서 교육대상은 훈련병 및 전입병, 위기병사와 일반병이다. 이때 교육 내용은 자살예방 및 생명교육, 부대생활 적응 및 스트레스 관리가 주가 된다.

중기모형에서 교육대상은 단기모형 대상을 포함하여 간부들이 추가된다. 교육 내용은 단기모형의 내용에 간부 대상 상담기법, 병영문화 개선, 리더십, 진로 및 적성이 추가된다.

장기모형은 중기모형 대상자를 포함하여 상담병, 병역심사 대상병, 군인가족, 전역병이 포함되며, 교육 내용은 중기모형의 교육 외에 자기이해 향상, 대인관계기술 향상, 성교육이 추가된다.

(6) 상담행정

전문상담관들의 행정업무는 크게 사례관리 보고와 업무 및 실적보고로 나뉜다. 사례관리 보고는 상담소견서 작성, 상담진행 경과, 개인상담 결과, 집단상담 결과, 심리검사 결과를 포함한다. 업무 및 실적 보고에는 통계요청자료 보고, 월간실적 보고, 주간업무 보고, 일일 업무 보고를 포함하며, 세부 내용을 살펴보면 다음과 같다.

단기모형에서 사례관리 보고에는 상담소견서 작성, 개인상담 결과 보고, 상담진행 경과 및 결과 보고를 하게 되며, 업무 및 실적 보고는 통계요청자료 보고와 월간실적자료 보고를 한다.

중기모형에서는 단기모형에서 제시된 행정업무 외에 사례관리 보고에는 집단상담결과 보고가 추가되며, 업무 및 실적 보고에는 주간업무 보고까지 하게 된다.

장기모형에서는 중기모형에서 제시된 행정업무 외에 사례관리 보고에는 심리검사 결과를 보고하게 되며, 업무 및 실적 보고에는 일일업무 보고까지 포함된다.

2) 해군 · 해병대 전문상담관

해군 · 해병대의 경우는 전단급(육군의 연대급) 부대배치를 단기모형으로, 전대급(육군의 대대급) 부대배치는 장기모형으로 설정하여 전문상담관의 직무를 제안하였다.

(1) 개인상담

단기모형(전단급 배치)에서 상담대상은 병사(훈련병, 전입병, 일반병)이며, 상담 방식은 내방상담, 출장상담, 전화상담이 주를 이룬다. 접수경로는 자발적 방문과 자발적 전화, 신인성검사 결과, 부대 간부의 의뢰로 상담을 실시하게 되며, 위기 및 복무부적응 상담이 주제가 된다. 회기는 1~2회기로 실시한다.

장기모형(전단급 배치)에서 상담대상은 병사뿐만 아니라 간부, 군인가족, 전역군인까지 포함한다. 상담 방식은 단기모형 상담 방식에 사이버상담까지 추가가 되며, 접수경로는 단기모형 경로뿐 아니라 동료장병이나 군인가족에 의한 접수가 포함된다. 상담 주제는 위기 및 복무부적응 상담을 포함하여 진로 및 취업상담, 부부 및 가족상담까지 추가된다. 회기는 3~5회기를 하며 필요시 6회기 이상 실시할 수도 있다.

(2) 집단상담

단기모형(전단급 배치)에서 상담대상은 위기 및 관심병사와 일반병이 주가 된다. 집단상담 내용은 부대적응력 향상, 위기병사 스트레스 관리 위주로 진행되며, 의뢰는 소속부대에서 하는 경우가 대부분이다.

장기모형(전단급 배치)에서 대상은 도움 · 배려병사와 일반병뿐만 아니라 훈련병 및 전입신병, 간부, 부적합심사 대상병까지 포함하게 된다. 집단상담 내용은 단기모형에서의 집단 내용뿐 아니라 의사소통 능력 향상, 대인관계 향상, 입대 동기별 집단상담, 자기이해 및 성장, 비구조화 집단상담까지 포함한다. 의뢰 경로는 소속부대 의뢰뿐 아니라, 개인상담이나 심리검사를 통한 식별, 상담관이 계획한 집단상담을 통해 발견 후 의뢰할 수 있다.

(3) 위기장병 식별 및 파악

단기모형(전단급 배치)에서 위기장병은 신인성검사 결과와 부대 및 간부의 의뢰, 심리검사 결과 등을 통해 식별하게 되며, 지휘관 보고, 군의관 및 정신과에 의뢰, 개인상담 등의 방법을 통해 개입하게 된다.

장기모형(전단급 배치)에서는 단기모형에서 제시된 방법뿐만 아니라, 기타 방법을 통해 위기장병을 식별할 수 있다. 기타 방법이란 전입상담, 신병면담, 자살예방교관, 가족, 일상생활 관찰 등을 의미한다. 개입방법은 단기모형에서 제시된 개입 방법 외에 자살예방교육과 현역부적합 심의요청 등을 추가로 실시할 수 있다.

(4) 심리검사 및 심리평가

단기모형(전단급 배치)에서 활용 가능한 심리검사는 신인성검사, 심리부적응척도(우울, 불안, 자살), MMPI-2, 문장완성검사(SCT)가 있다.

장기모형(전단급 배치)에서는 단기모형에서 제시된 심리검사 외에 진로검사, 가족(부부 및 부모)검사를 추가로 실시할 수 있다.

(5) 상담교육

단기모형(전단급 배치)에서 교육대상은 훈련병, 전입병, 위기병사, 일반병사이며, 교육 내용은 자살예방 및 생명 존중, 부대생활 적응 및 스트레스 관리가 주가 된다.

장기모형(전단급 배치)에서 대상은 훈련병, 전입병, 위기병사, 일반병사뿐만 아니라 간부, 상담병, 병역심사 대상병, 군인가족, 전역병사까지 포함한다. 교육 내용은 단기모형에서 제시된 내용뿐 아니라 간부대상 상담기법, 병영문화 개선 및 리더십, 진로 및 적성, 자기이해 향상, 대인관계기술 향상, 성교육 등을 포함한다.

(6) 상담 관련 행정

단기모형(전단급 배치)에서 행정업무 중 사례 관리 보고는 상담소견서 작성, 개인상담 결과, 상담진행 경과 및 결과 보고까지이며, 업무 및 실적 보고에는 통계요청자료 보고 및 월간실적 보고를 하게 된다.

장기모형(전단급 배치)에서 사례관리 보고는 단기모형에서 제시된 업무 및 집단상담 결과와 심리검사 결과 보고가 추가되며, 업무 및 실적 보고는 단기모형에서 제시된 업무 외에 주간업무 보고와 일일업무 보고가 추가된다.

3) 공군 전문상담관

공군의 경우에는 이미 배치 수준이 하향화되어 있으며, 인력 운영 규모가 확대된다 해도 직무 변화가 크지 않을 것으로 예상되어 제외하였다.

제3절 문제유형별 상담모형

문제유형별 상담모형은 크게 세 가지, 즉 개인 내적 요인과 부대 내적 요인 및 부대 외적 요인 상담모형으로 나누어 제시하였다.

1. 개인 내적 요인 관련 상담모형

개인 내적 요인 상담모형에는 자살 문제, 성격 문제, 건강 문제 그리고 성 문제 상담모형이 있다.

1) 자살 문제

군 복무 중인 병사들 중에는 자살에 대한 생각으로 괴로워하다가 결국은 자살을 시도하는 경우가 있다. 자살을 시도하려는 사람에게 중요한 것은 자살의 보호요인이다. 따라서 이들을 상담할 때는 보호요인을 파악하는 것이 중요하다. 자살 보호요인은 개인적 요인, 가정적 요인, 사회적 요인으로 나눠볼 수 있다. 구체적으로 살펴보면, 먼저 개인적 요인은 좋은 사회성 기술과 대처 기술, 합리적 문제해결 능력 및 위기관리 능력, 종교적 신념, 학업 및 직업에서의 성취가 있다. 다음으로 가정적 요인으로는 가족구성원 간의 좋은 관계, 가족으로부터의 지지, 부모를 비롯한 주 양육자의 일관성 있는 지도, 의사소통의 활성화, 가족의 안정과 능력이 있다. 마지막으로 사회적 요인에는 사회생활에 적극적인 참여(스포츠, 종교 활동 등), 동료들과의 원만한 대인관계 형성, 상사나 다른 권위적 대상과의 원활한 관계 유지,

주위 사람들로부터의 지지, 자살도구 및 방법으로부터의 접근 차단(약물 등 안전관리, 건물 옥상 출입문 잠금장치 등)이 있다. 자살위기 개입 과정은 자살위기 의사 표현을 감지하고, 자살의 위험성을 평가하며, 안전한 환경을 제공해 준 후에 자살위기에 대한 지속적인 상담을 한다. 자살위기상담은 자살생각을 보다 객관적으로 바라보도록 도울 수 있으며, 자살위기에 대해서 어떻게 대처할 수 있을지 개인적인 도움을 줄 수 있다. 또한 자살하고 싶을 정도로 어려운 상황임을 주변 사람들에게 털어놓는데, 털어놓는 것으로도 긴장이 줄어들고 안심되는 효과가 있다(대한군 상담학회, 2010, p. 9). 이들에 대한 상담요령을 알아본다.

> 유 상병은 잦은 자살시도로 그린캠프에 입소하게 되었으며, 그린캠프 기간 동안 상담에 의뢰되었다. 그는 사회복지학을 전공하고 있었는데, 21세기에 고령화로 인해 가장 전망이 밝아 보이는 노인상담을 하고 싶다고 할 정도로 미래에 대해 뚜렷한 계획을 가졌지만 자신도 모르게 지속적으로 자살을 계획하고 실행을 고민한다고 했다. 자살에 대한 생각이 들면, 자신도 모르게 벽에 머리를 부딪치는 방법으로 자살생각에서 벗어나고자 노력하고, 이는 또 다른 자해로 이어져 주변 병사나 간부들이 말려야만 그 상황이 끝나곤 했다.
>
> 유 상병의 경우는 우선 자살하려는 심정에 대해 비판 없이 다 수용해 주며 공감을 해 준다. 그런 다음 자살하려는 이유와 현재 느끼는 부정적인 감정을 모두 다 표출할 수 있도록 한다. 부정적 감정이 표출되고 나면, 자살의 구체적인 방법을 확인하고, 자살 후에 자신이 아끼는 사람들의 반응에 대해 생각해 보게 하거나, 자신이 살아야 할 이유가 무엇인지에 대해 말해 보게 한다. 그런 다음, 현재 자신이 처한 어려운 상황과 자신이 가지고 있는 문제에 대해 제3자 입장에서 생각해 보도록 하여 문제를 객관화시켜 준다. 자살하려는 마음속에 내포되어 있는 비합리적인 신념을 합리적인 것으로 바로잡아 주며, 자살의 이유를 해소할 수 있는 대안을 같이 찾아본다.

(1) 식별 방법 및 특징

• 주변 동료들에게 죽고 싶다는 표현을 자주 한다.
• 수첩이나 노트 등에 삶을 비관하며 죽음에 대해 동경하는 내용을 기록한다.
• 매사에 의욕이 없고 우울 증상을 보인다.

- 한밤중에 잠을 이루지 못하고 뒤척이거나 일어나 앉아서 깊은 생각에 잠긴다.
- 자신이 아끼던 물건이나 돈을 동료에게 넘겨준다.
- 갑자기 식사 양이 지나치게 많아지거나 적어진다.
- 평소보다 심하게 말을 많이 하거나 말이 없어지고 사람을 피한다.
- 과격한 언행을 하며 감정의 기복이 극도로 심해진다.
- '너는 군 생활 잘해라, 저 세상에서 다시 보자.' 라는 말을 하며 고립되고 위축된 행동을 한다.
- 죄책감을 표현하고 동료에게 사과하며 인간관계를 정리한다.
- 사물함을 정리하고 빌린 돈을 갚는다(특히 휴가 복귀 후).
- 평상시 '죽어버리면 그만' 이라는 말 등 현실 도피나 죽음을 합리화한다.
- 세상을 저주하고 삶에 대한 거부감을 표현한다.
- 평소 먹지 않는 약을 보관 또는 휴대한다.

※ 자살자의 60~90%는 자살과 관련된 경고 사인을 보인다.

(2) 대표 유형 및 원인
- 최근에 견디기 힘든 충격적인 일을 겪었을 경우
- 병영생활에 전혀 적응을 못하는 경우
- 스트레스를 이겨 내는 힘이 부족할 경우
- 집단 따돌림을 당할 경우
- 애인이 변심했을 경우
- 집안에 심한 어려움이 있는 경우
- 정신적인 질환이 심한 경우(예: 심한 우울증으로 무가치감 및 자괴감을 가지거나 정신증으로 환청이나 망상이 있을 때)

(3) 적절한 상담자
병영생활 전문상담관이나 군의관 및 군종장교 등이 상담자로 적절하다. 자살위기 상담은 고도의 전문성이 요구되기 때문이다.

(4) 효과적인 상담 방법

① 관계 형성

자살하려는 심정을 비판 없이 들어주고 공감해 준다. 예를 들어, "정말 얼마나 힘들면 자살까지 생각했겠니?"라고 할 수 있다.

② 감정정화법

자살을 하려는 이유와 현재의 괴로운 감정을 모두 도와준다. 예를 들면, "네 괴로운 심정을 모두 털어놨으면 좋겠구나!"라고 할 수 있다.

③ 자살 방법 확인

자살 방법을 구체적으로 생각해 봤는지를 확인한다. 예를 들면, "어떤 방법으로 자살할지 생각해 보았니?"라고 물을 수 있다.

④ 통찰

내담자가 자살 후 자신을 아끼는 사람들의 반응에 대해 생각해 보도록 한다. 예를 들면, "네가 죽으면 부모님의 심정은 어떻겠니?"라고 할 수 있다.

⑤ 관점 변화

현재의 어려운 상황과 자기 자신의 문제에 대하여 제3자 입장에서 생각해 보도록 하여 자신의 문제를 객관화한다. 예를 들어, "다른 사람이 너와 같은 입장이라면 과연 어떻게 할 것 같니?" "바닷물은 3%의 소금으로 인해 썩지 않는 거야. 우리 마음속에 살고자 하는 의욕이 조금만 있어도 우린 살아갈 수 있어!"라고 할 수 있다.

⑥ 부정적 · 비합리적 사고의 교정

자살하려는 마음에 내포된 비합리적 사고(예: 나 같은 놈은 살 가치가 없다)와 부정적 사고(예: 다 내 잘못이고 잘 되는 것은 불가능하다)를 논박을 통해 합리적 · 긍정적 사고로 바꿔 준다. 예를 들어, "그런 실수를 다른 사람들은 전혀 안 할까?" "과연 너에게만 잘못이 있는 것일까?"라고 할 수 있다.

⑦ 대안 수립

자살의 이유를 해소할 수 있는 현실적인 다른 방안을 찾도록 한다. 예를 들어, "지금 이 상황을 풀어 나가려면 어떻게 하면 좋을까?" "지금의 힘든 상황을 극복하기 위해 우리 같이 노력해 보자." "어렵고 힘든 상황에서도 성공한 사람들이 많이 있어! 내가 그 사람의 책을 줄 테니까 읽어 봐라." 등이 있다.

(5) 부적절한 표현

자살을 생각하거나 시도하려는 내담자를 상담할 때 바람직하지 않은 표현이 있다. "죽는다고 모든 것이 다 해결되냐!" "그것은 책임회피에 불과해. 너만 힘들고 어려운 줄 아냐! 인생 자체가 힘든 거야!" "남자가 뭐 그까짓 거 가지고 고민하냐! 시간이 지나면 다 해결될 텐데." "네 인생은 네 거야! 누가 책임을 지냐! 네가 책임지는 거지." 등이 그 예다.

(6) 상담 후 조치사항

- 자살징후가 심각하면 상담 종료 즉시 '자살금지 서약서'를 작성시킨다. 자살을 고민하고 있는 사람이 서약서를 작성할 경우 자살을 막는 효과가 있다. 모든 내용을 자필로 작성하는 것이 좋다.
- 최소한 대대장까지 지휘계통으로 보고하여 자살의 원인을 해소할 수 있는 방법을 강구하고 병영생활 전문상담관에 의한 상담과 정신과 진료를 조치한다.
- 자살우려자와 친밀한 전우나 좋아하는 간부에게 24시간 동행하도록 하며 가급적 혼자 두지 않는 것이 좋다.
- 비밀을 유지하려고 애쓰지 말고 내담자의 동의를 얻어 동료들에게 알리고 동료들이 진심으로 도울 수 있도록 노력한다.
- 자살우려자의 상태에 지속적인 관심을 가져야 한다.

2) 성격 문제

군 복무중인 병사들 중에는 성격 문제로 인해 사람을 피하거나 매사에 의욕이 없고 대인관계에서 피해의식이 있는 병사가 있다. 성격 문제로 감정을 잘 조절하지 못하는 경우도 있어서 집단 따돌림을 당하거나 심한 경우 자살을 하기도 한다. 다음에서는 성격 문제 상담의 사례를 제시하고, 상담 요령을 알아본다.

박 이병은 우울증 검사에서 높은 점수가 나왔으며, 부대 관리 차원에서 행정보급관을 통해 상담에 의뢰되었다. 박 이병은 군 생활을 잘할 수 있을까 하는 불안함 때문에 오히려 주어진 업무를 제대로 못하고 있으며, 군대 내에서 어떻게 행동하는 것이 옳은 것인지 모르겠다며 어려움을 호소했다. 외도로 어린 시절 집을 나간 엄마와 그런 엄마 때문에 매일 술을 마시며 폭력을 행사하는 아버지는 박 이병과 동생을 제대로 돌봐 주지 못했다. 따라서 박 이병은 내향적이지만, 수동공격적 성향으로 내재된 분노를 가지고 있었다. 항상 잘못된 것을 자신의 탓으로 돌렸으며, 지나치게 걱정하고 염려하였고 상급자에 대한 부정적인 감정을 지니고 있었다.

박 이병의 경우는 상담자가 긍정적인 관계를 형성하도록 노력하고, 현재 그가 느끼는 심정을 충분히 공감하고 수용해 주는 것이 중요하다. 또한 부모님에 대한 부정적인 감정을 최대한 많이 털어놓을 수 있도록 수용하고 지지해 준다. 부정적 감정이 충분히 해소되어 부모님을 이해하는 단계까지 오면, 긴장과 불안을 풀기 위한 근육이완법을 실시하고 자신의 무가치함이나 상급자에 대한 불신 등 비합리적 사고를 논박하여 합리적 사고로 바꿔 준다. 또한 피해의식이나 걱정, 공상 등과 같은 자신이 현재 지닌 생각이 현실 속에서 일어날 만한 일인지 혹은 실현 가능한 일인지 현실을 직면하도록 하고, 문제 증상에 대한 해결책과 대처 방법을 함께 찾아보도록 한다.

(1) 식별 방법 및 특징

- 매사에 부정적인 말을 하고 의욕이 없으며 자기비하와 자기 탓이 심하다.
- 자신에 대한 비판에 민감하며 자신과는 상관없는 일에 피해의식과 불안감을 보인다.
- 사람을 피하고 혼자 있으려 하고 의존적이고 소극적인 태도를 보인다.
- 흥분을 잘하고 감정기복이 심하며 말을 직설적으로 하여 말다툼이 잦다.
- 몸이 아프다는 호소를 자주 하고 힘든 일은 열외하려고 한다.
- 일을 앞두고 지나치게 걱정과 염려를 한다.

(2) 대표 유형 및 원인

- 부모의 무관심이나 애정 결핍으로 인해 자존감이 부족한 경우

- 부모의 과잉통제나 억압 및 학대로 인해 적개심과 반항심이 내재된 경우
- 부모의 과대평가나 과잉보호로 인해 이기적이고 타인에 대한 배려가 부족한 경우
- 어릴 때 충격적인 경험(예: 부모 사망, 성추행 등) 등으로 자신감이 부족한 경우
- 힘든 일에 열외하거나 타인의 관심을 받으려는 욕구 때문에 신체 증상을 호소하는 경우
- 주위 사람들에게 마음의 상처를 많이 받은 경우

(3) 적절한 상담자

일차적인 상담자로는 소대장이 적절하다. 왜냐하면 소대장이 병사들을 항상 접하기 때문에 병사를 면밀히 관찰하고 파악할 수 있어서 단순히 성격적인 문제인지 정신과적인 문제인지 판단할 수 있다. 만성적인 성격 문제이거나 정신증의 경우에는 병영생활 전문상담관 등의 전문가에게 의뢰한다.

(4) 효과적인 상담 방법

① 관계 형성

부하의 현재 심정에 대해 충분한 공감과 수용을 해 준다. 예를 들어, "너도 그러고 싶지는 (불안, 우울, 걱정, 예민, 감정 폭발 등) 않은데 잘 되지 않아서 괴롭겠구나!" "동료들에게 감정을 다 표현하고 나서 나중에 후회했겠구나!" 라고 할 수 있다.

② 근육이완훈련

내담자의 긴장과 불안을 해소시키기 위해 머리에서 발끝까지 근육이완법을 실시한다.

③ 비합리적 사고의 교정

자신에 대한 무가치함과 절망감 등의 비합리적 사고를 논박해서 합리적 사고로 바꿔 준다. 예를 들어, "매사에 완벽을 추구하면 힘들 수도 있는데……." "과연 실수하지 않는 사람이 이 세상에 존재할까?" 라고 할 수 있다.

④ 부정적 사고의 긍정화

관계형성을 통해 어릴 때의 충격적인 경험을 이야기하도록 하여 부정적인 감정을 정화시키고, 부정적 사고(자기 탓, 낙인찍기, 부정적 · 당위적 사고 등)를 긍정적인 사고로 바꿔 준다.

예를 들어, "너에게 정말 부정적인 면만 있는 걸까?" "네가 잘하는 점은 없을까?"라고 할 수 있다.

⑤ 부적 벌(강화 제거) 및 통찰

정신적인 스트레스와 책임을 회피하기 위한 신체 증상의 호소에는 무관심을 보이며, 심리적인 원인을 통찰하도록 유도한다. "혹시 심리적 부담이 커서 몸이 아픈 건 아닐까?" "사람은 정신이 육체를 지배할 수도 있는데 말이야!"라고 할 수 있다.

⑥ 현실 직면

자신의 생각(예: 신체 증상, 피해의식, 걱정, 공상 등)을 현실에서 확인하도록 한다. 예를 들어, "이 상병이 정말 그렇게 말했는지 이 상병에게 직접 물어보면 어때?"라고 할 수 있다.

⑦ 대안 수립

문제 증상에 대한 해결책과 대처 방법을 모색한다. 예를 들면, "좀 더 적극적으로 살고 싶은데 잘 안 되지? 우리 같이 좋은 방법을 찾아볼까?" "감정을 잘 다스리려면 어떻게 하면 좋을까?"라고 말한다.

(5) 부적절한 표현

성격 문제를 가진 내담자와 상담할 때 바람직하지 않은 표현은 "사나이가 왜 그렇게 소심해. 좀 더 대범하게 살아라!" "넌 참을성이 없고 급한 게 문제야. 매사에 신중해졌으면 좋겠다." "걱정한다고 좋아질 건 하나도 없어. 맘을 편하게 먹어." "세상을 자기 기분대로 살 수는 없는 거야. 자기감정을 다스릴 줄 알아야지!" 등이 있다.

(6) 상담 후 조치사항

- 자살시도 가능성을 확인하여 적절히 조치한다.
- 만성적인 성격 문제는 장기간의 상담이 필요하므로 인내심을 가지고 지속적으로 상담한다.
- 성격 문제가 심각한 경우는 병영생활 전문상담관, 군의관 및 군종장교 등 전문가에게 의뢰한다.

3) 건강 문제

군 복무중인 병사들 중에는 건강 문제로 주어진 업무에 집중하지 못하고 매사에 자신감을 잃어버리거나 무단이탈을 하고 집단 따돌림을 당하며 생활하는 병사가 있다. 이들에 대한 상담요령을 알아본다.

> 임 이병은 군 입대한 지 얼마 안 되는 신병으로 일반 사회와 다른 군 복무 중 부적응을 경험하고 있으며, 무엇보다도 부정맥 때문에 힘들어하고 있다. 그는 공군사관학교에 합격한 후에 알게 된 부정맥 때문에 자신의 오랜 꿈이던 조종사를 포기해야 했다. 그때부터 우울한 증상이 시작되었으며 자신이 무가치하다고 여기기 시작했다. 군대에 오기 전에는 술에 의존하여 우울함을 떨치곤 했으나 현재 군 생활 중에는 우울을 해결하기 위한 어떤 노력도 하지 않고 있으며, 극복할 의지도 없다.
>
> 이와 같은 경우 임 이병의 '부정맥' 정도를 확인하여 필요시에는 후송이나 외진, 청원휴가 등을 통해 조속히 치료하도록 해야 한다. 부정맥뿐 아니라 목표 좌절에서 온 상실감도 큰 문제이기 때문에 그 꿈이 상실되었을 때의 슬픔이나 상실감을 충분히 표현할 수 있도록 수용해 주고 공감해 준다. 그리고 현재 군 생활에 힘든 문제에 대해서도 다뤄 주며, 스트레스를 받고 힘든 문제에 대해서도 얘기하며 표현할 수 있도록 한다. 또한 현실적으로 해결할 수 있는 적절한 대안을 함께 찾아보도록 한다. 마지막으로 상담자는 임 이병이 지닌 신체적인 문제를 해당 간부나 주위 병사들에게도 알려 주어 따돌림을 당하거나 꾀병을 부린다는 인식을 갖지 않도록 조치한다.

(1) 식별 방법 및 특징

- 건강에 대해 지나치게 과민 반응을 보이며 병원에 자주 찾아간다.
- 아무도 자신의 고통을 이해해 주지 않는다고 말하며, 우울 증세를 보인다.
- 적절한 치료를 받지 못해 고통이 계속될 경우에는 난폭한 행동을 보일 수 있다.
- 훈련과 작업 등의 힘든 일에 열외하려고 한다.
- 상급자에게 자신의 고통을 호소하며 의존적인 태도를 보인다.
- 자기중심적이며 타인의 인정과 관심을 받으려는 욕구가 강하다.

(2) 대표 유형 및 원인

- 신체 질환으로 주어진 임무를 제대로 수행하지 못하는 경우
- 심한 정신적 스트레스로 인해 심인성(정신적인 문제가 원인이 되어 신체 증상을 보임) 신체 증상을 호소하는 경우
- 건강상의 이유로 동료와 어울리지 못하고 소외감을 느끼는 경우
- 군 생활이 힘들어서 꾀병을 부리는 경우
- 각종 질병으로 고통을 받고 있거나 적절한 치료를 받지 못하는 경우
- 현역복무 부적합 판정을 목적으로, 신체 증상을 거짓으로 보이는 경우

(3) 적절한 상담자

가벼운 건강상의 문제는 행정보급관이나 주임원사가 적절하며, 치료를 요하는 건강 문제는 군의관이 적절하다.

(4) 효과적인 상담 방법

진료를 통해 내담자가 호소하는 신체적 질병이 꾀병인지, 심인성 증상인지, 기질적 질환(실제 건강에 이상)인지를 확인한다.

① 꾀병

꾀병인 경우는 증상에 대해 관심을 가지지 말고, 비난하지 말며, 잘하고 있는 면에 대해 칭찬을 해 주어 동기부여를 한다(부적 벌과 정적 강화). 예를 들면, "네가 빈틈없이 업무를 처리해 믿음직스럽구나!"라고 말할 수 있다.

② 심인성

심인성(心因性)인 경우는 가급적 증상에 대해 언급하지 않으면서(부적 벌), 스트레스를 받고 힘들어하는 이유를 공감해 주며(관계형성, 예: "선임병이 사사건건 꼬투리를 잡으니 정말 힘들겠구나!"), 증상이 심리적 원인 때문이라는 것을 깨닫게 하고(통찰, 예: 군의관에게 진료를 받게 하여 신체적으로 이상이 없음을 확인시킨다.), 현실적으로 적절한 대처 방안을 같이 찾아본다(대안 수립, 예: "이제 어떤 마음의 자세가 필요하지?").

③ 기질적 질환

기질적 질환인 경우는 증상의 심각성 정도에 따라 후송이나 외진, 청원휴가 등을 통해 조속히 치료하도록 한다.

(5) 부적절한 표현

건강 문제를 호소하는 내담자와 상담할 때 바람직하지 않은 표현이 있다. "꾀병 아니냐? 엄살 떠는 것 맞지?" "군대에서 그건 병도 아니야. 그냥 하라면 하는 거야!" "그 정도 가지고 훈련을 열외하면 훈련할 병사가 어디 있나? 정신력으로 참아!" 등이 그 예다.

(6) 상담 후 조치사항

• 실제 신체 증상이 있다고 판단될 때 군의관에게 진료를 받도록 조치한다.
• 내담자의 신체적인 문제를 주위 병사들에게 알려 주어 따돌림을 당하지 않도록 한다.
• 신체허약, 만성피로의 경우는 적절한 운동을 권유하며, 필요시 보직 변경 등을 조치한다.

4) 성(性) 문제

군 복무중인 병사들 중에는 성 문제로 인해 괴로워하다가 무단이탈을 하거나, 성추행 가해자에 대한 구타 등의 가혹행위를 하는 병사들이 있을 수 있다. 이들에 대한 상담 요령을 알아본다.

윤 일병은 남자 중학교를 나왔는데, 중학교 시절부터 동성인 친구에게 설레는 감정을 느꼈으며 그 친구의 생각 때문에 잠을 이루지 못할 때도 있었다. 고등학교는 남녀공학을 나왔음에도 이성 친구에게는 전혀 관심이 없었으며, 동성 친구가 좋아서 여러 번 가슴앓이를 했다. 고등학교를 졸업하고는 채팅을 통해 만난 얼굴도 모르는 남자와 성적인 행위를 한 적도 여러 번 있었다. 군대에 와서 맞선임인 최 상병이 자신을 잘 챙겨 주고, 업무 중 실수를 했을 때도 화내지 않고 잘 도와주었는데 그런 최 상병이 점점 좋아지고 가슴이 두근거려 주어진 업무에 집중이 어렵다고 한다.

효과적인 상담을 위해서는 먼저 내담자가 지닌 동성애라는 문제에 대해서 선입견이나 편견 없이 수용하고 공감해 준다. 그런 다음 그가 느끼고 있는 수치심이나 죄책감 등의 감정을 상담 장면에서 숨김없이 다 드러내고 표현할 수 있도록 조력한다. 특히 감정이 심하게 고조되어 있다면, 근육을 이완시켜 마음의 안정을 찾도록 하는 것이 좋다. 그리고 지속적인 상담을 통해 부대 내에서 동성애가 어떤 부정적인 결과를 초래할지에 대해서 깨닫게 하며, 적절한 해결 방안을 함께 찾는 노력을 한다. 성 문제는 개인만의 문제가 아니기 때문에 부대원들에게 전문가를 통한 성 교육을 실시하는 것도 중요하다.

(1) 식별 방법 및 특징

- 심한 모욕감과 수치심으로 인해 사람을 피한다.
- 분노 및 스트레스 등으로 인해 얼굴이나 태도에서 불안한 모습을 보인다.
- 겉으로 보기에 특별한 이유 없이 동료에게 폭언을 한다.
- 성적인 농담을 자주 하며 과도하게 신체 접촉을 한다.
- 걸음걸이, 말투, 목소리 등이 여자 같은 느낌을 준다.

(2) 대표 유형 및 원인

- 동성애를 고민하는 경우
- 성폭력, 성추행을 가한 경우
- 성폭력, 성추행을 당한 경우
- 어릴 때부터 여성적인 취향이 있는 경우
- 성 정체감에 혼란이 있는 경우

(3) 적절한 상담자

병영생활 전문상담관이나 군종장교, 군의관 등이 상담자로 적절하다. 왜냐하면 전문지식을 갖고 있어 직접적인 문제해결을 도와줄 수 있으며, 문제해결에 대한 신뢰감을 줄 수 있기 때문이다. 또한, 내담자는 주변 가까운 사람들에게 성과 관련된 문제를 알리고 싶어 하지 않기 때문이기도 하다.

(4) 효과적인 상담 방법

① 관계 형성

성적인 문제(예: 동성애)에 대한 선입견이나 편견 없이 개방적인 자세로 내담자의 문제를 수용하고 공감해 준다. 예를 들어, "정말 충격이 컸겠구나! 얼마나 놀랐니?", "창피하고 부끄러워서 아무에게도 말도 못하고 얼마나 괴로웠니?" "정상이 아닐지도 모른다는 생각 때문에 고민이 많았겠구나!" 라고 할 수 있다.

② 감정정화법

수치심과 분노 및 죄책감 등의 감정을 상담 장면에서 적나라하게 표현하도록 한다. 예를 들면, "이 상병이 죽이고 싶도록 밉겠구나!" "다른 사람이 알게 될까 봐 두려웠겠구나!" 등이 있다.

③ 근육이완훈련

감정이 심하게 고조되었을 때에는 근육이완을 시켜 마음의 안정을 찾도록 한다. 예를 들어, "오른손 다섯 손가락에 힘을 최대한으로 줘 봐라. 그러고 나서 열을 센 후 한꺼번에 힘을 빼."라고 말한다.

④ 통찰

동성애나 성추행 등의 부정적인 결과에 대해 깨닫도록 한다. "예를 들어, 계속 그런 행위를 할 때 결국 네가 어떻게 될까?" 라고 할 수 있다.

⑤ 대안 수립 및 비밀보장 한계 설득

적절한 해결 방안(예: 성추행 가해자의 경우 법적 조치 및 타 부대 전출 등)을 찾아 즉시 조치할 것을 약속한다. 성 문제는 비밀을 지킬 수 없다는 것을 설득한다.

(5) 부적절한 표현

성적인 문제로 고민하는 내담자를 상담할 때 바람직하지 않은 표현은 다음과 같다. "살다 보면 별의별 일을 다 겪는 거야. 그냥 개에게 물렸다고 생각해." "시간이 약이야. 시간이 지나면 나아질 거야." "너 정말 문제가 있는 것 같다. 당장 군의관을 찾아가 보도록 해라." "그런 상황을 네가 적절히 잘 피했어야지!" 등이 있다.

(6) 상담 후 조치사항

- 병영생활 전문상담관 및 군의관 등에 의한 성교육을 실시한다.
- 지휘관은 성 군기 문란행위 및 처벌 규정에 대해 교육한다.
- 성추행 가해자에 대해서는 법무장교의 조언을 받아 즉각 조치한다.
- 동성애의 경우 심리검사를 받아 보도록 정신과 진료를 의뢰한다.
- 부대 내의 성폭력이나 성추행은 단호한 대응책과 신뢰체계를 구축한다.

2. 부대 내적 요인 관련 상담모형

1) 복무부적응 문제

군 복무중인 병사들 중에서 군이라는 특수한 물리적·사회적 환경에 적응을 하지 못해 여러 가지 어려움을 겪고 있는 사례들이 있다. 집단 따돌림을 주도하거나 당하거나, 폭언이나 구타 및 가혹행위를 행하거나 당하거나, 부대를 무단이탈하여 심지어는 자살을 시도하는 사례에 대해 효과적인 상담개입이 필요하다.

> 김 일병은 신체 증상을 동반한 강박 증상을 호소하며 직접 중대장을 통해 신청하였다. 주 호소 문제는 잠도 오지 않고 소화가 안 되며 변비 증상도 있고 여기저기 안 아픈 곳이 없다고 하였다. 또한 군대에서 말할 사람이 없고, 전우들에게 잘하는 모습을 보여 주고 싶으나 실수에 대한 두려움이 크다고 했다. 특히 여자 친구와 헤어진 후 강박적인 행동으로 인해 업무에 어려움을 느끼며 일상생활에서도 불편함을 느끼고 있다. 김 일병의 경우는 발달적으로 미숙한 강박적이고 의존적인 성격이 군대라는 특수한 상황에서 부적응을 일으켰을 가능성이 높으며, 본인이 문제를 직접해결하기 보다는 타인에게 의존하여 회피하려는 모습을 보인다. 이 경우는 원무지계 전략을 사용하여 자신의 욕구를 알게 하고, 그 욕구를 얻기 위해 한 노력에 대해 물어보며, 목적 달성 여부를 파악한 후에 성공했다면 그것을 계속하도록 격려하고, 성공하지 못했다면 성공할 수 있는 계획을 다시 세울 수 있도록 상담을 진행하는 것이 좋다.

(1) 식별 방법 및 특징

- 동료나 선임병 또는 후임병 등과의 대인관계를 기피하고 혼자 있기를 좋아한다.
- 정서적으로 불안정하고 자신감이 없으며 주변 사람들의 눈치를 심하게 본다.
- 매사에 의욕을 보이지 않으며, 근무에 태만하거나 주어진 일을 적당히 한다.
- 군 생활에 대한 불만을 동료에게 자주 토로하거나 얼굴이 어둡고 긴장되어 있으며 매사에 경직된 태도를 보인다.
- 선임병들에게 인정을 받지 못하고 집단 따돌림을 당한다.

(2) 대표적인 유형 및 원인

- 부대 전입 후 적응에 어려움을 겪는 경우
- 건강이 좋지 않아서 힘든 훈련이나 과중한 업무, 특수 임무 등을 수행하는 데 어려움을 느끼는 경우
- 특정 선임병의 횡포나 병영생활 부조리 등으로 인한 심리적 불안과 스트레스 때문에 군 복무에 적응하지 못하는 경우
- 주어진 임무와 역할이 본인에게 맞지 않거나 능력이 부족하여 감당하기 힘든 경우
- 개인적인 성격의 결함에서 오는 경우

(3) 적절한 상담자

병사에 대한 전반적인 내용을 파악하고 있을 뿐 아니라, 휴가 등에 관한 재량권이 있고, 즉각적인 문제해결이 가능한 중대장이 상담자로서 적절하다.

(4) 효과적인 상담 방법

① 관계 형성

복무부적응으로 인해 겪고 있는 불안, 우울, 열등감, 무가치함, 고통 등의 감정에 대해 충분히 공감을 해 주어서 심리적 안정감을 갖게 한다. 예를 들면, "정말 힘들었겠구나! 좋은 해결 방법을 같이 찾아보자." "그래! 그때 너를 괴롭힌 선임병들이 정말 원망스러웠겠구나!"라고 할 수 있다.

② 부정적 사고의 긍정화

병사의 자신감을 회복시켜 주기 위해서 긍정적인 측면과 장점을 찾아서 인정해 주고 인간으로서 가치와 존엄성을 존중해 준다. 예를 들면, "너무 못하는 것만 생각하지 마라. 너도 잘하고 있는 게 있잖아." "너는 잘하고 싶은데 뜻대로 안 되어 힘이 들겠구나!"라고 할 수 있다.

③ 모델링

상담자가 부대 생활에 잘 적응하는 모델이 되어 내담자로 하여금 배우도록 하는 것이 좋다. 예를 들면, "나 같으면 말이야 그 상황에서 이렇게 할 것 같은데……."라고 할 수 있다.

④ 대안 수립

복무부적응 병사는 스스로 창의적인 문제해결이 어려운 상태일 수 있기 때문에 성급한 조언이나 충동보다는 스스로 해결을 위한 실마리를 찾을 수 있도록 천천히 그러나 구체적으로 접근해야 한다. '원무지계 전략'을 활용하는 것이 효과적이다. 원무지계란 다음과 같은 뜻을 담고 있다. '원: 정말 원하는 것이 무엇인가?' '무: 원하는 것을 얻기 위해 무엇을 해보았나?' '지: 지금까지 해온 것의 결과는?(목적 달성 여부)' '계: 성공했다면 계속해 보고, 성공하지 못했다면 합리적인 계획을 찾아보자.'

⑤ 강화

내담자가 긍정적으로 변화해 가는 모습에 대해 적극적으로 지지하고 격려해 주며 진심으로 기뻐해 준다. 노력이나 성공에 대해 강화를 할 수 있는 질문의 공식이 있다. "군에서 생활한다는 것이 처음에는 쉽지 않은데 어떻게 하고 있지" "화가 끓어오를 때 즐거웠던 다른 생각을 떠올렸던 노력이 효과적이었구먼. 어떻게 그런 생각을 할 수 있었지? 나도 자네에게 좋은 걸 배웠네." 등이 그 예다. "노력하니까 되잖아. 정말 중대장이 더없이 기쁘구나!"라고도 할 수 있다.

(5) 부적절한 표현

복무부적응 문제로 어려움을 겪는 내담자를 상담할 때 바람직하지 않은 표현이 있다. "누가 너를 괴롭히니? 당장 영창에 보내야겠다." "잘하려고 너부터 노력해야지. 그래야 선임병들이 좋아할 것 아니야!" "군대에선 시키는 대로 하는 게 가장 현명한 거야. 지금 병장들도 다 너 같이 힘든 시절을 겪고 병장이 된 거야!" "군대는 다 그런 거야. 참고 견디는 수밖에 없어." "시간이 흐르면 다 해결될 거야." 등이다.

(6) 상담 후 조치사항
- 복무부적응의 원인에 따라 병영생활 전문상담관, 군종장교, 군의관 등과 상담을 하도록 조치한다.
- 업무수행 중 지휘관(자)이 중간 중간 지도 및 격려를 해 준다.

2) 전입신병 문제

야전 지휘관들은 일선 부대에 전입해 오는 신병들에 대해 의무적으로 상담을 실시하고 있다. 첫 단추를 끼우는 것이 중요하다는 말이 있듯이 신병에게 지휘관의 첫인상은 매우 중요하다. 지휘관들은 신병 상담 시 여러 가지 상담요령을 적절히 활용하여 상담해야 한다. 신병들에게 앞으로 군 생활을 하면서 고민이 있을 때 찾아가서 도움을 받고 싶다는 마음을 갖도록 신뢰감을 주어야 한다. 또한 군 생활에 대한 긍정적인 마음을 심어 주고, 새로운 부대 생활에 보다 잘 적응할 수 있도록 도와줄 수 있어야 한다. 이들에 대한 적절한 상담요령을 알아본다.

(1) 식별 방법 및 특징
- 새로운 부대에 낯설어하며 어색해할 수 있고 매사에 미숙한 경향을 보인다.
- 주변 사람들의 눈치를 보거나 자신감이 없을 수 있다.
- 긴장되어 있고 불안해한다.
- 지휘관과 상담 시 개인적인 신상에 대해 노출하는 것을 주저할 수 있다.

(2) 상담의 목적
- 전입신병과 친밀한 관계를 형성한다.
- 상담을 통해 신병의 장단점을 파악한다.
- 생소한 부대 환경에 보다 잘 적응할 수 있도록 도움을 제공한다.

(3) 적절한 상담자

자대배치를 받은 모든 전입신병을 대상으로 소대장과 중대장 및 대대장이 상담을 실시한다.

(4) 효과적인 상담 방법

① 관계 형성

상담을 시작할 때 신병을 따뜻하게 환영하고 부대를 소개하거나 파악된 개인 신상을 자연스럽게 얘기하는 것이 좋다. 모든 신병이 거쳐 가는 과정이라는 의례적인 느낌을 주거나 궁금한 점에 대해서 심문하듯이 질문을 하면 신병이 형식적으로 상담에 임하거나 불안감이 고조되어 솔직하게 말하지 않거나 지휘관의 질문만을 기다리는 수동적인 자세를 보일 가능성이 있다. 예를 들어, "군이라는 새로운 환경에 들어왔으니 낯설고 어색할 거야. 잘 적응하도록 도와줄 테니 우리 열심히 해 보자!" "이곳이 네가 전역할 때까지 생활한 자대니까 집이라고 생각하고 편안하게 마음먹어라!" 라고 할 수 있다.

② 정보제공

상담자는 부대생활과 관련하여 도움이 될 만한 사항을 신병에게 이야기해 준다. 예를 들어, "도움이 필요하면 이 번호로 연락해라. 아니면 다른 방법은……." 라고 할 수 있다.

③ 자기노출

상담자는 적절한 자기노출을 통해 신병과 친밀한 관계를 형성할 수 있다. 예를 들어, "내 고향은 바로 그 옆이야! 반갑구나!" 라고 할 수 있다.

④ 모델링

상담자가 상담 장면에서 먼저 편안한 모습을 보여 준다. 신병이 앞으로 군 생활의 본보기로 여길 수 있는 모습을 보이는 것이 좋다. 예를 들어, "나처럼 편하게 이렇게 앉아 봐라." 라고 할 수 있다.

⑤ 가치의 우선순위화

상담을 통해 앞으로의 군 생활에서 무엇에 가치를 두고 지낼 것인지에 대해 생각해 보도록 한다. 예를 들어, "군 생활을 인생의 공백이라고 생각하지 말고 자기계발의 기회로 삼아보자. 여가시간을 활용해서 운동이나 공부 등의 목표를 세우고 생활하는 것도 군 생활을 잘할 수 있는 방법이 아니겠니!"라고 할 수 있다.

⑥ 긍정적 자기암시

군 생활을 성공적이고 만족스럽게 잘할 수 있는 것이라는 생각을 갖도록 해 준다. 예를 들어, "즐겁고 기쁘게 군 생활을 하는 너의 모습을 늘 마음속에 떠올리며 지내면 좋겠구나!"라고 할 수 있다.

⑦ 통제력의 유무 구별

군 생활에서 자신의 힘으로 어떻게 할 수 없는 부분에 대하여 스트레스를 최소화하려는 마음가짐을 갖도록 한다. 예를 들어, "피할 수 없으면 즐기라는 말이 있듯이 꼭 해야 하는 것이라면 긍정적으로 받아들이는 것이 어떨까 싶구나!"라고 할 수 있다.

⑧ 신상 파악

상세한 신상 파악은 한 명의 간부가 실시하고 그 자료를 공유하는 것이 중복을 피할 수 있다. 신인성검사 결과 특이사항을 보이는 병사에 대해서는 관련 부분에 대해 집중적으로 파악할 필요가 있다.

(5) 부적절한 표현

신병과 상담 시 바람직하지 못한 표현은 다음과 같다. "요즘 군대가 얼마나 편해졌니? 적응 못하면 남자도 아니야!" "신병 때는 목소리가 크고 행동도 빨라야 한다. 그래야 선임병들이 좋아하지." "악랄한 선임병이 있으면 즉각 보고해라. 영창 보낼테니까." 등이 있다.

(6) 상담 후 조치사항

- 상담 시 문제가 될 만한 징후가 식별되면 지속적으로 관찰을 해야 한다.
- 최초 상담 시 심각한 징후가 발견되면 지휘계통으로 보고하고 즉각적인 후속 조치(예: 전문적 상담)를 해야 한다.

3) 대인관계 문제

군 복무중인 병사들 중에서 대인관계가 원만하지 않고 부적절하여 집단 따돌림을 당하는 사례가 있다. 이들에 대한 상담 요령을 알아본다.

김 상병은 미국인 할아버지와 한국인 할머니 밑에서 태어난 아버지의 외모를 닮은 미국계 한국인(혼혈아)이다. 생활 능력이 없는 아버지로 인해 어린 시절 가난하게 살았으며, 내성적인 아버지와 외향적인 어머니로 인해 성역할의 혼란과 부정적인 남성상을 지니게 되었다. 또한 남과 다른 외모와 가난한 가정형편은 김 상병에게 뿌리 깊은 열등감을 심어주었으며, 이로 인해 학창시절 왕따를 경험하였고 학교폭력의 피해자가 되기도 했다. 군대에 와서도 선임들의 언어 폭력으로 불안하고 우울하며, 부대 내에서 누구와도 마음을 나눌 수 없어 대인관계에 어려움을 겪고 있다.

김 상병을 상담할 때 상담자는 김 상병이 현재 처한 입장이나 처지를 충분히 공감하며 수용해 준다. 그 후 김 상병 스스로 자신이 지닌 문제를 깨닫도록 질문을 통해 조력한다. 어느 정도의 통찰이 오면 역할 연기를 실시해 보는데, 상담자는 주변 동료가 되어 내담자와의 역할 연습을 통해 대인관계 기술을 배우도록 한다. 또한 타인의 입장이 되어 그 사람의 입장을 생각해 보도록 하며, 긍정적인 자기암시를 통해 대인관계가 원만한 자신의 모습을 그려보도록 한다. 자존감이 낮은 내담자이기 때문에 상담 시에 성공 경험을 할 수 있도록 하고, 내담자가 상담 중에 통찰을 보이거나, 대인관계 향상을 위해 노력하는 모습을 보일 때는 적극적으로 지지하고 격려하며 칭찬을 통해 강화하도록 한다.

(1) 식별 방법 및 특징

- 폭넓은 대인관계를 갖지 못하고 특정한 소수 전우들과 어울린다.
- 말이 거의 없고 매사에 소극적이며 자신감이 없어 보인다.
- 힘든 일에 열외하고 편하게 생활하려고 한다.
- 매사에 불평불만을 늘어놓는다.
- 병사들 사이에서 따돌림을 당한다.

(2) 대표적 유형 및 원인

- 대인관계의 경험과 기술이 부족한 경우
- 이기적이고 자기중심적인 경우
- 상황에 맞게 대처하는 능력이 미숙한 경우
- 상급자, 하급자 및 동료와 불화가 잦은 경우
- 매우 내성적이거나 말주변이 없는 경우
- 행동이 매우 느린 경우
- 지적 능력이나 업무 능력이 부족한 경우

(3) 적절한 상담자

상담자로는 소대장이나 부소대장이 적절하다. 왜냐하면, 이들은 부하들을 항상 가까이에서 접하기 때문에 부하가 병영생활을 어떻게 하고 있고, 주변에서 어떻게 평가받고 있는지 등에 관한 전반적인 내용을 쉽게 파악할 수 있기 때문이다.

(4) 효과적인 상담 방법
① 관계 형성

부하의 현재 입장과 처지 및 심리 상태에 대해 충분한 공감과 수용을 해 준다. 예를 들어, "네 주변에는 아무도 없는 것 같아 외롭겠구나!" "아무도 너를 이해해 주지 않는 것 같아 힘들겠구나!" "최 병장이 괴롭혀서 많이 힘들겠구나!" 라고 말할 수 있다.

② 통찰

부하 스스로가 자신의 문제점을 깨닫도록 해 준다. 예를 들어, "주변 사람들이 어째서 너와 어울리려고 하지 않는지 모르겠구나!" "주변에서 동료들과 잘 어울리는 사람들은 어째서 그럴까?" 라고 말한다.

③ 대인관계기술 훈련

상담자가 주변 전우가 되어 내담자와의 역할 연습을 통해 대인관계기술을 익히도록 한다. 예를 들면, "너의 말에 대꾸도 안하는 동료에게 뭐라고 말하면 좋을지 이 자리에서 한번 말을 해 보자." 라고 말한다.

④ 관점 변화

갈등관계에 있는 상대방의 입장과 제3자의 입장에서 생각해 보도록 함으로써 상대방을 어느 정도 이해할 수 있도록 한다. "그때 박 상병의 마음은 어땠는지 모르겠구나!", "다른 사람이 그런 상황을 지켜본다면 과연 어떻게 느낄 것 같니?"라고 할 수 있다.

⑤ 긍정적 자기암시

대인관계를 잘 맺을 수 있다고 반복해서 생각하고 대인관계가 아주 원만한 자신의 모습을 상상해 보도록 한다. 예를 들어, "나는 초등학교 때 친구들하고 잘 지냈잖아! 지금도 얼마든지 잘 어울릴 수 있어!"라고 생각하고 말하도록 한다.

⑥ 대인관계 향상 집단상담

대인관계를 향상시킬 수 있는 집단상담 프로그램에 참여하도록 한다.

⑦ 강화 및 지지

상담 중에 자신의 문제에 대한 통찰을 보이거나 대인관계에서 노력하는 모습을 보일 때는 적극적으로 지지하고 격려해 준다. 예를 들어, "정 일병에게 먼저 말을 건넸단 말이지? 정말 대단한 용기를 냈구나!"라고 말한다.

(5) 부적절한 표현

대인관계에서 어려움을 갖는 내담자를 상담할 때 바람직하지 않은 표현은 다음과 같다. "남자라면 다 싸우지. 안 그래?" "그런 경험을 통해 인간은 성숙해 가는 거야! 인생의 약으로 생각해!" "좀 더 마음을 열고 적극적으로 전우들을 대하면 어때?" "먼저 사과하는 사람이 용기 있고 이기는 거야!" "너만 아는 이기적인 마음이 문제가 아닐까?" 등이다.

(6) 상담 후 조치사항

- 제3자인 분대장을 조용히 따로 불러 특정인을 지칭하지 말고, 생활관 분위기 조성과 원만한 인간관계 형성에 좀 더 신경을 쓰도록 촉구한다.
- 간접적인 문제해결을 도모한다. 즉, 선임병과의 갈등이 심할 경우 상담 사실을 선임병에게 알리지 않는다. 그리고 선임병에게 병영부조리가 있을 경우 조치를 취하되 내담자

를 익명으로 처리하여 비밀보장을 해 주어 내담자에게 피해가 가지 않도록 조치한다.
• 내담자가 변화해 가는 모습에 지속적인 관심과 격려를 보인다.

3. 부대 외적 요인 관련 상담모형

1) 가정 문제

군 복무중인 병사들 중에서 가정 문제 때문에 부대를 무단이탈하거나 심지어는 자살까지 하는 사례들이 있다. 가정 문제로 어려움을 겪는 병사들을 효과적으로 상담하는 요령에 대해 알아본다.

> 박 이병은 한 달여 전에 사단정훈공보부에 정훈병으로 보직되어 임무를 수행 중에 있다. 평소 내향적인 성격으로 말수가 적긴 했지만 최근 들어 부쩍 혼자 한숨을 쉬고 임무수행 중에 실수를 자꾸 하여 선임병의 질책을 자주 받았다. 본부대 부대개방행사에서 부모님을 초청하기로 되어 있었는데, 아버지가 부대에 오실까 봐 업무에 집중할 수 없다는 것이다. 박 이병의 아버지는 박 이병이 중학교 다닐 때 실직을 하고 항상 술을 마시며 자신과 어머니에게 폭력을 가했고, 경제적인 능력이 없었기 때문에 어머니가 식당일을 하며 생계를 책임졌다고 한다. 박 이병은 지금도 아버지를 생각하면 싫고 두려우며 피하고 싶다고 했다.
>
> 박 이병을 상담할 때는 먼저 박 이병이 겪고 있을 불안이나 두려움, 우울, 고통 등에 대해 충분히 공감하고 수용해 준다. 그런 다음 박 이병이 느끼는 감정을 마음껏 표출할 수 있도록 조력하여 그가 아버지에 대해 느끼는 부정적인 감정을 모두 얘기하고 표출할 수 있도록 한다. 또한 가정 문제는 개인이 통제할 수 있는 문제가 아니며 특히 군에 있는 한은 자신의 통제력 밖에 있음을 깨달아 받아들이도록 조력한다. 필요시에는 역할연습을 통해 아버지 역할을 해 봄으로써 아버지의 입장을 이해할 수 있는 기회를 제공한다. 상담이 끝난 후에도 지속적인 관심을 보이며, 필요시에는 휴가 조치 등 부대 차원에서 지휘 조치를 강구하거나 상담자가 아버지와 연락하여 내담자의 고민에 대해 의견을 나눌 수도 있다.

(1) 식별 방법 및 특징

- 휴가나 외박 복귀 후 우울하고 불안해할 수 있다.
- 집에 전화를 자주 하고 청원 휴가 등을 신청한다.
- 업무에 집중하지 못하며 안절부절못한다.
- 동료나 상급자에게 의존적인 태도를 보인다.
- 현역복무 부적합 판정[1] 방법에 대해 주변 동료들에게 물어본다.

(2) 대표 유형 및 원인

- 부모의 이혼이나 별거로 가정생활이 불안정한 경우
- 가족 중 한 사람이 사망하거나 큰 사고를 당한 경우
- 집안이 극도로 가난하여 생계에 지장을 초래하는 경우
- 계모, 계부 슬하에 있는 형제들이 걱정되는 경우
- 가족 중 건강이 좋지 않은 사람이 있는 경우
- 가족이나 친척 간의 불화가 심한 경우

(3) 적절한 상담자

행정보급관이나 주임원사가 상담자로 적절하다. 왜냐하면 그들은 연륜이 있기 때문에 직접적·간접적으로 경험이 많으며, 이해받거나 사랑받기 원하는 병사들을 부모처럼 따뜻하게 포용해 줄 수 있기 때문이다.

(4) 효과적인 상담 방법

① 관계 형성

가정 문제로 인해 겪고 있는 걱정, 불안, 우울, 고통 등의 감정을 충분히 공감하고 수용해 주어 서로 신뢰할 수 있는 관계를 형성한다. 예를 들면, "얼마나 집안이 걱정이 되겠니? 아무 것도 손에 안 잡히겠구나!"라고 말할 수 있다.

---

1) 현역복무에 적합하지 않은 자(능력의 부족으로 당해 계급에 해당하는 직무를 수행할 수 없는 자, 성격상 결함으로 현역에서 복무할 수 없다고 인정되는 자, 직무 수행에 성의가 없거나 직무 수행을 포기하는 자, 기타 군 발전에 저해가 되는 능력 또는 도덕성의 결함이 있는 자)를 전역심의위원회를 거쳐 현역에서 전역시키는 제도를 말한다.

② 감정정화법

관계형성을 토대로 병사에게 자신의 감정을 마음껏 표현하도록 하여 감정을 정화시킨다. 예를 들어, "지금 걱정되고 괴로운 마음을 내 앞에서 다 털어놓으면 좋겠다."고 한다.

③ 통제력의 유무 구별

가정 문제는 군에 있는 자신이 해결할 수 없는 자신의 통제력 밖에 있음을 받아들이게 한다. 예를 들어, "부모님 두 분 사이의 관계는 네가 어떻게 할 수 없는 부분이 아닐까?" "세상에는 아무리 애써도 안 되는 일이 있는 것 같아!" 라고 말한다.

④ 역할 연습

상담자가 내담자 역할을 하고, 내담자가 부모와 가족의 입장이 되어서 말하고 생각해 보도록 한다. 예를 들면, "지금 너의 부모님은 네가 어떠하기를 바라실 것 같니" "네가 군 생활을 열심히 해서 아무 탈 없이 전역하는 것을 가족들이 바라지 않겠어?" 라고 말할 수 있다.

⑤ 대안 수립

현실적으로 직접적인 문제해결 방법이 없을 때 상담자는 내담자와 함께 차선책이나 적절한 대안을 찾는 노력을 한다. 예를 들어, "집에서 생계를 이끌어 갈 사람이 없다면 다른 방법을 찾아보자." 라고 말할 수 있다.

(5) 부적절한 표현

가족 문제로 고민하는 내담자를 상담할 때 바람직하지 않은 표현이 있다. "부모는 부모고 너는 너야. 네가 부모님 인생을 대신 살아 줄 수 없잖아!" "너는 네 인생을 열심히 살면 되는 거야!" "너희 집보다 더 불행한 가정도 많다!" "부모가 이혼한다고 다 죽으면 세상 사람의 절반은 죽어야 할 거다." 등 그 예다.

(6) 상담 후 조치사항

- 내담자가 가족과 연락이 되어 가족의 소식을 접할 수 있도록 조치한다.
- 집에서 오는 연락은 상담자와 상의하여 대책을 강구한다.

- 상담자가 가족과 연락하여 내담자의 고민에 대해 의견을 교환한다.
- 필요할 경우에는 휴가 조치 등 부대 차원의 지휘 조치를 강구한다.

2) 이성 문제

군 복무중인 장병들 중에서 이성 문제 때문에 무단이탈을 하거나 군 생활에 심한 부적응을 겪거나 심지어는 자살을 시도하는 사례들이 있다. 이성 문제로 어려움을 겪는 장병들을 도와줄 수 있는 상담 방법을 알아본다.

조 상병은 부대에 전입을 때부터 가정환경에 불만을 느끼고 있었고, 학창시절에 자퇴와 복학을 세 번이나 반복하는 등 방황을 하였으며, 분노를 스스로 잘 조절하지 못하고 다혈질적인 모습을 동료 병사들에게 보여 중대장이 관심을 가지고 있는 병사다. 어린 시절 아버지의 외도로 부모님이 이혼 위기에 처했었으며, 어머니는 알콜중독자로 늘 가정이 걱정스러웠지만 그래도 군 생활을 잘 견디고 있는 것은 여자 친구 덕분이었다. 그런데 최근 조 상병은 표정이 어둡고 틈만 나면 공중전화로 어딘가에 전화를 했으며, 주변 동료들에게 여자 친구가 일방적으로 헤어지자고 했는데 보고 싶어서 탈영하고 싶다는 호소를 자주 했다고 한다.

우선 상담자는 이별에 대해 부정하고 싶어하는 조 상병의 심정을 충분히 공감하고 이해해 주어야 한다. 필요시에 상담자의 자기노출을 통해 비슷한 경험을 이야기하고 공감해 주는 것도 좋은 방법이다. 무엇보다 중요한 것은 조 상병의 비합리적인 사고를 합리적인 사고로 바꾸어 주고, 문제 상황을 보다 객관적으로 볼 수 있도록 조력해 주는 것이다. 또한 상황을 통찰할 수 있도록 그가 시도할 수 있는 군무이탈 등과 같은 범법행위가 어떤 현실적인 결과를 가져올지 진지하게 생각해 보도록 한다. 마지막으로 내담자가 현실적인 방법으로 문제를 해결할 수 있도록 상담자가 최선을 다해 도와줄 것을 약속하며, 문제해결을 위한 긍정적 해결 방법이나 통찰 등을 보이면 칭찬이나 격려를 통해 강화하도록 한다.

(1) 식별 방법 및 특징

- 애인에게서 자주 오던 편지가 중단된다.
- 여러 가지 이유를 들어 외부에 자주 전화를 하거나 청원휴가를 요청한다.
- 갑자기 식욕이 떨어지고 매사에 의욕을 보이지 않는다.
- 마음의 평정을 잃고 불안한 모습을 자주 보이며, 주어진 업무에 집중을 하지 못한다.
- 가까운 동료에게 무단이탈을 하거나 누군가를 죽여 버리겠다는 말을 한다.

(2) 대표 유형 및 원인

- 일방적으로 여자 친구에게서 연락이 두절되거나 여자 친구가 이별을 통보하는 편지나 연락을 받는 경우
- 여자 친구가 면회를 자주 오는데, 병사가 면회를 피하거나 면회 중에 심하게 다투는 경우
- 여자 친구의 남자관계가 복잡하거나 다른 남자와 사귀고 있는 경우
- 휴가 중에 여자 친구와의 성관계로 여자 친구가 임신했을 경우

(3) 적절한 상담자

병사들과 비슷한 연령층이며 공감대를 쉽게 형성할 수 있는 소대장이 상담자로 적절하다.

(4) 효과적인 상담 방법

① 관계 형성

상담자는 병사의 입장이 되어 괴롭고 마음 아픈 경험을 공감하며, 상담자의 생각을 강요하거나 내담자의 생각을 평가하지 않고 있는 그대로 수용하는 자세를 보인다. 예를 들어, "아무것도 손에 안 잡히고 당장 뛰쳐나가고 싶은 심정이겠구나!"라고 할 수 있다.

② 감정정화법

상담자나 절친한 동료에게 괴로운 감정을 충분히 표현하여 괴로운 감정이 씻겨 내려가도록 하는 감정정화법을 적용한다. 예를 들어, "내가 직접 해결책을 제시해 줄 수는 없지만 함께 아파하고 네 이야기를 들어줄 수는 있어." "너의 괴롭고 아픈 마음을 다 털어놓으면 좋겠구나! 내가 다 들어줄게." 등이 있다.

③ 자기노출

상담자가 자기노출을 통해 비슷한 경험을 이야기하고 공감을 해 준다. 예를 들어, "그래! 너의 아픔을 나도 느낄 수 있을 것 같아. 나도 애인에게 버림받고 죽고 싶을 때가 있었거든."이라고 할 수 있다.

④ 비합리적 사고의 교정

내담자의 '절망적이고 살아갈 의미가 없다.'라는 비합리적이고 자기파괴적인 생각을 논박을 통해 '괴롭고 가슴 아프지만, 받아들여야 한다.'라는 합리적인 생각으로 바꾸어 주는 '비합리적 사고의 교정'을 시도할 수 있다. 예를 들어, "힘내! 애인과 비교할 순 없겠지만, 너도 좋아하는 사람들이 많잖아." "이별이란 슬픈 것이지만 그만큼 성숙해지는 면도 있지." "변심할 여자는 언젠가는 변심하게 되어 있어. 지금은 가슴 아프지만 어떻게 보면 나중에 결혼해서 자식 낳고 헤어지는 것보다 잘된 일인지도 몰라." "여자 친구와 잘되면 좋겠지만 헤어진다고 해서 인생이 끝장이라는 생각은 너무 극단적인 것이 아닐까?"라고 할 수 있다.

⑤ 통찰

군무이탈이나 범법행위의 현실적인 결과에 대해 진지하게 생각하도록 하며, 그러한 행위가 자신을 평생 돌이킬 수 없는 파멸로 이끈다는 사실을 주지시킨다. 예를 들어, "무단이탈해서 그 여자 친구를 어떻게 하고 나면 그 뒤에 어떤 일이 벌어질지 생각해 봐."라고 할 수 있다.

⑥ 강화

현실적인 문제해결을 위해 최선을 다해 도와줄 것을 약속한 후 지속적으로 도와주며, 조금이라도 문제해결을 위한 통찰이나 긍정적이고 현실적인 자세 등을 보일 때 적극적으로 칭찬해 주고 격려해 준다. 예를 들어, "그래. 그 여자 친구를 잊기 위해서 차라리 군 생활을 더 열심히 할 생각이라니 너무 기쁘고 대견하기 그지없구나!"라고 할 수 있다.

(5) 부적절한 표현

이성 문제로 괴로워하는 내담자를 상담할 때 사용하지 말아야 할 표현이 있다. "세상에

널린 게 여자다.""내가 다른 여자 소개시켜 줄게.""변심한 여자는 빨리 잊는 게 나아!""시간이 해결해 줄 거야!""남자가 여자 하나 때문에 뭐 그리 고민해!""그 여자는 네 결혼 상대가 아닌 것 같다. 빨리 잊어라." 등이 그 예다.

(6) 상담 후 조치사항

- 친한 동료들을 활용하여 감정 회복에 도움을 줄 수 있도록 한다.
- 실연, 애인 임신 등 상황에 따라 조치한다. 실연의 경우는 실연의 아픔을 겪고 일어선 주변 사람들과 이야기를 나눠 보도록 한다. 애인이 임신한 경우 부모에게 통보하여 부모와 상의해 해결방법을 찾는다.
- 내담자가 직접 애인을 만나기보다 상담자가 애인과 통화해 문제 원인을 파악하고 내담자와 함께 적절한 해결책을 모색한다.

3) 진로 문제

군 복무중인 병사들 중에서 전역이 가까운 병사들은 전역 후 진로 문제로 괴로워하다가 후임병을 괴롭히는 등의 가혹행위를 할 수 있다. 이들에 대한 상담요령을 알아본다.

박 병장은 동료들과 잘 어울리고 후임들이나 간부들에게도 칭찬받는 모범 병사다. 특히나 사교성이 좋아서 분대 내에서 적응하기 힘들어 하는 후임도 잘 이끌어 주지만, 최근 전역을 2개월 정도 앞두고 한숨을 쉬거나 표정이 어두워진 것이 눈에 띄었고, 밤에 뒤척이는 모습이 자주 관찰되었다. 소대장과 면담을 요청한 내용에 부모님의 기대 때문에 적성과 맞지 않는 학과에 진학했는데, 그 과에 다시 복학해야 할지 고민이 된다고 기록되어 있다. 상담자는 우선 전역 후 진로 문제로 힘들어하는 내담자의 말을 비판 없이 들어주며 그의 심정을 공감해 주는 것이 중요하다. 그런 다음 내담자의 가치관이나 성격, 흥미, 지능 등에 대해 깊이 있게 이해할 수 있도록 여러 가지 질문을 통해 깨닫게 한다. 내담자가 자신에 대해 충분히 이해를 하게 되면, 직업이나 진로 선택에 있어서 내담자가 우선시 하는 것이 무엇인지를 명확히 하도록 조력한다. 또한 인터넷이나 관련 자료들을 통해 진로와 관련된 정보를 제공해 주고, 합리적인 의사결정을 할 수 있도록 내담자의 성격, 능력, 주어진 환경 등을 고려하여 조언을 해 줄 수도 있다. 여러 가지 대안을 제시한 후에 내담자의 욕구와 현실에서의 실현 가능성 등을 고려하여 최선책과 몇 가지 차선책으로 압축하고 최종 결정은 내담자에게 맡긴다. 상담이 끝난 후에도 전역할 때까지 지속적으로 관심을 가지고 필요한 정보를 제공하도록 하며, 내담자가 원한다면 적성검사를 실시하는 것도 좋다.

(1) 식별 방법 및 특징

- 전역을 앞두고 식욕을 잃고 체중이 급격히 감소한다.
- 밤에 잠을 잘 이루지 못하고 뒤척인다.
- 전역을 앞두고 후임병들에게 짜증과 신경질을 심하게 부린다.
- 전역 후 무엇을 할 것인지에 대해 주변 사람들에게 물어보거나 이야기한다.
- 진로와 관련된 내용에 대해 인터넷을 검색 한다.

(2) 대표 유형 및 원인

- 전역 후 무엇을 할 것인가에 대해 걱정을 하는 경우
- 입대 전 다니던 대학과 전공이 마음에 들지 않아서 복학 여부에 대해 고민을 하는 경우
- 입대 전 전문성과 안정성이 없는 직장에서 일을 하다가 그만두고 입대해 전역 후 취업에 대한 걱정을 하는 경우
- 대학 진학과 취업 중 어느 쪽을 선택할지 고민하는 경우

(3) 적절한 상담자

중대장이 상담자로 적절하다. 진로 문제에 대해 상담하기 위해서는 어느 정도의 인생 경험이 있어야 하며, 진로 관련 정보를 소개해 줄 수 있어야 한다.

(4) 효과적인 상담 방법
① 관계 형성

전역 후 진로 문제로 힘들어 하는 심정을 비판 없이 들어주고 공감해 준다. 예를 들어, "전역 후 무엇을 할지 막연해서 답답하고 괴롭겠구나!"라고 할 수 있다.

② 통찰

내담자의 가치관, 성격, 흥미, 학업 능력 및 환경 등을 파악하여 내담자가 스스로에 대해 심층적인 이해를 하도록 도와준다. 예를 들어, "재미있게 할 수 있는 분야는 어떤 것이지?" "어떤 직업을 갖느냐는 인생에서 정말 중요하기 때문에 시간을 두고 진지하게 생각해 보자."라고 할 수 있다.

③ 가치의 우선순위화

인생의 우선적인 가치를 어디에 두어야 할지를 이야기한다. 예를 들어, "직업을 선택하는 데 있어서 네가 제일 중요시하는 것은 무엇이니?"라고 물을 수 있다.

④ 정보제공

원하는 학과나 직업에 대한 정보를 인터넷 검색을 통해 제공해 주고, 진로 정보(예: 직업 유형, 취업 기회, 보수, 승진 가능성 등)와 내담자의 성격, 능력, 환경, 제한 요소 등을 고려하여 합리적인 의사결정을 하도록 도와준다. 예를 들어, "직업에 대한 정보를 인터넷에서 검색해 왔는데, 네가 원하고 현실적으로 가능성이 있는 직업을 골라 보자."라고 말할 수 있다.

⑤ 대안 수립

여러 가지 대안 중에서 내담자의 욕구와 실현 가능성을 고려하여 최선 및 차선책의 대안으로 압축하고, 내담자 스스로 최종적으로 결정하도록 한다. 예를 들어, "다섯 가지 직종으로 압축되었는데 서로 비교해 보면 어떠니?"라고 할 수 있다.

⑥ 자기효능감 증진

실천 계획대로 열심히 노력하도록 함으로써 자기효능감을 증진시킨다. 예를 들어, "우리가 세운 계획대로 이제부터 열심히 노력하는 거다."라고 할 수 있다.

(5) 부적절한 표현

진로 문제를 고민하는 내담자를 상담할 때 바람직하지 않은 표현이 있다. "사람이 굶어 죽지는 않아. 너무 걱정하지 마!" "지금 걱정한다고 해결될 일이니? 마음을 편히 먹어라. 어떻게 되겠지!" "사회에 나가면 다 방법이 생기게 되어 있어. 뭘 미리 걱정해?" 등이 그 예다.

(6) 상담 후 조치사항

- 직업이나 진로 정보에 관한 인터넷 사이트와 자료를 제공한다.
- 인터넷 사이트의 전문상담기관 등을 통해 적성검사를 실시하도록 도와준다.
- 필요시 인터넷이나 직업상담기관을 통해 직업상담사에게 진로 상담을 받도록 한다.
- 전역 시까지 지속적인 관심을 기울이고 도움이 되는 정보가 있으면 제공해 준다.

요약

1. 군 상담 이원화모형은 준전문가 상담모형과 전문가 상담모형으로 나눌 수 있다.

2. 준전문가 상담모형은 크게 동료상담모형과 군 간부 상담모형으로 나뉠 수 있으며, 이들은 정해진 상담 영역에 대해서만 상담이 가능하기 때문에 이들이 제공할 수 있는 상담 서비스의 한계를 정해야 하며, 상담 시 필요한 능력을 향상시킬 수 있는 교육을 해야 한다.

3. 전문가 상담모형은 군 상담전문가들이 모든 장병과 그 가족 및 군 조직 전체를 대상으로 직접적 · 간접적으로 상담서비스를 제공하는 활동을 의미하며, 이 모형을 통해 개인수준을 넘어 조직 차원에서 군의 생산성을 높임으로써 군 발전에 기여하고 군 요구를 충족시킬 수 있다.

4. 동료상담모형에서는 선발할 때부터 체계적인 관리가 필요하며, 선발 후 상담에 대한 교육이 요구된다. 동료상담자 과정을 이수한 병사에게는 동료상담 자격증을 부여하고, 이를 학점으로 인정해 줄 수 있다.

5. 군 간부 상담모형에서는 기초군사 훈련이나 병과교육 시에 상담 관련 과목 강화, 국방 IPTV를 활용한 군 상담 접근성 확대, 상담전문 특기와 부특기 제도 도입 등이 필요하다.

6. 전문가 상담모형에서는 제도적 측면에서 병영생활 전문상담관의 주요 업무, 상담 영역, 자격 규정 등에 대한 논의, 석사급 이상 상담전문장교 제도 도입, 군종장교를 활용하기 위한 방안, (가칭)군 상담 자격제도를 수립 등이 필요하다.

7. 전문상담관 상담모형 구축 시에는 상담관 활동 목표와 중점, 대상과 방식, 상담 형태를 어떻게 설정하는 것이 바람직한 것인가에 대해 고려해야 한다.

8. 전문상담관 모형은 개인상담, 집단상담, 위기장병 식별 및 파악, 심리검사 및 심리평가, 교육, 행정 등에 대한 단기, 중기, 장기의 3단계 모형이다.

9. 문제유형별 상담모형에는 복무부적응 문제, 자살 문제, 전입신병 문제, 가정 문제, 대인관계 문제, 성격 문제, 건강 문제, 성 문제, 이성 문제, 진로 문제에 따른 모형이 있다.

군 집단상담 · 심리검사 및 제도

군 집단상담의 이해

이 장에서는 군 집단상담의 기초적인 내용을 소개하며, 군에서 적용할 수 있는 집단상담의 형태를 제시하고자 한다. 집단상담에 대해 자세히 알고 싶은 독자들은 이장호 공저(1992)의 『집단상담의 원리와 실제』, 이형득(1992)의 『집단상담의 실제』, 강진령(2011)의 『집단상담의 실제』 등을 참조하기 바란다.

제1절 군 집단상담의 개요

1. 군 집단상담의 의미

1) 군 집단상담의 정의

일반적인 집단상담과 군 집단상담에 대한 정의를 비교하여 살펴보고자 한다. 먼저 일반적인 집단상담에 대해 말러(Mahler, 1969)는 '자기 이해와 자기 수용을 보다 효과적으로 하기 위하여 집단의 상호작용을 적용하는 과정'이라고 정의하였다. 조지와 더스틴(George &

Dustin, 1988)은 '자기이해뿐만 아니라 개인의 행동 변화를 돕기 위해서 집단의 상호작용을 이용하는 것'이라고 하였으며, 이장호(2005)는 '한 사람의 상담자가 동시에 몇 명의 내담자들을 상대로 각 내담자의 관심사·대인관계·사고 및 행동 양식의 변화를 가져오는 노력'이라고 정의하였다. 그리고 강진령(2011)은 '심각한 정신장애가 없는 사람들을 대상으로 집단기술과 기법 및 전략을 사용하여 구성원들 사이에서 발생하는 역동적인 상호 교류 과정을 통해 즉시성에 초점을 맞추고 문제해결, 의사결정, 또는 인간적 성장을 추구하는 과정'이라고 하였다. 이와 같은 여러 학자들의 견해를 종합해 볼 때 일반적인 집단상담은 '집단상담자와 구성원 사이에서 일어나는 역동적 상호작용을 통해 구성원들의 생활상의 문제를 해결하고 감정·사고·행동의 변화를 위해 노력하는 과정'이라고 요약할 수 있다.

군 집단상담에 대한 정의는 야전교범 10-0-1의 『병영상담』에 잘 제시되어 있다. 이 책에서는 '상담자가 다수의 집단구성원을 대상으로 신뢰할 수 있고 수용적인 분위기에서 집단의 역동적인 상호작용을 통해 개인의 성장발달 및 인간관계 발달 능력을 촉진시키는 활동'으로 설명하고 있다. 육군 보수교육과정인 고군반 및 고급반 과정에서 기본교재로 사용하고 있는 『육군 병영상담』(2014)에서도, 야전교범 『병영상담』과 동일한 정의를 사용하고 있다. 이와 같은 정의에 기초하여 군 집단상담을 '집단의 역동적인 상호작용을 통하여 개인의 성장발달과 인간관계를 통해 궁극적으로 군 조직의 최상의 전투력 향상을 위해 노력하는 일련의 과정'이라고 정의할 수 있다.

2) 일반 집단상담과 군 집단상담의 차이점

일반적인 집단상담과 군 집단상담의 특성은 비교적 유사하나 목표와 방법에 있어서는 다음과 같은 차이점이 있다.

첫째, 일반적인 집단상담의 단기적인 목표는 개인의 부적응 문제를 해결하는 것이며, 개인 성장과 발달이라는 중간목표와 자아실현이라는 최종목표를 가진다. 하지만, 군 집단상담의 목표는 개인의 부적응 문제 해결과 군에서 요구하는 핵심역량을 갖추도록 하는 것이며, 아울러 전투력 향상과 부대 목표를 달성하는 데 기여하는 것이다.

둘째, 집단상담 방법과 상호작용 관점에서도 일반적인 집단상담과 군 집단상담이 서로 다르다. 일반적인 집단상담은 정해진 기간에 모여 상담을 하고 헤어지는 경우가 많으며, 수평적인 관계에서 상호작용을 한다. 반면 군 집단상담은 특정 기간에만 모여 상호작용하기보다는 24시간을 같이 생활하며 위계적인 관계의 만남이 지속되는 특징이 있다. 따라서 군 집단이 지닌 상호신뢰성이 발휘되는 상담일 경우에는 단시간에 집단효능감과 응집력이 발달될 수 있는 반면, 개인의 활동이 집단에서의 활동과 상이할 경우에는 부대 적응에 더 큰 어려움을 야기할 수도 있다.

셋째, 상담회기 특성도 두 집단상담은 서로 상이하다. 일반적인 집단상담은 사전에 상담의 주제를 정해 놓기 때문에 다소 경직되어 있다고 볼 수 있지만, 군 집단상담은 회기가 정해져 있지 않고 언제라도 상담할 만한 주제가 발생하면 즉각적으로 실시할 수 있다(한국군상담학회, 2009, p. 19).

2. 군 집단상담의 필요성

군 집단상담은 군 조직이 가진 몇 가지 특수성으로 인해 군에서 매우 필요한 활동이다. 군대는 다른 어떤 집단보다도 '가족적 분위기'가 요구되는 조직이라고 할 수 있다. 그래서 군대의 생활관은 일반 가정처럼 일과를 끝내면 생활관에 돌아와 휴식을 취하고 대화를 나누는 공간이 될 수 있어야 한다. 특히 병사들 상호 간에 의사소통이 얼마나 원활하게 이뤄지느냐에 따라서 생활관의 휴식 여건과 분위기가 좌우되기도 한다. 의사소통이 잘 되면 서로 간의 이해가 증진되며 병영생활 간 발생하는 불만이 해소될 수 있다. 이렇게 군 병영생활관은 장병들이 집단적으로 생활하고 상호 간의 이해와 신뢰를 증진하고 의사소통을 촉진시키는 집단상담의 장이라 할 수 있다. 군에 집단상담이 필요한 이유를 구체적으로 제시하면 다음과 같다.

첫째, 군 집단상담은 장병 개인의 행동을 면밀히 관찰할 수 있고, 그 사람의 성격과 행동양식을 파악할 수 있다.

둘째, 병사들 상호 간의 역동적 관계, 즉 누가 누구를 좋아하고, 누가 누구를 싫어하는지 등을 쉽게 알아낼 수 있다. 또한 그 사람이 생활관에서 어떤 위치를 차지하고 다른 병사들과 어떤 관계를 갖고 있는지 알 수 있다.

셋째, 군 집단상담에는 반드시 문제가 있어서 참여하는 것이 아니므로, 소위 부적응 병사들을 상담에 참여시키기가 용이하다.

넷째, 군 집단상담을 통해서 병사 상호 간의 이해와 신뢰감을 촉진시키고 가족적 분위기를 도모함으로써 '생활관의 가족화'를 촉진할 수 있다.

이를 다시 종합해 보면, 군 집단상담이 필요한 이유는 부대원의 상호이해를 통한 의사소통을 활성화하고 개인의 문제를 식별할 뿐만 아니라, 동시에 집단구성원 상호 간 이해와 신뢰감을 촉진시키며, 궁극적으로 부대 목표 달성과 전투력을 향상시키기 때문이다(육군본부, 2013, p. 5-1).

3. 군 집단상담의 장 · 단점

1) 장점

군 집단상담의 장점은 한 사람의 상담자가 도움을 필요로 하는 여러 명의 장병들과 상담하기 때문에 시간과 노력을 절약할 수 있어서 경제적이라고 할 수 있다. 집단구성원들 각 개인의 다양한 생각을 접할 수 있어서 사고의 폭이 넓어진다. 또한 자기노출을 꺼리는 집단구성원들은 다른 집단구성원들이 노출하는 것을 지켜보면서 보다 쉽게 자신을 노출할 수 있으며, 자신이 원할 때 집단상담 진행 과정에 참여하다가 원하지 않을 때는 관망할 수도 있다. 뿐만 아니라 집단구성원들 간의 상호작용을 통해서 자신과 타인을 보다 깊이 이해하고 수용할 수 있게 된다. 그리고 집단구성원들을 통해 다양한 정보 수집과 간접적인 경험을 할 수 있으며, 실제 군 생활과 근접한 대인관계 장면을 제공하여 문제해결에 도움이 되는 행동을 체득할 수 있는 기회를 제공해 주는 장점이 있다.

아울러 자신이 직면한 부적응 문제와 유사한 경험이 있는 다른 집단구성원들로부터 이해와 공감을 받을 수 있으며, 집단구성원들 간에 서로의 어려움이나 감정을 터놓고 이야기할 수 있기 때문에 쉽게 소속감과 전우애가 형성된다. 특히 자신뿐만 아니라 집단구성원들도 비슷한 문제를 가지고 있다는 것을 알게 되어 위로가 될 수 있으며, 집단구성원들 각자가 문제를 가지고 있음에도 다른 집단 구성원들로부터 배척당하지 않는다는 느낌을 갖게되어 인간에 대한 믿음을 가질 수 있다. 또한 자신이 집단구성원들에게 도움을 받을 뿐만 아니라 집단구성원들을 도와주는 기회를 가질 수 있어 보람을 느끼도록 하는 장점이 있다.

2) 단점

군 집단상담의 단점은 먼저, 모든 사람이 집단상담에 적합하지는 않다는 점이다. 예를 들어 지나치게 내성적이거나 부적응 문제가 심각한 장병은 보다 집중적인 도움이 필요하기 때문에 집단상담보다는 개인상담이 적절하다. 또한 집단 구성원이 여러 명이기 때문에 특정 집단원의 개인적인 문제가 충분히 다루어지지 않을 수도 있다. 그리고 집단 구성원들이 자신의 마음을 털어놓을 준비가 되기 전에 '자기의 속마음을 솔직하게 말해야 한다.' 는 집단적인 압력을 받을 수 있다. 아울러 집단 구성원 개개인의 문제해결보다 집단적으로 대화하는 그 자체가 목적이 될 수 있다는 단점이 있다.

그리고 직설적이거나 평가를 잘하는 집단 구성원에게서 심리적 상처를 받을 우려가 있으며, 어떤 집단원은 자신의 문제를 다른 집단 구성원들이 수용하지 못할 것이라고 생각하여 아예 말하지 못하는 경우도 발생할 수 있다. 또한 개인적으로 관심이 없는 문제에 집단 구성원들이 시간을 허비하는 논쟁에 빠질 우려도 있으며, 집단 경험 그 자체로 집단이 끝나 버려 군 생활에 도움을 주지 못할 수도 있다.

제2절 군 집단상담의 계획

1. 군 집단상담의 목표

군 집단상담의 목표는 거시적 관점과 미시적 관점으로 나누어 볼 수 있다. 거시적 관점에서는 군에서 지향하고 요구하는 역량과 목표를 달성하도록 조력하는 것이다. 즉, 집단상담을 통해 얻으려는 것은 부대가 지향하는 목표달성에 기여하고자 하는 것이다. 그리고 장병 개개인의 심리적인 문제를 해결할 수 있도록 조력하여, 안정적인 부대 관리를 달성하고 안전한 군 생활을 보장하는 것이며, 적과 싸워 승리하는 부대를 육성하는 데 있다. 반면 미시적 관점에서는 각개 장병이 속한 부대와 개인의 목표를 달성할 수 있도록 조력하는 것이다. 즉, 미시적 관점에서의 군 집단상담의 목표는 부대 목표 및 조직의 문제해결을 위해 조력하는 것이며, 그 과정을 통해 개인이 가진 문제를 해결하고, 개인적인 성장 및 개인의 목표달성이 가능하도록 돕는 것이다. 이를 통해서 부대 차원에서는 안정적인 부대 관리를 달성하며, 장병 개개인의 차원에서는 심리적인 문제를 해결하고 안전한 군 생활을 보장하는 것이라고 할 수 있다.

2. 군 집단상담자의 역할

1) 조성자

군 집단상담자가 조성자로서 하는 역할은 저항과 갈등 및 불안을 솔직하게 털어놓을 수 있도록 신뢰할 만한 수용적인 분위기를 형성하고 심리적 안정감을 제공하는 것을 의미한다. 특히 군 집단상담의 경우 초기에는 위계적인 군 조직의 특수성으로 말미암아 마음속에 있는 이야기를 하는 데 주저할 수 있다. 따라서 집단상담이 자연스럽게 시작될 수 있도록 분위기를 조성해 주는 조성자의 역할이 필요하다.

2) 안내자

군 집단 상담자는 집단이 나아갈 방향을 제시하고, 집단 활동을 도우며, 집단 규준의 발달을 돕는 안내자 역할을 해야 한다. 군 집단상담은 목표가 뚜렷하기 때문에 집단 상담자는 국가에 대한 충성이나 부대 목표 달성과 더불어 장병 개인이 원하는 목표들이 성취될 수 있도록 집단상담의 방향을 안내해야 한다.

3) 모범자

군 집단상담자는 자신의 문제를 솔직히 시인하고 문제에 대해 용기 있게 직면하며, 문제를 개선하기 위해 노력하는 모습과 언어적 · 비언어적 의사소통 기술을 보여 주는 본보기가 되어야 한다. 군 집단상담자가 매 순간 반응이나 행동을 통해서 모범자의 모습을 보여야 수직적인 계급체계에 익숙한 집단원들이 솔직하게 자신의 문제를 드러낼 수 있다.

4) 중재자

군 집단상담자는 집단원 간의 원활한 의사소통 및 상호관계를 맺도록 하는 중재자의 역할을 해야 한다. 또한 집단상담자는 군의 위계적인 관계가 집단상담에서 어떻게 나타날 수 있는지 명확히 인지하고 있어야 한다. 상급자는 하급자에게 직설적이거나 심리적인 상처가 되는 말을 할 수 있고, 반면 하급자는 표현을 자제할 수 있다. 따라서 집단상담자는 집단 내에서 의사소통에 방해되는 요인을 찾아 제거하여 원활한 상호관계가 이루어지도록 상급자와 하급자의 관계를 중재하는 역할을 해야 한다.

5) 수호자

군 집단상담자의 중요한 역할 중 하나는 심신의 위협으로부터 집단원을 보호하고 보살피는 수호자의 역할을 하는 것이다. 군의 위계적인 특수성으로 말미암아 집단압력이 느껴지면 솔직한 자신의 마음을 표현하는 것이 부담으로 작용되고, 병영생활 간 실제적인 위협으로 느껴져 침묵으로 일관할 수 있다. 이런 경우를 대비하여 집단상담자는 집단상담을 실시하는 상황은 특별한 것임을 인식시키고, 필요시에는 개인적인 권리 등에 대한 내용을 공개적으로 다루어 군 생활에 부정적인 영향을 끼치는 것을 막는 수호자 역할을 해야 한다.

6) 촉진자

군 집단상담자는 항상 집단원의 의사소통의 통로를 막고 있는 장애물을 찾아 제거하는 역할을 해야 한다. 집단원의 저항과 갈등 상황을 확인하고 명료화하며, 집단원의 느낌과 생각을 솔직히 표현하도록 촉진해야 한다. 때로는 집단원의 말의 내용이나 느낌을 새로운 말로 반영시켜 주고, 때로는 한 집단원의 말과 다른 집단원의 말을 상호 연결 지우는 등의 활동으로 모든 집단원이 가능한 참여하도록 촉진자의 역할을 수행해야 한다.

7) 종결자

집단은 약속된 시간에 시작하여 정해진 시간에 마쳐야 한다. 이를 통하여 집단원들은 정해진 규칙을 지켜야 하는 것을 배우게 된다. 때로 군에서 집단상담을 할 때, 마지막 순간에 심리적 어려움이나 고통을 호소하는 장병들이 발생되기도 한다. 이럴 때는 규정된 시간과 규칙은 지키되, 개인상담과 같은 대안을 제시해 주고 종결하는 것이 좋다. 그리고 집단상담 마지막 시간에는 집단원들이 한 사람씩 차례로 돌아가며 짧게 이야기를 할 수 있도록 기회를 제공하는 등 종결자의 역할을 수행해야 한다.

8) 기타

이 외에도 집단원의 긍정적 존중, 무조건적 수용, 지지, 칭찬 및 격려를 통해 집단 구성원들의 성숙한 행동을 강화해 주는 격려자의 역할을 수행해야 한다. 또한 집단원이 저항이나 갈등과 관련된 자신의 문제를 독립적이고 자발적으로 다루도록 도와주는 조력자의 역할, 집단원을 가르치는 교육자의 역할, 집단원과 함께 활동에 참여하는 참여자의 역할 등도 수행해야 군 집단상담을 원활하게 이끌어 갈 수 있다.

3. 군 집단상담의 준비

1) 집단원의 선정

집단상담에 대한 자발적 태도와 동기가 적절하게 갖추어져 있고, 자기의 관심사나 문제를 기꺼이 말하며, 집단 분위기에 잘 적응하는 사람을 집단원으로 선정하는 것이 좋다. 그러나 집단 과정에 나쁜 영향을 줄 수 있는 성격을 지닌 사람이나 지나치게 공격적이거나 수줍어하는 사람은 배제시키는 것이 좋다. 군 집단상담 시에는 보다 솔직한 자기노출을 위해서 같은 생활관에서 생활하고 있는 전우나 소대원은 같은 집단에 넣지 않는 것도 하나의 방법이 될 수 있다.

2) 집단상담 장소와 분위기

집단상담 장소는 외부로부터 방해를 받지 않고, 심리적으로 안정감을 주며 아늑하고 넉넉한 공간이 좋다. 집단원들이 앉는 좌석은 서로 간에 전체적인 모습을 잘 볼 수 있도록 좌석을 배치하고, 등받이가 있는 의자에 앉거나 바닥에 둘러앉도록 한다. 책상은 구성원들의 심리적 불안감을 해소하기 위해 초기에만 사용하고, 어느 정도 익숙해지면 치우는 것이 바람직하다.

3) 집단의 크기

집단의 크기는 집단구성원의 성숙도와 지도자의 경험 정도, 집단의 목표와 유형 그리고 탐색할 문제나 관심의 범위에 따라 다르다. 모든 집단 구성원이 원만한 상호작용을 할 수 있고, 집단 활동에 참여하여 감정을 주고받을 수 있을 정도의 크기면 적당하다. 나이가 어릴수록 적은 수로 구성하고 성인일수록 다소 숫자를 늘리며, 지도자의 경험이 많을수록 많은 인원으로 구성할 수 있다.

집단 구성원 수가 너무 적으면 상호관계 및 행동의 범위가 좁아지고 각자가 받는 압력이 커지므로 오히려 비효율적이 될 수 있는 반면, 집단이 너무 크면 집단구성원 모두가 참여하지 못하게 되고, 지도자도 각 개인에게 적절한 주의를 기울이지 못하게 되는 단점이 있다. 따라서 군 집단상담의 인원은 집단구성원 모두가 잘 참여할 수 있도록 1~2개 분대, 즉 5~15명이 적당하다고 할 수 있다.

4) 집단상담의 시간 및 기간

집단상담은 집단의 목적과 집단원의 성숙도, 환경 조건에 따라 통상 주 1회로 계획하지만, 문제의 심각성이나 집단의 목표에 따라 달라질 수 있다. 시간은 90~120분 정도가 적당하며, 상담 횟수에 따라 조정이 가능하다. 정해진 집단상담 시간은 정확하게 지키는 것이 좋다. 특히 과정 단계별로 상이하게 집단상담의 횟수를 정하는 것도 가능하다. 즉, 초기에는 주 2회로 계획하고, 작업 단계에는 주 1회, 종결이 가까워지면 월 1~2회로 할 수 있다. 마라톤 집단상담은 군에서는 실시하기가 제한되지만, 24~48시간 혹은 5박 6일 정도로 진행하며, 자기노출과 정서적 몰입이 잘 되는 장점을 가지고 있다.

5) 집단의 동질성과 이질성

집단상담을 동질적으로 구성하는 것이 좋으냐 아니면 이질적으로 구성하는 것이 좋으냐 하는 문제는 집단원들의 성숙도, 교육 수준, 지적 능력, 성격의 차이, 문제 영역 등 여러 요인들이 복합적으로 작용한다. 일반적으로 동질적인 집단은 참석률이 좋고, 집단원 간에 쉽게 공감하고, 즉각적인 지지가 가능하다. 그리고 집단구성원 간 갈등이 적어 소속감과 응집성이 빨리 발달하지만, 구성원들이 피상적인 관계에 머무르고 지속적인 변화의 가능성이 낮은 특징이 있다.

이질적인 집단은 다양한 상호작용이 가능하며, 서로 간의 차이점을 쉽게 발견하고 이해할 수 있다. 반면, 집단응집력과 소속감의 발달이 느린 특징이 있으며, 집단구성원 간 갈등이 심화되는 것과 같은 부작용이 발생할 가능성이 있으므로 이와 같은 문제에 대처할 수 있는 상담자의 능력이 필요하다. 두 집단은 각기 장·단점이 있지만, 군에서는 통상 동질집단으로 구성하여 집단상담이 이루어지곤 한다.

6) 집단의 조직성

집단의 조직성은 그 집단의 목적, 집단원의 성격 그리고 이론적 접근에 따라 달라질 수 있다. 먼저, 구조화 집단은 상담자가 집단의 목표와 과정을 정해 놓고, 집단을 주도적으로 이끌어 가는 형태다. 구조화 집단은 상담자가 목표로 하는 방향으로 초기에 집단구성원들을 이끌 수 있기 때문에 수줍음이 많고 적극적이지 못한 사람은 구조화된 집단상담이 더 유리하다. 그러나 집단의 목표와 과정이 정해져 있기 때문에 깊은 수준의 상호작용과 경험을 하기 어려운 단점이 있다. 대표적인 예로는 행동주의적 집단상담, 잠재력 계발 집단상담 등이 있다.

비구조화 집단은 집단의 목표와 과제 및 활동 방법 등을 정해 놓지 않고 집단구성원들이 즉석에서 상호 간에 만들어 나가는 방법이다. 이 방법은 집단구성원들의 깊이 있는 참여와 상호작용을 이끌어 낼 수 있는 장점이 있다. 그러나 집단 초기에 신뢰감이 형성되지 않은 집단의 경우, 자기노출에 대한 압력 때문에 저항이 발생하기 쉽고, 상처를 입는 경우가 생길 수 있다. 대표적인 예가 T-집단이라고 할 수 있다.

반구조화 집단은 비구조화 형태로 운영하되 필요할 때마다 구조화 집단에서 활용되는 활동을 이용하는 방식으로, 비구조화 집단과 구조화 집단을 혼합한 집단의 형태를 말한다.

이렇게 일반적인 집단상담은 집단의 조직성을 고려하여 집단을 구성해야 하지만 군 집단상담은 군의 특수성을 추가로 고려해야만 한다. 군은 그 특성상 집단구성원이 자발적이고 자유롭게 집단에 참여하기가 어렵다. 군은 지향하는 목표가 뚜렷하며 특히 수직적인 위계질서가 중요시되기 때문이다. 따라서 대부분의 부대는 집단상담을 할 경우 추구하는 목표가 명확하게 제시된 구조화된 프로그램을 운영하지만, 상황에 따라 비구조화나 반구조화 집단상담도 효과적일 수 있다.

7) 집단의 개방성

집단을 시작하기 전에 집단을 개방하여 수시로 새로운 집단원을 받아들일 것인가, 아니면 일정 기간을 정하고 집단상담이 끝날 때까지 전혀 새로운 집단원을 받아들이지 않을 것인가에 대해서 미리 정해야 한다. 개방집단은 상담 시작 이후 새로운 구성원을 수용하는 집단이다. 이 집단은 집단 과정에 활기를 불어넣을 수 있고, 다양한 관점에서 피드백을 받을 수 있으나, 새로운 구성원이 기존의 구성원과 갈등이 발생하거나 분위기를 흐릴 수 있다. 반면, 폐쇄집단은 상담 초기 구성원만으로 집단을 끝까지 운영하는 것이다. 이 집단은 안정성과 응집력이 강한 반면, 이탈자가 발생할 경우 집단의 규모가 너무 작아질 염려가 있다. 통상 군에서 운용되고 있는 형태는 군의 특성상 폐쇄집단을 운영하고 있다.

8) 집단의 집중성

집단의 집중성은 집단을 단기적으로 운영할 것인가 아니면 장기적으로 운영할 것인가에 대한 고려사항이다. 먼저, 집중집단은 단기간에 집중적으로 운영하는 집단을 말한다. 집중집단은 집단의 진행이 원활하고 이탈자가 거의 없는 장점이 있으나, 단기간에 이루어지므로 지속적인 변화가 이루어지지 않을 수도 있다. 반면, 분산집단은 몇 달에 걸쳐 장기적으로 운영하는 집단의 형태가 된다. 예를 들면, 주 1회씩 10주 동안 지속적으로 집단상담을 하는 것이다. 이 집단은 장기간에 걸쳐 이루어지므로 지속적인 변화의 가능성은 높은 반면, 집단 원의 중도 이탈이 있을 수 있고 집중력이 다소 떨어지는 단점이 있다. 통상 군에서는 장기간 운영되는 분산집단은 각종 부대훈련과 검열, 지도방문 등의 부대 관리에 제한을 가져오기 때문에 단기적으로 운영하는 집중집단이 많이 활용되고 있다.

제3절 군 집단상담의 과정 및 기법

1. 군 집단상담의 과정

집단상담과정은 일반적인 집단상담이나 군 집단상담 공히 크게 참여 단계, 과도기 단계, 작업 단계, 종결 단계 등 4단계로 이루어진다. 그러나 군에서는 참여 단계 전에 사전 준비과정을 거치기도 한다. 즉, 집단에 참여하는 장병들에게 군 집단상담의 의미와 필요성을 설명하고, 군 집단상담의 특성과 집단상담을 통해 얻을 수 있는 것들에 대해 교육을 한다. 나아가 추구하고자 하는 부대 목표가 무엇인지 확인하고, 개  인 목표와 부대 목표의 연계에 대해서도 자세하게 설명하고 교육하는 것이 좋다.

집단상담 단계별로 사례를 제시하였는데, 이는 필자의 집단상담 경험을 토대로 군 장면에 적절하게 각색한 내용이다. 집단상담의 각 단계는 수 회기(session)로 구성되는데, 여기에서는 지면 관계상 한 회기에 해당하는 사례만을 포함시켰다.

지도자: 연대 정훈장교 원대한 중위
내담자: 전입 5개월 정도 된 병사 8명(김, 최, 이, 박, 장, 임, 정, 한 일병)

시간: 토요일 오후 1시

장소: 대대교회 친교실

배경: 내담자들은 내성적인 성격과 적응력 부족 등으로 부대생활에 적응을 잘하지 못하고 있으며, 여자 친구와 선임병과의 관계에도 문제가 있어 중대장과 소대장의 특별한 관심을 받고 있는 병사들이다. 연대 상담관인 정훈장교가 대대장의 요청에 따라 토요일 오후에 이들을 교회에서 만나고 있는 상황이다.

1) 참여 단계

집단상담은 첫 회기가 가장 중요하다고도 할 수 있는데, 그 이유는 앞으로의 집단상담에 대한 성패가 좌우될 수 있기 때문이다. 따라서 참여 단계 시에는 집단의 목적과 원칙을 정하고, 구성원들 간에 친밀하고 신뢰할 수 있는 관계를 형성하며, 존중과 배려를 경험하게 하는 것이 중요하다. 참여 단계는 한 번 모임으로 종결되지만 때로는 그 이상 진행되기도 한다.

내담자들은 교회 주변에서 담배를 피우면서 "토요일 오후에 왜 불러서 귀찮게 하는 거지?"라고 서로 불평을 하고 있다. 연대 정훈장교인 원 중위는 체육복 차림으로 음료수와 과자를 사들고 이들 앞에 나타난다.

상담자 1: (멋쩍게 웃으며) 미안하다. 토요일 오후에 보자고 해서……. 점심은 다 먹었니?

일동: (시큰둥한 말투로) 네!

상 2: 그래도 젊은 사람들이라 돌아서면 배가 고플 거야. 그래서 내가 너희들 좋아하는 과자와 음료수를 좀 준비했지……. 자, 친교실로 들어가자.

교회의 친교실은 가운데 원탁이 있고 구석에 화분이 놓여 있으며 벽에 그림이 걸려 있는 아늑한 분위기였다. 일동은 원탁에 둘러앉아 서로를 쳐다보고 있다.

상 3: (주위를 둘러보면서) 어디 보자. 다들 왔구나. 오늘 내가 여러분을 만나자고 한 것은 정신교육을 시키거나 훈계하려는 것이 아니야. 너희들 고민을 들어주고 함께 이야기를 나눠 보려고 만나자고 한 거야. 너무 부담 갖지 않았으면 좋겠다.

일동: (침묵이 흐른다.)

상 4: 서로 다들 아는 사이니?

박 일병: 입대 동기도 있지만 다들 중대가 달라서 잘은 모릅니다.

상 5: 그래? 그럼 자기소개부터 할까? 나부터 하지. 나는 연대 정훈장교 원대한이고 고향은 굴비로 유명한 영광이야. 학교는 광주에 있는 ○○대학교를 다녔고, 심리학을 전공했다. 대학 때 만난 여자 친구와 지금도 사귀고 있지. 자, 그럼 왼쪽에 있는 최 일병부터 자신에 대해서 동료들에게 몇 가지씩만 소개해 볼까?

최 일병: 네, 저는 최태욱이고요. 고향은 진주입니다. 피부가 유난히 검은 탓에 흑진주라는 별명도 있습니다. 저는 공고를 나와서 사회에서 용접공 일을 하다가……

모두 차례대로 자신을 간단히 소개한다.

상 6: 그래! 모두의 고향을 들어 보니 전국 각지에서 다 모였구나! 지금 내가 종이를 한 장씩 나눠 줄테니 여기에 너희들이 최근에 느끼고 있는 중요한 고민을 간단하게 기록해 보고 한 사람씩 이야기해 보면 좋겠구나! 귀중한 시간을 내서 모인 것이니 솔직하게 고민을 털어놓아서 각자에게 도움이 되었으면 정말 기쁘겠다.

일동: 네!

2) 과도기 단계

과도기 단계는 참여 단계에서 생산적인 작업 단계로 넘어가는 과정을 말한다. 군 집단상담의 과도기 단계에서는 집단원들의 망설임, 저항, 방어 등이 나타날 수 있고, 상대방을 비판하고 충고, 조언하며 집단원들 간에 서로 주도권 경쟁이 벌어지기도 한다. 군에 대한 다양한 불평, 불만 등이 나타날 수도 있다. 따라서 집단상담자는 이를 생산적으로 해결할 수 있도록 조력하는 것이 중요하다. 집단원 간의 서로 다른 느낌과 생각의 상호 교류 경험이 자신에게 얼마나 유익한가를 알게 하고, 자기주장만을 고집해 온 집단원은 다른 집단원들로부터 피드백을 받음으로써 자신의 주장이 군 집단생활에서의 대인관계에 미치는 결과를 배울 수 있다.

모두 준비된 A4 용지에 자신의 고민사항을 기록한다.

상담자 1: 다들 적었니? 자, 그럼 이번에는 반대로 오른쪽에 있는 김 일병부터 자신의 고민 중에서 가장 중요한 것을 한 가지씩 이야기해 볼까?

김 일병: 저는 털어놓고 싶은 고민이 없습니다.

상 2: 그래! 김 일병은 정말 행복한 사람이구나!

정 일병: 야! 김 일병! 지난 번 여자 친구가 헤어지자고 한다면서 탈영하고 싶다고 했잖아?

김 일병: 이렇게 하소연한다고 해서 뭐가 달라지는 게 있냐? 오히려 마음만 아프고……. 차라리 이 시간에 낮잠이나 한숨 자는 게 낫지.

상 3: 옛말에 '기쁨은 나누면 배가 되고, 슬픔은 나누면 반이 된다.'고 하지 않았니? 이 중엔 너와 비슷한 경험을 한 동료도 있을 것이고, 어쩌면 좋은 해결 방안이 있을지도 모르잖아?

최 일병: 원 중위님 말씀이 맞아. 이럴 때 고민을 털어놓고 해결책을 찾아봐야지. 혼자 고민한다고 해결되는 것도 아니고 괜한 생각만 들잖아!

박 일병: 최 일병! 네가 김 일병 상황이라면 이야기할 수 있겠니? 남의 일이라고 함부로 이야기하면 안 되는 거야!

최 일병: 야! 나도 그 정도는 알고 있어! 그렇지만…….

상 4: 자, 자, 그만. 이러다가 싸우겠구나! 어때, 김 일병! 너의 고민을 한 번 이야기해 보지 않을래?

김 일병: …….

상5: 그래 막상 이야기하려면 무엇부터 이야기를 해야 할지 잘 생각나지 않을 수 있어. 김 일병이 여자 친구를 어떻게 처음 만나게 되었는지부터 말해 보면 어떨까?

김 일병: 네. 제가 대학 2학년 때의 일입니다. 친구들과 같이 학교 선배가 주관하는 미팅에 우연히 나가게 되었는데…….

3) 작업 단계

작업 단계는 집단상담의 가장 핵심적인 부분이다. 집단원들이 '우리 집단'이라는 소속감과 서로에 대한 신뢰감을 느끼게 되는 과정이다. 또한 집단원들이 자신의 문제해결을 위해 집단을 어떻게 활용하고, 다른 집단원들을 돕기 위해 자신의 생각과 기술을 어떻게 활용할 것인지를 분명하게 알게 되는 단계다. 따라서 집단상담자는 촉진자나 조력자 그리고 격려자로서의 역할이 요구된다. 즉, 집단상담자는 집단원들이 집단을 신뢰하고, 자신의 구체적 문제를 집단에 가져와 활발하게 이야기하고, 집단원 상호 간에 서로 공감하며, 바람직한 관점과 행동 방안을 모색할 수 있도록 도와주는 역할을 해야 한다. 통찰만으로는 행동을 변화시키기 부족하며, 집단상담자와 집단원들의 강력한 격려와 지지를 통해 행동으로 실천할 수 있는 용기를 북돋아 준다. 군 집단상담의 작업 단계에서 활용할 수 있는 프로그램은 여러 가지가 있지만 가족에 대한 기쁨과 감사 찾기, 전우에 대한 감사와 사과 편지 쓰기, 나의 성공 시나리오 작성하기 등을 진행할 수 있다. 이 중에 감사와 사과편지 쓰기에서는 전우들 간에 이루어지는 작은 관심과 배려에 감사하는 마음을 갖도록 하고, 군 생활을 하면서 전우들 간에 생길 수 있는 잘못을 솔직히 고백하고 그것을 이해하고 용서하며 수용하는 마음을 갖게 할 수 있다(한국군상담학회, 2009, p. 88).

김 일병이 애인과의 문제에 대해서 이야기를 한다. 입대 전 친구들과 함께 언약식을 치렀고 양가 부모님께 인사까지 하였다. 그런데 최근에 면회 온 친구가 전해 준 말에 의하면 애인에게 새로운 남자가 생겼으며 육체적인 관계까지 가진 것 같다고 한다. 그 남자는 바람둥이고 김 일병의 애인과 진지하게 사귀려고 한 것이 아니라 재미삼아 만나고 있다는 것이다. 더욱 괴로운 점은 애인과 연락이 되지 않는다는 것이다.

상담자 1: 김 일병에게 그런 문제가 있었구나!
한 일병: 실은 저도 요즘 여자 친구와의 문제로 고민하고 있습니다.
장 일병: 지난 주말에도 면회 오지 않았었니?
한 일병: 그랬었지. 그런데 떠나면서 "이제 면회 오기 힘들고, 앞으로 연락하지 마."라고 말하는 거야.
상 2: 한 일병에게도 그런 일이 있었구나!

임 일병: 도대체 여자란 믿을 수 없는 존재인가 봅니다. 저도 지난달부터 여자 친구에게 여러 번 편지를 해도 답장이 없더니 대학 친구들한테 이상한 소문만 들리고……

상 3: 비슷한 경험을 하고 있는 동료들이 많구나! 그럼 어떻게 해결해야 할까?

최 일병: 그런 여자는 미련 없이 먼저 차 버리는 게 더 나아요!

장 일병: 그래도 어떻게 된 상황인지 들어봐야 하는 거 아니야?

최 일병: 들어보면 뭐해? 뻔하지.

상 4: 꼭 그렇지 않을 수도 있어. 지난달인가? 3대대 김 모 상병이 사귀던 여자 친구가 어떤 남자와 호텔에서 나왔다는 말을 친구에게서 듣고 고민하다가 중대장님께 말씀드려서 특별 외박 조치를 받아서 여자 친구를 직접 만났는데 사실은 그렇지 않더라는 거야. 여자 친구가 사촌 오빠와 함께 호텔 레스토랑에서 음식을 먹고 나오는 것을 누군가가 보고 이상한 소문을 퍼뜨려서 문제가 되었던 거지. 전화로 여자 친구가 헤어지자고 했던 것은 부모님이 여기저기 선보라고 하는데 남자 친구는 만나고 싶을 때 제대로 만날 수도 없어서 화가 나서 그랬다는 거야.

최 일병: 그런데 김 일병의 경우에는 그 남자에 대한 신원도 대충 확인이 되었고, 또 여자 친구가 연락도 끊었다면 어느 정도 확실한 게 아닌가요? 제 생각엔 바람난 것이……

장 일병: 그래도 저는 석연치 않은 구석이 있어요. 저보다 1년 먼저 입대한 제 친구의 경우도 김 일병과 비슷했고, 제 생각에는 일단 특별외박 건의를 드려서 여자 친구를 만나보고 어떤 상황인지 알아보는 게 더 나을 것 같아요.

상 5: 그래. 여자 친구의 진심은 다른데 섣부르게 판단하고 행동했다가 평생 후회하게 될지도 모르지. 일단 김 일병이 중대장님을 찾아뵙고 네 심정을 잘 말씀드려서 조치를 받아보는 것이 어떻겠니?

김 일병: 저도 특별외박을 받을 수 있으면 외박을 나가서 직접 여자 친구를 만나 이야기를 들어보는 게 좋겠다고 생각합니다.

4) 종결 단계

종결 단계는 집단원 각자의 첫 면접 기록과 현재 상태를 비교한 후 일정한 정도의 진전이 있다면 종결을 준비한다. 집단상담자는 종결이 가까워지면 종결에 대한 집단원들의 느낌을 서로 이야기하게 한다. 그리고 집단에서 배우고 경험한 것을 일상생활에서 적용해야 한다는 점과 자신을 보다 심층적으로 이해하고 타인을 수용하면서 살아가야 한다는 점도 강조한다.

군 집단상담 시에는 각자의 소감을 차례로 돌아가며 이야기할 수 있는 기회를 제공하거나 소감문을 작성하게 할 수 있다. 즉, 집단상담 프로그램 전체를 참여하는 동안에 느낀 생각과 변화된 마음 등을 인식하게 함으로써 보다 더 자신을 사랑하고 군 복무에 최선을 다하겠다는 다짐을 하도록 할 수 있다.

2시간에 걸친 집단상담을 통해 8명의 병사들에 대한 각자의 고민사항을 듣고 서로 의견을 나누며 최선의 해결방안이 무엇인지를 같이 생각하는 시간을 가진 후 원 중위는 이제 오늘의 집단상담을 마무리하려고 한다.

상담자 1: 오늘 서로 잘 모르는 전우도 있었을 텐데 솔직히 자신의 고민을 털어놔 줘서 정말 고맙다. 그럼 오늘 모임을 통해서 느낀 점을 각자 이야기해 볼까?

김 일병: 저 혼자만의 고민인 줄 알았는데 동료들도 비슷한 고민을 가지고 있다는 데 정말 놀랐습니다.

최 일병: 저도 오늘 모임을 통해 앞뒤 분간하지 않고 생각나는 대로 말하고 나만의 잣대로 판단하려고 했던 제 모습을 발견할 수 있었습니다.

장 일병: 같은 문제를 가지고도 저마다 생각하고 판단하는 기준이 다르다는 것을 새삼 느꼈습니다.

한 일병: 이런 상담이 좀 더 자주 있었으면 좋겠습니다. 정말이지 우리 소대장님은 매주 금요일만 되면 소대장실에 막내 5명을 불러놓고 취조하듯이 하나하나 캐어 묻기만 하고 오히려 사람 마음만 더 뒤흔들어 놓는 것 같습니다.(다른 병사들도 한마디씩 한다.)

상 2: 그래. 다들 오늘 모임이 좋았다니 나도 정말 보람이 느껴지는구나! 내가 하는 고민이 나만의 고민이 아닐 수도 있어. 또 나보다 훨씬 힘든 문제로 고민하는 전우도 있을 수 있는 거야. 그러니 다음에 만날 때는 좀 더 솔직하게 자신의 감정을 털어놓고 이야기하며, 동료의 아픔이 곧 나의 아픔이라고 생각하고 좋은 해결 방안에 대해서 이야기

> 해 주길 바란다.
>
> 일동: 네. 알겠습니다.
>
> 상 3: 그리고 각자의 문제에 대해서 어떻게 할 것인지 다들 이야기했지? 김 일병은 먼저 중
> 대장님과 면담을 해 보기로 했고, 최 일병은 선임병에게 너의 감정을 편지로 써서 솔
> 직하게 털어놓기로 했었지! 그리고 장 일병은……
>
> 장 일병: 네. 저는 약속한 대로 말더듬는 습관을 고치기 위해서 성급하게 생각하지 않고 다
> 음 주에 만날 때까지 우선 성경책을 하루에 한 페이지씩 소리 내어 읽어 보고 오겠습
> 니다.
>
> 상 4: 한 일병은…….
>
> (중략)
>
> 상 5: 그래. 다음 주에 만날 때는 좀 더 밝은 모습으로 만날 수 있었으면 좋겠구나! 그때는
> 좀 더 맛있는 순대를 준비해 볼게.
>
> 일동: (환호성을 지르면서) 와! 기대하겠습니다.

2. 군 집단상담의 기법

1) 명료화 및 반영

명료화는 집단구성원이 혼란스러운 생각이나 감정을 명확히 파악하고 이해하도록 지적
해 주는 반응이다. 즉, 집단상담자가 적극적 경청하기에 근거해서 구성원의 문제를 이해하
고, 이를 바탕으로 그가 경험하는 갈등, 혼란, 양가감정 등을 명확히 이해할 수 있도록 내용
이나 감정에 초점을 맞추어 정확한 원인을 지적하고 분류하는 반응이다. 이 기법은 집단의
초기 단계에 활용하며, 핵심 주제에 초점을 맞추게 하거나 혼란스러운 감정을 분명하게 해
준다(노안영, 2011, p. 61).

반영은 집단원의 느낌이나 진술의 정서적인 부분을 집단상담자가 그 느낌의 원인이 되는
사건, 상황, 사람 또는 생각과 함께 다른 동일한 의미의 말로 바꾸어 되돌려 주는 기술이다.
또한 반영은 거울을 통해 보듯 집단상담자가 집단원의 감정, 행동, 태도, 생각 등을 상담자
의 언어적·비언어적인 수단으로 표현해 주는 기술이기도 하다(육군본부, 2013, pp. 3-11).

집단원의 감정과 행동에 대한 명료화 및 반영의 예는 다음과 같다.

〈감정의 명료화 및 반영〉

상담자: 지금 너희 모습을 보니까 자신이 다루기 힘든 일이나 느낌을 피하고 있는 것 같구나! 방금 전에 박 일병이 선임병과의 갈등을 이야기하면서 목소리가 떨리곤 했는데, 아무도 반응이 없었지? 오히려 김 일병은 다른 화제로 돌리고 말았어. 박 일병이 말한 것에 대해서 여러분이 반응을 보이지 않음으로써 여러분은 박 일병이 고민하는 내용에 대해 말하기를 꺼려한다는 사실을 드러낸 것이고, 박 일병의 문제를 같이 해결하는 것을 피하는 셈이 되어 버렸거든. 박 일병이 자신의 감정을 좀 더 자세히 이야기해 주면 좋겠구나!

〈행동적 자료의 명료화 및 반영〉

상담자: 지금 여러분이 보이고 있는 행동은 각자 서로를 감싸고 돌아가는 셈이야. 가령 박 일병이 부대생활이 힘들고 지루해서 업무가 하기 싫고 때론 탈영까지 하고 싶을 때가 있다고 이야기했을 때, 정 일병은 이런 감정을 느끼지 않도록 하는 책임은 부대나 상급자에게 있는 것처럼 말했고, 송 일병은 마치 업무태만이나 탈영을 독려하는 기술을 가르쳐 주는 것처럼 들렸거든. 최 일병만이 부대의 제도적인 문제점이나 상급자의 잘못된 관행에 대해서 솔직한 불평을 이야기해 준 거지. 박 일병! 네가 말하려는 진정한 의미를 이해하지도 못하면서 너를 감싸기만 하려 드는 동료들의 이런 태도를 어떻게 받아들였는지 모르겠구나!

2) 직면적 태도의 촉진

직면은 집단원의 말과 행동의 모순점을 깨닫도록 하는 기술이다. 즉, 집단상담자가 집단구성원의 행동·사고·감정에 있는 어떤 불일치나 모순을 발견했을 때, 그것을 지적해 주는 반응이다. 따라서 직면을 통해 자신의 행동이 다른 사람에게 어떤 영향을 주는지를 알게 된다(강진령, 2011, p. 293). 이러한 직면은 두 가지가 있는데, 첫 번째는 집단구성원의 행동적 측면에서 해 주는 집단상담자의 지적이나 진술이고, 두 번째는 불일치에 대한 지적이다.

상담자: 박 일병! 지난 모임에서는 이번 유격훈련에 자신이 있다고 하고선 오늘은 자신이 없다면서 부대에 잔류하면 안 되냐고 말하는구나! (전후 발언의 차이에 직면시킴)

상담자: 최 일병! 무슨 일이든 해낼 능력이 있다고 말하면서도 상급자 앞에 가면 말하기를 무척 힘들어한다니, 말하는 내용과 실제 행동 사이에는 거리가 좀 있는 것 같은데! (언행의 차이에 직면시킴)

상담자: 정 일병! 분대장이 무척 좋은 사람이라고 강조하면서도 그 분대장이 다른 후임병을 대하는 태도에 대해서 말할 때에는 얼굴을 찌푸리고 다소 흥분되어 보이는구나! (언어적 표현과 비언어적 표현의 차이에 직면시킴)

3) 중요한 자료의 요약 및 재정리

요약은 상담 중 탐색된 생각과 감정을 한 가지 주제로 마무리할 때, 혹은 상담 종료 시 하나로 묶어 정리해 주는 기술이며, 집단상담 회기의 일부 또는 회기의 전부와 집단상담의 전체적인 진행에 대한 내용을 다룰 수 있다. 따라서 집단상담자는 신중하고 간결한 요약을 통해 집단원들이 집단에서 논의된 내용을 이해해서 집단 과정의 방향을 잃지 않고 적극적으로 참여하도록 촉진해야 한다.

상담자: 내 생각에는 박 일병이 꺼낸 화제에 대해 충분한 의견이 나왔다고 보이는구나! 그래서 내가 대략 지금까지 이야기된 것을 요약해 보면, 결국 대부분의 동료들이 박 일병이 그냥 중대에 남아 있기를 설득하는 셈이 되었고, 약간의 압력을 느껴서인지 박 일병이 좀 초조해 보이기도 하는 것 같구나!

4) 침묵의 자연스러운 처리

침묵은 집단상담에 소극적으로 참여하는 것을 의미한다. 집단원의 침묵이 발생하면 집단원의 참여가 전반적으로 둔화되며, 집단역동을 침체시켜 궁극적으로는 집단의 응집력도 떨어지게 된다. 따라서 집단상담자는 집단회기가 진행되는 중에 침묵으로 일관하거나 철수행

동을 보이지 않도록 적절히 개입해야 하며, 침묵하는 집단원이 집단 활동에 적극적으로 참
여하도록 분위기를 조성해야 한다.

> 상담자: 여럿이 모여서 이런 집단상담을 하다 보면 가끔 침묵이 흐르기 마련이지! 대체로
> 여러분은 다른 사람들 앞에서 자기에 관해 이야기하는 데 익숙하지도 않고, 한참 생각
> 해야 무엇을 어떻게 이야기할지 생각이 나기도 하고, 또 이런 이야기를 지금 해서 괜
> 찮을지 조심스러워서 남이 말을 꺼내 주기를 기다리기도 하지. 그래서 실속 없는 이야
> 기가 마냥 계속되기보다는 이런 침묵이 있는 것이 오히려 의미가 있어. 침묵 자체가
> 불편하면 불편한 감정을 이야기해도 되니까 무슨 이야기든 생각나는 대로 지금의 심
> 정을 말해 볼까?

5) 비언어적 요소에 대한 경청

경청은 이야기의 내용, 목소리 그리고 말하는 사람의 몸짓까지도 포함한다. 즉, 적극적
경청은 말하는 사람에게 귀를 기울이고, 언어적 표현과 비언어적인 신체의 표현을 모두 듣
는 적극적인 기술이라고 할 수 있다(한국군상담학회, 2009, p. 99).

> 상담자: 박 일병! 아까 최 일병이 분대장에 대해서 이야기할 때 말은 하지 않았지만 무언가
> 반응을 보이는 것 같았는데……. 얼굴 표정도 굳어지고 손가락을 만지작거리던데, 아
> 마 최 일병이 이야기한 내용이 무언가 박 일병을 초조하게 만들었는지도 모르겠구나!

6) 초점 문제로 유도

상담집단은 집단구성원이 원하는 목표를 달성하기 위해 매 집단상담 회기마다 초점이 되
는 특별한 주제를 정하게 된다(노안영, 2011, p. 65). 따라서 집단상담자는 집단의 초점이 어
디에 맞추어져 있는지, 또 집단의 목적과 일치하는지 여부를 지속적으로 관찰해야 한다. 중
요한 것은 집단상담의 목표를 달성하기 위해서 설정한 주제나 활동도 중요하지만, 그것보

다 변화의 주체인 집단원들에게 초점을 두어야 한다.

> 상담자: 최 일병이 보초근무를 설 때 귀찮게 하는 선임병에 대해서 이야기를 하고 있었는데, 김 일병이 곧바로 화제를 자기에게 돌려서 자신의 애인 문제에 대한 이야기를 꺼냈거든! 내 생각에는 최 일병의 갈등에 관해서 어느 정도 정리가 되고 어떤 행동 목표가 세워질 때까지 더 이야기를 진행했으면 좋겠구나! 그런 다음에 김 일병의 이야기로 넘어가도록 하자.

7) 집단의 응집력을 깨뜨리는 비생산적 행동의 억제

집단의 응집력이란 집단원들이 '우리'라는 의식과 소속감을 기반으로 집단 내에서 적극적으로 하나가 되려는 정도를 의미한다. 즉, 응집력은 집단의 기본 속성이며, 자신이 혼자가 아니라는 의식은 집단에 참여하는 용기를 줄 뿐만 아니라 집단을 발달하게 하는 촉매 역할을 한다(강진령, 2011, p. 95).

> 상담자: 박 일병과 김 일병, 두 사람은 상대방의 말을 경청하거나 이해하려고 하기보다는 서로 이기려 들기 때문에 계속 말다툼으로 이어지고 있는데, 다른 사람들이 이야기하도록 허용해 주었으면 좋겠구나! 그리고 난 다음에 두 사람이 흥분을 가라앉히고 차근차근 서로의 의견이 어디서 엇갈렸고 어떻게 서로 이해할 수 있는지를 생각해 주면 좋겠어.

8) 심리적 지지와 격려하기

심리적 지지하기는 집단상담자가 구성원들이 사적 정보를 노출하거나 고통스러운 감정을 탐색할 때, 그들에게 격려와 강화를 제공하는 것이다(노안영, 2011, p. 67). 집단원을 지지하고 격려하는 것은 집단원들이 새로운 환경에 적응하게 되면서 생겨나는 불안에 대처하고, 자신의 생각이나 감정을 다른 집단원들과 나눌 수 있도록 돕는 역할을 한다. 따라서 집단상담자는 언어적 의사소통 외에도 부드러운 목소리, 따뜻한 말씨, 편안하고 밝은 표정 등과 같이 비언어적 행동을 통해 지지와 격려를 할 수 있어야 한다(강진령, 2011, pp. 273-274).

> 상담자: 박 일병이 지난 주간에 생활하면서 대인관계에서 소극적인 자세를 버리고 좀 더 적극적으로 생활하려는 생각에 식당에서 전우들에게 먼저 이야기하고 자유시간에도 선임병들에게 먼저 말을 건네는 등 여러 가지 노력을 한 점에 대해 정말 기쁘게 생각한다.

9) 바람직한 종결의 유도

집단상담자는 집단의 마지막 회기 2~3주 전에 집단의 종결이 임박했음을 집단원에게 알려야 하며, 다음과 같은 내용을 포함시키는 것이 좋다. 첫째, 집단에서 습득한 것을 실생활에 적용할 수 있도록 돕기, 둘째, 집단 종료 후 실행해야 할 일들에 대해 계획 세우기, 셋째, 집단상담 종료 후 겪을 수 있는 심리적인 문제에 대비하도록 준비시키기, 넷째, 추수집단이나 추가 상담서비스에 대해 안내하기, 다섯째, 집단상담 종료 후 개인적으로 도움을 요청할 수 있는 방법에 대해 안내하기 등(강진령, 2011, p. 274)이다.

> 상담자: 오늘은 박 일병이 여러 사람 앞에서 이야기할 때마다 긴장하고 땀을 흘리는 습관을 어떻게 고쳐 나갈지에 관해서 구체적으로 찾아보았다. 그러한 노력을 부대에서 생활하면서도 계속 해 나가는 것이 바람직하다고 생각하는데, 여러분은 어때? 자, 그럼 오늘 모임은 여기서 끝내기로 하고 다음 주 토요일에 더 나아진 모습으로 만나자. 좋은 주말 보내!

제4절 군 집단상담의 적용 및 평가

1. 군 집단상담의 적용

효율적인 군 집단상담을 적용하기 위한 고려사항은 다음과 같다.

첫째, 군대 장면에서 가장 쉽게 적용할 수 있는 집단상담의 형태는 생활관 단위의 집단상담을 하는 것이 효율적이다. 집단상담의 규모는 대개 10명 안팎이며, 많아도 20명은 넘지 않는 것이 좋지만 군대 조직의 특수성을 감안할 때, 하나의 생활관 전체를 대상으로 집단상담을 실시할 수도 있다. 이때 지도자의 역할은 어느 정도 군 생활 경험이 있는 중대장이 맡는 것이 바람직하다. 집단상담의 내용과 절차를 사전에 정해 놓는 구조화 집단상담이나, 주제를 정하지 않고 집단원들이 자연스럽게 즉석에서 상의해서 진행하는 비구조화 집단상담도 효과가 있으며, 이 두 가지를 혼용한 반구조화 집단상담도 적절히 활용할 수 있다. 부대 실정과 집단상담 목표에 따라 상담 횟수와 기간을 달리할 수 있다.

둘째, 계급별로 집단상담을 실시할 수 있다. 병영생활 기간이 비슷한 병사들을 대상으로 집단상담을 할 때, 공통의 고민을 다루거나 공감대를 형성하는 데 유리하다는 장점이 있다. 이때는 병사들의 고민을 파악하기 위해 해당 중대장이 지도자가 되거나, 병사들의 심리적인 부담을 덜어 주기 위해 병사들을 직접 지휘하지 않는 인접 중대장이 실시할 수 있다. 계급별 집단상담은 '비구조화 집단상담'이 적절하다고 할 수 있다. 집단 구성 시에는 같은 소대원들을 대상으로 할 수도 있지만, 같이 생활하지 않는 대대 내의 다른 소대원들과 함께 집단을 구성하는 것이 좋을 수 있다. 왜냐하면 집단상담 후에 가까이에서 계속 생활한다는 사실이 부담으로 작용하여 집단원들이 자신의 문제를 솔직하게 드러내지 않을 수도 있기 때문이다.

셋째, 일반집단을 대상으로 구조화된 프로그램을 사전에 구성하여, 희망하는 병사나 간부들을 대상으로 '구조화 집단상담'을 실시할 수 있다. 이때는 대대 내에 심리학을 전공했거나 상담에 대한 별도의 훈련을 받은 간부들이 집단상담을 진행하는 것이 좋다. 예를 들면, 전입신병들을 대상으로 '전입신병 부대 적응 프로그램'을 실시할 수 있으며, 분대장을 대상으로 '분대장 리더십 향상 프로그램'을 실시할 수 있다. 또한 전역을 앞둔 병사들을 대상으로는 '전역 후 진로 탐색 프로그램'을 실시할 수 있고, 신임 소대장을 대상으로는 '소대장

리더십 향상 프로그램'을 실시할 수 있다.

넷째, 성격이나 대인관계 및 적응상의 심각한 문제나 자살우려 병사들은 의무적으로 집단상담에 참여하도록 하되, 전문상담관 및 군종장교 등에 의해 '적응력 향상 프로그램' '자살예방 프로그램' 등 '구조화 집단상담'을 실시할 수 있다. 이러한 집단상담의 경우에는 자신의 약점이 전부 드러나기 때문에 해당 지휘관들이 지도자가 되는 것은 적절하지 않고 상담전문가들이 맡는 것이 좋다. 또한 지도자가 집단상담에 대한 전문적인 능력을 갖추는 것이 반드시 필요하다.

2. 군 집단상담의 평가

집단상담의 평가란 집단활동을 통하여 어느 정도의 목표가 달성되었으며, 얼마만큼의 진전이 이루어졌는가에 대하여 알아보는 과정을 말한다. 집단의 전 과정이나 한 번의 모임에 대하여 집단원들이 어떻게 느끼고 생각하고 있는지에 대하여 솔직하게 의견 교환을 할 때, 지금까지 인식하지 못한 여러 가지 장점 및 문제점을 발견하게 되고, 보다 효과적인 방법으로 개선할 수 있다. 그렇기 때문에 집단상담의 결과에 대해 평가하는 것은 매우 중요하다. 군 집단상담 평가는 집단원의 전반적인 활동 참여 태도 평가와 집단원의 저항과 갈등 평가, 집단원의 응집성 평가 그리고 집단의 생산성을 나타내는 특징 평가 등으로 크게 구분할 수 있다. 이 절은 한국군상담학회(2009, pp. 128-137)의 '군 집단상담'을 참조하였다.

1) 집단원의 활동 참여 태도 평가

집단상담자는 집단원의 활동 참여 태도에서 어떤 현상이 발생하고 있는가를 스스로 평가해 보고, 적절한 반응이 나타나지 않고 있을 때 어떤 전략을 통하여 집단에 개입할 것인가를 결정할 수 있다. 즉, 집단원의 활동 중 어느 측면이 활성화되고 있는지, 어느 측면이 그렇지 않은지를 알아야 어떻게 개입할 것인가에 대한 전략을 세울 수 있다. 다음은 집단원의 적절한 반응을 평가할 수 있는 항목이다.

- 우리 집단은 집단 활동에 적극적으로 참여하고 집단 요구에 민감하게 활동했는가?
- 각자의 능력과 통찰에 따라 모두 골고루 지도성을 발휘했는가?
- 우리는 서로의 생각을 경청하고, 생생하게 아이디어를 제시하고 받아들였는가?
- 우리는 서로의 느낌을 얘기하고 서로 공감했으며 수용하였는가?

- 우리는 각자의 참된 모습을 개방하려고 노력했는가?
- 자유가 보장되고 창의성과 개성이 존중되었는가?
- 이완된 분위기에서 사랑과 신뢰 및 우의가 가득 차 있었는가?
- 우리는 문제와 과업에 열중하고, 창조적인 일을 많이 했는가?

2) 집단의 갈등 및 저항 평가

집단상담자와 집단원들이 집단상담 도중에 일어나는 갈등을 어떻게 인식하고 처리하는 가의 여부는 집단상담의 전체뿐만 아니라 처음에 세웠던 목표를 달성하는 데 중요한 영향을 미친다. 갈등을 잘 처리하기 위해서는 먼저 갈등이 무엇으로부터 야기되었는지, 갈등을 해결하기 위해서는 어떻게 개입해야 하는지 등 갈등에 대해 올바르게 인식하고 대처해야 한다. 또한 집단상담 진행 중에는 저항이 발생할 수 있는데, 저항이란 자신이나 타인이 개인적으로 느끼고 있는 문제나 심리적 고통 등과 같은 것들을 탐색하지 못하게 하거나 방해하는 행동을 의미한다. 저항은 집단상담을 진행하는 과정에서 피할 수 없는 현상이며, 저항을 인식하지 못하거나 탐색하지 못하면 집단 과정은 심각할 정도로 방해를 받을 수 있다. 집단상담 시 나타날 수 있는 주요 갈등과 저항은 다음과 같은 것들이 있다.

- 소극적 참여: 침묵, 눈치 보기, 관찰자 역할하기 등이다.
- 장난과 농담: 집단상담과 관련 없는 이야기하기, 장난하기, 농담하기 등은 지금-여기에 일어나는 일에 대해 이야기하는 것이 부담스럽거나 자신의 내적인 모습이 드러날까 봐 두려울 때 나타나는 모습이다.
- 문제없는 사람으로 자처: 자신에게 집중되어 있는 시선을 회피하고, 늘 다른 집단원의 문제점만을 지적하며, 타인과의 관계 단절을 초래하는 행위를 의미한다.
- 독점: 혼자서 말을 많이 하고, 다른 집단원의 얘기에 자주 끼어들고, 다른 집단원의 문제와 관련된 자기 얘기를 자주 하는 등 전체 집단원의 관심을 혼자 받고자 하는 경우에 나타난다.
- 지시와 충고: 지시나 훈계조로 말하는 행동이다. 충고는 상대에 대한 관심인 것 같지만, 실제로는 자신이 우월하며 타인은 열등하다는 메시지가 될 수 있다. 지시는 자신도 실천하지 못하면서 타인에게 하라고 강요하는 것으로 인식될 수 있다.
- 불필요한 질문: 집단상담자의 개인적 특성에 대한 질문, 집단원의 개인 신상에 대한 질문 등과 같은 타인들에게 지속적인 질문을 통해 자신에게 질문하거나 자신을 탐색하는

기회를 차단하는 행위다.

- 공격: 상대의 감정을 상하게 하는 표현을 하고, 빈정대기, 비판하기, 논쟁하기 등과 같이 상대의 약점을 이용해 자신의 지위를 높이고자 하는 것을 의미한다.
- 상처 싸매기: 긍정적이고 지지적인 표현만 하고, 다른 집단원들의 기분 맞추기와 같은 행동만을 하여 상대편이 자신의 문제를 깊이 있게 성찰할 수 있는 기회를 박탈하며, 나아가 자신의 문제를 드러낼 때도 더 이상 심하게 공격하지 말라는 메시지를 담고 있다.
- 지도자에게 의존: 인정과 수용을 받으려는 말과 행동을 하고, 주도, 지시, 충고, 평가해 주기 등은 요청하는 행동과 같이 지도자가 원하는 것을 답하고자 노력하는 행동을 말한다.
- 도움 구걸: 다른 집단원들이 참여를 격려했을 때만 말하고, 짧게 응답하고, 지도자나 집단원들의 눈치를 보는 등의 행동이 이에 해당된다.
- 지도성 경쟁: 다른 사람의 말을 가로막고, 다른 사람의 반응에 부정적으로 반응하여 자신의 경력을 과시하거나 실제 이상의 중요한 사람임을 과시하고 싶을 때 나타나는 행위다.

3) 집단 응집성 평가

집단의 갈등과 저항을 극복하고 나면 집단은 점차로 응집성이 발달한다. 이때부터 집단원들은 집단에 대해 적극적인 관심과 애착을 갖게 되고, 집단상담자와 집단 그리고 자기 자신을 동일시하게 된다. 그 결과 상호 간의 신뢰도가 증가되고 집단의 사기는 높아진다. 집단원들의 응집성을 평가할 수 있는 것은 다음과 같다.

- 집단원들 간에 배려심이 있는가?
- 집단원들 간에 일체감이 있는가?
- 집단원들 간에 신뢰하였는가?
- 집단상담자에 의존하기보다는 집단원들 간에 교류가 활발하였는가?
- 집단 외의 이야기 대신 지금-여기의 활동에 충실하였는가?
- 집단 내에서 위험을 감수할 수 있는 태도를 보였는가?

4) 집단 생산성 평가

집단이 응집성을 넘어 생산성을 갖게 되면, 집단원은 갈등에 직면해서도 책임을 질 수 있으며, 집단 문제해결 활동에 참여할 수 있게 된다. 또한 타인의 가치관과 행동에 대해서도 수용할 수 있게 된다. 집단 생산성을 평가할 수 있는 항목은 다음과 같다.

- 비효율적인 행동에 대해서도 자기노출을 하였는가?
- 집단원의 비효율적인 행동에 대한 피드백이 활발하였는가?
- 비효율적인 행동 패턴에 대해서도 자기수용이 일어났는가?
- 대인 관계 행동이 적절하게 선정되었는가?
- 행동변화를 위한 연습은 이루어졌는가?
- 변화를 위한 모험을 감행하였는가?

제5절 군 집단상담의 실제

1. 프로그램 구성의 원리

군 집단상담은 군 기관에서 개발한 프로그램을 사용하기도 하지만, 장병들의 특성과 상황에 따라 또는 집단상담자가 특정한 목적을 가지고 개발된 프로그램을 재구성하여 사용할수 있다. 예를 들어, 육군본부에서 전입신병의 군 적응을 돕기 위해 개발한 집단상담 프로그램을 특정부대 장병들에게 실시하거나, 상하 간의 대인관계에 문제가 있는 분대원에게 적합하도록 육군본부에서 개발한 대인관계 증진 프로그램을 재구성하여 실시할 수 있다.

군 장병은 청소년기에 해당되므로 청소년 상담 프로그램이 개발되는 기본 원리를 군 집단상담 프로그램 개발에 적용할 수 있다. 다음은 청소년 지도의 원리, 상호작용놀이 중심의 집단상담이 가지는 학습 원리, 청소년 집단상담의 교육적·치료적 요인을 정리한 내용이다 (백현정 등, 2011, p. 20).

1) 청소년 지도의 원리
- 실천 지향적 원리: 프로그램은 이론과 연구결과를 바탕으로 개발되는 한편, 프로그램 실행 결과로 이론이나 연구결과가 보완되는 관계 속에서 이루어짐으로써 실천을 중시한다.
- 참여자 중심의 원리: 참여자 개인이나 집단의 심리적 성장과 발달에 초점을 두어야 한다.
- 동기유발과 유지의 원리: 프로그램 참여자에게 의미와 만족을 주어 즐겁고 흥미롭게

참여할 수 있는 동기가 유발되고 유지될 때 집단의 목표가 성취될 수 있다.

• 실생활과 연관성의 원리: 프로그램에서 다루어지는 내용은 실제 생활과 연관되고 통합
되어야 한다.

• 행동 변화의 원리: 참여자의 심리사회적 발달과 학습을 촉진하여 참여자의 습관이나
태도 및 사고방식 등의 행동이 변화되는 것을 목적으로 한다.

• 새로운 경험에 대한 개방: 새로운 내용과 방법을 접해 보고 새로운 사고나 행동을 시도
하는 자유나 모험을 허용하며, 지지적인 분위기를 통해 태도를 변화시키고, 사고를 확
대할 수 있는 기회가 되도록 한다.

2) 상호작용놀이 중심의 집단상담이 가지는 학습 원리

• 상호학습의 원리: 집단상담자의 일방적인 교육이 아니라, 참여자 상호 간의 의사소통
과 활동, 피드백을 통해 학습하는 상호 학습을 기초로 한다.

• 소집단 상호작용의 원리: 개인이나 대집단 형태보다 소집단의 상호작용과 역동의 원리
를 활용하는 것이 효과적이다.

• 사고와 조망 능력의 확대: 또래 집단과의 의견이나 느낌, 정보 교환 등을 통해 집단참
여자의 사고나 관점, 조망 능력의 범위가 확대되고 새로운 관점을 갖게 된다.

• 다양성과 융통성의 원리: 다양한 특성과 욕구를 중심으로 다양한 내용과 방법을 사용
하여 집단상담이 실시되어야 한다.

• 경험과 활동 중심의 원리: 집단상담에서는 대화뿐 아니라 토론, 역할놀이, 연극, 음악,
게임 등의 다양한 활동 경험을 통한 체험학습이 강조되어야 한다.

3) 청소년 집단상담의 교육적 · 치료적 요인

• 감정의 인식 및 표현: 참여자들은 상호작용을 통해 자신과 타인의 감정을 인식하고 이
해함으로써 통찰과 감정 해소 및 정화의 효과를 가져오며, 자신의 욕구나 바람, 문제에
대한 통찰과 새로운 태도를 형성하도록 한다.

• 친밀감과 소속감: 참여하는 집단과의 친밀한 만남과 경험을 공유하면서 심리적 안정과
유대감 형성의 효과를 가져오게 되며, 집단소속감도 느끼게 된다.

• 사회적 기술의 학습: 집단 내에서 집단원들과의 활동을 통해 의사소통 기술, 자기주장,
감정 표현, 협동 능력, 역할 분담 등의 인간관계 능력과 기술을 학습하게 된다.

- 낙관적 사고 및 희망감: 상호 관찰하고 피드백하는 과정에서 자신과 환경, 미래에 대한 긍정적이고 희망적인 사고를 갖게 되고 결단을 하게 된다.
- 정보 교환 및 습득: 대화나 토론을 통해 교환되는 정보는 개개인의 과제나 문제해결에 도움을 주는 중요한 자원이 된다.

이와 같은 집단상담 프로그램의 구성 원리를 잘 이해하고, 이를 충분히 고려한 상태에서 군 집단상담 프로그램이 개발되어야 한다. 또한 병영생활에 도움이 되는 명확한 목표와 부대생활에 적극 활용할 수 있는 내용으로 구성되어야 한다. 특히 군 집단상담은 자발적인 참여보다는 비자발적으로 참여하는 경우가 많으므로, 참여자의 동기를 유발할 수 있는 방법을 모색하는 것이 무엇보다 중요하다.

2. 프로그램의 유형

1) 분노 다스리기 프로그램(백현정 등, 2011, p. 112)

(1) 활동 내용

자신의 분노 상황 및 방법을 자세하게 떠올려 봄으로써 자신의 분노 표현 방법에 대해 자각할 수 있도록 한다. 또한 효과적인 분노 표현 방법에 대해 설명하고 직접적으로 효과적인 분노 표현 방법을 실습해 본다. 이러한 과정을 통해 생활에서 자신에게 적용할 수 있는 효과적인 분노 표현 방법을 찾아 익힐 수 있도록 하는 활동이다.

(2) 기대 효과

① 자신의 분노 상황을 떠올려 보고 자신의 분노 표현 방식을 자각할 수 있다.
② 효과적인 분노 표현 방식을 이해할 수 있다.
③ 자신이 실천할 수 있는 효과적인 분노 표현 방법을 학습한다.

(3) 준비물

분노 상황 활동지, 필기도구

(4) 진행 과정

① 분노 상황 활동지에 분노를 느꼈던 경험을 작성하도록 한다. 분노 상황에 대해서 활동지 내용대로 구체적으로 기술해 보는 것도 자신의 반응과 행동을 자각할 수 있도록 돕기 때문에 구체적으로 표현하도록 독려한다.

② 집단상담자는 분노 표현 방식을 설명하고, 집단원들이 작성한 활동지 내용을 요약하면서 자신이 어디에 속해 있는지 이야기 해보도록 한다.

③ 효과적인 분노 표현 방법들을 설명하고 실습한다.

④ 우선 신체 반응 바꾸기에 대해 설명하고 모두가 따라하도록 한다.

⑤ 생각 바꾸기에 대해 설명하고 실습해 본다. ABC 모델에 대해 설명한 후 분노 상황 활동지에서 화나는 상황에서의 생각을 합리적인 생각으로 바꿔 보는 실습을 같이 해 보고 발표하게 한다.

⑥ 행동 바꾸기와 함께 '분노의 달 인형처럼 이야기를 하려면'을 설명한다. 실습은 2명에서 4명 정도의 지원자를 받아서 지원자가 작성한 분노상황에서 어떻게 적용할 수 있을지를 집단원들이 함께 토의하도록 한다.

⑦ 효과적인 분노 표현 방법의 실천을 강조하며 마무리한다.

(5) 적용

① 이 프로그램은 집단상담자가 효과적인 분노 표현 방법을 모두 숙지하고, 일상에서도 익숙하게 활용하고 있을 때 보다 효과적으로 전달할 수 있다. 집단상담자는 미리 효과적인 분노 표현 방법을 익히고 자신에게도 적용해 볼 필요가 있다.

② 효과적인 분노 표현 방법 중 자기에게 더 적절한 방법을 찾아 일상에서 실천을 강조한다.

(6) 유의점

이 프로그램은 실습을 통해 익히는 것이 중요하다. 집단상담자는 분노 표현 방법들을 설명하는 데 그치지 말고, 각각의 방법에 대한 소개가 끝나면 바로 실습하여 집단원들이 익힐 수 있도록 한다.

■ 분노 상황 활동지

◎ 분노 상황을 떠올려서 기록해 보세요.

	화가 난 상황	어떻게 행동했나?	화를 낸 후의 반응은?
상황 1			
상황 2			
상황 3			

■ 분노 표현 방식

압력밥솥형 (참거나 삐치는 행동)	하고 싶은 얘기가 있어도 억누르고 참는 유형이다. 주변에서 착하거나 순하다는 얘기를 들을 수도 있지만, 자기 자신의 마음속에는 불편하고 화나는 감정으로 가득 차 어느 순간 한꺼번에 폭발해 버려서 자신이나 다른 사람 모두 감당할 수 없는 상황을 만들기도 한다. 소화가 안 되는 등 몸이 아픈 증상(신체화)이 나타날 수도 있다. 그러니 화가 났을 때 무조건 참는 것이 좋은 방법은 아니고, 적절히 화가 난 감정을 표현할 줄 아는 것이 중요하다.
화산폭발형 (욕하고 때리는 행동)	화가 나거나 자기 마음에 들지 않는 일이 생겼을 때 참지 못하고 버럭 화를 내는 유형이다. 마치 화산이 폭발하듯이 감정도 폭발한다. 그러면 상대방도 함께 화가 나거나 당황할 수 있고 결국 서로 감정이 상해 싸우게 되거나 원수처럼 지내기 쉽다. 사소한 일이 괜한 오해로 번질 수도 있다. 그러니 화가 났을 때 마음을 가다듬고 한꺼번에 폭발하는 일은 조심하는 것이 좋다.
분노의 달인형 (분노를 잘 조절하고 통제)	화가 나는 일이 있어도 적당히 잘 조절해서 상대방에게 표현하고 너무 내가 많이 참았다 싶으면 적당한 선이나 화난 감정을 말할 줄도 알아서 분노를 잘 조절할 줄 아는 분노의 달인이 된 유형이다. 스스로의 감정을 잘 조절할 줄 알기 때문에 다른 사람을 놀라게 하거나 오해가 생기지 않게 할 줄 알고 스스로도 불쾌한 감정이 쌓이지 않는다. 분노의 달인이 되려면 화가 났을 때 좀 참을 줄도 알고 자신의 억울함이나 화를 적절히 표현할 줄도 아는 기술이 필요하다.

■ 분노 관리의 방법

1. 신체 반응 바꾸기
   • 심호흡법: 천천히 숨을 들이쉬고 내쉬고를 반복한다.
   • 거꾸로 숫자세기 기법: 조용히 눈을 감고 100부터 거꾸로 숫자를 센다.
   • 구구단 외우기: 구구단 하나에 약 1~2초 정도 걸리도록 구구단을 외운다.
   • 긴장된 근육 이완시키기
     : 주먹을 꽉 쥐었다 폈다를 반복한다.

: 가볍게 몸을 두드리면서 긴장된 근육을 풀어 준다.

- 즐거운 상상기법

: 가장 즐겁고 편안했던 장면을 떠올려본다.

- 회고 목록 기법(reminder-자신에게 "침착해!"라고 말하기)

: 자기만의 언어로 화나는 상황에서 스스로에게 할 수 있는 말을 떠올려 속으로 혹은 작은 목소리로 중얼거린다.

2. 생각 바꾸기

1) 화가 난 이유를 생각하기

① 화가 날 수 있다는 것을 인정하고 받아들인다.

② 화가 난 이유를 차분히 생각해 본다.

③ 화나게 한 잘못된 생각이 무엇인지 곰곰이 생각해본다.

④ 화나게 하는 생각을 합리적 생각으로 바꾼다.

※ 일반적으로 우리는 자신을 화나게 만드는 사건이나 사람(A) 때문에 내가 화(C)가 난다고 생각한다.

(A)		(B)
누가 나를 밀었다.	⇨	화가 난다.

그러나 더욱 정확한 과정은 다음과 같다.

(A)		(B)		(C)
누가 나를 밀었다.	⇨	사람을 절대로 밀어서는 안 된다.	⇨	화가 난다.

상대방이 나를 무시한다.

즉, 같은 사건(A)이 같은 감정(C)을 가져오는 것은 아니다.

나의 감정(C)은 사건에 대한 나의 생각(B)에 따라 달라질 수 있다.

2) 화나는 상황 활동지에서 화나는 생각을 합리적 생각으로 바꿔 본다.

화나는 생각(비합리적인 생각)	화를 다스리는 생각(합리적 생각)

3. 행동 바꾸기

1) 나의 행동 반응 변화시키기: 친구들과 운동을 한다, 바람을 쐬러 나간다, 음악을 듣는다 등

2) 다른 사람과의 관계 속에서 변화시키기
  • 나를 주어로 해서 표현하기
  • 입장 바꿔 생각하기
3) 상대방 입장 들어보기

〈분노표현의 달인처럼 이야기를 하려면〉
1) 나의 생각이 옳은지 다시 한 번 생각해 본다.
2) 어느 정도 자기주장을 할지 생각한다. 그리고 다음의 순서로 이야기한다.
    ① 상황을 이야기한다.
    ② 생각의 잘못된 행동을 말한다.
    ③ 한편으로 상대의 생각이나 의견에 공감을 표시한다.
    ④ 그에 대한 자신의 감정을 말한다.
    ⑤ 어떻게 하면 좋을지를 이야기한다.
3) 이야기한 결과를 살펴본다.
    ① 내 이야기대로 되었다면 스스로 격려하고 상대에게도 감사한다.
    ② 해결이 되지 않았다면 주장을 반복하거나 적절한 수준에서 수용하고 넘긴다.

2) 군무 스트레스 대처 프로그램(김태현 등, 2013, p. 136)

(1) 활동 내용

군무 스트레스란 수직적 위계질서가 강한 조직구조 내에서 받는 스트레스, 직무에 대한 능력과 경험 부족으로 인한 스트레스, 집단 가치 순응에 따른 스트레스, 양적 및 질적인 과다 업무로 인한 스트레스, 기타 훈련이나 작업, 야근 등 군 생활 사건으로 인한 스트레스 등이 포함된다. 이와 같은 스트레스를 관리하고 이에 대처하는 방법을 익히는 활동이다.

(2) 준비물

합리정서기법 ABCDE 활동지, 필기도구

(3) 진행 과정

① 직무스트레스의 반응 특성 강의
② 스트레스 관리 방안에 대한 활동 실시

- 교류분석의 에고그램 활동지 작성을 통해 자신과 타인 이해
- 비합리적 사고 전환과 긍정적 자기대화를 위한 '합리정서기법 ABCDE' 원리 강의

③ 합리정서기법 ABCDE 작성하기

④ 점진적 근육이완법 및 명상법 실시

⑤ 명상 전후의 차이점 나누기

⑥ 집단상담 내용에 대해 느낀 점 나누기

■ 직무스트레스 반응의 특성
- 심리적 반응: 감정의 변화(우울, 불안), 정서 불안(긴장, 초조), 실패감, 불확실감, 무력감, 대처 능력 부족, 상실감, 무관심, 집착, 소진, 자존감 결여
- 행동적 반응: 수행 능력 저하, 스트레스 상황의 회피(대인관계 회피, 약속 불이행 등), 신경과민적 행동, 식습관의 변화(식욕 상실, 과식, 과음 등)
- 인지적 반응: 의사결정 곤란, 집중력 저하, 비뚤어진 사고, 정신 기능 저하, 새로운 정보 습득력 저하
- 조직적 반응: 결근, 지각, 직무 불만족, 업무 성과 저하, 책임감 상실
- 신체적 반응: 고혈압, 두통, 몸살, 수면장애, 알레르기, 심계항진 등

■ 합리정서기법 ABCDE 원리: 활동지 작성 예

A(선행사건)	B(비합리적 신념체계)	C(결과)
연속해서 훈련에서 낙오되었다. ⇨	남들은 한 번에 통과하는 훈련을 여러번 낙오하다니 난 무가치한 인간이다. ⇨	극심한 우울감과 자살경향성

⇩

D(반박)
• 논리성: 훈련에서 단번에 통과해야 한다는 법이 있는가? 그리고 연속해서 훈련에 낙오한 사람은 무가치한 인간이라고 단정할 수 있는가? • 현실성: 대한민국의 모든 병사가 훈련에서 단번에 통과하는가? • 효용성: 훈련에서 낙오한 자신을 질책하고 자책하여 당신이 얻을 수 있는 이익은 무엇인가?

⇩

E(효과)
• 사고: 연속적인 훈련에서 낙오가 몹시 부끄럽고 마음이 불편한 건 사실이지만 그렇다고 내가 무가치한 사람은 아니다. 나는 이 상황을 견디고 더욱 노력한다면 점차 나아질 것이다. • 정서: 의기소침하고 극도로 우울했던 감정이 점차 완화된다. • 행동: 자학하던 행동에서 보다 건설적 행동을 하게 된다.

■ 점진적 근육이완법 및 명상법 실시 지시문

(지시문) 우리의 뇌는 알파파, 베타파, 세타파, 델타파로 나눌 수 있습니다. 우리가 일상생활을 하는 동안의 뇌는 알파파이고, 세타파는 졸린 상태이며, 델타파는 수면 상태와 같습니다. 보통 우리가 말하는 명상은 우리의 뇌가 세타파, 즉 수면 상태로 들어가기 직전의 상태를 말합니다. 명상 상태로 명상 하기 좋은 뇌파로 가기 위해서는 긴장된 몸과 마음을 이완시키는 것이 중요합니다. 점진적 근육이완법을 통해서 먼저 몸을 이완시키고, 호흡법을 통해서 우리 몸 내부의 혈액과 기의 순환을 돕는 게 명상에 도움이 됩니다.

• 가볍게 몸 풀기로 순환을 시작하면서 정수리와 항문과 생식기 사이의 회음 혈자리가 일직선이 되도록 허리를 곧게 세웁니다.
• 눈을 감고, 코로 숨을 깊게 들이마시고, 입을 약간 벌려 숨이 입 밖으로 나가도록 호흡을 반복하고, 머리에서 발끝까지 몸의 긴장을 빼도록 합니다.
• 천천히 눈을 감으시기 바랍니다. 코로 숨을 깊게 들이마시고, 내쉽니다. 코로 숨을 들이마시고 입으로 한숨 쉬듯이 내쉽니다.
  - 하늘에서 내리는 빗물이 땅속으로 촉촉이 스며들 듯이 여러분의 몸도 바닥으로 스며든다고 상상해 보십시오.
  - 온몸의 긴장이 풀리면서 여러분의 몸이 아주 가벼워지는 것이 느껴집니다. 머리끝에서 맑고 깨끗한 기운이 몸속으로 들어와 어둡고 탁하고 찌들어진 기운을 깨끗하게 씻어 줍니다.
  - 자, 이제 여러분이 한 마리 학이 되었다고 상상합니다. 구름 한 점 없는 푸른 하늘에 한 마리 학이 되어 자유로이 날고 있습니다. 여러분은 이제 자유로운 상태입니다. 자유로워진 여러분은 이제 어떤 것도 될 수 있고, 어떤 일도 할 수 있습니다. 여러분의 얼굴에는 아주 행복한 미소가 그려집니다. 가슴이 시원해지고 가슴 가득 행복이 넘칩니다.
• 시간 주기(30초/침묵)
  - 이제 천천히 자기 자신에게 되뇌어 봅니다. 나는 나를 사랑합니다. 나는 나를 용서합니다.
• 시간 주기(20초/침묵)
  - 천천히 숨을 들이마시고, 내쉬고, 다시 한 번 깊게 코로 숨을 들이마시고, 내쉬고, 한 번 더 깊게 들이마시고 입을 벌려서 내쉬면서 내부 의식에서 외부 의식으로 빠져 나옵니다.
  - 자, 이제 눈을 뜨고, 손뼉을 10번 치고 손을 빠르게 비비고 눈을 뜬 채로 뜨거워진 손을 두 눈으로 가져갑니다. 눈동자를 좌우, 위아래, 왼쪽으로 3번, 오른쪽으로 3번 돌립니다. 이번에는 두 손을 얼굴을 쓸어 줍니다. 머리도 넘겨 주고, 오른손으로 오른쪽 뒷목을 쓸어 주고, 왼손으로 왼쪽 뒷목을 쓸어 줍니다. 다시 한 번 두 손을 뜨겁게 비벼서 이번에는 가슴에서 아래로 쓸어 주고, 어깨에서 손 끝 방향으로 쓸어 줍니다.

3) 자살예방교육 프로그램(김태현 등, 2013, p. 116)

(1) 활동 내용

자살의 원인이 개인적이든 사회적이든 당사자가 자유의사에 의해 자신의 목숨을 끊은 행위가 자살이다. 즉, 자신이 죽을 의도를 가지고 자신의 생명을 끊는 행위다. 군대 내에서 이루어지는 자살에 대한 원인과 자살이 군 생활에 미치는 영향에 대해 살펴본다.

(2) 기대 효과

많은 사람들이 자살이라는 자기파괴적인 행동에 당혹감을 느낄 뿐 아니라, 자살에 대해 많은 오해나 편견을 갖고 있기도 하다. 자살에 대한 올바른 인식은 자살에 대한 근거 없는 편견을 버리고, 자살하려는 사람을 이해하고 돕는 일에 기여할 수 있다.

(3) 진행 과정

① 자살에 대한 오해와 진실 강의하기
② 자살에 대한 원인과 자살 징후에 대해 강의하기
③ 자아존중감 검사하기
④ 인간관계 훈련하기
  • 별칭 짓기: 자신을 가장 잘 드러낼 수 있는 언어적 용어로 표현하기
  • 장점 드러내기: 내가 보는 나(자기 스스로 장점 리스트 작성)와 나를 보는 당신(남이 보는 나의 장점 리스트를 받아 보고, 자신 역시 다른 사람 장점을 적어 전달)
⑤ 자살에 대해 알아보기: 자살에 대한 생각, 방법, 상황에 대한 견해를 그룹 활동으로 작업한다.
⑥ 경험과 나눔 활동으로 마무리한다.

4) 의사소통 증진 프로그램(대한군 상담학회, 2009, p. 152)

(1) 활동 내용

의사소통은 인간 존재의 필수조건이다. 사람들은 자기 나름의 틀로 자신의 생각과 느낌을 표현하며, 말을 듣는 사람은 자기 나름의 틀에 의해서 듣기 때문에 의사 전달이 왜곡된

다. 이를 방지하기 위해서 질의응답이나 자기진술 등을 확인하여 오해를 좁히려는 노력이 필요하다.

(2) 기대 효과
① 말을 듣고 전하는 과정을 통해 구체적이고 정확하게 듣고 이해할 필요가 있음을 느낄 수 있다.
② 의사소통에서 나타나는 오류와 그 오류로 인해 오해가 생길 수 있음을 깨닫는다.

(3) 준비물
전언 자료(첨부), 종이, 필기도구

(4) 진행 과정
① 집단원 중 한 사람이 집단상담자로부터 다음 보기와 같은 전언을 받아 옆 사람에게 전달한다.
  • 문장형 전언 자료 – 예: 우리나라는 봄, 여름, 가을, 겨울이 뚜렷합니다.
  • 회화형 전언 자료 – 예: 꽃들이 만발한 공원에서 두 아이가 공을 가지고 놀고 있습니다.
② 마지막 전언을 받은 사람은 집단에 발표를 해야 하는데, 문장형의 자료는 즉시 그 결과를 말로써 발표하고, 회화형의 자료는 맨 마지막 청자가 전언 내용을 그림으로 표현해야 한다. 그러므로 약간의 회화 능력이 있는 집단원을 배치하는 것도 효과적이다.
③ 처음에는 난이도가 낮은 자료부터 시작하여 점차 수준을 높여 가면서 훈련하는 것이 효과적이다.
④ 집단은 두 팀으로 나누어 경쟁을 붙일 수도 있으며, 정확하게 듣고 전달하는 데 도움이 되었던 노하우를 서로 나누게 한다.

(5) 적용
관찰자를 두어서 전 과정을 관찰하여 송신자와 수신자가 보이는 다양한 감정이나 표정을 나중에 들려주는 것도 효과적인 방안의 하나다.

5) 대인관계 향상 프로그램(대한군상담학회, 2009, p. 151)

(1) 활동 내용

대인관계에서 자신의 어려움을 충분히 이해하고, 자신에게서 변화해야 하는 부분을 명확히 이해함과 더불어, 변화의 주체가 자신임을 자각하는 것을 목적으로 한다.

(2) 기대 효과

① 대인관계에서 변화되어야 할 부분이 무엇이고 직면하기 싫어하는 모습이 무엇인지 인식하며, 변화의 주체가 자신임을 깨닫는다.

② 자기 고민에 도움이 되는 다양한 정보를 수집, 제공할 수 있다.

(3) 준비물

조용한 음악, 녹음기, 필기도구, A4 용지 2장, 크레파스나 찰흙 5개

(4) 진행 과정

① 집단상담자가 활동의 특징에 대해 설명한다.

"오늘 우리는 매우 독특한 경험을 할 것입니다. 그러기 위해 먼저 우리의 마음속에 있는 여러 가지 복잡한 것들을 저 문 밖에 두고 진지하게 우리 자신을 주목해야 할 것입니다. 잠시 후 우리는 우리 삶에서 20년이 지나고 우리는 지금 이 자리, 이 사람들과 만나게 될 것입니다. 그런데 한 가지 중요한 특징은 우리 모두 20년간 우리의 대인관계의 어려움을 해결하지 못한 채 여기 다시 모인다는 점입니다. 우리가 가장 변하고자 했던 부분이 전혀 변화되지 않은 채, 우리가 정말 스스로 직면하기 싫지만 바꾸어야만 했던 내 모습이 전혀 바뀌지 못한 채, 우리가 지금 두려워하는 것이 여전히 두렵고 힘든 채로 만나게 되는 것입니다. 20년의 세월이 지났음에도 말입니다."

② 활동에 대해 소개한 뒤 집단원 각자 상상과 명상의 시간을 갖도록 지시한다.

③ 조용한 음악을 들으며 각자 떨어져 앉아 20년 이후의 변화되지 않고 개선되지 않은 채 남아 있기를 선택했을 경우를 상상하도록 한다.

④ 20년을 그런 식으로 살아온 나의 대인관계의 모습을 두 장의 A4 용지에 그리거나 찰흙으로 표현하도록 한다.

⑤ 자신이 표현한 이미지를 들고 돌아오면 20년이 지나가 있고, 이제 지난 20년간 변화
되지 못하고 개선되지 못한 자신의 대인관계에 대해 이야기한다. 집단원들은 20년 후
의 자신의 역할을 해야 한다.

⑥ 집단원들에게 "20년 전 변화하지 못하게 한 요인이 무엇인지?" "다시 20년 전으로 돌
아갈 수 있다면 무엇을 하고 싶은지?"를 묻고, 구체적인 상황 연출이 가능하거나 지지
가 필요하다고 판단되는 몇몇 집단원에게는 '지금-여기'에서 하고 싶은 시도를 해 볼
수 있도록 기회를 준다.

⑦ 개인 작업을 마친 후 당사자의 소감과 간략한 피드백을 듣고, 다음 집단원으로 넘어
간다.

⑧ 전체 집단원들이 모두 이야기를 하고 난 뒤 활동을 하면서 느낀 점을 나눈다.

(5) 유의점

① 구체적인 상상이 관건이다. 20년 후의 모습을 상상할 때, 변화되지 않은 모습, 직면하
지 않은 모습을 상상하도록 강조해야 한다.

② 개별 시간을 가진 후 다시 모일 때 20년이 지난 것을 상기시키고, 20년 후의 자기 역할
을 할 수 있도록 안내해야 한다.

6) 군 적응 프로그램(대한군상담학회, 2010, p. 142)

(1) 활동 내용

병사들은 군대라는 새로운 문화와 환경에 적응하는 과정 동안 긴장으로 인해 차분히 자
신의 삶을 돌아볼 여유가 부족하기 때문에 자신을 위해 군복무를 유익하게 설계하기 위한
객관적인 조망이 필요하다.

(2) 기대 효과

① 집단원들이 자신의 현재 삶을 객관적으로 점검하게 된다.

② 여러 집단원들로부터 만족도 향상을 위한 다양한 정보를 수집할 수 있다.

③ 자신도 타인들에게 도움을 제공할 수 있음으로 인해 보람을 경험한다.

④ 군 생활 중 불만족스러운 부분에 대해 깨달을 수 있다.

(3) 준비물

내 삶의 균형바퀴(병사용) 활동지

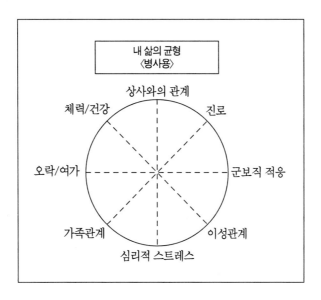

(4) 진행 과정

① 집단 지도자는 둥글게 둘러앉은 집단원들에게 점검표를 배부하고 다음과 같이 말한다.
　"다음은 여러분의 개인적인 삶과 관련된 여덟 가지 분야를 보여 주는 그림입니다. 각 분야에 대한 만족 정도를 표시해 보세요. 상당히 만족하는 부분도 있고, 상대적으로 불만족스러운 부분도 있을 것입니다. 모두 표시했다면 각 점들을 이어 봅시다. 완성됐다면 이것을 자동차 바퀴라고 상상해 보세요. 완성된 바퀴 모양이 둥그런 모양일수록 여러분의 생활은 균형이 잘 잡혀 있다는 의미입니다."

② 각각의 자동차 바퀴의 모습을 보면서 이것이 현재 어떻게 굴러가고 있는지 생각해 보고, 만족도가 높은 영역은 왜 높은지, 낮은 영역은 만족도를 저하시키는 요인이 무엇인지, 만족도를 높이기 위해 어떤 노력이 필요한지 찾아본다.

③ 한 사람씩 돌아가면서 이야기를 듣고, 서로 피드백을 나눈다.

④ 전체 발표가 끝나면 간단하게 소감을 나누고 마무리한다.

(5) 유의점

① 단지 만족도를 점검하는 데 그치지 않고, 만족도를 높게 유지시키고 있는 노력에 대한 강화와 낮은 부분에 대한 원인을 찾고, 낮은 부분을 향상시키기 위한 구체적인 방안에 대해 깊이 있게 나눌 수 있도록 촉진해야 한다.

② 병사를 대상으로 할 때 군 생활과 관련된 영역에서 부적응이 발생하고 있는지 주시하고, 이에 대한 구체적인 해결 방안을 마련할 수 있도록 조력해야 한다.

7) 전역 후 미래 설계 프로그램(백현정 등, 2011, p. 180)

(1) 활동 내용

자신의 30년 후 미래 모습을 상상하며 짝을 소개하도록 한 뒤, 30년 후의 모습으로 인터뷰하는 장면을 집단원들 앞에서 시연한다.

(2) 기대 효과

① 미래 자신의 모습을 더 생동감 있게 그려볼 수 있다.

② 집단원들 앞에서의 '공언'을 통해 실천의지를 다진다.

(3) 준비물

인터뷰 질문 용지, 필기도구

(4) 진행 과정

명상을 통해 30년 후 자신의 모습을 구체적으로 떠올려 보도록 한다. "30년 후를 떠올려 보도록 하겠습니다. 약 1년 후에는 전역을 하고 여러분은 다시 일상으로 돌아갈 것입니다. 각자 학업으로 혹은 직업 전선으로 나갈 것입니다. 군에서 새로운 각오를 다지면서 새로운 삶을 시작하는 분도 있을 것입니다. 각자 자신의 생활로 돌아가 어떻게 사느냐에 따라서 우리의 10년 후 모습은 많이 달라지겠지요. 30대 초반에 여러분은 무엇을 하고 있을 것 같습니까? 결혼은 했을까요? 어떤 일을 하고 있을까요? 뭔가 각자 보람되고 가치 있는 일들을 하고 있으리라 생각해 봅니다. 시간이 흘러 20년 후가 됩니다. 그러면 여러분의 나이는 40대 초반이 됩니다. 결혼을 한 분은 자녀도 있겠지요? 그때 어떤 가장의 모습을 하고 있을까요?

경제적으로 지금보다는 안정된 생활을 하고 있겠지요? 시간이 더 지나 30년 후 모습을 그려 보도록 합시다. 그러면 50대 초반이 됩니다. 외모도 많이 변했겠죠. 흰머리가 생기고……. 어떤 일을 하고 있을까요? 20대부터 준비한 일을 계속한다면 일에 숙련되고 아마 전문가로 활동하고 있겠죠. 그 일을 통해 여러분은 어떤 것을 이루었을까요? 직장에서는 어떤 직위에 있을까요? 경제적인 여건이나 생활환경은 어떻게 변해 있을까요? 아버지로서, 남편으로서 는 어떻게 비춰지기를 원하십니까? 그때는 어떤 취미생활을 하고 있을까요? 30년 후 자신의 모습을 상상해 보기 바랍니다."

(5) 적용

녹화를 할 수 있다면 녹화한 장면을 통해 자신의 모습을 관찰할 수 있도록 하여 발표할 때 의 자신의 모습을 모니터링하는 것으로도 활용할 수 있다.

(6) 유의점

① 집단상담자는 명상 멘트를 할 때 천천히 이야기한다.
② 인터뷰를 시연할 때에는 실제 이루어진 것처럼 해 보도록 하여 더 생생하게 자신의 꿈 이 이루어진 모습을 그려 볼 수 있도록 한다.
③ 집단상담자는 시연을 보는 집단원들에게, 인터뷰를 시연하는 사람들의 행동과 태도를 관찰하여 피드백할 것을 주문하면서 집중할 수 있도록 촉진한다.

요약

1. 군 집단상담의 목표는 거시적 관점과 미시적 관점으로 나눌 수 있다. 거시적 관점은 군에서 지향하고 요구하는 역량과 목표를 달성하도록 조력하는 것이며, 미시적 관점은 장병이 속한 부대와 개인의 목표를 달성할 수 있도록 조력하는 것이다.

2. 군 집단상담의 장점은 한 사람의 상담자가 도움이 필요한 여러 명의 내담자들과 상담하기 때문에 시간과 노력을 절약할 수 있어 경제적인 이점이 있다. 단점은 모든 사람이 집단상담에 적합하지는 않으며, 집단 구성원이 여러 명이기 때문에 특정 집단원의 개인적인 문제가 충분히 다루어지지 않을 수 있다.

3. 집단상담자의 역할은 집단상담의 성과를 결정짓는 중요한 요인 중 하나로서 조성자, 안내자, 모범자, 중재자, 수호자, 격려자, 교육자, 촉진자, 조력자 등이 있다.

4. 군 집단상담은 사전에 집단의 필요성과 목적, 집단 목표, 집단의 주제와 수행해야 할 활동, 집단 구성과 유형, 집단원의 선발 등에 대한 계획을 세운 후 실시한다.

5. 군 집단상담은 참여 단계, 과도기 단계, 작업 단계, 종결 단계 등 크게 4단계로 이뤄진다.

6. 군 집단상담 기법은 명료화 및 반영, 직면적 태도의 촉진, 중요한 자료의 요약 및 재진술, 침묵의 처리, 비언어적 요소에 대한 경청, 초점 문제로 유도, 집단의 응집력을 깨뜨리는 비생산적 행동의 억제, 심리적 지지와 격려하기, 바람직한 종결의 유도 등이 있다.

7. 군 집단상담의 평가에는 집단원의 전반적인 활동 참여 태도 평가, 집단원의 저항과 갈등 평가, 집단원의 응집성 평가, 집단의 생산성 평가 등이 있다.

8. 군 집단상담 프로그램은 군 기관이 개발한 프로그램을 사용하기도 하지만, 장병의 특성과 상황에 따라 집단상담자가 특정한 목적을 가지고 프로그램을 개발하거나 재구성하여 사용할 수 있다. 예를 들어, 분노 다스리기, 군무 스트레스 대처, 자살예방교육, 의사소통 증진, 대인관계 향상, 군 복무 적응, 전역 후 미래 설계 등이 있다.

제11장

군 심리검사의 이해

제1절 군 심리검사 개관

1. 군 심리검사 목적

심리검사란 인간의 다양한 특성을 파악하기 위해 여러 가지 검사 도구를 활용해 양적·질적으로 측정하고 평가하는 일련의 절차를 말한다. 일반적 심리검사는 성격이나 지능, 적성과 같은 인간의 다양한 심리적 특성을 파악하고, 개인의 행동이나 성격을 이해하며, 이를 바탕으로 개인의 문제해결에 도움을 주고자 하는 목적으로 실시한다. 이를 좀 더 세분화하면, 임상진단을 보다 명료화하고, 증상과 문제의 심각도를 구체화하며, 피검자의 자아강도를 측정할 뿐만 아니라 적절한 치료의 유형과 전략을 찾기 위한 목적으로 실시하는 것이다.

군에서 심리검사를 실시하는 목적은 군 생활 과정에서 자살을 포함한 복무부적응 등의 심리적 어려움을 경험하고 있는 장병을 사전에 식별하여 사고를 예방하고, 궁극적으로는 전투력을 강화하기 위한 것이다. 좀 더 구체적으로는 정신질환 증상 유무를 파악하고, 부적응 병사들의 심리적 특성을 파악함은 물론 사고를 예측하여 예방 조치에 참고하고자 하는 것이다. 또한 군 생활에 잘 적응하도록 도와주는 정신건강 참고자료로 활용하고, 병영생활 전문상담관이나 기타 정신건강 관련 전문가에게 의뢰하기 위해서도 실시한다. 뿐만 아니라 개별 병사에 대한 객관적 정보를 획득하고 집단 내 상호작용을 평가하여 관계적 측면에서의 성격 특성이나 복무부적응 수준을 측정하기 위해서 실시하기도 한다.

2. 군 심리검사의 발달 과정

군에서는 1961년에 최초로 심리학자와 정신과 의사가 '정신박약 진단검사'를 공동으로 개발하여 사용하였다. 그다음 해에는 육군본부 내에 '인간관계개선 연구위원회'가 설치되었고, 1968년에는 '정신진단검사'가 신병을 대상으로 실시되었다. 그 후 1991년 1월에는 '집단투사법검사'가 실시되었으며, 그해 10월에는 3군 지역에 다면적 인성검사(Minnesota Multiphasic Personality Inventory, 이하 MMPI)를 시험 적용하였다. 1995년 1월부터는 육군의 입영장병을 대상으로 KMPI를 실시했으며, 5월부터는 해군에도 KMPI를 적용하게 되었다. 2001년 10월부터는 육군본부가 한국무형자원연구소와 공동으로 개발한 '육군표준인성검사'를 육군의 모든 야전부대 장병에게 적용하였다. 그리고 2003년 12월부터는 비전캠프에 입소한 자살 우려자들을 대상으로 'MBTI(Myers-Briggs Type Indicator)'를 적용하였다. 다음해인 2004년부터는 분대장 양성교육 시 MBTI를 모체로, 육군 군종감실에서 개발한 '한국군 성격유형검사(KAPTI)'를 실시하였다. 2006년 10월부터는 육군의 전 입영 장정들을 대상으로 실시해 오던 KMPI 대신, 병무청 인성검사를 '군 인성검사'라는 명칭으로 바꾸어 사용하였다. 그 후 2009년부터는 한국국방연구원에서 개발한 '신인성검사'를 실시해 오고 있다. 군 심리검사 발달과정을 정리하면 〈표 11-1〉과 같다.

〈표 11-1〉 군 심리검사 발달과정

• 1961년 최초로 정신과 의사와 심리학자가 공동으로 연구하여 '정신박약진단검사' 개발
• 1962년 육군 본부 내에 '인과관계개선 연구위원회' 설치
• 1968년 총 150개 문항으로 구성된 '정신진단검사'를 신병에게 실시
• 1991년 3군 지역에 다면적 인성검사(MMPI)를 시험적용
• 1995년 육군의 전 입영장병을 대상으로 KMPI 실시
• 1995년 해군 KMPI 적용
• 1999년 육군 징병 검사자 대상 병무청 인성검사 실시

- 2001년 육군 본부와 한국무형자원연구소가 공동 개발한 육군표준인성검사 실시
- 2003년 비전캠프 입소병사 대상으로 MBTI 적용
- 2004년 분대장 양성교육 시 한국군성격유형검사(KAPTI)실시
- 2006년 육군 KMPI 대신 병무청 인성검사를 군 인성검사라는 명칭으로 실시
- 2007년 군 인성검사(병무청 인성검사) 실시
- 2009년 자대복무 단계에서 신 인성검사 중 적성적응도검사 도입
- 2010년 입영신검 단계에서 복무적합도검사 도입
- 2012년 신병교육 단계에서 군 생활적응검사 도입
- 2014년 관계유형검사도구 개발
- 2015년 관계유형검사 전면 시행

2. 군 심리검사 절차

군에서 실시하고 있는 심리검사를 종합적으로 이해하기 위해 한 명의 병사가 입대부터 전역 시까지 단계별로 실시하는 모든 심리검사에 대해 구체적으로 제시해 보고자 한다.

1) 병무청

홍길동 군은 20세가 되자 현역 입영 대상자라는 통보를 받았다. 그는 병무청에 가서 신체검사를 비롯하여 여러 가지 심리검사를 받게 된다. 홍길동 군은 징병검사 간 민간인 신분으로 신인성검사 중 복무적합도 검사를 받는다. 이 검사의 목적은 홍길동 군이 현재 정신과적인 문제를 지니고 있는지 식별하기 위해서다. 그리고 군대에서 주어진 임무를 수행할 수 있는 인지 능력이 어느 정도인지

확인하기 위하여, 인지능력검사를 받게 된다. 이 검사는 징병검사 대상 전원에게 실시하며, 이 검사에서 문제가 없을 때는 현역으로 입영하게 된다.

하지만 1차 심리검사에서 심리적 취약자로 판정되면, 2차 심리검사를 받게 된다. 이때는 개별면담과 함께 9종의 검사를 받는다. 이 검사는 상담심리사나 임상심리사 등 검사전문가

가 소견서를 작성하며, 문제가 없을 때는 현역으로 입영되고, 문제가 있을 때는 3차로 정신과 검사를 받게 된다. 3차 정신과 검사는 2차 검사 결과 의뢰된 인원이나 정신과 치료 경험자 등이 포함된다. 이들은 심리검사 결과와 이전의 정신과 치료 기록, 생활기록부 등을 참고하여 검사 결과를 종합하고 등급을 판정하는데, 정신과 의사가 추가 검사가 필요하다고 판단할 때에는 정밀 심리검사를 받도록 의뢰되기도 한다. 징병검사 간에 현역으로 판정되면 훈련소에 입소하게 된다.

2) 훈련소 및 신병교육대

훈련소 입소 간, 즉 입영신검 단계에서는 징병검사 1차 때 실시되었던 복무적합도 검사를 다시 한 번 실시한다. 이때는 민간인이 아닌 군인 신분으로 검사를 받는 것이며, 검사를 실시하는 목적은 입대 후 사고 가능성의 유무를 예측하는 것이다. 신병교육대로 가면 군 복무가 시작된다. 하지만 이때까지는 훈련병의 지위이기 때문에 조교나 교관을 제외하고는 수평적인 대인관계를 유지하게 된다. 따라서 이때는 개인이 지닌 성향이나 모습 등을 표출하는 것이 여전히 자유롭다. 이후 5주간의 신병교육 기간 중에 신인성검사에 포함되어 있는 군 생활적응도검사(훈련병용)를 실시하는데, 이 검사는 신병교육 간 정신과적인 변화를 식별하고, 현재뿐 아니라 향후의 정신적 문제를 예측하는 데 목적이 있다. 즉, 자대배치 전에 최종 정신과적 문제나 부적응 소인에 대해 식별하고자 하는 것이다.

3) 자기소속부대

신병교육을 마치고 자기소속부대(이하 자대)배치를 받으면 신인성검사 중 적성적응도검사를 실시하게 되며, 대인관계 유형을 파악하기 위한 관계유형검사도 받게 된다. 그리고 자대배치를 받는 순간부터 수직적인 대인관계가 형성되며, 개인적인 성향의 표출은 억제된다. 따라서 적성적응도 검사를 통해 개인 성격을 파악하고, 복무에 잘 적응하고 있는지 또는 부적응하고 있다면 원인이 무엇인지 등을 파악한다. 또한 관계유형검사를 통해 부대 내의 대인관계 유형이나 집단따돌림 여부 등에 대해서 파악하고, 타인이 보는 개인의 성격 유형이나 대인관계 패턴 등에 대해서도 알아본다. 적성적응도검사는 전입신병의 경우, 전입 2~3주가 경과된 후 1개월 이내 최초로 실시하며, 일·이병의 경우 반기 1회, 상·병장의 경우 연 1회 실시한다. 적성적응도검사는 지휘관이 판단하여 추가 검사가 필요한 대상자를 선별하여 수시로 실시할 수 있고, 관계유형검사는 정기적으로 반기 1회 실시하되, 부대 내 따돌림이나 구타 및 가혹행위가 의심되는 경우나 혹은 부적응이 의심되지만 타 검사에서 식별되지 않는 경우에는 수시로 실시할 수 있다. 부사관도 적성적응도검사를 받는데, 전입 후 1년 미경과자는 반기 1회, 1년이 경과하면 연 1회 실시한다.

제2절 신인성검사

이 절에서는 한국국방연구원(2013)의 『신인성검사의 이해와 활용』을 참조하여 작성하였다.

1. 개발 목적 및 과정

1995년부터 군에서는 복무부적합자 선별을 위해 KMPI를 사용해 왔으나, 신뢰도 부족 등의 여러 이유로 2007년부터는 군 인성검사를 실시해 왔다. 그러나 군 인성검사가 실시되고 있었음에도 육군의 GP총기난사 사건, 해병대 총기사고 등 악성사고가 계속해서 발생했고, 장병들의 자살이나 군무 이탈 등의 부적응과 정신병리에 의한 사고도 여전히 줄어들지 않았다. 이러한 이유로 군 인성검사에 대한 신뢰성 제고가 증대되고, 군 복무 부적응자의 사고예측 확률을 높여야 할 필요성이 요구되었다. 정신병 환자에 대한 선별과 복무부적응자 관리에 적합한 군 심리검사를 개발해야 할 필요성 또한 더욱 요구되었다. 또한 육·해·공군이 각자 다른 검사들을 서로 다르게 사용하고 있고, 각급 부대별로도 여러 검사가 사용되고 있어 각종 심리검사를 하나로 통합해야 한다는 목소리도 커졌다. 이러한 여러 가지 필요성으로 한국국방연구원에서 기존의 군 심리검사를 개선하여 신인성검사를 개발하게 되었다.

개발 과정은 2007년 군 복무부적응자의 예측 확률을 높이고 판정 결과의 신뢰성 향상을 위해 인성검사의 현황 분석과 기존 인성검사 자료를 수집하였다. 2008년 4월에는 정상 상태에 있는 장병 3,889명과 부적응장병 579명의 자료를 수집하였고, 그해 8월에 네 가지 유형의 심리검사 도구가 개발되었다. 먼저 '선병용 인성검사'는 현역복무 부적합자를 조기에 선별하기 위해 개발되었으며, '자대용 인성검사'는 군 복무에 부적응하는 자를 사전에 예측하고 지휘관들이 병사들을 지휘할 때 쉽게 활용하여 사용하기 위해 개발되었다. '인지능력검사'는 선병검사 시 군 임무수행에 제한되는 인지 능력을 가진 인원을 사전에 차단할 목적

 과 꾀병집단을 감별하기 위하여 개발되었다. '관계유형검사'는 인성검사의 한계를 보완할 수 있도록 병사 상호 간 타인을 평가하고 집단 내 상호관계를 파악하기 위해 개발되었다.

　2009년 1월부터는 자대용 신인성검사인 '적성적응도 검사' 개발을 위해 육군 0사단 828명을 대상으로 예비검사가 실시되었다. 같은 해 2월에는 본 검사가 실시되었으며, 5월부터는 최종 검사 구성과 전산화 작업이 완료되어 7월부터 시행되었으며, 다음해인 2010년 1월부터는 신인성검사가 시행되었다. 징병 단계와 입영신검 단계에서 활용되는 '복무적합도검사'는 2010년 2월에 개발되었으며, 간부용 복무적응도검사는 2011년 7월에 개발되어 활용되었다. 2012년 4월부터는 신병교육대 훈련병용의 '군 생활적응검사'가 개발되어 활용되었다.

2. 검사의 구성

　신인성검사는 복무적합도 검사, 군 생활적응도 검사, 적성적응도 검사, 관계유형검사, 간부용 복무적응도 검사로 구성되어 있으며, 〈표 11-2〉에 제시하였다.

1) 척도 구성

(1) 정신병리척도
　정신과적인 질환을 앓고 있거나 심리 · 정서적인 문제로 군 생활에서 정신병리 등 다양한 문제를 나타낼 수 있는 사람을 조기에 식별 · 차단하기 위한 척도다.

(2) 적응 및 사고관련 척도
　적응 척도는 군 생활을 안전하게 마치고 자신의 임무를 충실하게 수행할 수 있는 기능과 관련된 정보를 제공할 수 있는 척도다. 사고 관련 척도는 심리 · 정서적 상태를 의미하며, 군의 특수 상황에서 사고와 관련된 행동을 할 수 있는 사람을 판별하는 기능을 한다.

〈표 11-2〉 신인성검사의 구성

대상		시행 단계	검사의 종류	시기	검사 목적
병사용	신검자	징병검사 단계	복무적합도 검사	만 19세	병사들의 입대 결정 여부 종합적 파악
	입영대대 병사	입영신검 단계		입영 후 3일 이내	군복무 적합 여부를 확인하기 위해 정신과적 문제 파악
	훈련병	신병교육 단계	군 생활적응 검사	입소 3~4주차	훈련 기간 동안의 정서적 어려움 파악
	하사 이하 장병	자대복무 단계	적성적응도 검사	일병 이하 연 2회, 상병 이상 연 1회	군 복무 부적응 가능성을 예측, 개인 성격 특성 파악
	전 병사	자대복무 단계	관계유형검사	반기 1회	타인 평가에 의한 부적응행동 식별, 관계 유형 이해
간부용	위관장교, 중·상사	자대복무 단계	복무적응도 검사	연 1회 실시	스트레스 수준과 심리적 어려움을 평가하여 스스로 관리하도록 조력

(3) 일반 성격 특성척도

징병 과정에서 정상으로 판정받아 입대한 자원들이 성공적으로 군 생활을 영위할 수 있는 건강한 성격 특성을 알아보기 위해 만들어진 척도다.

(4) 반응왜곡 탐지척도

군 복무의 어려움을 피하기 위해 자신의 증상을 과장하거나, 허위로 만들어 내는 장병을 탐지해 내는 척도다. 인지능력검사를 이용한 반응왜곡 탐지척도를 만들어, 왜곡 반응을 쉽게 시도할 수 없도록 개선하였다. 각 척도별로 하위척도와 그 특징은 〈표 11-3〉과 같다.

〈표 11-3〉 각 척도별 하위척도와 특징

척도 구분		하위척도	특징
정신병리척도	정신병	정신분열	정신병리와 관련된 다양한 문제를 나타낼 가능성이 있는 대상자를 조기에 선별하여 입영에서 제외시키는 기능
		편집증	
	신체화	불안	
		우울	
		신체화	
	성격	성격장애	
적응 및 사고 관련 척도	적응 관련	조직생활 적합도	군 생활 간에 주어진 임무를 잘 수행할 수 있는지와 다른 조직원들과 잘 어울릴 수 있는지에 대한 정보를 제공해 주며, 궁극적으로 군 생활에 잘 적응하는 정도를 나타냄
		배려성	
		주장성	
		성실성	
		탐구성	
	사고 관련	군무 이탈	군 생활 간 군무 이탈 등 사고를 일으킬 수 있는지에 대해 판별하고 행동상의 문제가 있는지 여부를 알 수 있음
		사고 관련	
		행동지체	
		행동화	
일반 성격 특성척도		강인성	군 생활에서 긍정적인 영향을 미칠 수 있는 성격 특성을 나타내며, 임무 부여 시 개인의 강점을 살릴 수 있는 방향으로 제시가 가능함
		배려성	
		주장성	
		성실성	
		탐구성	
		창의성	
반응왜곡 탐지척도		긍정왜곡	자신을 더 잘보이거나 혹은 더 부정적으로 보이기 위한 왜곡된 반응을 탐지할 수 있음
		부정왜곡	
		희귀 반응	
		일치성	
상호인식검사		호감척도	집단 내에서 타인들의 인식을 파악할 수 있음. 이를 통해 적응에 어려움이 있는 병사를 파악하고, 호감을 느끼는 병사를 어려움이 있는 병사의 멘토로 활용함으로써 적응상의 어려움을 조력하는 것이 가능
		배척척도	
		타인평가	
인지능력검사		도형추리	군 생활 시 필요한 기초 인지 능력을 측정하고, 꾀병도 탐지 가능
		공간지각	
		수열추리	
		언어능력	

3. 검사의 유형별 해석

1) 복무적합도검사

(1) 검사의 목적

징병 단계에서 복무적합도검사의 목적은 현역 복무 부적합자를 조기에 선별하기 위함이다. 즉, 징병 단계에서 정신질환 증상 유무를 파악하여 정밀진단이 필요한 사람을 선별한다. 1차 심리검사는 징병검사 대상자 전원을 대상으로 복무적합도검사, 인지능력검사, 질병상태 문진표를 실시하여 2차 심리검사 대상자를 선별한다. 1차 심리검사 이상자로 판별되면, 2차 심리검사를 실시하는데, 이때는 임상심리사가 개별면담과 심리검사를 실시하여 정상·관찰·정밀관찰로 판정을 하고 징병전담 의사에게 의뢰한다. 한편 1차 심리검사 시점에서 정신과 치료경력이 있는 자는 2차 심리검사 이후 정신과 정밀검사를 받게 되는데, 이때 정신과 의사는 2차 심리검사 결과서, 병사용 진단서, 병(의)원의 치료 기록 등을 참조하여 판정한다.

입영신검 단계에서 복무적합도검사의 목적은 군 복무 중 어려움이 예측되는 정신질환 가능성의 여부를 확인하고, 자대생활에서 군 복무 중 사고 가능성이 있는지 여부를 식별하는 것이다. 징병 단계에서의 복무적합도검사에서는 정신과적 문제 선별에 더 큰 목적이 있다면, 입영신검 단계의 복무적합도검사는 사고 가능성을 예측하고, 군 생활을 잘할 수 있을지에 대한 판별이 더 중요한 목적이 된다.

(2) 검사결과표 구성

복무적합도검사는 징병검사 단계에서 한 번 시행하고, 입영신검 단계에서 다시 한 번 더 실시한다. 같은 검사를 두 번 시행하지만, 각 검사별 목적이 다르고 해석 시 검사결과표가 다르게 구성되어 있다.

복무적합도검사 결과표에서 종합판정, 반응왜곡, 정신병리, 결정문항, 특수척도 등은 두 가지 단계에서 공통적으로 제시된다. 그러나 복무적합도검사 징병 단계 검사결과표에는 '사고 관련' 결과가 제시되고, 입영신검 단계 검사결과표에는 정서 및 군 적응이 제시된다. 검사결과표의 구성은 〈표 11-4〉와 같다.

〈표 11-4〉 검사결과표 구성

구분	설명	검사 단계
종합관정	검사결과의 타당성, 복무적합 여부, 정신과적 문제 가능성을 종합적으로 제시	공통
반응왜곡	검사결과의 타당성 여부를 판단하기 위한 척도	
정신병리	정신과적 문제의 가능성 여부를 판단하기 위한 척도	
결정문항	정신병리 점수의 해당 정신질환 증상에 대한 추가 정보 제공	
특수척도	군 생활에 영향을 미칠 수 있는 과거력, 스트레스 사건, 자살 관련 내용 등 구체적인 문제 영역에 대한 정보 제공	
사고 관련	세부적인 사고 예측 유형을 제시	징병 단계
정서 및 군 적응	군 생활 간 적응을 잘하고 건강하게 생활할 가능성을 나타내는 척도	입영신검 단계

징병단계의 병무청 복무접합도검사 결과표는 [그림 11-1]과 같고, 입영신검단계의 복무적합도검사 결과표는 그림 [11-2]와 같다.

[그림 11-1] 징병단계 복무적합도검사 결과표

복무적합도검사 결과표

검사일시: 2019-04-05 오전 9:30:54　　　검사장소: 테스터 ↓
수만등록번호: (XXXXXXXXXXX)　　　성명: 홍길동
약력: 대재　　시설: 학생　　경제정도: 중　　부모관계: 양친

I. 결과요약

판정		
양호	(●)	현재 정신질환 관련 문제가 부탁되지 않아 심리적으로 건강할 가능성이 높습니다.
선별진단	( )	
잠정불가	( )	
사고예측 관심	( )	
사고예측 위험	( )	

사고예측 유형			
자살	군탈	정신장해	일반부적응

반응왜곡 척도			
척도명	긍정왜곡	부정왜곡	희귀반응	비일관성
점수	45	54	45	55

정서 및 군적응					
영역	척도명	결과	영역	척도명	결과
정서	정서안정	G	군적응	대인관계	G
	신체적불편감	G		군 생활태도	G
				행동통제	G

특수척도					
영역	척도명	결과	영역	척도명	결과
개인사	부모와의 관계		스트레스	이성문제	
	비행경험			경제적어려움	
	약물경험		자살	자살생각	
				자살시도	

II. 척도별 세부 설명

반응왜곡			
본 검사 결과가 타당한지를 판단하는 데 참고하는 척도입니다.　* 참고: 기존 '일치도' 척도가 '비일관성' 척도로 수정되었습니다.			
척도	점수	척도	점수
긍정왜곡	45	희귀반응	45
부정왜곡	54	비일관성	55
긍정 왜곡 60점 이상	사회적으로 바람직하게 보이도록 긍정적으로 응답하였을 수 있음		
부정 왜곡 70점 이상	자신의 심리적 어려움을 과장하여 응답하였을 수 있음		
희귀 반응 70점 이상	자신을 부정적으로 보이려는 의도나 실제 정신질환 증상을 알을 수 있음		
비일관성 70점 이상	비일관적으로 응답하였거나 불성실하게 응답하였을 가능성이 있음		

정신병리		
해당 척도는 실제 정신질환자와 유사하게 응답했을 경우, 70점 이상으로 나타납니다.		
척도명	점수	설명
불안	48	특이사항이 없습니다.
우울	54	특이사항이 없습니다.
신체화	50	특이사항이 없습니다.
성격장해A	62	대인관계에서 불안정하고, 사회적 기술이 부족하며, 다른 사람들과 어울리는 것을 좋아하지 않을 수 있습니다.
성격장해B	47	특이사항이 없습니다.
정신분열증	49	특이사항이 없습니다.
편집증	64	대인관계에서 예민하고, 과도하게 반응하며, 자신이 부당한 대우를 받는다고 느낄 수 있습니다. 또한 자신의 불운에 대해 외부 탓으로 돌리려는 경향이 있습니다.

정서 및 군적응			
군 생활을 건강하게 할 가능성을 나타내며, 다음 3가지 결과(G:양호, Y:관심, R:주의)로 표시합니다.			
영역	척도명	세부내용	결과
정서	정서안정	삶에 대한 무의미감, 좌절, 무능감	G
	신체적불편감	건강, 신체적 어려움에 대한 호소	G
군 적응	대인관계	내향성, 대인관계 형성 소극성, 대인관계 회피	G
	군 생활태도	집단·군 생활에 대한 태도, 적응력	G
	행동통제	분노 및 충동조절	G
구분	설명		추가면담
G(양호)	현재 본인이 해당 척도에서 건강하다고 보고하고 있으며, 군 생활 동안 해당 내용에서 건강한 상태를 유지하거나 적응할 가능성이 높음		
Y(주의)	현재 본인이 해당영역에서 경미한 수준의 어려움을 보고하고 있으며, 이에 대한 관심이 필요함		요구됨
R(관심)	현재 본인이 해당영역에서 심각한 수준의 어려움을 보고하고 있으며, 군 생활 동안 해당영역에서 어려움을 겪을 가능성이 높다 이에 대한 관심이 필요함		요구됨

특수척도				
개인사, 스트레스, 자살과 관련된 결정문항에 대한 응답입니다.　'*' 표시가 되는 경우 반드시 응답문항을 토대로 추가 면담이 필요합니다.　'응답문항'은 병사가 '예'(부모와의 관계 척도 예외)라고 응답한 문항이니 참고하시기 바랍니다.				
영역	척도명	내용	결과	응답문항
개인사	부모와의관계	부모님에 대한 태도, 어린시절 부모와의 관계		
	비행경험	학창시절 비행경험		
	약물경험	약물, 부탄가스 본드 흡입 등		
스트레스	이성문제	이성관계에서의 어려움		
	경제적어려움	경제적 스트레스		
자살의도	자살의도	자살 생각		
	자살시도	자살 시도		

[그림 11-2] 입영신검단계 복무적합도검사 결과표(상단 좌측부터)

(3) 검사의 해석

① 종합판정

종합판정은 반응왜곡과 정신병리척도를 기준으로 하며, '양호, 정밀진단, 정밀진단(타당도)' 등 세 가지로 구분된다. '양호'는 정신질환 관련 문제가 뚜렷하지 않아 심리적으로 건강할 가능성이 높음을 의미한다. '정밀진단'은 정신질환 관련 문제가 시사되므로 정밀한 진단이 요구되며, 정신병리척도를 참고하여 구체적인 정신질환 증상에 대한 확인이 필요함을 의미한다. '정밀진단(타당도)'은 정신질환 관련 문제가 시사되나, 자신의 상태를 문제가 있다고 과장하거나 불성실하게 응답하였을 가능성이 있어서 검사결과 해석 시 신중한 해석이 요구됨을 의미한다.

② 반응왜곡

반응왜곡은 검사결과의 타당성 여부를 판단하는 데 참고하기 위한 척도로 '긍정왜곡, 부정왜곡, 희귀반응, 비일관성'으로 구성되어 있다. 긍정왜곡은 사회적으로 바람직하게 보이도록 과장하여 응답하는 정도를 의미한다. 부정왜곡은 심신장애를 실제보다 과장하여 응답하는 정도를 의미하며, 희귀반응은 심신장애를 왜곡하거나 실제 정신과적인 문제를 겪고 있어 일반적이지 않은 반응에 응답하는 정도를 의미한다. 마지막으로 비일관성은 일관성이 없게 응답하거나 무선적으로 응답하는 정도를 의미한다. 긍정왜곡은 61점 이상일 때, 그리고 부정왜곡과 희귀반응 및 비일관성은 71점 이상일 때 문제가 있다고 본다.

③ 정신병리척도

정신병리 척도는 불안, 우울, 신체화, 성격장애 A, 성격장애 B, 정신분열, 편집증이 하위 항목이며, 해당 척도는 실제 환자들과 유사하게 응답했을 경우에 나타난다. 불안척도는 정서적인 예민성 및 불안정성, 걱정과 긴장감이 높은 경향을 의미한다. 우울척도는 의욕의 부족, 매사에 위축됨, 행동이 느리고 대인관계를 회피하는 경향 등을 의미하며, 신체화는 신체 증상을 통해 심리적 어려움을 호소하는 것을 의미한다. 성격장애 A는 특이한 행동 패턴을 보이고 사회적으로 고립되는 특징을 보이는데, 세부적으로는 편집성, 분열성, 분열형 성격장애의 패턴을 보인다. 성격장애 B는 극적이고 감정적이며 변덕스러운 행동 패턴을 의미한다. 세부적으로 보면, 반사회성, 경계선, 자기애, 히스테리성 성격장애의 패턴을 포함한다. 정신분열은 현실 검증 능력이 없으며, 현실적 판단이 부정확하고, 문제해결에 어려움을 보이는 경향을 의미한다. 편집증은 타인에 대한 불신과 경계심이 강하고 피해의식을 갖는 것을 의미한다. 불안, 우울, 신체화, 성격장애 A·B는 71점 이상일 때 증상이 있다고 판별하며, 정신분열과 편집증은 81점 이상일 때 증상을 지녔다고 판별한다.

④ 정신병리 결정문항

수검자의 정신질환에 대해 보다 구체적으로 파악하기 위해서는 정신병리 점수 이외에 해당 정신질환 증상에 대한 추가 정보가 필요하다. 정신병리 결정문항은 점수 이외에 해당 정신질환 증상에 대해 추가 정보를 제공해 준다. 단, 본 문항은 병무청의 임상전문가의 활용을 전제로 제시하고 있다.

⑤ 특수척도

특수척도는 크게 개인사 문제 영역, 스트레스 문제 영역, 자살 관련 문제 영역이라는 세 영역으로 나뉜다. 첫째, 개인사 문제 영역에는 부모와의 관계, 비행 경험, 약물 경험이 포함되며, 둘째, 스트레스 문제 영역에는 이성 문제, 경제적 어려움이 포함된다. 셋째, 자살관련 문제 영역에는 자살의도와 자살시도가 포함된다. 세부적으로 살펴보면, 부모와의 관계는 부모와의 관계가 좋지 않거나 부모에 대한 부정적인 태도를 의미하며, 비행 경험은 과거의 가출이나 폭행, 법적 문제 등의 행동 문제를 의미한다. 약물 경험은 약물 및 물질 사용 경험이 있는 경우 유혹에 빠지기 쉬움을 의미하며, 욕구충족을 지연시키거나 충동을 억제하는 능력이 부족함을 나타낸다. 이성 문제는 이성 친구나 중요 대상과의 갈등 상황을 알 수 있으며, 경제적 어려움은 경제적인 문제나 재정적 어려움에 대해 파악할 수 있다. 마지막으로 자살 의도 및 시도는 죽고 싶은 생각, 스스로 자신을 해칠 것 같은 자살 생각이나 충동이 있는지를 알 수 있으며, 실제로 자살 계획을 세웠는지 혹은 이전에 자살시도 경험이 있는지를 알 수 있다. 부모와의 관계는 점수가 2이상, 비행 경험은 3이상, 나머지 척도는 1이상일 때 문제가 있는 것으로 판단한다.

⑥ 사고 관련

이 척도는 군 복무 중에 자살, 군무 이탈, 폭행 등의 사고를 일으킨 집단의 심리적인 특성을 통하여 군 입영 전 사고를 예방하는 데 참고가 되는 척도다. 하위척도에 군무이탈, 적응문제, 행동지체, 행동화척도 등이 있다. 군무 이탈은 과거 행동 문제나 법적인 문제를 일으킨 경험을 의미하며, 군 복무 중 규칙이나 규범에 순응하지 못하고 이탈된 행동을 할 가능성을 의미한다. 적응 문제는 스스로 군 생활에 자신감이 없고, 군 복무에서 요구되는 대인관계 능력이나 기민성이 부족하며, 자기중심적 성향을 지녔음을 뜻한다. 행동 지체는 스트레스 상황에 대한 대처 능력이 떨어져 정서적으로 불안정함을 의미하며, 군 복무에 따른 스트레스를 적절하게 다루지 못해 정서적 불편감을 느낄 가능성이 있다. 행동화는 자존감이 낮고 자신의 능력에 대해 불신하며, 자기에 대한 확신이 부족함을 의미한다. 이들은 자기 자신에 대해서도 부정적으로 평가한다. 이 하위척도들은 61점 이상일 때 해당 문제를 지니고 있는 것으로 판단한다.

⑦ 정서 및 군 적응

이 척도는 면담의 활용성을 높이기 위해 군 생활 관련 내용과 개인의 정서적인 내용으로 구성되어 있으며, 종합판정에는 영향을 미치지 않는다. 이 척도는 Green(G), Yellow(Y), Red(R)로 판정되며, Y 또는 R일 경우 추가 면담이 요구된다. 정서 영역의 하위척도는 정서 안정, 신체적 불편감이며, 군 적응 하위척도는 대인관계, 군 생활 태도, 행동 통제다. 정서 안정은 삶에 대한 무의미함, 좌절감, 우울감을 나타내며, 신체적 불편감은 건강과 신체적 어려움에 대한 호소를 포함한다. 대인관계는 내향성, 대인관계, 소극적인 대인관계 회피 등을 설명하며, 군 생활 태도는 군 생활에 대한 태도와 적응력을 의미한다. 마지막으로 행동 통제는 분노 및 충동 조절에 대한 척도다.

2) 군 생활적응검사

(1) 검사의 목적

군 생활적응검사는 현재 병사들이 겪고 있는 어려움을 파악하여 군 생활에 보다 잘 적응하도록 도와주는 것이 목적이며, 정신건강 참고자료로서 병영생활 전문상담관 및 기타 정신건강 관련 전문가에게 의뢰하기 위한 용도로도 실시한다.

(2) 검사결과표 구성

검사결과표 구성은 종합판정, 정서 영역, 행동화 영역, 과거력, 사고 혼란, 성역할 갈등, 자살 등으로 이루어져 있으며, 〈표 11-5〉에 제시하였다. 결과표는 [그림 11-3]에 제시하였다.

〈표 11-5〉 검사결과표 구성

구분		설명
종합 판정		검사 시행 시점에서 전반적인 정서적 어려움과 심각도를 고려하여 판정
정서 영역		정서적 불편감이나 고통감을 포함하는 내재화 요인을 다룸
행동화 영역		공격 충동, 불복종, 대인관계 갈등 등을 포함하는 외현화 요인을 다룸
기타	사고 혼란	망상이나 환각 등 정신증적 증상에 대한 내용을 포함. 스트레스 유발 요인과의 전후 관계를 탐색
	성역할 갈등	육체적 · 정신적으로 남성으로서의 역할을 요구하는 군 조직에서의 적응 여부
	자살	구체적인 자살 계획을 세우고, 심한 경우 자살시도를 하였을 가능성 여부
과거력		학창시절 또래관계, 법적 조치를 받은 경험, 본인 및 가족의 정신과 진료 경험

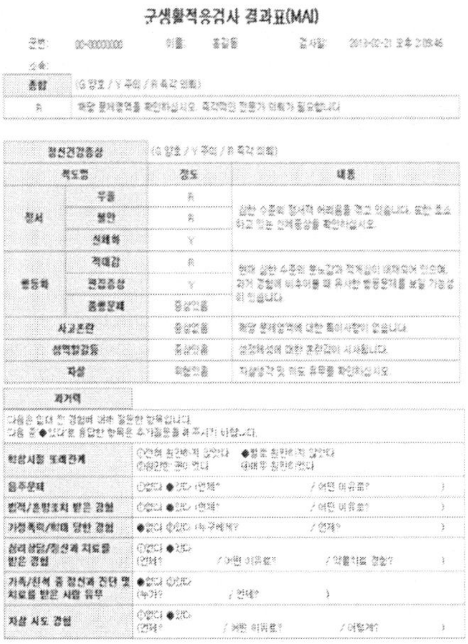

[그림 11-3] 군생활적응검사 결과표

(3) 검사의 해석

① 종합 판정

종합 판정은 무응답, G(양호), Y(주의), R(즉각 의뢰) 등 검사 시행 시점에서 전반적인 정서적 어려움과 심각도를 고려하여 판정한다. 지휘관의 관찰 결과와 해당 검사결과가 불일치할 경우 해당 하위척도를 충분히 검토해야 한다.

② 정서 영역

우울, 불안, 신체화 등의 하위척도로 구분되며, G · R · Y로 판정한다.

③ 행동화 영역

행동화 영역은 적대감, 편집 증상, 품행 문제 등의 하위척도로 나뉜다. 첫째, 적대감은 지난 한 달간의 화나 분노감, 공격적 충동 등을 반영하며, 특히 최근 현저한 스트레스나 좌절, 과거 폭력행동을 한 경험 등을 포함한다. 이 척도에서 Y나 R이 나온 경우에는 충동적이며, 만족지연이 안 되는 경우 폭력 위험성이 가중되어 유의해야 한다. 둘째, 편집 증상은 지난 한 달간의 타인 불신, 경계심, 분노감으로 인해 왜곡된 인지를 반영한다. 주변에 대해 경계적 태도를 지니며, 악의를 품고 있다고 여겨 중립적인 상황에서 과민함을 보인다. 셋째, 품행 문제는 입대 전부터 사회적 · 도덕적 규범을 무시하고 타인을 위협하며 공감 능력이나 죄책감이 없는 것을 의미한다. 품행문제 척도에서 Y나 R이 나오면, 학창시절의 비행행동으로 법적 문제를 겪은 적이 있는지를 추가로 확인할 필요가 있으며, 사고 유발 위험성이 높을 수 있다는 것을 염두에 두어야 한다. 하지만 반드시 행동상의 문제를 일으키는 것은 아니다. 적대감과 편집 증상은 G, R, Y로 판정되고, 품행문제는 증상이 있음과 없음으로 판정된다.

④ 기타 영역

기타 영역의 하위척도는 사고 혼란, 성역할 갈등, 자살, 과거력 등으로 구분된다. 첫째, 사고 혼란은 정신증적 증상 내용을 포함하는 것으로, 망상과 환각은 극심한 스트레스와 심리적 이상으로 인한 부차적 증상으로 나타나기도 한다. 둘째, 성역할 갈등은 육체적 · 정신적으로 남성으로서의 역할을 요구하는 군 조직 적응 여부가 나타난다. 또한 육체적 요구가 많은 부대 임무에 대한 거부감은 없는지, 남성적 성 역할 불편감을 호소하고 있는지를 판정한다. 셋째, 자살 하위척도에 위험 있음으로 판정되면, 지난 한 달 동안 반복적으로 자살 생각을 할 뿐만 아니라 구체적으로 자살 계획을 세우고, 심한 경우 자살시도를 하였을 가능성이 있다. 과거 자살시도 경험이 있거나 최근에 굴욕감을 느꼈을 경우, 수치심을 경험하는 스트레스 사건의 발생, 분노감이 높은 경우 자살의 위험성이 가중된다. 넷째, 과거력은 학창시절 또래관계, 법적 조치를 받은 경험, 본인 및 가족의 정신과 진료 경험 등을 의미한다. 과거력이 있는 경우 정신건강과 부적응에 영향을 미칠 수 있기 때문에 반드시 확인이 필요하며, 과거력이 확인된 경우에는 시기나 빈도, 강도 등에 대해 구체적인 면담이 필요하다. 사고 혼란과 성역할 갈등은 '증상이 있음과 없음'으로 판정하고, 자살은 '위험 있음과 없음'으로 판정하며, 과거력은 판정이 없다.

3) 적성적응도검사

(1) 검사의 목적

적성적응도검사의 목적은 병영생활 부적응 병사들의 심리적 특성을 파악하고, 사고나 부적응을 예측하여 예방 조치에 참고하는 것이다. 아울러 주기적으로 부적응 여부와 개인의 성격 특성을 확인하여 성공적인 병영생활을 조력하는 것과 동시에 지휘 참고자료로 활용하기 위한 목적을 지니고 있다.

(2) 검사결과표 구성

적성적응도검사의 검사결과 구성은 종합 판정, 부적응 예측 유형, 반응왜곡, 적응, 적성성격, 특수척도 등으로 이루어져 있으며, 〈표 11-6〉과 같다.

〈표 11-6〉 검사결과표 구성

구분	설명
종합 판정	검사결과의 타당성, 군 생활에서의 사고 가능성 및 개인의 특성을 종합적으로 제시
부적응예측 유형	세부적인 부적응 예측 유형(자살, 군무 이탈, 정신장애, 일반 부적응)을 제시
반응왜곡척도	검사결과의 타당성 여부를 판단하기 위한 척도
적응척도	군 생활 적응과 관련된 강점과 약점을 확인하기 위한 척도
적성성격척도	병사의 건강한 성격 특성과 흥미 유형을 제시하는 척도
특수척도	군 생활 적응과 관련된 구체적인 문제 영역 정보 제공

적성적응도검사의 결과표는 [그림 11-4]와 같다.

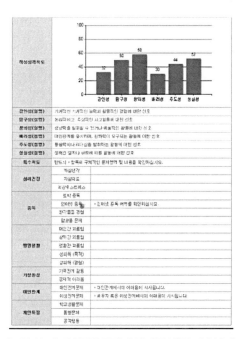

[그림 11-4] 적성적응도검사 결과표 (상단 좌측부터)

(3) 검사의 해석

① 종합 판정

종합 판정은 검사결과의 타당성과 앞으로 군 생활에서의 사고 가능성을 종합적으로 예측해 준다. 종합 판정은 '무응답, 재검사, 양호, 양호(특수척도), 부적응(관심, 위험)' 등으로 판정된다. 양호일지라도 특수척도 [*]가 표기된 경우에는 반드시 추가 면담이 필요하다. 이는 응답하지 않은 무응답 문항 수가 많아서 해당 검사결과가 타당하지 않음을 의미한다. 재검사는 성실하게 응답하지 않았거나 왜곡하였을 가능성을 보여 주며, 양호 판정은 앞으로 군 생활에 적응을 잘할 것으로 예상됨을 의미한다. 양호(특수척도)는 종합판정에서는 양호이나 특수척도상 주요 영역에서 어려움을 호소하고 있는 경우를 의미한다. 따라서 판정에서 양호(특수척도)가 나오면 반드시 해당 문제에 대한 면담과 조치가 필요하다. 부적응(관심)은 앞으로 군 생활에서 부적응이나 사고가 예측되지만, 적극적인 관심이나 도움을 통해 극복할 가능성이 있음을 의미하며, 부적응(위험)은 앞으로 군 생활에서 부적응이나 사고가 예측되므로 즉각적인 전문가의 지원과 도움이 필요하다는 것을 의미한다.

② 부적응 예측 유형

부적응 예측 유형은 자살, 군무 이탈, 정신장애, 일반 부적응 등으로 나뉜다. 이는 실제로 자살, 정신장애, 기타 부적응을 이유로 조기 전역한 병사의 검사 반응과 유사한 반응을 보일 경우 나타난다. 그러나 절대적인 결과는 아니므로 검사결과에만 전적으로 의존하지 않도록 주의해야 한다. 또한 부적응 예측 유형에 해당하는 유형이 나왔다면, 향후 관심을 갖고 지켜보며 필요시에는 전문가에게 의뢰해야 한다.

③ 반응왜곡척도

반응왜곡척도는 검사결과의 타당성 여부를 판단하기 위한 척도다. 하위척도로는 '긍정왜곡, 부정왜곡, 희귀 반응, 비일관성' 등이 있다. 우선 반응왜곡척도를 확인할 필요가 있는데, 꾀병, 비협조성, 부적응의 경우 이 척도가 나타날 수 있다. 이 척도들의 전반적인 상승은 다른 사람의 도움을 청하고 의존하고자 하는 시도일 수도 있으며, 해당 하위척도에서 [높음] 이상의 경우, 그런 경향을 보일 가능성이 있다.

④ 적응척도

적응척도는 군 생활 적응과 관련된 강점과 약점을 확인하기 위한 척도다. 대부분의 정상 병사는 모든 적응척도에서 [매우 높음] 혹은 [높음] 분포를 보이기가 쉽다. 유의미하게 낮은 점수를 받은 경우에는 부적응 문제의 가능성이 시사된다. 적응척도의 하위척도는 조직생활 적합성, 집단협동성, 군 적응, 순응성, 현실 검증 능력, 자아존중감 등이다. 조직생활 적합성이 [높음] 이상인 경우 신체적 능력, 민첩성, 판단력, 문제해결 능력, 대인관계 능력이 강점으로 작용한다. 반면, [보통] 이하인 경우는 임무수행에서의 어려움을 느끼고, 상관이나 동료로부터 부정적인 평가를 받을 수 있다. 집단협동성이 [높음] 이상이면 협동성이 높고 규칙을 잘 준수하는 반면, [보통] 이하이면 지나치게 자기주장이 강하고 이기적인 태도를 보일 가능성이 높다. 군 적응 척도에서 [높음] 이상이면 군 생활 간 정서적으로 안정되어 있음을 의미하고, [보통] 이하로 나오면 우울감, 좌절감, 비관성 등 정서적인 불편감을 느낀다고 볼 수 있다. 순응성 척도에서 [높음] 이상이 나오면 스트레스 인내력이나 충동 및 분노조절을 잘하는 반면, [보통] 이하가 나오면 분노감, 적개심 및 공격적, 적대적인 행동을 보인다. 현실 검증 능력이 [높음] 이상이면 객관적으로 사고하고 현실 검증 능력이 있는 반면, [보통] 이하가 나오면 사고의 왜곡이나 망각, 환각 등이 있을 수 있음을 보여 준다. 자아존중감이 [높음] 이상이면 자기 가치에 대한 확신이 있다고 볼 수 있는 반면, [보통] 이하가 나오면 낮은 자아존중감으로 인해 자기에 대한 부정적인 생각을 지니고 있는 것이다.

⑤ 적성성격척도

적성성격척도는 군 복무자의 건강한 성격 특성을 제시해 주는데, 상대적으로 높은 2개 유형 조합이 성격 특성으로 제시된다. 하위척도는 강인성, 탐구성, 창의성, 배려성, 주도성, 성실성 등이다. 첫째, 강인성은 기계적인 능력과 활동적인 경험을 선호함을 의미한다. 육체적으로 강인하며, 야전에서 이루어지는 훈련에 잘 적응하고, 무기와 차량 등을 수리하고 군에서 도구를 만드는 데 재능을 보인다. 특히 정비와 관련된 업무에 잘 적응한다. 둘째, 탐구성은 논리적으로 추상적인 사고 활동을 선호함을 의미한다. 복잡하고 추상적인 사고를 요구하는 일에 강하며, 혼자서 해결해야 하는 임무를 잘 수행할 가능성이 높아서 기획, 작전과 같은 역할 수행에 능통할 가능성이 높다. 셋째, 창의성은 상상력을 발휘할 수 있거나 예술적인 활동을 선호함을 의미한다. 군 상황에서 규율을 중시하는 업무보다는 창의적인 임무를 수행할 수 있는 작업 환경에서 자신의 능력을 잘 발휘할 가능성이 높다. 배려성은 대인관계를 중시하거나 친화력이 요구되는 활동을 선호함을 의미한다. 동료나 후임병을 지원하거나 보살피며, 다른 병사들에게 군에서 필요한 능력을 알려 주거나 훈련시키는 것을 선호한다. 복지나 비서 역할 수행에 강점을 보인다. 넷째, 주도성은 통솔력이나 리더십을 발휘하는 활동을 선호함을 의미한다. 분대장과 같은 리더 역할을 수행하는 역량이 있으며, 다른 사람들에게 업무를 할당하고 조정하는 능력이 뛰어나다. 다섯째, 성실성은 정해진 절차나 규칙에 따른 활동을 선호함을 의미한다. 정확성이나 정리정돈이 필요한 업무를 잘하며, 정해진 절차나 순서를 지켜야 하는 임무에서 자신의 능력을 잘 발휘할 수 있다.

⑥ 특수척도

특수척도에서는 구체적인 문제 영역을 확인해 볼 수 있다. 종합 판정이 [양호]일지라도 특수척도 [*] 표기가 된 경우, 구체적으로 해당 영역과 관련하여 어떤 어려움이 있는지 또는 얼마나 어려움을 겪고 있는지를 확인하는 과정이 반드시 필요하다. 특수척도는 심리건강, 중독, 병영생활, 가정환경, 대인관계, 개인 특징의 여섯 가지 하위척도로 분류된다. 심리건강에는 자살 생각, 자살 의도, 외상 후 스트레스가 포함되며, 중독에는 도박중독, 인터넷중독, 환각물질 경험, 알코올 문제가 포함된다. 병영생활척도에는 대인 간 괴롭힘, 상하 간 괴롭힘, 생활관 괴롭힘, 성 피해 목격, 성 피해 경험이 포함되며, 가정환경에는 가족관계 갈등과 경제적 어려움이 포함된다. 또한 대인관계에는 대인관계 문제와 이성관계 문제가 포함되고, 개인 특징에는 학교생활 문제, 품행 문제, 공격행동이 포함된다.

4) 관계유형검사

(1) 검사의 목적

관계유형검사는 2014년 9~10월에 상비 및 향토사단 4개 대대에서 야전시험을 실시하였으며, 이 결과를 바탕으로 검사 프로그램이 최종 보완되어 시행되고 있다. 이 검사는 자기보고식 검사의 주관적 자기보고식의 한계점을 보완하기 위해 개발되었으며, 타인에 의한 평가 방식을 적용하여 개발된 검사다. 관계유형검사의 목적은 부대(분대 또는 소대 단위)에서 함께 생활하는 동료나 선·후임 장병 각자의 관점을 통해 개별 병사에 대한 객관적 정보를 획득하고 집단 내 상호작용을 평가하여, 관계적 측면에서의 성격 특성이나 복무부적응 수준을 측정하기 위한 것이다. 또한 병사들의 집단 내 적응을 지원하기 위한 참고자료로도 활용할 수 있어 지휘 관리를 보다 원활하게 하는 데 도움을 주기 위해 개발된 검사다.

(2) 검사의 실시

관계유형검사 대상은 군 생활관 단위나 동일 임무를 수행하는 집단 단위이며, 검사 시행은 반기 1회 실시를 원칙으로 한다. 그러나 집단따돌림 문제 발생 시 또는 정밀진단 시 등 기타 필요시에도 시행할 수 있다. 단, 전입 후 3~4주 미만 병사는 실시 대상에서 제외하는데, 이는 집단구성원 간 상호 교류 및 관찰 시간이 부족하다고 판단되기 때문이다. 검사 문항은 총 15문항으로 되어 있으며, 유형 산출을 위한 문항과 사고 위험 식별 문항 등 2개 분야로 구분되어 있다. 이 검사를 실시할 때는 먼저 동료들과의 접촉이 적은 구성원의 경우 검사결과가 타당하지 않을 수 있음에 유의해야 한다. 검사결과는 지휘관만이 지휘 참고자료로 활용하고, 비밀을 철저히 보장해야 한다.

(3) 검사결과표 구성

결과표는 크게 유형별 결과와 개인별 사고 위험 요인 식별 등 두 가지로 제시된다. 먼저 유형별 결과는 총 다섯 개의 유형이 있다. P(popular) 유형은 집단에서 상대적으로 많은 사람이 좋아하는 인원으로 높은 호감과 낮은 배척을 받는다. C(controversial) 유형은 자기주장이 강하거나 개성이 뚜렷한 인원으로 집단 내에서 호감이 높지만 배척 또한 높다. N(neglected) 유형은 낮은 호감과 낮은 배척으로 사람들의 관심이나 주목을 받지 못하는 인원이다. R(rejected) 유형은 낮은 호감과 높은 배척으로 집단에서 상대적으로 많은 사람에게 배척받는 인원을 의미한다. A(average) 유형은 위에 제시한 네 가지 유형으로 분류되지 않는 평균적인 인원을 뜻한다.

(4) 검사의 해석

관계유형검사를 통해 다섯 가지 유형으로 분류되기는 하나, 이 유형들은 해당 집단에서의 상대적인 위치를 의미하므로 절대적으로 해석하지 않도록 주의해야 한다.

개인별 사고 위험 요인 식별의 경우 결과지에 총 여덟 가지의 관심이 필요한 영역, 즉 대인관계의 어려움, 주변의 무시나 놀림, 분노 및 공격성, 충동성 사고 가능성, 근심 · 걱정 · 불안, 자살 · 자해 위험, 구타 · 가혹행위(가해), 구타 · 가혹행위(피해) 등이 제시되어 있다. 각 영역별 표시된 숫자는 집단구성원 중 표시된 숫자만큼의 인원이 해당 인원의 영역에서 사고 가능성을 인지하고 있다는 의미다. 예를 들어, 홍길동의 결과지에 충동성, 사고 가능성이 5점이라면, 집단구성원 중 5명이 홍길동의 충동성, 사고 가능성을 인지하고 있다는 뜻이 된다. 개인별 사고 위험 요인은 유형 구분과는 별도로 도출된 결과다. 따라서 유형 구분과 상관없이 문제가 식별된 경우에는 반드시 다각도로 확인이 필요하다.

4. 군 활용 방안

신인성검사는 징병 단계에서부터 실시되어 입영신검 단계, 신병교육 단계, 자대복무 단계를 거쳐 여러 번 실시된다. 각 검사들은 개인별 전산 자료에 등록되어 지휘관들이 부하와의 면담 시 참고자료로 활용한다. 또한 검사결과를 바탕으로 부적응 가능성이 있는 병사를 사전에 식별하고, 일반병사들도 어떤 잠재된 문제를 지니고 있는지 사전에 파악할 수 있다. 또한 병영생활 전문상담관이나 군의관과 같이 전문가들이 신인성검사 결과를 상담 시에 참고자료로 활용할 수 있으며, 검사결과의 해석이나 면담한 내용을 통합하여 전문가 소견을 제시할 수 있다. 이처럼 신인성검사는 지휘관의 지휘에 참고가 되는 정보를 제공하고, 불필요한 사고를 예방하는 데 도움을 줌은 물론 보다 활기찬 병영생활을 영위할 수 있도록 지원하는 검사도구가 된다.

5. 장·단점 및 발전 방안

1) 장점
신인성검사는 여러 가지 장점을 가진 검사라고 할 수 있다.

첫째, 징병 단계에서부터 자대복무 단계까지 검사결과 자료를 서로 연계하여 통합관리하도록 되어 있다. 따라서 자대배치 후에 해당 부대의 지휘관이 해당 장병을 피검자로 등록하면, 자동으로 연계되어 병사 개인의 신인성검사 결과를 모두 확인할 수 있다. 즉, 지휘관은 병무청 자료까지도 군대 내에서 지휘관리 자료로 활용할 수 있으며, 컴퓨터 앞에서 클릭 한 번으로 한 사람에 대해서 한눈에 파악할 수 있다. 즉, 징병 단계, 입영신검 단계, 훈련소 단계, 자대배치 단계 등 각 단계별로 실시한 심리검사 결과가 일목요연하게 정리되어 있어 해당 장병이 지닌 문제점이나 어려움을 쉽게 파악할 수 있다.

둘째, 신인성검사는 징병 단계에서부터 자대복무 단계에까지 각 단계에서 적절한 조치를 취할 수 있다. 징병 단계와 입영 단계의 복무적합도검사, 훈련소 단계의 군 생활적응검사, 자대 단계에서의 적성적응도검사가 그것이다. 이 검사들은 각 단계별 목적에 맞게 문항과 결과지가 구성되어 검사결과에 따라 해당 단계에 필요한 조치를 할 수 있다. 예를 들어, 징병 단계에서는 정신질환 증상을 통해 현역복무 부적합자를 조기에 선별하는 것이 목적이므로 복무적합도 검사결과 정신질환 증상을 나타낸다면 즉각 집으로 돌려보낼 수 있다. 그 이전에는 식별되지 않았지만 자대에서 복무적응도 검사결과 어떤 부적응이나 문제가 발견된다면, 상담전문가와의 깊이 있는 상담과 해당 지휘관과의 면담을 통해 관련 문제를 경감시켜 주고 나아가서는 해소시켜 줄 수 있다.

셋째, 사고 예측 시 경험적 요인을 바탕으로 문제 장병을 비교적 정확하게 예측할 수 있다. 실제로 자살한 장병이 이전에 체크한 문항을 역추적해서 자살자를 예측하는 척도를 개발하므로 예측자 식별이 정확하다. 신인성검사는 개발 당시 경험적 개발 방식과 내용적 개발 방식을 혼용하여 개발하였다. 즉, 문제 장병과 정상 장병 간의 차이점을 찾아 문항으로 사용하였으며, 심리학 이론을 바탕으로 부적응에 관한 배경지식을 통해 연구를 진행한 것이다.

넷째, 온라인 검사 시행 방식으로 다양한 측면에서 편의성과 효용성을 제공해 준다. 검사결과는 검사 실시가 종료됨과 동시에 처리되어 바로 결과 확인과 출력이 가능하다. 따라서 기존 지필방식의 검사에서 오는 결과의 지연이라는 단점을 보완해 준다. 또한 병사는 연 2회, 간부는 연 1회 실시하여 발생하는 엄청난 양의 데이터를 온라인상에서 처리하고 보관, 관리가 가능하다. 검사데이터는 언제 어디서나 PC와 인트라넷 망이 연결된 곳이라면 찾아서 활용할 수 있다. 신인성검사는 이렇게 다양한 방식으로 적용하고 활용할 수 있기 때문에 야전부대 지휘관들의 병력 관리에 도움이 되는 장점을 가지고 있다.

2) 단점

신인성검사는 몇 가지 단점도 지니고 있다.

첫째, 신인성검사는 심리평가의 다양한 요소가 반영되지 않았다. 심리평가 결과 해석에서 가장 주의해야 할 요소는 검사결과에만 의존하지 말아야 한다는 것이다. 신인성검사에는 심리검사에 관련된 내용 외에는 다양한 심리평가에 관련된 내용이 반영되어 있지 않다. 심리평가라 함은 개인의 심리적 특성을 이해하기 위한 전문적인 과정으로 심리검사, 면담, 행동 관찰 등 여러 가지 방법에 의해 이루어진다. 즉, 심리검사 외에도 면담, 행동 관찰, 다양한 기록 등이 포함되어야 하는데, 신인성검사에는 검사 이외에 것에 대해서는 별도의 지침이나 방법에 대한 설명이 누락되었다. 이는 검사를 주로 활용하는 집단인 중대장 이상 지휘관에게는 이 검사가 전부라고 여겨질 수도 있다. 따라서 검사 이외의 다른 것들이 병행되어야 한다는 사실에 대해 알지 못한다면, 오히려 검사결과가 한 개인의 전부인 것인 양 오해할 가능성이 높다.

둘째, 신인성검사 결과에서 문제가 있는 병사로 판정되면, 실제로 별 문제가 없는 병사라 하더라도 부정적인 낙인 효과가 나타날 수 있으며, 이와는 반대로 문제가 있는 병사가 검사 결과가 정상으로 나오면, 관심이나 관리 범위에 속하지 못하는 단점이 있다. 어떤 검사든지 검사를 하는 그때 상황에 영향을 받는다. 아무리 정상적인 사람이라 하더라도 지극히 기분이 우울한 날 MMPI-2를 실시하면, 2번 척도인 우울이 상승한다. 마찬가지로 신인성검사 역시 자기보고식 검사이기 때문에 검사 당시의 기분이나 상황의 영향을 받을 수밖에 없다. 따라서 정상적인 장병도 어떤 문제를 지니고 있다고 결과가 나올 수 있는 것이다. 그런데 사고 예방에 초점을 맞추고 있는 지휘관의 입장에서는 그 장병의 검사결과에 따라 조치할 수밖에 없다. 결국 그 장병은 부정적 낙인효과로 지속적인 관심과 관리를 받게 된다. 하지만 그 관심은 해당 장병의 군 생활에 부정적인 영향을 미치는 문제가 발생할 수 있다. 단지 몇 번의 검사결과만으로 말이다.

셋째, 검사 실시 환경이 열악하여 검사결과가 정확한 것인지에 대한 의문이 든다. 단적인 예로 한 병사는 새벽 3시 야간 경계근무를 서고 들어오는데, 낮에 못한 신인성검사를 하라고 해서 졸면서 검사문항에 체크했다는 얘길 들은 적이 있다. 각 부대별로 한정된 PC를 사용하기 때문에 계급이 낮은 그 병사는 순서에서 밀렸던 것이다. 상황이 이렇다 보니 새벽에 신인성검사를 해야 하는 웃지 못할 일이 벌어진 것이다. 늦은 밤까지 근무를 서서 피곤한 몸인데, 의무적으로 컴퓨터 앞에 앉아서 검사지에 체크를 하던 그 병사는 과연 어떤 생각을 했을까? 그리고 그렇게 나온 검사결과를 과연 신뢰할 수 있는지 의문이 든다.

3) 발전 방안

신인성검사의 개선 및 발전 방안을 제시하면 다음과 같다.

첫째, 심리검사뿐 아니라 심리평가 전반에 해당되는 '면담법'과 '행동관찰(행동 체크리스트)' 등을 국방부가 용역을 주어 새롭게 개발해야 할 것이다. 각급 부대에서는 신인성검사 결과 외에 면담이나 행동관찰이 분명히 이루어지고 있겠지만, 준전문가 혹은 비전문가에 의해 이뤄지는 심리평가 방법은 신뢰도를 기대하기 어렵다. 따라서 일관된 지침으로 통제된 '면담법'과 '행동관찰법' 등이 개발되어 전 부대 간부들을 대상으로 교육될 필요가 있다. 심리평가에 관련된 내용을 개발한 후, 각 단계별로 활용 가능해야 하며 관련 사항을 인트라넷에 탑재하여 전 간부가 활용할 수 있어야 한다. 또한 축적된 데이터를 활용하여 지속적인 신인성검사에 관한 내용을 수정, 보완하여 검사의 신뢰도와 타당도를 높여야 한다.

둘째, 신인성검사를 단순화시켜야 한다. 각 시기별 목적에 맞게 문제를 재편성하여 목적에 맞도록 문항을 재조직하는 것이 필요하다. 예를 들어, 입영 단계에서의 검사는 '정신증'에 초점을 맞춰서 '정신증' 선별 검사만을 핵심으로 제시하는 것이 타당하다. 또한, 복잡한 신인성검사 해석지 내용을 체계적으로 재작성하여야 하며, 이해하기 쉬운 용어로 바꾸어 야전부대 지휘관들이 쉽게 이해하고 활용할 수 있어야 한다.

셋째, 검사결과 해석에 대한 간부 교육이 지속적으로 이루어져야 한다. 심리검사를 활용하면서 유념할 것은 문제 장병이라고 결과가 나왔다 하더라도, 여러 가지 다른 평가를 병행해야 한다는 것이다. 문제를 보인 장병은 실제로 그 문제를 지녔을 수도 있지만, 자신이 문제가 있는 장병으로 보이기 위해 부정왜곡하였을 가능성도 배제할 수 없다. 이런 배경지식 없이 검사결과만 가지고 해석할 경우, 문제를 임의로 만든 장병도 문제 장병이 될 수 있다. 실제로 문제가 없는데도 검사 실시 당시 기분이 저조하였다면, 검사결과는 '문제가 있음'으로 나올 수 있다. 이는 낙인 효과라는 부정적 결과를 초래할 수 있으며, 지속적으로 색안경을 통해 해당 병사를 바라봄으로써 오히려 적응에 부정적 결과를 초래할 수도 있다. 따라서 검사결과 해석에 대한 지속적인 간부교육과 낙인 효과나 그 반대 효과를 차단할 수 있는 방법이 강구되어야 한다.

넷째, 심리검사용 컴퓨터 보급과 검사 시간 제공 등 제대로 된 검사가 가능하도록 여건을 보장해 주어야 한다. 이는 예산 문제가 결부되지만 문제 장병을 걸러 낼 수 있는 역할을 하는 신인성검사에 대한 투자는 계속 이루어져야 할 것이다.

제3절 스트레스진단검사

이 절은 국방부 병영문화정책팀(2008)의 『사고예방을 위한 군 스트레스진단 매뉴얼(지휘관 및 실무자용)』, 육군사관학교 화랑대 연구소(2007)의 『사고예방을 위한 군 스트레스진단

도구 개발』, 김용주 등(2008)의 『병사용 스트레스진단 및 처방 프로그램 매뉴얼』을 참조하여 작성하였다.

1. 개발 목적 및 과정

1) 개발 목적

스트레스는 내·외적 사건들이 개인의 중요한 동기를 위협하고, 개인이 이를 극복할 능력이 부족할 때 일어나는 특정한 형태의 심리적·생리적 반응이다(국방부 병영문화정책팀, 2008). 군 생활 과정에서 병사들이 느끼는 스트레스는 한 개인으로서 겪게 되는 스트레스뿐만 아니라, 군 조직의 특성에서 기인하는 스트레스가 가중된 것이라고 볼 수 있다. 이렇게 군 생활 간 발생하는 스트레스는 군의 사기를 저하시키고 군 기강에 부정적인 영향을 줄 뿐만 아니라, 군의 전투력을 약화시키는 주요 요인으로 작용하고 있다. 따라서 군 입대 후에 병사들이 느끼는 스트레스 유발 요인을 과학적으로 진단하여 자살이나 탈영, 총기사고 등의 악성사고를 예방하기 위해 병사용 스트레스진단도구가 개발되었다.

2) 개발 과정

군대에 입대한 병사들은 처음으로 접하는 낯선 부대 환경과 상명하복의 조직체계, 상하관계가 분명한 위계적 상황에서의 대인관계, 가족과 친구들을 오랫동안 볼 수 없는 자유롭지 못한 환경 등으로 말미암아 스트레스를 받게 된다. 이러한 군 조직의 특성과 군 환경을 고려하여 국방부 병영문화정책팀에서 스트레스진단검사 모델을 〈표 11-7〉과 같이 제시하였다.

〈표 11-7〉 스트레스진단검사 모델(국방부 병영문화정책팀, 2008)

스트레스 유발 요인	스트레스 반응	사고행동
• 부대 환경 • 직무 특성 • 대인관계 • 가족 / 친구 등	• 인지적 • 정서적 • 행동적 • 신체적	• 자살 • 폭행 • 탈영

심리적 특성
충동성, 고립감, 정서적 안정, 효능감 등

군 병사용 스트레스진단검사는 이러한 모델을 바탕으로 스트레스 원인 조사, 스트레스진 단문항의 적절성 검사 등 다양한 조사활동뿐만 아니라, 병사들이 겪는 스트레스의 원인이 최대한 망라되도록 개발되었다. 검사문항은 스트레스와 사고행동과의 연관성을 고려하여 총 110문항으로 선정되었다. 이 검사를 개발하기 위해서 스트레스의 원인 조사와 분석에 1,000여 명이 참여하였으며, 스트레스진단문항의 적절성 검사를 위해서 1,500여명이 참여 하였다. 또한 스트레스진단 기준 설정을 위한 조사에 3,700여 명이 참여하였으며, 560여 명 의 중대장 직책을 경험한 위관장교들을 대상으로 사전징후에 대한 조사도 이루어졌다. 마 지막으로 육군 사건기록을 조사함과 동시에 육군교도소 재소자들의 스트레스 관련 사항을 분석하여 최종적으로 병사용 진단도구가 제작되었다.

2. 검사의 실시 및 해석

1) 검사의 구성

스트레스진단검사는 스트레스진단과 처방 프로그램으로 구성되어 있다. 즉, 1차로 스트 레스를 진단하고, 2차로 진단 결과에 맞는 처방을 제시하는 형태로 되어 있다. 1차 스트레 스진단은 수검자가 스트레스를 진단하는 각 문항에 응답을 하며, 응답이 완료된 후 그 결과 가 outfile 형식으로 저장되기까지의 일련의 과정을 의미한다. 2차 처방을 제시한다는 것은 수검자가 검사를 완료한 파일을 불러와서 각 요인별로 일련의 평가기준에 의거하여 개인별 스트레스 수준에 적합한 '처방 프로그램'을 제시하는 과정을 의미한다. 병사용 스트레스진 단 요인과 문항 구성은 〈표 11-8〉에 제시하였다.

〈표 11-8〉 병사용 스트레스진단 요인과 문항구성

변인	근무환경(26)				대인관계(20)				개인신상(16)				심리적 취약성(30)				스트레스(18)			
요인	부대환경	직무부적합	상급자특성	직무과중	간부관계	선임병관계	동료관계	후임병관계	복무염증	콤플렉스	여자친구문제	가정문제	효능감결여	충동성	사회적고립	정서적불안정	사고와해	신체증상	정서변화	행동변화
문항	6	6	7	7	6	6	4	4	4	5	3	4	8	8	7	7	5	5	4	4

2) 검사의 실시

스트레스진단검사는 병사가 직접 컴퓨터 앞에 앉아 모니터를 보면서 각 문항을 읽고 체크하도록 되어 있다. 스트레스진단 프로그램을 실행하면 현재 자신이 소속되어 있는 부대와 계급, 이름, 군번을 입력한다. 그리고 설문 작성 방법에 대한 안내문을 보며 어떻게 설문에 응답하는지 내용을 숙지한 후 '다음'을 클릭한다. '마침'이라는 선택항목이 제시될 때까지 응답을 계속 클릭하면 된다. 설문문항은 5점 리커트 척도로 전혀 그렇지 않다(1점), 그렇지 않다(2점), 보통이다(3점), 그런 편이다(4점), 매우 그렇다(5점)로 구성되어 있다. 수검자가 110문항으로 구성된 스트레스진단 설문지에 응답을 완료하면 모든 설문조사가 끝난다. 컴퓨터가 부족할 경우나 동시에 많은 인원을 진단하기 위해서는 설문지를 인쇄하여 유인물로 검사를 실시할 수도 있다. 이때는 검사지 문항에 모두 응답을 표시한 다음, 설문지를 회수하여 컴퓨터 프로그램에 다시 응답 내용을 체크하면 된다.

3) 검사의 채점

모든 점수는 평균 50, 표준편차 10으로 전환한 표준점수이며, 척도별 채점 기준은 〈표 11-9〉와 같다.

〈표 11-9〉 하위 요인별 문항점수

변인군	세부척도	해당 문항	최저-최고
근무환경	부대환경(EA)	A1, A3, A4, A5, A6, A7	6-30
	직무부적합(EB)	A10, A11, A12, A13, A15, A16	6-30
	상급자특성(EC)	A17, A18, A19, A20, A21, A22, A23	7-35
	직무과중(ED)	A2, A8, A9, A14, A24, A25, A26	7-35
대인관계	간부관계(RA)	B1, B2, B3, B4, B5, B6	6-30
	선임병관계(RB)	B7, B8, B9, B10, B11, B12	6-30
	동료관계(RC)	B13, B14, B15, B16	4-20
	후임병관계(RD)	B17, B18, B19, B20	4-20
개인신상	복무염증(PA)	C10, C14, C15, C16	5-25
	콤플렉스(PB)	C8, C9, C11, C12, C13	4-20
	여자친구문제(PC)	C5, C6, C7	3-15
	가정문제(PD)	C1, C2, C3, C4	4-20
심리적 취약성	효능감 결여(IA)	D19, D20, D21, D22, D23, D24, D25, D26	8-40

심리적 취약성	충동성(IB)	D27, D28, D29, D30, D31, D32, D33, D34	8-40
	사회적 고립(IC)	D35, D36, D37, D38, D39, D40, D41	7-35
	정서적 불안정(ID)	D42, D43, D44, D45, D46, D47, D48	7-35
스트레스	(S척도)	D1, D2, D3, D4, D5, D6, D7, D8, D9, D10, D11, D12, D13, D14, D15, D16, D17, D18	18-90

먼저 스트레스 원인 12요인, 심리적 특성 4요인, 스트레스 반응 1요인으로 총 17개 요인의 평균값이 계산된다. 그다음 각 요인별 평균값에 해당하는 T점수 값을 환산하며, 환산한 값을 진단 기준표에 의거하여 스트레스 수준을 평가하여, 고위험군부터 일반군까지 분류한다. 사회적 고립(IC)척도와 정서적 불안정(ID)척도를 제외한 모든 척도점수는 해당 문항의 응답값을 그대로 합산한 값이며, 사회적 고립(IC)척도와 정서적 불안정(ID)척도 점수는 해당 문항의 응답 숫자를 역전환(예: 5점→1점으로, 4점→2점으로, 2점→4점으로, 1점→5점으로)한 후에 합산한 것이다.

4) 검사의 해석

처방 프로그램에서는 T점수 값이 높은 요인과 연관된 '처방 프로그램'이 추출되고, 추출된 빈도 순으로 '처방 프로그램'의 서열이 부여된다. 서열은 말 그대로 우선순위를 의미하는 것으로, 서열 '1' 번 프로그램은 가장 먼저 조치해야 할 프로그램을 의미한다. 프로그램뿐 아니라 지휘관이 해당 병사를 면담하거나 상담할 때, 지휘 조치할 사항도 병행하여 제시된다.

지휘 관심 대상은 2단계를 거쳐서 분류된다. 1단계는 스트레스 반응값을 기준으로 그 정도에 따라 일반군, 잠재군, 관심군, 위험군으로 나누며, 2단계는 스트레스 반응값이 낮더라도 심리적 특성값이나 스트레스 원인값이 높을 경우, 한 등급 상향시켜 분류한다. 즉, 스트레스 반응값을 기준으로 관심군으로 분류된 인원이 심리적 특정값이 높은 경우, 위험군으로 상향 분류한다(김용주 등, 2008). 지휘 관심 대상 분류 기준은 〈표 11-10〉과 같다.

〈표 11-10〉 지휘 관심 대상 분류 기준

구분	분류 기준
위험군	• S 반응 70점 이상 • S 반응 63~69점 & 심리척도 70점 이상 혹은 원인 요인 70점 이상 3개 이상 • S 반응 60~62점 & 심리척도 70점 이상 & 원인 요인 70점 이상 3개 이상

관심군	• S 반응 63~69점 이상
	• S 반응 60~62점 & 심리척도 70점 이상 혹은 원인 요인 70점 이상 3개 이상
	• S 반응 59점 이하 & 심리척도 70점 이상 & 원인 요인 70점 이상 3개 이상
잠재군	• S 반응 60~62점
	• S 반응 59점 이하 & 심리척도 70점 이상 혹은 원인 요인 70점 이상 3개 이상
일반군	• 위험군, 관심군, 잠재군에 속하지 않는 대상

3. 군 활용 방안

스트레스진단검사 프로그램의 특징은 스트레스진단 결과에 따른 분류 기준이 동일하게 나왔더라도, 스트레스의 원인과 심리적인 원인이 다르다는 것을 전제하여 맞춤형으로 처방을 제시한다는 것이다. 일반적으로 스트레스 반응만을 평가한다면, 특정한 반응값에 대해서 하나의 처방만 제시될 수밖에 없다. 하지만 동일한 반응이 나왔다 하더라도, 그 스트레스를 유발한 원인은 다른 경우가 많다. 예를 들어, A병사와 B병사 각각의 결과가 '위험군'으로 분류되었다. 그런데 진단지를 통해 그 원인을 보니 A병사는 대인관계에서 오는 어려움이 스트레스의 원인이었고, B병사는 화나는 상황이 닥치면 분노조절을 잘하지 못하는 심리적 취약성 때문에 스트레스를 받고 있었다. 스트레스의 원인이 다른 각각의 병사에게 위험군으로 분류되었다는 이유로 같은 처방을 해 주면 어떤 결과가 일어날까? 아마도 처방효과가 미약하거나 심지어는 효과 자체가 없을 수도 있다. 이 프로그램에서는 진단지에 체크된 원인 기준으로, 각각의 병사에 맞게 각기 다른 처방을 권장한다. 대인관계로 어려움을 겪는 A병사에게는 '의사소통 훈련' 혹은 '자기표현 훈련'을 권장하고, 심리적 취약성으로 스트레스를 받는 B병사에게는 '분노조절' 혹은 '합리적 정서관리' 프로그램을 권장한다.

위험군으로 분류된 병사들에게 원인별로 차별화된 처방이나 조치가 아닌 일관된 처방이나 면담, 상담을 실시한다면 효과 자체가 없을 수도 있고, 오히려 역효과가 나타날 수도 있기 때문에 원인에 맞는 처방은 그 무엇보다 중요하다. 이 프로그램에서는 〈표 11-11〉과 같이 스트레스의 원인별로 집단상담 프로그램을 다르게 적용할 것을 권장하고 있다.

지휘관들은 스트레스진단 결과 병사들에게 권장되는 집단상담 프로그램이 무엇을 의미하고, 어떻게 적용을 해야 하는지 잘 모르겠다는 의견을 제시하곤 한다. 따라서 간부 양성교육기관이나 간부 보수교육 시에 진단도구의 검사 방법과 해석 요령, 진단결과별 권장 프로

〈표 11-11〉 스트레스진단 결과 권장 집단상담 프로그램

구분	프로그램 내용
자기노출 훈련	• 자기소개, 합리적 및 비합리적 사고 • 자기노출 훈련, 자기수용
가치명료화 훈련	• 선택의 다양성, 실행 과제 결정 • 느낌 점검, 자랑하기, 실천 이행
갈등 관리 훈련	• 갈등의 이해, 갈등 진술 및 처리 유형 진단 • 갈등 관리 실습, 공동이익 창출
자기표현 훈련	• 주장성 관련 강의, 주장성과 갈등, 집단토의 • 이성적 생활, 사교적 판단 연습 및 평가
진로 탐색	• 예비 직업, 흥미검사, 직업 정보 • 개인가치 발견, 직업 목록의 축소, 최종 선택
자아성장 훈련	• 자신에 대한 탐색, 신뢰감 형성, 경청하기 • 가치명료화, 자기노출, 새로운 자아 이해
의사소통기술	• 의사소통 이해, 온정 표시 훈련 • 공감 훈련, 자기노출 훈련
분노조절	• 나의 느낌 알아차리기, 화가 난 상황 이해 • 화 다루기, 생각 변화시키기, 행동 변화시키기
합리적 정서관리	• ABCDE 원리, 비합리적 생각 • 부적절한 정서, 비합리적 생각 논박
감수성 훈련	• 상담 놀이, 인생 실적 점검, 어머니의 은혜 • 자연과의 대화, 심리극, 인상 피드백, 결별 의식
잠재력 개발	• 공감 사건 이야기, 좋았던 경험, 성취 경험 • 개인가치 명료화, 자기 강점 인식, 목표 설정

그램을 교육하고 실제 실행해 보는 것이 필요하다.

4. 장 · 단점 및 발전 방안

1) 장점

스트레스진단검사는 여러 가지 장점을 가지고 있다.

첫째, 스트레스진단검사는 1,000여 명의 스트레스 원인을 분석하여 조사하였으며, 스트

레스 원인 조사, 진단문항의 적절성 검사 등의 다양한 조사 활동을 통해 병사들이 겪는 스트레스의 원인을 최대한 망라하였다. 따라서 이 척도는 단순히 스트레스 반응만을 측정하지 않고, 스트레스 반응 정도와 더불어 병사들이 병영생활 중에 겪을 수 있는 스트레스 원인을 최대한 찾아낼 수 있도록 하였다.

둘째, 이 검사는 육·해·공군 장병을 대상으로 척도개발 절차를 거쳐서 신뢰도와 타당도가 확보된 검사다. 이를 위해 선행연구에 기초하여 스트레스 유발 요인(부대 환경, 직무 특성, 대인관계, 가족·친구·신상)을 선정하고, 매개변인으로 개인적 특성(외로움, 충동성, 효능감 결여, 정서적 문제)을 선정하여 스트레스 반응에 어떤 영향을 미치는지 알아보았다. 육·해·공군 장병을 모두 포함하여 예비 조사, 본 조사를 실시하고, 군 내부에서 식별된 사고자 집단인 육군교도소의 재소자들을 대상으로 동일한 설문을 실시하였다. 그리고 일반병사 집단의 자료와 비교하는 등의 타당도 검사까지 마친 것으로 믿을 수 있는 검사다.

셋째, 스트레스진단검사 결과는 위험군, 관심군, 잠재군으로 분류되어 지휘관들이 병력을 지휘할 때 유용하게 활용될 수 있으며, 사고 가능성을 예측할 수 있다. 지휘관은 병사들의 스트레스진단검사 결과 위험군이나 관심군이 나왔다면, 이 병사가 스트레스에 취약하다는 것을 염두에 두고 교육훈련이나 생활 등을 지도할 수 있다. 또한 군에서 발생 가능한 자살, 탈영, 폭행 등 악성사고의 가능성을 사전에 예측할 수 있고, 사고예방 활동과 사고 발생 시 대응할 수 있는 활동을 하는 과정에서 이 결과가 유용하게 활용될 수 있다.

넷째, 스트레스 결과가 동일하더라도 원인에 따라서 해결 방법을 개인에 맞게 제공해 줄 수 있는 틀을 제시했다는 것이다. 스트레스 반응이 같다고 하더라도 그 원인은 개인마다 다르다. 어떤 사람은 부대 환경 때문에 힘들 수 있고, 어떤 사람은 선임병과의 갈등 때문에, 또 어떤 사람은 심리적 특성 중 하나인 고립감 때문에 힘들 수 있다. 어떤 원인 때문에 병사들이 힘들어하는지를 살펴보고, 그 병사의 스트레스 원인에 맞는 해결 방법을 설정하여 문제의 해결을 도모할 수 있다는 장점이 있다.

2) 단점

그러나 스트레스진단검사는 몇 가지 문제점을 가지고 있다.

첫째, 현역병을 대상으로 실시한 스트레스진단검사의 활용이 부족한 실정이다. 스트레스진단검사는 각급 부대 현역병들이 실시하고 있기 때문에, 우리 군의 병영생활 스트레스를 구체적으로 파악할 수 있고, 축적된 자료는 추후 발생 가능한 사고를 사전에 예방할 수 있는 유용한 참고자료가 될 수 있지만 활용이 미진하다.

둘째, 스트레스진단검사는 단발성으로 측정되는 경우가 일반적이다. 하지만 개인의 스트레스 측정을 위해서는 신인성검사와 마찬가지로 한 개인을 반복 측정하는 것이 유용하다. 부대 내 검사의 1차적인 목적은 한 개인이 입대한 이후부터 군 생활에 잘 적응할 수 있도록 조력하여 건강하게 전역하도록 하는 것이다. 하지만 스트레스진단검사는 군 생활 간 거의 1회 정도 실시하므로 부대 내 상황에 따라 변할 수 있는 스트레스 요인을 간과할 수 있다.

셋째, 자기보고식 진단도구의 결과에 의존하는 경우가 많다. 하지만 자기보고식 검사는 솔직한 응답이 제한될 가능성이 있다. 스트레스진단검사가 개발될 당시에는 자기보고식 스트레스진단 도구와 타인 관찰에 의한 행동관찰 체크리스트의 두 가지 결과를 통합하여 활용할 것을 권장하였다. 하지만 전산화가 되어 인트라넷에 탑재되면서 질문지에 대한 결과가 출력되어 지휘관들이 면담을 할 때는 검사지 결과에만 의존한다.

넷째, 스트레스진단 결과 위험군과 잠재군에 분류된 병사들의 문제를 일선 중·하급 지휘관의 노력만으로 해결하기에는 한계가 있다. 부대 내에는 위험군과 잠재군으로 분류된 일부 병사도 있지만, 그보다 더 건강한 병사들이 많이 있다. 지휘관의 입장에서는 위험군이나 잠재군으로 분류된 병사들도 중요하다. 또한 일선 지휘관들은 스트레스 관리에 대한 전문성이 부족하기 때문에 각 부대별로 위험군과 잠재군 병사의 관리를 위임하는 데 한계가 있다.

3) 발전 방안

스트레스진단검사의 발전 방안을 제시하면 다음과 같다.

첫째, 스트레스진단검사를 더 잘 활용할 수 있도록 각 부대 지휘관(자)들에게 사고예방과 사고 시 처방과 조치 방법을 교육하는 것이 필요하다. 아울러 실무 부대에서도 실시할 수 있도록 군 인트라넷에 탑재된 사이트에 대한 홍보를 하여 적극적인 활용을 유도해야 할 것이다.

둘째, 스트레스진단검사를 1회에 그치지 말고 여러 번 할 필요가 있다. 예를 들어, 입대 때부터 어떤 부분의 스트레스가 취약한지를 파악하여 전역 때까지 그 부분을 관리해 준다면 보다 적응적인 군 생활이 가능할 것이다. 즉, 입영 후 신병훈련소에서 한 번 실시하여 심리적 취약성을 파악한 다음, 자대 배치 후에도 일정한 시점에 이 검사를 실시하여 진단문항에 기초한 상담을 실시하는 것이다. 신인성검사를 통해 전체적인 측면을 파악하고, 스트레스진단검사를 통해 스트레스의 대한 심리적 취약성을 파악한다면, 보다 정확하게 병사에 대해 알 수 있고, 그가 부대 내에 잘 적응하여 건강하게 전역할 수 있도록 조력할 수 있을 것이다.

셋째, 자기보고식 검사는 자신의 의도대로 결과를 조작할 부정왜곡의 염려가 있기 때문에 항상 면담과 관찰을 함께 실시해야 한다. 사회에서 자유롭게 생활하던 병사들에게 틀에 짜인 군대 생활은 그 자체만으로 스트레스를 유발할 수 있다. 따라서 스트레스진단검사 결과, 군이라는 특수성으로 인해 스트레스가 높게 나타날 수도 있으며, 전역 등을 고려해 자신의 상황을 더욱 극적으로 부정왜곡할 염려도 있다. 이런 점을 고려하여 자기보고식 검사와 행동 체크리스트를 함께 적절히 사용해야 한다.

넷째, 가능한 한 체계적이고, 전문적인 관리 대책이 제도적으로 강구되어야 한다. 제도적 측면에서의 스트레스 감소 및 대응 대책을 수립하고, 하위 실무적 수준에서의 스트레스 관리 방안을 수립하고 개발하여, 일선 지휘관들이 참조하고 활용하기 위한 후속연구를 지속적으로 해야 한다. 뿐만 아니라 향후 연구에서는 개발된 척도들을 활용하여 교차타당도를 추가적으로 검토하는 과정이 필요하다. 또한 개발 시점부터 현재까지 축적된 자료를 통하여 검사 요인과 문항들을 재검토하고, 필요시 재표준화하는 연구도 진행되어야 한다.

제4절 개인안전지표

1. 개발 목적 및 과정

육군 개인안전지표는 육군수사단 범죄예방처에서 자살안전지표라는 이름으로 개발되었으나, 이후에 개인안전지표로 이름을 바꾸어 사용하였다. 개인안전지표는 군내에서 해마다 자살사고가 증가하지만, 그에 대응하는 자살예방 대책이 마련되지 못하고, 자살사고 후에 원인 등과 관련된 통계를 내거나 단순분석만 하는 상황에서, 정확하고 실용적이며 객관적인 자살 예측을 목적으로 개발되었다(김용주 등, 2008). 따라서 개인안전지표는 자살 우려자의 자살 요인을 통계적으로 종합분석하고, 이에 기초하여 자살 가능성을 예측하는 지표다. 이 지표는 2003년부터 2007년까지 5개년 동안 자살병사 166명과 군 생활 모범병사 373명의 개인 · 가정 · 사회 · 부대에서의 자살 요인을 분석하였다. 2009년 7월부터는 개인안전지표를 인트라넷에 탑재하여 사용하게 되었으며, 한국군 자살예방프로그램(QPR 자살예방연구소)의 과정을 개인안전지표에 새로이 접목하여, 자살위험이 높은 병사를 선별해낼 수 있도록 하였다.

그리고 진단문항만 가지고 위험요인을 구별하기 힘든 병사를 판별하여 그들에 대해 심층적인 면담이 가능하도록 면담 방법과 면담 기록지 등 전체적인 과정을 추가하여 자살우려자 식별의 신뢰성과 타당성을 확보하였다. 또한 5년 동안 자살한 병사들의 개인 신상을 정밀하게 분석하여 진단문항 16개를 추가해 총 47개(병사용 진단지 6개 항목 30개 문항, 관리자 자료 17개 문항) 문항으로 구성하였다.

2. 검사의 실시 및 해석

1) 검사의 실시

우선 개인안전지표를 사용하기 위해서는 인트라넷을 통해 육군안전센터 홈페이지에 접속한다. 개인안전지표 화면의 오른쪽 상단에 있는 '진단지 작성' 아이콘을 클릭하면, '병사용 항목'과 '관리자용 항목'이 표시된다. 용도에 따라 자신의 진단지를 작성하려면 '병사용 항목'을 클릭하고, 각 병사들의 진단결과를 확인하려는 간부라면 '관리자용 항목'을 클릭하면 된다. 병사의 경우, 진단지 작성 시에는 검사문항에 따라 솔직하게 질문지에 마지막까지 체크한 후에 '확인'을 클릭하면 되고, 간부가 검사결과를 확인하기 위해서는 '검사 조회'를 클릭한 후에 확인하고자 하는 대상의 이름을 클릭한다. 그러면 왼쪽 상단에 팝업창이 뜨는데, 팝업창의 '안전지표 결과'를 클릭하면 개인안전지표의 분석 결과가 컴퓨터 바탕화면에 나타나며, 결과지를 출력할 수 있다.

개인안전지표를 실시하는 데 있어 주의해야 할 점은 다음과 같다.

첫째, 개인안전지표는 소속부대 병사들을 대상으로 실시해야 하며, 초급간부나 후보생 등의 간부를 대상으로 사용해서는 안 된다. 왜냐하면 이 검사 도구는 개발 당시 병사들의 신상 자료를 기초로 개발되었기 때문에, 초급간부나 간부후보생을 대상으로 하면 진단결과가 정확하지 않을 수 있다.

둘째, 개인안전지표는 자대배치 2주가 지난 다음에 최초 진단을 실시해야 하고, 이후에 부대 내 도움·배려병사의 상태 등 필요한 경우에 활용할 수 있다. 정확한 진단을 위해서는 개인안전지표를 실시하는 목적을 사전에 설명해 주는 것이 중요하며, 진단지에 응답할 수 있는 시간을 충분히 주고, 편안히 검사에 응할 수 있도록 환경을 조성해 주어야 한다. 또한 관리자의 면담과 관찰 내용으로 해당 진단지를 작성해야 한다.

셋째, 개인안전지표의 관리자 항목은 반드시 사전에 면담을 하고, 평소에 가까이에서 자주 관찰하여 해당 병사를 잘 알고 있는 책임간부가 입력해야 한다.

2) 검사의 해석

설문지에 자살우려자의 신상정보를 입력하면 자동으로 계산되어 〈표 11-12〉와 같이 네 집단군 중 하나의 집단군에 포함되어 제시된다.

〈표 11-12〉 자살 요인별 집단군

집단	알파군(ALPHA)	베타군(BETA)	감마군(GAMMA)	엡실론(EPSILON)
세부	군 생활 스트레스(사적 제재, 선임병 갈등) 등 부대적 요인의 영향으로 자살한 집단	업무 부담 등 부대적 요인의 영향으로 자살한 집단	가정불화 등 가정적 요인의 영향으로 자살한 집단	이성 결별, 전과 및 처벌의 두려움 등 개인적 요인으로 자살한 집단

각 집단군별 해석을 살펴보면 다음과 같다.

첫 번째 집단은 알파군으로 군 생활 스트레스(사적 제재, 선임병 갈등) 등 부대 요인의 영향으로 자살한 집단이다. 이들은 독자인 경우가 거의 없으며 성격은 내성적이다. 한 가지 이상의 질병이나 정신질환의 보유 가능성은 50%이며, 인간관계나 업무 능력, 적응력 등 군 생활 적응에 대한 능력이 낮은 편이다. 군 생활 중 선임병과의 갈등을 일으킬 가능성이 존재하며, 포상을 받을 확률이 적고, 관심병사로 선정될 가능성이 높다. 평균적으로 한 가지 이상의 자살징후가 관찰된다.

두 번째 집단은 베타군으로 업무 부담 등 부대 요인의 영향으로 자살한 집단을 말한다. 이들은 개인적 요인이나 가정적 요인에 크게 영향을 받지 않는다. 학력 수준이 높은 편에 속하며, 절반 이상이 행정병이 종사한다. 업무 능력이나 동료와의 관계, 생활 적응력 등 군 생활 적응력은 우수한 편이다. 하지만 부대 내에서 교육량이나 업무량이 많으며, 이로 인해 간부와의 갈등이 상존할 수 있다. 포상 횟수가 군에서 업무량이나 경력에 비해서는 부족한 편이다. 평균적으로 한 가지 이상의 자살징후가 관측되나, 상담 및 치료병사로 선정되는 비율이나 비전 · 그린캠프에 입소하는 비율은 매우 낮은 편이다.

세 번째는 감마군으로 가정불화 등 가정적 요인의 영향으로 자살한 집단이다. 이들은 내성적인 성격이 많고, 자살시도 경험을 보유한 경우가 많다. 절반 정도가 한 가지 이상의 정신질환이나 질병을 보유하고 있으며 편부, 편모, 계모, 계부인 경우가 많다. 가정이 화목하지 못한 경우가 대부분이고 가정형편 역시 어려운 경우가 많다. 부대 내 대인관계가 어렵고, 업무 능력이나 적응력도 낮은 편이지만, 그에 비하면 갈등 요인은 별로 없는 편이다. 때문에 자살징후의 관측이 다른 집단군보다 어렵고, 상담 및 치료병사로 선정되는 비율 역시 낮으며, 비전 · 그린캠프의 입소 등의 조치가 미흡할 수밖에 없다.

네 번째는 엡실론군으로 이성 결별, 전과 및 처벌의 두려움 등 개인적 요인으로 자살한 집단을 의미한다. 이들은 독자인 경우가 거의 없으며, 가정적이나 사회적, 부대 요인에서는 큰 문제가 없는 경우가 대부분이다. 이성과의 결별이나 전과, 정신질환과 같은 개인적인 이유가 자살의 주요한 원인이 된다. 평균적으로 한 가지 정도의 자살징후가 관측되는데, 엡실론군의 절반 이상은 상병이나 병장 계급으로, 이는 자살 원인이 부대 내 요인이 아니란 반증이 될 수 있다.

3. 군 활용 방안

개인안전지표 결과인 개인 위험 요인군에 따라 조치해야 할 사항은 다음과 같다.

첫 번째 집단인 알파군은 군 생활 스트레스가 주요 자살의 원인이므로 병 기본권이 잘 지켜지고 있는지를 정확하게 인식하고 있어야 하며, 군 적응 능력 향상을 위해 지속적인 관심을 기울여야 한다. 또한 건강 상태를 자주 확인하면서 자살징후를 조기에 파악하는 것이 중요하다.

두 번째 집단인 베타군은 업무 부담이 자살의 원인이므로 해당 인원의 업무량을 부담스럽지 않을 정도로 조절해 주는 것이 필요하며, 간부와의 갈등 요인이 있는지 파악해야 한다. 또한 능력이나 업무수행에 적절한 포상을 부여하여 성취감을 느끼도록 해 주는 것이 자살예방의 효과적인 방법이다.

세 번째는 감마군은 가정불화로 인해 자살한 집단이다. 따라서 해당 인원의 가정적인 문제 등을 상담을 통해 파악하고, 이와 같은 내용에 대해 군에서 해 줄 수 있는 적절한 대책을 취하는 것이 자살예방에 효과적이다.

네 번째는 엡실론군의 자살 원인은 개인적 요인이다. 따라서 자살징후를 관측하기 위해서는 꾸준히 상담을 통해 개인적 상황을 살피며, 꾸준한 관심과 도움을 제공하는 것이 중요하다.

또한 개인안전지표의 진단결과 '개인안전 위험군(자살위험, 자살우려, 자살주의)'으로 분류된 인원은 다른 심리검사(신인성검사, 스트레스진단검사, 인터넷중독검사, 우울증자가진단 등)의 결과와 행동관찰, 면담 등을 종합적으로 참고하여 관리하여야 한다. 이때 검사 결과가 안전이나 보통으로 분류된 경우에도, 자살 관련 요인이 잠재되어 있을 가능성이 있다는 것을 염두에 두고 관리해야 한다. 개인안전지표 분석 결과에 '개인안전위험'이 나왔거나, 진단을 실시할 때 자살 관련 문항에 체크한 인원은 자동으로 심층면담기록지가 제공된다. 따라서 이 인원들은 반드시 심층면담을 실시해야 하며, 자살 관련 잠재 요인에는 어떤 것이 있는지 식별하려고 노력해야 한다. 또한 출력된 결과물은 병영생활지도기록부에 신인성검사 결과와 같이 관리하여, 결과에 대한 비밀이 유지되도록 주의를 기울여야 한다.

4. 장·단점 및 발전 방안

1) 장점

개인안전지표의 장점은 다음과 같다. 첫째, 군내 자살병사와 군 생활 모범병사 신상자료 분석을 기초로 개발되었다는 점이다. 특히 자살병사들의 신상자료를 분석하여 진단지의 47개 문항을 제작하였기 때문에 실제적으로 자살우려자를 예측할 수 있다. 둘째, 자살의 원인을 개인적 요인, 가정적 요인, 사회적 요인, 부대적 요인으로 분석하여 자살우려도를 예측하기 때문에 자살을 생각하거나 결심하는 원인이 무엇인지 찾아내어 사전에 밝혀낼 수 있다. 마지막으로 개인안전지표 결과는 네 가지로 분류되는데, 각 요인군별로 주요 분류 기준이 제시되어 있어 해당 부대 지휘관들이 결과를 활용하기가 쉽다.

2) 단점

하지만 몇 가지 단점도 가지고 있다. 먼저 개인안전지표는 중대급 이하 제대에서 활용되며, 병사들을 대상으로 하기 때문에 초급간부나 간부 후보생들에게는 적용되지 않는다. 둘째, 개인안전지표는 병사가 직접 자신의 신상에 대해서는 작성할 수 없기 때문에 해당 간부의 지속적인 면담과 관찰이 필요하지만, 소수의 간부가 다수의 병사를 모두 관리하기란 쉽지 않다. 마지막으로 개인안전지표는 자기보고식 검사이기 때문에 검사 결과 하나만으로는 정확한 진단을 할 수 없다는 단점을 지닌다.

3) 발전 방안

발전 방안은 다음과 같은데, 첫째, 초급간부나 간부 후보생을 위한 척도가 개발되고 타당화되어야 한다. 자살 사례 분석결과에 따르면 간부의 자살 사례가 증가하고 있어 간부를 위한 개인안전지표 척도가 개발되어 국방부 차원에서 관리 및 교육하는 것이 필요하다. 둘째, 병사 개개인이 직접 자신의 신상에 대해 작성할 수 있도록 프로그램을 개선해야 한다. 그러나 이 또한 부정왜곡의 우려가 있기 때문에 검사 결과 '개인안전주의'가 나오면 병영생활 전문상담관이나 정신과 군의관 등을 통해 전문적인 상담을 할 수 있도록 조치해야 한다. 또한 표준화된 행동체크리스트나 면담법 등을 개발, 보급하여 간부교육을 하는 등 평상시 간부들의 상담 역량을 키워 주는 것도 필요할 것이다. 마지막으로 검사 결과에만 의존하지 않도록 간부교육을 실시함과 동시에 자살 우려자 발견 시에는 자기보고식 검사뿐만 아니라 전문가를 통한 투사검사 등도 같이 실시하는 것이 바람직하다.

제5절 인터넷중독검사

1. 개발 목적

육군은 장병들의 건전한 정보 이용 문화를 육성하고, 병력 관리에 참고하기 위한 목적으로 정보통신부와 협력하여 '장병 인터넷중독진단척도'를 개발하였다. 이후 2007년 6월부터 육군 인트라넷 홈페이지에 탑재하여 운영하여 왔으며, 2008년 8월에는 인트라넷용을 추가 개발하여 야전부대의 병력 관리 등에 활용하고 있다. 진단 시스템은 육본 인트라넷 서버에 탑재되어 있으며, 국방망으로 연결된 전 부대에서 실시할 수 있다.

2. 검사의 실시 및 해석

1) 검사의 실시

　진단하고자 하는 인원은 인트라넷에 접속 후, 본인 인증을 하고 진단을 시작할 수 있다. 실명 인증에서 사용자(간부 및 병사, 군번, 주민번호 뒷자리) 확인 후에 나이를 선택한 후, 진단을 위해 61문항(4지 선다형)을 빠짐없이 마우스로 클릭하여 표시하며, 선택한 문항의 답을 수정할 수도 있다. 진단지에는 입대 전의 중독 경험이나 심리적인 취약성, 복무 중에 갈등이 있는지 등을 포함하는 질문으로 구성되어 있다. 검사 실시 후에는 인트라넷에서 검사 결과를 즉시 확인할 수 있다. 각 부대 관리자는 군번이나 이름 등 진단 대상자와 관련된 정보를 사전에 입력을 해 두어야 하며, 그 정보를 바탕으로 개별 진단 결과와 현황에 대한 정보를 관리할 수 있다.

2) 검사의 해석

　인터넷 중독 진단 결과는 위험군, 관리군, 일반군 등 세 가지 수준으로 제시된다. 이 중 위험군과 잠재군이 최종 관리 대상자가 되는데, 특히 위험군은 별도의 상담을 통한 관리가 필요하다. 출력된 진단 결과는 인터넷 중독에 관한 경험뿐만 아니라, 개인의 품성과 사회성 등을 포함하고 있으므로 병력 관리에도 참고가 된다. 진단 결과는 〈표 11-13〉과 같다.

〈표 11-13〉 진단결과 해석 방법

구분	수준	진단 결과 해석	비고
외로움(L)	위험	외로움, 고독, 소외감을 느끼는 상태임	• 총 12개 문항 • 개인이 경험하는 외로움의 정도
	잠재	일상 수준의 외로움, 고독감, 소외감이 있음	
	일반	대인관계가 원만하며 조직 친화력이 강함	
	예문	내가 의지할 수 있는 동료는 없다. 거의 언제나 온몸에 기운이 없다.	
자신감(E)	위험	부정적, 소극적이며 성취 욕구가 적은 편임	• 총 13개 문항 • 자신감, 자기조절, 효능감, 성취감 등
	잠재	다소 부정적, 소극적이며 성취 욕구가 보통	
	일반	긍정적, 적극적이며 성취 욕구가 많은 편임	
	예문	고민을 털어 버리지 못하고 계속 집착한다. 실수를 자주 하는 편이다.	

통제력(8)	위험	계획성이 부족하고 자기통제력이 취약함	• 총 9개 문항
	잠재	계획성과 자기통제력이 다소 부족한 성향	• 신중하고 치밀함, 계획성, 준비성 등
	일반	계획성이 있고 차분하며 통제력이 강함	
	예문	충분한 사전계획 없이 행동한다. 행동하기 전에 곰곰이 생각하는 편이다.	
소계(S) 심리종합	위험	심리적 취약성이 많고 주변의 관심이 필요	
	잠재	비교적 안정되나 취약성이 내재된 수준	
	일반	안정적이며 특이한 사항은 발견되지 않음	
	예문	내가 대화를 나눌 수 있는 사람이 없다. 인생은 살 만한 가치가 별로 없다고 본다.	
인터넷 중독 경험 여부	위험	위험군에 해당하며 중독 경험이 있었음	• 가상세계 지향
	잠재	잠재군에 해당하며 중독 가능성이 있음	• 긍정적 기대 내성, 몰입 자기인식
	일반	일반군에 해당하며 문제점 식별 내용 없음	
	예문	사이버세상과 현실이 혼돈될 때가 있었다. 인터넷을 하면 스트레스가 해소되었다.	
현실 갈등	위험	인터넷 사용 욕구가 많고 중독 위험이 높음	• 총 8문항
	잠재	인터넷 사용 욕구와 중독 위험성이 내재됨	• 대체 욕구 및 반응
	일반	뚜렷하게 식별되는 문제점이 없는 수준임	
	예문	가끔 인터넷하는 꿈을 꾼다. 외박 시 PC방에서 밤을 지새운 적이 있다.	
종합관정	위험	상담 조치 필요	인터넷 중독 경험, 심리 특성 및 현실 등을 종합적으로 판단
	잠재	상담 및 교육 필요	
	일반	상담 불필요	

3. 장·단점 및 발전 방안

1) 장점

장병 인터넷중독검사의 장점은 다음과 같다. 첫째, 이 척도는 군대라는 특수성을 고려하여 병사들의 인터넷 중독과 관련된 정도를 측정하고, 중독 정도의 분류 기준을 제시하여 타당화 작업까지 했다. 둘째, 입대 전에 인터넷 중독 경향이 있던 병사가 입대 후에는 그 중독의 경향이 어떻게 진행될 수 있는지에 대해 파악할 수 있어 중독 경향성의 간접적인 지표를 제공할 수 있다. 셋째, 기존의 인터넷 중독척도는 현재 중독의 상태와 정도만을 진단할 수 있지만, 이 척도는 과거의 상태, 즉 입대 전의 상태뿐 아니라, 입대 후인 현재 상태까지도 진단이 가능하다는 것이다. 따라서 해당 부대 지휘관들은 병력들의 중독 경향성을 파악하여 악성사고를 미연에 방지할 수 있다.

2) 단점

장병 인터넷중독검사의 단점은 다음과 같다. 첫째, 실제 부대에서는 인터넷 중독에 대해서 단발성으로 진단이 진행되며, 진단 후에 문제가 있더라도 지속적인 관리가 되지 않는 실정이다. 둘째, 인터넷 중독 진단 결과, 위험군과 잠재군으로 분류된다 하더라도 전문적인 관리가 이뤄지지 못하며, 중독에 대해서 잘 모르는 일부 간부들은 '사회에 있을 때 컴퓨터 게임을 많이 했구나.'라는 정도로만 생각하여 그 심각성이 간과되는 경우도 발생하고 있다. 셋째, 이 척도는 타당도 검증을 마쳤지만, 병사들이 실제 부대 내에서 인터넷을 사용하는 것은 여전히 제한적이기 때문에 엄격한 타당도검사가 쉽지 않았을 것으로 예측된다. 2007년 척도 개발 당시 척도의 변별력을 검사할 수 있는 준거집단을 선별하기 어려워 인터넷 중독 연구는 탐색적 수준에서만 이루어졌다는 것 또한 단점이다.

3) 발전 방안

인터넷중독검사에 대한 발전 방안은 다음과 같다. 첫째, 인터넷 중독은 국방부 차원에서 체계적으로 운영하는 것이 필요하다. 신인성검사와 마찬가지로 입영 초기에 검사를 실시하여 인터넷 중독 정도와 심리적인 취약성에 대해 평가하고, 그 결과를 신병교육대와 자대 등에서도 지속적으로 관리해야 한다. 그리고 입영 후 일정 시점이 지난 후 다시 실시하여 중독 정도가 낮아졌는지, 심리적인 취약성은 어떤지 등을 파악해야 할 것이다. 둘째, 인터넷 중독을 보이는 병사들의 경우는 우울감과 외로움을 많이 느끼며, 자기통제력이 낮고 충동성이 높은 경향을 보인다. 즉, 중독 그 자체가 문제가 되는 것이 아니라 중독으로 인해 심리적으로 취약해지는 것이 문제가 된다. 따라서 인터넷 중독의 위험성과 심리적 취약성에 대해 간부교육을 확대하여 실시하고, 실제 인터넷 중독 진단 결과에서 위험군과 잠재군으로 분류된 병사들은 상담전문가들에 의해 상담이 진행될 수 있도록 조치해야 한다. 셋째, 2007년 개발 이후 현재까지 축적된 자료를 바탕으로 검사 요인과 문항들을 재검토하고, 교차 타당도나 예언 타당도 검증 등의 연구도 필요하다.

인터넷 중독은 병사뿐만 아니라 간부에게도 심각한 문제로 부각될 수 있다. 특히 간부들은 일과 후가 자유롭기 때문에 병사들보다 더 인터넷이나 게임에 중독 되기가 쉽다. 따라서 간부들의 인터넷 중독을 측정할 수 있는 척도를 개발하여 타당화할 필요가 있다.

요약

1. 군대에서 심리검사의 목적은 군 복무 과정에서 자살을 포함한 복무 부적응 등의 심리적 어려움을 경험하고 있는 인원을 식별하기 위해서다.

2. 발달 과정은 1961년에 최초로 정신박약진단검사가 개발되었고, 1991년에는 3군 지역에 다면적 인성검사(MMPI)가 시험 적용되었으며, 2009년부터 신인성검사가 시행되고 있다.

3. 신인성검사의 개발 목적은 기존의 군 심리검사를 개선하고, 입영에서 자대생활까지 필요한 각 군의 심리검사들을 통합하여 사용함으로써 그 효과를 극대화하기 위한 것이다.

4. 신인성검사는 병사용으로 징병검사와 입영신병 단계에서 실시되는 복무적합도검사, 신병교육 단계에서 실시하는 군 생활적응도검사, 자대복무 단계에서 실시하는 적성적응도검사 그리고 관계유형검사가 있다. 간부용으로 복무적응도검사가 있다.

5. 복무적합도검사는 징병검사 단계에서 한 번 시행하고, 입영신검 단계에서 다시 한 번 실시하게 되며, 검사 목적은 현역복무 부적합자를 조기에 선별하기 위함이다.

6. 군 생활적응검사는 현재 병사들이 겪고 있는 어려움을 파악하여, 군 생활에 잘 적응하도록 도와주는 것이 목적이다.

7. 적성적응도검사 목적은 병영생활 부적응 병사의 심리적 특성을 파악하고, 사고나 부적응을 예측하여 예방 조치에 참고하고자 하는 것이다.

8. 신인성검사의 개선 및 발전 방안으로는 심리평가 전반에 대해 지속적인 개발이 이루어져야 하며, 신인성검사를 단순화시켜야 하며, 검사 결과 해석에 대한 지속적인 간부 교육이 이루어져야 한다는 것이다.

9. 스트레스 진단검사 프로그램은 스트레스 진단 결과가 동일하게 나왔더라도, 스트레스 원인과 심리적인 원인이 다르다는 것을 전제하고 맞춤형으로 처방을 제시하는 장점이 있다.

10. 개인안전지표는 자살우려자의 자살 요인을 통계적으로 종합분석하고, 이에 기초하여 자살 가능성을 예측하는 지표이며, 인터넷중독검사는 육군 인트라넷 홈페이지에 탑재하여 병사들의 인터넷 중독 정도를 측정하는 도구다.

제12장

군 상담제도

제1절 전문상담관제도

1. 발달 과정

전문상담관제도는 2005년 2월 육군본부에서 국방부에 건의하면서 시작되었다. 이후 다양한 토의를 거쳐 국방부 지침이 하달되었고, 같은 해 7월에는 육군과 해군에 시험적으로 운영되었다. 이후 전문상담관제도는 지속적으로 보완되고 발전을 거듭하여, 2015년 현재 300여 명의 전문상담관이 육·해·공군 및 생명의 전화, 병역심사관리대 등에 배치되어 상담 관련 업무를 수행하고 있다. 이 절에서는 제도의 발달 과정을 제도 도입 과정과 제도 운영 과정 그리고 전문상담관 선발 과정으로 구분하여 살펴보고자 한다.

1) 제도 도입 과정

(1) 제도 건의 및 토의

육군은 2005년 2월, 군에 전문상담인력 확보 및 운영계획을 국방부에 〈표 12-1〉과 같이 건의하였다. 이를 토대로 국방부 관계자들이 2005년 3월에 1차 토의를 가진 후, '기본권 전문상담관'(현재는 '병영생활 전문상담관'으로 명칭 변경) 운영계획을 국방부장관에게 보고하였다. 국방부장관은 해·공군도 기본권 전문상담관 채용을 동시에 추진하도록 검토할 것을 지시하였으며, 같은 해 4월에 2차 토의를 하였다. 그 결과 해·공군은 육군이 시험 적용한 후 2006년부터 적용하는 것으로 최종 결정되었다.

〈표 12-1〉 육군의 기본권 전문상담인력 확보 및 운영 계획

구분	계	2005년 (시범운영)	2006년 (사·여단급 이상)	2007년 (연대급 이상)
소요 인원(명)	527	7	124	396
연간예산 소요(억 원)	135.5	1.4	31.9	102.2

(2) 시험 적용

국방부 지침에 따라 2005년 7월 육군 7명, 해군 2명(해병 2사단) 등 총 9명의 기본권 전문 상담관을 선발하였다. 선발 대상은 민간 전문상담인력과 10년 이상 군 경력자였고, 신분 및 처우는 계약직 용역관이며, 월 보수는 215만 원으로 공개채용을 원칙으로 하였다. 운영 제대 및 인원 수는 시험 적용 결과에 대한 성과를 분석한 후, 추후에 정하도록 하였다. 운영 기간은 2005년 7월부터 2006년 6월 말까지 1년간이며, 소요 예산은 2005년 불용예산을 활용하여 각각 육군과 해군에서 조치토록 하였다. 〈표 12-2〉에 기본권 상담관 시험 운용부대 및

〈표 12-2〉 기본권 상담관 운용부대　　　　단위: 명

구분	육군훈련소 (논산)	육군○사단 (철원)	육군○사단 (화천)	육군○사단 (조치원)	해병대○사단 (김포)
군 경력자	1(연대)	1(사단)	1(사단)	1(사단)	1(사단)
민간 전문가	1(연대)	1(연대)	1(연대)	-	1(연대)

인원 현황을 제시하였다.

시험 운영 간 업무 분석은 시험적용부대와 기본권 전문상담관의 업무 분석으로 구분하여 실시되었으며, 기본권 전문상담관들은 개인별로 업무분석 내용을 작성하여 E-mail을 통해 육군본부와 해병대에 직접 보고하였다. 또한 육군의 경우에는 기본권 전문상담관들의 업무 분석 워크숍도 시행하였으며, 워크숍에는 기본권 전문상담관 전원 그리고 육본 및 군내 자문위원, 육본 인사근무과, 육본 감찰감실 조사과, 육군사관학교 심리학과 등의 대표가 참가하였다.

2) 제도 운영 과정

(1) 전문상담관의 인원 확충

전문상담관제도는 2008년부터 전 군에 확대하여 시행되면서 병영문화 선진화와 각종 사고예방, 정예강군 육성 및 전투력 향상에 기여하였으며, 인력 운영 규모는 〈표 12-3〉과 같다. 그리고 인력 운영 규모를 연차적으로 증원하여 2015년 12월 기준으로 300여 명 규모로 확대하여 운영되고 있는 실정이다.

〈표 12-3〉 연차별 전문상담관 운영 규모

연도	'05~'06	'07	'08	'09~'10	'11	'12	'13	'14	'15
인원	9명	20명	42명	106명	95명	148명	199명	267명	319명
비고	시험 적용		사단급	일부 여단급	사단급	사단급	사·여단급	사·여단급일부 연대급	사·여단급일부 연대급

(2) 전문상담관의 유형 확대

전문상담관의 유형은 병영생활 전문상담관, 생명의 전화 전문상담관, 병역심사관리대 전문상담관, 성(性)고충 전문상담관 등 크게 네 가지로 확대되어 운용되고 있다.

〈표 12-4〉 전문상담관 유형별 구분

병영생활 전문상담관	자살 우려자 및 보호관심장병 대상 현장 위주 능동적 상담 및 관리
생명의 전화 전문상담관	장병 자살 · 위기 상담(전화, 사이버)
병역심사관리대 전문상담관	입소자의 행동관찰 · 임상심리 평가
성 고충 전문상담관	성 고충 신고접수 및 성 상담 전문, 장병 고충 상담

3) 전문상담관 선발 과정

(1) 자격기준 변화

전문상담관제도의 자격기준은 〈표 12-3〉과 같이 연도별로 변화하였다. 2010년부터는 자격 요건 중 자격증이 보다 세분화되어 [1군 자격증] 1순위 우대, [2군 자격증] 2순위 기본 그리고 [기타 자격증]으로 명시되었으며, 2012년에는 순수 민간 인력의 경우 상담 경력에 대해 세분화된 기준이 제시되었다. 2013년에는 학력에 따른 경력의 차등을 두었는데, 석사 이상일 경우 2년 이상의 경력만 있으면 지원이 가능하도록 변경되었다. 또한 자격 요건에서 관련 자격증을 좀 더 정교화하여 제시하고, 제시된 자격증 이외의 자격증은 심의위원회의에서 검증한 후 반영한다고 명시되었다.

2015년 공고에서는 관련 자격증을 대폭 추가하여 국가공인 자격증과 민간 자격 중 국방부장관이 인정하여 고시하는 자격증으로 구분하여 제시되었다. 이와 관련하여 국방부에서는 국가기관(한국직업능력개발원)에 등록된 자격증들 중 전문가 평가를 통해 우대자격증을 선정하였다. 향후에도 같은 방법을 통해 신규등록 자격증이나 기존 자격증을 지속적으로 심사하여 채용공고에 고시할 것으로 보인다.

〈표 12-5〉 전문상담관 임용 자격 및 기준

구분	군 경력 민간 인력	순수 민간 인력
2007년	• 10년 이상 군 경력자 • 군 경력 민간 인력은 채용연도를 기준으로 3년 이전인 1월 1일부터 채용공고 3개월 전일까지 사이에 전역한 자일 것 예) 2007년 공고의 경우 2004.1.1 이후 전역자 2006.12.21 이전 전역(예정)자	• 3년 이상 상담 경력 보유자 • 채용일 기준(2007.1.11) 만 50세 미만자 • 남자는 현역복무를 필한 자

기타 (우대)	• 군 경력자: 군 경력 중 상담 관련 직위 유경험자 • 민간인력: 유관기관, 유관단체 유경험자 • 공통: 상담심리학 및 상담학 전공자, 사회복지사 자격 보유자, 기타	
2008년 추가	• 10년 이상 군 경력자 중 만 56세 미만자 • 2급 상담사(군, 심리) 자격 보유자	• 1급상담사(군, 심리) 자격 보유자
2009년 추가	학력요건	• 상담 및 사회복지 관련학과 학사학위 이상 취득 후 1년 이상 상담 및 임상실습 을 한 자 또는 이와 동등한 수준인 자 • 단, 단순한 관련 업무 종사 경험은 제외함
	자격요건	• 다음 자격증을 보유한 자 임상심리사(2급), 정신보건 사회복지사(2급), 청소년상담사(3급), 사회복지사, 전문상담교사 • 이외 기타 상담 관련 자격증 소지자
		• 다음 자격증을 보유한 자(우대) 청소년상담사(1·2급), 임상심리사(1급), 정신보건 임상심리사(1·2급), 정신 보건 사회복지사(1급), 상담심리사(1·2급), 수련감독 전문상담사, 전문상담사 (1·2급), 임상심리전문가
2010년 변경	자격요건	• [1군 자격증] 1순위 우대 청소년상담사(1·2급), 정신보건 임상심리사(1·2급), 임상심리사 1급, 정신보 건 사회복지사 1급, 상담심리사(1·2급), 수련감독 전문상담사, 전문상담사 (1·2급), 임상심리전문가 등
		• [2군 자격증] 2순위 우대 임상심리사 2급, 정신보건 사회복지사 2급
		• [기타 자격증] 청소년상담사 3급, 전문상담교사(1·2급), 사회복지사(1·2·3급), 기타 상담 관련 자격증 등
	우대	• 해군 지원자 중 백령도·연평도 지역 지원자는 선발심사 시 가점 부여
2011년 변경	자격요건	• 2010년과 동등한 자격증이나 [1군 자격증] 우대, [2군 자격증], 기본[기타 자격증] 지원자 부족 시 고려로 변경
2012년 변경 추가	자격요건	• 2010년과 동등한 자격증이나 [1군 자격증] 1순위 우대, [2군 자격증] 2순위 기본, [기타 자격증] 지원자 부족 시 고려로 변경
	우대	• 병영생활 전문상담관 기 경력자, 해군지원자 중 도서지역 지원자, 상담학 관련 석사 이상 학위자 중 1군 자격증 소지자

	상담경력 인정기준 (민간 경력자)	1년 상담경력 인정기준(민간 경력자) 제시 • 상담경력은 특정 상담기관에서 정규직 · 임시직 · 파트타임 등으로 일정 기간 근무한 경력이 아닌 '실제로 상담을 실시한 경력'을 말함 • 해당 자격증 취득 후의 경력만 인정 • 개인상담, 집단상담, 심리검사 실적을 동시에 갖춘 연도만 경력으로 인정 • 1년 인정 기준 : 대면상담 50회기, 집단상담 24시간, 심리검사 10사례 이상
2013년 추가	학력요건	• 순수 민간인력의 경우 상담관련 석사학위 이상 소지자는 경력 2년 이상
	자격요건	• 청소년상담사(1 · 2 · 3급), 정신보건임상심리사(1 · 2급), 임상심리사(1 · 2급), 정신보건사회복지사(1 · 2급), 전문상담교사(1 · 2급), 상담심리사(1 · 2급), 수련감독전문상담사, 전문상담사(1 · 2급), 임상심리전문가, 사회복지사(1 · 2 · 3급) • 기타 상담 관련 자격증 등 • 기타 상담 관련 자격증 등은 심의위원회의 검증 후 반영
2014년 추가		• 5년 이상의 상담 경험이 있는 사람 • 심리상담 또는 사회복지 분야와 관련된 학사학위 소지자로서 3년 이상의 상담 경험이 있는 사람 • 심리상담 또는 사회복지 분야와 관련된 석사 이상의 학위 소지자로서 2년 이상의 상담 경험이 있는 사람 • 10년 이상 군 경력자 중 심리상담 또는 사회복지 분야와 관련된 학사학위 이상 소지자로서 전역 5년 이내인 사람
	자격요건	• 국가자격증 임상심리사(한국산업인력공단), 직업상담사(한국산업인력공단), 사회복지사(보건복지부), 정신보건임상심리사(보건복지부), 정신보건사회복지사(보건복지부), 전문상담교사(교육부), 청소년상담사(여성가족부) • 민간자격 중 국방부장관이 인정하여 고시하는 자격증 임상심리전문가(한국임상심리학회), 상담심리사1 · 2급(한국상담심리학회), 수련감독 전문상담사(한국상담학회), 전문상담사1 · 2 · 3급(한국상담학회), 한상담수련전문가(한상담학회), 한상담전문가1 · 2급(한상담학회), 가족상담전문가_수련감독전문가(한국가족문화상담협회), 사티어가족상담전문가_지도감독(한국사티어가족상담교육원), 사티어가족상담전문가1급(한국사티어가족상담교육원)
2015년		• 민간 인력의 경우 2014년 기준과 동일 • 10년 이상 군 경력자(군종병과 장교 1년 이상)는 다음 중 하나를 충족하는 경우 응시 가능 ① 심리상담 또는 사회복지 분야와 관련된 자격증을 소지한 사람(단, 자격증은 위 자격증과 동일) ② 심리상담 또는 사회복지 분야와 관련된 학사 이상 학위를 소지한 사람
	자격요건	2014년 기준과 동일

(2) 면접 기준 변화

전문상담관 면접 기준은 2012년부터 구체화되었다. 전문상담관 면접진행 절차는 〈표 12-6〉과 같다.

〈표 12-6〉 2015년 전문상담관 면접 진행 절차

진행절차 설명	⇨	면접심사 I 실제 상담 20분 (녹화)	⇨	사례 배분 / 숙지 20분	⇨	면접심사 II 가상사례에 의한 질의

※ 사례숙지시간: 개인당 20분

2012년 이전의 면접에서는 상담관으로서 갖춰야 할 소양에 대한 내용 위주로 면접을 하였다면, 2012년 이후의 면접에서는 실제 상담 사례 위주의 면접과 실제 상담하는 모습을 10분간 녹화하여 평가하는 방법으로 변경되었다. 면접은 면접 시간 30분 전에 대기 장소에 입장을 완료하여 진행 절차를 듣게 되며, 실제 상담 10분 전에 내담자와 관련된 참고자료를 배분받는다. 그리고 면접 시 응시자를 두 개 조로 나누어 A조는 사례 위주의 면접을 먼저 받고, 이후에 내담자와 실제 상담을 10분 간 진행(녹화)하였고, 동시에 B조는 그 역순으로 진행하나 채용 시마다 약간의 변동이 있다. 2015년 면접에서는 2012년과 같은 방법으로 진행되었으나, 실제 상담시간이 20분으로 10분 더 늘어났다. 면접관에 의한 면접은 먼저 배분받은 가상 사례를 20분간 숙지한 후, 면접관의 질의가 이루어지며 응답을 마치면 면접의 모든 과정이 끝나게 된다.

2. 제도의 운영

1) 전문상담관의 역할

(1) 병영생활 전문상담관
① 야전부대 전문상담관
전문상담관의 임무는 국방부 훈령 제1510호(2013. 1. 30 일부 개정) 병영생활 전

문상담관 운영 제18조에 제시되어 있다. 구체적인 내용은 다음과 같다. 첫째, 복무 부적응 장병 식별·관리 및 관련 사항 지휘관 보좌, 둘째, 보호·관심장병 현장 위주 상담 및 관리, 셋째, 장병기본권 제한사항 식별 및 시정에 대한 지휘 조언, 넷째, 간부 및 상담병 상담 능력 향상 교육, 다섯째, 장병·군인 가족에 대한 사회복지 관련 상담 등으로 명시되어 있다.

세부적인 업무는 ① '병영생활 전문상담관실' 세부 운영 계획 수립 시행 ② 사고 우려자 및 보호관심장병 등에 대한 현장 위주 상담 관리 ③ 장병기본권 보장 관련 갈등 관리 및 지휘조언 ④ 군내 사용하는 인성검사 분석 및 후속 조치 조언 ⑤ 각종 집단상담 프로그램 지도 및 시행 ⑥ 비전캠프 및 그린캠프 운영 지원 및 장병 상담교육 ⑦ 군 생활, 개인 신상, 가족관계 및 자녀교육 등으로 인한 어려움을 겪고 있는 군인 및 장기복무 군인가족에 대한 상담 조언 ⑧ 주기적 상담 결과 분석 및 분석 결과의 지휘 참고자료 제공 ⑨ 그밖에 제18조 상담관 임무와 관련하여 운영부대장 또는 직접운영부대장이 부여한 업무 등 아홉 가지로 제시되어 있다.

② 생명의 전화 전문상담관

생명의 전화 전문상담관은 생명의 전화 상담실을 운영하고, 장병들의 자살이나 위기와 관련하여 전화상담이나 사이버상담을 하며, 육군본부가 위치한 대전광역시에 거주하는 군인·군무원·군인가족이 상담 요청 시 이를 지원하는 역할을 한다. 기능으로는 장병의 자살·위기 상담 등 각종 상담접수 시 1차 상담을 제공하고(위급 시 소송부대 및 119에 응급조치 전화), 필요시 상담 내용을 제대별 지휘관에게 통보한 후에 맞춤식 후속조치를 한다. 또한 상담일지를 작성하여 상담과 조치 여부를 확인하고 상담 분석의 자료로 활용한다.

③ 병역심사관리대 전문상담관

병역심사관리대 전문상담관의 역할은 '병역심사관리대' 입소자의 행동 관찰과 임상심리 평가서와 의견서를 작성하고, 전역심사위원회 참고인으로 관찰 결과에 대한 의견을 제시하며, 군 직할부대원 및 군인가족의 상담 요청 시 이를 지원하는 임무를 수행한다. 기능으로는 각 군사령부 및 작전사 전문상담관 운영 책임부서에서 필요한 자료를 요청할 시 이에 대한 자료를 지원하고 지휘 조언을 하며, 군직 부대 요청 시에도 지원을 한다. 또한 비전캠프 운영에 대한 지원과 각종 집체교육 시 상담교육을 제공하며, 주기적인 상담 활동 결과를 분석하고, 지휘 참고자료로 활용할 수 있도록 제공한다.

(2) 성 고충 전문상담관

국방부 '성 고충 전문상담관' 운영지침(2014. 1. 20)에 따르면, 군내 성 관련 사고의 특성상 독립적이고 비밀이 보장된 전문 인력이 필요함에 따라 여성 '성 고충 전문상담관'을 운용하게 되어 있다.

이들의 임무는 병영 내 여성 인력을 포함한 전 장병을 대상으로 성(性) 관련 고충 상담 활동을 전담하고, 병영 내 성희롱, 성추행, 성폭력 등 성 군기 사고를 예방하는 활동을 지원하는 것이다. 업무수행의 기본원칙은 전 장병의 성 관련 고충 상담을 전담하고, 담당부대(권역) 내 여성 인력 현황을 최신화하여 유지하며, 초임 여성 인력 전입 시에는 전입 후 1개월 내 개별상담을 실시하는 것이다. 또한 '찾아가는 1:1 기동상담'을 원칙으로 계급별·부대별 집단상담을 병행하고, 능동적인 예방 활동을 통해 성과 관련하여 취약한 인원들을 식별하도록 노력한다. 또한 각급부대의 여성 고충 상담관과 유기적인 협조하에 상담을 실시한다.

여성고충상담관제도(여성고충상담관 운영 국방부 훈령, 2014. 2. 24)는 여성 군인·군무원의 고충처리를 원활히 하고, 성 군기 사고의 예방을 목적으로 한다. 여성고충상담관이란 국방부 및 육·해·공군 각급 제대에 근무하는 여성 중 최고 선임자로서, 여성 관련 각종 고충처리와 성 군기 사고 예방 활동을 주관하며, 이를 통해 여성의 권익보호와 근무여건을 보장하는 주도적인 역할을 담당한다. 여성고충상담관의 임무는 다음과 같다. 첫째, 고충상담의 임무로 여성인력의 고충상담 업무를 수행한다. 특히 여성 초급간부 및 임신 여군을 중점적으로 관리한다. 둘째, 성 군기 사고를 예방하는 임무로 여성인력과 유기적으로 교류하여 성 군기 사고를 적극 예방하고, 인사실무자와 연계하여 여성인력 현황 최신화 유지, 성 군기 관련 전입자 교육을 실시 하는 등 부대 조기 적응을 위한 지원을 한다. 셋째, 성 군기 사고 발생 시 조치의 임무로 피해 사실을 알았을 경우 피해자에게 처리 절차와 신고 방법 등을 안내하고, 필요시 정신과 군의관이나 성 고충 전문상담관에게 안내한다. 또한 성 군기 사고 발생 시 피해자 보호를 위한 조치를 적극 요구한다.

2) 전문상담관의 주요 업무

전문상담관들이 수행하는 공통 업무는 〈표 12-7〉에 제시하였다.

〈표 12-7〉 병영생활 전문상담관 공통 업무

업무 구분		세부 업무 내용
개인상담	대상	병사, 간부, 군인가족
	방식	내방, 출장, 전화상담
	접수 경로	• 자발적 방문 · 전화 • 신인성검사를 통해 의뢰 • 간부 · 타 장병을 통해 의뢰
	주제	• 개인 문제: 부적응, 불안/우울, 자살사고 · 시도, 스트레스 등 • 대인관계 문제: 동기, 선후임 간 갈등, 간부와의 마찰 · 갈등 등 • 기타: 이성 문제, 성 문제 등 ※ 계급에 따른 주제의 차이 　－ 훈련병 · 신병: 부적응/우울 　－ 일병 이상: 대인관계 및 부적응 · 우울 　－ 초급간부: 진로 문제
	횟수	단회 상담
집단상담	대상	일반 장병
	방식/내용	• 부대별 방식 및 내용이 각기 다름 • 계급별 · 문제별로 다양하게 운영 • 구조화 및 비구조화된 집단상담 병행
위기장병 식별 및 파악	식별	• 신인성검사 결과 • 부대 · 간부의 의뢰 • 개인 및 집단상담 / 심리검사 이용 ※ 상담자의 경력과 업무에 따라 위기장병 식별방식이 상이함
	개입	개인상담
심리검사 및 평가	검사 안내	전문상담관 안내 교육 및 상담실 소개 시 심리검사 안내
	검사 실시 및 해석	• 부대별로 실시하는 심리검사가 다양 • 병역심사대는 풀 배터리(full-battery) 심리검사 실시 • 상담관의 훈련, 교육 및 경험 여부에 따라 활용 방법과 필요성에 대한 인식이 상이함
	신 인성검사 활용	• 위기장병 식별 및 개인상담에 활용 • 개인상담 후 부적응 정도에 대한 소견 제시
교육	대상	• 부대별로 다양 • 일반적으로 교육 대상은 계급별로 구분
	교육 내용	• 자살예방 교육, 상담기법 교육 • 부대의 요구에 따라 부대별로 상이한 교육 실시

행정	사례 관리 및 보고	• 개인상담 소견서 작성 • 개인상담 결과 기록 ※ 모든 부대는 상부의 요구가 있을 경우, 상담소견서 제출 　상담소견서 · 결과에 대한 공통양식이 없음
	업무보고	• 월간 실적 보고 ※ 부대별로 보고 양식, 보고 주기(일일 · 주간 · 월간) 및 보고 범위가 상이함

3) 전문상담관 교육

병영생활 전문상담관 운영에 관한 훈령 제33조(교육 및 전문성 제고 등)에는 상담관의 전문성 제고를 위한 교육 내용이 제시되어 있다.

첫째, 각군 참모총장은 신규로 채용된 상담관과 계속 근무하는 상담관에 대하여 다음 각호의 내용이 포함된 교육을 실시하여야 한다. ① 상담관의 임무 및 역할 ② 병영생활 관련 규정의 이해 ③ 군에서 요구하는 전문상담 과정 및 기법, 상담 사례 발표 ④ 군 인성검사의 이해 및 활용 ⑤ 자살 장병의 특성과 관리 방안 ⑥ 진로 · 성 · 다문화 상담 능력 제고 및 집단상담 ⑦ 그밖에 병영체험 등 상담관의 임무수행에 필요하다고 인정되는 내용 등이다. 교육 기간은 2주 이내로 하되, 상담관 유경험자와 추가 채용 인원에 대해서는 합당한 범위 내에서 교육 기간을 단축할 수 있다. 국방부장관(인사기획관)은 과목 및 일정 등 교육에 관하여 조정 · 통제할 수 있다.

둘째, 각군 참모총장 및 직할부대장은 상담관의 상담 능력을 향상시키기 위하여 자살예방 교관화 교육을 실시하여야 하고, 그 외 필요시 사례 토의 중심의 직무보수교육을 연 1회 이상 실시할 수 있으며, 국방부장관(인사기획관)은 이를 조정 · 통제할 수 있다.

셋째, 상담관이 업무상 필요에 의하여 군내외 각종 교육 및 회의, 세미나, 집단상담 및 심리검사 교육 등에 참가하고자 할 경우에는 운영부대장의 승인 후 출장으로 참석할 수 있다. 다만 개인의 필요에 의한 것은 개인휴가를 활용한다.

(1) 배치 전 교육

전문상담관 배치 전 교육은 〈표 12-8〉과 같이 전문상담관제도 소개와 이상심리 등과 관련된 교육을 받게 된다. 2015년부터는 기존 배치 전 교육으로만 분류되던 교육을 배치 전 교육과 자살예방 교관화 교육으로 나누어서 자살예방 교육을 보다 깊이 있게 다루고 있다.

〈표 12-8〉 배치 전 교육 내용

교육 내용	2010	2011	2012	2013	2014	2015
• 병영생활 소개 – 병영문화 개선, 상담관제도, 각종 규정 등 • 병영생활 관련 규정 소개	4H	4H				
• 병영생활 전문상담관제도 소개 – 배경, 자격요건, 중점업무 및 체계 등	4H	1H	7H	4H	4H	3H
이상심리 및 발달장애 / 부적응, 우울	3H		12H30		1H30	5H
신인성검사도구의 이해 및 활용	2H	3H	11H	7H	5H30	4H30
군에서 요구하는 상담 및 기법	4H	3H	4H			
스트레스 식별관리 프로그램 소개	2H	2H				
자살예방 교육	20H	44H	34H	4H	2H	18H

• 야전부대 현장체험
  – 상담실 소개, 지휘관 및 상담관과 대화
  – 상담 진행 및 처리 절차
  – 내담자 비밀보장
  – 군 조직문화 소개 및 이해
  (고충처리 절차 및 군내 관련 규정 등)
	10H	14H	10H	4H		

• 실무부대 근무 간 유의사항 교육 • 각 군 및 정책 소개(2012)	2H		4H			
기존 상담관과 '대화의 장'	1H		7H30			
집단상담의 이해와 기법			4H			
사고 사례 분석을 통한 상담관의 역할			4H	3H	3H30	3H30

(2) 선발 후 직무보수교육

선발 후 보수교육은 연 2회(전·후반기) 실시되며, 구체적인 내용(2014년 교육내용)은 〈표 12-9〉와 같다.

〈표 12-9〉 선발 후 보수교육

구분		교육내용	시간
전반기 (2박 3일)	1일차	명상훈련 프로그램 교육	4H
		성폭력 피해 상담의 실제	4H
	2일차	상담관 운영 관련 교육	1H
		• 집단상담 사례 발표	6H
		• 집단상담 사례 토의	4H
	3일차	• 집단상담 사례 토의	4H
		• 집단상담 사례 토의 및 발표	4H
후반기 (3박 4일)	1일차	외상 후 스트레스 장애 상담의 실제	4H
		군 인성검사 이해	4H
	2일차	사회불안 상실경험(동성애 사례 중심으로)	8H
		집단상담 이론과 실제	4H
	3일차	상담관 운영 관련 교육	1H
		• 집단상담 사례 발표	6H
		• 집단상담 사례 토의	4H
	4일차	• 집단상담 사례 토의	4H
		• 집단상담 사례 토의 / 발표	4H

3. 운영 실태 조사 결과

2013년 2월부터 6월까지 국방부에서 전문상담관 운영 및 활동 매뉴얼 개발연구 시에 설문조사한 결과를 제시하고자 한다.

1) 제도에 대한 인식

전문상담관제도에 대해서 간부들은 상담의 효과성 증진을 위해 상담관 인원이 확충되어야 한다고 생각하고 있으며, 상담 접근의 용의성이나 편리성의 증진, 상담환경 조성 등의 필요성을 인식하고 있었다. 또한 상담관의 전문적인 자질의 중요성이나 비밀보장 등 상담자의 윤리, 군 특수성에 대한 이해의 필요성을 인식하고 있었으며, 상담관의 역할로는 도움제도 병사의 식별과 관리가 우선이며, 일반병사의 적응도 함께 수행해야 한다고 생각하고 있었다(이동귀 등, 2013, p. 21).

2) 상담서비스 경험 실태

상담 관련 서비스 경험 실태는 〈표 12-10〉에 제시되어 있듯이 간부의 경우 5명 중 1명이 개인상담 경험이 있으며, 84.3%가 상담서비스 효과에 긍정적으로 대답하였다. 병사의 경우는 간부의 경우와 마찬가지로 5명 중 1명이 상담서비스 경험이 있었으나, 그 효과성은 간부에 조금 못 미치는 73.1%가 도움이 되었다고 응답하였다. 고민을 터놓을 수 있는 대화 기회가 제공된 점이나 심리적 안정, 사고예방 및 대처에 관련해서는 도움이 되었지만, 상담의 주제나 방법, 효과의 문제와 상담자의 비전문성 등의 이유로 도움이 되지 않았다고 응답한 병사들도 있었다.

〈표 12-10〉 상담 관련 서비스 경험 실태

간부			병사		
개별항목	주요 결과	사례 수	개별항목	주요 결과	사례 수
상담서비스 경험	있다(20%)	1,576	상담서비스 경험	있다(21%)	2,038
상담서비스 종류	1. 개인상담(30%) 2. 각종 교육(29.4%) 3. 심리검사 및 해석(16.6%) 4. 집단상담(8.3%)	313	상담서비스 종류	1. 개인상담(30%) 2. 각종 교육(29.4%) 3. 심리검사 및 해석(16.6%) 4. 집단상담 (8.3%)	428
상담서비스 효과 인식	도움이 되었다(84.3%)	264	상담서비스 효과 인식	도움이 되었다(73.1%) 도움이 되지 않았다(26.2%)	313
도움이 된 이유	1. 전문성(26.6%) 2. 장병상담 및 관리에 도움 (26.1%) 3. 심리적 상태 안정(14.5%)	264	도움이 된 이유	1. 고민을 터놓고 동료와 대화 기회 제공(38.6%) 2. 심리적 안정(25.2%) 3. 사고예방 및 대처 관련 (14.5%)	313
			도움이 안 된 이유	1. 상담의 주제 및 방법, 효과 문제(67.1%) 2. 상담자 비전문성(14.6%)	112

3) 전문상담관 심층면접 결과

전문상담관들을 대상으로 애로사항을 설문한 결과는 〈표 12-11〉과 같다.

〈표 12-11〉 전문상담관 애로사항(공통)

상담활동 지원 미비	상담실 지원 미비	• 상담 공간 노출로 비밀보장의 어려움 • 열악한 상담시설, 상담실 미비로 불안정한 상황에서 상담 실시 • 교육 시설 부족으로 교육자료 활용이 어려움
	차량 지원 부족	• 출장상담 시 원활하지 않은 배차 문제로 불편 • 개인차량 이용 시 유류비를 자비로 충당
	예산 지원 부족	• 심리검사도구 예산 부족 및 미지원
상담에 대한 인식 부족	상담에 대한 간부의 부정적 인식	• 상담을 부정적으로 인식하여 상담을 받지 못하도록 하여 상태가 악화되는 결과 초래 • 약물치료 · 심리치료가 필요한 경우에도 간부가 치료에 비협조
	상담의 오용	• 내담자를 위해서가 아닌 조치했다는 근거를 갖추기 위해 상담 요구
	간부와 의사소통 의 어려움	• 병사에게 도움이 되는 지휘 조언을 잘 수용하지 않음 • 상담소견서의 내용을 임의해석하고 활용
상담 인력 부족 및 업무 부담	제한된 상담시간	• 부대업무로 인해 상담시간 확보 제한 • 원거리 출장 및 도서지역에서 상담할 시는 상담시간 확보가 어려움
	양질의 서비스 제공이 어려움	• 상담관 1인이 담당하는 인원이 부대마다 다르고, 분포가 불균등하 여 질적으로 향상된 서비스 제공이 어려움
	상담관 업무 영역 명세화 필요	• 한정된 시간에 모든 요청 업무를 수행하기는 제한이 있음
	상담 결과 보고 절차 수립 필요	• 상담 보고 체계가 수립되어 있지 않아서 상담관의 혼란과 업무 부 담 가중(예: 다수의 간부가 보고받기를 원하는 경우, 어느 계급까 지 보고해야 하는지 혼란스러움)
	과중한 교육 업무 요구	• 부대의 사정에 따라 무리하게 교육을 요구하거나 계획에 없는 교 육 요구가 빈번 • 상담관의 역할과 무관한 교육을 요구
	행정 업무 부담	• 행정 업무에 대한 교육이 충분치 않아 상담관이 부대 배치 후 적응 하는 시간이 상당히 소요 • 중복된 행정 보고로 인한 업무 부담
상담 내용 비밀보장 인식 제고	간부들의 비밀보장 의식 강화 필요	간부들이 상담 내용을 요구해 내담자가 어려움에 처하는 경우 발생

	개인 자료 접근 용이성	연대 통합망 접근 권한이 제한되어 있음
관련 기관과 의 협조 체 계 구축 어려움	군병원, 군의관과의 협조체계 어려움	• 심리평가 의뢰 후 진단결과를 받는 데 상당한 시간이 소요되어 즉 각적 조치가 어려움 • 군 병원 혹은 군의관이 상담관과 정보를 공유하지 않고 협조 요구 가 거절되는 경우가 있음
	지방소재 정신보 건 기관 부족으로 인한 어려움	지방소재 군부대의 경우, 가용한 정신보건기관의 부족으로 업무 협 조 의뢰가 어려움
상담관 역량 강화 및 소진 예방	신 인성검사 활용 제약	상담자가 직접 검사를 실시할 수 없어 결과지의 세부 문항에 대한 확 인이 어려우며, 검사 결과를 활용하는 데 제약이 있음
	역량 강화 교육 개선	상담관의 역량 강화 교육의 질적 개선 필요
	상담관의 업무 소진 및 심리적 소진 예방	• 상담관의 업무 소진을 예방하기 위한 대안 필요 • 군 사고 발생 시 상담자의 심리적 부담 감소를 위한 사후조치에 대 한 구조화 필요

4. 문제점 및 발전 방안

1) 문제점

(1) 전문성 부족

전문상담관들의 상담 전문성에 대한 의문은 제도 운영 초기부터 지금까지 계속 제기되어
왔다. 현재는 선발 시 자격요건이 강화되어 전문성을 갖춘 전문상담관들이 채용되고 있는
추세다. 하지만 문제가 되는 것은 그들이 군의 특수성에 대한 이해가 부족하다는 것과 군 상
담전문가로서의 전문성이 부족하다는 점이다. 전문가라 함은 어떤 분야를 연구하거나 그
일에 종사하여 그 분야에 상당한 지식과 경험을 가진 사람을 일컫는다. 따라서 군 상담에서
의 전문가는 군 상담을 연구하거나 군 상담 분야에 종사하여, 그 분야에 상당한 지식과 경험
을 가져야 하는데, 대부분의 전문상담관은 군 문화와 군의 특수성 및 군 상담모형에 대한 지
식과 이해가 부족하다.

(2) 전문상담관 컨트롤타워 부족

2014년 현재 전문상담관들은 반기 1회 국방부에서 지정한 슈퍼바이저 중에 선택하여 슈퍼비전을 받을 수 있다. 또한 상담전문가를 초청하여 특강식으로 사례 관리 교육이 진행되기도 한다. 하지만 하루에도 몇 사례의 상담을 진행하는 전문상담관의 상담 사례에 비한다면, 지도·감독 시스템은 턱없이 부족한 실정이다. 또한 상담을 한 후에도 지도·감독을 제때 받을 수 없으므로 상담의 효과성이 떨어지거나, 상담에 개입할 적절한 시간이 지나버리기도 하는 등 문제가 있다. 따라서 지금의 형태로는 군 상담의 전문성이 장기적으로 축적되기란 불가능하다.

또 하나의 문제는 전문상담관을 평가하는 평가자의 자질이 부족하다는 것이다. 전문상담관의 평가는 상담관이 근무하는 부대의 부대장과 평정집단이 이를 평가하는 구조로 되어 있어 비전문가가 전문가를 평가하는 모순을 지니고 있다. 따라서 이러한 문제점을 종합적으로 관리하는 컨트롤타워와 같은 제도적 장치가 필요하다.

(3) 전문상담관의 처우 미흡

전문상담관의 신분은 기간제 근로자로 명시되어 있으며, 계약기간은 2년이다. 계약기간 종료 후에는 필요시 근무기간이 5년을 넘지 않는 범위에서 1년 단위로 연장이 가능하나 호봉제가 적용되지 않으며, 경력에 따른 혜택도 제공되지 않는다. 또한 잦은 출장과 차량 지원이 제한되어 자가 승용차로 순회상담을 다녀도 출장비가 지급되지 않으며 유류비 지원도 부분적으로 이루어지는 실정이다. 심리검사지 구입조차도 개인적으로 지불하고 있는 부대가 있다. 이는 전문성과 군 상담 경험을 갖춘 군 전문상담관이 다른 기관으로 이직할 수밖에 없는 요인으로 작용할 수 있으며, 신분의 불안정 그리고 경력에 따른 혜택과 직급 상승의 기회가 없는 점은 군 상담 전문성을 갖춘 전문가의 선발이 제한되는 요인으로 작용하기도 한다.

(4) 협조체계 구축 제한

상담 관련 군 내·외 자원을 활용할 수 있는 제도적 장치가 마련되어 있지 않아 전문상담관들이 내담자 관련 사항을 협조하고자 할 때 어려움에 봉착한다. 군사 보안의 강조로 군내 사항이 외부로 알려지는 것을 지휘관들이 원하지 않는 경우가 많아, 필요한 조치가 적시에 이뤄지지 못하는 경우도 발생하고 있다. 또한 기존 병과들과의 협조체계가 구축되어 있지 않아 전문상담관은 법적 조치에 대한 문제, 건강 문제, 가족 문제, 보직 문제, 신앙 문제에 이르기까지 많은 분야의 상담을 할 수밖에 없는 실정에 있다. 따라서 기존 병과들과의 협조 체제가 완벽히 구축되고, 외부 기관과의 협조도 신속하게 이루어지면 전문상담관은 보다 더 상담 고유의 업무에 중점을 둘 수 있고, 도움이 필요한 장병들을 보다 신속하게 상담해 줄 수 있을 것이다.

(5) 전문상담관 운영인력 부족

병영문화 혁신위원회의 보고서에 따르면, 2017년까지 국방부 내의 전문상담관 인력을 400여 명으로 확대하고, 연대급 부대와 GOP 대대급까지 배치할 계획인 것으로 알려져 있다. 중장기적인 계획은 대대급에 전문상담관 1명을 배치하는 것이다. 군 전문상담관의 필요성에 대한 목소리가 높아짐에 따라 지속적으로 전문상담관 선발을 확대하고 있는 추세이지만, 여전히 전문상담관 1명당 평균 2,500여 명의 장병을 담당해야 한다. 이렇게 전문상담관의 운영인력이 부족함에 따라 각급 부대의 도움·배려병사에 대한 심층 상담시간이 부족하며, 현장 위주 순회상담도 제한받고 있는 실정이다.

2) 발전 방안

(1) 군 관련 분야 자격기준 강화

국방부는 2005년 처음으로 기본권 전문상담관을 채용한 이후로, 2015년 현재까지 전문성을 갖춘 상담관을 선발하기 위한 다양한 노력을 해 왔다. 특히 상담의 전문성을 확보하기 위해 학력, 상담수련 경력, 자격증 소지 등의 기준이 구체화되고 체계화되었다. 하지만 지금까지 구체화된 요건 이외에 상담전문가이면서 아울러 군대의 특수성을 잘 알고, 군 상담 경험이 있는 전문가를 선발하여야 할 필요성이 제기된다. 그러기 위해서는 첫째, 전문상담관 선발 과정에서 군 상담에 관한 전문성을 갖춘 전문가를 선발해야 하는데, 군 상담학회의 자격증을 가진 인원을 선발하는 것도 하나의 방법이 될 것이다. 둘째, 국방부와 군 상담학회가 업무협약을 체결하여 전문상담관을 지원하고자 하는 전문가들에게 군 상담에 대한 교육을 이수하도록 한 후, 선발 시 교육 이수자를 우대하는 것도 한 방법이 될 수 있을 것이다. 셋째, 상담관 선발 시에 장병상담 사례 슈퍼비전 및 공개 사례 발표 등 군 상담 경력이 있을 경우, 이를 우대하는 방법도 있을 수 있다. 마지막으로 군사학 및 군 상담전공자가 국방부에서 인정하는 상담 관련 자격증을 소지하였을 경우, 전문상담관 선발 시 우대하는 것도 좋은 방법이 될 수 있다.

(2) 전문상담관 컨트롤타워 구축

전문상담관을 지원하고 감독할 수 있는 상위의 군 상담전문가가 운용되어야 한다. 전문상담관의 상담 능력, 연구 능력, 교육 기능 등을 향상시키고 발전시키기 위해서는 이들을 교육하고 지도할 수 있는 숙련된 군 전문가가 절대적으로 필요하다. 이러한 문제를 해결하기 위해서는 전문상담관의 직급을 차등화하여 1급과 2급을 모집한 다음, 사단과 군단급에 1급을, 연대에는 2급을 배치하여 1급 전문상담관들이 2급 전문상담관들의 수련감독자 역할을 수행하도록 하는 모델을 고려할 수 있다. 이렇게 수련감독자 역할이 군 자체적으로 이루어진다면 상담을 수행하는 전문상담관들의 상담 능력이 많은 효과를 발휘할 것이다.

(3) 전문상담관의 처우 개선

전문상담관의 신분과 처우에 대한 제도화가 필요하다. 계약직, 처우의 획일화, 직급 상승이 보장되지 않는 현재의 시스템으로는 민간의 우수한 전문상담인력을 선발하는 데 한계가 있을 뿐만 아니라 선발된 전문상담관들의 업무에 대한 동기부여가 이루어지기 어렵다. 현재와 같은 2년 계약직 신분으로 제도가 운영될 경우, 전문상담관은 경력을 쌓기 위해 임시로 거쳐 가는 계기밖에 안 될 것이며, 군대에서 전문성을 쌓은 인력의 유출 현상을 피할 수 없을 것이다. 따라서 연차적으로 예산을 확보하여 1급 전문상담관은 군무원 5급 정도의 신분을 보장해 주고, 2급 전문상담관은 군무원 7급 정도의 신분을 보장해 주는 등 전문상담관의 신분과 처우를 법적으로 제도화할 필요가 있다. 또한 호봉의 법적 제도화와 필요한 수당 지급을 통해 장기적인 근무 여건을 만들어 주어 우수 인력이 다른 기관으로 빠져 나가는 것을 방지해야 할 것이다.

(4) 군내 상담전문기관 설치

군에 전문상담관을 수련시킬 수 있는 제도적 장치를 마련해야 한다. 민간이나 군에서 배출된 초보전문가 수준의 상담전문인력을 선발하여, 이들을 군 자체 내에서 교육하고 수련할 수 있어야 한다. 또한 전문상담관으로 선발된 자도 선발 이후에 전문성을 지속시키기 위해서 군 상담전문가에 의해 지속적으로 교육 및 평가받을 수 있는 제도적 장치를 마련하는 것이 시급하다. 이를 위해 국방부에서는 군 상담학회와 연계해서 일정기간 보수교육을 통해 가칭 '군 상담 전문가 1 · 2급' 자격증을 수여하는 방안을 고려할 수 있다.

아울러 상담관의 선발, 교육 및 수련제도 수립과 관리, 상담 성과의 축적, 연구 수행, 장기적 정책 수립, 외부 민간전문가와의 유기적 협조, 자격증 관리 등의 기능을 담당하기 위한 '상담전문기관'의 설치가 필요하다. 비상근직 위원으로 구성된 '자문위원회' 정도로는 이러한 기능을 수행하는 데 한계가 있으므로, 상근직 전문가로 구성된 상설기구의 설치가 절실히 요구된다.

(5) 대내외 기관과 협조체제 구축

군 내부적으로는 고충 처리를 담당하는 기존의 병과(예: 의무, 군종, 헌병, 인사)와 외부적으로는 상담 관련 유관기관과의 유기적인 협조체제를 구축하는 방안이 수립되어야 한다. 우선 군에서 전문상담관은 상담접수와 성격, 대인관계, 가정 및 이성 문제 위주의 상담을, 법무관이나 헌병수사관은 법적 조치에 대한 상담을, 군의관은 건강 및 정신질환 문제를 상담하고, 군종장교는 신앙 문제를 상담하며, 인사장교는 보직 문제를 상담하는 등 차별화된 상담 영역을 구축하여, 상호 유기적인 협조가 이루어지도록 해야 한다.

또한 상담 관련 유관기관과 협의하여 필요시에는 외부기관에서 전문적인 상담이나 치료를 받을 수 있도록 협조체계가 구축되어 있어야 한다. 지역사회 거점을 중심으로 효과적인 네트워크가 구축되면, 군내에서 외부전문가에게 의뢰해야 할 특별한 상황 발생 시, 신속하게 의뢰가 가능하여 문제가 더 커지는 것을 미연에 방지할 수 있다. 특히 격오지 부대는 지역의 정신건강센터 등과 잘 연계하여 복무 부적응 병사 관리를 효율적으로 할 필요가 있다.

(6) 전문상담관 운영 훈령 개정

병영혁신위원회 병영혁신 결과보고(2014. 12. 1)에 따르면, 국방부는 2017년까지 병영생활 전문상담관을 246명에서 406명으로 확충하여, GOP 및 연대급까지 배치한다고 계획하고 있다고 하지만, 여전히 상담관은 부족한 실정이다. 따라서 전문상담관의 인원 수를 확충할 수 있는 예산과 법적 · 제도적 장치가 명확히 설정되어야 할 것이다. 아울러 이미 선발된 우수한 전문상담관들이 다른 기관으로 이직하지 않도록 급여의 차등화와 수당의 현실화가 이루어져야 한다. 예를 들면, 무기계약자의 급여와 격오지 수당을 현재 수준보다 인상하는 등의 노력이 필요할 것으로 보인다. 또한 상담에만 집중할 수 있도록 전문상담관의 임무를 단순화하고 행정업무를 최소화해야 하며, 출장 위주의 상담에서 출장상담과 상주하는 상담을 적절히 병행할 수 있도록 개정해야 할 것이다.

(7) 상담 관련 부서 실무자의 전문성 확보

평가자는 그 분야에 대해서 평가 대상자보다 더 전문성이 있어야 한다. 따라서 상담전공자들로 구성된 상담 관련 부서가 신설된다면 가장 좋겠지만, 그에 앞서 상담을 전공한 장교가 안전장교의 업무를 수행하게 하거나, 안전장교 외 별도로 독립된 하나의 직책을 편성하여 전문상담관들을 관리하는 것도 하나의 방법이 될 수 있다. 이처럼 상담관 근무평정의 전문성 확보를 위해 국방부 상담업무 실무부서의 상담전문성을 함양하고, 군사령부에도 상담전문성을 갖춘 실무자에 의한 상담관 지원 및 관리가 이루어져야 할 것이다. 아울러 현행 상담관 근무평정의 비율을 조정하는 것도 필요해 보이는데, 근무평가(인사장교, 참모와 연대장, 사단장 평정을 50%)와 질적 평가(군사령부 실무자 설문 및 군 상담전문가 슈퍼비전 50%)로 나누어 평정하는 것이 바람직할 것이다.

제2절 힐링 및 그린캠프제도

1. 제도의 목적

1) 힐링캠프

힐링캠프는 복무 부적응 병사 및 자살우려자를 돕고 군기 사고 예방 시스템을 구축할 목적으로 시행한 제도로서, 군 생활에 어려움을 겪는 병사들을 집중적으로 관리한다. 힐링캠프에서는 전문상담관에 의한 개인상담이나 집단상담 그리고 여러 다양한 프로그램을 통해 치유시간을 갖게 하고, 지휘관에게는 지휘 부담을 덜어 주는 효과가 있다. 이 제도는 육군 1군 사령부 예하 사·여단 단위로 2008년 12월 1일부터 비전캠프로 시행하였으며, 이후 인사 사고가 감소하여 그 효과가 입증되었다. 2009년 6월 이후 육군 전체로 확대되었다. 비전캠프는 2015년 7월 힐링캠프로 명칭이 바뀌어 시행되고 있다.

2) 그린캠프

현재 육군은 자살을 시도한 적이 있거나 우울증 등과 같은 정신적 문제로 힘들어하는 부적응 병사를 위해 그린캠프를 운영하고 있다. 그린캠프는 자살 우려자 식별 즉시 장군급 부대의 책임하에 관리가 이루어지도록 함으로써 대대급 이하 부대의 병력관리에 대한 지휘부담을 감소시키고, 전투 준비 및 교육훈련에 전념하기 위한 목적으로 시행한 제도다. 본래 그린캠프는 2009년 사단급 부대에서 처음 운영되었으나, 현재 육군에서는 군단급 부대에서 그린캠프를 운영하고 있다.

2. 제도의 발달 과정

1) 제도 도입

육군은 2003년 11월부터 복무 부적응자의 조기 적응 유도와 자살우려자의 전문적인 심리치료를 목적으로, 비전캠프 프로그램을 사단급 단위로 시행하게 되었다. 비전캠프는 상비·향토사단을 기준으로 연 6회 편성하여 운영하였으나 입소 대상자의 대기 및 지연 입소 사례가 빈번히 발생하게 되었다. 2009년 6월부로 육군에서 '자살사고 종합시스템'을 정립하여 자살사고 종합예방대책을 강구하였다. 주요 내용으로 복무 부적응 병사를 관리하는 권한과 책임을 사·여단장에게 위임하는 것이다. 기존의 병력관리는 병사들을 직접 지휘하고 통솔하는 대대장이 부적응 장병에 대한 책임의 주체였으나, '자살사고 종합시스템'이 정립된 이후에는 대대장은 부적응 병사를 식별하고, 사·여단장은 그들을 관리하는 시스템으로 변경되었다. 이러한 상황에서 사·여단장의 책임하에 복무부적응 병사들을 관리하는 상시비전캠프제도를 시행하게 되었다.

2) 비전캠프 시행

상시비전캠프는 2008년 12월 1일부로 육군 1군사령부에서 최초로 시행하였으며, 이후 사고 감소 효과가 나타나 전 육군으로 확대하여 운영하게 되었다. 비전캠프는 최초 개발된 이후로 병사의 성향 변화와 병영의 바뀐 환경적 요구를 고려하면서 5~6년을 주기로 프로그램을 갱신하였다. 2003년 초에는 '돌봄의 정신'을 집단상담 기본모형에 접목해 구성되었고, 2007년에는 심리평가와 부적응 장병 선별 요구를 반영하여 MMPI-2 검사를 실시하였다. 검사 결과에 바탕을 두고 운영된 프로그램의 전반적인 틀은 이야기치료였다.

3) 군단급 그린캠프 시행

2007년에는 비전캠프와는 별도로 사단급에서 위험군을 상시로 관리하는 그린캠프가 생겨났고, 아울러 군단급에서는 그린캠프 교육대가 제도화되었다. 그린캠프는 자살 우려자 식별 즉시 장군급 부대의 책임하에 관리가 이루어지도록 함으로써 대대급 이하 부대의 병력관리에 대한 지휘 부담을 감소시키고, 전투 준비 및 교육훈련에 전념할 수 있도록 만든 제도다. 이는 사고예방체계가 한층 보강되는 긍정적인 측면도 있었지만, 사단 내 비전캠프와 그린캠프가 공존함으로써 비전캠프 입소자가 대폭 감소하게 되었을 뿐만 아니라, 비전캠프의 고유한 치유 기능 대신 현역복무 부적합 처리 과정의 한 부속기관으로 인식되는 부작용을 낳기도 하였다. 이에 비전캠프 성격을 재검토하고 고유의 효과성을 높이려는 목적으로, 2013년 2월에 T/F가 발족되어 새로운 프로그램 개발이 추진되었다.

4) 캠프 통합 시행

2014년 2월 캠프 시스템 개선을 위한 토의 결과, 비전 및 그린캠프를 통폐합하기로 하였다. 즉, 사단에서는 기존의 그린캠프를 폐지하고 비전캠프 하나만 운영하고, 군단에서는 그린캠프만 운영하는 것으로 정리되었다. 따라서 그린캠프에서는 복무 부적응 및 사고가 우려되는 장병을 관리하는 역할을 맡게 되었다. 2015년 7월 군종부 비전캠프는 폐지되고, 사단급 비전캠프는 힐링캠프로 명칭이 변경되었다. 관찰 및 상담 등을 통해 입소한 장병이 적응을 잘한다고 판단되면 자대로 복귀하게 되지만, 좀 더 관찰이 필요한 병사나 자살 우려자는 군단 그린캠프로 재입소하게 되는데, 이때 잘 적응하면 자대로 복귀하는 반면, 복무부적합으로 판단되면 군사령부 병역심사관리대로 가게 된다.

3. 캠프의 운영

1) 캠프의 운영체계

육군의 각 부대에서는 신인성검사 결과와 간부 및 전문상담관에 의한 상담 및 행동 관찰을 통해 병사들의 복무 부적응 여부를 지속적으로 판단한다. 이때 복무 부적응을 보이는 병사는 1차적으로 사단 힐링캠프에 입소하게 된다. 힐링캠프에서는 정해진 기간 동안 적응교육과 상담을 받게 되며, 증세의 완화 정도에 따라 필요한 조치를 받고 자대로 복귀한다. 하지만 증세가 완화되지 않거나 악화된 대상자들은 2차적으로 군단 그린캠프에 입소하도록 하여 교육과 치료를 받는다. 그린캠프 입소 후에도 상태나 증상이 호전되지 않으면, 마지막 단계로 군 사령부의 병역관리심사대에서 전역 여부를 결정한다. 〈표 12-12〉는 현재 육군에서 복무 부적응 병사를 식별하고 관리하는 체계다.

〈표 12-12〉 캠프 운영체계

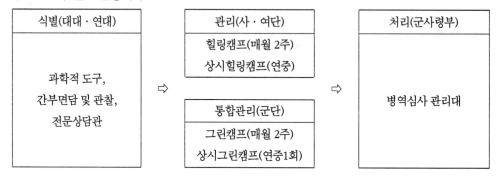

2) 힐링캠프

힐링캠프는 군의 종교시설이나 교육대 및 휴양소 등지에서 20~30명의 소그룹 형태로 인간관계, 자기성장, 개인상담 및 심리치료 등을 실시한다. 프로그램은 입소자가 자신의 정체성과 문제점을 발견하고 치료하여 자살사고 예방 및 복무 적응을 유도하는 데 있다. 참석 대상은 자살 우려자 및 복무 부적응자(성격 장애자와 역기능 가정에서 성장한 병사, 허약체질 및 위기대처 능력이 취약한 병사 등)이며, 방법은 1회 진행 시 보통 15~20명 내외로 하고, 5명 정도의 동료상담자를 포함시킨다.

3) 그린캠프

현재 그린캠프는 운영제대를 사단급 부대에서 군단급 부대로 상향하여, 민간전문 상담사와 치료사를 활용하고 있으며, 개인별 맞춤형 상담 및 심리치료가 가능하도록 하였다. 〈표 12-13〉은 힐링캠프와 그린캠프를 비교한 것이다.

〈표 12-13〉 힐링캠프와 그린캠프의 비교

구분	힐링캠프	그린캠프
대상	복무 부적응, 자살 및 사고 우려자	
횟수	월 1회	
기간	2주	
진행	교육대장(비편제)	교육대장(편제)
내용	- 자기소개하기, 마음 문 열기, 나의 발견 (심리검사), 나의 이야기, 서로 통해요, 더불어 함께, 개인별 심층상담, 마음 다지기, 새롭게 시작하기 - 정형화된 힐링캠프 프로그램	- 자살예방 교육, 상담관 상담, 군의관 진료, 봉사 활동 등 - 부대별 구성 운영 프로그램

그린캠프의 프로그램은 〈표 12-14〉와 같다.

〈표 12-14〉 그린캠프(2주차, 10일)

월	화	수	목	금
입소, 등록 (유형 분류)	상담, 시청각교육	체육 활동, 다과	○○병원 상담	상담, 시청각교육
	사물놀이 집단치료	동반목욕 행사	사물놀이 집단치료	군법교육
집단상담	미술치료	조절하기	미술치료	웃음치료
	○○병원 상담	상담, 시청각 교육		
		희망 그리기		
월	화	수	목	금
음악치료	사물놀이 집단치료	STEP-UP 감정 다스리기 (스트레스 관리, 의사소통)	다문화 요리체험	소감문 작성
	의무대 통합진료		박물관, 문학관 견학	퇴소 준비, 대청소
다도 집단치료	개인별 집중상담			퇴소, 자대 복귀
개인별 집중상담	극기력 배양		엄마손 요리체험	잔류자 재편성

그린캠프 퇴소 심의 시에는 군종장교도 참석하여 자대 복귀나 병역심사 관리대에 입소 여부를 판단한다. 이때 군종장교는 그린캠프 프로그램 실시 전후의 검사 결과 데이터를 바탕으로 자신의 의견을 제시한다.

4) 운영 분석 결과

기존의 비전캠프는 5개년 운영 결과, 실효성이 감소하고 있는 것으로 나타났으며, 입소 인원도 매년 줄어드는 것으로 나타났다. 비전캠프 퇴소인원 중 입소 사유가 해결된 인원은 전체의 20% 수준이었다. 그러나 군단급 그린캠프를 운영한 결과 그 효과가 증대되어 나타 났다. 2011년 후반기 2,579명 입소에 225명(14%), 2012년에는 2,582명 입소에 417명(16%), 2013년에는 2,657명 입소에 515명(20%)이 병역심사 관리대에 입소하여 복무 부적합자로 조치되었으며, 치유 후에 자대로 복귀한 인원은 75~80%에 이르렀다. 또한 2013년 4월에 국방부에서 실시한 그린캠프 효과성 평가 설문에서는 자살 감소 효과와 부적응 병사 관리 및 지휘 부담 경감에 도움이 된다는 응답이 85% 이상 나타나, 그린캠프에서 실시하는 프로 그램이 성과가 있음을 알 수 있다.

4. 문제점 및 발전 방안

1) 문제점

(1) 캠프 강사의 전문성 부족

현재 그린캠프에서는 전문상담관의 상담 이외에 미술치료, 음악치료, 웃음치료 위주의 캠프 프로그램이 진행되고 있다. 하지만 그린캠프가 속해 있는 지역 특성에 따라 우수한 민 간 전문치료사 확보가 제한되는 경우가 있다. 전문치료사들의 전문성이 검증되지 않은 경 우도 있으며, 단체와 협약이 된 경우에 자격증 없이 집단상담 등을 진행하는 경우도 있어 제 대로 된 치유 효과가 있는가 하는 의문이 있다. 그린캠프는 군 복무 부적응자나 자살 우려가 있는 병사에 대한 개입인 만큼 심리적 어려움을 다루는 데 전문성을 갖추고 있는 상담전문 가를 통해 프로그램을 진행해야 할 것이다.

(2) 입소병사에 대한 낙인 효과

그린캠프에 참여한 병사들을 상담하다 보면, 일부 지휘관은 그린캠프에 입소시키면 자신 의 부대 문제가 노출될 것을 염려해 입소를 꺼리는 경우가 있다. 아무런 사전 정보도 없이 며칠 쉬다 오라며 캠프에 보내는 경우도 적지 않다. 이런 경우 해당 병사는 자신이 부대에서 조차 불필요한 존재라고 생각하거나, 도움 · 배려 병사로 낙인 찍혔다고 생각할 수 있다. 자대로 복귀했다가 다시 그린캠프로 들어오기도 하는데, 대부분 다른 분대원들이 그린캠프에 다녀 온 인원이라고 피하거나 투명인간 취급을 해서 발생하는 경우다. 이들은 그린캠프에 온 것에 대해 자존심 상해하거나, 낙인 찍혔으니 아예 자대로 돌아가지 않고 계속 그린캠프에 머물고 싶다는 반응을 보이기도 한다. 이처럼 캠프에 대한 부정적인 인식이 개선되지 않는다면, 부적응 병사를 적응시키려는 목적으로 운영되는 캠프가 부적응 병사의 휴식 공간이 될 수도 있다.

(3) 캠프 운영 인력 부족

그린캠프 운영 목적은 자살 우려자 및 복무 부적응자를 상담하고 치료하는 것으로서, 이는 사단급 이하 부대가 전투임무에 전념할 수 있도록 여건을 보장해 주고자 하는 것이다. 운영제대는 군단급 부대에서 2주간 상시로 운영되며, 관리 대상은 자살 우려자 및 복무 부적응자다. 현재는 교육대장, 행정지원관, 분대장 및 행정병 등 총 4명의 작은 규모로 구성되어 있어 많은 입소인원 관리에 애로가 있다. 또한 전문상담관이 상주하지 않아서 전문적인 상담 개입이 필요한 경우에도 제한이 되고 있다.

(4) 캠프운영 간부의 전문성 부족

그린캠프는 심리적인 어려움을 겪고 부대생활에 적응하지 못하는 병사들이 들어와서 치료를 받는다. 따라서 이들과 함께 생활하며 적응을 도와주는 간부 역시 상담 마인드를 가지고 있고, 전문적으로 상담을 전공한 사람으로 선정, 배치되어야 한다. 요즘은 그린캠프 교육대장 보직을 부여할 때, 상담 관련 대학원을 다니고 있거나 졸업한 사람으로 보직하는 추세다. 하지만 여전히 일부 그린캠프에서는 전공과는 상관없이 보직을 부여하고 있는 실정이다. 그린캠프 입소자들을 관리할 때 계급이나 직책만을 앞세우고 이로 인해 오히려 입소인원들의 큰 부적응을 야기하는 경우도 종종 발생하고 있다.

(5) 캠프시설 미흡

그린캠프 교육대장들과의 인터뷰에서 공통적으로 지적되는 내용은 그린캠프 시설이 너무도 열악하다는 사실이다. 대부분이 보충대를 급히 보수하여 그린캠프 교육장으로 쓰고 있었으며, 강의장 하나에 그린캠프 교육장이라고 이름 붙여진 곳도 있다. 인간에게 환경은 너무나도 중요하다. 특히 그린캠프는 심리적으로 불안정하고 군 생활을 힘들어하는 병사들이 와서 개인상담을 받거나 집단상담을 받으며 여러 가지 치료를 받는 장소다. 따라서 그 어느 곳보다도 아늑하고 편안하며 독립된 느낌을 주어야 한다. 하지만 대부분의 그린캠프장은 일반 생활관보다 오히려 더 답답한 느낌을 주기도 하여 제대로 치료 효과가 있을까 하는 의구심이 들기도 한다.

(6) 맞춤형 프로그램 편성 미흡

그린캠프는 표준 프로그램이 따로 마련되지 않아서 각 부대별로 프로그램을 구성하여 진행하는 경우가 대부분이다. 이마저도 부대별로 특화된 교육 프로그램이 아니라, 부대 인근 전문가와 협조하여 진행할 수 있는 것들만 선정하여 진행하기도 하며, 해당 전문가의 상황이나 사정에 의해 취소되거나 다른 프로그램으로 갑자기 바뀌기도 하고, 여건상 치료 목적에 부합되지 않는 프로그램을 진행하기도 하는 실정이다. 이런 상황에서 그린캠프에 입소한 장병은 '편안하게 2주 쉰다.'라는 생각을 할 수 있으며, 캠프에 입소한 효과는 사실상 병사에게 쉴 수 있는 시간을 제공해 주는 것 이상의 효과를 기대하기 어려울 수 있다.

2) 발전 방안

(1) 캠프 강사 전문성 확보

그린캠프는 복무 부적응 병사와 자살 우려자가 입소하는 곳이기 때문에 그 어느 곳보다도 전문성이 요구된다. 민간 전문치료사 POOL 구성을 통해 전 지역 우수 자원 지원 대책을 마련하여야 한다. 이를 위해서 대학(원) 상담 관련 학위와 공신력 있는 자격증이 있는 장병, 부모 및 군인가족의 재능기부 등을 통해 전문가를 확보할 필요가 있으며, 그린캠프와 지역병원 혹은 정신건강 지원센터와의 통합적인 심리지원 체계를 구축하는 것이 중요하다. 이를 통해 우수한 민간 전문치료사를 확보한다면 보다 전문성 있는 캠프가 될 것이며, 그 효과역시 더욱 증대될 것이다.

(2) 캠프 입소 병사에 대한 인식 전환

군대는 수직적인 구조로 명령과 지시를 강조하는 체계이기 때문에 사회에서 적응을 잘했던 병사들도 부적응을 일으킬 수 있다. 즉, 군에 들어온 20대 청년이면 누구나 부적응 장병이 될 수 있다는 것이다. 따라서 군 생활은 인간발달의 한 과정으로 인식되어야 하며, 군 생활에 건강하게 잘 적응했을 때 사회에서도 잘 적응한다는 사실을 모든 장병에게 지속적으로 교육할 필요가 있다. 또한 군 입대에 대한 부정적 인식이 개선될 수 있도록 사회적인 홍보도 필요하다. 군대 내에서는 누구나 그린캠프에 입소할 수 있고 입소 후에 잘 적응할 수 있도록 주변 간부 및 동료들이 도와주어야 한다는 사실을 널리 알려 부정적인 인식을 전환할 수 있도록 노력해야 한다.

(3) 캠프 운영 인력 보강

그린캠프에는 자살 우려자나 자살 시도자 혹은 복무 부적응으로 인해 문제를 일으키거나 일으킬 소지가 있는 사람이 들어오게 된다. 이들을 중점적으로 관리하여 자살을 방지하고 군 복무에 잘 적응하도록 도움을 주어야 하는데, 운영인력이 부족하면 제대로 된 관리가 힘들어진다. 따라서 교육대장뿐 아니라 입소한 장병을 훈육할 수 있도록 훈육관도 따로 편성하여 이들을 관리해야 한다. 또한 늘어난 인력에 대한 행정과 효과적인 통솔을 위해 분대장 요원도 추가로 배치하여 간부와 병사들이 상시 이들을 관리하고 보호할 수 있도록 해야 한다. 또한 그린캠프를 전담할 전문상담관도 추가 편성해 상시 그린캠프에 상주하여 위기장병에 대한 상담뿐만 아니라 캠프 입소자들이 개인상담을 원할 때 언제든지 상담이 가능한 시스템을 마련해야 한다.

(4) 캠프 운영 간부의 전문성 확보

그린캠프 교육대장을 선발할 때는 자력을 확인하여 군 상담 전문가에게 조언을 받는 것이 필요하며, 교육대장 보직 중에도 지속적인 보수교육을 통해 상담이나 심리평가 등에 대해 이해할 수 있도록 해야 한다. 행정관에게도 상담 관련 행정업무를 추진하는 데 있어서 비밀보장의 원칙 등을 교육하여, 그린캠프 입소자들의 인권이 보장되도록 하는 것이 중요하다. 행정관 역시 필요시에는 병력들을 관리하고 교육에도 투입될 수 있도록 상담 관련 보수교육을 실시하는 것이 바람직하다. 마지막으로 분대장 요원을 선발할 때 최대한 상담 전공자들을 선발하도록 하고, 선발 후에도 지속적인 상담교육을 실시하여 또래상담이 가능하도록 해야 한다. 그린캠프 내에서만큼은 입소 장병들이 누구에게나 존중받고, 자신의 말을 간부뿐만 아니라 같은 병사들로부터 경청되고 공감 받는 경험은 어느 교육보다도 가치 있는 경험이 될 것이기 때문이다.

(5) 캠프 시설 보강

그린캠프는 복무 부적응 혹은 자살 가능성이 있는 병사들의 또 다른 생활공간이며 치유의 공간이다. 따라서 그 공간은 어느 공간보다 아늑해야 하며, 최소한 그린캠프에서 생활하면서 치유 노력을 하고 있을 때만큼은 어느 상황보다도 편안해야 한다. 편안함의 시작은 환경이며 환경적으로 따뜻하고 안락해야 여러 프로그램에 적극적으로 참여동기가 유발될 수 있다. 따라서 개인상담 공간과 집단상담 공간을 확보하고, 그 공간에 적절한 좌석 배치와 환경을 조성해야 하며, 이를 통해 심리적 안녕감을 도모할 수 있도록 시설 보강이 대대적으로 이뤄져야 할 것이다.

(6) 맞춤형 프로그램 개선

맞춤형 그린캠프 프로그램 개발이 시급하다. 복무 부적응의 원인을 분석하고, 부적응을 유발하는 비합리적인 사고를 합리적 사고로 전환, 행동수정, 코칭 및 진로지도 등이 포함된 복무 적응 향상 집단상담 프로그램이 필요하다. 경증집단 및 중증집단(약 20%)으로 분류하여 경증집단은 복무 적응 집단에 참여하도록 하며, 중증집단은 그린캠프 전담 전문상담관이 개인상담 및 집단치료를 하는 것이 좋을 것이다. 모든 군단급 이상 부대에서 같은 프로그램을 운영하는 것이 아니라, 군단별로 증상에 따라 자살, 우울, 강박증 등으로 특성화된 프로그램을 운영하는 것도 하나의 방법이다.

제3절 장병 병영생활도움제도

1. 제도의 목적

장병 병영생활도움제도란 기존의 보호관심병사 제도의 명칭을 개선한 것으로, 부적응 장병을 식별·분류·관리하기 위한 목적으로 만든 제도다. 즉, 군에 입대하는 병사 중에서 신체적인 질병이나 심리적 취약성 등 개인적 요인이나 혹은 대인관계, 가정환경, 부대 요인 등 환경적인 요인으로 인해 군 생활 부적응이 예상되고, 사고가 우려되는 자 등 도움과 관심이 필요한 장병을 사전에 식별하기 위한 제도다. 뿐만 아니라 그들을 각종 시스템에 의해 중점적으로 관리함으로써 악성사고 등을 미연에 방지하고 치료하며, 필요시 현역복무 부적합

심의 등의 조치를 취하기 위해 만든 제도다.

2. 제도의 발달 과정

부적응 병사 식별·관리는 2005년부터 지휘관 및 간부들의 개인적 역량이나 경험에 의존하여 이루어졌다. 따라서 부적응 병사에 대한 식별이나 분류 및 관리 절차에 대한 명확한 기준이 없었으나, 2011년 국방부가 분류 기준을 만들어 전 군에 적용하게 되었다. 그러나 결손가정, 경제적 빈곤자, 전입 100일 미만 신병 등도 일괄적으로 보호관심 병사로 분류하였다. 이후 2014년 병영혁신위원회에서 과학적이지 못한 분류체계와 인권침해 소지의 문제점을 제기하고 새로운 분류체계를 제시하여, 2015년 2월부터 '보호관심병사제도'를 '장병 병영생활도움제도'로 명칭을 변경하여 사용하게 되었다.

또한 부적응병사 분류체계의 명칭도 기존의 A급(특별관리 대상), B급(중점관리 대상), C급(기본관리 대상)에서 현재는 '도움·배려병사'로 호칭이 개선되었다. 분류 절차는 도움병사(상담, 치료 등 적극적인 도움을 주면 적응 가능)와 배려병사(세심한 배려 시 적응 가능) 등 두 개 그룹으로 분류하여 관리하고 있으며, 분류절차는 기존 중대장급 이상 지휘관에서 대대장, 중대장, 주임원사, 군의관(가용 시 전문상담관, 군종장교) 등으로 편성된 신상관리위원회에서 분류하는 것으로 변경되었다. 도움 및 배려병사 분류기준을 〈표 12-15〉에 제시하였다.

〈표 12-15〉 도움 및 배려병사 분류기준

도움병사	배려병사
상담, 치료 등 적극적인 도움을 주면 적응이 가능한 병사	세심한 배려를 하면 적응이 가능한 병사
• 사고 유발 가능성이 높은 자살 우려자·고위험군 • 즉각 조치 및 분리가 필요한 병사 • 입대 전후 자살 계획 및 시도자 • 심리검사 결과 전문상담관 치료 소견이 있는 자 • 심각한 성격, 정신장애로 군복무가 부적합하여 즉시 치료가 필요한 자	• 사고 유발 가능성이 있는 인원 • 폭력, 군무이탈 등 각종 사고 유발 및 사고 우려자 • 교육이나 상담을 통해 군복무 적응이 가능한 병사 • 지휘관, 전문상담관의 지속적인 상담이 필요한 자

3. 문제점 및 발전 방안

1) 문제점

지금까지의 부적응 병사에 대한 식별·관리는 몇 가지 문제점을 가지고 있었다.

첫째, 비전문가인 지휘관과 간부들의 개인적 역량이나 자질에 의존한 관리가 이루어졌고, 부적응 병사에 대한 식별이나 분류 및 관리 절차에 대한 객관적인 기준이 부족하였다.

둘째, 병영 내 집단따돌림이나 조직 내 갈등 등을 식별할 수 있는 심리검사가 제한된다. 또한 가해 및 피해 고위험군의 특성을 고려한 인성검사 식별 영역 확대와 검사의 활용성 증대를 위해 검사결과표를 개선해야 한다. 사고 유발자 및 피해자에 대한 사고 유발 요인 데이터 분석 등도 미흡한 실정이다.

셋째, 보호관심병사제도는 '도움·배려병사' 제도로 호칭이 변경되었고, 분류도 도움병사와 배려병사 등 두 그룹으로 분류하여 관리하고 있다. 그러나 100일 미만의 전입신병과 편부 및 편모 가정, 체력 저조자 등도 일률적으로 도움·배려병사로 선정하는 문제점이 발견되고 있다. 아울러 부적응 병사 분류를 위한 신상관리위원회도 형식적으로 개최하는 경우가 많으며, 일부 행정병이 행정업무를 수행하기 위해 간부들의 컴퓨터와 아이디를 사용함에 따라 도움·배려병사들의 개인 신상이 노출되는 2차 피해가 여전히 나타나고 있다.

2) 발전 방안

병영생활 도움제도의 발전 방안은 다음과 같다. 첫째, 부적응 장병을 식별·분류·관리할 수 있는 매뉴얼을 지속적으로 개발하는 것이다. 이는 군 상담 관련 학회나 연구자에게 용역을 의뢰하여 부적응 장병들을 과학적으로 식별하고 분류하며 지속적으로 관리할 수 있는 분류체계 최신화와 시스템 구축을 위한 지속적인 노력이 필요하다.

둘째, 국방부 조사본부와 연계하여 사고 유형자 분석 데이터 시스템을 구축해야 한다. 사고우려자 식별 및 경보체계 구축과 발생 가능한 사고 예측을 통해 사고를 예방하며, 사고 유형별 분석 데이터를 공유하고 권한 부여를 협조해야 한다.

셋째, 도움·배려병사 선정은 개선된 지침을 이행하되, 객관화된 자료와 전문가의 평가를 반영한 분류 절차가 엄격히 적용되어야 한다. 특히 행정계원의 정보 접근을 차단하고, 비밀보장의 중요성에 대해 지속적인 간부교육이 이루어져야 한다.

요약

1. 전문상담관제도

① 군 상담전문가의 전문성을 확보하기 위해 군 관련 분야의 자격기준이 강화되어야 한다.

② 전문상담관을 관리할 수 있는 군 내 컨트롤타워가 구축되어야 한다.

③ 급여, 차량 지원, 상담 여건 보장 등의 처우에 대한 개선책이 마련되어야 한다.

④ 대내외 기관 및 군내 병과 간 협조체제 구축 방안이 수립되어야 한다.

⑤ 부족한 전문상담관 운영 인력을 지속적으로 확충하여야 한다.

2. 힐링 및 그린캠프제도

① 그린캠프 강사들에 대한 전문성 확보 대책이 요구된다.

② 그린캠프 입소병사에 대한 낙인 효과를 불식하기 위해 인식 전환 교육이 필요하다.

③ 캠프 운영 인력이 부족하며 이에 대한 인력 보강이 요구된다.

④ 캠프 운영 간부의 상담전공자 보직 및 전문적인 상담교육 등이 이루어져야 한다.

⑤ 노후된 캠프시설 보강과 맞춤형 프로그램 개발이 이루어져야 한다.

3. 장병 병영생활도움제도

① 부적응 병사 식별과 분류 절차에 대한 과학적인 매뉴얼을 지속적으로 개발해야 한다.

② 집단따돌림이나 조직 내 갈등 등의 식별이 제한되는 인성검사 기능을 강화하고 결과표 개선이 지속적으로 필요하다.

③ 사고 유형자 분석 데이터 시스템을 구축해야 한다.

군 상담의 미래

제13장 군 상담의 과제 및 전망

제13장

군 상담의 과제 및 전망

제1절 군 상담의 과제

1. 군 상담제도의 확립

1) 군 입대 부적격자 식별 강화

군 상담이 실효성을 거두기 위해서는 군 복무에 부적응을 보일 가능성이 있는 자들을 사전에 정확히 식별하고 입영 자체를 엄격히 차단해야 한다. 이를 위해 먼저 병무청과 군 병원 그리고 신병교육대 등에 임상심리사와 정신과 의사의 인력 증원이 절대적으로 필요하다. 징병검사 반별로 정신과 의사 1명에 임상심리사 2~3명으로는 업무수행 자체가 어려우며, 임상심리사 1명당 하루에 약 11명을 검사해야 하는 실정이다. 따라서 병무청을 포함한 육·해·공군의 군 병원과 신병교육대에 심리검사 전문인력을 확대 배치하여, 정신과적 문제가 있는 사람의 군 입대를 사전에 차단해야 한다.

다음으로, 병무청에서 종합심리검사제도를 운영해야 한다. 현재는 징병 인원에 비해 턱없이 부족한 검사 인력 때문에 민간병원에 위탁검사를 하는 경우가 많다. 정밀검사가 필요한 인원은 연간 약 9천 명이며, 이 중 6~7백 명의 인원을 민간기관에 위탁하여 종합심리검사를 받고 있는 실정이다. 이러한 이유 때문에 기관에 따라 일관성이 없는 검사 결과가 나올 수 있고, 병역비리 문제까지도 발생할 여지가 있다. 이를 개선하기 위해서는 병무청 자체에서 종합심리검사제도를 운영할 필요가 있으며, 이를 위해서는 민간병원 수준의 종합심리검사를 실시할 수 있는 조직이나 인력체계를 구축해야 할 것이다.

2) 표준화된 군 심리검사 개발

현재 군에는 과거와 비교해 볼 때 과학적인 심리검사 도구들이 많이 개발되어 사용되고 있다. 군에서 가장 많이 활용되고 있는 심리검사는 신인성검사다. 신인성검사 외에 스트레스진단검사, 인터넷중독검사, 개인안전지표 등이 부분적으로 활용되고 있으나 스트레스진단검사 외에는 표준화되어 있지 않은 검사들이다. 신인성검사는 자기보고식 검사이기 때문에 수검자들이 증상을 과장하거나 축소할 가능성이 있다. 또한 불이익을 우려하여 병영 내집단 따돌림이나 자살 등에 솔직하게 응답하지 않을 수 있다. 따라서 지금까지 축적된 신인성검사의 데이터를 활용하여 충동성, 폭력성, 공감 결여나 사회성 결여, 자살 위험성 등의 잠재적인 위험 요인을 추가한 새로운 척도 개발이 필요하다. 그리고 검사 영역별로 꼭 확인해야 할 사항을 체크리스트에 추가하여 사고 예측 설명력을 높일 필요가 있다. 앞으로는 현재의 신인성검사와 함께 상ㆍ하급자 간의 관계 갈등, 집단 따돌림, 폭력성, 공감 결여, 자살 위험성, 업무 능력 등을 확인할 수 있는 새로운 과학적인 심리검사 도구를 개발하고 타당화하여 이를 동시에 활용한다면 보다 정확하게 부적응 병사를 파악할 수 있을 것이다. 또한 정확한 심리평가를 위해서 심리검사 외에 표준화된 면담법, 표준화된 행동체크리스트 등도 국방부 차원에서 개발하여 지속적인 간부교육을 통해 활용하는 것이 필요하다.

3) 군 상담제도 확대 운영

2015년 12월 기준으로 전문상담관이 사ㆍ여단과 연대급 단위로 1명 정도씩 배치되었으나 대대급 단위까지 배치하기에는 인력이 부족한 실정이다. 현재 전문상담관들을 통해 이루어지는 상담은 시간과 인력 부족으로 대부분 1~2회의 단기상담으로 진행된다. 또한 사고 및 자살 우려자 위주로 이루어지고, 그나마도 심층 상담이나 문제해결이 아닌, 조치 위주의 상담이 진행되어 상담 효과를 기대하기도 어려운 실정이다. 이와 같이 상담 인력 부족에 따른 문제점을 보완하기 위해서는 첫째, 동료상담자 과정을 군에 개설하여 상담 자격증이 있는 간부나 외부 상담전문가가 이들을 교육하도록 해야 한다. 그리고 이 과정을 병사들이 이수하면 자격증을 수여할 뿐만 아니라 이들을 전우조로 적극 활용하고, 대학의 학점으로도 인정해 주는 방안이 검토되면 좋을 것이다.

둘째, 부사관들이 상담교육을 받도록 하여 그들을 부대의 상담 요원으로 활용할 수 있다. 부사관들의 상담전문성을 키우기 위해서는 대학교 부사관 학과에 상담과목을 개설하는 방법이 있을 수 있다. 또한 대학에 상담부사관 학과를 개설하여 상담을 전담으로 하는 부사관을 양성하고, 이들이 부대 내 상담을 전담할 수 있도록 하는 것도 좋은 방법이 될 것이다. 이같은 제도를 통해 전문성을 갖춘 간부들이 많아지면, 모든 장병이 상담을 받게 되어 상담에 대한 낙인 효과를 없애는 데에도 도움이 될 것이다.

4) 전문상담관제도 운영 활성화

병영생활 전문상담관들은 현재 전방사단에 연대 단위로 배치되어 근무하고 있으며, 1인당 평균 2천5백여 명의 장병을 담당하고 있다. 또한 전문상담관의 상담 여건이 보장되어 있지 않고, 동기부여가 될 수 있는 요인도 거의 없는 실정이다. 또한 기간제 근로자 신분이라 직업성 보장이 되어 있지 않은 상태다. 따라서 많은 우수한 인원이 상담관으로 일하다가 경력만 쌓고 다른 기관으로 전직하는 경우가 많이 발생하고 있다. 열악한 전방부대에서 근무하는 것과 여건이 좋은 수도권이나 후방부대에서 근무하는 것이 급여가 동일해 상대적 박탈감을 느낄 수 있다. 그리고 장병상담 이외에도 교관 지원이나 행정업무 등의 다양한 업무로 인해 제대로 상담에 집중하기 어려운 경우도 있다.

이를 해결하기 위해서는 전문상담관 인원을 최소 대대급에 1명씩으로 확대하고, 일부 무기계약직으로 전환된 인원뿐만 아니라 모든 전문상담관에게도 경력에 따라 급여를 인상해 줄 필요가 있다. 격오지 수당도 인상하여 격오지에 근무하는 상담관의 상대적 박탈감을 최소화시켜 주는 노력이 필요하다. 또한 출장상담 시 적극적인 차량 지원과 필요한 심리검사를 제대로 실시할 수 있도록 심리검사지 구입비 등의 행정비를 지원해야 한다. 상담에 집중하도록 임무를 단순화하고 행정 역시 간소화하는 것이 필요하다. 아울러 전문상담관의 전문성을 보장하기 위해서는 선발 시부터 군 상담 경력자를 우대하고, 선발 후에도 군 상담전문가에 의해 지속적으로 교육 및 슈퍼비전을 받도록 할 필요가 있다.

5) 그린캠프 운영체계 보강

현재 그린캠프는 자살 우려자 및 복무 부적응자를 상담하거나 치료하기 위해서 운영되고 있으며, 사단급 이하 부대의 전투임무 전념 여건 보장을 위해 군단급 이상 부대에서 상시 2주간 진행되고 있다. 그러나 그린캠프 내 편성 인원은 그린캠프 교육대장과 행정지원관을 비롯하여 분대장 3명과 행정병 1명이 전부다. 따라서 캠프 운영 인력이 매우 부족한 실정이며, 운용되는 그린캠프 강사의 전문성도 미흡하며, 증상에 따른 다양한 프로그램 운영이 필요한 실정이다. 공간 역시 협소하거나 제대로 갖추어져 있지 않은 곳이 많아 시설 보강이 절실한 상태다.

따라서 운영 인력을 보강하되 상시 상담이 가능한 전문상담관 1명을 그린캠프에 배치하고, 실제 생활 지도 등을 할 수 있는 훈육관도 편성되어야 한다. 또한 입소인원을 곁에서 이끌 수 있는 분대장도 추가하여 운영하면 효율적일 것이다. 그린캠프에서 운용되는 강사는 상담 관련 대학(원)학위와 공신력 있는 자격증이 있는 장병 부모 및 군인가족의 재능기부 등을 통해 확보할 수 있다. 아울러 캠프에서 운용되는 프로그램도 증상에 따라 자살, 우울, 강박증 등으로 특성화된 맞춤형 프로그램을 운영해야 할 것이다. 운영 시설 역시 중요한데, 심리적으로 불안정한 병사들이 마음의 안정을 찾고 프로그램에 몰입하기 위해서는 개인상담을 하거나 집단상담할 수 있는 안락한 공간이 필요하다. 이를 위해 군 시설 예산이 조기에 반영되어 전면적인 보수와 신축이 이루어져야 할 것이다.

6) 상담 특기제도 도입

군에서 상담교육을 담당하고 있는 교관들의 전문성 확보를 위한 대책이 필요하다. 단기적으로는 상담을 전공하지 않은 현행 상담교관 요원들이 대학원의 상담 관련 학과에서 교육받도록 할 필요가 있다. 상담 관련 전공자들이 학군사관 후보생이나 학사사관 후보생으로 지원하도록 장려하고, 장교로 임관한 이후에는 각 부대 상담교관으로 활용하는 방법이 있다. 현재 군에서 석·박사 장교제도를 추진하고 있으므로 상담교관 요원도 이 제도에 포함시켜 인력을 획득할 수 있다. 상담교관 요원을 대상으로 각 군 리더십센터에서 국방부가 공인한 민간의 군 상담학회와 연계하여 상담전문 과정을 신설하여 교육할 수도 있다.

장기적으로는 상담전문 특기와 부특기 제도를 도입하여 해당 간부들이 국내·외의 대학원에서 상담심리학을 전공하게 하거나, 군 상담센터(가칭) 내에 상담전문 과정을 개설하여 교육을 받게 할 수도 있다. 상기한 방법을 통해 상담교관 요원의 경우는 국방부에서 인정한 공신력 있는 기관의 상담전문가 자격증을 취득하도록 해야 한다. 이를 통해 군 상담이 문제 병사 위주의 상담만이 아니라 모든 병사의 잠재력 개발을 위한 목적으로, 군 간부에 의한 상담이 이루어질 수 있도록 해야 한다. 이렇게 될 때 장병들의 군 생활은 의미 있는 배움의 시간이 될 수 있을 것이며, 자신의 숨겨진 잠재력을 발견하는 시간도 가질 수 있어 더욱 의미 있는 군 생활이 될 수 있을 것이다.

2. 군 상담 역량 강화

1) 장병상담교육 강화

최근 들어 상담의 중요성이 증대되어 군 장병에 대한 상담이 필요하다는 인식이 많이 보편화되었다고 하지만, 간부들의 상담역량은 매우 미흡하여 상담 이론과 상담기법의 활용능력이 부족한 실정이다. 또한 상담 내용에 대한 비밀보장이 필요하다는 인식이 부족한 경우도 많아 상담 후 상담 결과를 노출시키는 등의 문제점도 발생하고 있다. 뿐만 아니라 병사 상호 간에 고민 해소의 창구로 동료 상담병을 임명하는 경우가 있는데, 상담교육을 받지 않은 병사를 군종병이란 이유로 혹은 다른 동료들의 얘기를 잘 들어준다는 이유로 상담병으로 임명하여 운용하기도 한다. 이들이 실시하는 상담은 면담 수준이라고 할 수밖에 없으며, 상담 성과도 미흡하다. 이러한 문제점을 해결하기 위하여 다면적이고도 입체적인 자대 장병 상담교육체계를 구축할 필요가 있다.

첫째, 사·여단급에 주기적으로 상담전문가를 초빙하여 교육을 강화해야 한다. 지속적인 상담교육을 통해 군에서의 계급과 직책은 단지 맡겨진 역할일 뿐 계급과 무관하게 장병들 상호 간 동등한 인격체로 존중하는 상담 마인드를 갖도록 하여, 바람직한 상담문화가 군에 뿌리 내린다면 바람직한 병영문화 정착에도 기여할 것으로 여겨진다. 또한 지휘관들은 자신의 상담 능력 향상은 물론이고, 부하 간부들의 상담 능력 향상을 위한 지휘 관심과 여건 마련을 위해 노력할 것이며, 부대 내 상담교육이 더욱 활성화되도록 하는 데도 기여할 수 있을 것이다.

둘째, 동료 상담병을 활성화하기 위해서는 우선 중대급에 1명 정도 동료 상담병을 운용하되, 군종병이나 의무병 그리고 상담 관련 학과 출신 병사 중 희망자에 한하여 선발하도록 한다. 선발된 이들에게 반기 4박 5일 정도의 상담 기초과정 교육을 실시하여 동료 상담 자격증을 부여하고, 사회에 나가서도 상담 자격증을 활용할 수 있도록 한다면 동료상담이 보다 활성화될 것이다.

2) 상담 환경과 여건 조성

육군 병사들을 대상으로 실시한 설문조사 결과에 따르면, 전문상담관과의 상담은 고민을 터놓고 대화할 수 있는 기회가 되었고, 심리적 안정을 얻을 수 있었을 뿐만 아니라 사고예방과 대처와 관련해서도 도움이 되었다고 한다. 하지만 상담 환경 조성이 필요하다는 응답도 47.2%나 되었다. 전문상담관들이 부대 곳곳에 배치되어 상담이 진행되고 있으나, 각 부대별로 순회상담을 할 때는 여전히 상담실이 없어서 중대장실이나 기타 시설에서 상담을 해야 한다. 부대 일정 때문에 일과 후에 상담하는 경우도 여전히 많다.

상담 환경을 조성하기 위해서는 부대 일정에 상담시간을 반영하여 상담을 보장해 주는 것이 필요하며, 대대나 독립 중대급에 별도의 상담시설을 설치해야 할 것이다. 이렇게 할 때 전문상담관이나 내담자가 보다 편안한 분위기에서 상담을 진행할 수 있고 상담 성과도 높일 수 있을 것이다. 또한 간부들의 상담교육에 대한 관심을 고취하고 동기를 유발하기 위해서는 간부들이 취득한 상담 관련 민간자격증을 잠재역량 평가에 반영할 필요가 있다. 특히 현재 여러 민간기관이 자격증을 남발하여 발급해 주고 있는 상황이기 때문에, 잠재역량 평가에 반영하는 자격증은 국방부에서 심의를 통해 기준을 명확히 제시할 필요가 있다.

3) 상담 접근의 용이성 제고

장병을 대상으로 한 상담교육의 일환으로 인트라넷을 이용한 교육자료 제공이나 원격교육 등이 시도되고 있으나 실질적인 효과는 미미한 편이다. 더구나 대다수의 간부들은 상담 관련 자료를 군 리더십센터나 교육사, 국방대 등의 홈페이지에서 제공받을 수 있다는 것도 알지 못하고 있다. 따라서 꾸준한 교육과 홍보로 상담 관련 교육자료를 간부들이 제공받아서 활용할 수 있도록 해야 하며, 필요시에는 해당기관에 요청할 수 있는 창구를 개방해 두어야 할 것이다. 또한 연대급과 사단급 부대에 근무하는 전문상담관을 통해 필요시 언제든지 전화상담을 통해 시급한 문제를 해결할 수 있도록 기회를 제공하고 있으나, 전문상담관 1인이 담당해야 하는 장병 수가 너무 많아 실제적인 위기 조치가 미흡할 수 있다. 따라서 부대 내에서는 상담을 전공한 '정훈장교' 등 상담 관련 전공자를 파악하여 이들과 네트워크를 형성하고 '사랑의 전화'나 '생명의 전화'와 같은 방법으로 즉각적인 문제해결이 필요한 장병을 도울 수 있도록 해야 할 것이다.

4) 군인가족 상담의 활성화

앞으로의 군 상담 대상에는 군 간부나 병사상담뿐만 아니라 군인가족을 대상으로 한 상담도 포함되어야 한다. 군 가족은 집안의 가장이 군에 근무한다는 이유 때문에 많은 스트레스를 안고 사는 경우가 많다. 격오지 근무뿐만 아니라 편의시설과는 거리가 먼 주거시설, 잦은 근무지 이동 및 주말부부 생활, 부모와 보낼 시간이 상대적으로 부족한 자녀 등 군 가족만이 지니고 있는 어려움이 있다. 지금까지는 그들이 겪는 어려움과 고통을 한 개인이나 한 가정의 일로 여겨 왔지만, 이제는 군인가족에 대한 상담 역시 군 조직 차원에서 다루어야 할 필요가 있다. 군 간부의 가정이 무너지면 군 간부는 온전하게 군 복무에 전념할 수 없게 된다. 또한 이러한 간부들이 늘어나면 군의 전투력이 약화되는 결과를 초래할 수 있다. 따라서 군인가족을 대상으로 개인상담, 가족상담, 집단상담 등이 이루어져야 한다. 또한 군 가족을 대상으로 국방부나 지자체 예산을 통해 대학이나 군 상담학회 등과 연계하여 상담에 대한 교육과 군인가족들이 받는 스트레스를 다루는 법 등을 교육하여 군 가족의 심리적 건강이 고취될 수 있도록 체계적으로 관리해야 할 것이다. 아울러 군 가족이 이러한 상담교육을 받게 되면 이들을 활용하여 장병을 상담하게 할 수 있다.

5) 군 상담센터(가칭) 설립

2005년도 ○○지역 GP사건 이후, 병영문화 개선을 위한 다각적인 대책을 수립하고 개선과제를 지속적으로 추진하여 왔다. 하지만 10년이 지난 2014년에도 GOP에서 수류탄을 투척하고 전우를 향해 총기를 난사한 임 병장 사건이 발생하였다. 군 사고는 전반적으로 감소 추세이긴 하지만, 총기 사건과 같은 악성사고는 계속해서 일어나고 있다. 이는 병영 내 문제점을 단기적으로 조치하는 데에서 오는 현상으로 볼 수 있다. 즉, 장병 개인과 집단의 심리적이고 행동적인 특성 분석을 바탕으로 한 원인 규명과 근본적인 대응책이 없었기 때문이다. 그동안 장병의 심리와 행동에 대한 연구의 중요성이 강조되고 있음에도 실제로는 소홀히 다루어져 왔다. 현재 장병의 행동과 심리상담 연구를 위한 독립된 조직은 하나도 존재하지 않고 있다.

국방정신전력원이나 각 군 리더십센터가 있기는 하지만, 이들의 기능은 정신교육이나 리더십의 기능에 초점을 두고 있다. KIDA의 행동과학연구실이 있다고는 하지만, 이곳은 실제로 심리상담 영역을 포괄하여 연구하기에는 많은 제한이 따른다. 따라서 장병행동과 심리에 대한 과학적인 연구를 위해서는 부설연구소 형태의 군 상담센터(가칭) 조직이 설립되어야 한다. 이곳에서는 전·평시 능동적으로 임무수행을 할 수 있도록 장병행동과 심리를 연구하며, 장병의 정신건강을 지원하기 위한 임상심리 연구도 수행할 수 있어야 한다. 아울러 군 상담 관련 데이터 뱅크(data-bank)를 구축하여 체계적인 군 상담을 지원할 뿐만 아니라 전문상담관을 교육하고 지도·감독하며, 이들의 상담 능력과 교육 기능 등을 발전시키는 컨트롤 타워 역할도 수행해야 한다.

제2절 군 상담의 전망

이 절에서는 앞으로의 군 상담 추세와 전망을 알아보고자 한다.

1. 긍정심리학적 접근

지금까지 군에서 이루어졌던 상담 관련 활동은 장병의 부적응 문제와 치료에 관심을 두었다. 따라서 부적응 증상을 해결하거나 완화시키는 데 주된 관심을 기울였을 뿐, 정작 장병 개인의 행복과 성장을 증진시키는 데는 관심을 가지지 못했다. 또한 부적응 병사에게만 상담의 초점이 맞추어져 있어서 대다수의 건강한 장병이 상담서비스의 혜택을 받지 못하기도 하였다. 하지만 최근 들어 '인간의 긍정적 측면을 과학적으로 탐구'하는 긍정심리학(positive psychology)이 등장하면서, 군대가 개인의 잠재 능력을 충분히 개발할 수 있고, 군대 조직이 좀 더 긍정적인 기관으로 변화되어야 한다는 목소리가 커지고 있다. 이에 대한 대책으로 몇 가지 방법을 제시해 보고자 한다.

첫째, 군대 조직이 긍정기관이라는 인식의 변화가 필요하다. 군 생활을 잘하고 전역을 한 대부분의 사람은 군 복무가 많은 것을 경험하게 할 뿐만 아니라 많은 것을 배우게 하는 자기성장의 기회가 되기 때문에 군 복무는 반드시 할 필요가 있는 의미 있는 인생 경험이라고 말을 한다. 어렵고 힘든 과정을 견뎌내면서 성취감을 얻게 해 준 군 생활은 곧 긍정적인 마인드를 갖게 해 주고 작은 성공 경험을 쌓아 주어 더 큰 성공을 이룰 수 있는 토대를 만들어 주는 장이 된다는 것이다. 따라서 군 조직이 긍정 기관이라는 인식을 먼저 장병들에게 지속적인 교육을 통해 심어 줄 뿐만 아니라 국민에게도 공익 광고나 사회적으로 명망 있는 인사들의 기고문이나 강연 등의 다양한 방법을 통해 인식의 변화를 이끌어야 한다.

둘째, 군 조직이 조직구성원의 주관적 행복과 구성원의 강점 계발 및 성장을 지원하는 기관으로 변화되어야 한다. 우선 군 조직구성원들의 사랑, 즐거움, 열정과 같은 긍정정서를 증진시키고, 조직구성원 간 긍정적인 연결과 관계 구조를 제공해야 한다. 또한 군 복무와 직무에 대해 의미를 발견할 수 있도록 개인의 강점과 연계된 보직을 제공하는 것도 중요하다. 즐겁다는 긍정정서와 자신이 하고 있는 군 복무가 연결된다면, 자연스럽게 자신이 맡은 임무에 열정적으로 몰입하게 되고, 그 일을 완수하기 위해 최선의 노력을 기꺼이 할 수 있기 때문이다.

셋째, 군 조직이 도덕성을 확고히 구축하여 신뢰받는 기관이 되어야 한다. 군대는 국가와 국민을 수호하는 목적을 지닌 가장 중요한 기관 중 하나다. 그러나 최근 부하 여군 성 폭력 사건과 방위사업비리 등으로 군 조직에 대한 신뢰도가 많이 하락했다. 이러한 사건으로 최선을 다해 국가를 수호하는 많은 장병들의 사기가 저하되게 해서는 안 된다. 따라서 군대는 무엇보다 먼저 성과 관련된 도덕성을 확고히 하고 국방 예산 사용의 공정성을 기하는 데 최선을 다해야 한다. 성 폭력을 감시하는 독립기구를 설치하고, 간부급의 성폭력 예방교육 이수를 의무화하며, 비밀이 보장된 성폭력 고충상담처리 시스템을 보다 확고히 구축해야 할 것이다.

2. 인지적 접근

인간의 행동을 결정하는 요인으로 인지가 중요하다는 관점은 인지혁명이 시작된 1960년대 이후부터 시작되었다고 할 수 있다. 이때부터 인간의 인지 구조와 과정에 대한 연구가 활발하게 진행되었으며, 인간이 외부로부터 인식한 정보를 처리하는 과정을 컴퓨터의 정보처리과정으로 설명하려고 하였다. 즉, 인간이 외부세계로부터 획득한 정보를 지각하고 이해하고 기억하는 인지적인 활동이 행동으로 나타나는 전 과정이 컴퓨터의 입력 및 출력 시스템과 유사하다는 주장이다. 이러한 인지적 접근은 심리학의 제4세력이라고 불릴 만큼 빠르게 확산되어 심리학의 주역으로 자리잡게 되었으며, 특히 상담심리학 전반에 걸쳐 지속적인 변화를 주도하고 있다.

이러한 점을 고려하면 인지적 접근은 군대 상황에 적용할 수 있는 매우 중요한 접근이라고 할 수 있다. 왜냐하면 똑같은 군 복무를 하면서도 어떤 장병은 적응을 잘하지만, 어떤 장병은 부적응을 경험하는 것은 바로 이러한 부정적인 사고나 신념에서부터 시작된다고 볼 수 있기 때문이다. 다시 말해, 군 생활에서 발생하는 여러 가지 사건 자체가 문제가 되는 것이 아니라, 군대 생활에 대한 부정적인 생각과 비합리적 신념이 문제를 일으키는 주된 원인으로 작용하고 있다. 이러한 부정적인 생각은 일상적인 병영생활 속에서 사건들의 의미를 해석할 때 인지적인 오류를 범하게 된다. 그리고 그 오류에 집중하여 해석하면서 자꾸 자신의 부정적인 신념에 확신을 갖게 되는 악순환을 반복하고 부적응적인 모습을 보이게 된다.

따라서 이를 위해서는 복무 부적응의 모습을 보이는 장병의 부정적인 사고와 비합리적 신념이 무엇인지 확인하는 것이 무엇보다 중요하다. 병행하여 그들의 부정적인 사고나 비합리적인 신념을 변화시켜 자기패배적인 행동을 줄이고 자신의 잠재 능력을 효율적으로 발휘하여 군 생활에서 보람과 긍지를 느낄 수 있도록 조력해야 한다. 왜 군 생활을 해야만 하는지, 또 군 생활은 어떤 의미와 가치가 있는지를 발견할 수 있는 기회를 제공해야 한다. 아울러 군대와 군 생활에 대한 긍정적인 생각과 합리적인 신념을 심어 주는 상담과 교육이 지속적으로 이루어져야 할 것이다.

3. 통합적 접근

현대인이 호소하는 심리 내적인 문제는 현대사회만큼이나 복잡하고 다양하다. 아울러 명칭과 방법을 달리하는 심리치료법도 4백여 개가 넘는 것으로 추산하기도 한다. 따라서 어느 하나의 상담방법만 가지고는 내담자의 문제를 해결하기 어려운 실정이며, 또 특정 치료이론만을 고수한다면 특정 내담자만 상담할 수밖에 없는 상황이 초래된다. 따라서 내담자의 문제를 보다 잘 해결하기 위해서 상담자는 다양한 상담 이론이나 기법을 숙달하고 있어야 하며, 특히 여러 가지 기법을 통합적으로 사용할 줄 알아야 한다. 이러한 측면에서 21세기의 상담 및 심리치료는 통합적인 치료 방법이 예측되고 있다.

지금까지 프로이트를 시작으로 많은 심리학자나 상담이론가들은 각기 다른 상담이론과 방법을 주장해 왔다. 그러나 각 상담이론들은 공통적으로 인간의 삶을 보다 성숙하고 건강하게 살아가도록 도와주려는 시도들이었다고 볼 수 있다. 즉, 각 이론이 제시한 틀은 다를 수 있지만, 인간이 삶을 보다 적응적으로 살아가는 데 도움을 주기 위한 목적이라는 측면에서는 모두 동일하다. 이러한 점에서 최근에 여러 가지 상담이론을 통합하거나 절충하려는 움직임이 나타나고 있다.

상담 이론의 통합적 측면에서 노크로스와 골드프라이드(Norcross & Goldfried, 2005)는 공통 요인 이론, 기술적 절충주의, 동화적 통합, 이론적 통합이라는 네 가지 접근 방법을 제시한 바 있다. 이 중 공통 요인 이론은 대부분의 이론에서 중요시하는 공통 요인이 있다는 것을 강조하고 있다. 기술적 절충주의는 한 가지 이론에서 제시하는 방법보다는 다양한 이론에서 제시하는 방법을 적절히 활용하는 것이 개인의 적응을 돕는 더욱 효과적인 방법이 될 수 있다는 것이다. 동화적 통합은 한 가지 이론에 바탕을 두고 다른 이론의 관점을 흡수하거나 통합하는 것이다. 마지막으로 이론적 통합은 하나의 이론보다 두 가지 혹은 그 이상의 이론을 통합하는 개념적 통합을 지향하는 것이다(권석만, 2013, pp. 525-526). 앞으로 군 상담도 장병을 보다 잘 이해하고 장병들이 적응적인 삶을 살아가도록 돕기 위해서는 하나의 이론보다는 다양한 이론을 적절히 통합하는 접근 방법이 모색되어야 할 것이다.

4. 가족 체계적 접근

가족 체계적 접근은 가족을 하나의 체계로 보고, 체계 속의 모든 가족구성원이 서로 영향을 주고받는다는 것을 전제로 하고 있다. 즉, 한 개인의 성격은 가족구성원의 영향을 받아 형성되기 때문에 가족 간의 상호작용을 파악해야만 한 개인에 대해 정확하게 이해할 수 있다고 보는 것이다. 또 가족은 하나의 역동적인 구조를 이루고 있어 가족 나름의 독특한 역할  이나 규칙을 알게 된다면, 개인이 지닌 특성이나 성격 그리고 성향을 보다 잘 이해할 수 있다는 것이다. 즉, 가족 체계적 접근은 개인의 문제를 그 개인의 내적인 문제에만 초점을 맞추는 것이 아니라, 그 개인을 둘러싼 가족이라는 전체 맥락에서 상호작용을 이해하고 평가하려는 접근이다. 이러한 가족 체계적 접근을 군 상담에 적용할 시에는 크게 두 가지로 나눠 생각해 볼 수 있다.

첫째, 부적응 장병 상담 시 장병 개인뿐만 아니라 그들의 가족을 함께 상담하는 경우다.

군인을 대상으로 한 많은 연구에서는 초기 부모와의 관계나 주 양육자의 역할을 매우 중요하게 여기고 있다. 이러한 이유로 장병을 상담하거나 상담교육을 할 때에는 장병 개인상담뿐만 아니라 장병의 가족을 함께 상담하는 것이 효과적이다. 이는 장병의 가족을 함께 상담하면 자녀가 부대 내에서 부적응할 수밖에 없는 성격적 특성 요인과 가족적 요인이 무엇인지 탐색할 수 있고, 그에 따라 보다 나은 상담 결과를 얻을 수 있기 때문이다.

둘째, 직업군인으로 복무하고 있는 간부들의 가족을 대상으로 한 상담이다. 남편이나 아내, 또는 부모를 두고 있는 군인 간부 가족의 삶의 방식은 일반 가족과 다른 점이 많다. 군 간부와 그 가족은 서로 장기간 떨어져 지낼 수밖에 없는 근무체계, 격오지 근무나 편의시설과는 거리가 먼 주거 환경, 가족과의 별거 생활로 인해 발생하는 갈등 등 많은 어려움을 겪는다. 이러한 군인가족의 어려움을 적절히 해소할 수 있는 방법이나 기회의 부재는 가족 전체에 부정적인 영향을 주며, 나아가 군이라는 조직에도 부정적 영향을 미칠 수 있다. 따라서 군 상담은 이제 군 간부뿐만 아니라 군 간부들의 가족까지 확대되어 시행되어야 한다는 움직임이 점차 늘고 있는 추세다.

5. 다문화적 접근

인류 사회는 어느 사회이든 특수한 문화를 지니고 있다. 따라서 인류의 다양한 문화를 올바르게 이해하기 위해서는 자신이 속한 사회의 입장에서가 아니라 다양한 사회의 입장에서 바라보고 이해해야 한다. 특히 20세기 후반부터는 전 세계가 '지구촌'이라 불리는 글로벌 시대가 도래하였고, 다양한 문화적 배경을 지닌 사람들이 함께 어우러져 살아가는 환경이 되었다. 이런 세계 환경 속에서 한국 역시 다문화가정이 급격히 늘고 있으며, 군대도 이로부터 자유로울 수 없는 상황이 되었다.

국방부가 공개한 '다문화가정 출신의 병사 입대 현황' 자료에 따르면, 2010년 52명, 2011년 156명, 2012년 228명, 2013년 306명, 2014년 6월까지 185명의 다문화가정 병사가 입대했으며, 해병대에도 2013년에 14명이나 자원입대한 것으로 나타났다. 또한 2012년에는 창군 이래 처음으로 다문화가정 출신의 부사관 두 명이 임관하였다. 그리고 '2013년 다문화

인구동태 통계'라는 통계청 자료에 의하면 지난 해 태어난 자녀 100명 중 5명이 다문화가정의 자녀다. 다문화가정의 자녀는 점점 더 증가할 것으로 예상되며, 이에 따라 다문화가정 장병의 입대 또한 늘어날 것으로 예측되고 있다.

다문화 군대로의 전환을 준비하기 위해서는 먼저 올바른 현실 인식이 요구된다. 다문화 병사에 대한 편견이나 문화 차이 등을 극복하기 위한 노력과 함께 다문화 병사들이 군 복무에 잘 적응할 수 있는 대책이 필요하다. 그러기 위해서는 간부 양성과 보수교육 및 장병 정신교육 시간에 다문화와 관련된 부분을 반영하여, 문화 차이를 '차별'이 아닌 '차이'로 받아들일 수 있도록 해야 할 것이다. 군 집단상담 프로그램 진행 시에도 '다문화에 대한 이해를 돕는 주제'를 포함시켜 일반 장병과 서로에 대한 이해의 폭을 넓힐 수 있도록 해야 할 것이다. 필요시에는 다문화 장병을 대상으로 한 심층적인 개인상담을 실시하여, 그들이 어려워하는 문제에 대해 이해하고 공감해 주며 문제해결을 돕는 등 보다 적극적인 노력을 기울여야 할 것이다.

요약

1. 군 상담의 과제
① 군 입대 부적격자에 대한 식별체계를 더욱 강화해야 한다.
② 표준화된 심리검사를 개발하고 이를 적극 활용해야 한다.
③ 부하 간부들의 상담 능력 향상을 위해 상담교육을 강화해야 한다.
④ 병영생활 전문상담관제도 등 군 상담 제도를 확대, 운영해야 한다.
⑤ 전문상담관제도 운영을 활성화해야 한다.
⑥ 상담 환경과 여건을 조성해 주어야 한다.
⑦ 상담 접근의 용이성을 제고해야 한다.
⑧ 그린캠프 운영체계를 보강해야 한다.
⑨ 상담 특기제도 도입과 군인가족 상담 활성화 및 군 상담센터(가칭)를 설립해야 할 것이다.

2. 군 상담의 전망
① 긍정심리학적 접근이다. 긍정 기관으로서 군대 조직에 대한 인식의 변화가 필요하며, 군 내부적으로는 구성원의 주관적 행복 지원과 구성원의 강점 개발과 성장을 지원하는 기관으로 변화하는 것이 필요하다. 또한 효율적이고 기능적인 군대 조직이 운영되어야 하며, 군대의 도덕성과 사회적인 기여가 필요하다.
② 인지적 접근이다. 지휘관 및 간부들은 장병들의 인지행동적 집단치료기법을 강화하여 비합리적이거나 부정적인 사고 및 신념을 합리적이거나 긍정적으로 바꾸어 주어야 한다. 아울러 자신의 가치를 발견하는 기회를 제공하거나, 적절한 교육을 통해 군 생활에 대한 올바른 이해를 갖도록 해야 한다.
③ 통합적 접근이다. 인간을 보다 잘 이해하고 적응적인 삶을 살아가도록 돕기 위하여 하나의 성격 이론보다는 다양한 이론을 적절히 통합하는 접근 방법을 모색해야 한다.
④ 가족 체계적 접근이다. 앞으로 군에서는 장병뿐 아니라 군인가족까지 확대하여 상담이나 상담교육이 진행되어야 할 것이다.
⑤ 다문화적 접근이다. 다문화 군대로 전환하기 위해서는 올바른 현실 인식이 필요하며, 다문화 병사에 대한 편견이나 문화 차이 등을 극복하기 위한 노력이 필요하다.

부록

[부록 1] 사관학교의 상담실 운영

1. 육군사관학교

육군사관학교에는 2명의 상담관이 배치되어 다음과 같은 업무를 담당하고 있다.

① 희망생도와 훈육요원이 의뢰한 생도 및 적성평가의 점수가 낮은 생도를 대상으로 생활 적응, 성격, 진로 및 이성 문제 등에 대해 개인상담을 하고 있고, ② 1학기 중에 자원생도를 대상으로 NEO 성격검사, 잠재력 개발 및 스트레스 관리 집단상담을 5회 내외로 실시하며, 2학기 중에는 학년별 집중인성교육 진행리더 생도들을 7회 정도 교육한다. ③ 희망생도 대상으로 생도선발 2차 면접 시 실시한 다면적 인성검사(MMPI-2), 인성진단검사에 대한 해석상담을 하고 있다. ④ 학년별 집중인성교육 프로그램을 지속적으로 수정 · 보완하고 있으며, 집중인성교육의 시행을 수립하고 실시하며 그 결과에 대한 효과성을 검증한다. ⑤ 전입 훈육요원 및 훈육요원 전체를 대상으로 인성검사 해석과 상담기법 등에 관한 교육을 실시한다. ⑥ 여러 가지 훈육 관련 제도나 훈육체계의 발전 방안에 대한 연구를 통해 훈육에 도움

을 주고 있다.

2. 육군3사관학교

육군3사관학교는 다음과 같이 업무가 이루어지고 있다.

① 3사관학교 내에 리더십센터가 있어서 그곳에 상담실이 기본적으로 운영되고 있다.

② 조직은 리더십센터의 센터장이 학과(상담심리학과)장을 맡고 있으면서 센터장 포함 학과 교수 4명과 심리학교관(상담관) 2명이 있다(기본적으로 4명의 교수는 학과 수업을 주로 하지만, 센터장의 경우 집단상담과 인성교육을 겸하기도 하고, 야전훈련 시 심리학교관(상담관)과 센터장이 같이 상담 지원을 나가기도 한다).

③ 정규 심리학교관(상담관)은 2명의 전문가가 배치되어 있고, 3학년 담당 1명 4학년 담당 1명으로 상담실은 생활관마다 운영되고 있으며, 상담 환경은 비밀이 보장될 수 있는 매우 좋은 환경이다.

④ 주요 상담은 상시 배치되어 있는 상담관에게 개인상담 희망생도나 훈육장교의 의뢰로 운영하고 있다.

3. 해군사관학교

해군사관학교에서는 인성교육과에서 상담 관련 업무를 담당하고 있으며 인성교육과장 1명, 상담관 1명으로 구성되어 있다. 이들은 ① 심리검사 결과 경·중에 따라 개인상담 실시, ② 훈육관의 의뢰 시 개인상담 실시, ③ 여생도는 1년 1회 개인상담 계획, ④ 그 외 개인적 요구에 따라 8시부터 15시 30분까지는 교수부에서, 15시 30분 이후부터 17시까지 생도사(생도기숙사)에서 필요에 따라 개인상담을 할 수 있도록 운영되고 있다.

4. 공군사관학교

공군사관학교는 군사전략학과에 소속된 상담교수 2명이 있으며, 이들은 생도 선발 시와 1학년 때 실시한 여러 가지 인성검사, 즉 MMPI, 인성진단검사, MBTI(Myers-Briggs Type Indicator: MBTI)를 활용하여 상담을 실시하고 있다. 또한 희망생도와 훈육요원 의뢰 생도를 대상으로 개인상담을 실시한다. 또한 심리학 관련 과목을 강의하며 훈육 관련 연구 업무를 담당하고 있다.

[부록 2] 각 군의 상담교육 현황

1. 육군

1) 양성교육기관

구분	육군사관학교	육군3사관학교	학생중앙 군사학교
시간	5H	8H	미편성
주요 과목	• 심리학개론(3) • 지휘론(2)	• 상담이론(1) • 대화요령 이론 / 실습(5) • 상담 준비 / 조치사항(2)	미편성
교관	심리학과 교수	심리학과 교수	

2) 보수교육기관

(1) 육군보병학교 · 육군대학 상담교육 현황(전 과정: 8H)

상담교육 현황

구분	육군보병학교		육군대학(소령)
	초군반(소위)	고군반(대위)	
주요 과목 (시간)	• 병영상담(8H): 대상자 식별 (2), 상담기술/태도(2), 상담 진행 절차(1), 종합실습(3)	• 병영상담(8H): 대상자 식별 (2), 상담기술/태도(1), 상담 진행(1), 종합실습(3), 집단 상담(1)	미편성
교관	육군리더십센터 상담교관	육군리더십센터 상담교관	

(2) 육군부사관학교 상담교육 현황

구분	초급반(하사)	중급반(중사)	고급반(상사)	원사반
주요과목 (시간)	• 병영상담(9H): 대상자 식별(1), 상담기술/태도(3), 상담진행 절차(3), 종합실습(2)	• 병영상담(8H): 대상자 식별(2), 상담기술/태도(2), 상담진행 절차(1), 종합실습(3)	• 병영상담(8H): 대상자 식별(2), 상담기술/태도(1), 상담진행 절차(1), 종합실습(3), 집단상담(1)	• 현실치료 이론(2) • 심리검사(1) • 집단상담 역할 실습(5)
교관	육군리더십센터 상담교관	육군리더십센터 상담교관	육군리더십센터 상담교관	육군리더십센터 상담교관

2. 해군

해군은 각 교육기관에서 상담과목을 교육하지 않고 있으며, 지휘통솔의 한 부분으로 상담과 관련된 내용을 소개하는 정도로 교육이 이루어지고 있다. 상담교육 현황을 장교 교육과 부사관 교육으로 나누어서 살펴보면 다음과 같다.

1) 장교 상담교육 현황

구분	교육기관	과정(기간)	교과과목(시간)	교관
양성 교육	사관 학교	생도교육 (1년/4학년)	• 자살, (국방부교안)/성 인지교육(성 군기 사고 예방)2시간 • 부정기적 필요성에 따라 실시/사고 사례 헌병에 의뢰 • 성 교육 관련 교육 실시	리더십 석사장교
		사관후보생 (14주)	지휘통솔(12)	리더십 석사장교
	학군단	학군사관 후보생(2년)	인성교육(16))	각 학군단별 자체 교관
보수 교육	병과학교	초군반 (3~12주)	지휘통솔 및 부대관리(10)	군 전임교수

2) 부사관 상담교육 현황

구분	교육기관	과정(기간)	교과과목(시간)	교관
양성교육	해군 교육사	부사관후보생(14주)	군 지휘통솔(4)	군 전임교수/ 자체교관
보수교육	병과학교	초급반(10~24주)	생활반장의 지휘통솔기법(3)	군 전임교수/ 자체교관
	리더십 센터	중고급과정(4~27주)	성격과 리더십(3)	리더십센터 전문교관
	리더십 센터	주임원사 과정	성격과 리더십(3), 역할 연기(3), 인간관계 이해(3)	리더십센터 전문교관

3. 공군사관학교 상담교육 현황

공군사관학교는 공통필수 과목으로 '리더십(3시간)'이 편성되어 있다. 문과 생도는 '심리학개론(3시간)'이 공통필수 과목이며, 이과 생도는 '심리학개론(3시간)'이 선택과목으로 편성되어 있다. 국방전략학과 교수들이 '지휘론'과 '심리학 개론' 교육을 담당하고 있다.

교육기관	과정	교육 내용	교육 방법 및 시간		
			강의	실습	계
공군대학	초급 지휘관 참모과정 (대위)	• 상담의 개념 및 종류 • 군 상담의 특징 및 필요성 • 상담기술 및 상담기법 • 상담기술 종합 실습	4H	12H	16H

[부록 3] 각 군의 집단상담 현황

1. 육군사관학교

구분	집단상담 프로그램(명칭, 주제 등)	시간(H)	진행리더
신입생	사관생도로 출발		
1학년	가치관 정립		3학년 생도
2학년	대인관계 능력 향상 정서 관리 집단상담	1박 2일 (16H)	
3학년	동료상담자 훈련		4학년 생도
4학년	대인관계 능력 향상 정서 관리 집단상담		국방대학교 리더십학과 대학원생

2. 육군3사관학교

구분	인성교육 프로그램(명칭, 주제 등)	시간	진행리더
3학년	대인관계 능력 향상 정서 관리 집단상담	수시/ 기회교육	훈육관
4학년	동료상담자 훈련 대인관계 능력 향상 정서 관리 집단상담		

3. 해군사관학교

구분	인성교육 프로그램(명칭, 주제 등)	시간(H)	진행리더
신입생	집중 인성교육(20명씩) 적응, 진로		4학년 생도
1학년	과정 탐색, 목표, 적응, 친밀감 형성	2~3시간 2~3회기	외부 상담전문가

4. 공군사관학교

구분	인성교육 프로그램(명칭, 주제 등)	시간(H)	진행리더
1학년	상담실 오리엔테이션, 애로사항 파악	1H	상담교수
2학년	(생도 생활적응검사 결과 후) 중대원과의 의사소통	1H	

5. 간호사관학교

구분	인성교육 프로그램(명칭, 주제 등)	시간(H)	진행리더
1학년	심리검사를 활용한 자기탐색(자기이해)	16H	외부 전문가
	셀프리더십 향상 프로그램(자기통찰)	8H	
2학년	팀 리더십 향상 프로그램(자기통찰)	8H	
3학년	기초상담 및 리더십 실제	8H	
4학년	상담교육 및 위기대처 리더십	8H	
자치지휘 근무생도	소통을 위한 문제해결 능력 프로그램(창의력)	6H	
전 생도	마음챙김 명상을 통한 스트레스 관리 프로그램	6H	
	대인관계 훈련 프로그램	4H	인성담당관

[부록 4] 각 군의 심리검사 현황

구분		검사종류	채점	해석
양성 과정	육사	MMPI-2, NEO 성격검사, 인성진단, 자아실현	자체 전산 채점	내부 전문가
	해사	MMPI-2, PAI검사, 다요인검사, 적성탐색검사, MBTI, U&I 검사, 스트롱검사	마음사랑 용역	마음사랑 해석지 참조
	공사	PAI검사, 생도생활적응검사, MBTI, MMPI-2(566문항), 인성진단검사	해당 검사업체 용역	내부 전문가
	3사	표준화 성격검사(이상 시 MMPI-2, MBTI, 홀랜드 직업탐색검사, 학습전략검사	자체 전산 채점	내부 전문가
	간호사	MMPI-2, 자기개념검사, 표준화성격검사, 성격강점검사, VIWE 검사	한국가이던스 용역	가이던스 해석지 참고
병	육군	신인성검사	자체 전산 채점	자동 해석지 참조
	해군		자체 전산 채점	자동 해석지 참조
	공군		자체 전산 채점	자동 해석지 참조

참고문헌

강명희 역(1993). 장발장. 서울: 지경사.

강진령(2011). 집단상담의 실제. 서울: 학지사.

구본용(2007). 군 상담자 양성 관련 청소년상담사의 역할과 준비. 청소년상담자 자격제도 콜로키움 발표 논문, 182-18. 한국청소년상담원.

국방부 병영문화정책팀(2008). 사고예방을 위한 군 스트레스 진단 메뉴얼(지휘관 및 실무자용).

권석만 역(2010). 아론 벡. 서울: 학지사.

권석만(2013). 현대 심리치료와 상담이론. 서울: 학지사.

권일남, 임재호(2011). 군 상담 심리학개론. 파주: 교육과학사.

김광웅(2006). 군 상담 역량 강화 방안에 대한 토론. 2006년도 육군 리더십 발전 세미나 발표 논문집, 148-153. 육군교육 사령부.

김규식, 고기홍, 김계현, 김성회, 김인규, 박상규, 최숙경(2013). 상담학 개론. 서울: 학지사.

김완일(2007). 군 상담 운영 발전방향. 2007년도 육군 군 상담 발전 세미나 발표 논문집, 85-147. 육군교육사령부.

김완일(2008). 군 상담 모형 탐색 연구. 한국심리학회지: 상담 및 심리치료, 20(2), 221-241.

김완일, 김옥란(2015). 성격심리학. 서울: 학지사.

김용주, 신응섭, 고재원, 이혁준(2008). 병사용 스트레스 진단 및 처방 프로그램 매뉴얼.

김춘경, 이수연, 이윤주, 정종진, 최웅용(2012). 상담의 이론과 실제. 서울: 학지사.

김헌수, 김옥엽, 원유미, 이난(2001). 상담심리학. 서울: 학술정보.

김현택 공저(2001). 심리학: 인간의 이해. 서울: 학지사.

김흥규, 원애경(2007). 상담심리학. 서울: 양서원.

노안영(2005). 상담심리학의 이론과 실제. 서울: 학지사.

노안영(2011). 집단상담 이론과 실제. 서울: 학지사.

노안영, 강영신(2013). 성격심리학. 서울: 학지사.

대한군 상담학회(2009). 능력육성 상담교육.

대한군 상담학회(2010). 능력육성 상담교육.

박경애(2008). 인지 · 정서 · 행동치료. 서울: 학지사.

박성희(1997). 공감과 친사회행동. 서울: 문음사.

백현정, 최미례, 김용주(2011). 집단상담기법을 활용한 군 인성교육 프로그램 핸드북. 서울: 황금알.

오제은 역(2011). 칼 로저스의 사람–중심 상담. 서울: 학지사.

육군리더십센터(2014). 병영상담(고군/고급과정).

육군본부(2013). 야전교범 10-0-1 병영상담.

육군사관학교 화랑대연구소(2007). 사고예방을 위한 군 스트레스 진단도구 개발.

윤순임, 이죽내, 김정희, 이형득, 이장호, 신희천, 이성진, 장혁표, 김정규, 김인자, 설기문, 전윤식,
    김정택, 심혜숙, 홍경자(2005). 현대상담 · 심리치료의 이론과 실제. 서울: 중앙적성출판사.

이동귀 역(2011). 앨버트 엘리스. 서울: 학지사.

이동귀, 김광식, 이기학, 이희경, 박현주(2013). 병영생활 전문상담관 운영 및 활동 매뉴얼 개발 연구.

이영만, 유병관 역(1996). 심리학과 인간이해: 프로이트 · 스키너 · 로저스. 서울: 중앙적성출판사.

이상로, 이관용 공역(1997). 성격의 이론. 서울: 중앙적성연구소.

이수연, 권혜수, 김현아, 김형수, 문근식, 서경현, 유영달, 정종진, 한숙자(2013). 성격의 이해와 상담.
    서울: 학지사.

이장호(2005). 상담심리학. 서울: 박영사.

이장호(2007). 군 상담모형 탐색. 한국군상담학회 연차대회 발표 논문집, 35-33. 한국군상담학회.

이장호, 김정희(1992). 집단상담의 원리와 실제. 서울: 법문사.

이장호, 정남운, 조성호(2013). 상담심리학의 기초. 서울: 학지사.

이종인, 오점록(1998). 한국군 리더십. 서울: 박영사.

이재창, 정진선, 문미란(2009). 성격심리학. 서울: 태영출판사.

이형득(1984). 상담의 이론적 접근. 서울: 형설출판사.

이형득(1992). 집단상담의 실제. 서울: 중앙적성연구소.

이훈구 역(1998). 성격심리학. 서울: 법문사.

정병삼, 연문희(2005). 육군병사들이 지각하는 분노유발요인에 관한 연구. 상담학연구, 6(3),
    729-744.

정영호 역(1992). 여씨 춘추. 서울: 자유문고.

정원식, 박성수(1995). 카운슬링의 원리. 파주: 교육과학사.

조승옥, 이택호, 박연수, 조은영, 정은진(2010). 군대윤리. 서울: 집문당.

조현춘, 조현재, 문지혜, 이근배, 홍영근 공역(2013). 심리상담과 치료의 이론과 실제. 서울:
    CENGAGE Learning.

천성문, 박명숙, 박순득, 박원모, 이영순, 전은주, 정봉희 공저(2014). 상담심리학의 이론과 실제. 서울: 학지사.

최영희, 이정흠 역(2007). 인지치료: 이론과 실제. 서울: 하나의학사.

한국국방연구원(2013). 신 인성검사 결과 해석 및 활용.

한국군상담학회(2009). 군 집단상담 이론과 실제. 서울: 은혜출판사

홍숙기 역(1987). 성격심리학. 서울: 박영사.

홍숙기 역(2008). 성격심리학. 서울: 박영사.

Beck, A. T., & Weishhaar, M. E. (2008). Cognitive therapy. In R. J. Corsini & D. Wedding (Eds.), *Current psychotherapies* (8th ed., pp. 263-294). Belmont, CA: Brooks/Cole.

Bernard, J. M. (1979). Supervisor training: A discrimination model. *Counselor Education and Supervision, 19,* 60-68.

Corsini, R. J. (1981). *Handbook of innovative Psychotherapies.* New York: John Wiley.

Crits-Christoph, P., Hamilton, J. L., Ring-Kurtz, S., Gallop, R., McClure, R., Kulaga, A., & Rotrosen, J. (2011). Program, counselor, and patient variability in the alliance: A multilevel study of the alliance in relation to substance use outcomes. *Journal of Subtance Abuse Treatment, 40*(4), 405-413.

Davis, C. (1933). Studies in the self-selection diet by young children. American *Journal of Diseases of Children, 46,* 743-750.

Diffily, A. (1991). Father and child: Tim beck and his uncommon sense. *Denn Medicine, 4,* 20-27.

Ellis, A. (1957). Outcome of employing three techniques of psychotherapy. *Journal of Clinical Psychology, 13,* 334-350.

Ellis, A. (1976). The biological basis of human irrationality. *Journal of Individual Psychology, 32,* 145-168.

Ellis, A. (1979). The Issue of Force and Energy in Behavioral Change. *Journal of Contemporary Psychotherapy, 10*(2), 83-97.

Ellis, A. (1991). The revised ABC's of rational-emotive therapy (RBT). *Journal of Rational-Emotive and Cognitive-Behavior Therapy, 9*(3), 139-172.

Ellis, A., & Dryden. W. (1987). *The Practice of rational emotive therapy.* Springer Publishing Company: New York.

Frank, F., & Jeff, B. (1974). *Provocative therapy.* Meta Publications: Califomia.

Frank S. T. (1973). *The effect of husbands' presence at delivery and childvirth preparation classes on the experience of childbirth.* Unpublished doctoral dissertation, University of Michigan, Ann Arbor (Universith Xerox Microfilms).

Freud, S. (1938). *The basic writings of Sigmund Freud.* New York: Modern Library.

Garfield, S. L. (2000). Eclecticism and Integration: A personal Retrospective View. *Journal of Psychotherapy, 10*(4).

George, R. L. & Dustin, D. (1988). *Group Counseling: Theory and practice.* Englewood Cliffs, NJ: Prentice Hall.

Hjelle, L. A., & Ziegler, D. J. (1981). *Personality theories: Basic assumptions, research, and application* (2nd ed.). New York: McGraw-Hill.

Holloway, E. (1995). *Clinical supervision: A systems approach.* Thousand Oaks, CA: Sage.

John, J. P., Howard, H. S., Alan, H., & Diana, V. P. (1978). *Counseling: theory, research, and practice.* Chicago: Rand McNally.

Jones, M. C. (1924). The elimination of children's fears. *Journal of Experimental Psychology, 7,* 383-390.

Kellerman, S. (1992). 'I see what you mean: the role of kinesic behaviour in listening and implications for foreign and second language learning'. *Applied Lingusistics, 13*(3), 239-258.

Kelly, G. (1955). *The Psychology of personal constructs* (2 vols). New York: Norton.

Kuhn, T. (1970). *The Structure of scientific revolutions* (2nd eds.). Chicago: Univ. of Chicago Press.

LaFleur, N. K. (1979). Behavioral views of counseling, In H. M. Jr. Burks & B. Stefflre (Ed.), *Theories of Counseling.* New York: McGraw-Hill.

Lazarus, A. A. (1971). *Behavior therapy and beyond.* New York: McGraw-Hill.

Mahler, C. A. (1969). *Group counseling in the school.* Boston: Houghton Mifflin.

Murphy, P. M., Cramer, D., & Lillie, F. J. (1984). The relationship between curative factors perceived by patients in their psychotherapy treatment outcome: an exploratory study, *British Journal of Medical Psychology, 57*(2), 187-192.

Patterson, C. H. (1980). *Theories of counseling and psychotherapy* (3rd ed.). New York: Harper & Row Publishers.

Pitts, C. E. (1976). Behavior modification. *Journal of Applied Behavior Analysis, 9,* 146.

Rimm, D. C., & Masrter, J. C. (1974). Behavior therapy: Techniques and empirical finding. New York: Academic press.

Rogers, C. R. (1942). *Counseling and psychotherapy.* Boston: Houghton Mifflin Company.

Rogers, C. R. (1951). *A theory of therapy.* Boston: Houghton Mifflin Company.

Rogers, C. R. (1957). The necessary and sufficient conditions of therapeutic personality change. *Journal of Consulting Psychology, 21,* 95-103.

Rogers, C. R. (1961). *On becoming a person.* Boston, MA: Houghton Mifflin.

Rogers, C. R., & Stevens, B. (1967). *Person to person: The problem of being human.*

New York: Simon & Schuster.

Ryan, V. L., & Gizynski, M. N. (1971). Behavior therapy in retrospect-patients' feelings about their behavior therapies. *Journal of Consulting and Clinical Psychology, 37,* 1-9.

Seligman, L. (2001). *Systems, strategies, and skills of counseling and psychotherapy.* Upper Sadddle River, NJ: Prentice-Hall, Inc.

Skinner, B. F. (1953). *Science and human behavior.* New York: Macmillan.

Skinner, B. F. (1967). Autobiography of B. F. Skinner. In E. Boring & G. Lindzey(Eds.), *History of Psychology in Autobiography, 5,* 387-413. New York: Appleton-Century-Crofts.

Skinner, B. F. (1977). Why I am not a cognitive psychologist. *Behaviorism, 5,* 1-10.

Stiles, W. B., Shapiro, D. A., & Elliott, R. (1986). 'Are all psychotherapies equivalent?' *American Psychologist 41,* 165-180.

Strong, S. R. (1968). Counseling: An interpersonal influence process. *Journal of Counseling Psychology, 15,* 215-224.

Vogel, P. A., Hansen, B., Stiles, T. C., & Gotestam, K. G. (2006). Treatment otivation, treatment expectancy and helping alliance as predictors of outcome in cognitive behavioral treatment of OCD. *Journal of Behavior Therapy and Experimental Psychiatry, 37*(3), 247-255.

Watson, J. B. (1930). *Behaviorism* (2nd ed.). Chicago: University of Chicago Press.

Weiner, D. (1988). *Albert Ellis: Passionate skeptic.* New York: Praeger.

Wilson, G. T. (1978). On the much discussed nature of the term "Behavior therapy." *Behavior therapy, 9,* 89-98.

Wolman, B. (1968). *The unconscious mind: The meaning of Freudian Psychology.* Englewood Cliffs, N. J.: Prentice-Hall.

Wolpe, J. (1958). *Psychotherapy by reciprocal inhibition.* Standford, CA: Stanford University Press.

Wolpe, J. (1973). *The practice of behavior therapy* (2nd ed.). Standford Calif: Standford University Process.

Yalom, I. (1970). *The theory and practice of group psychotherapy.* New York: Basic Books, Inc.

588

찾아보기

저자소개

김완일(Kim Wan Il)

약력
- 한양대학교 대학원 교육학과 석 · 박사(상담심리학 전공)
- 한국상담심리학회 상담심리사 1급, 정신보건상담사 1급
- 한국상담학회 아동 및 청소년상담 수련감독자
- 대한군상담학회 수련전문가
- 육군사관학교 상담교수 역임
- 국방부 병영문화혁신위원회 전문위원 역임

현 상지대학교 평화안보 · 상담심리대학원 상담심리학과 교수
    대한군상담학회 학회장
    한국상담심리학회 이사

저서 및 역서
- 군 상담의 이론과 실제(학지사, 2006)
- 군 상담교육의 실제(씨엠투, 2011)
- 상담의 이론과 실제(씨엠투, 2013)
- 군 스트레스 심리학(공역, 교문사, 2014)
- 성격심리학(공저, 학지사, 2015)
- 논문 유형별 연구방법론(공저, 싸이앤북스, 2018)

권소영(Kwon So Young)

약력
- 상지대학교 평화안보 · 상담심리대학원 상담심리학과 석사
- 상지대학교 대학원 교육학과 박사수료(상담심리학 전공)
- 대한군상담학회 군상담심리사 1급
- 한국상담심리학회 상담심리사 2급, 정신보건상담사 2급, 전문상담교사 2급
- 육군 공보장교, 홍보문화장교 역임

현 동원대학교 부사관학과 외래교수
    대한군상담학회 사무국장
    육군협회 지상군연구소 리더십연구본부 연구위원
    상지대학교 상담교육연구원 전임연구원

논문
- 대상관계가 군 생활 적응에 미치는 영향에서 자기격려의 매개효과(상담학연구, 공동, 2013)
- 군 장병의 자기효능감과 군 생활 적응 간의 관계에서 집단효능감과 조직몰입의 매개효과(상담학연구, 공동, 2015)
- 군 병사의 집단효능감 척도 개발 및 타당화(상담학연구, 공동, 2016)

군상담의 이론과 실제(2판)

Military Counseling(2nd, ed.)

2006년 11월 23일 1판 1쇄 발행
2014년 3월 10일 1판 4쇄 발행
2016년 3월 15일 2판 1쇄 발행
2022년 8월 10일 2판 3쇄 발행

지은이 • 김완일 · 권소영
펴낸이 • 김 진 환
펴낸곳 • (주) **학지사**
　　　　04031 서울특별시 마포구 양화로 15길 20 마인드월드빌딩 5층
대표전화 • 02) 330-5114　　팩스 • 02) 324-2345
등록번호 • 제313-2006-000265호
홈페이지 • http://www.hakjisa.co.kr
페이스북 • https://www.facebook.com/hakjisabook

ISBN 978-89-997-0919-7 93180

정가 **23,000원**

이 도서의 국립중앙도서관 출판시도서목록(CIP)은 서지정보유통지원시스템
홈페이지(http://seoji.nl.go.kr)와 국가자료공동목록시스템(http://www.nl.go.kr/kolisnet)
에서 이용하실 수 있습니다.
(CIP제어번호: CIP2016005129)

출판미디어기업 **학지사**

간호보건의학출판 **학지사메디컬** www.hakjisamd.co.kr
심리검사연구소 **인싸이트** www.inpsyt.co.kr
학술논문서비스 **뉴논문** www.newnonmun.com
원격교육연수원 **카운피아** www.counpia.com